JN409591

4TH EDITION

실무자를 위한

금리 파생상품

– 투자전략과 리스크관리 –

정대용 저

Interest Rate Derivatives

Investment & Risk Management Strategies for Practitioners

www.tamjin.co.kr

머리말

“Against the Gods” 의 저자 Peter Bernstein은 현대와 과거를 구분 짓는 혁신적인 견해를 제시하였는데, 그것은 바로 “리스크에 대한 인간의 통제” 라는 것이다. 기업이 금융리스크에 노출되더라도 신(시장)의 변덕에 따라 좌지우지되는 것으로부터 벗어날 수 있게 되었다는 의미로 저자는 받아들인다. 따라서 리스크는 더 이상 운명이 아닌 선택이라고나 할까? 금리 리스크를 감수하면서 이익을 추구하는 머니게임의 전사들, 금리 리스크를 제거하여 확실성을 보장 받고 싶어 하는 기업들, 금리 리스크를 거래함으로써 수익의 기반을 삼는 금융회사들 모두에게 금리파생상품시장은 매일 같이 새로운 모습으로 다가온다.

국내 금융회사의 해외채권투자 증대로 최근 들어 관심이 높아진 미국 채권선물 시장, 미국의 통화정책 변경 가능성에 민감할 수 밖에 없는 국내 자산운용사의 매니저들이 관심을 갖고 지켜보기 시작한 연방기금선물시장, 금리파생상품과 연계된 구조화 채권시장 등, 하루가 다르게 변하고 있는 국내외 금리파생상품시장의 흐름을 따라잡기가 숨이 찰 지경이다.

필자는 금융회사에서 파생상품시장의 분석경험과 리서치 및 운용부서를 총괄한 실무경험, 그리고 한국금융연수원을 포함하여 대학 및 전문교육기관에서의 오랜 강의경험을 바탕으로 금리파생상품시장의 이해, 투자전략과 리스크관리전략, 금리파생상품을 이용한 구조화금융기법과 사례, 금리파생상품의 가격결정에 관한 내용으로 2004년에 ‘실무자를 위한 금리파생상품: 투자전략과 리스크관리’를 집필하였다. 2009년과 2013년 두 차례에 걸쳐 내용을 보완하였고, 이번 개정판에서는 각 장의 예제들을 보완하고 독자들이 이해하기 쉽게 편집하였으며, 특히 제8장과 제10장의 내용을 대폭 보완하였다. 이 책은 금융회사 운용부서의 채권운용팀, 파생상품팀, 상품개발팀, 대체투자팀, 리스크관리팀에 근무하는 실무자, 기업의 자금담당자 등 금리파생상품에 대한 실무적 지식을 필요로 하는 독자층을 대상으로 이론에 치우치지 않으면서 실무자들에게 도움이 되는 핵심 내용만을 취사선택하여 다양한 실무예제를 소개하고 있다.

본 서의 내용은 다음과 같이 구성되어 있다. 제1부에서는 금리파생상품의 상품구조, 투자전략 및 리스크관리를 이해하는데 필수적인 금리 리스크의 개념과 측정방법을 설명하고 활용예제를 소개한다. 제1장에서는 명목금리와 실효금리, 할인율과 채권상당수익률, 현물금리와 선도금리, 만기수익률, 액면이자율, 그리고 이자수익률의 관계, 변동금리채권의 할인마진 등 여러 가지 형태의 수익률의 개념을 설명하고 있다. 또한 듀레이션, 수정듀레이션, 베이시스 포인트가치, 유효듀레이션, 볼록도, 듀레이션갭 등 금리 리스크의 전통적인 개념과 측정방법을 소개한다. 이와 같은 개념들은 금리파생상품의 투자전략(제III부)과 금리리스크관리전략(제IV부)을 이해하기 위해 필수적이다.

제2장에서는 수익률곡선의 의미, 명목스프레드, Z-스프레드, 옵션조정 스프레드 등 다양한 수익률 스프레드의 개념을 설명한다. 또한 부트스트랩핑방법(bootstrapping method)을 이용하여 이표채 수익률곡선으로부터 무이표채 수익률곡선을 얻는 방법, 액면가수익률로부터 무이표채 수익률을 구하는 방법, 무이표채 수익률로부터 액면가 수익률을 구하는 방법을 설명한다. 수익률곡선의 형태에 관한 이론을 간략히 소개한 후 수익률곡선 변형 듀레이션(yield curve reshaping duration), 주요수익률 듀레이션(key rate duration) 등 수익률곡선 리스크를 측정하는 개념과 활용예제를 소개한다.

본 서의 제2부에서는 금리선물, 선도금리계약, 금리스왑 등 선도형 금리파생상품, 채권옵션, 캡(cap), 플로어(floor) 등의 옵션형 금리파생상품, 선물옵션, 스왑션 등 합성형 금리파생상품을 다루고 있다. 제2부의 각 장에서는 다양한 금리파생상품을 소개하고, 주요 상품 내역과 가격결정논리를 상세히 설명할 것이며, 금리파생상품 투자전략(제3부) 및 금리리스크관리 및 구조화금융(structured finance)(제4부)을 이해하기 위한 핵심 내용으로 구성되어 있다.

제3장에서는 먼저 유로달러선물, 연방기금 금리선물, 통안증권 금리선물 등 단기금리선물과 T-Bond 선물, 한국국채선물 등 채권선물의 상품내역 및 가격결정논리에 대해 설명한다. 특히, 연방기금 금리선물의 가격으로부터 FRB의 통화정책변경 가능성을 분석하는 방법, T-Bond 선물에서 전환계수(conversion factor)의 개념과 최저가 인도채권(CTD)을 선정하는 방법, T-Bond 선물의 시장가격으로부터 내재환매수익률(implied repo rate)을

추정하는 방법, 순베이시스와 차익거래기회의 관계 등을 예제를 통해 상세히 설명한다. 또한, [부록]에서 repo 거래의 개념과 거래구조에 대해 설명한다. 이러한 내용들은 제3부에서 소개될 금리파생상품 투자전략을 이해하는데 필수적이다.

제4장에서는 스왑의 기본구조를 간략히 설명한 후, 금리스왑의 거래구조와 가격결정 및 가격고시, 특히 금리스왑의 이자계산시 일수계산방식(day count fraction)과 이자지급 횟수의 차이를 조정하는 방법 등 실무적으로 중요한 내용들을 다룬다. 또한 선도스왑(forward swap), 스텝업 / 스텝다운 스왑(step-up / step down swap), 원금감소형 스왑(amortizing swap) / 원금증가형 스왑(accreting Swap), Overnight Indexed Swap(OIS), 수익률곡선 스왑(CMT/CMS 스왑), 이연스왑(late LIBOR swap), 콴토스왑(quanto swap), 취소가능스왑(cancelable swap)과 연장가능스왑(extendible swap) 등 구조화금융(structured financing)과 금리연계 상품개발에 많이 활용되는 다양한 비표준형 스왑의 개념과 활용예제를 소개한다.

제5장에서는 채권옵션이면서 금리옵션의 성격을 지닌 T-Note/Bond 옵션, 선물옵션인 T-Bond 선물옵션과 유로달러선물옵션의 상품내역과 가격결정모형을 소개한다. 또한 캡 / 플로어 / 칼라 / 스왑션 등 구조화금융의 이해에 필수적인 장외금리옵션과 몇 가지 대표적인 이색옵션(exotic option)의 상품내역과 가격결정을 다루고 있다. [부록]에서는 옵션의 핵심개념에 관한 요약을 제시하고 있다.

본 서의 제3부에서는 방향성 거래전략, 변동성 거래전략, 차익거래 및 상대가치 거래전략 등 금리파생상품의 투자전략에 대해 소개한다. 제6장에서는 선물, 선도, 스왑 등 선도형 파생상품을 이용한 투자전략뿐만 아니라 옵션형 파생상품의 투자전략에 대해 설명한다. 선도형과 옵션형 금리파생상품을 활용한 순수 방향성 거래전략, 결제월간 스프레드거래와 상품간 스프레드거래 등 금리선물 스프레드거래, 금리옵션 스프레드거래, 채권선물 베이시스 거래전략, 수익률곡선거래의 개념과 예제를 소개한다. 또한, 옵션을 이용한 투자전략을 이해하기 위해 필수적인 Greek Letters에 관한 상세한 설명을 [부록]에 제시하고 있다.

제7장에서는 금리의 변동성에 근거한 투자전략인 변동성 매매전략을 소개한다. 먼저

변동성의 개념과 추정방법, 특히 내재변동성(implied volatility), 변동성 미소(volatility smile), 변동성콘(volatility cone), 변동성 평가지수(cheapness index)의 개념과 활용방법에 대해 설명한다. 이러한 개념의 이해를 바탕으로 변동성 매매전략의 논리, 변동성 매매전략의 메뉴 및 시장상황의 변화에 따른 수정전략, 옵션을 이용한 채권 포트폴리오 관리 등을 살펴본다.

제8장에서는 유로달러선물 차익거래, T-Bond 선물 차익거래, 한국국채선물 차익거래 등 금리선물 차익거래의 개념과 예제를 소개한다. 또한, 풋-콜-선물 패리티에 근거한 채권선물·옵션 차익거래의 논리와 예제를 소개한다. 마지막으로 상대가치거래의 개념을 설명하고, 국채선물과 금리스왑의 상대가치거래, 채권과 통화스왑의 상대가치거래, 채권/스왑 스프레드거래, 신용스프레드거래 등 다양한 전략을 소개한다.

제4부에서는 금리리스크관의 개념과 전략을 설명하고, 제2부에서 소개한 다양한 유형의 금리파생상품을 활용하여 금리리스크를 관리하는 기법, 구조화금융의 예제를 소개한다. 제9장에서 설명하는 금리리스크 관리기법은 크게 선도형 금리파생상품을 활용한 리스크 관리와 옵션형 금리파생상품을 활용한 리스크 관리로 구분할 수 있다. 헤지의 유형으로 매도헤지와 매수헤지, 직접헤지와 교차헤지, 스트립헤지와 스택헤지의 개념을 설명한 후, 금리선물을 이용한 헤지 및 듀레이션 조정, 자산/부채의 듀레이션갭 관리 등의 기법에 대해 설명한다. 옵션형 금리파생상품을 활용한 리스크관리기법에는 금리상승 리스크관리(capping), 금리상하한 설정(collaring), 금리하락 리스크관리(flooring), 금리상승 및 하락 리스크의 동시관리 등이 있다. 또한 기업이 금리파생상품을 활용하여 불리한 리스크와 유리한 리스크를 모두 제거(fixing) 하거나, 불리한 리스크만 제거하고 유리한 리스크는 보존(capping / flooring)하거나, 또는 리스크 관리비용을 절감(collaring)하는 전략을 소개한 후, 금리전망에 따른 차입자와 투자자의 금리 리스크관리 전략의 선택에 대해 설명한다.

제10장에서는 제2부에서 소개한 금리파생상품을 활용하여 기업과 투자자의 니즈(needs)를 충족시키는 구조화금융기법 및 사례를 소개한다. 선도금리를 이용하는 상품으로 변동금리채권(FRN), 역변동금리채권(Inverse FRN) 등의 구조와 사례를 분석한다. 수익률곡선의 기울기를 이용하는 상품으로는 CMT FRN, CMT 수익률곡선 채권, Late

LIBOR FRN, 이중변동금리채권(Dual Indexed FRN), 콴토채권(Quanto Note) 등을 소개한다. 금리옵션을 이용하는 상품으로는 수의상환채권(Callable Bond), 변제요구채권(Putable Bond), 수의상환변동채권(Callable Flipper Bond), 상하한금리채권(Collared FRN), 레인지채권(Range Note), 레인지어크루얼채권(Range Accrual Note) 등을 소개한다. 그리고 그 외의 유형으로 KTB Swap, 파워스프레드채권(Power Spread Note), 변동성 채권(Vol Note) 등을 소개한다.

제5부에서는 금리파생상품의 가격결정문제에 대해 다룬다. 제11장에서는 리스크 중립적 가격결정의 논리를 설명한 후 이를 유럽형 금리옵션의 가격결정에 적용한다. 먼저 상태가격, 차익거래, 리스크 중립적 확률의 관계를 살펴본 후 리스크 중립적 가격결정의 논리를 옵션가격결정에 적용하는 과정을 상세히 설명한다. 리스크 중립적 가격결정의 논리를 일반화하기 위하여 리스크의 시장가격, 마팅게일과 측도의 개념을 설명한 후 동등마팅게일측도(equivalent martingale measure)를 이용하여 채권옵션, 금리캡/플로어, 스왑션 등 금리옵션의 가격을 결정하는 논리에 대해 설명한다. 또한 리스크중립적 가격결정논리에 의해 블랙-숄즈 옵션가격결정식을 도출하는 과정을 자세히 소개한다.

제11장에서 다루는 금리옵션 가격결정모형에서는 미래의 일정시점의 금리 또는 채권가격이 자연대수 정규분포를 갖는다고 가정한다. 이러한 모형은 유럽형 채권옵션, 캡, 플로어, 스왑션 등의 가격결정에 광범위하게 활용된다. 그러나 시간이 흐름에 따라 금리가 어떻게 변하는지를 고려하지 않기 때문에 미국형 금리옵션의 가격결정에는 활용할 수가 없다는 한계를 지닌다. 제12장에서 다루는 모형들은 단기금리의 확률적 과정과 금리기간구조의 확률적 움직임을 설명한다. 이를 금리기간구조모형(term structure model)이라고 하며 금리 기간구조가 시간이 흐름에 따라 어떻게 변하는가를 설명하는 모형들이다. 먼저 금리 기간구조의 기초개념을 설명한 후 이항과정(binomial process), 평균회귀(mean-reverting) 이항과정 등 금리의 기간구조를 모형화하는 방법론에 대해 설명하고, 다양한 예제를 통해 실제 활용방법을 습득할 수 있도록 구성되어 있다. 또한, 금리기간구조를 이용한 금리옵션의 가격결정모형으로 Vasicek(1977), Cox, Ingersoll & Ross(1995) 등 균형모형(equilibrium model)과 Ho & Lee(1986), Black, Derman & Toy(1990), Hull & White(1990) 등 무차익모형(no-arbitrage model)을 소개하고 있으

며, 다양한 예제를 통해 각 모형의 의미를 파악할 수 있도록 실무적인 내용으로 구성되어 있다.

이 책에서 소개하는 다양한 금리파생상품의 상품내역과 가격결정, 투자전략과 리스크관리전략, 구조화금융의 다양한 사례는 대학에서 투자론이나 금융공학을 전공하는 학생뿐만 아니라 금융회사 실무자, 기업의 자금담당자 등 금리파생상품에 대한 실무지식을 필요로 하는 독자들에게 도움이 되리라 믿는다. 금리파생상품을 처음 접하는 독자들은 제1부 - 제3부의 내용을 충분히 숙지한 뒤 제4부와 제5부를 읽기 바란다. 금리파생상품의 가격결정을 이해하고자 하는 독자들은 제5부의 제11장 본문에서 소개하는 리스크중립적 옵션가격의 논리(특히, 11.3)를 정독하기 바란다. 또한 이론부분과 기술적인 부분은 되도록 [부록]과 [Technical Note]로 처리하여 독자의 수준에 맞게 본 서를 활용할 수 있도록 하였고, 각 장마다 중요한 내용의 설명 후에는 다양한 예제를 통해 실무지식을 습득할 수 있도록 집필하였다.

저자가 이 책을 발간하는데 많은 도움이 된 분들에게 감사드린다. 먼저, 저자가 미국에서 수학할 때 파생상품시장에 관심을 갖게 하고 박사과정 이수시 많은 도움을 주신 조지아주립대학교의 Gerald D. Gay 교수님, 수학적 기반을 갖추도록 독려하고 지도해주신 Thomas Noe 교수님과 David Nachman 교수님, 금융시장의 메커니즘을 이해하는 방법론을 가르쳐주신 Stephen D. Smith 교수님에게 깊은 감사를 드린다. 필자가 귀국하여 현업에서 근무하는 동안 국내 금융시장과 파생상품시장을 이해하는데 도움이 되었던 분들에게도 감사를 드린다. 세종대학교 조진형 교수님(전 삼성선물 대표이사), 대한생명 경제연구소 노성태 소장님, 서울시립대학교 윤창현 교수님, 한국금융연수원 강철준 교수님께 사의를 표한다. 또한 필자가 금융회사에 근무하면서 실무를 이해하는데 도움을 받았던 분들과, 특히 스왑의 활용사례를 본 서에서 원용할 수 있도록 허락해준 이성돈교수께 감사의 뜻을 전한다. 그리고 한국금융연수원에서 금리파생상품을 수강한 금융회사 실무자분들, 금융투자교육원의 채권전문가과정과 파생상품전문가과정, 장외파생상품과정 등의 수강생들로부터 필자가 배운 것도 많았음을 이 자리를 빌어서 감사말씀 전하고 싶다. 향후 독자 여러분들의 소중한 의견을 참조하여 부족한 부분을 계속 보완함으로써 금리파생상품 분야의 전문서적으로 오래도록 독자의 사랑을 받을 수 있

도록 노력할 것이다.

금리파생상품이란 광범위한 분야에서 대학 교재와 같은 백화점 식 스타일이 되지 않도록 노력했지만, 선택과 집중을 하는 것이 얼마나 어려운지 새삼 느끼게 된다. 금리파생상품에 관한 고급실무지식을 필요로 하는 독자층의 입장에서 핵심 내용을 취사선택하려고 노력하였지만, 여전히 독자들에게 부끄러움을 느끼며 무거운 마음으로 개정판을 마무리 짓는다. 본 개정판의 출판을 허락하신 도서출판 탐진의 최재범 사장님께 사의를 표하고, 편집하느라 고생이 많았던 탐진의 김주희님께도 감사의 말을 전한다. 또한 미래의 컴퓨터 전문가가 되기 위해 미국 버지니아공대에서 컴퓨터공학을 공부하는 아들 구현에게 본 개정판을 생일선물로 전하고 싶다.

2017년 3월
정대용
Midas FE & C 대표

차 례

Part 1 · 금리 리스크

Chapter 1 금리 리스크의 개념 · 19

1.1 금리의 기초개념 ······ 19
1. 금리란 무엇인가? / 19
2. 금리의 유형 / 23
3. 수익률과 채권가격 / 32

1.2 금리 리스크 ······ 42
1. 금리 리스크의 개념 / 42
2. 금리 리스크의 측정 / 43

Chapter 2 수익률 곡선 · 59

2.1 수익률곡선의 의미 ······ 60
1. 이표채 수익률곡선과 무이표채 수익률곡선 / 60
2. 수익률 스프레드 / 62

2.2 무이표채 수익률곡선의 결정 ······ 65
1. 무이표채권 / 65
2. 부트스트랩핑 방법 / 68

2.3 수익률곡선의 형태에 관한 이론 ······ 73
1. 기대가설 / 73
2. 유동성선호가설 / 75
3. 시장분할가설 / 76

2.4 수익률곡선 리스크 ······ 76
1. 듀레이션의 한계 / 76
2. 수익률곡선 리스크의 측정 / 77

Part 2 • 금리파생상품

Chapter 3 **금리선물 • 85**

3.1 금리선물이란? 86

3.2 단기금리선물 86

1. 유로달러선물 / 87
2. 연방기금선물 / 89

3.3 채권선물 93

1. 미국 국채선물 / 93
2. 한국 국채선물 / 108

Chapter 4 **금리스왑 • 121**

4.1 스왑의 기본구조 121

1. 스왑거래의 기본 형태 / 122
2. 스왑거래의 적용금리 / 123

4.2 선도금리계약 125

1. FRA의 개념 / 125
2. FRA의 거래구조 / 126
3. 가격결정 / 128
4. 가격고시 / 129
5. FRA와 IRS의 관계 / 131

4.3 금리스왑 131

1. 금리스왑의 개념 / 131
2. 금리스왑의 거래구조 / 132
3. 금리스왑의 가격결정 / 139
4. 스왑 스프레드의 결정요인 / 144

4.4 비표준형 금리스왑 146

1. 선도스왑 / 147
2. 스텝업/스텝다운 스왑 / 147

3. 원금감소형 스왑 / 원금증가형 스왑 / 148
4. Overnight Index Swap(OIS) / 149
5. 수익률곡선 스왑: CMT/CMS 스왑 / 151
6. 이연스왑 / 154
7. 콴토스왑 또는 딥스왑 / 156
8. 취소가능스왑과 연장가능스왑 / 159

4.5 통화스왑 ······ 160

1. 통화스왑의 구조 / 160
2. 통화스왑의 유형 / 162

4.6 스왑의 활용 ······ 166

Chapter 5 **금리옵션 · 183**

5.1 금리옵션이란? ······ 184

5.2 채권옵션 ······ 184

1. 채권옵션의 개념 / 184
2. T-Bond(Note) 옵션 / 185
3. 채권옵션의 가격결정 / 187

5.3 금리선물옵션 ······ 188

1. 선물옵션의 개념 / 188
2. 국채 선물옵션 / 189
3. 유로달러 선물옵션 / 197

5.4 장외 금리옵션 ······ 199

1. 캡 / 199
2. 플로어 / 202
3. 칼라 / 203
4. 스왑션 / 205

5.5 이색옵션 ······ 210

1. 디지털 옵션 / 211
2. 배리어 옵션 / 213
3. 선택자옵션 / 218

4. 래칫/클리켓옵션 / 219
5. 복합옵션 / 221

Part 3 • 금리파생상품 투자전략

Chapter 6 **방향성 거래전략 • 233**

6.1 순수 방향성 거래전략 233
1. 선도형 금리파생상품 / 233
2. 옵션형 금리파생상품 / 238
3. 합성선물전략 / 239

6.2 스프레드 거래전략 240
1. 채권선물 스프레드 거래전략 / 240
2. 금리옵션 스프레드 전략 / 246

Chapter 7 **변동성 매매전략 • 261**

7.1 옵션시장과 변동성 261
1. 변동성의 개념과 추정방법 / 261
2. 변동성 미소 / 264
3. 변동성 콘 / 266

7.2 변동성 매매전략의 핵심 268
1. 변동성 매매의 개념 / 268
2. 옵션투자 이익의 원천과 변동성매매의 핵심 / 274
3. 변동성 매매전략의 선택 / 275

7.3 방향성/변동성 매매의 수정전략 277

7.4 옵션을 이용한 채권 포트폴리오 관리 294
1. 채권 포트폴리오의 듀레이션과 볼록도 / 294
2. 옵션이 채권 포트폴리오의 듀레이션과 볼록도에 미치는 효과 / 294

Chapter 8 **차익거래와 상대가치거래 • 303**

8.1 시장의 비효율성과 차익거래 303

8.2 금리선물 차익거래 ···· 305

1. 유로달러선물 차익거래 / 305
2. T-Bond 선물 차익거래 / 306
3. 한국 국채선물 차익거래 / 309

8.3 선물/옵션 차익거래 ···· 313

1. 풋-콜-선물 패리티 / 313
2. 채권선물/옵션 차익거래의 논리 / 314
3. 채권선물/옵션 차익거래 예제 / 315

8.4 상대가치거래 ···· 316

1. 상대가치거래의 개념 / 316
2. 국채선물과 금리스왑의 상대가치거래 / 318
3. 채권과 통화스왑의 상대가치거래 / 322
4. 채권/스왑 스프레드 전략 / 325
5. 신용 스프레드 거래전략 / 330

Part 4 · 금리 리스크관리 및 구조화금융

Chapter 9 **금리 리스크관리 전략과 기법 · 337**

9.1 금리 리스크관리 ···· 337

1. 금리 리스크관리의 개념 / 337
2. 금리 리스크관리와 기업가치 / 338

9.2 금리 리스크관리 전략 ···· 341

1. 리스크관리 목표의 설정 / 341
2. 금리전망과 리스크관리전략의 선택 / 346

9.3 금리 리스크 관리기법 ···· 350

1. 선도형 금리파생상품을 활용한 리스크 관리 / 350
2. 옵션형 금리파생상품을 활용한 리스크 관리 / 366

Chapter 10 **금리파생상품을 활용한 구조화금융 · 375**

10.1 구조화금융의 개념과 유형 ···· 375

10.2 선도금리를 이용 ········ 378

1. 변동금리채권 / 378
2. 역변동금리채권 / 381

10.3 수익률곡선의 기울기를 이용 ········ 385

1. CMT FRN / 385
2. Late LIBOR FRN / 387
3. 이중변동금리채권 / 388
4. 콴토채권 / 390

10.4 금리옵션을 이용 ········ 392

1. 수의상환채권 / 변제요구채권 / 392
2. 수의상환 변동채권 / 398
3. 금리상하한 변동금리채권 / 399
4. 참여약정 / 401
5. 레인지 채권 / 403
6. 레인지 어크루얼 채권 / 405

10.5 기타 유형 ········ 407

1. KTB Swap / 407
2. 파워스프레드채권 / 409
3. 변동성 채권 / 412

Part 5 • 금리 리스크관리 및 구조화금융

Chapter 11 리스크 중립적 가격결정 • 417

11.1 무차익거래논리 ········ 417

1. 상태가격의 개념 / 418
2. 무차익거래논리와 채권가격결정 / 421
3. 상태가격과 무차익거래논리의 관계 / 422

11.2 리스크 중립적 가격결정의 논리 ········ 423

1. 리스크중립적 확률 / 423

2. 상태가격과 리스크중립적 확률의 관계 / 424

3. 리스크중립적 옵션가격결정 / 425

11.3 리스크중립적 가격결정의 일반화 439

1. 리스크의 시장가격 / 439

2. 마팅게일과 측도 / 441

3. 동등마팅게일측도 / 444

4. 리스크중립적 가격결정: 마팅게일 방법론 / 449

Chapter 12 **금리파생상품의 가격결정: 기간구조모형 • 481**

12.1 금리 기간구조의 기초개념 481

12.2 금리기간구조 483

1. 이항과정을 이용한 금리기간구조 도출 / 484

2. 평균복귀 이항과정을 이용한 금리기간구조 도출 / 489

3. 수익률곡선을 이용한 단기금리 과정도출 / 492

12.3 금리기간구조를 이용한 금리옵션의 가격결정 498

1. 트리를 이용한 금리옵션의 가격결정 / 499

2. 균형모형 / 503

3. 무차익거래 모형 / 510

✔ 참고문헌 517

✔ 찾아보기 521

Interest Rate Derivatives
Investment & Risk Management
Strategies for Practitioners

Part 1

금리 리스크

제1부 소개

Interest Rate Derivatives
Investment & Risk Management Strategies for Practitioners

제1부에서는 금리파생상품을 이해하는데 필수적인 금리 리스크의 개념과 측정방법에 대해 설명한다. 제1장에서는 명목금리(nominal rate)와 실효금리(effective rate), 할인율(discount rate)과 채권상당수익률(BEY), 현물금리(spot rate)와 선도금리(forward rate), 만기수익률(yield to maturity), 액면이자율(par yield), 그리고 이자수익률(coupon yield)의 관계, 변동금리채권의 할인마진(discount margin) 등 여러 가지 형태의 수익률의 개념을 예제를 통해 설명한다. 또한 듀레이션, 수정듀레이션, 베이시스포인트가치(BPV), 유효듀레이션, 볼록도, 듀레이션갭 등 금리리스크의 전통적인 개념과 측정방법을 소개한다. 이와 같은 개념들은 금리파생상품의 투자전략과 리스크관리전략의 이해에 필수적이다.

제2장에서는 수익률곡선의 의미, 명목스프레드(nominal spread), Z-스프레드(Zero-volatility spread), 옵션조정 스프레드(OAS: Option Adjusted Spread) 등 다양한 수익률 스프레드의 개념을 소개한다. 또한 부트스트랩핑 방법(bootstrapping method)을 이용하여 이표채 수익률곡선으로부터 무이표채 수익률곡선을 얻는 방법, 액면가 수익률로부터 무이표채 수익률을 구하는 방법, 무이표채 수익률로부터 액면가 수익률을 구하는 방법을 설명한다. 그리고 수익률곡선의 형태에 관한 이론을 간략히 살펴본 후, 수익률곡선변형 듀레이션(yield curve reshaping duration), 주요수익률 듀레이션(key rate duration) 등 수익률곡선 리스크를 측정하는 개념들을 소개한다.

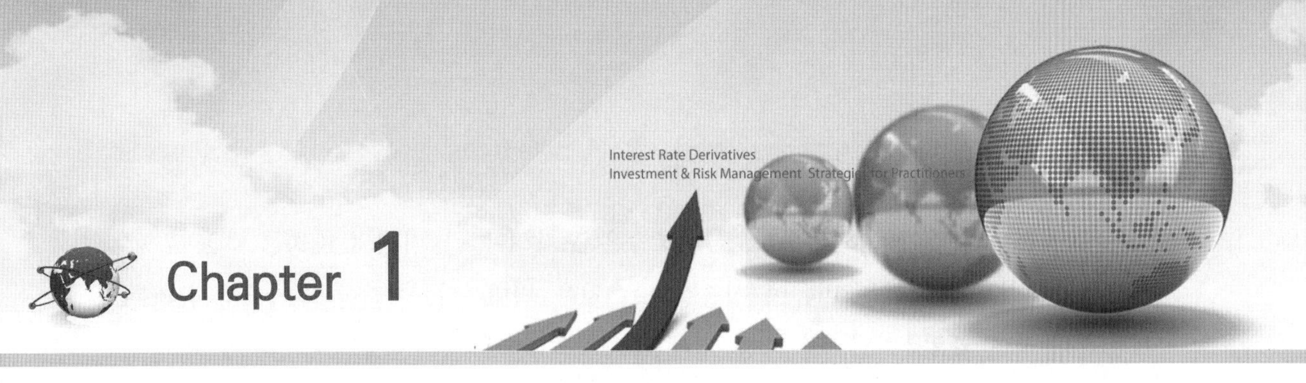

금리 리스크의 개념

금리 리스크란 금리의 변화에 따라 금리민감 자산이나 부채의 가치가 변하는 리스크를 의미한다. 금리 리스크는 기업, 정부, 개인 등 경제주체의 경제행위에 커다란 영향을 미치기 때문에 중요한 금융 리스크 중의 하나이다. 금리 리스크는 투자 리스크와 수익 리스크로 대별할 수 있다. 투자 리스크는 금리의 변화가 고정수익증권의 가치를 변화시키는 리스크를 의미하며 가격 리스크(price risk)라고도 한다. 수익 리스크란 차입금리와 대출금리의 변화가 일치하지 않을 때 발생하는 수익의 감소 리스크를 의미하며 금융회사의 갭문제(gap problem)라고도 한다.

본 장에서는 금리 리스크를 이해하기 위해 명목금리(nominal rate)와 실효금리(effective rate), 할인율(discount rate)과 채권상당수익률(BEY), 현물금리(spot rate)와 선도금리(forward rate), 만기수익률(yield to maturity), 액면이자율(par yield), 그리고 이자수익률(coupon yield)의 관계, 변동금리채권의 할인마진(discount margin) 등 여러 가지 형태의 수익률의 개념을 예제를 통해 학습한다. 또한 듀레이션, 수정듀레이션, 베이시스포인트가치(BPV), 유효듀레이션, 볼록도, 듀레이션갭 등 금리 리스크의 전통적인 개념과 측정방법을 소개한다. 이와 같은 개념들은 금리파생상품의 투자전략과 리스크 관리전략을 이해하는데 필수적이다.

1.1 금리의 기초개념

1. 금리란 무엇인가?

금리란 자본 서비스에 대하여 지불하는 대가이다. 즉, 현재시점에서 자본을 사용하는 권리를 얻는데 대하여 지급하는 가격이 바로 금리라고 할 수 있다. 일반적으로 금리는 화폐자본의 대가를 의미하며, 금리상승은 포기해야 할 미래의 재화를 척도로 할 때 현재 재화를 소비하는 비용이 상승한다는 것을 의미한다. 이러한 의미에서 금리는 시간을 통하여 개인, 기업, 정부 등 경제 주체들의 경제적 의사결정에 영향을 미치게 된다.

금리는 기업 및 금융회사의 유동성 수준, 금융상품의 만기, 시중자금의 수급여건 등에 따라 일정한 금리체계를 형성하고 있다. 금융시장에서 형성되는 각 금리는 다양한 요인들에 의하여 끊임없이 변동하고 있다. 금리가 변동하는 이유는 자금의 수요와 공급이 일치하지 않기 때문이라고 할 수 있다. 금리를 변동시키는 주요 요인으로는 국내외 경제여건, 중앙은행의 통화정책기조, 기업, 가계, 금융회사의 유동성 수준, 물가 상승률 등을 들 수 있다.

국내외 경제여건은 금리수준을 변동시키는 주요 요인인데, 경기순환과 금리는 일정한 시차를 두고 변동하고 있다. 일반적으로 경기호황시에는 기업의 투자증대로 자금수요가 증대하여 금리가 상승하고, 경기하락시에는 금리가 하락한다. 중앙은행의 긴축적인 통화정책(단기금리 인상)은 일반적으로 금리상승으로 이어진다. 금융회사의 자금공급 능력에 비해 기업 및 가계의 자금수요가 많으면 당연히 금리수준은 올라가게 된다. 또한 채권의 공급물량 증대(수요감소)와 금융시장에서 신용리스크의 증대는 금리상승을 초래한다. 이외에 물가상승률도 금리수준을 변동시키는데 물가가 오를수록 금리도 상승한다. 이는 물가가 상승하여 돈의 실질구매력이 떨어지면 자금을 빌려주는 사람은 이를 보상받기 위하여 자금의 사용가격인 금리를 올리기 때문이다. 이와 같이 시장금리는 다양한 요인에 의해 결정되므로 금리변동의 원인을 분석하기 위해서는 이러한 요인들의 상대적 중요성과 함께 경제환경을 면밀히 파악해야 한다. 금리는 일국 경제의 거시경제적 지표에 의존한다는 면에서 아주 중요한 역할을 하며, 금리자체가 경제의 상황을 나타내는 척도라고 할 수 있다.

국내 금융시장에서 형성되는 주요 금리로는 한국은행 기준금리(정책금리), 콜금리, CD 91일물 수익률, 만기 1년, 3년, 5년, 10년 국고채수익률, 만기 3년 회사채수익률(AA-) 등을 들 수 있다. 이 중에서 한국은행 기준금리는 한국은행이 금융회사와 Repo 매매, 자금조정 예금 및 대출 거래를 할 때 기준이 되는 정책금리이다. 기준금

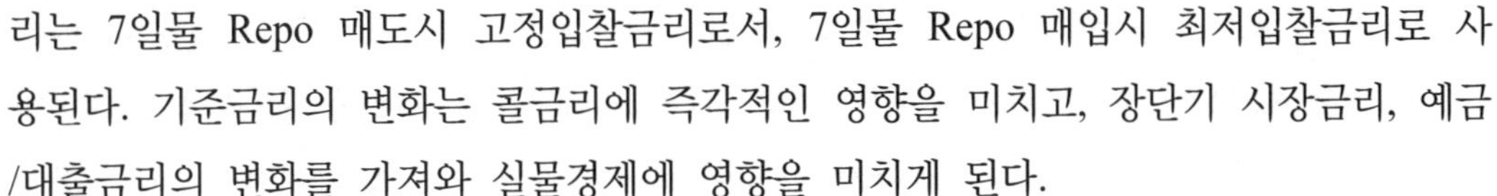

리는 7일물 Repo 매도시 고정입찰금리로서, 7일물 Repo 매입시 최저입찰금리로 사용된다. 기준금리의 변화는 콜금리에 즉각적인 영향을 미치고, 장단기 시장금리, 예금/대출금리의 변화를 가져와 실물경제에 영향을 미치게 된다.

콜금리는 주로 금융회사간에 자금을 초단기로 차입하거나 대여하는 시장에서 거래되는 금리이다. 금융회사는 고객을 상대로 예금을 받고 대출 또는 투자를 하는 과정에서 수시로 자금이 남기도 하고 모자라기도 하는데, 이러한 자금과부족을 콜시장에서 금융회사간 자금거래를 통해 조절한다. 빌려주는 돈을 콜론(call loan)이라고 하고, 빌리는 돈을 콜머니(call money)라고 한다. 이처럼 콜시장에서의 자금거래는 금융회사의 일시적인 자금과부족을 조절하는 거래이기 때문에 1일물 거래가 대부분이다. 또한 콜자금 거래에 적용되는 금리도 다른 시장금리와 마찬가지로 주로 콜시장의 자금수급 상황에 따라 결정되는데 금융회사의 단기유동성 사정이 호전(악화)되면 콜자금 공급이 늘어나(줄어들어) 콜금리는 하락(상승)한다.

공개시장조작이란 한국은행이 금융시장에서 금융기관을 상대로 국채 등 증권을 사고팔아 시중에 유통되는 화폐의 양이나 금리 수준에 영향을 미치려는 가장 대표적인 통화정책 수단이다. 한국은행은 공개시장조작을 통해 금융기관간 일시적인 자금과부족을 조정하는 콜시장의 콜금리가 '한국은행 기준금리' 수준에서 크게 벗어나지 않도록 유도하고 있다.

한국은행의 기준금리 변경은 다양한 경로를 통하여 경제 전반에 영향을 미치며, 일반적으로 다음과 같은 경로를 통하여 통화정책의 효과가 파급된다고 할 수 있다.

1) 금리경로: 기준금리 변경은 단기시장금리, 장기시장금리, 은행 예금 및 대출 금리 등에 영향을 미친다. 예를 들어 한국은행이 기준금리를 인상할 경우 콜금리 등 단기시장금리는 즉시 상승하고 은행 예금 및 대출 금리도 대체로 상승하며 장기시장금리도 상승압력을 받는다. 이와 같은 각종 금리의 움직임은 소비, 투자 등 총수요에 영향을 미친다. 예를 들어 금리 상승은 차입을 억제하고 저축을 늘리는 한편 예금이자 수입 증가와 대출이자 지급 증가를 통해 가계의 소비를 감소시킨다. 기업의 경우에도 다른 조건이 동일할 경우 금리 상승은 금융비용 상승으로 이어져 투자를 축소시킨다.

2) 자산가격경로: 기준금리 변경은 주식, 채권, 부동산 등 자산가격에도 영향을 미친다. 예를 들어 금리가 상승할 경우 주식, 채권, 부동산 등 자산을 통해 얻을 수 있는 미래 수익의 현재가치가 낮아지게 되어 자산가격이 하락하게 된다. 이는 가계의 자산의 감소로 이어져 가계소비의 감소 요인이 된다.

3) 신용경로: 기준금리 변경은 은행의 대출태도에 영향을 미치기도 한다. 예를 들어 금리가 상승할 경우 은행은 차주의 상환능력에 대한 우려 등으로 이전보다 대출에 더 신중해질 수 있다. 이는 은행대출을 통해 자금을 조달하는 기업의 투자는 물론 대출자금을 활용한 가계의 소비도 위축시킨다.

4) 환율경로: 기준금리 변경은 환율에도 영향을 미치게 된다. 예를 들어 여타국의 금리가 변하지 않은 상태에서 우리나라의 금리가 상승할 경우 국내 원화표시 자산의 수익률이 상대적으로 높아져 해외자본이 유입될 것이다. 이는 원화를 사려고 하는 사람들이 많아진다는 의미이므로 원화 가치의 상승으로 이어진다. 원화 가치 상승은 원화표시 수입품 가격을 하락시켜 수입품에 대한 수요를 증가시키고 외화표시 수출품 가격을 상승시켜 우리나라 제품 및 서비스에 대한 해외수요를 감소시킨다.

5) 기대경로: 기준금리 변경은 일반의 기대인플레이션 변화를 통해서도 물가에 영향을 미친다. 예를 들어 기준금리 인상은 한국은행이 물가상승률을 낮추기 위한 조치를 취한다는 의미로 해석되어 기대인플레이션을 하락시킨다. 기대인플레이션은 기업의 제품가격 및 임금근로자의 임금 결정에 영향을 미치기 때문에 결국 실제 물가상승률을 하락시키게 된다.

그림 1-1 통화정책효과의 파급경로

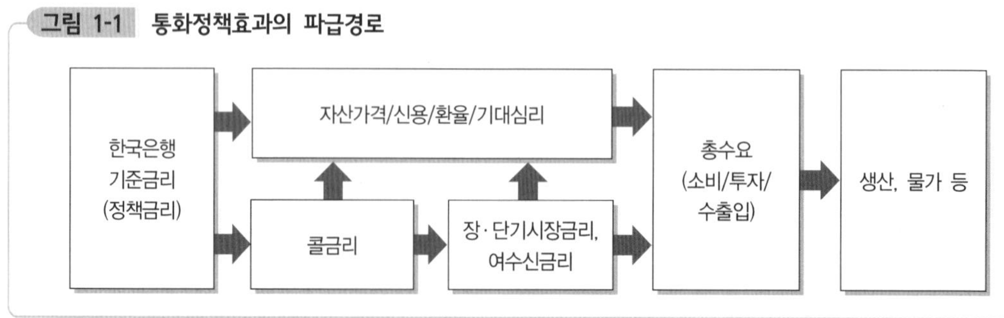

이러한 여러 경로를 통한 총수요, 즉 소비 · 투자 · 수출(해외수요)의 변동은 다시 물가에 영향을 미친다. 예를 들어 금리 상승으로 인한 소비, 투자, 수출 등 총수요의 감소는 물가 하락압력으로 작용한다. 특히 환율경로에서는 원화 가치 상승으로 인한 원화표시 수입물가의 하락이 국내 물가를 직접적으로 하락시키는 요인으로 작용한다.

2. 금리의 유형

(1) 단리(simple add-on rate)와 복리(compound rate)

단리는 원금이 A, 금리가 r인 경우 n년 후 원리금을 $A(1+rn)$와 같이 계산하는 방식이다. 예를 들어, 100의 자금이 1년 후에 110이 되면 100에 대해 10이 부가(add-on)되면서 금리가 10%가 된다는 식으로 표시하는 가장 간단한 금리 개념이다. 이 경우 투자금액은 시간이 흐름에 따라 선형으로 증가하게 된다. 단기금융시장(money market)에서 금리는 만기에 일시불로 지급되므로 단리의 개념이 적용된다. 가장 중요한 것은 기간개념으로서 일반적으로 1년 단위로 금리를 표시하는데, 1년 금리를 360일 단위로 표시하는 방법과 365일 단위로 표시하는 방법이 있다. 달러 LIBOR금리의 경우 360일 단위로 표시가 되므로 365일 단위로 표시할 경우 5일분의 이자가 차이가 나게 된다.

예를 들어, 백만 달러를 1%(act/360) 유로정기예금에 180일 동안 예치하였을 경우 만기시 받게 되는 이자는 다음과 같이 계산된다.(act : 실제 이자기간)

$$USD\,1{,}000{,}000 \times 0.01 \times \frac{180}{360} = USD\,5{,}000$$

한편, 복리의 개념은 일정기간을 여러 개의 부분기간으로 나누고 부분기간마다 원리합계를 계속 재투자해서 얻게 되는 금리이다. 예를 들어, 복리채(accrual bond)의 경우 이자지급기간 동안 이자가 복리로 재투자되어 만기일에 원금과 이자를 동시에 지급한다. 연 단위 복리계산의 방법으로 연 r의 이자율로 n년간 A금액을 투자한 경우의 원리금 합계는 다음과 같다.

$$A(1+r)^n \tag{1.1}$$

만약 1년에 m회 복리로 n년간 투자한다면 원리금 합계는 다음과 같이 된다.

$$A(1+\frac{r}{m})^{mn} \tag{1.2}$$

이제 m을 무한대로 한다면 즉, 연속복리로 계산하면 n년 후에 얼마가 될까? 그 값은 무한히 커질 것 같지만 실제로 유한의 값을 갖는다. 다음 식을 이용하면 연속복리 기준의 미래가치를 쉽게 이해할 수 있다.

$$\lim_{m\to\infty}\left(1+\frac{r}{m}\right)^{mn} = e^{rn} \tag{1.3}$$

연 r의 연속복리 이자율로 n년간 A금액을 투자한 경우의 원리금 합계는 다음과 같다.

$$Ae^{rn} \tag{1.4}$$

이때 e는 자연대수의 밑수이며 $\lim_{m\to\infty}\left(1+\frac{1}{m}\right)^{m}=e$으로 정의되는 무리수로서 2.7182…정도의 값을 가지는 숫자이다.

연속복리로 계산한 투자금액의 미래가치는 일간복리로 계산한 값과 거의 비슷하다. 따라서 실무적으로 파생상품의 가격결정에서 연속복리 계산은 일간복리 계산과 동일한 것으로 간주한다. 연 단위, 6개월 단위 또는 월단위의 복리개념에 익숙한 독자들에게는 다소 생소하겠지만, 연속복리 개념은 다양한 파생상품의 가격결정을 설명하는 과정에서 흔히 사용되는 개념이어서 연속복리 방법에 친숙해지는 것이 필요하다.

이제 연속복리 이자율을 r_c, 1년에 m번 복리를 계산하는 이산복리 이자율을 r_m이라고 하자. 식 (1.2)과 식 (1.4)로부터 우리는 다음과 같은 관계를 얻게 된다.

$$Ae^{r_c n} = A\left(1+\frac{r_m}{m}\right)^{mn} \tag{1.5}$$

이 관계를 이용하여 우리는 1년에 m번 복리를 계산하는 이산복리 이자율을 연속복리 이자율로 전환시키거나 또는 연속복리 이자율을 이산복리 이자율로 전환시킬 수 있다. 즉,

$$r_c = m \times \ln\left(1 + \frac{r_m}{m}\right) \tag{1.6}$$

$$r_m = m\left(e^{\frac{r_c}{m}} - 1\right) \tag{1.7}$$

(2) 명목금리(nominal rate)와 실효금리(effective rate)

연간 이자 지급회수가 상이할 경우 금융상품간 수익률을 비교하기 위해서는 명목금리와 실효금리의 차이를 이해할 필요가 있다. 명목금리를 NR, 실효금리를 ER이라고 할 때 다음과 같은 관계가 있다.

$$1 + ER = (1 + \frac{NR}{m})^m \tag{1.8}$$

이때 m은 연간 이자를 계산하는 횟수를 나타낸다. 따라서

$$ER = (1 + \frac{NR}{m})^m - 1\ , \quad NR = [(1 + ER)^{\frac{1}{m}} - 1] \times m \tag{1.9}$$

예를 들어, 명목금리가 연 5%인 대출에서 이자를 분기별로 복리계산을 한다면 실효금리는 다음과 같이 결정할 수 있다.

$$ER = (1 + \frac{NR}{m})^m - 1 = (1 + \frac{0.05}{4})^4 - 1 = 0.05095\,(5.095\%)$$

(3) 할인율(discount rate)

지금까지는 일반적인 금리의 개념을 설명했다. 여기에 한 가지 추가하여 설명해야 할 부분은 바로 할인율(discount rate)의 개념인데, CD(양도성예금증서)와 같이 '명목이자율에 대해 할인되어 거래되는 상품(discount to yield)'이 있고, 미국단기재정증권(Treasury Bill)처럼 '액면금액에 대해 할인되어 거래되는 상품(discount to par)' 이 있다.

예 제

ABC은행이 런던에서 발행한 유로 CD(해외소재 은행이 주로 런던에서 발행하는 CD)의 액면금액이 US$ 1,000,000, 명목이자율이 5.65%(act/360)이고, 현재 유통수익률이 4.75%라고 하자. 발행일부터 만기까지의 일수가 182일, 정산일로부터 만기까지의 일수가 92일일 때 투자자가 정산일에 지급해야 할 금액은 얼마인가?

현재 이 단기금융상품의 수익률이 유통시장에서 4.75%로 호가된다면 정산일(settlement date)에 투자자가 지급해야 할 금액은 다음 두 단계를 거쳐 계산된다.[1)]

1) 명목이자율을 이용하여 만기 상환금액(repayment amount)을 구한다.

$$\text{상환금액} = \text{명목원금} \times [1 + \text{이자율} \times \frac{act}{basis}] \tag{1.10}$$

act : 발행일부터 만기까지의 일수(182일)

basis : 360

2) 만기시 상환금액을 시장에서 호가되는 수익률로 할인하여 정산금액(settlement amount)을 구한다.

$$\text{정산금액} = \frac{\text{상환금액}}{1 + \text{수익률} \times \dfrac{act}{basis}} \tag{1.11}$$

이때 act는 정산일로부터 만기까지의 일수(92일)이다.
따라서 정산금액은 다음과 같이 결정된다.

$$\text{정산금액} = \frac{1{,}000{,}000 \times (1 + 0.0565 \times \dfrac{182}{360})}{1 + 0.0475 \times \dfrac{92}{360}} = 1{,}016{,}228.01$$

이 정산금액은 현재시점의 투자금액이며 92일 후에 상환금액 1,028,563.89를 받으므로 만기수익률 4.75%를 얻게 된다.

이때 만기수익률을 하나의 식으로 표현하면 다음과 같다.

1) 여기서 정산일(settlement date)이란 투자시점(현재)을 의미한다.

$$\text{만기수익률} = [\frac{\text{액면금액} \times (1 + \text{이자율} \times \frac{t}{basis})}{\text{정산금액}} - 1] \times \frac{basis}{n}$$

$$= [\frac{1{,}000{,}000 \times (1 + 0.0565 \times \frac{182}{360})}{1{,}016{,}228.01} - 1] \times \frac{360}{92} \tag{1.12}$$

$$= 4.75\%$$

t : 발행일로부터 만기일까지의 일수

n : 정산일(현재)로부터 만기일까지의 일수

만기 1년 이하의 미국정부 채권을 Treasury Bill이라고 하는데, 무이표채이므로 할인율(discount rate)로 호가된다. 이때 할인율은 액면가격 기준으로 얼마나 할인되어 있는가를 나타내는 개념이다. 즉,

$$d = \frac{100 - P}{100} \times \frac{basis}{n} \tag{1.13}$$

이때 d는 할인율, P는 채권가격, n은 만기일까지 남은 일수, $basis$는 GBP의 경우 365일, 그 외는 360일을 사용한다.

따라서 채권가격(P), 즉 정산금액은 다음과 같이 결정된다.

$$P = 100 \times [1 - d \times \frac{n}{basis}] \tag{1.14}$$

예를 들어, 1년 후 만기에 100을 받게 되는 T-bill의 현재가격이 98이라고 하면 할인율은 2%이다. 98을 투자해서 1년 만에 100을 받으므로 위에서 살펴 본 단리개념으로는 2/98 = 2.04%의 금리를 받게 되는 것이다. 90일후에 만기가 되어 100을 받게 되는 T-bill의 가격이 99이라면 할인율은 90일에 1%이므로 360일 기준으로는 4%가 된다.

예 제

액면 US$ 1,000,000, 만기 50일의 미국 T-Bill의 할인율의 호가가 2.15-12일 때 매수시 정산금액(settlement amount)은 얼마인가?

$$정산금액(P) = 100 \times [1 - d \times \frac{n}{basis}] = 100 \times [1 - 0.0212 \times \frac{50}{360}] = 99.706(\%)$$

이때 $d = 2.12\%$(할인수익률의 매도호가), $n = 50$, $basis = 360$.

이는 액면금액 US $1,000,000의 99.706%를 의미하므로, 정산금액은 US $997,060이 된다. 이와 같이 할인율의 개념은 실질적으로 수익률의 개념이 아니며, 단지 할인채권을 호가하는 방식에 지나지 않는다.

---

(4) 채권상당수익률(BEY)

할인율(discount rate)은 1년이 360일이라고 가정하고, 할인액을 액면금액(100)으로 나눈다. 이와 같은 결함을 극복하기 위한 개념이 채권 매입가격 기준 무이표채 할인율인 채권상당수익률(BEY: bond equivalent yield)이다. 즉,

$$BEY = \frac{100 - P}{P} \times \frac{365}{n} \tag{1.15}$$

이 식을 이용하면 채권딜러들이 호가하는 할인율(d)과 채권상당수익률(BEY)의 관계를 다음과 같이 표현할 수 있다.

$$BEY = \frac{365d}{360 - dn} \tag{1.16}$$

앞의 예제에서 만기가 50일 남은 Treasury Bill의 할인율이 2.12%(매도호가)일 때 식(1.16)을 이용하여 채권상당수익률을 계산하면 2.156%가 된다.

유로달러시장에서는 360일 기준의 단리(add-on-rate)를 기준으로 수익률이 표시되고 있고, T-bond 시장에서는 365일 기준의 채권상당수익률(BEY)로 수익률이 표시되고 있다. 따라서 이러한 시장에서의 수익률의 의미를 이해하는 것은 매우 중요하다고 볼 수 있다.

(5) 현물금리(spot rate)와 선도금리(forward rate)

n년 만기 현물금리는 현재부터 n년간의 투자로부터 얻을 수 있는 금리를 의미한다. 여기서 고려하는 투자는 투자기간동안 현금의 지급이 전혀 없는 투자를 의미한다. 즉, 원금과 이자는 모두 n년 후 투자자에게 환급된다. 결국 n년 만기 현물금리는 이표를 지급하지 않는 무이표채권의 수익률을 의미한다.

선도금리는 현재 현물금리에 내재되어 있는 미래의 일정기간에 대한 금리를 말한다. 현재(0)부터 t_1까지의 기간 동안에 대한 현물금리가 r_1이고, 현재(0) 부터 t_2까지의 기간 동안에 대한 현물금리가 r_2인 경우, t_1과 t_2사이의 기간 동안에 대한 선도금리 $R(1, 2)$은 단리를 가정하는 경우 다음과 같이 계산된다.[2)]

$$R(1,2)=\left[\frac{1+r_2\times t_2}{1+r_1\times t_1}-1\right]\times\frac{1}{t_2-t_1} \tag{1.17}$$

예를 들어, 현재시점에서 1년 금리가 3%, 2년 금리가 3.5%라고 가정할 때 향후 1년 후 1년 선도금리는 다음과 같이 결정된다(t_1=1, r_1=3%, t_2=2, r_2=3.5%).

$$R(1,2)=\left[\frac{1+0.035\times 2}{1+0.03\times 1}-1\right]\times\frac{1}{2-1}=0.0388(3.88\%)$$

한편, 연속복리를 가정하는 경우 선도금리는 다음과 같이 결정된다.[3)]

$$R(1,2)=\frac{r_2t_2-r_1t_1}{t_2-t_1}=\frac{0.035\times 2-0.03\times 1}{2-1}=0.04(4\%) \tag{1.18}$$

선도금리가 어떻게 결정되는가를 보기 위하여 현물금리가 [표 1.1]의 두 번째 열에 표시된 것과 같다고 하자. [표 1.1]에서 두 번째 년도에 대한 선도금리는 4.0%가 됨을 알 수 있다. 이는 1년 현물금리와 2년 현물금리의 관계에 내재되어 있는 금리이다.

위의 식 (1.18)을 다음과 같이 변형시키면 r_2는 r_1과 $R(1, 2)$의 가중평균임을 알 수 있다. 즉,

---

2) 선도금리 $R(1, 2)$는 다음 식으로부터 구한다. $[1+r_1\times t_1]\times[1+R(1,2)\times(t_2-t_1)]=[1+r_2\times t_2]$

3) 연속복리를 가정하는 경우 선도금리 $R(1, 2)$는 다음 식으로부터 구한다. $e^{r_1t_1}\times e^{R(1,2)(t_2-t_1)}=e^{r_2t_2}$

$$r_2 = \frac{t_1}{t_2} \times r_1 + \frac{t_2 - t_1}{t_2} \times R(1,\ 2) \tag{1.19}$$

표 1.1 선도금리의 계산

년	현물금리	선도금리
1	3.0	–
2	3.5	4.0
3	4.0	5.0
4	4.5	6.0
5	5.0	7.0

이는 연속복리의 경우 전체기간 동안의 금리는 각 부분기간에 대한 금리의 가중평균으로 결정된다는 것을 의미한다. 예를 들어, 2년 현물금리 3.5%는 1년 현물금리 3%와 1년 후 1년 선도금리 4%의 가중평균으로 결정된다는 것을 알 수 있다.

(6) 실질수익률(real yield)과 예상인플레이션

실질수익률(real yield)은 명목수익률(nominal yield)에서 예상인플레이션을 뺀 것으로 정의된다. 이를 피셔방정식(Fisher equation)이라고 한다. 이때 실질수익률은 물가연동국채(Inflation-Linked Bond)의 수익률로 관측되고, 명목수익률은 일반적인 국채수익률로 관측된다.[4] 따라서 일반적인 국채수익률에서 물가연동국채의 수익률을 차감하여 시장가격에 반영된 예상인플레이션을 산출하는 방법을 생각해 볼 수 있다. 예를 들어, 한국정부가 발행한 10년 만기 물가연동국채의 발행수익률이 3%라고 하자. 이때 10년 만기 국채수익률이 5.0%라면 예상인플레이션은 약 2% 정도가 된다고 해석하는 것이다.

만일 인플레이션 리스크 프리미엄이 상당한 기간 동안 일정하다면 명목수익률과 실질수익률의 차이가 예상인플레이션을 상당부분 반영하게 될 것이고, 물가연동국채의 수익률은 미래의 인플레이션에 대한 시장의 예상을 적절히 반영한다고 볼 수 있다. 그러나 피셔방정식에 의한 분석은 다음과 같은 문제점을 안고 있다. 첫째, 시장참여자들의 인플레이션 리스크 프리미엄은 시간이 흐름에 따라 변한다는 사실이다. 둘째,

4) 물가연동국채(Inflation-Linked Bond: ILB)는 채권의 현금흐름(이표와 원금)이 인플레이션지수에 연동되어있는 국채를 말한다. 미국에서는 Treasury Inflation Protected Securities(TIPS), 영국에서는 Index Linked Bond로 불린다.

상이한 만기의 명목수익률은 인플레이션으로 인한 명목수익률의 변화뿐만 아니라 유동성 프리미엄도 함께 반영한다는 사실이다. 셋째, 물가연동국채의 발행규모가 적고 유동성이 부족할 경우 수익률곡선상의 각 만기를 커버하지 못하게 된다. 따라서 명목수익률과 실질수익률(물가연동국채의 수익률)의 차이로부터 예상인플레이션을 산출하는 것은 그리 간단한 문제가 아님을 알 수 있다.

피셔방정식을 이용할 때 가장 큰 문제점은 명목수익률과 실질수익률만 관측이 가능하기 때문에 인플레이션 리스크 프리미엄으로부터 시장참여자들의 예상인플레이션을 추출하기가 매우 어렵다는 사실이다. 따라서 실무적으로는 다음과 같이 동일한 만기의 물가연동국채의 실질수익률을 얻게 되는 손익분기 인플레이션(break-even inflation : BEI)을 계산한다.

$$(1+\frac{y_n}{m})^m=(1+\frac{y_r}{m})^m\times(1+BEI)$$

이때 y_n는 일반적인 국채의 명목수익률, y_r은 동일 만기의 물가연동국채(ILB)의 수익률, m은 연이자 지급횟수를 나타낸다.

즉, 손익분기 인플레이션(BEI)은 다음과 같이 결정된다.

$$BEI=\frac{(1+\frac{y_n}{m})^m}{(1+\frac{y_r}{m})^m}-1 \tag{1.20}$$

그림 1-2 물가연동국채의 수익률과 BEI의 추이

[그림 1-2]에서 보듯이 BEI가 과거 높은 수준(2011년-12년에 3%대)이었는데 현재 아주 낮은 수준으로 내려와 있다는 것은 향후 물가상승률이 높아질 것으로 예상하는 채권운용자에게 어떠한 투자기회를 제공하는지 다음 예제를 통해 살펴보기로 하자.

예 제

2016년 6월 17일 현재 만기 10년 국고채 수익률이 1.597%, 만기 10년 물가연동국채의 수익률이 0.97%일 때 손익분기 인플레이션(BEI)을 구하시오.

$$BEI = \frac{(1+\frac{0.01597}{2})^2}{(1+\frac{0.0097}{2})^2} - 1 = 0.00652(0.652\%)$$

이는 향후 1년 동안 0.625%의 인플레이션을 예상하는 투자자는 일반적인 국채에 투자하는 것과 ILB에 투자하는 것 간에 차이가 없다는 것을 의미한다. 만일 0.625%보다 높은 인플레이션을 예상하는 투자자는 ILB에 투자할 것이고, 반대로 0.625%보다 낮은 인플레이션을 예상하는 투자자는 일반적인 국채에 투자할 것이다. 또한 향후 BEI가 상승할 것으로 예상하는 투자자는 만기 10년 국고채를 매도하고 만기 10년 물가연동국채를 매수하는 전략(BEI long position)을 택할 수 있다.

3. 수익률과 채권가격

(1) 채권의 가격결정

고정금리채권이란 만기 이전에 일정 기간마다 이표(coupon)를 지급하는 증권이다. 따라서 이러한 채권의 가치를 정확히 평가하기 위해서는 각 현금흐름의 현재가치를 정확히 계산하여야 한다. 이를 위해서는 현금흐름이 발생하는 시점에 따라 해당 현금흐름의 할인율(금리)을 알아야 한다.

이표가 1년에 한번 지급되는 고정 이표채가 있다고 하자. 각각의 이표가 지급되는 시점을 1, 2, 3, ⋯, N이라 하고, 각 시점에 대응하는 금리를 y_1, y_2, y_3, ⋯⋯, y_N이라고 하자. 이러한 경우 채권의 가치는 N개의 현금흐름의 현재가치들의 합으로 나타낼 수 있다. 즉,

$$P = \sum_{t=1}^{N} \frac{C}{(1+y_t)^t} + \frac{F}{(1+y_N)^N} \qquad (1.21)$$

이때 P는 채권가격, C는 이표지급액, F는 액면금액, N은 만기, y_t는 만기별 할인율을 나타낸다.

이와 같이 여러 개의 현금흐름의 현재가치를 정확히 평가하기 위해서는 만기와 수익률의 관계를 나타내는 수익률곡선 상에서 현금흐름의 발생시점에 대응하는 할인율을 정확히 추정해야 하며, 이는 채권의 가격결정에 있어서 매우 중요한 부분이다.

일반적으로 채권수익률이라 하면 만기수익률(YTM : yield-to-maturity)을 의미한다. 만기수익률이란 채권의 미래 현금흐름(지급이자 + 액면가)의 현재가치와 채권의 시장가격(투자금액)을 일치시키는 수익률을 의미한다. 구체적으로 만기수익률은 아래의 식이 성립하도록 하는 y를 말한다.

$$P = \sum_{t=1}^{N} \frac{C}{(1+y)^t} + \frac{F}{(1+y)^N} \qquad (1.22)$$

이때 P는 채권의 현금가격(dirty price), C는 이자수익, F는 액면금액, N은 만기, y는 만기수익률을 나타낸다. 채권의 현금가격(dirty price)은 순수가격(clean price)에 경과이자(accrued interest)를 더한 값이다. 채권매수자는 채권의 호가(순수가격)에 이전이자지급일로부터 채권매매일까지 발생한 경과이자를 더하여 지급해야 한다. 이때 경과이자는 다음과 같이 계산한다.

$$\text{경과이자} = \text{명목원금} \times \frac{\text{이표율(연)}}{\text{연간이자 지급회수}} \times \text{이자기간}$$

위 식에서 채권가격(P)은 미래의 현금흐름을 현재의 수익률(y)로 할인한 값을 의미한다. 채권의 액면금액(F), 이자지급(C), 만기(N)는 채권의 발행조건에 따라 결정되므로, 채권가격(P)과 수익률(y)은 역의 상관관계가 있다. 즉, 금리가 전반적으로 상승하여 채권의 수익률이 상승하면 채권가격은 하락하고, 반대로 금리가 전반적으로 하락하여 채권의 수익률이 하락하면 채권가격은 상승하게 된다.

앞에서 제시한 채권가격공식은 연 1회 이표가 지급되는 것으로 가정한 경우이다. 미국의 T-Bond나 우리나라 국채의 경우 연 2회 이표를 지급한다. 이와 같이 이표지급 횟수가 1년에 1번이 아닌 경우 N은 만기가 아닌 이표 지급횟수로, y는 연율로 표시한 만기수익률이 아닌 기간별 만기수익률, C는 연 이표지급액이 아닌 기간별 이표지급액으로 해석하면 된다.

예 제

5년 만기, 10% 액면이자율의 채권(액면가:10,000원)이 연 2회 이자를 지급하면 만기수익률이 8%일 때 채권가격은 어떻게 결정되는가?

연1회 이자를 지급하면 $C=10{,}000\times 0.1=1{,}000,\ y=0.08,\ N=5$

$$P=\frac{C}{y}+\frac{F-\frac{C}{y}}{(1+y)^N}=10{,}798.54\text{원}$$

연 2회 이자를 지급하면 $C=10{,}000\times 0.1\times\frac{1}{2}=500,\ y=0.08\times\frac{1}{2}=0.04,\ N=5\times 2=10.$

$$P=\frac{C}{y}+\frac{F-\frac{C}{y}}{(1+y)^N}=10{,}811.09\text{원}$$

앞에서 제시한 채권가격공식은 수평수익률곡선 하에서 액면이자가 지급된 직후를 기준시점으로 하여 채권의 가격을 구할 때 적용할 수 있는 공식이다. 만일 기준시점이 이자지급일 사이에 위치하는 경우에는 채권가치를 다음과 같이 평가할 수 있다.

$$P=\sum_{t=1}^{N}\frac{C}{(1+y)^{t-1}(1+y)^{\tau}}+\frac{F}{(1+y)^{N-1}(1+y)^{\tau}} \tag{1.23}$$

여기서 τ는 기준시점과 다음 이자지급일간의 일수를 기준기간의 일수로 나눈 비율이다. 만약 $\tau=1$이면 가치평가시점이 이자지급일이므로 앞의 식과 동일하게 된다. 이와 같이 계산하는 방식을 이론적 할인방식이라고 한다. 그러나 실무적으로는 기준기간보다 짧은 기간에 대해 단리계산을 하는 관행적 할인방식을 사용한다. 즉,

$$P = \sum_{t=1}^{N} \frac{C}{(1+y)^{t-1}(1+y\tau)} + \frac{F}{(1+y)^{N-1}(1+y\tau)} \tag{1.24}$$

이 외에 실무적으로 채권가격을 계산할 때 액면 1만원 기준으로 계산한다. 매매가격의 경우 원 미만 소수 둘째짜리에서 절사하며, 일수는 한편 넣기(초일을 제외하고 최종일을 산입함)로 계산한다. 그리고 윤달이 포함되는 경우 366일을 사용한다.

한편, 할인채는 원금에서 이자를 할인하여 발행되는 채권으로 만기에 상환되는 금액은 항상 원금이다. 우리나라에서 할인채는 액면 10,000원에서 채권의 발행일로부터 만기일까지의 이자를 단리로 계산하여 차감한 금액으로 발행된다. 할인채는 무이표채를 의미하지만 우리나라에서는 이자에 대한 세금계산을 위해 표면금리를 표기한다.[5)]

매출가격: 10,000(1 − $c \times N$)

매출이자: 10,000 − 매출가격

채권가격(잔존만기: n년 d일): $P = \dfrac{10{,}000}{(1+y)^n(1+y\times\frac{d}{365})}$

이때 P는 채권가격, c는 연 기준 표면금리, N는 채권의 만기, n년 d일은 잔존만기, y는 할인율을 나타낸다.

(2) 수익률과 채권가격의 관계

채권의 현금흐름이 주어져 있을 경우 채권의 가격과 만기수익률간에는 일대일의 관계가 성립한다. 그러나 [그림 1-3]에서 보듯이 수익률 상승시 가격하락폭보다 수익률 하락시 가격상승폭이 더 크다. 이는 채권가격과 수익률이 완전한 반비례가 아니라 볼록성(convexity)을 지니기 때문이다(볼록성에 대한 자세한 내용은 나중에 설명함).

채권가격은 수익률에 의해서만 영향을 받는 것은 아니다. 만기나 표면금리도 채권가격의 민감도에 영향을 미친다. 채권가격은 미래 현금흐름(이자지급과 만기시 원금상환)의 현재가치를 나타내므로 금리변화는 현금흐름 전체에 영향을 미친다. 따라서 만기가 긴 장기채일수록 단기채보다 금리변화에 더 큰 영향을 받는다.

---

5) 윤평식(2008) p.84 참조.

그림 1-3 채권가격과 수익률의 관계

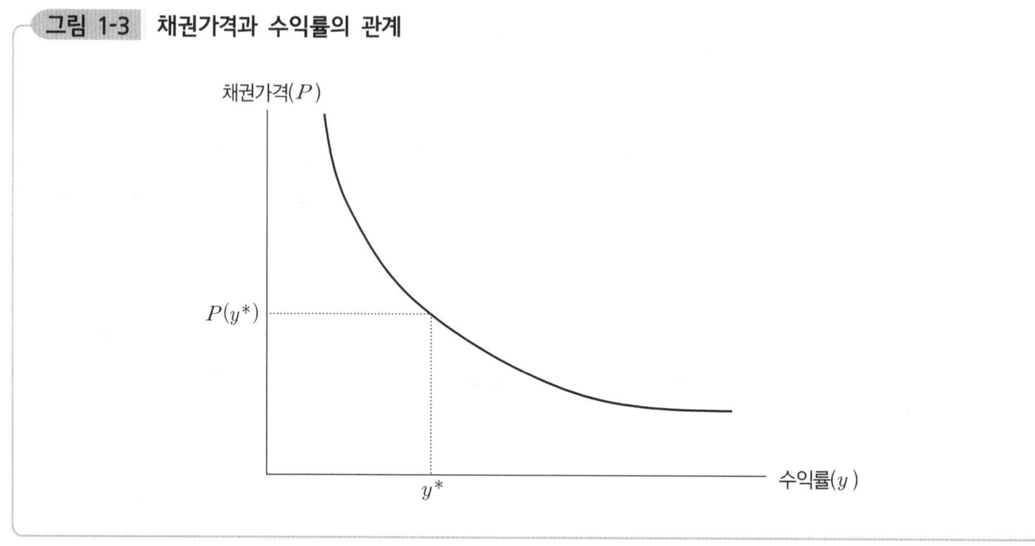

또한 동일 만기의 채권에 대해 표면금리가 높은 채권보다는 표면금리가 낮은 채권의 가격변동성이 더 크게 나타난다. 그 이유는 표면금리가 높은 채권일수록 현금흐름이 그만큼 빨라져 듀레이션은 짧아지고 가격민감도가 낮아지기 때문이다.

채권가격과 수익률의 관계를 요약하면 다음과 같다.

1) 채권가격과 수익률은 반비례의 관계가 있다.
2) 만기가 긴 장기채가 만기가 짧은 단기채보다 수익률 변동에 대한 가격변동폭이 크다.
3) 만기가 일정할 때 수익률 하락으로 인한 가격 상승폭이 수익률 상승으로 인한 가격 하락폭보다 크다.
4) 표면금리가 낮은 채권이 높은 채권보다 수익률 변동에 따른 가격변동폭이 크다.

(3) 만기수익률, 액면이자율, 이자수익률의 관계

앞에서 설명한 바와 같이 채권의 만기수익률이란 채권의 미래 현금흐름(지급이자+액면가)의 현재가치와 채권의 시장가격을 일치시키는 수익률을 의미한다. 한편, 이자수익률(coupon yield)은 연 액면이자를 채권가격으로 나눈 것이다. 이때 채권가격은 현금가격(dirty price)에서 경과이자(accrued interest)를 뺀 순수가격(clean price)을 의미한다. 그리고 액면이자율(par yield)은 연 액면이자를 채권의 액면가로 나눈 값이다.

이표가 C이고, 액면금액이 F인 채권의 액면이자율 c를 다음과 같이 정의하자.

$$C = c \times F$$

이 경우 채권가격공식은 다음과 같이 표현할 수 있다.6)

$$P = F\left[\frac{c}{y} + \frac{1-\frac{c}{y}}{(1+y)^N}\right] \tag{1.25}$$

채권의 표면금리가 만기수익률과 동일하면 이러한 채권의 가격은 액면금액과 동일하게 된다. 이를 액면가채권(par bond)이라고 한다. 즉, $c = y$ 일 때 $P = F$가 됨을 쉽게 확인할 수 있다. 채권의 표면금리가 만기수익률보다 크면 채권가격은 액면금액보다 크게 된다. 이를 프리미엄채권(premium bond)이라고 한다. 즉, $c > y$ 일 때 $P > F$가 성립한다. 한편, 채권의 표면금리가 만기수익률보다 작으면 채권가격은 액면금액보다 작게 된다. 이를 할인채권(discount bond)이라고 한다. 즉, $c < y$ 일 때 $P < F$임을 알 수 있다.

따라서 액면가채권의 경우 액면이자율 = 이자수익률 = 만기수익률이 성립한다. 예를 들어, 액면이자율이 5%인 채권이 액면금액에 거래되면 만기수익률은 5%가 되고 이자수익률도 5%가 된다. 프리미엄채권의 경우 만기수익률이 액면이자율 5%보다 낮아야 한다. 또한 이자수익률도 5%보다 낮다. 만기수익률은 채권을 만기일까지 보유하게 될 때 얻는 수익률이므로 자본이득률과 이자수익률을 포함한다. 프리미엄채권은 만기일에 액면금액이 되므로 자본이득률이 음수가 되며 이는 이자수익률이 만기수익률보다 높다는 것을 의미한다. 따라서 액면이자율>이자수익률>만기수익률의 관계가 성립한다. 한편, 할인채권의 경우 액면이자율 < 이자수익률 < 만기수익률의 관계가 성립한다.

(4) 콜수익률과 풋수익률

수의상환채권(callable bonds)은 채권발행자에게 채권의 조기상환권을 부여한 채권이다. 따라서 투자자는 만기수익률 뿐만 아니라 발행자가 조기상환할 것으로 예상되는 시점까지의 수익률인 콜수익률(YTC: yield to call)도 중요하다. 콜수익률은 기업이 채권을 조기상환할 것으로 예상되는 시점을 만기일로, 콜가격을 원금으로 간주하여

6) Technical Note 참조.

계산한다. 콜스케줄에 따라 한 개 이상의 콜가격이 존재하는 경우 각각의 콜가격에 대하여 콜수익률을 계산할 수 있다. 수의상환채권을 보유한 투자자는 만기수익률과 콜수익률 중에서 낮은 수익률인 최저수익률(YTW: yield to worst)을 채권의 기대수익률로 간주한다.

예 제

만기가 7년, 액면이자율이 8%, 원금이 10,000원인 수의상환채권이 현재 9,800원에 거래되고 있다(연 2회 이자지급). 발행기업이 이 채권을 2년 후에 액면가의 105%, 5년 후에 액면가의 103%에 상환할 수 있다고 가정하자. 이 경우 채권의 만기수익률은 8.38%이다. 첫 번째 콜수익률(YTC)은 만기 2년, 원금 10,500원이라고 가정할 때 11.44%이고, 두 번째 콜수익률(YTC)은 만기 5년, 원금 10,300원이라고 가정할 때 8.99%이다. 따라서 투자자의 기대수익률은 최저수익률(YTW)인 8.38%이다.

변제요구채권(putable bond)은 채권보유자가 채권발행자에게 미리 약정한 가격으로 채권을 매수해 줄 것을 요구할 권리가 첨부된 채권이다. 따라서 투자자는 변제를 요구할 것으로 예상되는 시점까지의 수익률인 풋수익률(YTP: yield to put)을 계산해야 한다. 풋수익률은 투자자가 채권의 변제를 요구할 것으로 예상되는 시점을 만기일로, 그리고 풋가격을 원금으로 간주하여 계산한다. 수의상환채권과 달리 변제요구채권의 경우 투자자가 권리를 보유하고 있기 때문에 모든 변제요구 가격에 대하여 풋수익률을 계산한 후 만기수익률과 풋수익률 중에서 가장 높은 수익률인 최고수익률(YTB: yield to best)을 기대수익률로 간주한다.

예 제

만기가 5년, 액면이자율이 8%, 원금이 10,000원인 채권이 2년 후에 액면가로 변제요구가 가능하며 현재 9,800에 거래되고 있다고 하자(연 2회 이자 지급). 2년 후에 액면가에 변제요구가 가능하므로 풋수익률(YTP)은 9.12%이다. 한편, 이 채권의 만기수익률은 8.50%이므로 변제요구채권의 기대수익률은 최고수익률(YTB)인 9.12%가 된다.

(5) 변동금리채권(Floating Rate Note: FRN)의 할인마진(discount margin)

변동금리채권(FRN)은 일정 기간마다 이자율이 재조정되는 채권으로 일반적으로 이자율은 기준금리(e.g., 원화 CD 금리, LIBOR)에 일정한 스프레드를 더하여 결정된다. 예를 들어, 연 4회 이자를 지급하는 FRN의 이자율이 'CD 91일물 수익률+50bp'로 결정된다고 하자. 첫 번째 3개월 기간의 CD 91일물 수익률이 1%라고 하면 첫 번째 3개월 동안의 이자율은 1.5%가 된다. 따라서 가산금리가 있는 FRN은 고정금리채권(이표: 1%)과 단기금융상품(이자: CD 91일물 수익률)의 성격이 혼합되어 있다고 볼 수 있다. 한편, 스프레드가 없는 FRN의 경우 이자율이 기준금리의 변화에 따라 주기적으로 재조정되기 때문에 채권가격이 금리변화보다는 발행자의 신용리스크의 변화에 민감하게 반응한다.

액면가에 거래되지 않는 변동금리채권의 경우 만일 액면가에 거래된다면 기준금리에 대한 스프레드(마진)가 어떻게 될 것인가를 살펴보자. 이를 유효스프레드(effective spread) 또는 할인마진(discount margin)이라고 한다. 이를 구하기 위해서는 FRN의 미래 현금흐름의 현재가치를 추정해야 하는데, 일반적으로 활용되는 방법은 FRN과 동일한 만기의 스왑률을 미래의 LIBOR라고 가정하는 것이다. 이렇게 가정하는 논리는 스왑률이 미래의 각 이자기간에 적용될 선도 LIBOR의 가중평균으로 결정되기 때문이다.[7)] 마지막으로 FRN의 미래 현금흐름과 FRN의 선도가격을 이용하여 만기수익률을 구하고 스왑률과의 차이를 구한다. 즉, 할인마진은 스왑률을 초과하는 FRN의 만기수익률로 정의된다.

이상의 논의를 요약하면 할인마진을 구하는 식은 다음과 같다.

$$FP = \sum_{i=1}^{n} \frac{(s+LS)\times \frac{d_i}{basis}}{(1+y\times \frac{d_i}{basis})^i} + \frac{F}{(1+y\times \frac{d_n}{basis})^n} \tag{1.26}$$

FP: FRN의 선도가격(forward price)[8)]

= 순수가격(clean price) + 다음 이자지급일까지의 순보유비용

F: FRN의 액면가

7) 스왑률의 결정에 관한 자세한 설명은 제4장 참조.

8) 채권의 선도가격결정에 관한 자세한 설명은 제3장 참조.

s : (FRN과 동일한 만기의) 스왑률

LS : LIBOR 스프레드

y : 만기수익률

d_i : 이자지급기간 i 의 일수

basis : 360 또는 365

n : 이자지급회수

이때 할인마진은 스왑률(s)을 초과하는 FRN의 만기수익률(y)로 정의된다. 즉, 할인마진 $= y - s$. 따라서 액면가채권의 경우 할인마진 = LIBOR 스프레드, 할인채권의 경우 할인마진 > LIBOR 스프레드, 할증채권의 경우 할인마진 < LIBOR 스프레드의 관계가 성립하게 된다.

예 제 FRN의 할인마진(discount margin)

상 품 : ABC FRN

만기일 : 2010년 10월 29일

신용등급 : A

액면이자율 : 6M LIBOR + 0.15%

이자지급 일수계산 : act/365

정산일 : 2002년 4월 15일

스왑률 : 5.25% (semi-annual, act/365)

채권선도가격 : 98.75

첫 번째 단계는 미래의 6M LIBOR를 현재의 (FRN과 동일한 만기의) 스왑률로 고정시키고 이자율을 구한다. 즉,

이자율 = 5.25% + 0.15% = 5.40%

두 번째 단계는 액면이자율 5.40% 채권의 만기수익률을 구한다.

만기수익률(semi-annual, act/365) = 5.586%

마지막으로 위에서 구한 만기수익률과 스왑률의 차이를 계산하여 할인마진을 구한다.

할인마진 = 5.586% − 5.25% = 0.336%

이러한 할인마진의 의미는 만일 FRN이 LIBOR + 0.15%의 이자를 지급하지 않고 LIBOR

+0.336%를 지급한다면 액면에 거래가 될 것이라는 것을 나타낸다.

Technical Note 채권가격공식

채권가격을 다음과 같이 표현할 수 있다는 것은 본문에서 설명하였다.

$$P=\sum_{t=1}^{N}\frac{C}{(1+y)^t}+\frac{F}{(1+y)^N} \tag{T-1}$$

이때 P는 채권가격, C는 이표(연), F는 액면금액, N은 만기(연), y는 만기수익률을 나타낸다.

문제는 가격공식에 $\sum$기호가 있기 때문에 수익률로 미분하기에 불편하고, 실무자들이 코딩하기도 어렵다. 따라서 유한수열공식을 이용하여 다음과 같이 $\sum$을 없앤 공식을 이용하는 것이 편하다.

$$P=\frac{C}{y}+\frac{F-\frac{C}{y}}{(1+y)^N} \tag{T-2}$$

이 식을 얻기 위해서는 다음과 같은 사실을 이용하면 된다.

$$\sum_{t=a}^{b}Z^t=\frac{Z^a(1-Z^{b-a+1})}{1-Z}=\frac{Z^a-Z^{b+1}}{1-Z} \tag{T-3}$$

이제 식 (T-3)에서 $Z=\frac{1}{1+y}$, $a=1$, $b=N$로 치환하면 식 (T-2)를 얻을 수 있다.

$$\begin{aligned}P&=\sum_{t=1}^{N}\frac{C}{(1+y)^t}+\frac{F}{(1+y)^N}\\&=C\times\sum_{t=1}^{N}\left(\frac{1}{1+y}\right)^t+\frac{F}{(1+y)^N}\\&=C\times\left[\frac{\left(\frac{1}{1+y}\right)^1-\left(\frac{1}{1+y}\right)^{N+1}}{1-\frac{1}{1+y}}\right]+\frac{F}{(1+y)^N}\end{aligned}$$

$$= C \times \left[\frac{\left(\frac{1}{1+y}\right)\left(1-\left(\frac{1}{1+y}\right)^N\right)}{\left(\frac{1}{1+y}\right) \times y} \right] + \frac{F}{(1+y)^N}$$

$$= \frac{C}{y} + \frac{F - \frac{C}{y}}{(1+y)^N}$$

1.2 금리 리스크

1. 금리 리스크의 개념

금리 리스크란 금리가 변함에 따라 금리에 민감한 자산이나 부채의 가치가 변하는 리스크를 의미한다. 금리 리스크는 채권을 발행하여 자금을 조달하는 발행자나 채권을 자산으로 보유하는 투자자 모두에게 영향을 미친다. 발행자의 입장에서는 금리변화가 자금조달비용에 영향을 미치고, 투자자의 입장에서는 투자자산의 수익률에 영향을 미친다.

만약 금리변화에 민감한 자산으로부터 얻은 수익으로 부채에 대한 이자비용을 충당해야 한다면 자산과 부채의 금리민감도의 중요성은 더욱 커진다. 금융기관의 경우 수익의 원천은 자산으로부터 얻는 수입이자와 부채에 대해 지급하는 이자의 차이이고, 리스크의 원천은 주로 금리의 변동이다. 따라서 금리변동에 따라 금융기관의 순이자소득, 자기자본의 가치가 어떻게 변동하는가를 파악해야 한다.

그런데 금리의 종류는 현물금리, 선도금리, 스왑률 등 다양하여 이중에서 어느 금리에 대한 노출을 리스크로 인식해야 하는가 하는 문제가 있다. 넓은 의미의 금리 리스크라 하면 금리의 만기구조의 각 시점에서 모든 종류의 금리 변동에 대한 노출을 포함하는데, 일반적으로 금리 리스크 노출은 다음과 같은 세 가지 범주 중의 하나에 속한다.

첫째, 특정 만기를 가지면서 미래의 일정기간 동안만 단기 금리 리스크에 노출되는 경우가 있다. 예를 들어, 6개월 후부터 3개월간의 차입을 필요로 하는 기업의 자금담

당자는 6개월 후부터 3개월 동안의 금리 리스크에 노출된다. 즉, 단기 선도금리에 노출된다.

둘째, 특정 만기를 가진 단기금리 리스크에 대하여 미래의 여러 기간에 걸쳐서 노출되는 경우이다. 예를 들어, 매 6개월마다 이자율이 재조정되는 5년 만기 변동금리채(Floating Rate Note)를 매수한 투자자는 미래의 10개 기간에 걸쳐 매 기간 마다 6개월 금리 리스크에 노출되어 있다. 이는 여러 개의 단기 선도금리 리스크에 노출된 것이라고 할 수 있다.

셋째, 어느 특정 만기의 금리 리스크에 노출되는 경우이다. 20년 만기 고정금리채권을 매수한 연기금은 20년 만기 채권수익률의 변동 리스크에 노출되어 있고, 5년 만기 금리스왑을 거래한 은행은 5년 만기 스왑률 리스크에 노출된다. 이러한 금리 리스크 노출은 지금부터 미래 어느 특정한 시점까지의 기간 동안의 수익률에 대한 리스크 노출이다.

금리 리스크를 파악하는데 있어서 현물금리와 선도금리 중 어느 것과 직접적으로 관련되어 있는가에 따라 금리 리스크를 구분할 필요가 있다. 예를 들어, 5년 만기 변동금리채권을 매수한 투자자는 6개월 금리의 5년간 추세를 고려해야 한다. 이 투자자가 다시 변동금리 수취를 고정금리 지급으로 스왑 한다면, 처음에 가졌던 단기 선도금리에 대한 관심을 5년 만기 스왑률로 전환해야 한다.

2. 금리 리스크의 측정

채권거래자나 포트폴리오 관리자가 금리 리스크를 관리하기 위해서는 먼저 금리변화가 채권가격에 미치는 영향을 측정할 필요가 있다. 이러한 목적으로 실무자들이 가장 많이 사용하는 금리 리스크 측정방법에는 듀레이션, 수정듀레이션, 베이시스 포인트가치(BPV), 유효듀레이션(effective duration), 볼록도(convexity), 듀레이션갭(duration gap) 등이 있다.

(1) 듀레이션(duration)과 수정듀레이션(modified duration)

듀레이션의 개념

채권의 특징으로서 만기, 수익률, 이표의 세 가지를 들 수 있다. 이 3가지 요소는 채권을 서로 비교하는데 이용되는데, 이 중 한 가지 기준만으로 각 채권을 비교하는데는 한계가 있다.

첫째, 만기는 최종 현금흐름이 발생하는 시점이라는 의미는 있으나 그 이전에 발생하는 이표지급의 빈도와 시간가치를 고려하지 못한다.

둘째, 만기수익률의 경우 향후 지급되는 이표도 만기수익률로 재투자된다는 비현실적인 가정을 하고 있어 시장금리가 만기 이전에 변동하는 경우 그 의미가 축소된다.

셋째, 이표의 경우 채권의 발행시점마다 당시의 시장금리를 반영하여 각 채권에 따라 상이하게 결정되므로 이를 비교기준으로 이용하는 것도 문제가 있다.

현실적으로는 이표와 만기가 상이한 채권들의 금리 리스크를 비교할 필요가 있으며, 이 경우 사용되는 대표적인 측정치가 바로 듀레이션(duration)이다.[9]

금리변동에 따른 채권의 가격민감도인 듀레이션은 채권 투자분석에 있어서 가장 중요한 역할을 하는 개념이며, 만기, 이표가 다른 채권을 하나의 기준을 가지고 비교할 수 있는 지표이다.

듀레이션은 최종 현금흐름의 발생 시점인 만기와는 달리 현금흐름의 시기 및 상대적 크기(발생금액 비율), 시간가치를 고려하는 개념이다. 따라서 듀레이션은 표면금리, 채권수익률, 만기의 함수로 표현할 수 있다. 즉, 듀레이션 = f(표면 금리, 채권수익률, 만기)

이제 듀레이션의 개념에 대해 좀 더 자세히 알아보자. 채권가격이 다음과 같이 결정된다는 것은 앞에서 언급하였다.

9) 1930년대 말 영국의 통계학자 F. R. Macaulay는 금리변동에 따른 채권의 가격민감도(price sensitivity)를 연구하고 있었다. 그 당시만 해도 채권의 만기가 가격민감도 지표로 사용되고 있었다. 그러나 맥콜레이(Macaulay)는 채권수익률이 만기시의 원금뿐만 아니라 중도에 지급되는 이자와도 함수관계에 있다는 사실에 주목하여 1938년에 듀레이션(duration)이라는 지표를 개발하였다.

 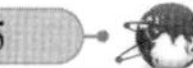

$$P = \sum_{t=1}^{N} \frac{CF_t}{(1+y)^t}$$

이때 P는 채권가격, $CF_t = C$(만기이전), $CF_N = C + F$(만기시), C는 이자수익, F는 액면금액, N은 만기, y는 만기수익률을 나타낸다.

수익률 변화에 따른 채권가격의 민감도를 측정하기 위하여 채권가격공식을 수익률로 미분하면 다음과 같은 식을 얻게 된다.

$$\frac{dP}{dy} = \frac{dP}{d(y+1)} \times \frac{d(y+1)}{dy} = -\sum_{t=1}^{N} \frac{CF_t \times t}{(1+y)^{t+1}}$$

수익률 변화와 채권가격의 변화율간의 관계를 얻기 위해 위식을 다음과 같이 변형시킨다.

$$\frac{dP}{P} = -\frac{dy}{(1+y)} \times \frac{1}{P} \times \sum_{t=1}^{N} \frac{CF_t \times t}{(1+y)^t} = -\frac{dy}{(1+y)} \times D = -dy \times D_m \qquad (1.27)$$

이때 $D = \frac{1}{P} \times \sum_{t=1}^{N} \frac{CF_t \times t}{(1+y)^t}$를 듀레이션(Duration)이라 정의하며, $D_m = \frac{1}{1+y} \times D$를 수정듀레이션(Modified Duration)이라고 정의한다.

듀레이션의 의미

(a) 현금흐름 기간의 가중평균

듀레이션은 현금흐름 기간의 가중평균(weighted average)이며, 이때 가중치(w_t)는 각 시점의 현금흐름(CF_t)의 현재가치가 채권투자금액(P)에서 차지하는 비율이다.

$$D = \sum_{t=1}^{N} w_t \times t, \quad w_t = \frac{\frac{CF_t}{P}}{(1+y)^t} \quad \text{이때} \quad \sum_{t=1}^{N} w_t = 1$$

(b) 금리탄력성(Elasticity of Interest Rates)

앞에서 듀레이션과 채권가격의 변화율간에는 다음과 같은 관계가 있음을 보였다.

$$\frac{dP}{P} = -\frac{dy}{1+y} \times D$$

이 식으로부터 우리는 듀레이션이 금리변화율에 따른 채권가격의 변화율, 즉 금리탄력성이라는 사실을 확인할 수 있다. 즉,

$$D = -\frac{\frac{dP}{P}}{\frac{dy}{(1+y)}}$$

(c) 현금흐름의 현재가치들의 무게중심

앞에서 듀레이션이 현금흐름 기간의 가중평균이라고 설명하였는데, 이는 현금흐름의 현재가치들의 무게중심이 바로 듀레이션이라고 이해하면 된다. 각 현금흐름의 현재가치들을 저울위에 나열해 놓았을 때 저울을 수평으로 만드는 중심점이 바로 이 채권의 듀레이션이 된다.

듀레이션은 다른 조건이 일정하다는 가정하에 만기, 수익률, 표면금리, 이표지급빈도에 의해 영향을 받는다.

첫째, 채권의 만기가 길수록 듀레이션이 크다.(무게중심이 오른쪽으로 이동)

둘째, 채권의 수익률이 높을수록 듀레이션이 작다.(무게중심이 왼쪽으로 이동)

셋째, 표면금리가 클수록 듀레이션이 작다.(무게중심이 왼쪽으로 이동)

넷째, 이표 지급빈도가 많을수록 듀레이션은 작다.(무게중심이 왼쪽으로 이동)

다섯째, 이표지급이 없는 순수 할인채의 경우 듀레이션은 만기와 일치한다.(무게중심이 만기와 일치)

그림 1-4 듀레이션

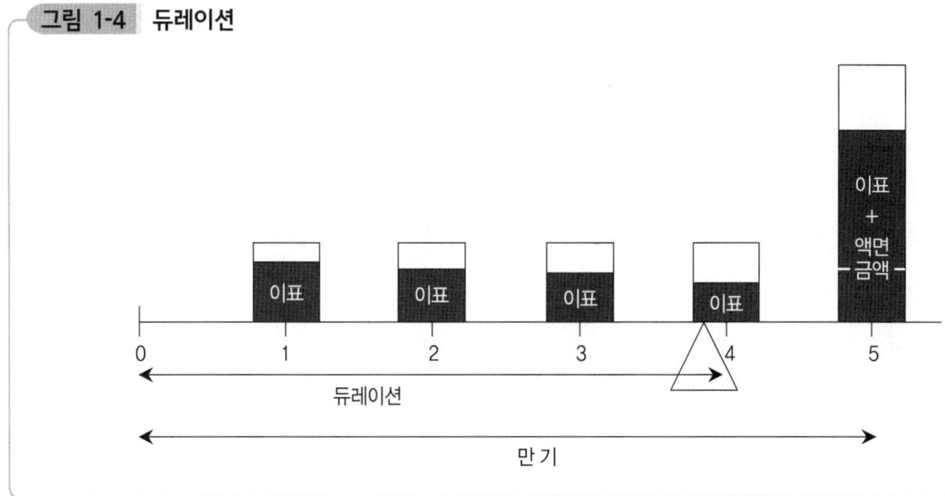

(2) 베이시스 포인트 가치(Basis Point Value : BPV)

앞에서 채권가격을 다음과 같이 표현하는 것이 실무적으로 매우 유용하다는 것을 밝혔다.

$$P=\sum_{t=1}^{N}\frac{C}{(1+y)^{t}}+\frac{F}{(1+y)^{N}}=\frac{C}{y}+\frac{F-\dfrac{C}{y}}{(1+y)^{N}}$$

이제 채권의 가격리스크를 $-\dfrac{\partial P}{\partial y}$로 정의하자. 앞에 - 부호가 붙은 이유는 수익률이 상승할 때 채권가격은 내려가기 때문이다. 위 식을 수익률 y로 미분하면 다음과 같은 가격리스크 공식을 얻게 된다.

$$-\frac{\partial P}{\partial y}=\frac{C}{y^{2}}\left[1-\frac{1}{(1+y)^{N}}\right]+\frac{N\left(F-\dfrac{C}{y}\right)}{(1+y)^{N+1}}$$

이 가격리스크는 특정 수익률에서 채권의 가격-수익률 곡선의 기울기를 나타낸다. 일반적으로 수익률의 %변화에 따른 채권가격의 변화를 나타내기 위하여 위의 식을 100으로 나눈 다음과 같은 공식을 사용하기도 한다.

$$\triangle p=\frac{-\dfrac{\partial P}{\partial y}}{100}$$

일반적으로 BPV는 수익률 1bp의 변화에 따른 채권가격의 변화(ΔP)로 정의된다. 앞에서 수정듀레이션과 채권가격의 변화율간의 관계가 다음과 같다고 설명하였다.

$$\frac{dP}{P} = -D_m \times dy$$

수정듀레이션(D_m)의 개념이 수익률 1% 변화에 따른 채권가격의 변화율이므로, 이를 수익률 1bp변화에 따른 채권가격의 변화를 측정하는 개념으로 전환한 것이 바로 BPV이다. 즉, BPV는 수정듀레이션(D_m)을 이용하여 다음과 같이 구할 수도 있다.

$$BPV = \frac{D_m}{100} \times \frac{P}{100} \tag{1.28}$$

이 식은 수정듀레이션(D_m)을 100으로 나누어 수익률의 1%(100bp) 변화를 1bp변화로 전환하고, 채권의 현금가격(P)을 100으로 나누어 액면가 100기준의 %로 표기된 채권가격을 소수점으로 환산하고 있다. 이와 같이 BPV는 채권가격의 리스크를 채권가격의 변화율로 측정하지 않고 채권가격(액면가 100 기준)의 변화로 측정하는 것이다.

앞에서 소개한 듀레이션과 BPV의 관계를 살펴보기 위해서 듀레이션 공식의 도출과정으로 돌아가 보자. 채권가격을 채권수익률로 미분하면 다음과 같은 식을 얻게 되고 음(−)의 값을 가진다.

$$\frac{dP}{dy} = -\sum_{t=1}^{N} \frac{CF_t \times t}{(1+y)^{t+1}}$$

따라서 절대값을 취한 후 이를 금액듀레이션(DD:dollar Duration)이라고 정의하면 DD는 수정듀레이션(Dm)에 채권가격을 곱한 것과 동일하다는 것을 알 수 있다. 결과적으로 듀레이션, 수정듀레이션, BPV 간에는 다음과 같은 관계가 있다는 것을 알 수 있다.

$$DD = \left| \frac{dP}{dy} \right| = \sum_{t=1}^{N} \frac{CF_t \times t}{(1+y)^{t+1}} = D_m \times P$$

$$D_m = \frac{1}{1+y} \times D = \frac{1}{P} \times \sum_{t=1}^{N} \frac{CF_t \times t}{(1+y)^{t+1}} = \frac{DD}{P}$$

$$BPV = \frac{D_m}{100} \times \frac{P}{100} = \frac{DD}{10{,}000}$$

(3) 볼록도(Convexity)

수익률과 채권가격의 관계를 나타내는 채권가격곡선을 살펴보자. 현재의 시장수익률이 y_1에서 $y_2(=y_1+\Delta y)$로 변화하면 채권가격은 $P(y_1)$에서 $P(y_2)$로 변화한다. 만일 Δy가 아주 작다면 새로운 채권가격 $P(y_2)$는 다음과 같은 식으로 추정될 수 있다.

$$P(y_1+\Delta y)\approx P(y_1)+\frac{dP}{dy}\times\Delta y$$

여기서 $\frac{dP}{P(y)}=-D_m\times dy$의 관계($D_m$: 수정듀레이션)를 이용하면 위의 식을 다음과 같이 표현할 수 있다.

$$P(y_1+\Delta y)\approx P(y_1)-D_mP(y_1)\Delta y$$

이 식은 $P(y_1+\Delta y)$을 Δy를 포함한 첫 번째 항까지만 '테일러 확장(Taylor series expansion)' 한 것임을 알 수 있다. 즉, 수익률 변화에 따른 새로운 채권의 가격을 일차식 형식을 사용하여 추정하는 것으로서 아래 [그림 1-5]에서 점 A에 접하는 직선을 의미한다. 수익률의 변화가 아주 작은 경우 점 B와 점 C의 차이가 크지 않으므로 듀레이션은 채권가격 변동 리스크를 거의 정확하게 나타낸다.

그러나 수익률 변화폭이 증가할수록 가격-수익률 곡선은 듀레이션을 나타내는 접선(tangent line)으로부터 멀리 떨어지게 되어 오차(듀레이션을 통해 추정한 채권가격 변동과 실제의 채권가격변동의 차이)가 커진다. 이와 같은 채권가격과 수익률간의 볼록성(convexity) 때문에 금리상승시 가격하락폭보다 금리하락시 가격상승폭이 더 크게 된다. 따라서 채권가격의 볼록성을 반영하는 새로운 지표를 도입하여 직선보다 좀 더 부드러운 곡선으로 근사화 한다면 추정오차를 줄일 수 있다.

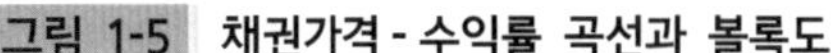
그림 1-5 채권가격 - 수익률 곡선과 볼록도

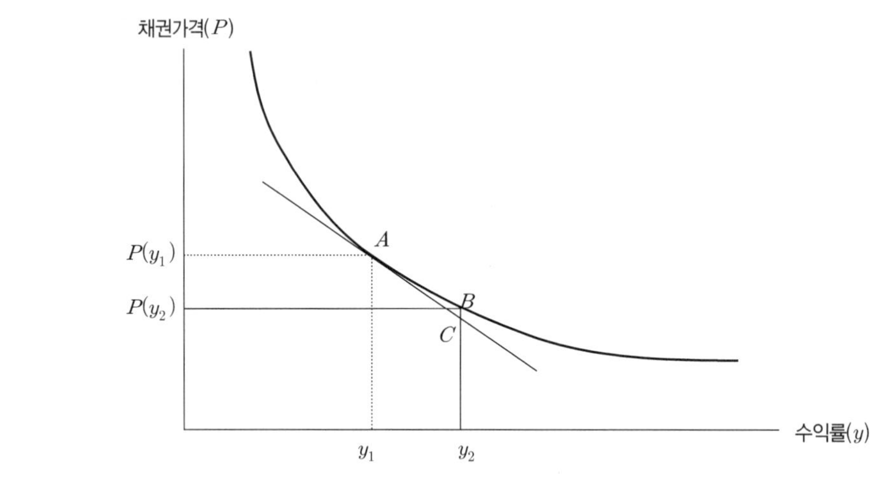

이제 $P(y_1+\Delta y)$를 Δy를 포함한 두 번째 항까지 테일러 확장을 하면, 수정 듀레이션(D_m)과 볼록도(C)를 이용하여 채권가격의 변화율을 측정하는 식을 얻을 수 있다.

$$P(y_1+\Delta y) \approx P(y_1) - D_m P(y_1)\Delta y + \frac{1}{2} CP(y_1)\Delta y^2$$

또는

$$\frac{dP}{P} = -D_m \times dy + \frac{1}{2} \times C \times dy^2 \tag{1.29}$$

여기서 $C = \frac{1}{P}\frac{\partial^2 P}{\partial y^2} = \frac{1}{P} \times \sum_{t=1}^{N} \frac{CF_t \times t(t+1)}{(1+y)^{t+2}}$

즉, 채권가격의 변화율은 듀레이션에 의한 채권가격의 변화율과 볼록도에 의한 채권가격의 변화율로 구성됨을 알 수 있다.

옵션의 성격이 내재되어 있지 않은 채권의 경우 듀레이션의 변화율을 측정하는 볼록도는 다음과 같은 특성을 지니고 있다.[10)]

1) 수익률이 상승(하락)하면 듀레이션은 감소(증가)한다. 이를 "양(+)의 볼록도(positive convexity)"라고 한다. 이때 양(+)의 의미는 실제로는 "좋은(good) 특성"이라는

10) Fabozzi(1997: Ch.14) 참조

뜻이다. 수의상환채권(callable bond)의 경우 수익률이 어느 일정 수준 이하로 하락시 음(−)의 볼록도를 가질 수 있다.

2) 수익률과 만기가 동일한 채권들 중에서 이표율이 낮은 채권일수록 볼록도가 크다. 따라서 만기가 동일한 채권의 경우 무이표채가 이표채보다 볼록도가 크다.

3) 수익률과 듀레이션이 동일한 채권들 중에서 이표율이 낮은 채권일수록 볼록도가 작다. 따라서 듀레이션이 동일한 채권의 경우 무이표채가 이표채보다 볼록도가 작다.

4) 듀레이션이 증가할수록 볼록도는 더 빠른 속도로 증가한다.

듀레이션은 동일하나 볼록도가 높은 채권이 볼록도가 낮은 채권과 동일한 수익률에 거래된다면, 볼록도가 높은 채권에 투자하는 것이 성과가 더 좋을 것이다. 왜냐하면 볼록도가 높은 채권은 "좋은" 특성을 지니기 때문이다. 따라서 볼록도가 높은 채권의 시장가격에는 볼록도의 가치가 반영될 수 밖에 없다. 즉, 채권투자자는 높은 볼록도에 대한 가격을 지불해야 한다.

그러면 투자자는 볼록도에 대해 얼마나 지불하려고 할 것인가? 향후 수익률의 변동성에 대한 투자자의 예상에 달려있다고 볼 수 있다. 즉, 수익률 변동성이 커질 것으로 예상하는 투자자가 많을수록 높은 볼록도에 대해 프리미엄을 기꺼이 지불하려는 투자자가 많게 되므로 볼록도의 가치는 높아지게 된다.

(4) 듀레이션과 볼록도의 계산: 예제

액면 100, 만기 3년, 이표율 연 10%, 이표의 지급은 연 2회, 만기수익률 10%인 채권의 듀레이션(D)과 볼록도(C)는 다음과 같이 구할 수 있다.

$$D = \frac{1}{P} \times \sum_{t=1}^{N} \frac{CF_t \times t}{(1+y)^t}, \quad C = \frac{1}{P} \times \sum_{t=1}^{N} \frac{CF_t \times t(t+1)}{(1+y)^{t+2}} \tag{1.30}$$

이때 $P=100$(이표율과 만기수익률이 동일하므로 액면가에 거래됨), $y=5\%$, $N=6$

표 1.2 듀레이션과 볼록도의 계산

t	CF_t	$CF_t \times t$	$\frac{CF_t \times t}{(1+y)^t}$	$\frac{CF_t \times t(t+1)}{(1+y)^{t+2}}$
1	5	5	4.76	8.64
2	5	10	9.07	24.68
3	5	15	12.96	47.01
4	5	20	16.45	74.62
5	5	25	19.59	106.60
6	105	630	470.12	2,984.86
			532.95	3,246.41

따라서 듀레이션은 $D = \frac{532.95}{100} = 5.33$(기간 : 반년 기준)이다. 1년 기준으로 전환하면 2.66년이다. 볼록도는 $C = \frac{3,246.41}{100} = 32.46$(기간^2 : 반년 기준)이다. 볼록도는 기간의 제곱으로 표시되므로 반년이 1기간인 볼록도를 1년 기준의 볼록도로 전환시키기 위해서는 4로 나누어야 한다. 즉, 1년 기준 볼록도는 8.12(년^2)가 된다.[11]

수정듀레이션과 볼록도의 계산공식

정기적으로 일정한 이표를 지급하는 채권의 한 기간당 수익률과 이표를 y와 C, 이표의 지급횟수를 N, 액면가를 F라 하자. 이 경우 수정듀레이션(D_m)과 볼록도(C)를 다음의 식을 이용하여 계산할 수 있다.[12]

$$D_m = \frac{\frac{C}{y^2}\left[1 - \frac{1}{(1+y)^N}\right] + \frac{N\left(F - \frac{C}{y}\right)}{(1+y)^{N+1}}}{P} \tag{1.31}$$

$$C = \frac{1}{P}\left[\frac{2C}{y^3}\left(1 - \frac{1}{(1+y)^{N+1}}\right) - \frac{2CN}{y^2(1+y)^{N+1}} + \frac{N(N+1)\left(F - \frac{C}{y}\right)}{(1+y)^{N+2}}\right] \tag{1.32}$$

11) 듀레이션(1년 기준) = $\frac{1}{k}$ × (기간 듀레이션), 볼록도(1년 기준) = $\frac{1}{k^2}$ × (기간 볼록도), k는 연 이자지급회수.

12) 주상룡, 지홍민(1998:Ch.3), Nawalkha, Lacey & Schneeweis(1990) 참조.

예 제

만기수익률이 8%, 듀레이션이 1.56년, 현금가격이 97.32인 채권(연 2회 이자지급)에 1억원을 투자한 투자자는 수익률이 1% 포인트 상승할 때 얼마만큼의 손실이 발생하겠는가?

먼저 수정듀레이션(D_m)을 계산한다. 듀레이션(D) = 1.56(년), 만기수익률(y) = 8%이므로 수정듀레이션과 채권가격의 변화율은 다음과 같이 결정된다.

$$D_m = \frac{D}{1+\frac{y}{2}} = \frac{1.56}{1+\frac{0.08}{2}} = 1.50$$

$$\frac{dP}{P} = -D_m \times dy = -1.5 \times 1\% = -1.5\%$$

따라서 채권의 수익률이 8%에서 9%로 1% 포인트 상승할 때 발생할 손실은 다음과 같이 계산된다.

$$BPV = \frac{D_m}{100} \times \frac{P}{100} = \frac{1.50}{100} \times \frac{97.32}{100} = 0.0146$$

(P: 현금가격 = 순수가격 + 경과이자 = 95.48 + 1.84 = 97.32(%))

손실액 = 0.0146 × 1억원 = 1,460,000원

한편, 볼록도를 고려할 경우 채권가격의 변화율과 손실액은 다음과 같이 결정된다.

$$\frac{dP}{P} = -D_m \times dy + \frac{1}{2} \times C \times (dy)^2$$

$$= -1.5 \times 1 + \frac{1}{2} \times 0.01 \times 1^2 = -1.495(\%)$$

이때 C(볼록도)는 0.01이다.

$$\text{손실액} = \frac{1.495}{100} \times \frac{95.48+1.84}{100} \times 1\text{억원} = 1,454,934\text{원}$$

(5) 채권 포트폴리오의 듀레이션과 볼록도

채권 포트폴리오의 듀레이션과 볼록도는 개별 채권의 듀레이션과 볼록도의 가중평균으로 계산된다. 예를 들어, 어떤 채권포트폴리오가 J개의 채권으로 구성되어 있다고 하자. 이 채권포트폴리오의 가치는 각 채권의 가치의 가중합계가 된다. 채권 j의

듀레이션과 볼록도를 각각 D_j, C_j라 하고 채권 j에 투자된 금액과 전체 포트폴리오의 가치의 비율을 w_j라고 하면, 이 채권 포트폴리오의 듀레이션(D_p)과 볼록도(C_p)는 다음과 같다.

$$D_p = \sum_{j=1}^{J} w_j D_j \ , \quad C_p = \sum_{j=1}^{J} w_j C_j \tag{1.33}$$

(6) 유효듀레이션(effective duration)과 유효볼록도(effective convexity)

앞에서 설명한 듀레이션과 볼록도는 수익률의 변화가 채권의 현금흐름에 영향을 미치지 않는다는 가정하에서만 유용한 개념이다. 그러나 수의상환채권(callable bond)이나 변제요구채권(putable bond)의 경우 수익률의 변화가 현금흐름에 영향을 미칠 수 있다. 이와 같이 현금흐름이 수익률에 종속적인 경우 이를 수익률 변화에 대한 채권가격의 민감도 측정시 고려하여야 한다.

수익률 변화에 대한 채권가격의 민감도를 듀레이션 공식을 이용하지 않고 측정할 수 있는데, 이를 유효듀레이션이라 한다. 수익률 상승에 대한 채권가격의 변화율이 수익률 하락에 대한 채권가격의 변화율과 동일하지 않으므로, 유효듀레이션은 수익률변화에 따른 채권가격의 평균변화율을 다음과 같이 측정한다.

$$\text{유효듀레이션} = \frac{1}{2}\left[\frac{P_- - P_0}{P_0 \times \Delta y} + \frac{P_0 - P_+}{P_0 \times \Delta y}\right] = \frac{P_- - P_+}{2P_0 \times \Delta y} \tag{1.34}$$

이때 Δy는 수익률의 변화폭, P_0는 채권의 초기가격, P_-는 수익률이 Δy하락시 측정된 채권가격, P_+는 수익률이 Δy 상승시 측정된 채권가격을 나타낸다. 만일 수익률변화가 채권의 현금흐름에 영향을 미치지 않는다면 유효듀레이션은 수정듀레이션과 일치하게 된다. 왜냐하면 유효듀레이션의 개념이 수정듀레이션의 개념으로부터 나온 것이기 때문이다. 그러나 수의상환채권(callable bond)과 같이 수익률의 변화가 현금흐름에 영향을 미치는 경우 수정듀레이션 공식을 사용할 수 없으므로 유효듀레이션의 개념을 이용한다.[13)]

---

13) 수의상환채권(callable bond) 또는 상환요구채권(putable bond)의 유효듀레이션에 관한 자세한 설명은 윤평식(2001: 제6장) 참조.

유효듀레이션 개념으로 듀레이션의 근사치를 측정하듯이, 유효볼록도는 볼록도의 근사치를 구하는 개념이다.

$$유효볼록도 = \frac{P_{-} + P_{+} - 2P_0}{P_0 \times (\Delta y)^2} \tag{1.35}$$

(7) 갭(gap)과 듀레이션갭(duration gap)

갭(gap)

금융기관의 경우 수익의 원천은 자산으로부터 얻는 수입이자와 부채에 대해 지급하는 이자의 차이이고, 리스크의 원천은 주로 금리의 변동이다. 이와 같이 금리마진의 관리는 갭(gap)의 개념으로 발전하였다. 갭(gap)이란 금리민감자산(RSA: Rate Sensitive Asset)과 금리민감부채(RSL: Rate Sensive Liability)의 차이를 의미한다. 즉,

$$\text{Gap} = \text{RSA} - \text{RSL} \tag{1.36}$$

정(+)의 갭은 금리민감자산이 금리민감부채보다 많은 경우로서 금리상승시에 수익이 확대되는 반면, 금리하락시에는 수익이 감소된다. 이는 자산이 부채보다 많아서 금리상승에 따른 수입이자 증가액이 지급이자 증가액보다 많기 때문이다. 이와는 반대로 부(−)의 갭은 금리민감부채가 금리민감자산보다 많은 경우로서 금리상승시에 수익이 감소되는 반면 금리하락시에는 수익이 증대된다. 이와 같이 갭은 금리 리스크에 노출된 정도를 말하며 이를 관리하는 것이 바로 갭관리기법이다.

갭의 유용성 중의 한 가지는 금리변화에 따른 순이자소득의 변화를 쉽게 측정할 수 있다는 것이다. 금리변동이 순이자소득에 미치는 영향은 갭이 클수록 커진다. 순이자소득은 이자수익에서 이자비용을 뺀 값이며 금리변동에 따른 수익변동은 RSA의 크기에 비용변동은 RSL의 크기에 의해 결정된다. 만일 RSA와 RSL의 금리재설정 시기가 같고, 기준금리 r의 변동치(Δr)가 자산평균수익률의 변화와 평균조달금리의 변화와 같다면 갭(gap)에 금리변동치(Δr)를 곱하여 순이자소득(NII)의 변동치(ΔNII)를 구할 수 있다.

$$\Delta NII = RSA \times \Delta r - RSL \times \Delta r = Gap \times \Delta r \tag{1.37}$$

따라서 갭은 금리변화에 대한 순이자소득의 변동률로 해석할 수 있다. 이는 갭이 크면 클수록 금리 리스크가 크다는 것을 의미한다.

갭관리기법이란 순이자소득을 일정한 목표수준으로 유지하는 것을 목적으로 한다. 따라서 적극적인 전략은 금리상승이 예상되면 + 갭을 유지하고, 금리하락이 예상되면 - 갭을 유지하는 것이다. 한편, 소극적인 전략으로는 금리변동이 불확실할 경우 갭을 0으로 유지하는 것이다.

갭관리기법의 단점으로는 금리변동이 자주 일어나고 그 변동폭도 커지는 상황에서 금리가 여러 번 재산정 되는 항목이 그렇지 않은 항목에 비해 순이자소득에 미치는 영향이 훨씬 크다. 또한 갭기간 내의 다른 시점에서 금리가 재설정되는 항목들이 많은 경우 금리 리스크에 미치는 영향을 고려하지 못한다.

듀레이션갭(duration gap)[14)]

듀레이션이 금리 리스크를 관리하기 위해 어떻게 이용되는지를 살펴보자. 갭 관리기법과는 달리 듀레이션 관리기법이 갖는 가장 큰 장점은 금리변동에 따라 금융기관의 순이자소득, 자기자본의 가치가 어떻게 변동하는가를 선형적으로 파악할 수 있다는데 있다. 예를 들어, 금리가 현재의 수준에서 1% 변동하면 순이자소득 또는 자기자본의 가치가 얼마만큼 변동하는가를 1차선 형식에 의해 파악할 수 있다. 이 경우 1차식의 기울기가 바로 순이자소득 또는 자기자본에 대한 듀레이션갭(duration gap)이다. 기울기가 급해지면, 즉 듀레이션갭이 커지면 금리변동에 대한 순이자소득 또는 자기자본의 변동성이 커지게 된다.

1) 순이자소득의 듀레이션갭

자산과 부채의 항목들이 갭조정 기간 내의 다른 시점에 금리가 재설정되거나 금액이 다르면 정확한 순이자소득의 변동액을 측정할 수 없게 된다. 이러한 경우에 듀레이션의 개념을 이용하면 순이자소득의 측정문제를 간단히 해결할 수 있다.

---

14) 선우석호, 윤영섭, 정광선(1993: 제6장) 참조

$$\Delta NII = DGAP_{NI} \times \Delta r \tag{1.38}$$

여기서 $DGAP_{NI} = RSA(1-D_A) - RSL(1-D_L) = NII$의 듀레이션.

따라서 임의의 갭조정 기간을 두어 순이자소득을 관리하는 갭관리기법이 가지는 자의성 문제가 사라지고, 자산 및 부채의 듀레이션에 의해 순이자소득의 변동액을 여러 가지 금리변동 시나리오 하에서 파악할 수 있다.

2) 자기자본의 듀레이션갭

듀레이션은 여러 기간에 걸쳐 발생하는 현금흐름의 현재가치로 가중평균한 만기임을 이미 설명하였다. 채권포트폴리오의 듀레이션은 각 채권의 듀레이션을 현재가치로 가중평균 함으로써 얻을 수 있다. 이와 같은 논리를 금융기관의 대차대조표 항목에 적용하면, 자산 듀레이션은 각 자산항목들의 듀레이션을 각 항목의 현재가치로 가중평균한 값이고, 부채 듀레이션은 각 부채항목들의 듀레이션을 각 항목의 현재가치로 가중평균한 값이다. 따라서 자기자본의 듀레이션은 다음과 같이 구할 수 있다.

$$D_K = \frac{A}{K} \times D_A - \frac{L}{K} \times D_L = \left(D_A - \frac{L}{A} \times D_L\right) \times \frac{A}{K} = DGAP_K \times \frac{A}{K} \tag{1.39}$$

D_K : 자기자본의 듀레이션

D_A : 자산의 듀레이션

D_L : 부채의 듀레이션

A : 자산의 시장가치

L : 부채의 시장가치

$K = A - L$: 자기자본의 시장가치

$DGAP_K = D_A - \frac{L}{A} \times D_L$: 자기자본의 듀레이션갭

자산과 부채의 평균금리를 r이라고 할 때 금리변동에 따른 자기자본의 변동률은 자기자본의 듀레이션에 의해 결정된다.

$$\frac{\Delta K}{K} = -D_K \times \frac{\Delta r}{1+r}$$

위의 식을 이용하여 정리하면

$$\frac{\Delta K}{A} = -DGAP_K \times \frac{\Delta r}{1+r} \tag{1.40}$$

또는 $\Delta K = -(A \times D_A - L \times D_L) \times \frac{\Delta r}{1+r}$

이는 자기자본 가치의 변동은 결국 자산가치의 변동에서 부채가치의 변동을 뺀 것과 같다는 직관적인 결과에 지나지 않으며 자기자본 가치의 면역화(immunization)를 위해서는 듀레이션갭을 영으로 해야 한다는 것을 시사하고 있다.[15)]

15) 듀레이션갭관리에 관한 예제는 제9장 참조.

수익률 곡선

채권투자 분석에서 가장 중요한 개념 중의 하나가 수익률이다. 수익률을 결정하는 요소는 채권의 만기와 관련된 조건, 발행자의 신용도, 수의상환조건과 같은 채권고유의 특징 등이 포함된다. 이와 같은 요인들 중 가장 중요한 것은 만기와 채무불이행위험이다.

일단 채무불이행위험이 일정하다고 가정하면 만기와 수익률 사이의 관계를 파악할 수 있다. 이를 위해서는 위험을 일정하게 고정시켜야 하므로 무위험채권으로 간주할 수 있는 국채의 수익률을 살펴보는 것이 편리할 것이다. 즉, 채무불이행위험이 없는 국채는 만기에 따라 시장가격이 결정되며 이 가격으로부터 각 만기와 수익률 사이의 관계를 얻을 수 있다. 수익률과 만기 사이의 동적인 관계를 기간구조(term structure)라 하며, 일정 시점에서의 '스냅사진(snap shot)'이 바로 수익률곡선(yield curve)이라고 할 수 있다.

본 장에서는 수익률곡선의 의미, 명목스프레드(nominal spread), Z-스프레드(Zero-volatility spread), 옵션조정 스프레드(OAS : Option Adjusted Spread) 등 다양한 수익률 스프레드의 개념을 소개한다. 또한 부트스트랩핑 방법(bootstrapping method)을 이용하여 이표채 수익률곡선으로부터 무이표채 수익률곡선을 얻는 방법, 액면가 수익률로부터 무이표채 수익률을 구하는 방법, 무이표채 수익률로부터 액면가 수익률을 구하는 방법을 설명한다. 그리고 수익률곡선의 형태에 관한 이론을 간략히 설명하고, 수익률곡선변형 듀레이션(yield curve reshaping duration), 주요수익률 듀레이션(key rate duration) 등 수익률곡선 리스크를 측정하는 개념들에 관해 설명한다.

2.1 수익률곡선의 의미

1. 이표채 수익률곡선과 무이표채 수익률곡선

다양한 만기를 가진 각각의 채권에 대하여 만기에 상응하는 수익률을 그림으로 표시한 것이 수익률곡선인데, 우리는 왜 만기와 수익률의 단순한 관계인 수익률곡선에 관심을 두는가? 그 이유는 수익률곡선의 형태가 현재의 채권시장의 정보를 잘 나타낼 뿐만 아니라 미래의 금리에 대한 기대가 반영되어 있기 때문이다. 우리는 수익률곡선으로부터 경기예측이나 예상 인플레이션과 같은 유용한 정보를 추출할 수 있고, 채권시장 참여자들은 금리예측과 투자정보 획득의 수단, 그리고 효율적인 채권투자전략의 지표로 수익률곡선을 활용하고 있다. 수익률곡선을 이용함으로써 채권투자자는 채권의 잔존만기별로 채권수익률의 측정이 가능하므로 만기별 채권의 가격행태를 예상할 수 있고, 채권을 발행하는 기업은 자금조달에 있어서 판단기준으로 활용할 수 있다.

수익률곡선이라 하면 일반적으로 무위험 무이표채권(zero-coupon bonds)의 만기수익률과 만기의 관계를 의미한다. 무이표채는 이자를 지급하지 않는 채권으로서 액면가에서 할인하여 거래되는 순수 할인채이다. 이때 무이표채 수익률곡선과 이표채의 수익률곡선을 구별하는 것은 매우 중요하다. [그림 2-1]은 이표채 수익률곡선, 무이표채 수익률곡선, 그리고 선도금리곡선간의 관계를 보여주고 있다. 수익률곡선이 우상향하는 상황에서 무이표채 수익률곡선이 이표채 수익률곡선보다 항상 위쪽에 위치한다. 이는 이표채에 투자한 투자자는 만기 이전에 이자를 지급받게 되며, 이러한 이자지급액에 해당되는 할인율이 초기에 낮기 때문이다. 따라서 우상향하는 수익률곡선은 이표채에 유리하게 작용하며, 동일한 만기의 이표채 가격이 무이표채 가격보다 크다. 즉, 무이표채 수익률곡선이 이표채 수익률곡선보다 위쪽에 위치하게 된다. 또한 다음에서 설명하듯이 선도금리곡선은 무이표채 수익률곡선보다 위에 놓이게 된다.

현재(0)부터 t_1까지의 기간 동안에 대한 현물금리가 r_1이고, 현재(0)부터 t_2까지의 기간 동안에 대한 현물금리가 r_2인 경우, t_1과 t_2사이의 기간 동안에 대한 선도금리 $R(1, 2)$은 연속복리를 가정하는 경우 다음과 같이 계산된다.[1)]

---

1) 연속복리를 가정하는 경우 선도금리는 다음 식으로부터 구할 수 있다. $1 \times e^{r_1 t_1} \cdot e^{R(1, 2) \cdot (t_2 - t_1)} = 1 \times e^{r_2 t_2}$

$$R(1,\ 2) = \frac{r_2 t_2 - r_1 t_1}{t_2 - t_1} \tag{2.1}$$

이 식은 다음과 같이 변형시킬 수 있다.

$$R(1,\ 2) = r_2 + (r_2 - r_1) \times \frac{t_1}{t_2 - t_1} \tag{2.2}$$

이 식에서 우리는 만일 무이표채 수익률곡선이 우상향하면 $(r_2 > r_1)$, $R(1, 2) > r_2$이 성립함을 알 수 있다. 즉, 선도금리는 무이표채 수익률보다 높다. 반대로, 만일 무이표채 수익률곡선이 우하향하면$(r_2 < r_1)$, $R(1, 2) < r_2$가 성립한다. 즉, 선도금리는 무이표채 수익률보다 낮다는 것을 알 수 있다.

그림 2-1 이표채 수익률, 무이표채 수익률, 선도금리의 관계

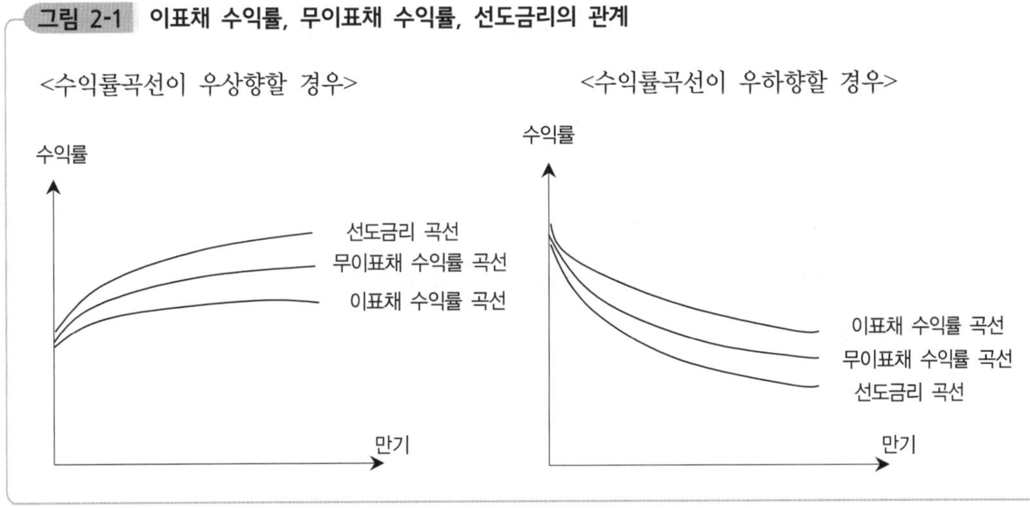

앞에서 설명한 바와 같이 만기가 주어져 있을 때 수익률곡선이 우상향할 경우 선도금리는 무이표채 수익률보다 높고, 무이표채 수익률은 이표채 수익률보다 높은 관계를 보이고 있다. 한편, 수익률곡선이 우하향할 경우에는 이표채 수익률이 가장 높고, 선도금리가 가장 낮다. 만기 전에 받는 이자에 대한 할인율이 초기에 높기 때문에 동일 만기의 이표채 가격이 무이표채 가격보다 낮다. 만기시 받는 원금의 할인율이 낮으므로 무이표채에 유리하게 작용하는 것이다. 즉, 이표채 수익률곡선이 무이표채 수익률곡선보다 위쪽에 놓이게 된다.

2. 수익률 스프레드(yield spread)

채권의 신용리스크를 측정하는 수익률 스프레드는 신용 리스크가 있는 스프레드 채권(회사채)의 수익률과 신용리스크가 없는 벤치마크 채권(국채)의 수익률간의 차이를 의미한다. 이러한 수익률 스프레드를 측정하는 방법으로 명목스프레드 외에 Z-스프레드와 옵션조정 스프레드(OAS)가 있다.

(1) 명목스프레드(nominal spread)

신용리스크가 있는 채권이 신용리스크가 없는 국채에 비해 추가적으로 제공하는 수익률 프리미엄을 계산하는 일반적인 방법은 두 수익률의 차이인 명목스프레드(nominal spread)를 계산하는 것이다. 예를 들어, 만기 5년 AA 회사채의 만기수익률이 7%이고, 동일 만기의 국채수익률이 5%라면 명목스프레드는 2%로 계산된다. 그러나 이러한 명목스프레드는 한 개의 수익률(만기수익률)로 현금흐름을 할인하므로 수익률곡선이 수평이라고 가정한다는 점과 옵션이 내재된 채권의 경우 수익률 변동성이 채권의 현금흐름에 미치는 영향을 고려하지 못한다는 단점을 지니고 있다.

(2) Z-스프레드(zero-volatility spread)

Z-스프레드는 수익률곡선의 모든 수익률에 일정한 스프레드를 더한 수익률로 채권의 현금흐름의 현재가치의 합을 구했을 때 채권가격과 일치하게 되는 가산 스프레드를 의미한다. 즉, Z-스프레드는 다음 식을 만족시키는 스프레드이다.

$$P = \sum_{t=1}^{N} \frac{C}{(1+y_t+z)^t} + \frac{F}{(1+y_N+z)^N} \tag{2.3}$$

이때 P는 채권가격, C는 이표(연), F는 액면금액, N은 만기(연), y_t는 만기별 국채수익률, Z는 Z-스프레드를 의미한다.

예를 들어, 1년 국채수익률이 4%, 2년 국채수익률이 5%이고, 만기 2년 회사채(연이표 8%)의 시장가격이 104.12 라고 하자. 이 경우 다음 식을 만족시키는 Z-스프레드를 구할 수 있다.

$$104.12 = \frac{8}{(1+0.04+z)^1} + \frac{108}{(1+0.05+z)^2}$$

즉, $Z = 0.008$(8bp)

명목스프레드와 Z-스프레드의 차이는 수익률곡선의 모양과 만기에 따라 영향을 받게 된다. 일반적으로 수익률곡선의 기울기가 급할수록 또는 만기가 길수록 차이가 커진다. 이러한 Z-스프레드는 수익률곡선이 평평하다고 가정하는 명목스프레드의 단점을 보완하는 반면, 수익률의 변화가 없다고 가정(변동성 = 0)하기 때문에 옵션이 내재된 채권의 경우 수익률 변동성을 고려하지 못한다는 단점이 있다.

(3) 옵션조정 스프레드(OAS: Option Adjusted Spread)

옵션이 내재되어 있는 채권의 경우 Z-스프레드에서 옵션비용(option cost)을 제거한 스프레드를 옵션조정 스프레드(OAS)라고 한다. 즉,

$$\text{OAS} = \text{Z-스프레드} - \text{옵션비용} \tag{2.4}$$

명목스프레드 또는 Z-스프레드는 벤치마크 대비 신용 리스크에 대한 보상, 유동성 리스크, 그리고 옵션 리스크를 반영하는 반면, 옵션조정 스프레드는 채권에 내재된 옵션의 가치를 제거한 개념이기 때문에 벤치마크 대비 신용리스크와 유동성 리스크만 측정하게 된다.

그림 2-2 Z-스프레드와 OAS

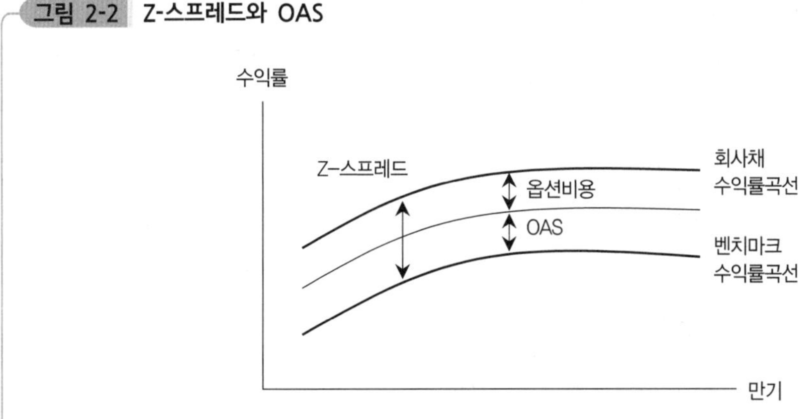

수의상환채권(callable bond)의 경우 발행기업이 옵션을 가지므로(투자자는 발행기업에게 옵션 매도) 옵션비용은 양(+)이고 OAS는 Z-스프레드보다 작다. 한편, 변제요구채권(putable bond)의 경우 투자자가 옵션을 보유하므로 옵션비용은 음(−)이고 OAS가 Z-스프레드보다 크다.

표 2.1 OAS를 이용한 채권의 상대가치분석

벤치마크		국 채	신용리스크가 동일한 채권
OAS > 0	& 실제 OAS > 요구 OAS	저평가	저평가
	& 실제 OAS = 요구 OAS	적 정	저평가
	& 실제 OAS < 요구 OAS	고평가	저평가
OAS = 0		고평가	적 정
OAS < 0		고평가	고평가

[표 2.1]은 OAS를 이용한 채권의 상대가치분석(relative value analysis)의 개념을 소개하고 있다. 채권의 상대가치분석에서 특정 채권의 벤치마크 대비 스프레드를 유사한 채권의 스프레드인 요구스프레드(required spread)와 비교하게 된다. 이때 비교의 대상이 되는 벤치마크가 어떤 채권인가가 매우 중요하다.

신용 리스크가 없는 국채를 벤치마크로 하여 채권의 상대가치분석을 하는 경우 OAS는 채권의 신용 리스크와 유동성 리스크를 반영하게 된다. 따라서 OAS=0 또는 OAS<0라면 벤치마크 수익률곡선상 또는 밑에 위치하므로 채권이 벤치마크대비 고평가되어 있다고 볼 수 있다. OAS=0이더라도 벤치마크인 국채수익률곡선 상에 있으므로 고평가되어 있으며, OAS<0인 경우에는 벤치마크인 국채수익률곡선 밑에 있으므로 당연히 고평가된 것으로 판단한다. 한편, OAS > 0이더라도 실제 OAS > 요구 OAS인 경우에만 저평가되었다고 분석할 수 있다. 그러나 신용리스크가 동일한 채권을 벤치마크로 하여 상대가치분석을 하는 경우에는(즉, 발행기업의 수익률곡선을 이용하는 경우) OAS가 유동성 리스크만 반영하게 된다. 이 경우에는 OAS > 0이면 저평가, OAS < 0 이면 고평가되어 있다고 판단할 수 있다.[2)]

2) OAS가 명목스프레드나 Z-스프레드보다 유용한 개념인 것은 분명하나, OAS의 측정치가 사용하는 모형에 의존한다는 점을 인식해야 한다. OAS의 한계와 문제점에 대한 논의는 Fabozzi(2013:pp.421-424) 참조.

예 제

어떤 채권 애널리스트가 A 기업의 수의상환채권(callable bond)의 (국채대비) 수익률 스프레드 예측치를 다음과 같이 발표하였다.

명목스프레드: 240bp
Z-스프레드 : 225bp
OAS : 190bp

신용등급, 만기, 유동성이 동일한 일반 회사채의 국채대비 Z-스프레드가 210bp라고 할 때 A기업의 수의상환채권을 어떻게 평가할 것인가?

조기상환이 되지 않는 채권의 경우 Z-스프레드와 OAS는 동일하므로 A 기업의 요구 OAS는 바로 조기상환이 되지 않는 채권대비 Z-스프레드(즉, 210bp)이다. A 기업의 수의상환채권의 OAS는 190bp로서 요구 OAS보다 낮으므로 고평가되어 있다고 볼 수 있다. 이때 옵션비용이 스프레드 측정에 반영되지 않은 명목스프레드나 Z-스프레드를 요구 OAS와 비교하는 것은 적절하지 않다.

2.2 무이표채 수익률곡선(zero coupon yield curve)의 결정

1. 무이표채권(zero coupon bond)

무이표채권이란 액면가에서 할인하여 거래되는 채권으로서 순수 할인채라고도 한다. 이와 같이 무이표채권은 이자를 지불하지 않으므로 자신의 투자기간을 채권의 만기에 일치시키는 투자자들에게는 재투자위험이 없다. 무이표채권은 금융공학을 통해 등장한 가장 혁신적인 상품 중의 하나로서, 디자인은 간단하지만 포트폴리오 수익목표의 달성, 복잡한 리스크의 헤지, 그리고 여러 가지 합성상품의 설계에 유용하게 이용되고 있다. 미국정부가 발행한 국채를 이용한 무이표채권 관련 최초의 상품은 1982년 메릴린치(Merrill Lynch)에 의해 소개된 TIGR(Treasury Investment Growth Receipts)이다.

투자은행의 입장에서 볼 때 무이표채권 관련 상품개발은 여러 가지 이점이 있다. 투자은행은 이표채권인 국채를 구입하여 이자를 떼어내어 일련의 무이표채권을 만든 다음 이를 투자자들에게 판매한다. 이 때 무이표채권 투자에 따른 이점이 판매가격에 반영되므로 일반적인 이표채를 일련의 무이표채와 이자쿠폰으로 분리하면 이들의 가치는 원래의 이표채권 가치를 초과하는 효과를 얻게 된다.

예제 1

무이표채 수익률이 [표 2.2]와 같이 주어졌다고 하자. 이표의 분해가 가능하고 연(2회 지급) 10.375%의 이자를 지급하는 2년 만기 국채가 수익률 10%에 거래되고 있다. 분해한 이표를 [표 2.2]에서 주어진 무이표채 수익률로 판매할 수 있다고 할 때, 이 채권을 보유하고 있는 사람은 이표를 분해하는 것이 유리하겠는가?

표 2.2 무이표채 수익률곡선

만기(연)	0.5	1.0	1.5	2.0	2.5
수익률	11.00	10.50	10.00	9.50	9.00

10.375% 이표를 지급하는 2년 만기 채권의 현재 수익률이 10%이므로 채권의 가격은 다음과 같이 결정된다.

$$P_1 = \frac{5.1875}{\left(1+\frac{0.1}{2}\right)} + \frac{5.1875}{\left(1+\frac{0.1}{2}\right)^2} + \frac{5.1875}{\left(1+\frac{0.1}{2}\right)^3} + \frac{105.1875}{\left(1+\frac{0.1}{2}\right)^4} = 100.6652$$

만일 이 채권을 다수의 무이표채권으로 분해하여 판매한다면 분할된 채권가격의 합은 다음과 같다.

$$P_2 = \frac{5.1875}{\left(1+\frac{0.11}{2}\right)} + \frac{5.1875}{\left(1+\frac{0.105}{2}\right)^2} + \frac{5.1875}{\left(1+\frac{0.1}{2}\right)^3} + \frac{105.1875}{\left(1+\frac{0.95}{2}\right)^4} = 101.4535$$

P_2가 P_1보다 크므로 분해하여 판매하는 것이 유리하다. 이와 같이 이표채권으로부터 무이표채권을 만들어 내는 것은 전환차익거래를 통한 수익창출의 전형적인 예이다.

예제 2

동일한 신용리스크를 가진 다음 두 개의 채권에 대해 상대가치분석을 해보자.

채 권	만 기	이표(연)	가 격	만기수익률
A	3년	5%	92.44	7.93%
B	3년	10%	105.49	7.87%

이 경우 만기수익률이 높은 채권 A의 가격이 낮으므로 채권 B에 비해 저평가되어 있다고 볼 수 있을까? 이를 확인하기 위해 시장에 형성되어 있는 만기별 현물수익률(무이표채 수익률)을 이용할 수 있다.

만 기	1년	2년	3년
현물수익률	6%	7%	8%

만기별 현물수익률을 이용하여 각 채권의 현금흐름을 할인함으로써 채권 A와 B의 현재가치를 다음과 같이 구할 수 있다.

$$P_A = \frac{5}{1+0.06} + \frac{5}{(1+0.07)^2} + \frac{100+5}{(1+0.08)^3} = 92.44$$

$$P_B = \frac{10}{1+0.06} + \frac{10}{(1+0.07)^2} + \frac{100+10}{(1+0.08)^3} = 105.49$$

즉, 각 채권의 현재가치가 시장가격과 동일하여 차익거래기회가 없음을 알 수 있다.

이제 만기 3년, (연)이표 7.5%, 가격 99.02, 만기수익률 7.88%인 채권 C의 현재가치를 구해보자.

$$P_C = \frac{7.5}{1+0.06} + \frac{7.5}{(1+0.07)^2} + \frac{100+7.5}{(1+0.08)^3} = 98.96 < \text{시장가격}(99.02)$$

따라서 채권 C는 A 또는 B에 비해 상대적으로 고평가되어 있다고 볼 수 있다. 이와 같이 현물수익률곡선을 이용하여 채권의 상대가치분석을 할 수 있다. 또한 현물수익률곡선에 내재되어 있는 가격정보는 할인계수(discount factor)로 나타낼 수 있다. 즉,

$$D_t = \frac{1}{(1+r_t)^t} \qquad t = 1,\, 2,\, \cdots\cdots,\, n \tag{2.5}$$

이때 r_t는 기간 t에 대한 현물수익률을 나타낸다.

2. 부트스트랩핑 방법(bootstrapping method)

다양한 만기를 가진 각각의 채권에 대하여 만기에 대응하는 수익률을 표시한 것을 수익률곡선이라고 앞에서 정의하였다. 무이표채권의 수익률은 주어진 만기에 대하여 단 한 번의 현금흐름으로 수익률을 결정하므로 다른 어떤 것보다 순수한 수익률 측정치이며 현물수익률곡선(spot yield curve)이라고도 한다.

무이표채권과 무이표채권의 수익률곡선은 금융공학에 있어서 매우 중요한 도구가 된다. 이는 무이표채권을 잘 조합하여 자신이 원하는 형태의 미래현금흐름을 만들 수도 있고, 반대로 복잡한 금융상품구조를 기본적인 구성요소로 분해할 때 각 구성요소의 가치를 무이표채권 수익률곡선을 이용하여 구할 수 있기 때문이다. 이표채(coupon bonds)를 무이표채(zero-coupon bonds)의 포트폴리오로 해석할 수 있다는 사실은 바로 금리의 기간구조 분석에서 무이표채의 가격결정이 매우 중요함을 의미한다.

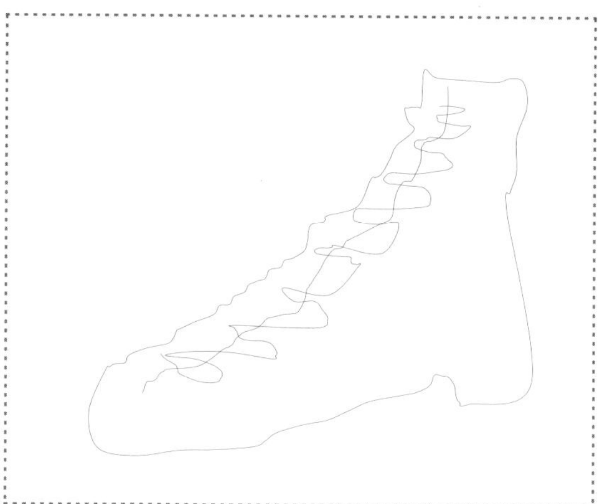

그러나 우리가 시장에서 실제로 관측하는 것은 이표채의 가격이므로 무이표채 수익률을 항상 직접적으로 구할 수 있는 것은 아니다. 따라서 중요한 것은 이표채의 가격으로부터 어떻게 무이표채 수익률을 구할 수 있는가 하는 것이다. 이 경우에 일반적으로 사용되는 방법이 바로 "부트스트랩핑 방법(bootstrapping method)" 이라는 것이다.[3)]

(1) 이표채 수익률로부터 무이표채 수익률 구하기

[표 2.2]와 같이 만기별 채권시장가격이 주어졌을 때 이에 상응하는 현물수익률(무이표채 수익률) 또는 할인계수를 도출하는 부트스트랩핑 방법에 대해 알아보자.

---

3) Strap은 끈으로 엮어 묶는 것을 의미하는 단어로, bootstrapping은 boot의 끈을 묶듯이 '이표채 수익률곡선을 따라 올라가며 현물수익률을 구하는 것(bootstrapping up the coupon curve)'을 의미함.

표 2.3 만기별 채권 시장가격

채 권	만 기	시장가격	(연) 이표	만기수익률
A	1년	92.34	0	8.3%
B	2년	98.77	8.5%	9.2%
C	3년	100.07	10.0%	9.97%

만기가 t인 무이표채 수익률을 r_t, 할인계수를 D_t라고 하자. $(t = 1, 2, 3)$ 채권가격은 미래의 현금흐름을 할인계수로 할인한 현재가치이므로, 1년 만기 채권 A(무이표채)의 가격으로부터 할인계수, 즉 1년 만기 무이표채 수익률 r_1을 구한다.

채권 A : $92.34 = D_1 \times 100$

$$D_1 = 0.9234 = \frac{1}{1+r_1}$$

$$r_1 = 8.3\%$$

다음 단계는 2년 만기 채권 B의 가격과 앞에서 구한 1년 만기 무이표채 수익률을 이용하여 2년 만기 무이표채 수익률 r_2를 구한다.

채권 B : $98.77 = D_1 \times 8.5 + D_2 \times 108.5$

$$D_2 = 0.8380 = \frac{1}{(1+r_2)^2}$$

$$r_2 = 9.24\%$$

마지막으로, 3년 만기 채권 C의 가격과 앞에서 구한 1년과 2년 만기 무이표채 수익률을 이용하여 3년 만기 무이표채 수익률 r_3를 구한다.

채권 C : $100.07 = D_1 \times 10 + D_2 \times 10 + D_3 \times 110$

$$D_3 = 0.7476 = \frac{1}{(1+r_3)^2}$$

$$r_3 = 10.08\%$$

[표 2.4]는 이와 같은 방법으로 구한 만기별 무이표채 수익률을 보여주고 있다.

표 2.4 부트스트랩핑 방법에 의한 무이표채 수익률곡선

만기(연)	무이표채 수익률(%)
1	8.3%
2	9.24%
3	10.08%

앞에서 우리는 부트스트랩핑 방법으로 채권시장가격으로부터 각 만기별 무이표채 수익률을 도출하였다. 일반적으로 만기가 S인 무이표채 수익률(r_S)과 만기가 L인 무이표채 수익률(r_L)이 주어졌을 때 만기가 $M(S<M<L)$인 무이표채 수익률(r_M)은 선형보간법(linear interpolation)에 의해 다음과 같이 결정된다.

$$r_M = r_S + \frac{M-S}{L-S} \times (r_L - r_S) \tag{2.6}$$

만기가 2.5년인 이표채의 시장가격이 없을 때 해당 무이표채수익률은 어떻게 구할 수 있을까? 이 경우 우리는 만기 2년 무이표채 수익률과 만기 3년 무이표채 수익률을 이용하여 선형보간법으로 만기 2.5년의 무이표채 수익률을 구할 수 있다. 즉,

$$9.24\% + \frac{2.5-2}{3-2} \times (10.08\% - 9.24\%) = 9.66\%$$

(2) 액면가 수익률로부터 무이표채 수익률 구하기

[표 2.5]와 같이 만기별 액면가 수익률이 주어졌을 때 이에 상응하는 무이표채 수익률을 도출하는 방법은 앞에서 설명한 부트스트랩핑 방법을 사용하면 된다.

표 2.5 만기별 액면가 수익률

채 권	만 기	시장가격	액면가 수익률	무이표채수익률(r_t)
A	1년	100	3.5%	r_1
B	2년	100	4.0%	r_2
C	3년	100	4.5%	r_3

1년 만기 채권 A의 액면가 수익률은 바로 무이표채 수익률과 같다. 즉,

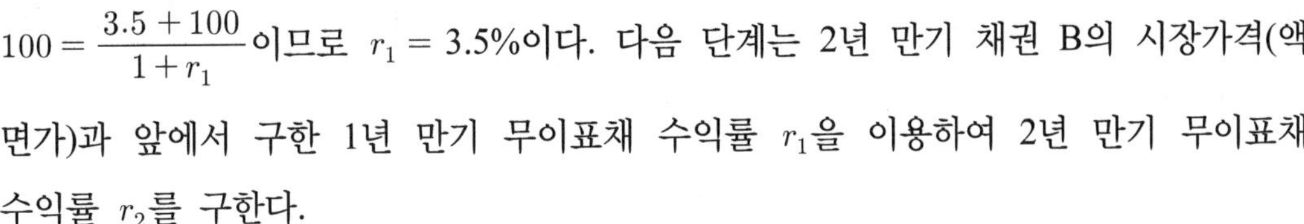

$100 = \dfrac{3.5 + 100}{1 + r_1}$ 이므로 $r_1 = 3.5\%$이다. 다음 단계는 2년 만기 채권 B의 시장가격(액면가)과 앞에서 구한 1년 만기 무이표채 수익률 r_1을 이용하여 2년 만기 무이표채 수익률 r_2를 구한다.

$$100 = \frac{4}{1+0.035} + \frac{100+4}{(1+r_2)^2}, \quad r_2 = 4.010\%$$

마지막으로 3년 만기 채권 C의 가격과 앞에서 구한 1년과 2년 만기 무이표채 수익률을 이용하여 3년 만기 무이표채 수익률 r_3를 구한다.

$$100 = \frac{4.5}{1+0.035} + \frac{4.5}{(1+0.0401)^2} + \frac{100+4.5}{(1+r_3)^3}, \quad r_3 = 4.531\%$$

(3) 무이표채 수익률로부터 액면가 수익률 구하기

앞에서는 액면가 수익률이 주어졌을 때 이에 상응하는 무이표채 수익률을 도출하는 방법을 설명하였다. 이번에는 반대로 [표 2.6]과 같이 만기별 무이표채 수익률이 주어져 있을 때 액면가 수익률을 구하는 방법에 대해 알아보자.

표 2.6 만기별 무이표채 수익률

만 기	무이표채수익률(r_t)	액면가 수익률(c_t)
1년	3.5%	c_1
2년	4.010%	c_2
3년	4.531%	c_3

1년 만기 무이표채 수익률은 1년 만기 액면가 수익률과 동일하다. 즉,

$$100 = \frac{100+c_1}{1+0.035} \text{ 이므로 } c_1 = 3.5\%$$

다음 단계는 2년 만기 채권 B의 액면가와 1년과 2년 만기 무이표채 수익률을 이용하여 2년 만기 액면가 수익률 c_2를 구한다.

$$100 = \frac{c_2}{1+0.035} + \frac{100+c_2}{(1+0.0401)^2}, \quad c_2 = 4.0\%$$

마지막으로 3년 만기 채권 C의 액면가와 1년, 2년, 3년 만기 무이표채 수익률을 이용하여 3년 만기 액면가 수익률 c_3를 구한다.

$$100 = \frac{c_3}{1+0.035} + \frac{c_3}{(1+0.0401)^2} + \frac{100+c_3}{(1+0.04531)^3}, \quad c_3 = 4.5\%$$

마지막 단계로부터 우리는 만기별 무이표채 수익률이 주어졌을 때 3년 만기 액면가 수익률을 구할 수 있다는 것을 알 수 있다. 무이표채 수익률을 r_t라고 하면 위의 식을 다음과 같이 일반적인 형태로 표현할 수 있다.

$$100 = \frac{c_3}{1+r_1} + \frac{c_3}{(1+r_2)^2} + \frac{100+c_3}{(1+r_3)^3} \tag{2.7}$$

이때 $D_t = \frac{1}{(1+r_t)^t}$ $(t=1, 2, 3)$를 할인계수로 정의하면 만기 3년 액면가 수익률 c_3는 식 (2.7)로부터 다음과 같이 구할 수 있다.

$$c_3 = \frac{1-D_3}{D_1+D_2+D_3} \times 100$$

즉, 무이표채 수익률곡선으로부터 만기별 할인계수를 구하면 만기별 액면가 수익률을 쉽게 구할 수가 있다는 것을 알 수 있다. 액면가를 1이라고 하고, 이를 일반화된 식으로 표현하면 다음과 같다.

$$c_t = \frac{1-D_T}{\sum_t D_t} \tag{2.8}$$

이 결과는 제4장에서 금리스왑의 가격결정을 설명할 때 이용할 것이다. 금리스왑의 가격인 스왑률은 액면가 수익률의 개념이기 때문에 만기별 무이표채 수익률과 식 (2.8)을 이용하여 만기별 스왑률을 쉽게 구할 수 있다. 즉, 스왑률은 다음과 같이 선도금리의 할인계수-가중평균(discount factor weighted average)으로 결정된다.[4)]

4) 제4장 참조.

$$r_s = \frac{\sum_t D_t \cdot R(t-1,\, t)}{\sum_t D_t} = \frac{1 - D_T}{\sum_t D_t} \tag{2.9}$$

위의 식을 도출할 때 선도금리(R)와 할인계수(D)의 관계가 다음과 같다는 사실을 이용하였다.

$$R(0,\,1) = \frac{D_0}{D_1} - 1,\ \ R(1,\,2) = \frac{D_1}{D_2} - 1,\ \ \cdots\cdots,\ \ R(t-1,\,t) = \frac{D_{t-1}}{D_t} - 1$$

즉, 무이표채 수익률곡선이 주어지면 이로부터 미래의 기간별 선도금리를 구하고, 선도금리로부터 할인계수를 계산하여 액면가 수익률을 구할 수가 있다. 스왑률은 식 (2.9)가 보여주듯이 선도금리의 할인계수 가중평균으로 계산하거나 또는 선도금리가 할인계수의 형태로 표현되므로 할인계수만으로도 스왑률을 계산할 수 있는 것이다.

이상의 논의를 요약하면, 무이표채 수익률, 선도금리, 할인계수, 액면가 수익률은 서로 밀접하게 연결되어 있으며, 하나만 알면 다른 것들을 구할 수가 있다.

2.3 수익률곡선의 형태에 관한 이론

수익률곡선의 형태는 일반적으로 우상향의 형태(normal yield curve)를 취하나, 시장 여건에 따라서 우하향의 형태(inverted yield curve)를 나타내기도 한다. 수익률곡선의 형태를 설명하는 이론에는 기대가설(expectations hypothesis), 유동성선호가설(liquidity preference hypothesis), 시장분할가설(market segmentation hypothesis) 등 3가지가 있다.

1. 기대가설

기대가설에 따르면 수익률곡선은 미래 시장금리의 움직임에 대한 투자자의 예상에 의해 결정된다는 것이다. 즉, 현재시점에서 수익률곡선에 내재된 선도금리(forward rates)는 미래의 현물금리(future spot rates)의 불편추정치(unbiased predictors)라는 논리이다. 예를 들어, t_1시점과 t_2시점 사이의 선도금리는 투자자들이 t_1시점에서 존재할 것이라고 현재시점(t)에서 예상하는 $(t_2 - t_1)$ 만기의 현물금리와 같다. 이를 수식

으로 표현하면

$$_1R_2 = E_t[{}_1\tilde{r}_2] \tag{2.10}$$

이때 $_1\tilde{r}_2$는 t_1시점의 현물금리(만기 $t_2 - t_1$), $_1R_2$는 t_1시점과 t_2시점 사이의 선도금리를 나타낸다.

이는 장기금리가 미래의 단기금리를 반영하는 것으로 보는 견해이다. 예를 들어, 수익률곡선이 수평한 것은 투자자들이 금리가 장기적으로도 현재와 비슷할 것이라고 예상하기 때문이라고 볼 수 있다. 만일 포트폴리오 관리자가 향후 금리가 하락하여 채권가격이 상승할 것으로 예상하면 그는 운용기간을 장기로 늘려 단기채를 장기채로 전환하여 투자할 것이다. 왜냐하면 금리하락시 장기채 가격의 상승폭이 단기채 가격의 상승폭보다 클 것이기 때문이다. 따라서 금리하락이 예상될 때는 단기채 수요가 줄고 장기채 수요가 늘어 수익률곡선의 기울기는 완만해진다. 반대로 금리상승이 예상될 때는 장기채 가격의 하락이 더 크게 되므로 수익률곡선의 기울기는 급해진다.

좁은 의미의 기대가설로서 "국지적 기대가설(local expectations hypothesis)"에 의하면 모든 채권은 매우 짧은 보유기간동안 동일한 기대수익률을 제공한다는 것이다. 이를 수식으로 표현하면

$$\frac{E_t[P(t+1, T)]}{P(t, T)} = 1 + r_t \tag{2.11}$$

즉, 만기일이 T인 무이표채권의 현재시점(t)의 가격을 $P(t, T)$, 만기일이 $t+1$인 무이표채권의 수익률을 r_t라고 할 때, 만기일이 T인 무이표채권의 $(t, t+1)$ 기간 동안의 기대수익률은 만기일이 $t+1$인 무이표채권의 수익률과 동일하다는 논리이다.

따라서 이 가설에 따르면 채권의 보유기간이 일정하다면 그 채권의 투자기간을 어떻게 구성하여도 보유기간 후의 투자수익률은 동일하다는 것이다. 예를 들어, 투자보유기간을 3년이라고 하면 다음의 네 가지 투자방법은 3년 후에 동일한 수익률을 제공해야 한다.

(a) 3년 만기의 채권을 구입하는 방법
(b) 2년 만기의 채권에 투자하고, 2년 후에 1년 만기의 채권에 투자하는 방법
(c) 매년 만기 1년의 채권에 투자하는 방법
(d) 4년 만기의 채권에 투자하고 3년 후에 매각하는 방법

만일 위의 방법 중 어느 한 방법이 다른 방법에 비해 높은 수익률을 제공한다면 차익거래가 발생하며, 결국 모든 방법의 수익률은 동일하게 된다. 이와 같이 국지적 기대가설은 '차익거래불가(no arbitrage)' 논리와 합치하며, 앞으로 금리기간구조(제12장)를 논할 때 주로 국지적 기대가설을 이용하여 설명할 것이다.

2. 유동성선호가설

유동성선호가설에 의하면 채권의 만기가 길수록 채권가격의 변화가능성이 증가하기 때문에 리스크 회피적인 투자자는 단기채와 장기채의 기대수익률이 비슷하더라도 장기채보다 단기채를 더 선호하는 경향이 있다는 것이다. 또한 장기채에 투자함으로써 장기간에 걸쳐 자금을 묶어두는 것보다 유동성이 높은 단기채에 투자하는 것이 효율적이기 때문이다. 이와 같이 유동성선호가설에 의하면 장기채 수익률은 장기투자에 따른 "유동성 프리미엄(liquidity premium)"을 감안해야 하기 때문에 단기채 수익률보다 높아야 한다는 것이다. 즉,

$$ {}_1R_2 = E_t[{}_1\tilde{r}_2] + {}_1LP_2 \tag{2.12} $$

이때 ${}_1\tilde{r}_2$는 t_1 시점의 현물금리(만기 $t_2 - t_1$), ${}_1R_2$는 t_1 시점과 t_2 시점 사이의 선도금리, ${}_1LP_2$는 $(t_2 - t_1)$ 기간에 대한 유동성 프리미엄을 나타낸다.

유동성선호가설에서 선도금리는 투자자들이 미래에 존재할 것으로 예상하는 미래의 현물금리보다 유동성 프리미엄만큼 항상 크다. 미래의 금리가 현재 수준을 유지할 것으로 예상하더라도 유동성 프리미엄으로 인해 수익률곡선이 우상향하는 형태를 가질 수 있다는 논리이다.

3. 시장분할가설

시장분할가설은 투자자들이 채권의 만기에 대해 서로 다른 선호도를 가지고 있어 채권시장이 몇 개(예를 들어, 단기, 중기, 장기)의 하부시장으로 분할되어 있다고 본다. 즉 장기채는 장기채 나름의 수요와 공급이 존재하고 단기채는 단기채 나름의 수요와 공급이 존재하기 때문에 각 시장에서의 수요와 공급에 의해 수익률이 결정된다는 것이다. 따라서 수익률 곡선의 모양은 각 시장의 수급에 따라 형성된 결과로 파악할 수 있는 것이다.

채권시장의 투자자들은 개인, 투신, 보험, 연기금 등과 같이 이질적인 투자자 집단으로 구성되어 있고, 각 집단들은 그 집단의 제도적 또는 법률적 여건이나 자금의 성격, 운용방식의 차이에 따라 채권 투자기간에 대하여 민감한 선호도를 갖고 있다는 것이다. 따라서 수익률곡선은 만기별로 체계적인 관련성을 갖지 않고 각 시장 나름대로의 수익률곡선을 갖게 된다. 그리고 각 시장에서의 채권수급에 따라 단기채권의 수익률이 장기채권의 수익률보다 높을 수도 낮을 수도 있다는 논리이다.

시장분할가설에 의하면 우상향형태의 수익률곡선은 단기채권에 대한 수요가 장기채권에 대한 수요에 비해 상대적으로 큰 것을 의미하며, 우하향형태의 수익률곡선은 그 반대를 의미한다. 그러나 이 가설은 서로 다른 시장에서 결정되는 금리간의 높은 상관관계를 설명하지 못하고 있다.

2.4 수익률곡선 리스크

1. 듀레이션의 한계

듀레이션은 금리리스크의 측정 및 관리에 상당히 유용한 수단이 되나, 몇 가지 가정에 의존하고 있어서 이러한 가정들이 현실과 괴리가 있는 경우 듀레이션을 이용한 금리리스크관리가 소기의 목적을 달성하지 못할 가능성이 있다.

예를 들어, 채권 포트폴리오의 금리변동 리스크를 헤지하기 위해 가장 널리 쓰이는 방법은 채권 포트폴리오의 듀레이션을 투자기간과 일치시키는 방법이다. 그러나 듀레이션은 수익률곡선이 수평이동(parallel shift)한다는 가정 때문에 단기 이자율과 장기

이자율의 변동폭이 다르거나 단기 이자율 하락, 장기 이자율 상승과 같은 수익률곡선의 비수평 이동이 존재할 경우 듀레이션을 사용한 금리변동 리스크 관리는 오차가 발생하거나 실패할 가능성이 높다.

수익률곡선이 평평하며 금리 변화시 평행이동 한다는 가정 하에서 듀레이션 계산에 사용되는 할인율은 만기수익률이며 시점에 관계없이 모든 현금흐름을 동일한 수익률로 할인한다. 그러나 현실적으로 수익률곡선은 평평한 경우가 드물기 때문에 할인율의 변화는 만기수익률의 변화와 반드시 일치하지 않는다.

앞에서 설명하였듯이 듀레이션은 금리의 변화율과 채권가격의 변화율을 일차식으로 표현해준다. 이러한 선형관계를 갖기 위해서는 수익률곡선이 평평한 형태를 갖고 평행이동을 한다고 가정하더라도 금리의 변화폭이 아주 작아야 한다. 금리의 변화폭이 큰 경우에는 실제 채권가격과 듀레이션을 이용하여 예측한 채권가격 사이에는 무시할 수 없는 차이가 발생하게 된다. 이러한 경우 앞에서 언급한 볼록도를 이용하여 이러한 오차를 어느 정도 줄일 수는 있다.

2. 수익률곡선 리스크의 측정

(1) 수익률곡선 변형 듀레이션(yield curve reshaping duration)

수익률곡선은 시간이 흐름에 따라 변하는 모습이 평행이동(parallel shift)은 거의 없고 플래트닝(flattening), 스티프닝(steepening), 트위스트(twist) 등 매우 다양하다. 이와 같이 수익률곡선이 다양한 형태로 변하는 것은 수익률곡선의 단기부분(short-end)과 장기부분(long-end)의 변화 정도가 상이하기 때문이다.

수익률곡선 변형 듀레이션(yield curve reshaping duration)은 수익률곡선의 기울기 변화에 대한 채권가격의 민감도를 다음과 같이 측정한다.[5] 수익률곡선의 단기부분의 변화에 대한 채권가격의 민감도 SED(Short-end Duration)를 수익률곡선의 단기부분이 스티프닝 할 때와 플래트닝 할 때의 채권가격 변화율로 측정한다. 즉,

$$SED = \frac{P^s_{SE} - P^f_{SE}}{2P_0 \cdot \triangle y} \tag{2.13}$$

5) Klaffky, Ma & Nozari(1992) 참조.

이때 P_0는 현재의 채권가격, P^s_{SE}는 수익률곡선의 단기부분이 스티프닝(하락) 할 때의 채권가격, P^f_{SE}는 수익률곡선의 단기부분이 플래트닝(상승) 할 때의 채권가격, Δy는 수익률곡선의 스티프닝 또는 플래트닝을 측정하기 위해 설정한 bp를 나타낸다.

또한 수익률곡선의 장기부분의 변화에 대한 채권가격의 민감도 LED(Long-end Duration)를 수익률곡선의 장기부분이 스티프닝 할 때와 플래트닝 할 때의 채권가격 변화율로 측정한다. 즉,

$$LED = \frac{P^f_{LE} - P^s_{LE}}{2P_0 \cdot \Delta y} \tag{2.14}$$

이때 P_0는 현재의 채권가격, P^s_{LE}는 수익률곡선의 장기부분이 스티프닝(상승) 할 때의 채권가격, P^f_{LE}는 수익률곡선의 장기부분이 플래트닝(하락) 할 때의 채권가격, Δy는 수익률곡선의 스티프닝 또는 플래트닝을 측정하기 위해 설정한 bp를 나타낸다.

제1장에서 우리는 유효듀레이션을 다음과 같이 정의하였다.

$$\text{유효듀레이션} = \frac{P_- - P_+}{2P_0 \times \Delta y}$$

이때 Δy는 수익률의 변화폭, P_0는 채권의 초기가격, P_-는 수익률이 Δy 하락시 측정된 채권가격, P_+는 수익률이 Δy 상승시 측정된 채권가격을 나타낸다.

따라서 SED나 LED이 유효듀레이션의 개념과 유사하다는 것을 알 수 있다. 수익률곡선 변형 듀레이션을 실무적으로 활용하기 위해서는 수익률곡선의 단기와 장기부분에 대해 지정을 해야 한다. 예를 들어, 수익률곡선 상에서 2년, 10년, 30년의 주요 수익률을 지정하여 2년과 10년간의 수익률 스프레드의 변화와 10년과 30년간의 수익률 스프레드의 변화를 가정하여 수익률곡선 변형 듀레이션을 측정할 수 있다.

예를 들어 채권포트폴리오 A와 B의 금리민감도가 다음과 같다고 하자.[6)]

6) 채권 포트폴리오의 SED와 LED는 개별 채권의 SED와 LED를 가중평균하여 구한다.

포트폴리오	수정듀레이션	SED	LED
A	3	4	2
B	3	2	4

포트폴리오 A와 B는 수정듀레이션이 3년으로 동일하나, SED는 포트폴리오 A가 B보다 크고 LED은 포트폴리오 B가 A보다 크다. 따라서 수익률곡선이 수평이동하는 경우 금리리스크에 동일하게 노출되나, 수익률곡선의 기울기가 변하는 경우 상이한 리스크에 노출되어 있다. 즉, 포트폴리오 A는 수익률곡선의 단기부분의 변화에 대한 리스크가 큰 반면, 포트폴리오 B는 수익률곡선의 장기부분의 변화에 대한 리스크가 더 크다고 할 수 있다.

(2) 주요수익률 듀레이션(Key Rate Duration: KRD)

수익률곡선 상에서 중요한 만기의 수익률을 주요수익률(key rate)이라고 정의할 때, 다른 수익률은 변하지 않은 상태에서 특정 만기의 주요수익률이 1%(100bp) 변할 때의 채권포트폴리오의 가치변화율을 주요수익률 듀레이션(key rate duration : KRD)이라고 한다.[7] 포트폴리오의 가치를 P, i번째 주요수익률을 y_i, 주요수익률 듀레이션을 KRD_i 라고 하면 제1장에서 설명한 듀레이션의 정의에 의해 다음 식이 성립한다.

$$\frac{\Delta P}{P}(i) = -KRD_i \times \Delta y_i$$
$$\frac{\Delta P}{P} = \sum_i \frac{\Delta P}{P}(i) = -\sum_i KRD_i \times \Delta y_i \qquad (2.15)$$

수익률곡선의 이동은 주요수익률의 변화의 합으로 표현되므로, 주요수익률의 변화가 채권포트폴리오에 미치는 영향을 전부 더함으로써 수익률곡선의 이동이 포트폴리오에 미치는 전체적인 영향을 측정할 수 있다. 사실 주요수익률 듀레이션(KRD)은 유효듀레이션(ED)의 선형분해(linear decomposition)라고 할 수 있다. 즉,

$$ED = \sum_i KRD_i \qquad (2.16)$$

7) Ho(1992) 참조.

예 제

수익률곡선상에서 2년, 5년, 10년, 20년 등 4개의 주요수익률(key rate)을 선정하고, 각 수익률에 대한 주요수익률 듀레이션을 KRD_2, KRD_5, KRD_{10}, KRD_{20}라고 하자. 또한 각 주요 수익률의 만기를 갖는 무이표채권으로 포트폴리오를 구성하였다고 하자. 각 무이표채권의 만기와 듀레이션은 [표 2.7]에 주어져 있다. 무이표채권이므로 만기와 듀레이션이 동일하다.

표 2.7 주요수익률 듀레이션

채 권	비 중(w_i)	D_i	KRD_i
2년	10%	2	0.2
5년	20%	5	1.0
10년	40%	10	4.0
20년	30%	20	6.0
포트폴리오	100%		11.2

주요수익률로 선택한 만기는 여러 개의 무이표채권의 만기들이다. 따라서 각 채권의 KRD는 만기와 일치하게 된다. 포트폴리오의 유효듀레이션(effective duration)은 각 채권의 주요수익률 듀레이션의 가중평균으로서 11.2가 된다. 만일 수익률곡선이 100bp 상향이동하게 되면 포트폴리오 가치는 11.2% 감소하게 된다.

이제 수익률곡선의 비평행이동이 채권포트폴리오에 미치는 영향을 분석하기 위해 수익률곡선이 다음과 같이 변형되었다고 하자.

2년 수익률: 100bp 상승
5년 수익률: 150bp 상승
10년 수익률: 80bp 상승
20년 수익률: 100bp 감소

주요수익률 듀레이션이 2년물 0.2, 5년물 1.0, 10년물 4.0, 20년물 6.0로 주어져 있으므로, 포트폴리오의 가치변화는 다음과 같이 결정된다.

$$-(+1\% \times 0.2) - (+1.5\% \times 1.0) - (+0.8\% \times 4.0) - (-1\% \times 6.0) = 1.1\%$$

예 제

KRD의 개념을 다음과 같은 3개의 포트폴리오에 적용해보자. 바벨 포트폴리오(barbell portfolio)는 단기(3년)와 장기(25년)에 높은 비중을 둔 포트폴리오이고, 래더 포트폴리오(ladder portfolio)는 각 만기별로 균등하게 비중을 둔 포트폴리오이며, 불릿 포트폴리오(bullet portfolio)는 특정만기(15년)에 높은 비중을 둔 포트폴리오이다. 각 포트폴리오의 주요수익률 듀레이션이 [표 2.8]에 주어져 있다.[8)]

각 포트폴리오의 유효듀레이션은 9.63으로 동일하다. 따라서 수익률곡선이 수평이동하는 경우 각 포트폴리오의 가치에 미치는 영향은 동일할 것이다. 예를 들어, 수익률곡선이 75bp 수평하향 이동하면 각 포트폴리오의 가치는 7.22%(= 9.63 × 0.75%) 상승하게 된다. 그러나 다른 주요수익률은 변화가 없이 중기 영역, 예를 들어 만기 15년 수익률이 75bp 상승할 경우 세 포트폴리오의 유효듀레이션이 동일하더라도 불릿 포트폴리오의 가치하락이 바벨이나 래더 포트폴리오의 가치하락보다 훨씬 클 것이다. 이와 같이 주요수익률 듀레이션의 개념은 수익률곡선의 비평행이동이 채권 포트폴리오의 가치에 미치는 영향을 분석할 때 매우 유용함을 알 수 있다.

표 2.8 주요수익률 듀레이션(KRD)

주요 만기	불 릿	래 더	바 벨
3개월	0.07	0.05	0.05
1년	0.09	0.06	0.06
2년	1.10	1.04	0.11
3년	0.83	1.04	2.25
5년	0.42	1.07	0.65
7년	0.73	1.07	1.05
10년	1.20	1.07	1.03
15년	4.22	1.08	1.12
20년	0.70	1.06	1.08
25년	0.20	1.05	2.15
27년	0.07	1.04	0.08
포트폴리오 유효듀레이션	9.63	9.63	9.63

8) Schweser Study Notes(2008), Fixed Income and Derivatives (Level 2), pp.49-50 참조.

Interest Rate Derivatives
Investment & Risk Management
Strategies for Practitioners

Part 2

금리파생상품

제2부 소개

Interest Rate Derivatives
Investment & Risk Management Strategies for Practitioners

금리파생상품이란 금리 또는 금리에 의해 가격이 결정되는 채권(선물)을 거래대상으로 하는 파생상품을 의미한다. 금리파생상품시장이 급속히 성장한 배경으로는 금융리스크의 증대를 들 수 있다. 1973년 제1차 석유파동 이후 금리가 상승하고 변동성이 증가함에 따라 금융기관들은 장기 고정금리 대출을 기피하고 변동금리 대출을 선호하였고, 채권시장에서도 고정금리채권 대신에 변동금리채권(Floating Rate Note : FRN)이 발행되었다. 이에 따라 변동금리대출 및 변동금리채권의 금리리스크를 관리할 수 있는 다양한 형태의 금리파생상품에 대한 수요가 발생하였다.

1980년대에는 금리스왑(1982년), 선도금리계약(1983년), 금리캡, 칼라, 스왑션(1983년) 등 장외 금리파생상품이 개발되었고, 1990년대에는 금리선물, 금리스왑, 금리옵션 등 기본적인 금리파생상품을 결합시킨 복잡한 형태의 금리파생상품이 개발되었다. 또한 한국거래소(KRX)에는 3년 국채선물(1999년 9월), 5년 국채선물(2003년 8월), 10년 국채선물(2008년 2월) 등이 거래되고 있다.

본 서의 제2부에서는 금리선물, 선도금리계약, 금리스왑 등 선도형 금리파생상품, 채권옵션, 캡, 플로어 등 옵션형 금리파생상품, 선물옵션, 스왑션 등 합성형 금리파생상품을 다루고 있다. 제2부의 각 장에서는 다양한 금리파생상품을 소개하고, 주요 상품 내역과 가격결정논리를 상세히 설명할 것이며, 금리파생상품 투자전략(제3부) 및 금리리스크관리 및 구조화금융(제4부)을 이해하기 위한 핵심내용으로 구성되어 있다.

금리선물

금리선물이란 금리 또는 금리에 의해 가격이 결정되는 채권을 거래대상으로 하는 선물계약이다. 기관투자가는 금리변동에 의한 금융자산의 가격 리스크를 헤지하기 위하여 미래 일정 시점에서의 예상 금리를 거래하는 선물계약으로 이해를 하고, 일반투자자는 만기일의 금리(또는 채권가격)에 대한 베팅으로 생각하면 금리선물을 이해하기 쉽다.

금리선물의 유용성은 우선 금리리스크를 효율적으로 저렴하게 관리할 수 있다는데 있다. 채권 포트폴리오를 운용하는 펀드매니저는 향후 금리가 상승하여 채권가격이 하락할 것을 우려하는 경우 채권 포트폴리오의 듀레이션을 감소시키면 된다. 장기채 비중을 축소하고 단기채 비중을 늘리는 방법도 있지만 시장충격비용이나 거래비용이 높다. 이 경우 금리선물을 매도함으로써 포트폴리오의 듀레이션을 효율적으로 감소시킬 수 있다.

은행, 증권, 보험 등 금융회사들뿐만 아니라 기업들은 금리선물을 활용하여 조달금리와 운용금리를 확정할 수 있고, 금리 리스크를 제거하거나 감소시킬 수 있다. 또한 금리선물은 유통시장에서 딜러에게 가격변동에 수반하는 리스크와 불확실성을 극복하여 일정 수준의 기대수익을 얻을 수 있게 하고, 채권의 인수에 따른 리스크를 회피할 수 있는 수단을 제공하므로 인수기관이 적극적으로 발행시장에 참여할 수 있어 전반적으로 현물시장의 안정과 확대에 기여한다.

본 장에서는 먼저 유로달러선물, 연방기금 금리선물 등 단기금리선물과 T-Bond 선물, 한국국채선물 등 채권선물의 상품내역 및 가격결정논리에 대해 설명한다. 특히, 연방기금 금리선물의 가격으로부터 Fed의 통화정책변경 가능성을 분석하는 방법, T-Bond

선물에서 전환계수(conversion factor)의 개념과 최저가 인도채권(Cheapest-to-Deliver Bond : CTD)을 선정하는 방법, T-Bond 선물의 시장가격으로부터 내재환매수익률(implied repo rate)을 추정하는 방법, 순베이시스와 차익거래기회의 관계 등을 예제를 통해 상세히 설명한다. 또한, [부록]에서 repo 거래의 개념과 거래구조에 대해 설명한다. 이러한 내용들은 제 III 부에서 소개될 금리파생상품 투자전략을 이해하는데 필수적이다.

3.1 금리선물이란?

금리선물은 기초자산의 만기를 기준으로 1년 이하를 단기, 1년 이상 10년 미만을 중기, 10년 이상을 장기로 구분한다. 단기 금리선물은 연방기금 금리선물, 유로달러선물, 중기 금리선물은 한국국채선물, T-Note 선물, 장기금리선물은 T-Bond 선물이 활발하게 거래되고 있다.

금리선물을 거래방식에 의해 분류하면 각 상품의 특성과 가격결정논리를 이해하기 쉽다. 첫째, 기초자산의 실물인수도가 없고 기초자산의 금리를 지수화하여 거래하는 방식이 있다. 대표적인 예는 미국 CME Group에서 거래되는 유로달러선물과 연방기금선물(Fed Funds Futures)이다. 둘째, 기초자산을 만기에 인수도하는 동시에 채권가격으로 거래하는 방식이다. 예를 들어, CME Group에서 거래되는 T-Bond 선물과 T-Note 선물을 들 수 있다. 셋째, 첫 번째 방식과 두 번째 방식의 혼합형으로 기초자산의 실물인수도가 없고 현금결제를 하며, 채권가격으로 거래하는 방식이다. 예를 들어, 한국국채선물 3년물/5년물/10년물(KRX)을 들 수 있다.

3.2 단기금리선물

단기금리선물은 현재 각국의 선물거래소에서 활발하게 거래되는 상품 중의 하나이다. CME(Chicago Mercantile Exchange) Group에서 거래되는 유로달러선물은 거래가 제일 많은 대표적인 단기금리선물이다. 단기금리선물은 금리를 연율로 표시하여 지수로 만들어서 거래하는 경우가 대부분이다. 이중 대표적인 경우가 IMM 방식으로서 이자율을 연율로 표시한 후 100에서 차감한 값을 가격으로 거래하는 방식이다.

이러한 방식은 몇 가지 장점이 있는데, 그 중 하나는 금리 하락시 지수가 상승한다는 점이다. 채권가격은 금리와 반대방향으로 움직이는데, IMM방식의 지수도 금리와 반대방향으로 움직이므로 투자자들이 이해하기 쉽다.

1. 유로달러선물(Eurodollar Futures)

(1) 유로달러란?

유로달러(Eurodollar)는 미국이 아닌 지역의 금융회사에 예치된 달러를 말하며, 유로(euro)라는 명칭이 유럽이라는 특정지역을 의미하지는 않는다. 유로달러시장은 각국의 금융규제를 벗어나 자유롭고 효율적으로 금융거래가 중개되며, 시간적으로 제약을 받지 않는 범세계적인 국제금융시장이다. 또한 모든 정보가 각국의 금융시장에 제공됨으로써 각종 가격변수가 경제적인 상황을 보다 신속하게 반영하며 변하게 된다. 따라서 유로달러시장은 오늘날 국제적인 달러 자금의 대출 및 차입이 이루어지는 중요한 국제금융시장으로 발전하였다.

이러한 유로달러의 금리를 LIBOR(London Inter Bank Offered Rate)라고 하며, LIBOR는 채권이나 기타 증권들의 발행에 있어서 기준이 되는 중요한 변동금리의 역할을 하고 있다. LIBOR는 어떠한 은행(reference bank), 그리고 어느 시각의 고시율을 택하느냐에 따라 많은 종류의 LIBOR가 있을 수 있으나, 주로 은행간 거래에 적용되는 LIBOR는 영국은행연합회(BBA: British Bankers' Association)에서 매일 집계하여 발표한다.[1)]

(2) 상품내역

미국 CME Group에서 거래되는 유로달러선물의 거래대상은 3개월 LIBOR이다. 유로달러선물의 만기는 매년 3, 6, 9, 12월의 세 번째 수요일로부터 2영업일 전이 된다. 이 상품의 중요한 특징 중의 하나는 만기에 현금결제방식(Cash Settlement)을 택하고 있다는 데에 있다. 즉, 만기일에 영국에서 발표되는 LIBOR 금리를 이용하여 정

1) BBA는 통화별로 16개(USD, EUR, GBP, JPY), 12개(CAD, CHF) 또는 8개(AUD) 런던 소재 우량은행으로부터 런던시간 오전 11시에 offered rate을 집계하여 상위 25%, 하위 25%를 제외한 금리(USD의 경우 8개)를 단순평균하여 소수점 5째 자리로 반올림하여 결정한다. USD, JPY, CAD, CHF, AUD 금리는 360일 기준으로 고시되며, GBP는 365일 기준으로, EUR는 360일과 365일 기준으로 동시에 고시된다. 그러나 단기자금시장거래에서는 특별한 경우가 아니면 EUR는 360일이 적용된다.

산을 하면서 거래가 종결된다. 이처럼 기초가 되는 상품의 인수도가 일어나지 않는 현금결제방식은 투자자들에게 현물의 인수도에 신경 쓸 필요 없이 선물가격의 움직임에만 몰두할 수 있게 함으로써 여러 가지 비용을 줄이고 효율적으로 투자할 수 있는 근거를 제공한다고 볼 수 있다. 유로달러선물은 미국 CME Group 외에 런던의 LIFFE, 싱가폴의 SIMEX, 동경의 TIFFE에서 거래되고 있다.

표 3.1 유로달러선물(CME Group)의 상품내역

거래대상	3M LIBOR
거래단위	$1,000,000
가격표시방법	IMM 방식 : 100 − 연이자율(%)
최소호가단위(tick size)	최근월물 : 0.0025(1/4bp) = $6.25 기타월물 : 0.005(1/2bp) = $12.50
일일가격변동 제한폭	없음
결제월	4개의 근월물 + 3, 6, 9, 12월
결제방법	현금결제
결제일	최종거래일
최종거래일	각 결제월의 제3수요일 이틀 전 런던은행 영업일
최종결제가격	100 − 3M LIBOR

출처: www.cmegroup.com

유로달러선물의 거래단위는 100만 달러이므로 선물가격이 0.01 움직일 경우 $25에 해당된다. 왜냐하면 유로달러선물의 0.01은 1bp인데 이는 3개월 이자율을 연율로 표시한 것이므로 1bp의 가격변동은 100만 달러 $\times$ 0.01% $\times \frac{90}{360}$ = 25달러가 움직이는 것이다.

또한 가격표시방법이 '100 − 이자율'이므로 유로달러선물의 매수(매도) 포지션은 LIBOR 금리가 하락(상승)하면 이익을 보게 된다. 따라서 유로달러선물 매수(매도) 포지션은 대출(차입) 금리를 확정시키는 효과가 있다.

(3) 가격결정

유로달러선물의 이론가격은 내재선도금리에 의해 결정된다. 유로달러선물의 거래대상이 선물만기일부터 3개월 LIBOR이므로 현물금리에 내재되어 있는 선도금리를 먼

저 계산한 후 100에서 차감하여 이론가격을 계산한다. 예를 들어, 00년 3월물 유로달러 선물가격은 00년 2월 15일 현재 3월 15일(3월물 최종거래일)까지의 약 1개월간의 LIBOR금리와 2월 15일부터 4개월간의 LIBOR금리 수준에 의하여 결정된다.

계산의 편의상 1개월 LIBOR가 1%, 4개월 LIBOR가 2%라고 가정할 때 00년 3월물 유로달러선물의 이론가격은 다음과 같이 결정된다.

$$\left[1+r_1\times\frac{t_1}{360}\right]\left[1+R\times\frac{t_2-t_1}{360}\right]=\left[1+r_2\times\frac{t_2}{360}\right]$$

이때, $r_1=1\%$, $t_1=30$일, $r_2=1\%$, $t_2=120$일

$$R=\left[\frac{1+r_2\times\frac{t_2}{360}}{1+r_1\times\frac{t_1}{360}}-1\right]\times\frac{360}{t_2-t_1}=0.0233(2.33\%)$$

따라서 이론가격은 $100-R=100-2.33=97.67$이 된다.

2. 연방기금선물(Fed Funds Futures)

(1) 연방기금(fed funds)이란?

미국 은행들은 법에 의해 준비금(reserves)을 보유해야 하는데, 이러한 준비금에는 이자가 생기지 않으므로 은행들은 준비금을 초과하는 현금을 자금이 필요한 다른 은행들에게 빌려준다. 이러한 거래가 일어나는 단기자금시장을 연방기금시장(fed funds market)이라 하며, 국내 금융기관간에 자금을 초단기로 차입하거나 대여하는 시장인 콜시장에 해당된다.

이러한 시장에서 은행들간의 일일거래(overnight fed funds)에 적용되는 금리를 연방기금금리(fed funds rate)라고 한다. 뉴욕 연방은행은 은행간 거래에서 형성된 금리를 가중평균하여 매일 발표하는데 이를 유효연방기금금리(effective fed funds rate)라고 한다. 1994년부터 연방공개시장위원회(FOMC : Federal Open Market Committee)은 통화정책의 변경시 이를 공개적으로 발표하였으며, 1995년부터는 통화정책수단으로서

연방기금 목표금리(fed funds target rate)를 명시적으로 사용하였다.[2)] 또한 연방준비은행의 정책결정자들은 통화정책의 목표가 어느 정도 달성되는지 판단하기 위하여 유효연방기금금리의 추이를 항상 주시하고 있다.[3)]

미국의 FRB(Federal Reserve Board)는 안정적인 경제성장과 고용을 달성하기 위해 실질성장률, 실업률, 물가상승률 등을 고려하여 연방기금 목표금리를 적정한 수준으로 유지하려고 노력한다. Taylor(1993)는 연방기금 목표금리가 다음과 같은 요인에 의해 결정되는 것으로 분석하고 있다.

$$\begin{aligned} \text{연방기금 목표금리} &= \text{균형실질성장률} + \text{물가상승률} \\ &\quad + 0.5 \times [\text{실제 물가상승률} - \text{목표 물가상승률}] \\ &\quad + 0.5 \times \text{GDP Gap} \end{aligned}$$

이때 GDP Gap은 실제 GDP와 잠재 GDP의 % 차이를 의미한다.

이를 테일러 규칙(Taylor' Rule)이라고 하는데, 실제 물가상승률이 FRB의 목표 물가상승률을 초과하거나 실제 GDP가 잠재 GDP 보다 높을 경우 FRB는 연방기금 목표금리를 상향조정해야 한다는 논리이다.

(2) 연방기금선물의 상품명세

CME Group에 상장되어 있는 연방기금선물(Fed Funds futures)은 유효연방기금금리(effective fed funds rate)를 거래대상으로 하는 단기금리선물이다. 거래단위는 5백만달러로 가격표시방법은 100에서 결제월의 일평균 유효연방기금금리를 차감한다. 호가단위는 0.5bp, 즉 $20.84($5,000,000 × 0.005% × 30/360)이다. 계약월은 24개 연속월이며, 최종거래일은 결제월의 최종영업일이다. 결제방법은 결제월의 일평균 유효연방기금금리(뉴욕연방은행 산출)에 의해 현금결제한다.

---

2) FOMC는 미국의 12개 연방준비은행을 총괄하는 기관인 연방준비제도이사회(FRB) 산하에 있는 단체로 공개시장조작에 관한 정책을 담당하는 기구이다. FOMC는 매월 공개시장조작에 관한 정책지침서를 작성, 발표하는데 금융 상황에 관한 종합적인 분석과 연방준비제도이사회가 추진해야 할 금융정책의 기본 방향이 제시되며, 통화량의 분기별 증가율에 대한 방안과 이에 맞는 공개시장조작의 운영 방향이 주 내용이다. www.federalreserve.gov/fomc 참조.

3) www.federalreserve.gov 참조

표 3.2 연방기금 금리선물의 계약명세

거래소	미국 CME Group
거래대상	연방기금금리(Fed Funds Rate)
거래단위	$5,000,000
가격표시방법	100 - 결제월의 일평균 유효연방기금금리
호가단위	0.5bp ($20.84)
계약월	24개 연속월
최종거래일	결제월의 최종영업일
결제방법	결제월의 일평균 유효연방기금금리(뉴욕연방은행 산출)에 의해 현금결제
거래시간(시카고시간)	공개호가 : 월 - 금 07:20 a.m. ~ 2:00 p.m.(CT) GLOBEX(전산거래) : 일 - 금 6:00 p.m. ~ 4:00 p.m. 최종거래일 : 2:00 p.m. 거래종료.

출처: www.cmegroup.com

(3) 만기월의 선물가격결정

만기월의 연방기금 금리선물의 가격은 다음과 같이 결정된다.

$$\text{만기월의 선물가격} = 100 - \left[\frac{n}{n+m} \frac{\sum_{i=1}^{n} R_i}{n} + \frac{m}{n+m} \frac{\sum_{i=n+1}^{T} R_i^*}{m} \right]$$

R_i : 실제(realized) 유효연방기금금리

R_i^* : 기대(expected) 유효연방기금금리

n : 현재 시점까지의 일수

m : 최종거래일까지 남은 일수

T : 최종거래일

즉, 만기월 특정일의 연방기금 금리선물의 시장가격은 유효연방기금금리의 (현재시점까지의) 실제 평균치와 (만기일까지의) 기대평균치의 가중평균을 반영하게 된다.

예 제

××년 6월 9일 연방기금금리선물 6월물의 선물가격이 98.515라고 하자. 이는 연방기금 선물금리(fed funds futures rate)가 100 − 98.515 = 1.485%임을 의미한다. 또한 6월 9일까지 9일 동안의 유효연방기금금리의 평균이 1.488%라고 하면,

$$1.485 = (9/30) \times 1.488 + (21/30) \times x$$
$$x = 1.484(\%)$$

즉, 6월 9일 현재시점의 선물가격에 내재된 (21일 잔존기간 동안의) 유효연방기금금리의 평균 예상치가 1.484%임을 의미한다.

(4) 연방기금선물과 FRB 통화정책 변경가능성

××년 3월 27일 현재 연방기금 목표금리(fed funds target rate)가 1.25%라고 하자. 연방기금 금리선물 5월물의 시장가격이 98.86이고, FRB가 향후 목표금리를 0.25% 내리든가 아니면 그대로 유지할 것이라는 견해가 많다고 하자. 이와 같은 상황에서 연방기금 금리선물의 현재 시장가격은 향후 FRB가 FOMC 회의(5월 6일)에서 목표금리를 0.25% 내릴 가능성에 대해 어떠한 정보를 주고 있는가?

이를 살펴보기 위해서 FRB가 목표금리를 0.25% 내릴 확률을 p라고 하자. 따라서 목표금리를 그대로 유지할 확률은 $1-p$가 된다. 또한 현재 시장가격에 내재되어 있는 연방기금 선물금리는 100 − 98.86 = 1.14(%)이다. 따라서 다음과 같은 식을 설정하고 p를 구하면 된다.

$$1.25\% \times (6/31) + [1.00\% \times p + 1.25\% \times (1-p)] \times (25/31) = 1.14\%$$
$$p = 0.5456(55\%)$$

즉, 3월 27일 현재 연방기금 금리선물의 시장 참여자들은 FRB가 향후 연방기금 목표금리를 0.25% 내릴 가능성을 55%라고 보고 있다고 해석할 수 있다.

위의 분석에서 FRB의 선택이 두 가지 중 하나라고 가정한 사실에 유의할 필요가 있다. FRB의 선택 메뉴가 0.25% 인하, 0.5% 인하, 현 수준 유지 등과 같이 다양하다

면 계산과정이 훨씬 복잡해질 것이다. 그러나 이와 같은 한계를 인식한다면 연방기금 금리선물의 가격발견 정보는 매우 유용하다고 볼 수 있다.[4)]

3.3 채권선물

1. 미국 국채선물(Treasury Note/Bond Futures)

(1) Treasury Note/Bond

T-Note는 만기 1년－10년의 이자지급 재정증권이며, T-Bond는 만기 10년－30년의 이자지급 재정증권이다. 할인율로 호가되는 T-Bill과는 달리 가격(액면가의 %)으로 호가된다. 소수점 이하의 가격은 1%의 1/32 단위로 표시한다. 즉, 99－05는 액면가의 (99 + 5/32)%를 의미한다.

일반적으로 채권매매일과 이자지급일은 일치하지 않으며, 채권매입자는 전 이자지급일로부터 매매일까지 발생한 이자, 즉 경과이자(accrued interest)를 호가(quoted price)에 더하여 매도자에게 지불하여야 한다. 이때 호가를 순수가격(clean price), 호가에 경과이자를 더한 가격을 현금가격(cash price, 또는 dirty price)이라고 한다.

예를 들어, 2007년 3월 5일 현재 만기일이 2012년 7월 10일인 T-Bond(이표 : 7%)의 호가가 95－16이라고 하자. 이전 이자지급일이 2007년 1월 10일이고, 다음 이자지급일은 2007년 7월 10일이다. 2007년 1월 10일과 2007년 3월 5일간의 일수는 54일, 2007년 1월 10일과 2007년 7월 10일간의 일수는 181일이다. 따라서 경과이자를 다음과 같이 계산할 수 있다(T-Bond의 경우 일수계산은 act/act를 사용).

$$\text{경과이자(accrued interest)} = \frac{1}{2} \times 7 \times \frac{54}{181} = 1.0442$$

이때 현금가격(cash price)은 호가(quoted price)에 경과이자를 더하여 결정된다. 즉, 현금가격 = 95.50 + 1.0442 = 95.54이다. 이는 액면가 십만달러의 %로 표시된 것이므로 현금가격은 $96,540이 된다.

4) www.cmegroup의 연방기금선물(fed funds futures)의 가격에 내재되어 있는 통화정책(목표금리) 변경 가능성(확률)에 대한 정보가 ‘fed watch tool’에 제시되어 있다.

(2) T-Note/Bond 선물의 상품내역

미국의 국채선물은 미국 재무부가 발행한 T-Note/Bond를 기초자산으로 하는 채권선물이다. 2년, 5년, 10년, 30년 만기가 거래되며, 10년물까지를 T-Note 선물, 30년물을 T-Bond 선물이라고 한다. 최종결제방식은 실물인수도이다. 즉, 국채선물의 매도자는 매수자에게 국채를 인도하고 대금을 수취하게 된다.

T-Bond 선물계약에서 인도가능한 채권은 인도월의 첫 영업일(first delivery day) 기준으로 잔존만기가 15년 이상이고 25년 미만의 T-Bond이다. 왜 이렇게 인도가능한 채권의 범위를 넓게 허용한 것일까? 표준물이 아닌 T-bond도 인도가 가능하도록 한 이유는 인도가능한 채권을 정확히 이표율이 6%인 채권으로만 한정할 경우 문제가 발생할 수 있기 때문이다. 정확히 6%의 이표율을 가지는 채권이 존재하지 않을 수도 있을 뿐만 아니라 그러한 채권이 있다 하더라도 유통규모가 선물거래의 규모에 비해 매우 작다면 채권선물시장은 가격조작의 위험에 직면할 수 있다.

예를 들어, 막대한 자금력을 가진 투자자들이 담합을 하여 T-bond 선물을 매수하고 동시에 인도가능한 T-bond를 매집한다고 하자. 인도월이 가까워지면 선물매도자는 포지션을 청산하기 위해서 선물을 매수하거나 기초자산을 매입하여 인도해야 한다. 그런데 선물매수 포지션을 가지고 있는 동시에 인도가능한 채권의 대부분을 보유하고 있는 투자자들이 선물매도자의 선물매수나 채권의 매수의사에 응하지 않는 경우, 선물가격과 채권가격은 계속 상승하게 되고, 결국 투자자들은 손쉽게 수익을 올릴 수 있다. 이러한 현상을 숏-스퀴즈(short squeeze)라고 하는데, 선물거래 규모에 비해 채권거래 규모가 작을 경우 발생할 수 있는 현상이다.

T-Bond 선물의 가격은 액면가에 대한 백분율(%)로 표시되며, 최소호가단위는 액면가의 1/64%로 $15.625이다. 예를 들어, 특정 T-Bond 선물의 호가가 100－015일 경우 이는 액면가의 (100＋1.5/32)%를 의미하며, 액면가가 $100,000이므로 가격으로 환산하면 $100,046.88이 된다. 이 선물계약을 100－015에 매도하는 사람은 만기월에 액면 $100,000 T-Bond(잔존만기 15년 이상)를 6% 표면금리 기준으로 인도하기로 약속하는 것이다.

CME Group은 2010년 1월 Ultra T-Bond 선물을 상장시켰다. Ultra T-Bond 선물의 인도가능채권은 결제월의 첫 영업일로부터 잔여만기가 25년 이상인 최초 발행만기

30년인 T-Bond이다. 기존의 T-Bond 선물의 경우보다 만기가 긴 채권을 인도가능채권으로 규정하였다. 또한 2016년 1월에는 Ultra 10년 T-Note 선물을 상장하였고, 인도가능채권은 결제월의 첫 영업일로부터 잔여만기가 9년 5개월 이상이고 10년을 초과하지 않는 최초 발행만기 10년인 T-Note이다.

표 3.4 T-Note/Bond 선물의 계약명세

거래소	미국 CME Group
계약단위	$100,000 (2년물의 경우 $200,000)
인도가능채권	▪ 2년물: 결제월의 첫 영업일(first delivery day)로부터 잔여만기가 1년 9개월 이상, 결제월 마지막 영업일로부터 잔여만기가 2년 이하이고 발행시 만기가 5년 3개월 이하인 T-Note. ▪ 5년물: first delivery date로부터 잔여만기가 4년 2개월 이상이고 발행시 만기가 5년 3개월 이하인 T-Note ▪ 10년물: first delivery date로부터 잔여만기가 6.5년 이상이고 10년을 넘지 않은 T-Note (Ultra 10년물의 경우 잔여만기가 9년 5개월 이상이고 10년을 넘지 않은 T-Note) ▪ 30년물: first delivery date로부터 잔여만기가 15년 이상이고 25년 미만의 T-Bond (Ultra T-bond 선물의 경우 잔여만기가 25년 이상인 T-Bond)
가격표시방법	points($1,000) & 1/32 point (2년물의 경우 point 당 $2,000)
최소호가단위	▪ 2년물: point의 1/32의 1/4 ($15.625) ▪ 5년물: point의 1/32의 1/4 ($7.8125) ▪ 10년물: point의 1/32의 1/2 ($15.625) ▪ 30년물: point의 1/32 ($31.25)
결제월	3, 6, 9, 12월
거래시간(시카고시간)	▪ GLOBEX(전산거래) : 일 5:00 p.m. ~ 금 4:00 p.m. ▪ 최종거래일 : 12:00 p.m. 거래종료.
최종거래일	▪ 2년물/5년물: 결제월의 최종영업일 12:01 pm ▪ 10년물/30년물: 결제월의 최종영업일 7영업일 전 12:01 pm
first delivery day	결제월의 첫 영업일
last delivery day	▪ 2년물/5년물: 최종거래일 후 3 영업일 ▪ 10년물/30년물: 결제월의 최종 영업일
결제방법	연방준비은행 book-entry상의 전산 계좌이체

출처 : www.cmegroup.com

(3) 전환계수(conversion factor)

T-Bond 선물의 거래대상은 30년 만기, 6% 표면금리의 국채인 반면 인도가능한 채권은 최초인도일로부터 잔여만기가 15년 이상이고 25년 미만의 T-Bond (Ultra T-bond 선물의 경우 잔여만기가 25년 이상인 T-Bond)이다. 따라서 인도대상채권의 가격을 표준물 가격으로 전환시킬 필요가 있다. 이러한 조정을 위해 CME Group은 전환계수방법을 이용하고 있다. 전환계수는 이때 적용되는 비율로서 표준물 가격에 대한 인도대상채권의 가격비율로 정의되며, 표준물 미래가치 1달러에 대한 인도대상채권의 가치를 나타낸다. 선물계약의 표준물의 전환계수는 당연히 1이 된다.

$$CF = \sum_{t=1}^{n} \frac{C_t/2}{(1+\frac{0.06}{2})^t} + \frac{1}{(1+\frac{0.06}{2})^n}$$

C_t : 액면 $1에 대한 연 이자지급액

n : 만기까지 6개월 단위 이자지급 횟수

위의 공식을 이용하여 전환계수의 추정치를 계산할 수 있지만 CME Group은 잔여만기를 분기단위로 환산하여 소수점 넷째 자리까지 전환계수를 계산하여 공식적으로 발표함으로써 거래자들이 쉽게 이용할 수 있도록 하고 있다.

전환계수는 각 현물채권 및 각 결제월별로 하나의 유일한 값을 가지며 특정 결제월 주기 동안 일정하게 유지된다. 그리고 T-Bond 선물의 인수도에서 청구가격(invoice price)을 계산하거나 선물의 헤지계약수를 구할 때 사용된다.

표준물과 상이한 T-Bond에 해당하는 선물가격은 T-Bond 선물의 정산가격(EDSP)에 전환계수(CF)를 곱함으로써 계산할 수 있는데, 이를 조정선물가격(adjusted futures price: AFP)이라고 한다.[5)]

조정선물가격(AFP) = 정산가격(EDSP) × 전환계수(CF)

---

5) 선물의 일일정산(daily settlement)을 위한 정산가격을 Exchange Delivery Settlement Price(EDSP)라고 함.

(4) 청구금액(invoice amount)

T-bond 선물시장에서의 호가는 6%의 표면이자율을 가진 T-bond를 표준물로 하여 행해진다. 그러므로 표준물이 아닌 T-bond로 인수도가 이루어질 경우 T-Bond 선물의 매도자가 매수자로부터 받게 되는 청구금액(invoice amount)은 표준물 기준으로 호가되는 T-bond 선물의 정산가격(EDSP)에 전환계수를 곱하여 얻을 수 있다.

청구금액
= 선물매도자의 수령금액(선물매수자의 지급 금액)
= 정산가격(EDSP) × 인도채권의 전환계수(CF) + 경과이자(AI)
= 조정선물가격 + 경과이자

즉, 인도가능한 모든 채권에 대해 각 월물별로 1개의 선물가격이 존재하지만, 실제 채권이 인도될 때 각 인도가능한 채권에 대해 상이한 조정선물가격이 적용된다.

예 제

T-Bond 선물 xx년 6월물의 정산가격(EDSP)이 120 − 08이고, CTD에 관한 정보가 다음과 같이 주어졌을 때 청구금액은 얼마인가?

CTD : 5.25% US T-Bond (만기 : 26년)
경과이자 : 0.3709%
전환계수 : 0.9014
청구금액(invoice amount)

$$= \frac{(120 + 8/32) \times 0.9014 + 0.3709}{100} \times \$\ 100{,}000$$

= $ 108.764.25

---

(5) 최저가 인도채권(Cheapest-to-Deliver Bond : CTD)

T-Bond 선물의 인도채권은 최초인도일로부터 잔여만기가 15년 이상이고 25년 미만의 T-Bond이며 표면금리와 상관없이 어느 것이든 가능하다. 따라서 선물매도자는 인도채권을 선택할 권리가 있으므로 가장 유리한 것을 인도하게 될 것이다. 이를 최

저가인도채권(Cheapest- to-delever bond: CTD)이라고 부른다.

특정 시점에서 T-bond 선물에 대하여 인도가능한 채권은 이표와 만기에 있어서 다양하다. 따라서 인도가능한 채권을 선택할 수 있는 권리를 가진 선물매도자는 어떤 채권을 인도하는 것이 가장 유리한지에 대하여 항상 고심하게 된다. 선물매도자가 인도월에 어떤 채권을 인도하는 것이 가장 유리한지는 다음과 같은 단계를 거쳐서 결정한다.

인도가능한 채권 i의 호가를 QP_i, 경과이자를 AI_i, 전환계수를 CF_i, 그리고 T-bond 선물의 정산가격을 $EDSP$ 라고 하자.

이때 채권 i의 매수가격은 채권의 호가(순수가격)에 경과이자를 더한 것이다. 즉,

$$\text{채권의 매수가격} = QP_i + AI_i$$

한편, 채권 i의 인도시 선물매도자가 받는 금액은 선물호가에 채권의 전환계수를 곱한 값에 경과이자를 더한 만큼 받게 된다. 즉,

$$\text{선물매도자가 받는 금액} = EDSP \times CF_i + AI$$

따라서 인도하기에 가장 싼 채권은 선물매도자가 받는 금액과 채권의 매수가격의 차이가 가장 큰 채권이다. 이를 식으로 표현하면 다음과 같다.

$$CTD \equiv Max[EDSP \times CF_i - QP_i]$$

즉, CTD는 인도일 시점에서 조정선물가격과 인도가능한 채권의 순수가격의 차이가 가장 큰 채권이다.

인도일 이전에 CTD는 어떻게 정의될 것인가? 이 경우 선물거래자들은 채권현물가격 대신에 채권선도가격(bond forward price)을 사용하여 조정선물가격과의 차이가 가장 작은 채권을 CTD로 선정하게 된다. 이 경우 조정선물가격은 선물매도자가 채권을 인도할 때 받게 되는 금액을 의미하며, 채권선도가격은 향후 채권매수대금으로 지급해야 하는 금액을 의미하게 된다.

채권선물의 잔존만기 동안 수익률곡선의 변화는 CTD의 변화를 가져올 수 있다. 예를

들어, 채권수익률이 낮은 국면에서는 BPV가 작은 채권이 CTD가 될 가능성이 높으며, 선물가격도 이 채권가격과 같이 움직이게 되며 가격변동성이 낮아지는 경향이 있다. 한편, 채권수익률이 높은 국면에서는 BPV가 높은 채권이 CTD가 될 가능성이 높으며, 선물가격도 이 채권가격과 같이 움직임에 따라 가격변동성이 높아지는 경향이 있다.

예 제

T-bond 선물 매도포지션을 갖고 있는 투자자가 채권을 인도하기로 결정하고 다음의 세 가지 중 어떤 채권을 인도하는 것이 가장 유리한지를 결정하려고 한다. 현재의 T-bond 선물의 호가가 94-16이라고 할 때 어떤 채권을 인도하는 것이 가장 유리하겠는가?

채권(i)	호가(QP_i)	전환계수(CF_i)
채권 a	99 − 08	1.0352
채권 b	143 − 16	1.5081
채권 c	112 − 08	1.1515

채권 a : $(94.50 \times 1.0352) - 99.25 = -1.4236$

채권 b : $(94.50 \times 1.5081) - 143.50 = -0.9846$

채권 c : $(94.50 \times 1.1515) - 112.25 = -3.43$

따라서 CTD는 채권 b이다.

여러 가지 요인들이 CTD의 결정에 영향을 미치는데, 채권수익률이 6%보다 높으면 이표가 낮고 만기가 긴 채권을 인도하고, 채권수익률이 6%보다 낮으면 이표가 높고 만기가 짧은 채권을 인도하는 것이 유리하다. 또한 수익률곡선이 우상향하면 만기가 긴 채권을 인도하고, 수익률곡선이 우하향하면 만기가 짧은 채권을 인도하는 것이 유리하다.

(6) 실물인수도 절차

T-Bond 선물의 인수도 절차는 인도월 중 날짜에 상관없이 인도할 수 있으며, 매도계약자가 이 날짜를 지정하는데 포지션일(position day), 통지일(notice day), 인도일(delivery day)의 3영업일이 소요된다.

포지션일(position day)

선물매도자가 인도 의사를 공식적으로 통보하는 날이다. 선물시장은 오후 2시에 종료되는데 거래소가 청산회원으로부터 인도의사를 통보받는 최종시간은 오후 8시이며, 대부분의 청산회원들은 그들의 고객으로부터 인도통지를 마감시간 한 시간 전에 받게 된다. 이러한 시차 때문에 선물매도자는 선물시장 종료 후 현물가격 추이를 보며 시간적 여유를 갖는데 이를 "와일드카드옵션(wild card option)"이라 한다.

통지일(notice day)

인수도 절차의 두 번째 날로 오전 8시 30분까지 매수자는 청산소에 인도수락의사를 통보해야 하며, 매도자는 인도할 채권이 정확히 무엇인지를 오후 2시까지 통보해야 한다. 따라서 인도의사 통지 후 실제 인도할 채권을 결정하기까지 하루 동안의 시간적 여유가 있게 되어 매도자는 "1일 교체옵션(one day switch option)"을 갖게 된다. 이날 청산소는 가장 오랫동안 매수포지션을 보유한 매수자 순으로 실물인수자를 선정한다.

인도일(delivery day)

인수도 절차의 3일째로서 선물매도자는 오후 1시까지 선물매수자 구좌에 대상채권을 인도해야 한다. 만일 인도가 제대로 이루어 지지 않을 경우 거래소는 매도자에게 벌금을 부과할 수 있는 권한을 갖고 있다. 또한 매도자가 인도 마감시간을 준수하지 못할 경우 거래소는 최저가인도채권(CTD)이 아니더라도 임의로 인도해야 할 채권을 지정할 수 있다. 인도일은 인도월중 어느 영업일에도 가능하기 때문에 인도월의 첫 번째 거래일이 인도일인 경우 이틀 전이 첫 번째 포지션일이 될 수 있다.

(7) 매도자 인도옵션

선물계약 만기시 실물인수도에 관한 의사결정권한은 선물매도자가 갖게 되는데, 어느 채권을 언제 인도할 것인가에 관한 인도옵션(delivery options)을 매도자 옵션(seller's option)이라고 한다. 매도자가 임의로 선택할 수 있는 권리인 일종의 풋옵션(put option)으로 볼 수 있다. 따라서 실제 선물가격은 이러한 매도자 옵션의 가치만큼 낮게 형성된다.

인도채권선택옵션(Quality Option)

선물매도자가 인도가능한 채권 중에서 선택할 수 있는 권리를 말하며, 인도적격채권 중에서 임의로 가장 저렴한 채권을 인도할 수 있다.

인도시기선택옵션(Timing Option)

최초인도일은 해당 인도월의 첫 영업일이고 최종인도일은 해당 인도월의 마지막 영업일이므로 매도자는 한 달 내내 인도일을 임의로 정할 수 있다. 이를 인도시기선택옵션(timing option)이라 한다.

월말옵션(End-of-Month Option)

선물매도자는 최종거래일 이후 7영업일간(가장 유리한 시기로 판단되는 날짜를 택하여) 최종거래일 12시에 이미 확정된 선물결제가격을 기준으로 하여 임의로 채권 인도일을 결정할 수 있다.

와일드카드옵션(Wild Card Option)

선물시장 폐장시간(오후 2시)과 인도통지 최종시간(오후 8시)이 상이하여 Wild Card Play가 발생한다. 선물시장 폐장 이후에도 현물 채권거래가 오후 4시까지 이루어지므로 현물시장의 채권가격이 하락하면 이미 정해진 선물 정산가격으로 인도의사를 오후 8시까지 청산소에 통지하면 된다. 인도를 하겠다는 의사가 전달이 되면 인도가격은 그날의 정산가격으로 결정되는데 그 정산가격이란 그날 오후 2시 거래가 종료되는 시점의 가격이다.

바로 이러한 점 때문에 선물매도자는 와일드카드옵션(wild card option)을 갖는다. 만약 채권의 가격이 2시 이후에 하락하면 인도하겠다는 의사를 청산소에 전달하고 인도하기에 가장 싼 채권을 물색한다. 만약 가격이 하락하지 않으면 선물매도포지션을 그래도 유지한 채 이러한 전략을 구사할 수 있는 가능성을 다음날로 미룬다. 그러나 매도포지션이 가지는 와일드카드옵션은 다른 옵션들과 마찬가지로 공짜가 아니며 선물가격에 반영된다. 즉, 옵션의 가치만큼 선물가격은 낮게 형성된다.

(8) T-bond 선물의 가격결정

미국 T-bond 선물의 정확한 이론가격은 매도자가 갖는 다양한 옵션(인도시기와 인도채권 종류의 선택에 대한 옵션)의 가치를 결정하는 어려움 때문에 구하기가 쉽지 않다. 그러나 만약 인도하기에 가장 싼 채권(CTD)과 인도일이 알려져 있는 경우에는 보유비용모형을 이용하여 채권선물의 이론가격을 구할 수 있다.

CTD의 호가(quoted price)에 경과이자(accured interest)를 더하여 CTD의 현금가격(cash price)을 구하고 선물만기일까지 지급받을 이자의 현재가치를 뺀 다음, repo 이자율을 이용하여 선물가격을 구한다. 선물만기일 시점에서의 경과이자(AI)를 뺌으로써 선물호가를 순수가격(clean price)으로 구하고, 선물호가를 전환계수로 나누어서 CTD와 6% 이표의 표준채권과의 차이를 조정함으로써 선물이론가격을 구한다.
이를 요약하면,

$$FP = \frac{(SP + SA - I)(1 + RP \times \frac{N}{Basis}) - FA}{CF}$$

FP : 선물이론가격

CF : 전환계수

SP : 현물호가(clean price)

SA : 현재시점의 경과이자

FA : 선물만기일 시점의 경과이자

RP : repo 이자율

N : 선물만기일까지의 잔존일수

$Basis$: 365일 또는 360일

예 제

특정 T-bond 선물계약에 대한 CTD의 이표가 8%(연율)이며, 전환계수가 1.2라고 하자. 채권의 인도는 195일 후에 이루어지고 이표는 반년마다 지급되며, 이전 이표지급일은 30일 전이었다. 또한 다음 이표지급일은 152일 후이고 그 다음 이표지급일은 335일 후이다. 수익률곡선이 평평하고 이자율은 6%라고 가정하자. 현재 CTD의 호가가 110-01이라고 하면 T-bond 선물의 이론가격은 어떻게 결정되는가?

그림 3-1 T-bond 선물계약과 이표지급 일정

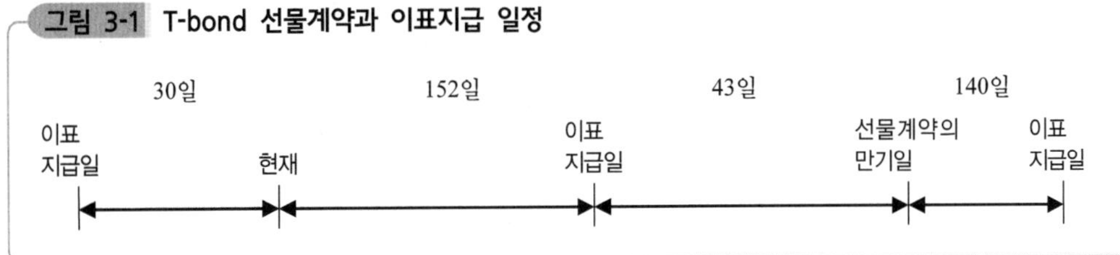

1단계: CTD의 현금가격(cash price)은 호가(SP)에 경과이자(SA)를 더하여 계산한다.

$$\text{현금가격} = SP + SA = \left(110 + \frac{1}{32}\right) + \frac{30}{182} \times 4 = 110.69$$

2단계: 다음 지급받을 이표의 현재가치(I)를 구하고 보유비용모형을 이용하여 선물가격을 구한다.

CTD의 보유자는 152일후에 \$4의 이표를 받으므로 이표의 현재가치는 \$3.902이다.

$$I = \frac{4}{1 + 0.06 \times \frac{152}{365}} = 3.902$$

선물만기일까지 195일 남아 있으므로 8% 이표채권에 대하여 선물이 거래된다고 할 때 선물가격은 \$110.21이다.

$$\begin{aligned}&(SP + SA - I)(1 + RP \times \frac{N}{basis})\\&= (110.69 - 3.902)(1 + 0.06 \times \frac{195}{365})\\&= 110.21\end{aligned}$$

3단계: 이 선물계약은 만기일까지 43일분의 경과이자(FA)를 발생시키므로 43일분의 경과

이자를 차감하여 선물호가를 구한다.

$$110.21 - \frac{43}{183} \times 4 = 109.27$$

4단계: 위에서 구한 선물호가를 CTD의 전환계수(CF)로 나누어 CTD와 6% 표준채권과의 차이를 조정한다.

$$\frac{109.27}{1.2} = 91.06$$

---

(9) T-Bond 선물가격과 내재환매수익률(Implied Repo Rate: IRP)

앞에서 채권선물의 이론가격은 다음과 같이 결정됨을 보였다.

$$FP = \frac{(SP + SA - I)(1 + RP \times \frac{N}{Basis}) - FA}{CF}$$

FP : 채권선물 이론가격

CF : CTD의 전환계수

SP : CTD의 호가(clean price)

SA : 현재시점의 경과이자(spot accrual)

FA : 선물만기일 시점의 경과이자(forward accrual)

RP : repo 이자율

N : 선물만기일까지의 잔존일수

$Basis$: 365일

이때 내재환매수익률(IRP)은 채권선물의 시장가격이 주어졌을 때 조정선물가격이 채권선도가격과 일치하게 되는 환매수익률(repo 이자율)로 정의된다. 즉, 내재환매수익률은 선물가격에 내재되어 있는 환매수익률로서 위의 식으로부터 다음과 같이 구할 수 있다.

$$IRP = \left(\frac{AFP \times CF + FA}{SP + SA - I} - 1 \right) \times \frac{Basis}{N}$$

AFP : 실제 선물가격

IRP : 내재환매수익률(implied repo rate)

이때 IRP은 선물매도/CTD 매수후 선물만기일에 CTD를 인도하게 될 때 얻게 되는 (연)수익률이다.

예 제

T-Bond 선물가격과 CTD에 관한 정보가 다음과 같이 주어졌을 때 IRP은?

정산일(현재) : 2008년 8월 3일
9월물 선물가격 : 103.67
잔존만기 : 29일
CTD : 이표 7.25% (만기일 : 2016년 12월 7일)
순수가격 : 105.17
전환계수(CF) : 1.0153346
Repo 이자계산방식 : act/365

먼저 현재시점과 선물결제시점에서의 경과이자를 계산해야 한다.

이전 이표지급일(6월 7일)부터 현재(8월 3일)까지의 일수 : 57일
이전 이표지급일(6월 7일)부터 선물결제일(9월 1일)까지의 일수 : 86일
현 이자지급기간(6월 7일부터 12월 7일까지) : 183일

$$SA = \frac{1}{2} \times 7.25 \times \frac{57}{183} = 1.12910$$

$$FA = \frac{1}{2} \times 7.25 \times \frac{86}{183} = 1.70355$$

$$IRP = \left(\frac{AFP \times CF + FA}{SP + SA - I} - 1 \right) \times \frac{Basis}{N}$$

$$= \left(\frac{103.67 \times 1.0153346 + 1.70355}{105.17 + 1.12910 - 0} - 1 \right) \times \frac{365}{29} = 0.0786(7.86\%)$$

(10) 채권선도가격(Bond Forward Price)

위에서 설명한 채권선물은 거래소에서 거래되는 장내상품인 반면, 장외상품인 채권선도(bond forward)의 가격은 다음과 같이 결정된다.

$$FP = (SP + SA - I)(1 + RP \times \frac{N}{Basis}) - FA$$

FP : 채권선도가격(clean price)

SP : 현물호가(clean price)

SA : 현재시점의 경과이자

FA : 선물만기일 시점의 경과이자

RP : repo 이자율

N : 선물만기일까지의 잔존일수

$Basis$: 365일 또는 360일

위의 식을 다음과 같이 변형시켜 보자.

$$FP = SP + [(SP + SA) \times RP \times \frac{N}{Basis}] - (FA - SA)$$

$$= SP + (\text{자금조달비용} - \text{이자수입})$$

$$= SP + \text{순보유비용}$$

따라서 이자수입이 자금조달비용보다 크다면 캐리(이자수입－자금조달비용)가 양(+)이 되어 채권선도가격(FP)이 채권현물가격(SP)보다 낮게 형성된다(백워데이션 상태). 또한 수익률곡선이 우상향하면 시간이 흐름에 따라 자금조달비용이 상승하여 이자수입에 접근하게 되므로 채권선도가격이 상승하면서 채권현물가격에 수렴하게 된다. 따라서 채권선도 매수포지션에 유리하게 작용하고, 매도포지션에 불리하게 작용하게 된다.

예 제

다음 채권에 대한 만기 90일 채권선도가격을 구해보자.

채권 : 이표 4%(annual) T-Note

정산일 : 2005년 9월 9일

만기 : 2015년 6월 18일

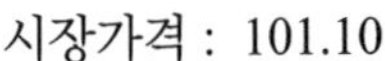

시장가격 : 101.10

수익률 : 3.86%(annual, act/act)

Repo 이자율(90일) : 2.50%(act/360)

$SP = 101.10$

$SA = 4 \times \frac{83}{365} = 0.9096$

$I = 0$

$RP = 0.025$

$N = 90$

$Basis = 360$

$FA = 4 \times \frac{173}{365} = 1.8959$

$$FP = (SP + SA - I)(1 + RP \times \frac{N}{Basis}) - FA$$

$$= (101.10 + 0.9096)(1 + 0.025 \times \frac{90}{360}) - 1.8959$$

$$= 100.75$$

---

(11) 총베이시스(Gross Basis)와 순베이시스(Net Basis)

채권선물에서 총베이시스는 다음과 같이 정의된다.

총베이시스 = 채권현물가격 − 조정선물가격 = $SP - FP \times CF$

FP : 채권선물가격

CF : 전환계수

SP : 현물호가(clean price)

채권수익률이 하락하여 채권가격이 상승하면 채권선물가격도 같이 상승하기 때문에 채권수익률이 하락한다고 해서 총베이시스가 감소하지는 않는다. 한편, 총베이시스는 IRP과 반대로 움직이는 경향이 있다. 즉, IRP이 상승하면 선물가격이 상승하고 그에 따라 총베이시스가 감소하게 된다. 이와 같은 총베이시스의 개념은 베이시스 거래에 활용된다.[6)]

6) 베이시스 매수 및 매도거래에 대해서는 제8장 참조.

한편, 순베이시스는 총베이시스에서 순캐리(net carry)를 뺀 값으로 정의한다. 즉,

$$\begin{aligned} \text{순베이시스} &= \text{총베이시스} - \text{순캐리} \\ &= (SP - FP \times CF) - [(FA - SA) - (SP + SA - I) \times RP \times \frac{N}{Basis}] \\ &= [SP + (SP + SA - I) \times RP \times \frac{N}{Basis}] - (FA - SA) - FP \times CF \\ &= \text{채권선도가격} - \text{조정선물가격} \end{aligned}$$

따라서 순베이시스의 부호, IRP와 RP, 그리고 가격괴리의 관계는 다음과 같이 정리할 수 있다.

순베이시스가 음(−)의 값을 가지면 조정선물가격이 채권선도가격보다 크고, 동시에 IRP이 RP보다 높기 때문에 채권선물이 고평가되어 있다는 것을 의미한다. 한편, 순베이시스가 양(+)의 값을 가지면 조정선물가격이 채권선도가격보다 작고, 동시에 IRP이 RP보다 작기 때문에 채권선물이 저평가되어 있다는 것을 의미한다.[7)]

2. 한국 국채선물(Korea Treasury Bond Futures)

(1) 국채선물 상품내역

한국거래소(KRX)가 1999년 9월 29일 상장한 3년 국채선물은 정부에 의해 발행된 국고채를 기초자산으로 하는 선물계약이다. 3년 국채선물의 거래대상은 표면 금리 연 5%, 6개월 이표 지급방식의 3년 만기 가상국채이며, 미국의 T-Bond 선물 등 대부분의 국채선물과는 달리 현금결제(cash settlement) 방식을 택하고 있다. 최종결제가격의 기준이 되는 현물 바스켓(basket)은 “Fixed Basket”이란 방식으로 구성되며, 신규 결제월물 상장전 시점에 기발행 현물채권을 지정하여 선물만기일까지 바스켓을 고정하는 방식이다. 현물 바스켓은 최종결제일 기준 잔존만기 2년 이상, 회차별 발행규모 5,000억원 이상, 6개월 이표지급방식의 국고채 중에서 거래소가 지정하는 채권으로 구성되며, 거래소는 각 결제월별로 3개 이상의 국고채를 최종결제가격 기준현물로 지정하여 해당 결제월의 거래개시일 이전에 발표한다.

---

7) T-Bond 선물 차익거래에 대해서는 제8장 참조.

현금결제를 위한 최종결제가격은 바스켓에 포함된 국채의 최종거래일 유통수익률을 산술평균한 후 이를 표준물(5%, 3년 만기)의 국채가격 계산공식에 넣어 산출한다.

$$\text{최종결제가격} = \sum_{t=1}^{6} \frac{5/2}{\left(1+\frac{r}{2}\right)^t} + \frac{100}{\left(1+\frac{r}{2}\right)^6}$$

이때 r은 최종결제수익률이며 최종거래일 10:00, 10:30, 11:00 수익률 중 중간수익률과 11:30 수익률의 산술평균이다.

선물만기일 기준으로 3년 만기, 5% 이표를 가진 국채는 실제로는 존재하지 않기 때문에 실제 거래되는 국채의 가격으로부터 가상채권의 가격을 산출해야 하는데, 바스켓에 포함된 국채들의 평균수익률이 가상채권의 수익률이라고 가정하는 것이다.

한국거래소(KRX)는 2003년 8월 22일 5년 국채선물(현금결제방식)을 상장하였고, 2008년 2월 25일 10년 국채선물(실물인수도방식)을 상장하였다. 그러나 2010년 10월 25일부터 국채선물의 거래방식을 일원화하였으며, 모든 국채선물의 거래대상이 표면금리 연 5%, 6개월 이표지급방식의 가상국채이며, 현금결제방식을 택하고 있다.

표 3.5 국채선물 3년물 / 5년물 / 10년물 상품명세

구 분	세 부 사 항
거래대상	표면금리 연 5%, 6개월 이표지급 방식의 3년(5년 / 10년)만기 국고채권
거래단위	액면가 1억원
결제월주기	3, 6, 9, 12월
상장결제월 수	2개 결제월
가격표시방법	액면가 100원을 기준으로 표시(소수점 둘째자리까지 표시) 예) 101.50
최소가격 변동폭	0.01 (1틱의 가치 = 1억원 × 0.01 × 1/100 = 10,000원)
가격제한폭	기준가격 대비 상하 ± 1.5%
거래시간	월 - 금 : 09:00 ~ 15:15 (점심시간 없이 연속 거래) 최종거래일 : 09:00 ~ 11:30
최종거래일	결제월의 세 번째 화요일 (공휴일인 경우 순차적으로 앞당김)
최종결제일	최종거래일의 다음 거래일
최종결제방법	현금결제(Cash Settlement)

출처 : www.krx.co.kr

(2) 국채선물의 가격결정

국채선물의 이론가격은 바스켓에 편입된 채권의 수익률과 선도가격에 근거하여 아래의 5단계를 거쳐 계산된다.

[1단계] 국채의 시장가격 계산 : 바스켓을 구성하고 있는 각 국채의 시장수익률을 이용해서 해당 국채의 시장가격을 구함

[2단계] 개별국채의 선도가격 계산 : 단기금리가 반영된 보유비용을 이용하여 각 국채의 선도가격을 계산

[3단계] 개별국채의 선도수익률 계산 : 개별국채의 선도가격을 해당 국채의 가격계산 공식에 역산입 함으로써 도출

[4단계] 바스켓의 선도수익률 계산 : 개별국채의 선도수익률을 단순평균한 수치

[5단계] 바스켓의 선도수익률을 표준물(표면금리 5%, 3년 만기)의 국채가격 계산공식에 넣어 산출

그림 3-2 선도가격 계산

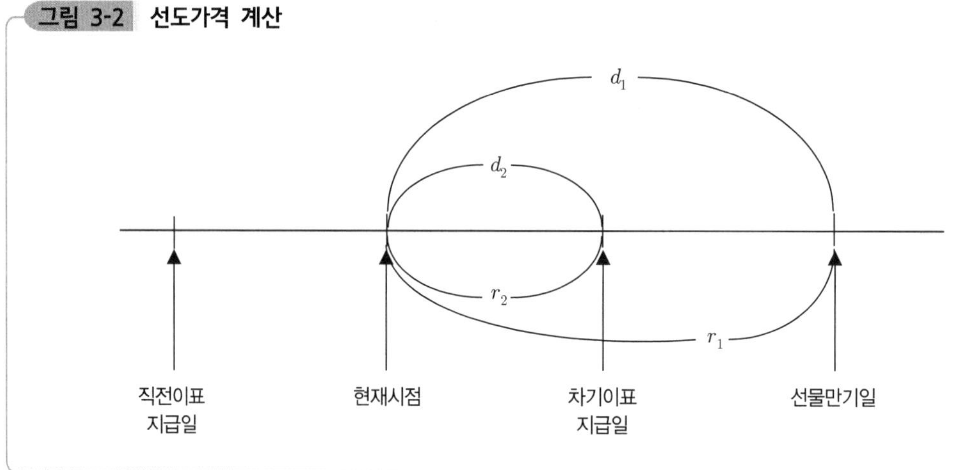

이때 선도가격은 보유비용모형을 이용하여 다음과 같이 계산한다.

$$F = \left[S - \frac{I}{1 + r_2 \times \frac{d_2}{365}} \right] \times (1 + r_1 \times \frac{d_1}{365})$$

I : 6개월간의 이표지급액

r_1 : 선물만기일까지의 이자율

r_2 : 지급이표에 대한 할인율

d_1 : 선물만기일까지의 잔존일수

d_2 : 차기 이표지급일까지의 잔존일수

예 제 국채선물의 이론가격결정

표 3.6 KTB206(2002년 6월물) 바스켓 구성채권

현 재	2002.3.19	차입이자율	7.00%
선물만기일	2002.6.19		
구성채권(회차)	01 - 6	01 - 9	01 - 10
채권만기일	2004/7/4	2004/10/10	2006/10/17
표면금리(%)	5.86%	4.40%	5.64%
차기 이표지급일	2002/4/4	2002/4/10	2002/4/17
선물결제일까지의 이표지급횟수	1	1	1
이표일까지의 잔존일수	16	22	29
이표일까지의 이자율(%)	4.10	4.14	4.19
유통수익률(%)	6.28	6.35	7.04

표 3.7 이론가격의 계산

계산단계		01 - 6	01 - 9	01 - 10
1 단계	현 물 가 격	100.31	96.25	95.50
2 단계	선 도 가 격	100.00	96.26	95.19
3 단계	선 도 이 자 율	6.50%	6.56%	7.21%
4 단계	평균선도이자율		6.76%	
5 단계	이 론 가 격		103.34	

Technical Note 국채선물 최종결제지수 산정방식

한국국채선물은 대부분의 나라에서 실물인수도 방식을 채택하고 있는 것과 다르게 현금결제방식을 채택하고 있다. 현금결제방식을 택하는 경우 상품개발에서 가장 중요한 문제는 선물의 최종결제지수에 해당하는 현물가격을 어떻게 산출하는가에 있다. 왜냐하면 선물거래의 대상이 가상채권이기 때문이다. 즉 선물만기일 기준으로 3년 만기 5% 이표율을 가진 국고채는 실제로는 존재하지 않는다. 따라서 실제 거래되는 국고채의 가격으로부터 선물만기일의 가상채권의 가격을 산출해야 한다.

한국거래소(KRX)가 채택한 방법은 바스켓에 편입된 종목의 수익률평균을 가상채권의 수익률이라고 가정하는 것이다. 이 경우 가상채권의 가격은 수익률평균치를 가상채권의 가격공식에 대입하여 얻게 된다. 바스켓에 편입된 채권이 두 개가 있다고 가정하고, 이 채권들의 선물 만기시점에서의 가격을 각각 P_1, P_2라 하자. 이때 첫 번째 채권의 만기시점 수익률을 y_1, 두 번째 채권의 만기시점 수익률을 y_2라 하면, 각 채권의 가격은 다음과 같이 결정된다.

$$P_1 = \sum_{t=1}^{6} \frac{\frac{c}{2}}{(1+\frac{y_1}{2})^t} + \frac{100}{(1+\frac{y_1}{2})^6} \quad , \quad P_2 = \sum_{t=1}^{6} \frac{\frac{c}{2}}{(1+\frac{y_2}{2})^t} + \frac{100}{(1+\frac{y_2}{2})^6}$$

여기서 c는 연율로 표시한 이표율(5%)이고, 이를 2로 나눈 것은 이표가 6개월마다 지급됨을 의미한다. 또한 3년 만기 채권의 이표지급횟수는 6회이고, 100은 만기일에 지급되는 원금을 의미한다. 만기시점에서 두 채권의 평균수익률(r)은 $r = \frac{1}{2}(y_1 + y_2)$가 된다. 이렇게 구한 평균수익률을 이표율 5%, 3년 만기 가상채권의 가격공식에 대입하여 최종결제가격(P_{avg})을 구한다.

$$P_{avg} = P(r) = \sum_{t=1}^{6} \frac{5/2}{\left(1+\frac{r}{2}\right)^t} + \frac{100}{\left(1+\frac{r}{2}\right)^6}$$

이것이 바로 한국거래소(KRX)가 택한 현금결제방식이다.

두 번째 방법은 바스켓 채권의 수익률평균이 아닌 각 채권의 가격으로부터 가상채권의 가격을 얻는 것이다. 즉, 미국 T-Bond 선물과 같이 실물인수도 방식에서 사용하는 전환계수

개념을 이용하여 바스켓에 편입된 채권들의 가격을 가상채권의 가격으로 전환시킨 다음 그 값들의 평균치를 구하여 최종결제가격을 산출하는 것이다. 바스켓으로 지정된 채권이 두 개가 있다고 가정하고 이 채권들의 선물 만기시점에서의 가격을 각각 P_1, P_2라 하자. 이때 만기일의 두 채권의 가격을 각각 전환계수 CF_1, CF_2로 나누어 구한 가상채권의 가격 두 개를 평균한 값을 최종결제지수로 사용하는 것이다. 이 경우 최종 결제지수(P_{CF})는 다음과 같이 결정된다.

$$P_{CF} = \frac{1}{2}(P_1^* + P_2^*),\ \text{이때}\ P_1^* = \frac{P_1}{CF_1},\quad P_2^* = \frac{P_2}{CF_2}.$$

이상의 논의를 요약하면, 수익률평균을 이용하여 구한 최종결제지수는 $P_{avg} \neq P(r)$ 인 반면, 전환계수를 이용한 최종결제지수는 $P_{CF} = \frac{1}{2}(P_1^* + P_2^*)$가 된다. 즉, 바스켓 채권의 평균수익률을 채권가격공식에 대입하는 방법과 바스켓 채권을 대표채권가격으로 전환한 후 평균값을 구하는 방법간의 선택문제로 귀결된다. 그러나 첫 번째 방법에는 볼록성(convexity)에 관한 문제가 있다. 즉, 채권가격과 수익률간의 관계는 원점에 대해 볼록하기 때문에 바스켓 채권의 평균수익률을 대표채권 가격공식에 대입해 얻는 값이 각 채권의 가격을 대표채권가격으로 전환하여 평균한 값보다 작게 되는 것이다. 이러한 차이가 무시할 정도이면 모르지만 만일 차이가 크다면 이론가격결정에 있어서 문제가 될 수 있다. 두 번째 방법의 경우 실물인수도 상품에서 활용되는 전환계수의 개념을 현금결제 상품에 적용하는 것이 과연 적절한가라는 논란의 여지가 있다. 이러한 점들이 바로 한국거래소(KRX)가 국채선물을 현금결제방식으로 개발할 때 고민하였던 것들이다.

[부 록] Repo 거래의 구조와 활용

1. Repo 거래의 개념

Repo(repurchase agreement : 환매조건부계약)는 자금시장과 자본시장을 연결시키는 주요 금융수단으로서, repo 매도자가 특정 유가증권(collateral)을 일정한 날짜(value date)에 매매대금(start proceeds)을 받고 repo 매수자에게 매도한 후, 미래의 일정시점(maturity date)에 동일하거나 유사한 증권을 매수자로부터 다시 매수하면서 계약기간 동안의 repo 이자를 지급하기로 계약하는 것이다. 따라서 repo는 현물거래와 선도거래가 결합된 형태임을 알 수 있다.

구체적으로 repo 매도(sale & repurchase agreement)는 기산일(value date)에 증권을 매도하고 동시에 사전에 정한 날짜(환매일)에 사전에 정한 가격으로 다시 매수하겠다는 계약이고, repo 매수(reverse repo)는 증권을 매수하고 동시에 사전에 정한 날짜에 사전에 정한 가격으로 다시 매도하겠다는 계약이다.

그림 A-1 Repo 거래의 구조

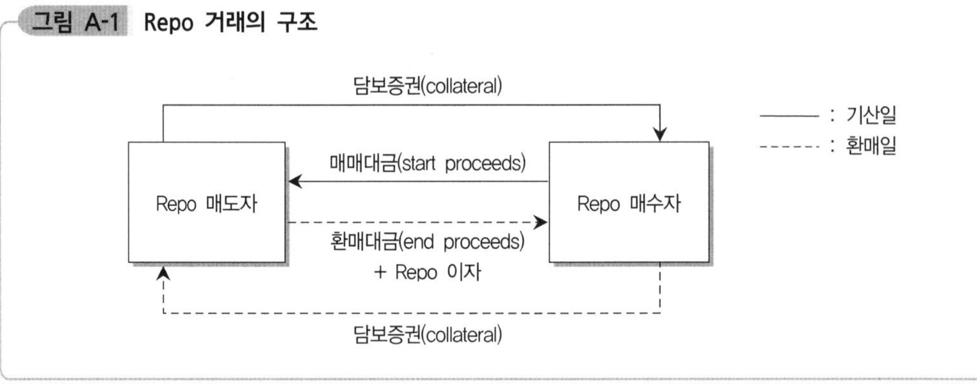

기관투자가들은 채권을 매수하기 위해 repo 시장을 이용할 수 있는데, 이는 채권을 매수하고 repo 매도를 통해 자금을 조달하여 채권매수대금을 지급하는 것이다. 이와 같은 경우는 저렴한 자금조달을 위해 repo 시장을 이용하는 것이며, 이때 담보증권(collateral)이 담보로만 잡히는 것이 아니라 repo 매수자에게 실제로 매도되어 법적소유권이 repo 매수자에게 이전된다. 채권이 담보로만 잡힌다면 repo 매도자가 계약을

이행하지 않을 경우에도 repo 매수자가 즉시 매도할 수가 없고 청산절차를 마칠 때까지 기다려야 한다. 한편, repo 매수자가 담보증권의 법적 소유권을 갖더라도 담보증권의 리스크/수익은 repo 매도자에게 귀속된다. 즉, repo 기간 동안 채권에서 이자가 지급되면 repo 매수자는 매도자에게 상응하는 현금을 지급해야 한다.

투자자들은 repo 시장을 통하여 채권을 공매도하거나 필요한 자금을 효율적으로 조달할 수 있으며, 채권선물/현물 차익거래, 상대가치거래 등 다양한 투자전략을 실행할 수 있다.[8)]

2. Repo 거래의 구조

Repo 거래의 호가 유형에는 비지정매수호가(General Collateral: GC)와 지정매수호가(special repo)가 있다. 비지정매수호가는 동일 환매채 거래 종류 내에서 특정종목을 지정하지 않고 repo 이자율 및 수량만을 지정하여 매수하고자 하는 호가를 의미한다. 일반적으로 시장에서 호가되는 repo 이자율은 지정매수호가를 의미한다. repo 매수자가 특정 종목을 요구하지 않는다는 측면에서 repo 매수자가 자금의 운용 측면에서 repo 거래를 하는 경우이다.

지정매수호가는 특정 종목을 지정하여 매수하고자 하는 호가를 의미한다. repo 매수자가 특정 채권을 지정하여 매수한다는 것은 repo 매도자가 가격결정의 주도권을 가지며, GC repo에 비해 repo 이자율이 낮게 형성되는 경향이 있다. repo 거래시 특별히 지정되는 채권들은 채권선물과 관련된 CTD(최저가인도채권)가 되는 국채이거나, 2년, 3년, 5년, 10년 등 유동성이 좋고 거래수요가 많은 벤치마크 채권들이다.

만기에 따른 repo 거래의 유형에는 만기가 사전에 정해지지 않고 당사자 일방의 환매일 통지에 의해 계약이 종료되는 open repo, 만기(1개월 이상)가 사전에 일정기간으로 정해진 term repo, 만기가 1일인 overnight repo 등이 있다.

Repo 거래시 매매대금(start proceeds)은 다음과 같이 결정된다.[9)]

$$\text{매매대금} = \text{액면금액} \times \frac{P}{100+h}$$

8) Repo거래를 이용하는 채권선물/현물 차익거래, 상대가치거래에 관해서는 제8장을 참조.

9) PSA/ISMA Global Master Repurchase Agreement(국제Repo거래 표준규정)는 이 방식을 따름.

이때 P는 채권의 순수가격(clean price)에 경과이자를 더한 현금가격(dirty price)을 의미하며, h는 %로 표기한 보전비율(haircut)이다. 보전비율은 repo 기간 동안 담보로 제공된 채권의 가격변동 위험을 담보하는 할인율(%)로서 repo 매수자가 매도자에게 요구하는 비율이며 개시증거금(initial margin)의 기능을 한다.

한국거래소의 repo 거래제도는 GMRA(Global Master Repurchase Agreement)를 기초로 하여 장내 경쟁매매에 적합하도록 설계한 제도를 도입하였으며, 매매대금을 다음과 같이 결정한다.[10)]

$$\text{매매대금} = \text{액면금액} \times \frac{\text{시장가격}}{10{,}000(1+\text{보전비율})}$$

여기서 시장가격은 채권 액면금액 1만원을 기준으로 산출한 채권의 시장가격을 말한다. 또한 보전비율은 소수점으로 표기한다. 예를 들어, 보전비율이 3%면 0.03을 입력한다.

3. Repo 거래의 활용

기관투자가는 채권매수자금의 조달, 채권의 공매도, 채권선물과 연계한 차익거래 등에 repo 거래를 활용할 수 있다.

(1) 자금조달

기관투자자는 보유한 유가증권을 repo 시장에서 매도함으로써 필요자금을 조달할 수 있는데 repo 시장을 이용하여 자금을 조달할 경우 일반적으로 무담보 콜시장에서의 자금차입보다 유리한 조건으로 자금을 조달할 수 있다. 이는 콜시장은 무담보로 기관간 신용에 의해 자금이 이전되는 특징이 있으나 repo 거래는 대상물을 repo 매수자(자금대여자)에게 제공하기 때문에 repo 매도자의 신용상태와 관계없이 낮은 비용으로 자금을 조달할 수 있다. 또한 발행 후 일정기간이 경과되거나 발행물량이 적어 유동성이 없는 채권을 보유하고 있는 기관투자자의 경우에도 동 채권을 repo 시장에서 매도하여 자금을 조달할 수 있어 보유채권의 이용을 극대화시킬 수 있다.

---

10) 우리나라 Repo 거래제도에 관해서는 KSE(2001) 참조.

그림 A-2 자금조달 방법의 비교

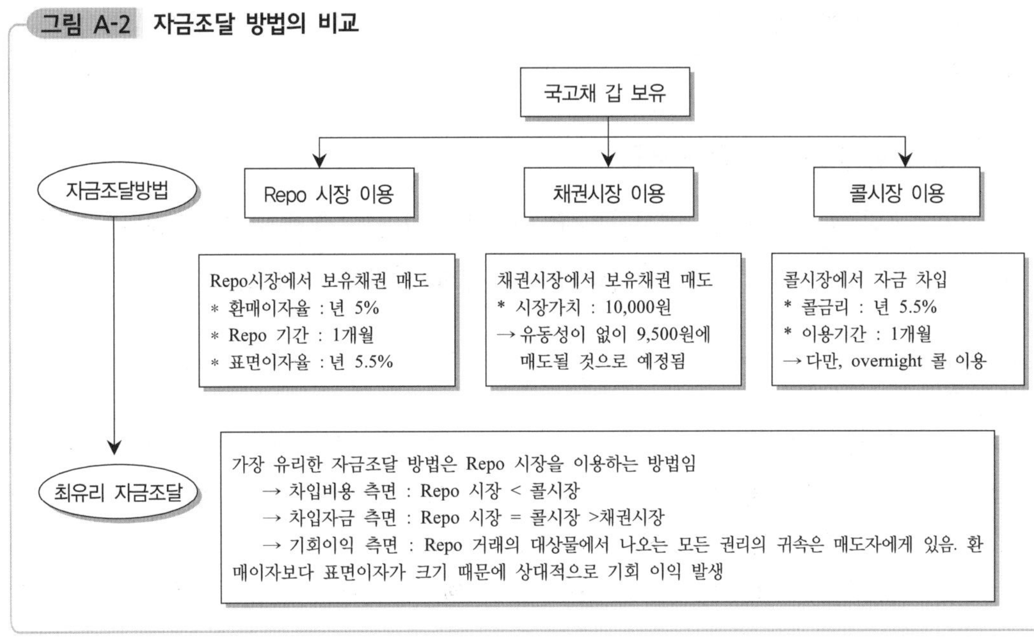

표 A.1 자금조달 방법별 손익

구 분	Repo 시장 이용	채권시장 이용	콜시장 이용
자금조달내역	100억원 조달 시장가치로 조달	95억원 조달 1만원당 500원은 유동성 프리미엄 지불	100억원 조달
상 환 금 액	환매대금(매매대금 + 환매이자 − 발생이자) 상환금액 : 99.46억원		100.45억원 = 차입금 × (1 + 콜금리 × 기간 / 365)

예를 들어 기관투자자 A는 현재 국고채 갑(표면이자 년 5.5%)을 100억원 보유하고 있다고 하자. 동 채권은 발행 후 2년이 경과된 3년 만기 채권으로 현재 채권시장에서 동 채권을 매도할 경우 유동성이 없어 10,000원당 500원의 손실(유동성 프리미엄)을 감수해야 한다. 따라서 기관투자자 A는 repo 시장을 이용하여 자금을 조달하기로 하고 repo 시장에서 국고채 갑을 년 5%에 매도하였다. 이후 환매일이 도래하여 기관투자자 A는 국고채 갑을 수령하되 국고채 갑으로부터 발생하는 이자(0.45억원)를 차감한 환매대금[매매대금(100억원)에 환매이자(0.41억원)를 감안한 금액(100.41억원) −

발생이자(0.45억원)]을 지불함으로써 결과적으로 콜시장보다 유리한 조건으로 repo 기간 동안 자금을 이용하게 된다.

(2) Repo를 이용한 채권 공매도

특정 채권의 가격 하락을 예상하거나, 매도차익거래를 위해 특정 채권를 공매도할 필요가 있는 경우 기관투자가는 repo 매수를 통해 채권을 공매도할 수 있다.

예 제

최근 장기 국채에 대한 일시적인 수요증가로 국채수익률의 장기부분(특히, 만기 20년물)이 급락하였다. 그러나 채권운용 매니저는 시장이 과도하게 반응하였다고 판단하여 수일 내로 만기 20년 국채의 수익률이 점진적으로 상승할 것으로 예상하고 있다. 따라서 매니저는 repo 거래를 통해 만기 20년 국채(100억원)의 공매도를 고려하고 있다. 현재 만기 20년 국채의 시장가격(현금가격)은 109.19이다.

Repo 기간: 1주일(7일)
Repo 이자율: 2.25% − 2.28%
보전비율(haircut): 2%

1. Repo 거래 시 매매대금과 환매대금은 얼마인가?

$$\begin{aligned} \text{매매대금} &= \text{액면금액} \times \frac{P}{100+h} \\ &= 100\text{억원} \times \frac{109.19}{100+2} \\ &= 107\text{억 } 490\text{만원} \end{aligned}$$

이때 P는 현금가격(dirty price)을 의미하며, h는 %로 표기한 보전비율(haircut)이다.

$$\begin{aligned} \text{환매대금} &= \text{매매대금} \times [1 + \text{repo 이자율} \times \frac{repo\text{기간}}{365}] \\ &= 107\text{억 } 490\text{만원} \times [1 + 0.0225 \times \frac{7}{365}] \\ &= 107\text{억 } 952\text{만원} \end{aligned}$$

이 경우 채권 매니저는 Repo 매수자의 입장이 되므로([그림 A.1] 참조) Repo 이자율 2.25%에 해당하는 462만원의 이자를 받는다.[11)]

2. Repo 거래를 통해 20년 만기 국채를 공매도하고 1주일 후 공매도 한 국채의 시장가격(현금가격)이 108.63이 되어 포지션을 청산할 경우 거래 이익은 얼마인가?

(1) 매도대금 = 100억원 × $\frac{109.19}{100}$ = 109억 1,900만원

(2) 채권 공매도 포지션의 손익
= 채권매도대금 − 1주일 후의 가치
= 109억 1,900만원 − 108억 6,300만원
= 5,600만원

(3) Repo 이자수입 = 107억 490만원 × 0.0225 × $\frac{7}{365}$ = 462만원

거래이익 = (2) + (3) = 5,600만원 + 462만원 = 6,062만원

---

(3) 금리스왑 포지션 헤지[12)]

스왑딜러가 금리스왑(IRS)에서 고정금리를 지급하는 경우 repo로 자금을 조달하여 스왑의 만기와 일치하는 국채를 매수함으로써 고정금리 지급의 금리스왑 포지션을 헤지할 수 있다. 예를 들어, 스왑딜러가 USD 1백만 달러의 2년 만기 IRS를 고객과 거래하였다고 하자. 현재 만기 2년 T-Note의 수익률이 3.65%이고 2년 만기 IRS의 호가는 'T + 33 − T + 30'이다.

이 경우 스왑딜러는 만기 2년 T-Note 수익률(3.65%) + 30bp, 즉 3.95%를 지급하고 6M LIBOR를 수취한다.[13)] 스왑딜러는 고정금리 지급 포지션을 헤지하기 위해 repo 매도 거래를 통해 자금을 조달하여 만기 2년 T-Note를 매수하게 된다(repo 이자율 = 3.61%). 이 기간 동안 스왑딜러는 스왑 스프레드(스왑률 − T-Note 수익률)와 변동금리 스프레드(6M LIBOR − repo 이자율)가 변할 리스크에 노출된다.

---

11) Repo 이자율이 2.25 − 2.28로 호가되면 자금을 조달하는 repo 매도자가 지급하는 이자율은 2.28%이고, 자금을 운용하는 repo 매수자가 수취하는 이자율은 2.25%가 된다.

12) 금리스왑에 관한 내용은 제4장 참조.

13) Bid rate가 5.95%, offer rate가 5.98%임.

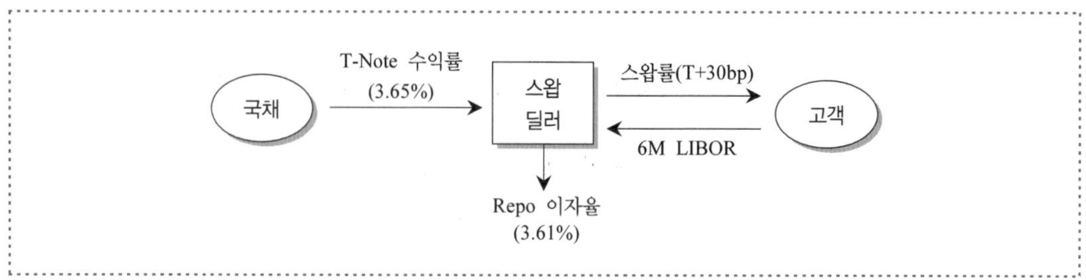

(4) 채권선도(bond forward)의 합성

Repo 거래를 활용하여 채권선도(bond forward)를 합성하는 논리를 살펴보자. 만기가 U인 채권을 거래대상으로 하는 (만기일이 T인) 채권선도가 있다고 하자. 이때 투자자는 다음과 같은 거래를 통해 채권선도(bond forward) 포지션을 합성할 수 있다.

1) t시점에 만기가 $T+U-t$인 채권 매수
2) 만기가 $T-t$인 repo 매도하여 채권매수 자금을 조달
3) T시점까지 repo 매도 포지션 보유

따라서 투자자는 T시점에 repo 딜러에게 '원금+repo 이자'를 지급하고 채권(만기 U)을 받게 된다. 즉, T시점에 인도될 만기 U인 채권의 선도 매수 포지션을 복제한 것이다.

이와 같은 논리로 repo 매도 포지션을 합성할 수도 있다. 즉, T시점에 인도될 만기가 U인 채권선도를 매수하고, 만기가 $T+U-t$인 채권을 t시점에 매도하면 만기 $T-t$인 repo 매도 포지션을 복제할 수 있다. 같은 논리로 만기가 $T-t$인 repo 매수와 T시점에 인도될 만기가 U인 채권선도를 매수함으로써 만기가 $T+U-t$인 채권의 매수 포지션을 복제할 수 있다. 예를 들어, 장기채권의 유동성이 부족하거나 현물시장에서 직접 매수를 원치 않을 때 채권선도시장과 repo 시장을 통해 합성채권을 매수할 수 있다.

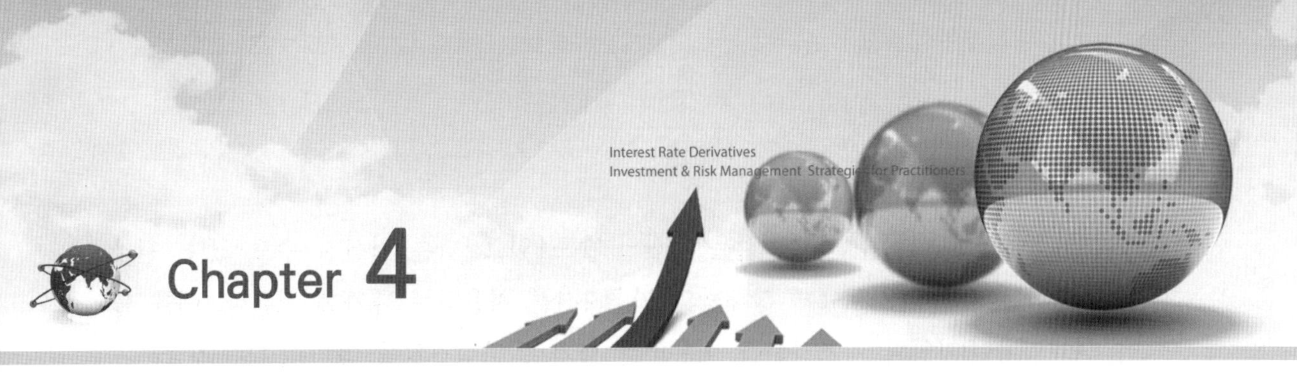

금리스왑

본 장에서는 스왑의 기본구조를 간략히 설명한 후, 선도금리계약(FRA)과 금리스왑(IRS)의 관계, FRA의 거래구조와 가격결정, 금리스왑의 거래구조와 가격결정, 가격고시, 특히 금리스왑의 이자계산시 일수계산방식(day count fraction)과 이자지급 횟수의 차이를 조정하는 방법, 통화스왑의 거래구조 등 실무적으로 중요한 내용들을 다룬다.

또한 선도스왑(forward swap), 스텝업 / 스텝다운 스왑(step-up / step-down swap), 원금감소형 스왑(amortizing swap) / 원금증가형 스왑(accreting Swap), Overnight Index Swap(OIS), 수익률곡선 스왑(CMT / CMS 스왑), 이연스왑(late LIBOR swap), 콴토스왑(quanto swap), 취소가능스왑(cancelable swap)과 연장가능스왑(extendible swap) 등 구조화금융(structured financing)과 금리연계 상품개발에 많이 활용되는 다양한 비표준형 스왑의 개념과 활용예제를 소개한다.

4.1 스왑의 기본구조

일반적으로 스왑은 특정한 기초자산을 거래상대방과 한 번 이상 교환하는 구조를 갖는다. 스왑에서 계약의 대상이 되는 기초자산의 원금이 실제로 교환될 수도 있고, 그렇지 않을 수도 있다. 실제로 원금의 교환이 이루어지지 않을 때 명목으로만 원금이 교환되는데 이를 명목원금(notional principal)이라 한다. 스왑을 하면 이러한 원금의 교환이 일회 또는 그 이상 일어날 수도 있고, 전혀 발생하지 않을 수도 있다. 대개의 경우 이러한 원금의 교환은 스왑을 시작할 때 한 번 발생하고 스왑이 끝나면서 재 교환을 할 때 다시 한 번 발생한다.

스왑을 할 때 교환하는 원금은 같은 자산일 수도 있고, 다른 자산일 수도 있다. 원금을 교환하는 가운데 서로에게 상대방의 기초자산을 사용하는 대가를 치른다. 예를 들어, A기업이 B기업의 기초자산을 이용하는 대가로 고정가격을 정기적으로 지급하면 B기업은 A기업의 기초자산을 이용하는 대가로 변동가격을 정기적으로 지급한다. 이것이 기본적인 형태의 스왑구조이다. 이러한 단순한 구조를 사용자의 요구에 따라 기간을 적절히 조절하거나 또는 특별조항을 삽입하면 자신의 목적에 맞는 다양한 변형이 가능하다.

1. 스왑거래의 기본 형태

(1) 금리스왑

스왑거래는 기본적으로 두 가지의 형태로 구분된다. 거래금액에 있어 가장 큰 비중을 차지하고 있는 것이 금리스왑(Interest Rate Swap : IRS)이다. 이는 거래당사자들이 자산이나 부채의 금리조건을 서로 교환하기로 하는 계약이다. [그림 4-1]에서 볼 수 있듯이 현재 변동금리 부채를 가지고 있는 A기업은 B기업과의 IRS를 통해 B기업의 고정금리 부채와 교환하였고, 현재 고정금리 부채를 가지고 있는 B기업은 A기업이 가지고 있는 변동금리 부채와 교환하는 것이다. 다시 말해 A기업은 기존부채의 금리조건을 변동금리에서 고정금리로 전환하였고, B기업은 기존 부채의 금리조건을 고정금리에서 변동금리로 바꾼 것이다.

그림 4-1 IRS의 기본구조

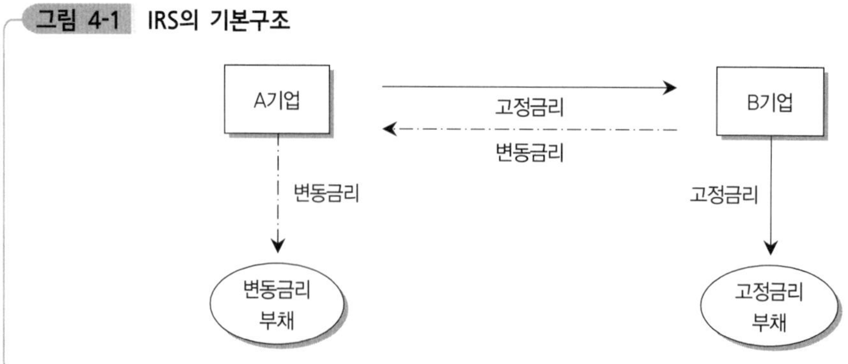

(2) 통화스왑

스왑거래의 두 번째 형태는 통화스왑(Cross Rate Swap: CRS)으로 이는 거래당사자가 특정통화의 자산이나 부채를 다른 통화의 자산이나 부채로 전환하면서 금리조건까지도 교환하는 계약이다. [그림 4-2]에서 볼 수 있듯이 현재 변동금리 미 달러부채를 가지고 있는 A기업은 B기업과의 CRS를 통해 원화 고정금리 부채로 전환하였고, B기업은 현재 자신이 보유하고 있는 원화 고정금리 부채를 미 달러 변동금리 부채로 전환시킨 것이다. 즉, A기업의 미 달러 변동금리 부채와 B기업의 원화 고정금리 부채가 서로 교환된 것이다.

그림 4-2 CRS의 기본구조

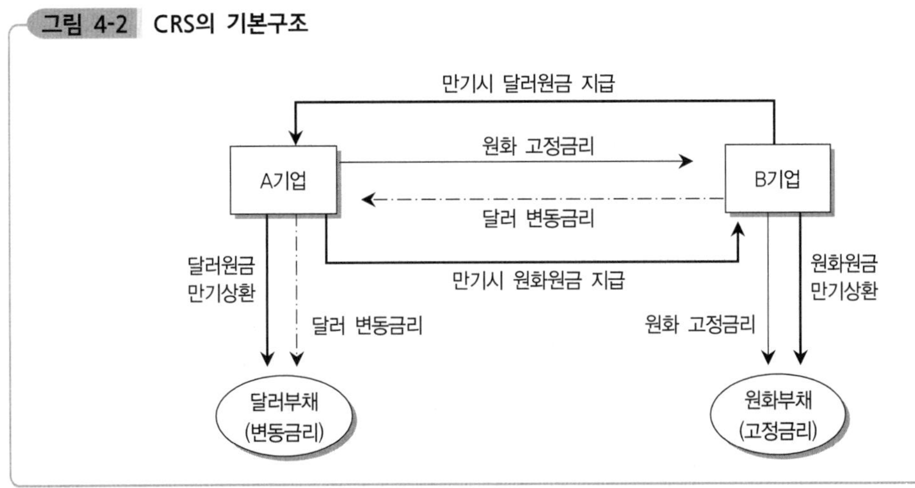

2. 스왑거래의 적용금리

(1) 고정금리(스왑률)

스왑거래는 일반적으로 만기가 2년 이상 10년까지 거래되는 장기 거래이므로 스왑거래에 적용할 고정금리(스왑률)는 스왑기간과 만기가 일치하는 채권의 유통수익률을 기준으로 적정 가산금리(spread)를 더하여 결정된다. 단기자금시장(money market)에서 장기금리를 구하기는 어려우므로 채권시장에서 장기금리를 구하게 되는데 스왑률의 결정에는 정부가 발행한 국채가 이용된다.

국채는 신용리스크가 거의 없는 채권으로서 유동성이 풍부하기 때문에 스왑딜러들은 스왑거래로 인한 시장리스크 관리에 국채를 많이 활용한다. 미 달러화의 경우 미국 재무부채권(Treasury Note)을 스왑금리 결정에 사용하며, 영국 파운드화는 영국의 국채인 Gilts, 독일 마르크화의 경우 독일국채 Bunds, 일본 엔화의 경우 일본 국채인 JGB, 그리고 우리나라의 경우 국고채(KTB)가 스왑률의 결정에 사용된다.

예를 들어, 미 달러화의 경우 만기 2년~10년 스왑률은 만기 2, 5, 10년의 경우 'T-Note 수익률+spread'의 형식으로 고시되고, 기타 기간의 경우는 보간법(interpolation)에 의한 '수익률+spread'방식으로 고시되며, 만기 1~2년 단기 스왑률은 유로달러선물의 스트립(strip)을 이용하여 결정되기도 한다.

(2) 변동금리

IRS에서 고정금리와 변동금리를 교환할 때 변동금리 쪽의 기준금리로는 LIBOR가 일반적으로 사용된다. LIBOR는 런던 금융시장에서 고시되는 주요 은행의 오퍼(offer) 금리이다. IRS에 이용되는 LIBOR는 지정은행(reference bank)이라 불리는 몇 개의 은행들이 고시한 레이트의 평균치를 사용하며, 보통 런던시간 11시 기준 레이트가 사용된다. 최근에는 영국의 은행연합회(British Bankers Association)에서 평균치를 계산하여 고시하는 텔러레이트(Telerate 3750페이지)와 로이터(Reuter LIBOR01 페이지)의 레이트(통상 소수점 5째 자리까지 고시됨)를 사용하는 것이 관행이다.

IRS의 변동금리로는 미 달러화를 비롯한 주요 통화들의 경우 일반적으로 만기 6개월의 LIBOR를 사용하는 것이 원칙이나 때로는 3개월 LIBOR가 사용되기도 한다. 변동금리는 거래 당사자들의 합의에 따라 LIBOR가 아닌 기타 변동금리(예를 들어, CP나 Prime금리 등)가 이용되기도 하며, 우리나라 원화의 경우는 3개월 만기의 양도성 정기예금(CD) 유통수익률을 변동금리의 기준금리로 사용한다.

(3) 스왑가격의 고시

스왑가격의 결정시 문제가 되는 것은 스왑기간 중 결정되는 변동금리(LIBOR)가 아니라 계약시점에 결정되는 고정금리이며, 이를 스왑률(swap rate)이라고 한다. 다시 말해 스왑가격결정이란 스왑기간 중 일정기간 마다 변동금리인 LIBOR와 교환될 고정금리수준을 결정하는 것을 말한다.

스왑시장의 시장조성자(market marker)인 스왑딜러들은 스왑가격을 양방향으로 고시(two-way quotation)한다. 즉, 스왑딜러 자신이 수취(receive)하고자 하는 고정금리 수준과 지급(pay)하고자 하는 고정금리 수준을 동시에 고시하는 것이다. 이를 offer/bid 라고 하는데 스왑거래에서는 offer/bid라는 표현보다는 'receive/pay'라는 표현을 많이 사용한다. '양방향 가격고시'의 원리상 스왑딜러는 높은 금리를 수취하고 낮은 금리를 지급하게 된다.

미 달러화 IRS 가격은 일반적으로 두 가지 방식으로 고시된다. 첫 번째는 국채를 기준으로 가산금리(spread)를 더하여 고시하는 방식으로 주로 은행간 시장에서 많이 사용된다. 두 번째는 총액(all-in) 방식으로 실제 거래할 최종금리를 고시하는 방식으로 은행과 고객사이의 거래시 많이 이용된다. 어떤 방식으로 고시되건 실제 거래가격은 동일하며 고객의 편의에 따라 선호하는 방식을 선택하면 된다.

4.2 선도금리계약(Forward Rate Agreement: FRA)

FRA는 미래에 적용할 고정금리를 사전에 확정한다는 점에서 IRS와 개념적으로 같다고 할 수 있다. 또한 IRS는 FRA를 연속적인 여러 이자기간에 걸쳐 체결한 것과 같으므로 FRA의 스트립(strip) 거래라고 할 수 있다. 따라서 IRS의 거래구조를 설명하기 전에 FRA의 개념과 거래구조를 먼저 살펴보기로 하자.

1. FRA의 개념

선도금리계약(Forward Rate Agreement: FRA)은 미래의 특정기간에 적용할 금리를 확정하는 거래를 말한다. 구체적으로 두 거래당사자가 미래의 일정기간(계약기간) 동안 일정한 명목원금의 예금이나 대출거래에 적용할 금리(계약금리)를 현재시점에서 확정하는 계약이다. 예를 들어, 지금부터 3개월 후에 적용할 3개월간 U$ 1,000,000의 예금금리 또는 대출금리로 연 5%를 적용하기로 계약하는 것이다.

FRA에 있어서 예금과 대출은 명목적(notional)이다. 즉, 계약기간동안 예금이나 대출이 실제로 발생하지 않고, 사전에 확정한 계약금리와 계약기간의 시장금리(결제금리)의 차이에 따른 금리차액(결제금액)만을 현금결제하고 계약은 종료된다. 이때 명목원

금은 결제금액을 산정하는 기준으로만 사용된다. FRA는 만기 2년 이하가 대부분이지만, 10년까지의 거래도 이루어지고 있다. FRA에 있어서 향후 3개월부터 3개월간의 계약기간을 '3×6' ("three by six" 라고 읽음)라고 표기한다.

FRA의 거래에서 매수자는 금리상승 리스크를 헤지하려는 당사자로서 명목상 차입자(notional borrower)를 말하고, 매도자는 금리하락 리스크를 헤지하려는 당사자로서 명목상의 투자자(notional lender)를 말한다. FRA는 금리리스크를 헤지하려는 목적뿐만 아니라, 금리변동을 예상하고 이익을 얻으려는 투기의 목적으로도 이용할 수 있다. 즉, 금리상승을 예상하여 FRA를 매수한 후 예상대로 금리가 상승하면 FRA 매도를 통한 청산거래로 투기거래 이익을 확보하게 되는 것이다.

2. FRA의 거래구조

FRA 거래에서 사용되는 용어는 다음과 같다.

계약금액(contract amount): 명목상으로 차입 / 예금하는 원금
계약통화(contract currency): 계약금액의 표시통화
거래일(dealing date): FRA 계약의 체결일
거래개시일(effective date): 거래일로부터 2영업일 이후인 spot date.
결제일(settlement date): 명목상 차입 / 예금이 개시되는 날짜를 말함
기준금리 결정일(fixing date): 기준금리(reference rate)가 결정되는 날짜
(일반적으로 결제일의 2영업일전)
만기일(maturity date): 명목상 차입 / 예금의 만기일
계약기간(contract period): FRA거래의 계약기간
(3×6 FRA의 경우 향후 3개월부터 3개월간의 계약기간)
결제금리(reference rate): 기준금리 결정일에 결정된 시장금리
결제금액(settlement amount): 결제일에 계약당사자간에 주고 받는 정산금액

아래의 [그림 4-3]은 FRA거래의 기간구성에 대해 설명하고 있다. FRA거래에서 거래일로부터 만기일까지의 기간은 거치기간(deferment period)과 계약기간(contract period)으로 나누어진다. FRA의 거래일에 FRA 당사자들은 계약통화와 계약금액, 계약기간 그리

고 계약금리 등을 약정하게 된다. FRA 계약 후 거래개시일(effective date)은 2영업일 이후인 spot date가 되어 이 날을 시작으로 하여 거치기간 및 계약기간이 결정된다.

FRA 계약 후 시장금리는 매일 변동하게 되는데, 계약기간이 시작되기 2영업일전인 기준금리결정일(fixing date)에 최종 시장금리인 결제금리(reference rate)가 확정된다. 계약기간이 시작하는 날을 결제일(settlement date)이라고 부르는데, 바로 이날 FRA 계약시 결정된 계약금리(FRA rate)와 기준금리 결정일(fixing date)에 확정된 결제금리를 비교하여 그 차이를 계약금액 기준으로 계산한 결제금액(settlement amount)을 주고 받으며, FRA 계약은 사실상 소멸된다.

그림 4-3 FRA의 기간구성

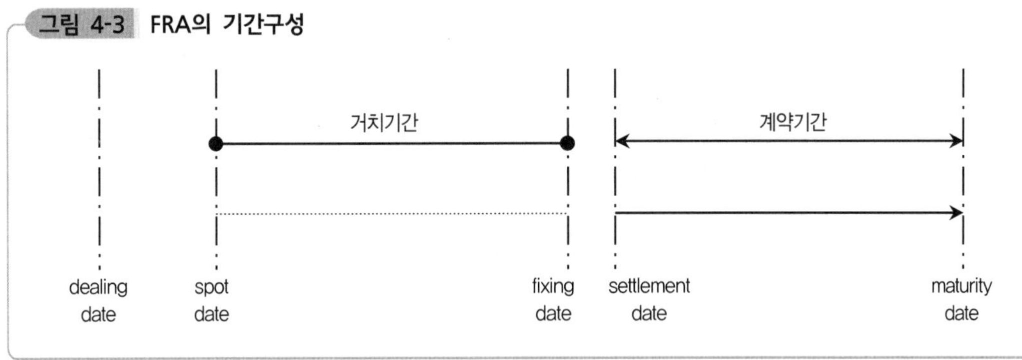

FRA 시장의 관행에 따르면 결제금액은 만기일이 아니고 계약기간이 시작되는 결제일에 지급되므로, 실제 결제금액은 결제기간동안 결제금리로 할인한 금액이 된다. 식(4.1)은 FRA 매수자의 경우 결제금액을 계산하는 식이며, FRA 결제금리가 계약금리보다 높은 경우(R > F) FRA의 매도자로부터 금리차액(결제금액)을 수취하고, 반대로 결제금리가 계약금리보다 낮은 경우(R < F) FRA의 매도자에게 금리차액(결제금액)을 지급한다.[1)]

$$\text{결제금액} = \frac{(R - F) \times N \times (t/360)}{1 + [R \times (t/360)]} \qquad (4.1)$$

여기서 R=결제금리(LIBOR), F=계약금리, N=명목원금, t=계약기간의 일수

1) FRA 매도자의 경우 결제금액은 식 (4.1)에서 R-F를 F-R로 바꾸어서 계산함.

3. 가격결정

미래의 일정기간(계약기간) 동안의 계약금리인 FRA가격(FRA Rate)은 수익률곡선(yield curve)으로부터 구한다.

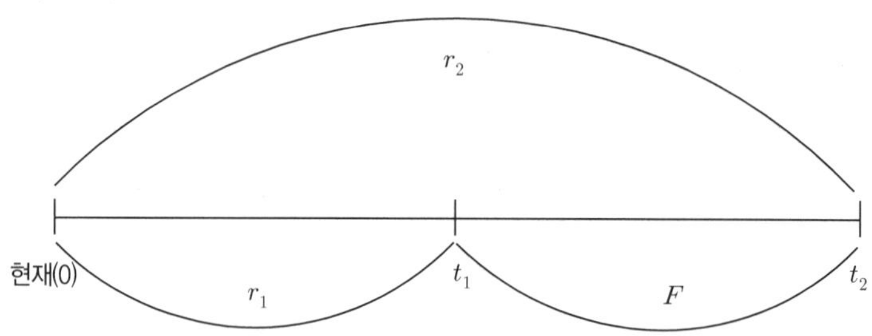

현재부터 t_1시점까지의 기간에 해당되는 금리가 r_1이고, 현재부터 t_2까지의 기간에 해당되는 금리가 r_2라고 하자. 이때 미래의 기간 $[t_1, t_2]$에 해당되는 금리 F는 선도금리라고 하며, 이것이 바로 FRA의 가격이 된다.

현물금리인 r_1, r_2가 주어졌을 때 차익거래불가논리에 의해 다음 관계가 성립한다.[2)]

$$[1 + r_2 \times \frac{t_2}{360}] = [1 + r_1 \times \frac{t_1}{360}] \times [1 + F \times \frac{t_2 - t_1}{360}]$$

따라서 F는 다음과 같이 구할 수 있다.

$$F = \left[\frac{1 + r_2 \times (t_2 / 360)}{1 + r_1 \times (t_1 / 360)} - 1 \right] \times \frac{360}{t_2 - t_1} \tag{4.2}$$

예를 들어, 3M(91일) LIBOR가 2%이고 6M(181일) LIBOR가 2.5%일 경우, 3×6 FRA의 가격을 식 (4.2)를 이용하여 구하면 2.99%가 된다.

$$F = \left[\frac{1 + 0.025 \times (181/360)}{1 + 0.02 \times (91/360)} - 1 \right] \times \frac{360}{90} = 2.99\%$$

2) 선도금리에 관해서는 제1장 참조.

4. 가격고시

시장에서 실제로 호가되는 FRA의 offer rate와 bid rate는 만기별 LIBOR와 LIBID를 식 (4.2)에 대입하여 구할 수 있다. 예를 들어, 단기금융시장의 상황이 다음과 같다고 하자.

	LIBID		LIBOR[3]
3개월(91일)	1.95	–	2.00
6개월(181일)	2.45	–	2.50

3×6 FRA를 매도한 은행(고객은 FRA를 매수)은 3개월 후부터 6개월까지 3개월 동안 고객에게 대출금리를 확정한 것이므로 (1) 거래일에 계약금액을 거래일로부터 만기일까지 6개월간 차입하고, (2) 이 자금을 거래일로부터 결제일까지 3개월간 제3자에게 대출함으로써 FRA 매도에 따르는 금리리스크를 헤지할 수 있다. 따라서 FRA 가격을 구하는 식 (4.2)에 은행의 6개월 차입금리(LIBOR)와 3개월 대출금리(LIBID)를 대입함으로써 FRA의 "offer rate"를 구할 수 있다. 즉,

$$F^{offer} = \left[\frac{1 + r_2^{offer} \times (t_2 / 360)}{1 + r_1^{bid} \times (t_1 / 360)} - 1 \right] \times \frac{360}{t_2 - t_1} = 0.0304(3.04\%)$$

이때 F^{offer}는 FRA offer rate, r_1^{bid}는 3개월 대출금리(LIBID), r_2^{offer}는 6개월 차입금리(LIBOR)를 나타낸다.

같은 방법으로 FRA의 "bid rate"는 은행의 6개월 대출금리(LIBID)와 3개월 차입금리(LIBOR)를 식 (4.2)에 대입함으로써 구할 수 있다. 즉,

$$F^{bid} = \left[\frac{1 + r_2^{bid} \times (t_2 / 360)}{1 + r_1^{offer} \times (t_1 / 360)} - 1 \right] \times \frac{360}{t_2 - t_1} = 0.0289(2.89\%)$$

이때 F^{bid}는 FRA bid rate, r_1^{offer}는 3개월 차입금리(LIBOR), r_2^{bid}는 6개월 대출금리(LIBID)를 나타낸다.

위에서 설명한 offer rate와 bid rate는 손익분기(break-even)의 FRA 가격이고 실제의

3) LIBOR는 London Inter Bank Offered Rate, LIBID는 London Inter Bank Bid Rate를 나타냄.

가격고시(quotation)는 은행의 마진을 감안하여 결정하게 된다. 은행은 양방향 가격고시(two-way quotation)를 통해서 "bid rate"와 "offer rate"의 스프레드를 수익의 원천으로 삼는다. 즉, 가격을 고시하는 은행(시장조성자) 입장에서는 "buy low & sell high"의 원칙이 적용된다. 한편 은행이 고시한 가격을 이용하는 고객(시장이용자)은 높은 가격에 FRA를 매수하고 낮은 가격에 FRA를 매도하게 된다.

예 제

6개월 FRA의 호가가 다음과 같다고 하자.

	Bid	offer
1×7	4.87	4.91
2×8	4.89	4.94
3×9	4.90	4.95

A 기업이 향후 3개월 후에 6개월 동안 1백만 달러에 대한 차입금리를 고정금리로 확정하고자 한다. FRA 계약을 체결한 3개월 후에 6M LIBOR가 5%가 되었을 때 결제금액을 구하시오.

이 경우 A 기업은 3×9 FRA를 매수하므로 차입금리를 4.95%로 확정할 수 있다. FRA 계약을 체결한 3개월 후에 6M LIBOR가 5%가 되었을 때 결제금액은 다음과 같이 결정된다.

$$\text{FRA 결제금액} = \frac{(R - F) \times N \times (t/360)}{1 + [R \times (t/360)]}$$

$$= \frac{(0.05 - 0.0495) \times \$1{,}000{,}000 \times (180/360)}{1 + [0.05 \times (180/360)]}$$

$$= \$243.90$$

R = 결제금리(5%)

F = 계약금리(4.95%)

N = 명목원금(1백만 달러),

t = 계약기간(90일)

5. FRA와 IRS의 관계

FRA 거래에서 실제로는 금리차액만 교환되지만 이를 달리 해석하면 FRA의 매수자는 고정금리(계약금리)를 지급하고 변동금리(시장금리)를 수취하는 것과 같다는 것을 알 수 있다. 따라서 향후 금리상승 리스크에 노출된 기업은 FRA를 매수한다. 마찬가지로 FRA 매도자는 고정금리(계약금리)를 수취하고 변동금리(시장금리)를 지급하는 것과 같다. 따라서 향후 금리하락 리스크에 노출된 기업은 FRA를 매도한다.

변동금리와 고정금리의 교환이라는 관점에서 보면 FRA란 이자교환이 1회인 금리스왑(IRS)과 같다. IRS는 일정한 계약기간동안 매 이자지급기간마다 고정금리와 변동금리를 교환하므로 FRA를 연속적으로 여러 이자기간에 걸쳐 체결한 것이라는 것을 알 수 있다. 즉, IRS는 FRA의 스트립(strip) 거래라고 할 수 있으며, 미래의 차입금리나 운용금리를 사전에 확정한다는 점에서 FRA와 IRS는 개념적으로 동일하다고 할 수 있다. 다만 FRA는 미래의 금리교환이 1회(단기간)이며 IRS는 금리교환이 수회(장기간)에 걸쳐 연속적으로 일어난다는 점이 다르다. 다음 절에서 설명하겠지만 IRS의 가격인 스왑률은 연속적인 이자지급기간에 해당하는 FRA의 가격, 즉 선도금리의 평균으로 결정되는 것이다.

4.3 금리스왑

1. 금리스왑의 개념

금리스왑(IRS)이란 두 거래당사자가 미래의 일정한 계약기간 동안 동일 통화의 일정한 명목원금(notional principal)에 대해 서로 다른 이자기준에 따라 정해지는 이자지급을 주기적으로 교환하는 계약을 말한다.

가장 일반적은 IRS의 형태는 변동금리와 고정금리에 따른 이자지급을 교환하는 것으로, 이를 쿠폰스왑(coupon swap)이라고 한다. IRS의 다른 형태는 한 변동금리와 다른 변동금리에 따라 결정되는 이자지급을 교환하는 것으로 이를 베이시스 스왑(basis swap)이라고 한다. 베이시스 스왑에서는 3개월 LIBOR와 6개월 LIBOR간의 교환이나, 또는 6개월 LIBOR와 미국 Prime rate의 교환 등 여러 가지 다양한 변동금리의 배합이 이루어진다.

그림 4-4 금리스왑

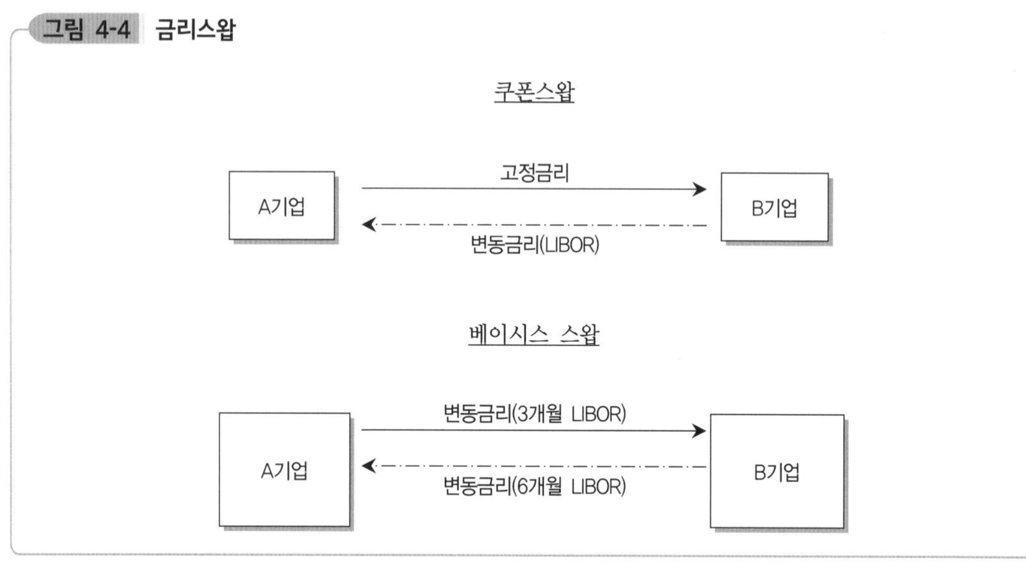

예를 들어 두 거래 당사자가 만기 3년, 명목원금 U$1억달러, 이자기간 6개월, 고정금리 5%의 IRS를 체결하였다면, 고정금리 지급자(A)와 변동금리 지급자(B)는 매 6개월마다 U$2,500,000(= U$1억달러 × 0.05 × 180 / 360)와 (6개월 LIBOR × U$1억달러 × 180 / 360)를 서로 교환한다. IRS의 이자교환은 모두 6번 이루어지는데, 첫 번째 이자기간의 변동금리는 거래일 당시의 6개월 LIBOR로 정해진다. 고정금리 지급자(A)는 계약기간 중 6개월 LIBOR가 5%를 상회하면 이익을 보지만, 5%를 하회하면 손해를 본다. 반대로 변동금리 지급자(B)는 계약기간 중 6개월 LIBOR가 5% 이하이면 이익을 보게 되지만, 5%를 상회하면 손실을 보게 된다.

2. 금리스왑의 거래구조

(1) 표준금리스왑의 현금흐름

금리스왑계약이 체결된 이후 현금흐름의 발생을 구체적으로 살펴보자. 표준금리스왑으로부터 발생하는 현금흐름은 [그림 4-5]에 나타나 있으며, 스왑의 계약시점부터 만기시점까지 스왑거래를 형성하는 주요한 일자들을 표시하고 있다.

그림 4-5 표준금리스왑의 현금흐름

a) 고정금리지급자의 현금흐름

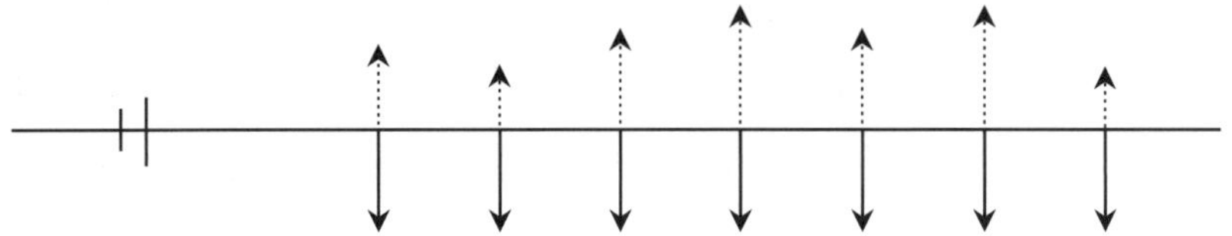

b) 변동금리지급자의 현금흐름

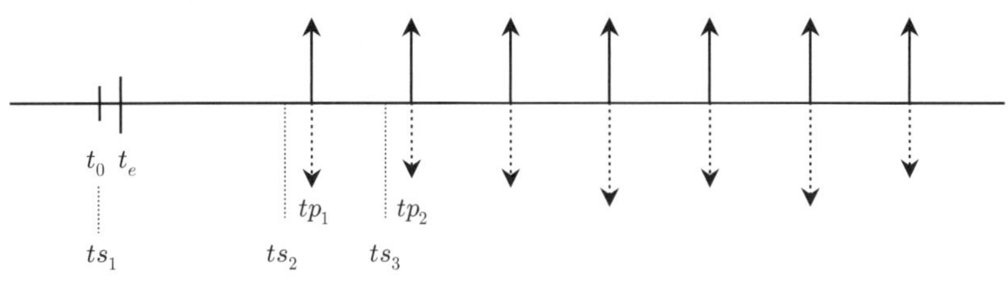

t_0는 스왑 계약일(trade date)로서 스왑거래의 당사자들이 거래조건에 서로 합의한 날짜를 의미한다. ts는 변동금리 확정일(reset date)로서 다음 기간 동안 적용될 변동금리를 확정하는 날을 말하며, 첫 번째 변동금리 확정일은 ts_1으로서 계약일 t_0와 일치한다. 대부분의 스왑에서는 LIBOR를 변동금리의 산정기준으로 사용하며 관행상 다음 기간이 시작되기 2영업일 전에 확정한다. 따라서 두 번째 변동금리 확정일 ts_2는 두 번째 스왑기간이 시작하기 2영업일 전이다.

te는 고정금리 이자와 변동금리 이자가 발생하기 시작하는 날로서 스왑 개시일(effective date)이라고 하며, 통상 스왑 계약일로부터 2영업일 이후이다. 원화 금리스왑의 경우 1영업일 이후를 사용한다. 스왑 개시일은 실제로 스왑이 시작되는 날짜로서 이자계산은 이날부터 시작된다.

스왑기간에 적용할 변동금리는 항상 동기간이 시작되기 이전에 미리 확정되기 때문에 거래당사자들은 매기말에 서로 교환해야 할 이자지급액을 미리 알 수 있다. 변동금리의 기준금리는 LIBOR(London Inter Bank Offered Rate)가 가장 많이 사용된다. LIBOR 결정방법으로 가장 많이 사용되는 방법 중의 하나는 BBA(British Bankers Association)이 런던시간 11시 기준으로 고시하는 레이트를 사용하는 방법이다. 따라서 USD-LIBOR-BBA라고 표기하면 LIBOR fixing을 BBA가 런던시간 11시 기준으로 고시하는 레이트를 사용한다는 것을 의미한다. (Telerate 3750 페이지에 고시)

tp는 변동금리와 고정금리의 차액이 지급되는 지급일(payment date)로서 첫 번째 지급일은 첫 번째 스왑기간의 마지막 날에 도래한다. 금리스왑에서는 거래당사자가 매기간 마다 고정금리 이자와 변동금리 이자를 서로 교환하지 않고 한 쪽이 다른 쪽에게 고정금리와 변동금리의 차액을 지급한다. tm은 스왑계약의 만기일이며, 마지막으로 이자가 지급되는 날이다.

이자지급일이 휴일인 경우 이를 조정하는 방법을 '영업일 조정관행(business day con- vention)'이라고 하는데, 차기영업일방식(following business day convention), 수정차기영업일방식(modified following business day convention), 이전 영업일방식(preceding business day convention)의 세 가지 방법이 있다. 차기영업일방식에 의하면 지급일이 휴일인 경우 휴일 다음의 영업일로 지급일이 변경된다. 이전영업일방식의 경우 지급일이 휴일이면 직전 영업일이 지급일이 된다. 수정차기영업일방식에 의하면 지급일이 휴일인 경우 다음 영업일로 넘어가나 지급일이 다음 월로 넘어갈 경우에는 이전 영업일로 지급일을 조정하는 것을 말하며, 실무적로는 이 방식을 가장 많이 사용한다.

(2) 금리스왑의 이자계산

일수계산방식(day count fraction)

스왑거래에서 고정금리의 기준으로 채권(국채)수익률을 사용하는 것은 앞에서 설명하였는데 채권거래에서는 단기자금시장(money market)의 금리계산기준과는 다른 기준을 사용하므로 그 내용을 이해하는 것이 중요하다. 따라서 스왑금리를 고시할 때 어떤 금리기준으로 고시되었는가를 인식하는 것이 매우 중요하다. 이자지급 회수와 이자계산시

'일수계산방식(day count fraction)'에 따라 다음과 같이 금리계산 기준을 구분할 수 있다. 스왑에서 사용되는 방법은 act/360, act/365, act/act, 30/360, 30E/360의 다섯 가지가 있다.

1) act/360 (money market basis) : 1년을 360일로 계산하는 방법이고, act는 실제경과일수를 의미한다. 일반적으로 단기금융시장에서 사용하는 계산방법으로서 스왑의 변동금리는 대부분 act/360을 사용한다(우리나라와 영국은 예외).

2) act/365, act/act : 평년이면 365일, 윤년이면 366일을 적용한다. 즉, 윤년이면 act/366이 된다.

3) act/365 (fixed) : 1년을 365로 계산한다는 측면에서 act/365와 유사하나 윤년의 경우에도 act/365를 기준으로 이자금액을 계산한다. 즉, 윤년의 경우 1년 이자금액은 366/365의 일수를 기준으로 계산한다.

4) 30/360 (bond basis) : 실제 일수와 상관없이 1개월을 30일로, 1년은 360일로 계산한다. 예를 들어 어떤 금융상품을 5월 1일에 매수하여 7월 13일에 매도하는 경우 실제일수를 계산하면 73일이지만 30/360에 의하면 30일 + 30일 + 12일 = 72일이 된다. 또 다른 예를 들면, 어떤 금융상품을 2월 28일에 매수하여 다음 날인 3월 1일에 매도하면 act/360의 경우 이자계산일수가 1일이지만, 30/360에 의하면 3일이 된다.

5) 30E/360 (Eurobond basis) : 30/360과 유사하나, 월말에만 약간의 차이가 있다. 30/360 방식에 의하면 이자계산 마지막일이 31일인 경우 그 달을 30일로 계산하지 않으나, 30E/360 방식의 경우 그 달을 30일로 계산한다. 30/360과 30E/360을 비교하면 다음과 같다.

일수계산방식	3/1 - 3/30	3/1 - 3/31	3/1 - 4/1
30E/360	29일	29일	30일
30 / 360	29일	30일	30일

고정금리 이자의 계산

스왑의 명목원금을 P, 스왑률(고정금리)을 r, t시점의 이자지급일을 $D_t=(d_t, m_t, y_t)$

라고 하자. 이때 d_t은 날짜, m_t는 월, y_t는 연을 각각 나타낸다. 예를 들어, D_1이 2008년 3월 1일이라면, $D_1=(1, 3, 2008)$로 표기한다. 이때 고정금리이자는 다음과 같이 계산된다.

(1) act/360 : $P \times r \times \dfrac{D_2 - D_1}{360}$ ($D_2 - D_1 = D_1$부터 D_2 사이의 일수)

(2) 30/360 : $P \times r \times \dfrac{\Delta_{360}(D_1, D_2)}{360}$

$$\Delta_{360}(D_1, D_2) = Max[0, 30 - d_1] + Min[30, d_2] + 360 \times (y_2 - y_1) + 30 \times (m_2 - m_1 - 1)$$

예를 들어, $y_1 = y_2 = 2008$, $m_1 = 1$, $m_2 = 4$, $d_1 = 5$, $d_2 = 5$ 라면 $\Delta_{360}(D_1, D_2) = 90$이 된다.

위에서 설명한 금리계산 기준은 스왑거래시 가격을 비교하기 위해 매우 긴요하게 사용된다. 예를 들어 변동금리 기준의 미 달러화 부채를 가지고 있는 H기업이 금리스왑을 활용하여 고정금리 조건의 부채로 전환하고자 두 개의 거래은행에 금리스왑 가격을 요구하였다. A은행은 3.70%를 'annual bond' 기준으로 고시하였고, B은행은 3.63%의 가격을 'semi-annual money market' 기준으로 제시하였다. 고정금리를 지급해야 하는 입장인 H기업에게는 절대금리가 낮은 B은행의 가격이 유리해 보이지만 두 은행의 스왑가격을 미 달러화 국채금리 기준인 'semi-annual bond'의 동일기준으로 바꾸어 보면 오히려 A은행의 가격이 다소 유리해 진다.

이런 경우 [표 4.1]에 나열된 금리기준 전환공식을 이용한다면 손쉽게 금리비교가 가능해 진다. 즉, A은행의 가격을 semi-annual bond 기준으로 전환하면, $(\sqrt{1+0.0370} - 1) \times 2 = 3.6664\%$가 되나, B은행의 가격을 동일한 semi-annual bond 기준으로 바꾸어 보면 $3.630\% \times 365/360 = 3.6804\%$가 되어 B은행의 고시가격이 오히려 높다는 것을 알 수 있다.

표 4.1 금리기준 전환공식

annual(r) => semi-annual	$(\sqrt{1+r}-1)\times 2$
annual(r) => quarterly	$(\sqrt[4]{1+r}-1)\times 4$
semi-annual (r) => annual	$\left(\frac{r}{2}+1\right)^2-1$
quarterly(r) => annual	$\left(\frac{r}{4}+1\right)^4-1$
quarterly(r) => semi-annual	$\left\{\left(\frac{r}{4}+1\right)^2-1\right\}\times 2$
bond basis(r) => money basis	$r\times\frac{360}{365}$
money basis(r) => bond basis	$r\times\frac{365}{360}$

일수계산방식(day count fraction)과 고정금리 이자지급 횟수의 조정

스왑률 고시와 관련하여 유의할 점은 반드시 일수계산방식(day count fraction)과 고정금리 지급횟수를 확인해야 한다. act/act, act/365(fixed), 30/360, 30(E)/360의 네 가지 방식은 연 단위로 스왑률을 계산할 때는 거의 같으므로 일수계산이 다르더라도 금리를 조정할 필요가 없다. 그러나 이 네 가지 방식에서 act/360으로 변환할 때는 360/365를 곱해주고, 반대로 act/360을 네 가지 기준으로 변환할 때는 365/360을 곱해야 한다.

예 제

A기업은 B은행으로부터 3년 만기 (6개월 마다 이자지급) USD10,000,000을 LIBOR + 1%에 차입하였다. 현재 3년 만기 달러 금리스왑률이 5.05%(sem-annual, act /365)라면 A기업이 변동금리 대출을 고정금리로 바꾸기 위하여 금리스왑을 거래할 때 지급해야 할 고정금리는?

LIBOR의 일수계산방식은 360일이고 금리스왑의 일수계산방식은 365일이므로 360일 기준인 LIBOR 스프레드(1%)를 365일 기준으로 전환해야 한다. 즉, $1\%\times\frac{365}{360}=1.01\%$. 따라서 A기업이 지급해야 할 고정금리는 5.05% + 1.01% = 6.06%가 된다.

예 제

5년 IRS 스왑률이 4.75%(semi-annual, act/act)일 때 annual, act/360 기준으로 전환하면?

1) $4.75\% \times \frac{360}{365} = 4.68\%$ (act/360)

2) $\left(1 + \frac{0.0468}{2}\right)^2 - 1 = 0.0474(4.74\%)$ (annual)

즉, 4.74%가 된다.

예 제

10년 IRS 스왑률이 5.80%(annual, act/act)일 때 semi-annual, act/360 기준으로 전환하면?

1) $5.80\% \times \frac{360}{365} = 5.7206\%$ (act/360)

2) $(\sqrt{1 + 0.057206} - 1) \times 2 = 0.0564(5.64\%)$ (semi-annual)

즉, 5.64%가 된다.

예 제

만기 5년 이표 7.5%(annual, act/act)인 유로본드를 액면에 발행한 기업이 고정금리 7.5%(annual, act/360)를 받고, 6M LIBOR(semi-annual, act/360)를 지급하는 5년 IRS를 체결한다면 기업의 자금조달비용(semi-annual, act/360)은 얼마가 되겠는가?

1) $(\sqrt{1.075} - 1) \times 2 = 7.36\%$ (semi-annual)

2) $7.36\% \times \frac{360}{365} = 7.26\%$ (act/360)

따라서 6M LIBOR - 0.1%가 된다.

3. 금리스왑의 가격결정

(1) 가격결정의 논리

대부분 통화의 IRS에서 변동금리의 기준으로 6개월 LIBOR를 사용하는 데 이 변동금리는 스왑거래 기간 중 주기적으로 다시 결정(reset)되는 불확실한 부분이다. 따라서 IRS의 가격결정이란 변동금리와 교환되는 고정금리를 정하는 것을 말하며, IRS의 고정금리를 스왑률(swap rate) 또는 스왑가격(swap price)이라고 한다. 다시 말해 스왑기간 중 일정기간 마다 결정되는 변동금리(6개월 LIBOR)와 상대하여 얼마의 고정금리를 일관되게 주고받을 것인가가 IRS의 가격인 것이다.

시장의 관례상 고정금리를 지급하고 변동금리를 수취하는 거래 당사자를 IRS의 매수자라고 하고, 고정금리를 수취하고 변동금리를 지급하는 거래 당사자를 IRS의 매도자라고 한다. 따라서 IRS에 매수포지션을 취하는 것은 변동금리채권을 매수하고 고정금리 채권을 매도하는 것과 동일하다. 즉,

+ IRS(고정금리 지급, 변동금리 수취) = + 변동금리채권 – 고정금리채권

이제 양 변에 -1을 곱하면, IRS에 매도포지션을 취하는 것은 변동금리채권을 매도하고 고정금리 채권을 매수하는 것과 동일하다는 것을 알 수 있다. 즉,

– IRS(변동금리 지급, 고정금리 수취) = – 변동금리채권 + 고정금리채권

이와 같이 IRS는 고정금리채권에 대한 선도계약과 변동금리채권에 대한 선도계약을 서로 교환하는 것으로 이해할 수 있다. 따라서 시장금리 r이 주어질 때 IRS의 가격 r_S는 양 채권의 현재가치를 일치시켜 주는 고정금리로서 IRS의 기대현재가치 V_S를 0으로 만들어 주는 수준에서 결정된다.

즉, 고정금리채권의 현재가치를 P_{fixed}, 변동금리채권의 현재가치를 P_{float}라고 할 때 스왑의 가격은 다음 식을 0으로 하는 값이다.

$$V_S = P_{fixed} - P_{float}$$

이때 P_{fixed}는 고정금리채권의 현금흐름을 무이표채수익률로 할인한 값, P_{float}는 변동금리채권의 현금흐름을 무이표채수익률로 할인한 값이다. IRS의 명목원금을 N, t 시점이 만기인 무이표채수익률을 r_t, 스왑의 만기를 T, $t-1$시점에서 t시점까지의 선도금리를 $R(t-1, t)$라고 하면 P_{fixed}와 P_{float}는 다음과 같이 주어진다.

$$P_{fixed} = \sum_{t=1}^{T} \frac{r_S N}{(1+r_t)^t} + \frac{N}{(1+r_T)^T}$$

$$P_{float} = \sum_{t=1}^{T} \frac{R(t-1, t)N}{(1+r_t)^t} + \frac{N}{(1+r_T)^T}$$

따라서 IRS의 가격 r_S는 스왑의 가치가 0이 되는 값이다. 즉,

$$V_S = \sum_{t=1}^{T} \frac{r_S - R(t-1, t)}{(1+r_t)^t} = 0 \qquad (4.1)$$

따라서 스왑률은 다음과 같이 선도금리의 할인율-가중평균(discount factor weighted average)으로 결정된다는 것을 알 수 있다.

$$r_S = \frac{\sum_t D_t \cdot R(t-1, t)}{\sum_t D_t} = \frac{1-D_T}{\sum_t D_t}$$

위의 식을 도출할 때 선도금리(R)와 할인계수(D)의 관계가 다음과 같다는 사실을 이용하였다.

$$R(0, 1) = \frac{D_0}{D_1} - 1, \ R(1, 2) = \frac{D_1}{D_2} - 1, \ \cdots, \ R(t-1, t) = \frac{D_{t-1}}{D_t} - 1$$

위의 식은 이자지급횟수가 연 1회인 경우로서, 만일 이자지급횟수가 연 1회 이상인 경우는 다음과 같이 변형된 식을 이용하면 된다.

$$r_S = \frac{\sum_t D_t \cdot R(t-1, t) \times \frac{d}{basis}}{\sum_t D_t} \times n \approx \frac{1-D_T}{\sum_t D_t} \times n$$

이때 d는 이자지급기간(일수), basis는 360일 또는 365일, n은 연 이자지급횟수를 나

타낸다. 이자지급횟수가 연 1회인 경우와 달리 할인계수로만 표현된 식은 각 이자지급 기간의 일수가 다를 경우 단지 스왑률의 근사치를 제공해준다는 사실에 유의해야 한다.

예 제

00년 3월 18일 현재 3M LIBOR와 월물별 유로달러 선물가격이 다음과 같이 주어져 있다.

계 약	인도일	일 수	이자율 / 가격
3M LIBOR	3/20	91일	2.55%
6월물	6/19	91일	97.32 ➡ 2.68%
9월물	9/18	91일	97.30 ➡ 2.70%
12월물	12/18	91일	97.22 ➡ 2.78%

유로달러선물의 가격시리즈에 내재되어 있는 1년 IRS 스왑률(quarterly, act/360)을 구하시오.

이를 위해서는 먼저 유로달러선물의 각 월물가격으로부터 선도 LIBOR를 구하고 이를 이용하여 기간별 할인계수(D)를 구한다.

$$D_1 = \frac{1}{1 + 0.0255 \times \dfrac{91}{360}} = 0.99360$$

$$D_2 = \frac{1}{1 + 0.0268 \times \dfrac{91}{360}} \times 0.99360 = 0.98691$$

$$D_3 = \frac{1}{1 + 0.0270 \times \dfrac{91}{360}} \times 0.98691 = 0.98022$$

$$D_4 = \frac{1}{1 + 0.0278 \times \dfrac{91}{360}} \times 0.98022 = 0.97338$$

따라서 1년 IRS 스왑률은 다음과 같이 결정된다.

$$c = \frac{1 - D_T}{\sum_t D_t} \times n = \frac{1 - 0.97338}{3.93411} \times 4 = 0.02707(2.71\%)$$

예 제

명목금액이 5천만 달러이고 고정금리 3.5%(annual, act/act)를 지급하는 금리스왑의 만기가 2년 남은 경우 고정금리를 지급하는 스왑 포지션의 시장가치(mark-to-market value)는? 1년 만기 무이표채 수익률이 2.25%, 2년 만기 무이표채 수익률이 2.75% 라고 가정하자. (annual, act/act)

앞에서 스왑률은 다음과 같이 결정된다고 설명하였다.

$$r_S = \frac{1 - D_T}{\sum_t D_t}$$

따라서 스왑의 명목금액을 N이라고 할 때 고정금리 지급 포지션의 가치는 $[(1 - D_T) - r_S \cdot \sum_t D_t] \times N$가 된다.

고정금리 지급 포지션의 스왑가치

$$= [(1 - D_2) - (D_1 + D_2) \times r_S] \times N$$

$$= [(1 - 0.94719) - (0.9780 + 0.94719) \times 0.035] \times \$50,000,000$$

$$= -\$728,500$$

$$D_1 = \frac{1}{1 + 0.0255} = 0.9780$$

$$D_2 = \left[\frac{1}{1 + 0.0275}\right]^2 = 0.94719$$

(2) 금리스왑의 가격고시

스왑률은 IRS와 만기가 같은 국채의 수익률과 비슷한 수준에서 결정된다. 하지만 국채의 유통수익률은 신용위험이 거의 없는 투자수단의 금리이므로 일반 은행간 혹은 은행과 기업간의 IRS 거래에서 국채수익률과 거의 같은 금리를 적용할 수는 없다. 다시 말해 거래상대방의 신용도에 따라 국채수익률에 적정수준의 스프레드(spread)를 가산하여 IRS 가격이 결정된다.

스왑률은 국채수익률에 스프레드를 가산하는 방식(U$의 경우 T + spread)으로 고시하는 것이 일반적이나, 일반 고객들의 경우는 자신이 지급 혹은 수취할 고정금리의 절대수준이 궁금하므로 'T + spread'를 계산하여 그 결과를 고시하는 총금리(all-in) 방식

으로 고시하기도 한다. 따라서 은행간 스왑시장에서는 'T + spread' 방식을 많이 사용하고, 일반 고객시장에서는 'all-in' 방식을 선호하는 편이다. 보통 은행간 금리스왑 시장에서 가격을 고시하는 은행들은 신용등급이 매우 우수한 (A등급 이상) 은행들인데 이들 은행간 거래에 적용되는 스프레드보다 다소 높은 수준의 스프레드가 기업과의 IRS 거래에 적용된다.

스왑딜러들은 스왑의 'bid rate'와 'offer rate'의 스왑가격을 고시하는데, 'bid rate'란 스왑 딜러가 지급(pay)하려는 고정금리를 말하고, 'offer rate'란 스왑 딜러가 수취(receive)하고자 하는 고정금리를 말한다. 스왑 딜러는 'bid/offer'의 차이가 수익의 원천이기 때문에 'pay low/receive high'의 원칙을 고수하는 것이다. 따라서 고객입장에서는 은행이 고시하는 IRS의 가격을 이용하여 거래하고자 하는 경우 스왑딜러와는 반대 입장, 즉 'pay high/receive low'의 원칙을 수용할 수 밖에 없다.

원화 금리스왑의 가격고시

[표 4.2]는 "all-in prices"로 제시된 국내 원화(KRW)의 금리스왑 가격의 예인데, 원화 금리스왑의 경우 변동금리의 기준이 되는 것은 3개월 만기의 양도성예금증서(CD)이다. 예를 들어 [표 4.2]의 가격대로 원화 금리스왑을 거래한다면 고객입장에서 3년간 고정금리 3.22%를 지급하고 매 3개월마다 CD 91일물 수익률을 수취하거나, 또는 3.17%를 수취하고 CD 91일물 수익률을 지급하게 된다.4)

표 4.2 원화 금리스왑 가격고시 예

기간(연)	Offer – Bid
1	2.95 – 2.90
2	3.05 – 3.00
3	3.22 – 3.17
4	3.37 – 3.32
5	3.50 – 3.44

4) 3년 만기 금리스왑에서 고객이 지급(pay)하고자 하는 경우 offer rate(3.22%)에 즉시 pay할 수 있다.(이 경우 mine 또는 take the offer라고 말함). 또는 bid rate(3.17%)에 참여하는 방법이 있다.(이 경우 join the bid라고 함) 한편, 고객이 수취(receive)하고자 하는 경우 bid rate(3.17%)에 즉시 receive할 수 있다.(이 경우 yours 또는 hit the bid라고 말함). 또는 offer rate(3.17%)에 참여하는 방법이 있다.(이 경우 join the offer라고 함)

예 제

삼청기업은 2년 전 3개월 CD금리를 기준으로 금리가 결정되는 5년 만기 변동금리채권을 발행하였다. 이자지급은 3개월 CD 금리 + 1%이다. 이 기업의 자금담당자가 향후 단기금리의 상승이 예상되어 금리스왑을 통해 현재의 변동금리부채를 고정금리부채로 전환하는 경우 삼청기업의 자금조달 비용은?

3년 만기 금리스왑에서 고정금리 3.22%를 지급하고 변동금리 CD금리를 수취하게 되므로 삼청기업의 자금조달 비용은 4.22%가 된다.

$$자금조달비용 = -(CD + 1\%) - 3.22\% + CD = -4.22\%$$

4. 스왑 스프레드의 결정요인

스왑 스프레드는 스왑률에서 동일한 만기의 국채수익률을 뺀 값을 말하며, 일반적으로 스왑률이 국채수익률보다 높게 형성되기 때문에 양(+)의 값을 갖는다. 고정금리를 지급하고 변동금리를 수취하는 스왑딜러에게 스왑 스프레드가 상승하면 이익이고 스왑 스프레드가 하락하면 손실이 발생한다. 따라서 시장에서 고정금리 수취 수요가 많으면 스왑딜러들은 스왑 스프레드 리스크를 줄이기 위해 스왑 스프레드를 축소하여 스왑률을 제시하고, 반대로 고정금리 지급의 수요가 많으면 스왑 스프레드를 확대하여 스왑률을 제시하게 된다. 스왑 스프레드는 금리스왑시장의 현재 상황을 반영하는 가장 중요한 변수이며, 다음과 같은 요인들에 의해 영향을 받는 것으로 알려져 있다.[5)]

(1) 금리수준과 수익률곡선

금리가 역사적으로 낮은 수준일 때 금리스왑시장에는 고정금리 지급자가 되어 자금조달비용을 낮은 수준으로 확정하고자 하는 수요가 많아 스왑 스프레드는 상승하는 경향이 있다. 한편, 금리가 역사적으로 높은 수준일 때에는 금리스왑시장에서 고정금리 수취자가 되어 운용수익률을 높은 수준으로 확정하고자 하는 수요가 많아 스왑 스프레드는 하락하는 경향이 있다.

5) 최영한(2004, 제2장), IFID Certificate Programme (2006: Rates Trading & Hedging, Swaps, p.33) 참조.

스왑 스프레드는 수익률곡선의 기울기와도 관계가 있다. 수익률곡선이 급하게 우상향할 경우 향후 금리상승이 예상되더라도 현재 시점에서 (선도금리의 가중평균인) 스왑률과 변동금리의 차이가 크므로 양(+)의 캐리를 획득하기 위해 고정금리를 수취하고 변동금리를 지급하는 수요가 증가하여 스왑 스프레드를 축소시키는 방향으로 영향을 미친다.

(2) repo 시장

스왑딜러가 금리스왑에서 고정금리를 지급하는 경우 Repo로 자금을 조달하여 국채를 매수함으로써 고정금리 지급의 스왑 포지션을 헤지하게 된다. 이 경우 다음과 같이 캐리가 발생하게 된다.

캐리 = (국채수익률 − 스왑률) + (LIBOR − Repo 이자율)

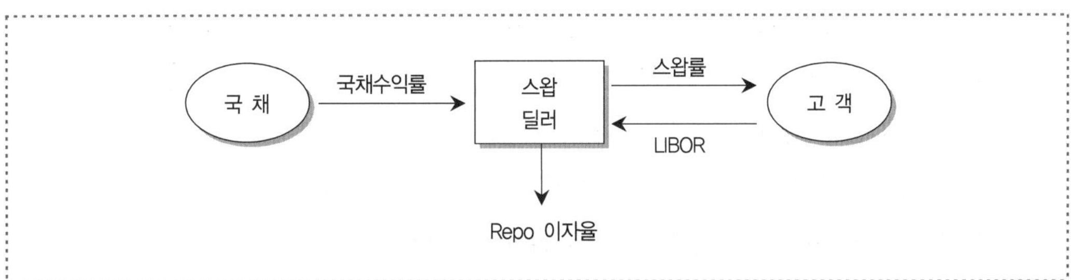

LIBOR는 일반적으로 repo 이자율보다 높으므로, repo 이자율이 하락하면 캐리가 0보다 크게 될 가능성이 높아 스왑딜러는 고정금리를 지급하는 금리스왑 포지션을 증가시키게 되며, 이는 스왑 스프레드의 상승으로 이어진다.

(3) 수급 등 기타요인들

금융시장에서 신용 리스크가 부각되어 안전자산선호현상(flight to quality)이 심화되고 국채에 대한 수요가 증가할수록 스왑 스프레드는 증가한다. 반대로 은행권의 신용도가 개선되어 국채대비 은행채의 신용 리스크 프리미엄이 감소되면 스왑 스프레드는 감소한다.

금리전망에 따른 거래수요의 편중현상도 영향을 미치는데, 2002년−2003년의 경우 국내 저금리 환경하에서 고정금리 수취수요가 급증하여 스왑 스프레드가 음(−)이 되는 현상이 발생하기도 한다. 즉, 금리스왑시장에서 고정금리를 수취하고자 하는 수요가 많을수록 스왑률은 하락하게 된다.

예를 들어, 금리의 지속적인 하락은 MBS(부동산담보증권)의 조기상환으로 듀레이션이 감소하기 때문에 MBS 투자자는 금리하락 리스크를 헤지하기 위해 금리스왑에서 고정금리를 수취하고자 하며, 이러한 수요가 급증할 때 스왑 스프레드는 하락하게 된다.

4.4 비표준형 금리스왑

비표준형 금리스왑에서는 표준형 금리스왑의 계약조건을 다음과 같이 여러 가지 형태로 변형시킨다.

(1) 표준형 금리스왑에서 스왑 개시일(effective date)은 일반적으로 스왑 계약일로부터 2영업일 이후(spot date)이나, 이를 변형시킨 것이 선도스왑(forward swap)이다.
(2) 표준형 금리스왑의 경우 고정금리는 스왑기간 중 일정하나, 이를 변형시킨 것이 스텝업(step-up), 스텝다운(step-down) 스왑이다.
(3) 표준형 금리스왑에서 명목원금은 스왑기간 중 일정하나, 이를 변형시킨 것이 원금감소형(amortizing) / 원금증가형(accreting) 스왑이다.
(4) 표준형 금리스왑의 경우 변동금리의 재설정 횟수와 지급횟수는 동일하며, 이 횟수를 기준으로 변동금리 인덱스가 결정되나 이를 변형시킨 것이 OIS(Overnight Index Swap), CMT(Constant Maturity Treasury) 스왑, CMS(Constant Maturity Swap)이다.
(5) 표준형 금리스왑에서 변동금리는 매 이자기간의 시초에 결정되고 해당 이자기간의 말에 지급되나, 이를 변형시킨 것이 이연스왑(Late LIBOR swap)이다.
(6) 표준형 금리스왑의 경우 스왑기간 중 변동금리 인덱스로 사용하는 통화와 실제 지급되는 통화는 동일하나, 이를 변형시킨 것이 콴토스왑(quanto swap)이다.
(7) 표준형 금리스왑은 확정계약 형태로 이루어지며 옵션 같은 특별한 조항이 없으나, 이를 변형시킨 것이 취소가능(cancelable) / 연장가능(extendible) 스왑이다.

1. 선도스왑(Forward Swap)

표준형 금리스왑에서 스왑 개시일(effective date)은 통상 스왑 계약일로부터 2영업일 이후(spot date)이나, 선도스왑(forward swap)은 스왑과 선도거래가 결합된 형태로서 일정 기간이 지난 후부터 현금흐름을 교환하는 거래 방식이다. 고정금리를 지급하고, 변동금리를 수취하는 1−T 기간 스왑과 변동금리를 지급하고 고정금리를 수취하는 1−4 기간 스왑을 결합하면 고정금리를 지급하고 변동금리를 수취하는 4−기간 선도스왑(forward swap)을 만들 수 있다.
미래에 조달하고자 하는 변동금리자금의 유효금리를 고정금리로 미리 확정하고자 하는 경우, 예를 들어 향후 6개월 후 특정 프로젝트를 수행하기로 결정하고 변동금리(LIBOR + 2%) 채권의 발행을 계획하고 있는 기업이 6개월 후에 조달하고자 하는 변동금리 자금의 유효금리를 미리 확정하고자 할 때 6개월 선도스왑을 활용할 수 있다. 또한 콜옵션 조항이 없는 변동채권(flipper bond)은 일반적인 고정금리채권과 선도스왑으로 합성이 가능하다.[6)]

k 시점에 스왑이 시작되는 선도스왑의 스왑률(r_S)은 다음과 같이 결정된다.[7)]
(표준적인 금리스왑은 k=1인 경우임)

$$r_S = \frac{\sum_{t=k}^{T} D_t \cdot R(t-1,\, t)}{\sum_{t=k}^{T} D_t}$$

$R(t-1,\, t)$: $t-1$ 시점에서 t 시점까지의 선도금리
D_t : t 시점의 할인율(무이표채 수익률)
k : 스왑이 시작되는 시점

2. 스텝업 / 스텝다운 스왑(Step-up / step down swap)

표준형 금리스왑에서 고정금리는 스왑기간 동안 일정하게 적용된다. 그러나 스왑기간 동안 고정금리가 단계적으로 증가하는 스왑을 스텝업 스왑(step-up swap)이라고

6) 변동채권(flipper bond)에 관해서는 제10장 참조.
7) 금리스왑의 가격결정(4.3) 참조.

하고, 고정금리가 단계적으로 감소하는 스왑을 스텝다운 스왑(step-down swap)이라고 한다.

예를 들어, 변동금리로 차입한 기업이 금리상승에 대비하여 고정금리를 지급하는 금리스왑을 체결하는 경우를 고려해보자. 수익률곡선이 가파른 경우 금리스왑의 스왑률(장기고정금리)은 초기 수취하는 변동금리(단기금리)에 비해 높게 형성되기 때문에 스왑초기에 고정금리 지급자에게 음(−)의 캐리(carry)가 발생하게 된다. 이 경우 스텝업 스왑(step-up swap)을 체결하면 스왑초기에 발생하는 손실에 대한 부담을 줄일 수 있다. 한편, 스텝다운 스왑(step-down swap)은 수익률곡선이 역전된 상태에서 고정금리를 수취하고 변동금리를 지급하는 금리스왑의 체결시 활용할 수 있을 것이다.

3. 원금감소형 스왑(Amortizing Swap) / 원금증가형 스왑(Accreting Swap)

표준형 금리스왑에서 명목원금은 스왑기간 중 일정하나, 이를 변형시킨 것이 원금증가형(amortizing) / 원금감소형(accreting) 스왑이다. 스왑기간동안 명목원금이 감소하는 스왑을 원금감소형 스왑(amortizing swap)이라 하고, 스왑기간동안 명목원금이 증가하는 스왑을 원금증가형 스왑(accreting swap)이라 한다.

예를 들어, 원금이 분할 상환되는 조건의 차입금을 갖고 있는 기업이나 금융기관이 이 차입금을 기초자산으로 하는 금리스왑을 거래한다면 시간이 흐름에 따라 차임금의 원금이 분할상환 되므로 명목원금이 감소하는 원금감소형 스왑(amortizing swap)을 거래해야 한다.

원금증가형(amortizing)과 원금감소형(accreting)을 결합시킨 롤러코스터 스왑(roller-coaster swap)은 어떤 기간에서는 명목원금이 증가하다가 다른 기간에는 감소하는 형태의 스왑이다. 예를 들어, 특정 프로젝트를 위한 자본조달을 위해서 처음에는 점차 차입액을 늘리다가 이후 단계적으로 차입금을 상환하고자 하는 경우의 프로젝트 금융(project financing)에서는 롤러코스터 스왑을 이용하여 각 기간에서의 미상환 차입금과 스왑의 명목원금을 잘 대응시킬 수 있다.

이와 같은 스왑의 스왑률(r_S)은 표준적인 금리스왑의 경우와 같이 선도금리의 가중평균으로 결정되나, 이때 명목원금의 변화가 다음과 같이 가중치에 반영된다.

$$r_S = \frac{\sum_t N_t D_t \cdot R(t-1,\, t)}{\sum_t N_t D_t}$$

$R(t-1,\, t)$: $t-1$ 시점에서 t 시점까지의 선도금리

N_t : t 시점의 명목원금　　　D_t : t 시점의 할인율(무이표채 수익률)

4. Overnight Index Swap(OIS)

고정금리와 변동금리가 교환된다는 점에서 표준형 금리스왑과 유사하나, 변동금리 인덱스가 1일 금리이고 스왑기간이 1주일부터 1년 미만으로 상대적으로 짧다. 또한 변동금리를 지급할 때 1일 금리가 복리계산 되어 만기에 고정금리와 함께 교환된다. 이러한 OIS는 1일 금리 리스크에 노출되어 있는 은행이 많이 이용하고 있다.

예 제 Overnight Index Swap의 거래조건

거래일 : 2008년 11월 8일(월요일)

유효일 : 2008년 11월 10일(수요일)

스왑기간 : 1주일(7일)

스왑률(고정금리) : 5%

변동금리 인덱스 : 1일 콜금리

명목원금 : 100억원

변동금리인 1일 콜금리가 11월 10일 4.5%, 11월 11일 5%, 11월 12일 5%, 11월 13일 4.75%, 11월 14일 4.5%로 결정되었다면, 11월 15일(토요일)과 11월 16일(일요일)은 콜금리가 고시되지 않으므로 11월 14일(금요일) 금리를 사용하여 변동금리 이자금액을 다음과 같이 복리로 계산한다.

변동금리 이자금액

$$= 100\text{억원} \times \{ (1+0.045\times\frac{1}{365}) \times (1+0.05\times\frac{1}{365}) \times (1+0.05\times\frac{1}{365})$$
$$\times (1+0.0475\times\frac{1}{365}) \times (1+0.045\times\frac{1}{365}) \times (1+0.045\times\frac{1}{365})$$
$$\times (1+0.045\times\frac{1}{365}) - 1 \}$$
$$= 890\text{만원}$$

한편, 고정금리 이자금액은 다음과 같이 단리(simple rate)로 계산된다.

$$고정금리\ 이자금액 = 100억원 \times 0.05 \times \frac{7}{365} = 959만원$$

따라서 고정금리를 지급하고 변동금리를 수취하는 계약을 체결한 거래자는 스왑딜러에게 69만원을 지급해야 한다.

예 제

Repo 시장을 통해 자금을 조달하여 이표 5.5%, 만기 20년, 액면금액 EUR 10,000,000의 독일 국채를 매수하려는 기관투자가가 향후 repo 이자율의 상승을 헤지하기 위해 OIS에서 고정금리를 지급하는 계약을 체결하였다. 현재 1일 repo 이자율은 2.4%이고, OIS의 거래조건은 다음과 같다.

EONIA OIS의 거래조건[8)]

유효일 : 2008년 9월 17일(수요일)
만기일 : 2008년 9월 24일(수요일)
기　간 : 1주일
명목원금 : EUR 10,000,000
스왑률(고정금리) : 2.65%
변동금리지수 : Euro Overnight Index Average(EONIA)

또한 OIS의 기간 동안 EONIA와 1일 repo 이자율이 다음과 같이 변했다고 하자.

	EONIA	repo 이자율	차 이
9월 17일(수)	2.451%	2.400%	0.051%
9월 18일(목)	2.658%	2.608%	0.050%
9월 19일(금)	2.813%	2.764%	0.049%
9월 22일(월)	공휴일 가정		
9월 23일(화)	2.972%	2.921%	0.051%

만기일 OIS의 정산금액을 구하기 위해서는 먼저 1주일 동안 형성된 EONIA로부터 실효이자율(effective interest rate)을 산출한 후, 실효이자율과 스왑률(고정금리)의 차이에 의해

8) EONIA는 은행간 1일 무담보 대출금리의 가중평균으로 European Central Bank(ECB)가 매일 산출하여 발표함.

정산금액을 구한다.

$$\left(1+ER\times\frac{7}{365}\right)=\left(1+0.02451\times\frac{1}{360}\right)\times\left(1+0.02658\times\frac{1}{360}\right)\times\left(1+0.02813\times\frac{4}{365}\right)\times\left(1+0.02972\times\frac{1}{360}\right)$$

이때 ER은 실효이자율을 나타낸다.

따라서 ER = 2.762%이며, 정산금액은 다음과 같이 결정된다.

$$\text{정산금액} = (0.02762-0.02650)\times\frac{7}{360}\times EUR\,10{,}000{,}000 = EUR\,217.78$$

즉, OIS에서 고정금리를 지급하는 기관투자가는 스왑딜러로부터 EUR 217.78을 받는다. 스왑기간동안 수취한 EONIA와 repo 이자율의 차이는 평균적으로 5bp 정도 차이가 나므로, 실질적인 채권매수 조달비용은 OIS에서 지급한 고정금리 2.65%에서 5bp를 뺀 2.6%가 됨을 알 수 있다. 스왑기간 동안 실제 repo 이자율의 평균은 2.71% 정도이므로 OIS를 이용하지 않은 경우에 비해 11bp(2.71% - 2.6%) 정도 조달비용이 절감되었음을 알 수 있다. 물론 스왑기간동안 repo 이자율이 하락하면 OIS를 체결하지 않은 경우보다는 조달비용이 높아지지만 repo 이자율 상승 리스크를 헤지하는 목적은 달성하게 되는 것이다.

---

5. 수익률곡선 스왑(Yield Curve Swap) : CMT/CMS 스왑

수익률곡선 스왑은 베이시스 스왑의 일종으로 단기금리와 장기금리를 교환하는 스왑이다. 즉, 스왑의 손익이 수익률곡선의 기울기에 따라 결정되는 스왑이다. 예를 들어, 3년 CMT 수익률과 3M LIBOR를 교환하는 수익률곡선 스왑을 CMT 스왑이라고 하는데, 이때 CMT의 의미는 장기금리의 인덱스로서 스왑기간동안 항상 동일 만기의 국채수익률을 사용한다는 것을 말한다.[9) 만약 장기금리의 인덱스로서 국채수익률이 아닌 스왑률을 사용하면 이를 CMS(Constant Maturity Swap)라고 한다.

CMT 또는 CMS 스왑의 경우 국채수익률 또는 스왑률과 교환되는 금리가 고정금리인

9) CMT는 "Constant Maturity Treasury"의 약어로, 스왑거래의 변동금리 기준으로 단기금리(LIBOR, 3M CD 금리)를 사용하는 대신 장기 채권수익률을 사용하는 금리스왑을 CMT 스왑이라 한다. 우리나라에서는 한국증권업협회(KSDA)에서 고시하는 3년/5년 KTB 수익률을 CMT 스왑의 변동금리 지표로 사용하는 것이 일반적이다.

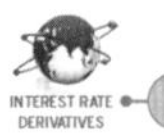

쿠폰스왑(coupon swap)의 형태와 단기변동금리(e.g., LIBOR, CD)인 베이시스 스왑(basis swap)의 형태로 거래된다. 일반적으로 수익률곡선이 우상향하는 경우 장기금리인 3년 국채수익률이 단기금리인 CD 91일물 수익률보다 높으므로 장기금리를 받고 단기금리를 지급하는 스왑거래자는 스왑은행에게 장기금리와 단기금리의 차이(스프레드)만큼 보상해주어야 하며, 이 스프레드가 수익률곡선 스왑의 가격이 되는 것이다.

이러한 수익률곡선 스왑을 활용하여 투자자는 단기금리인 LIBOR에 연동된 자산의 수익률을 CMT에 연동된 장기 수익률로 전환할 수 있다. 또한 수익률곡선의 기울기 변화에 대해 포지션을 취할 수가 있다. 예를 들어, 수익률곡선의 스티프닝을 예상하는 투자자는 6M LIBOR를 지급하고 10년 국채수익률을 수취하는 수익률곡선 스왑을 체결하면 된다. 또한 이러한 수익률곡선 스왑은 CMT FRN, 이중변동금리채권(dual indexed FRN) 등 구조화채권의 발행에 활용된다.

예 제 수익률곡선 스왑

A 기업은 다음과 같이 6M LIBOR(act/360)를 지급하고 CMT10 + 5bp(semi-annual, act/365)를 수취하는 5년 만기 수익률곡선 스왑을 체결하였다고 하자(CMT10 = 10년 국채수익률).

거래일	2008년 1월 10일
첫 번째 이자 결정일	2008년 1월 11일
유효일	2008년 1월 13일 (거래일로부터 2일 후)
두 번째 이자 결정일	2008년 7월 11일
첫 번째 이자 지급일	2008년 7월 13일
명목금액	USD 100,000,000
스왑만기	5년
CMT 만기	10년 (연 2회 이자지급)
스왑 스프레드	5bp

이 경우 각 이자지급일에 A 기업이 수취하는 액수는 다음과 같이 결정된다.

$$USD\,100{,}000{,}000 \times (CMT10\ \text{수익률} + \text{스프레드}) \times \frac{act}{365}$$

또한 A 기업이 지급하는 액수는 다음과 같이 결정된다.

$$USD\,100{,}000{,}000 \times 6M\ LIBOR \times \frac{act}{360}$$

따라서 첫 번째 이자 결정일에 6M LIBOR가 5.56%, CMT10 수익률이 5.23%로 결정되었을 때, 첫 번째 이자지급일에 A기업은 USD 177,000을 스왑딜러에게 지급하게 된다.

$$USD\,100,000,000 \times [(5.23\% + 0.05\%) \times \frac{181}{365} - 5.56\% \times \frac{181}{360}] = -\,USD\,177,000$$

---

(2) 수익률곡선스왑의 가격결정

수익률곡선스왑에서 스프레드는 각 이자지급기간에 해당하는 LIBOR / CMT의 선도금리를 구한 후 각 이자지급기간별 선도 스프레드(forward spread)를 구한 다음 현재가치로 할인한다. 예를 들어, [표 4.3]은 3M LIBOR, 3M 선도 LIBOR, 그리고 CMT10 (10년 국채수익률) 선도수익률이 주어졌을 때 각 이자지급기간별로 CMT와 LIBOR간의 선도 스프레드를 구하고, 이를 각 이자기간에 배분한 후 현재가치로 할인하여 수익률곡선스왑의 스프레드를 구하는 과정을 보여주고 있다.

표 4.3 1년 만기 CMT 수익률곡선스왑의 가격결정

일 수	LIBOR	선도 LIBOR	CMT 선도수익률	CMT-LIBOR 선도스프레드	선도스프레드의 이자기간배분	현재가치
92	3.25%	3.2500%	5.8500%	2.6000%	0.6553%	0.6501%
184	3.40%	3.5502%	5.9214%	2.3712%	0.5977%	0.5877%
275	3.50%	3.7025%	5.9854%	2.2829%	0.5692%	0.5546%
366	3.60%	3.9028%	6.0452%	2.1424%	0.5341%	0.5155%
					2.3563%	2.3079%

따라서 수익률곡선스왑의 스프레드가 2.31%로 결정되고, CMT 수익률곡선스왑에서 CMT 수취자는 분기별로 결정되는 CMT 수익률에서 2.31%만큼 차감한 수익률을 받고 3M LIBOR를 지급하게 된다.

6. 이연스왑(Late LIBOR / Delayed Reset / Libor-in-arrear Swap)

표준금리스왑(plain vanilla swap)에서 스왑기간에 적용할 변동금리는 항상 동 기간이 시작되기 (2영업일) 이전에 미리 확정된다. 즉, 거래 당사자들이 매 기간말에 서로 교환해야 할 이자지급액을 미리 알 수 있다. 그러나 이연스왑에서는 변동금리의 결정이 매 이자기간 종료일 2영업일 전에 이루어지고 이틀 뒤에 이자가 지급된다. 이처럼 이자기간의 말에 LIBOR가 결정되고 지급되는 형태를 Late LIBOR 또는 LIBOR-in-arrear라고 한다.

이연스왑(Late LIBOR swap)의 스왑률은 일반적으로 표준형 금리스왑의 스왑률보다 높게 형성된다. 우상향하는 수익률곡선하에서 마지막 이자지급기간의 선도 LIBOR는 현물 LIBOR보다 높게 형성되고, 이는 이연스왑에서 변동금리인 LIBOR의 수취자가 표준금리스왑의 경우보다 높은 고정금리(스왑률)를 지급해야 한다는 것을 의미한다.

예 제

A기업은 2년 만기로 USD 1천만달러를 '6M LIBOR + 1%'의 조건으로 차입하였다. 또한 A 기업은 차입금리 절감을 목적으로 다음과 같은 조건으로 2년 만기 이연스왑 계약을 체결하였다.

명목원금 : USD 1천만 달러
스왑기간 : 2년
이자지급 : 연 2회(semi-annual)
A기업은 '6M Late LIBOR'를 지급하고 '6M LIBOR + 0.3%'를 수취함
(베이시스 스왑)

A기업은 이연스왑을 통해 LIBOR에 0.3%의 추가금리를 받게 되므로 이를 외화 차입금 이자지급에 사용할 경우 차입금리를 절감하게 된다. 즉, LIBOR+1%의 차입조건이 Late LIBOR + 0.7%의 조건으로 변경된다. 그러나 A기업은 LIBOR와 Late LIBOR의 차이에 해당하는 금리리스크를 부담하게 된다. 스왑기간동안 금리가 지속적으로 상승하여 매 이자기간 초의 LIBOR보다 매 이자기간 말의 LIBOR가 스왑을 통해 절감한 0.3% 이상으로 상승하는 경우에는 표준형 금리스왑거래를 한 경우보다 손실을 보게 된다.

이연스왑에 적용되는 스왑률은 Late LIBOR와 교환되어 LIBOR에 가산되는 스프레드로

고시된다. 수익률곡선이 우상향하는 모습을 보이는 경우 스프레드가 양수(+)이며, 수익률곡선의 기울기가 가파를수록 이 스프레드가 커지게 된다.

[표 4.4]는 만기 2년의 이연스왑과 표준형 금리스왑의 현금흐름의 차이를 보여주고 있다. 표에서 보여주듯이 이연스왑과 표준형 금리스왑의 현금흐름의 차이는 결국 L(4) − L(0)이 된다. 만일 L(4) > L(0)라면 이연스왑에서 변동금리 수취자는 표준형 금리스왑의 경우보다 이익을 보게 되고, L(4) < L(0)라면 손실을 보게 된다. 그 차이는 다음과 같이 결정된다.

$$[L(4) - L(0)] \times \frac{\text{이자지급기간}}{360}$$

따라서 이연스왑의 스왑률 결정시 이 차이만큼을 스왑기간에 걸쳐 고정금리에 가감하게 된다. 이는 근사치로서 미래 현금흐름의 현재가치를 고려하지 못하고 있다는 점을 유의해야 한다.

표 4.4 이연스왑과 표준형 금리스왑의 현금흐름 차이

기간(*t*)	연	Late LIBOR IRS		표준형 IRS		현금흐름의 차이
		고정금리	변동금리	고정금리	변동금리	
1	0.5	F	L(1)	F	L(0)	L(1) - L(0)
2	1.0	F	L(2)	F	L(1)	L(2) - L(1)
3	1.5	F	L(3)	F	L(2)	L(3) - L(2)
4	2.0	F	L(4)	F	L(3)	L(4) - L(3)
						L(4) - L(0)

* F: 고정금리(스왑률) L(t) : t 시점의 6M LIBOR

예를 들어, 6M 선도 LIBOR 곡선이 주어졌을 때 [표 4.5]에서 보여주는 것과 같이 이연스왑의 LIBOR 현금흐름과 표준형 금리스왑의 LIBOR 현금흐름의 차이를 구하고 이를 현재 주어진 LIBOR 곡선을 이용하여 할인함으로써 현재시점에서 할인된 순현금흐름의 차이를 구하여야 한다. 이연스왑과 표준형 금리스왑의 현금흐름의 차이(현재가치로 환산)는 2년 동안 1.345%이다. 따라서 연 70bp를 고정금리에 더함으로써 이연스왑의 스왑률을 결정한다.[10)]

---

10) 현금흐름의 현재가치를 고려하지 않고 근사치를 구하는 방법은 다음과 같다.

$$[L(4) - L(0)] \times \frac{\text{이자지급기간}}{360} = [5.787\% - 3.0\%] \times \frac{182}{360} = 1.409\%$$

표 4.5 이연스왑의 스왑률 결정

일 수				LIBOR 현금흐름			
기간별	누 적	LIBOR	선도 6M LIBOR	표준형	Late LIBOR	순현금흐름	할인된 현금흐름
182	182	3.00%	3.498%	1.517	1.768	0.252	0.248
184	366	3.25%	3.765%	1.788	1.924	0.136	0.132
181	547	3.42%	3.738%	1.893	1.879	−0.013	−0.013
184	731	3.50%	5.787%	1.911	2.958	1.047	0.978
				7.108	8.530	1.422	1.345

* 순현금흐름은 이연스왑의 현금흐름과 표준형 금리스왑의 현금흐름의 차이를 말하며, 할인된 현금흐름은 순현금흐름을 LIBOR 곡선을 이용하여 할인한 순현금흐름을 의미한다.

7. 콴토스왑(Quanto Swap) 또는 딥스왑(Diff or Differential Swap)

콴토스왑이란 한 통화 기준의 스왑 액면금액에 다른 통화 기준의 변동금리를 적용하여 변동금리 이자를 결정하고 실제 지급은 스왑 액면금액 통화로 지급하는 금리스왑이다. 예를 들어, 한쪽이 지급하는 금액은 원화액면에 원화변동금리(3M CD)를 적용하여 결정하고 다른 쪽이 지급하는 금액은 원화액면에 '3M LIBOR + 스프레드'를 적용하여 결정한다.

콴토스왑은 변동금리와 변동금리를 교환하는 통화스왑과는 다르다. 통화스왑의 경우 원금교환을 수반하나, 콴토스왑의 경우 원금교환이 없는 금리스왑의 형태이다. 콴토스왑의 당사자 중 금리형태를 바꾸려는 수요자의 입장에서는 금리리스크와 환리스크를 분리시켜 환리스크를 제거할 수 있으나, 스왑딜러의 입장에서는 환리스크를 고려하여 콴토스왑의 가격(quanto swap rate)을 결정한다. 콴토스왑의 가격은 일반적으로 미달러화 변동금리(6M LIBOR)와 교환되는 이종통화의 변동금리(원화 CD)에 가산되는 스프레드 또는 특정 고정금리로 고시된다.

예를 들어, A기업과 B은행(스왑딜러)이 원화 액면금액(100억원)을 기준으로 다음과 같이 콴토스왑계약을 체결하였다고 하자.

그림 4-6 콴토스왑의 구조

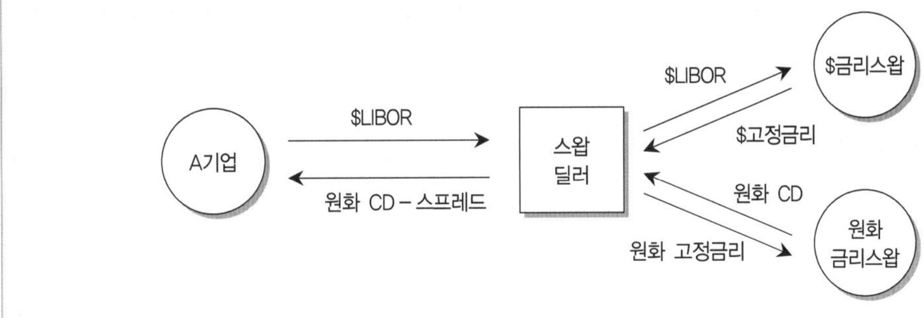

스왑딜러는 A기업과의 콴토스왑거래에서 발생하는 리스크를 헤지하기 위해 스왑시장에서 달러화 금리스왑과 원화 금리스왑을 거래해야 한다. 스왑딜러는 A기업으로부터 달러 LIBOR를 원화로 수취하여 달러금리스왑의 상대방에게 달러로 지급해야 하는 환리스크에 노출된다. 이 환리스크는 달러 변동금리의 변화와 달러/원 환율의 변화에 의해 영향을 받기 때문에 만기까지 지속적으로 헤지를 하여야 한다. 이 헤지비용을 추정하여 콴토스왑의 계약시점에 반영하는 것이 콴토조정(quanto adjustment)인데, 콴토스왑의 가격(원화 CD금리에 가산되는 스프레드 수준)은 커버거래인 두 금리스왑 거래의 달러 고정금리와 원화 고정금리의 차이를 기본으로 하여 달러 LIBOR의 변동성뿐만 아니라 달러/원 환율의 변동성, 달러/원 환율과 달러 LIBOR간의 상관관계 등에 의해 결정된다.[11)]

이와 같이 콴토스왑에서는 교환되는 금리의 표시통화가 다른 반면, 결제 통화는 동일하다. 따라서 콴토스왑은 환리스크 방지 스왑(CUPS: Currency-protected Swap)이라고도 한다.

그림 4-7 콴토스왑으로 수익률 개선

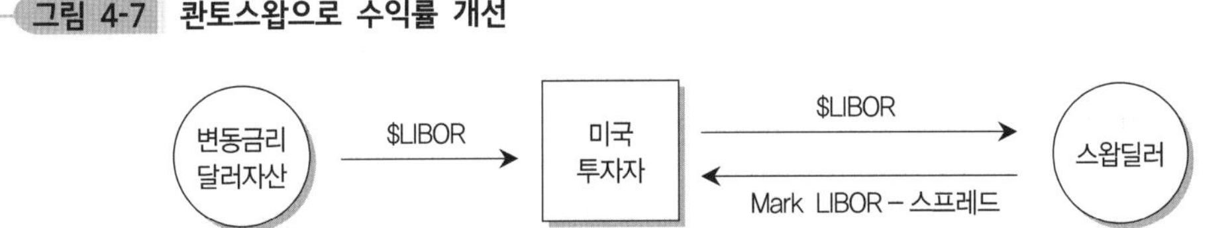

11) 콴토스왑의 가격결정에 관해서는 Hull(2006: pp. 641-644, p. 704) 참조.

예를 들어, 스왑의 한 거래 당사자가 6개월 달러 LIBOR를 지급하고 6개월 마르크 LIBOR에 일정한 스프레드를 차감한 것을 수취하며, 이때 마르크에 연계된 결제도 달러로 이루어지는 콴토스왑의 경우를 살펴보자.[12)]

이와 같은 콴토스왑이 탄생된 계기는 [표 4.6]에서 보여 주듯이 달러금리는 매우 낮은 반면 가파르게 우상향하는 수익률곡선을 그리고 있으며, 마르크의 단기금리는 높은 반면 우하향하는 수익률곡선을 그리고 있던 1990년대 초의 금리상황에서 찾아볼 수 있다. 미국 투자자들은 달러표시 증권에서 얻을 수 있는 것보다 높은 수익률을 원하였지만, 마르크나 다른 외국 통화표시 증권에 투자하는 경우 환리스크에 노출될 수 밖에 없다. 달러가치가 상승한다면 다른 통화표시 증권에 투자해서 얻은 추가적인 수익은 환차손으로 상쇄되며, 달러가 상당한 강세를 보인다면 오히려 손해를 볼 수도 있는 것이다. 콴토스왑은 이러한 문제를 해결해 주었다.

표 4.6 미국과 독일의 수익률 곡선

기 간	Dollar LIBOR	D-Mark LIBOR
1 - 6M	3.88%	8.69%
7 - 12M	4.30%	8.40%
13 - 18M	5.49%	7.90%
19 - 24M	6.27%	7.58%
25 - 30M	6.59%	7.38%
31 - 36M	7.28%	7.02%

기존에 달러표시 변동금리채권에 투자하고 있는 경우 콴토스왑을 이용함으로써 투자자는 환리스크를 제거하고 낮은 달러 수익률을 높은 마르크 수익률로 전환할 수 있다. 3년 만기로 6개월에 한번 이자를 지급하는 콴토스왑을 하는 경우 6개월 달러 LIBOR를 지불하는 대신에 6개월 마르크 LIBOR에서 일정한 스프레드(예를 들어, 196bp)를 차감한 금리를 달러로 수취하게 된다. 즉, 투자자는 달러 표시 증권의 투자에서 얻을 수 있는 수익률 3.88% 대신 6.73%(8.69% − 1.96%)를 받게 되며, 이는 당장 285bp의 이득을 얻는다는 것을 의미한다.

---

12) Galitz(1995: pp. 467~470) 참조.

그러면 달러표시 증권의 2배가 되는 수익률을 전혀 아무런 위험 없이 얻는 것일까? 달러금리는 가파르게 우상향하는 수익률곡선을, 그리고 마르크금리는 우하향하는 수익률곡선을 보인다는 것은 향후 달러금리의 상승과 마르크금리의 하락에 대한 투자자의 예상을 반영하고 있다. 만약 미래의 금리가 수익률곡선에 나타난 내재선도금리를 따라 움직인다면 마르크 연동금리는 6.73%에서 5.06%로 하락하고, 달러금리는 7.28%로 올라서 기회손실이 222bp나 된다. 그럼에도 불구하고 많은 투자자들은 달러금리나 마르크금리가 수익률곡선에 내재된 선도금리와 같이 변하여 콴토스왑의 초기이득이 감소하더라도 초기의 이득을 완전히 없앨 만큼 금리가 급격히 변동할 것으로 생각하지 않았기 때문에 콴토스왑은 상당한 성공을 거두었다.

8. 취소가능스왑(Cancelable Swap)과 연장가능스왑(Extendible Swap)

취소가능스왑은 스왑계약을 취소할 수 있는 권리가 부여된 스왑이다. 예를 들어, 변동금리 LIBOR를 받고 고정금리를 지급하는 금리스왑 계약을 체결한 기업은 금리가 하락하면 계약을 취소하고 싶을 것이다. 이 경우 기업은 금리스왑 계약을 취소할 수 있는 권리를 갖는 대신 그 가치만큼 표준형 금리스왑의 스왑률보다 더 높은 스왑률을 지급하게 된다.

이와 같은 취소가능스왑은 스왑션이라는 금리파생상품을 이용하여 복제가 가능하다.[13] 스왑션(swaption)은 스왑과 옵션을 결합한 상품으로서 미래 일정 시점에 금리스왑을 할 수 있는 옵션이다. 옵션의 만기일은 스왑션을 행사하여 스왑을 발효시킬 수 있는 날이며, 스왑에 적용되는 고정금리가 바로 행사가격이 된다. 미래의 일정 시점에 금리스왑을 할 수 있는 옵션인 스왑션에는 지불자스왑션(Payers Swaption: PSW)과 수취자스왑션(Receivers Swaption: RSW)이 있다. PSW의 매수자는 특정 행사금리(고정금리)를 지급하고 변동금리를 수취하는 스왑체결의 권리를 보유하고 있으며, 금리가 상승하면 옵션을 행사하여 이익을 볼 수 있다. RSW의 매수자는 특정 행사금리(고정금리)를 수취하고 변동금리를 지급하는 스왑체결의 권리를 보유하고 있으며, 금리가 하락하면 옵션을 행사하여 이익을 볼 수 있다.

13) 스왑션에 관한 제세한 설명은 제5장 참조.

현재 차입자는 만기까지 3년 동안 스왑에 대한 고정금리 지급자이지만 이것을 2년 연장할 수 있는 옵션이 필요하다고 하자. 이 경우 이미 존재하는 스왑의 고정금리와 동일한 행사금리로 2년 만기 스왑에 대해 3년 만기 PSW를 매수하면 된다. 즉,

+ IRS(3년) + PSW(2년 IRS에 대한 3년 만기 지불자스왑션) ➡ + IRS (5년)

동일한 논리로 5년 만기 스왑(고정금리지급) 계약을 체결한 기업이 만기를 3년으로 축소할 필요가 있다면, 행사금리가 원래 스왑의 고정금리와 동일한 2년 만기 스왑에 대한 3년 만기 RSW을 매수하면 된다. 즉,

+ IRS(5년) + RSW(2년 IRS에 대한 3년 만기 수취자스왑션) ➡ + IRS (3년)

4.5 통화스왑(Currency Swap)

1. 통화스왑의 구조

통화스왑이란 두 거래 당사자가 일정한 계약기간 동안 주기적으로 이종 통화의 일정한 원금에 대한 이자지급을 서로 교환하고, 계약 만기시 원금을 서로 재교환 하기로 하는 계약을 말한다. 금리스왑과 다른 점은 원금과 이자가 상이한 통화로 표시되고, 원금의 교환이 발생한다는 것이다. 초기의 원금교환은 필요한 경우에만 이루어지는데, 외국 통화로 신규 차입이나 신규 투자를 하는 경우에는 반드시 자국 통화로의 원금교환이 이루어지나, 기존 자산이나 부채의 원금에 대해 통화스왑을 계약하는 경우 초기의 원금교환은 현물시장에서의 반대거래를 통해 상쇄하여 원금교환을 생략하는 것이 일반적이다.

[그림 4-8]은 전형적인 통화스왑의 거래구조를 보여주고 있는데 거래당사자 A는 거래당사자 B와 미 달러화대 우리나라 원화간의 통화스왑계약을 체결하였다. A는 거래초기 달러화 원금을 수취하고 대신 원화원금을 지급하였는데 이때의 원금교환시 적용환율은 스왑계약시의 현물환율(spot rate)을 사용한다.

그림 4-8 통화스왑의 기본구조

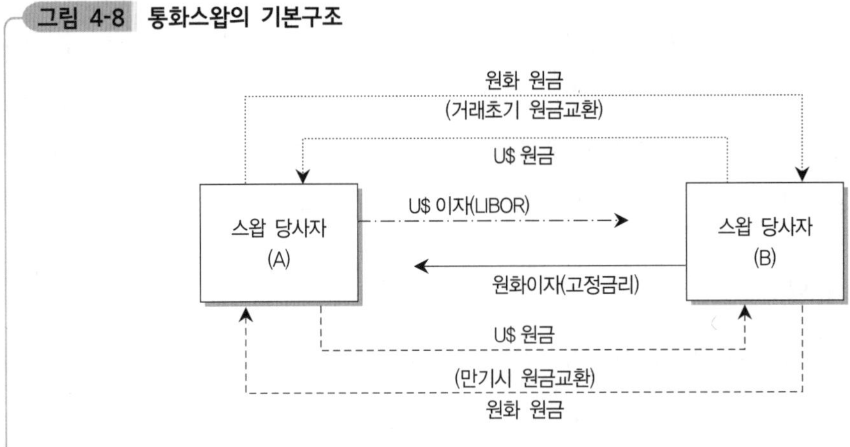

이자교환은 이 원금에 기초하여 이루어진다. 일반적으로 통화스왑 거래당사자들의 지급과 수취통화를 표시할 때는 이자교환과 만기 원금교환의 수취통화와 지급통화 기준으로 표시한다. 거래초기 달러화/원화간의 원금교환은 거래당사자들의 필요에 의해 선택적으로 이루어지는데, 교환을 원하지 않을 경우는 반대방향의 별도 현물환거래에 의해 원금교환을 상쇄하여 통화스왑의 초기 원금교환을 생략할 수도 있다.

초기 원금교환 이후 두 거래당사자는 스왑기간 중 일정기간마다 사전에 합의된 조건으로 이자를 교환하는데, A는 초기에 수취한 달러화에 대하여는 이자(예 LIBOR)를 지급하고, 초기에 원금을 지급한 원화에 대한 이자(예 고정금리)를 수취한다. 반대로 B의 경우는 초기에 수취한 원화 원금에 대한 이자(예 고정금리)를 지급하고, 초기에 원금을 지급하였던 달러화에 대한 이자(예 LIBOR)를 수취하게 된다.

한편 스왑만기가 되면 두 당사자는 초기의 원금 교환방향과 반대의 방향으로 원금교환을 하여야 한다. 즉, A는 달러원금을 지급하고 원화원금을 수취하게 되며, B의 경우는 원화 원금을 지급하고 대신 달러화 원금을 수취해야 한다. 만기시 원금교환에 적용되는 환율은 거래초기의 원금교환에 적용하였던 환율, 즉 거래초기의 현물환율을 그대로 사용한다. 스왑초기부터 만기까지 주기적으로 이자가 교환되었기 때문에 만기에는 반드시 스왑계약시의 현물환율로 원금이 교환되어야 한다.[14)]

14) 이점이 바로 두 통화의 이자율 차이가 선물환율에 반영되는 통화선물환(currency forward)과 다른 점이다. 통화선물환의 경우 이자와 원금을 합한 현금흐름의 교환비율이 선물환율이 되는 반면, 통화스왑에서는 두 통화의 이자율 차이가 이자교환으로 나타난다. 따라서 최초의 원금교환과 만기시 원금교환에 현물환율을 적용하는 것이다.

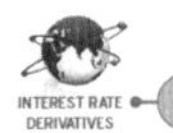

이상을 정리하면 통화스왑이란 거래당사자들이 거래초기에 상대방에게 이종통화간 원금을 교환하고, 스왑기간중 상대방에게 주기적으로 이자를 지급하기로 약정하되 미래의 일정기간 마다 특정시점에 초기에 교환한 통화의 원금에 대하여 수취한 원금에 대한 이자를 지급하고 지급한 원금에 대해서는 이자를 수취하기로 약정하는데 한쪽은 고정금리이고 다른 한쪽은 변동금리이거나, 양쪽 다 고정금리 혹은 양쪽 다 변동금리

2. 통화스왑의 유형

통화스왑의 종류에는 크게 세 가지가 있다. 금리교환의 유형을 기준으로 이종통화간 고정금리와 변동금리를 교환하는 이종통화 쿠폰스왑(Cross Currency Coupon Swap), 이종통화간 변동금리와 변동금리의 이자지급을 교환하는 이종통화 베이시스 스왑(Cross Currency Basis Swap), 그리고 이종통화간 고정금리와 고정금리를 교환하는 이종통화 스왑(Cross Currency swap) 등으로 구분할 수 있다.

(1) 변동금리/고정금리 통화스왑(Cross Currency Coupon Swap: CCCS)

가장 기본적인 통화스왑 유형은 CCCS인데 일반적으로 통화스왑이라 하면 바로 이를 지칭한다. 특히 U$의 변동금리(6개월 LIBOR가 가장 일반적)와 이종통화의 고정금리간 스왑이 가장 일반적인 형태의 통화스왑이다. 통화스왑시장의 거래 대부분이 바로 U$ 변동금리와 이종통화 고정금리간의 CCCS이라고 할 수 있으며 통화스왑시장은 바로 이 형태의 거래 중심으로 발전하여 왔다.

그림 4-9 Cross Currency Coupon Swap

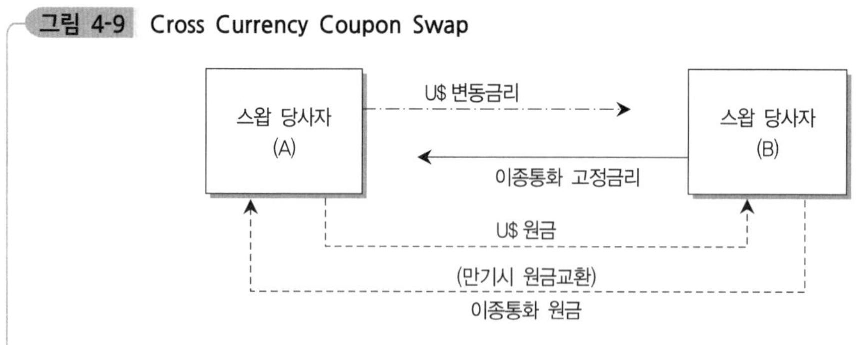

(2) 베이시스 통화스왑(Cross Currency Basis Swap: CCBS)

베이시스 통화스왑은 이종통화의 변동금리가 교환되는 통화스왑이다. U$ 변동금리와 이종통화 변동금리간의 CCBS이 많이 거래되며, U$ 고정금리와 이종통화 고정금리간의 거래는 흔하지 않은 형태로서 이를 직접 중개하는 통화스왑 시장은 형성되지 않으며 통상 CCCS 시장과 U$의 금리스왑시장을 연결하여 고시하는 경우가 일반적이다.

그림 4-10 Cross Currency Basis Swap

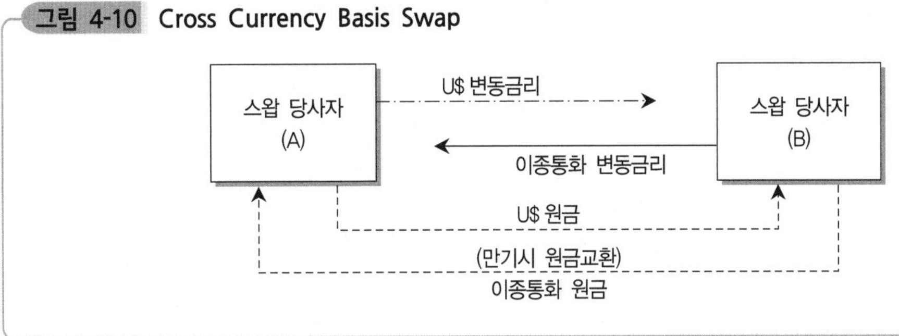

예 제

베이시스 통화스왑(CCBS)과 상대통화의 금리스왑(IRS)으로 변동금리/고정금리 통화스왑(CCCS)의 합성이 가능하다.[15] 즉,

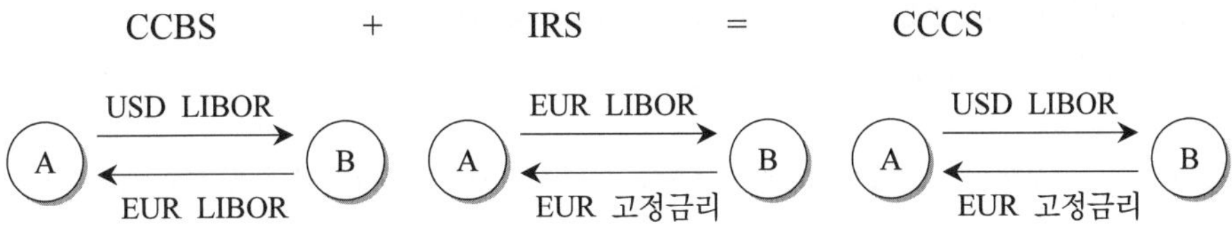

현재 시장에서 3년 만기 USD IRS 스왑률, EUR 스왑률, EUR/USD 베이시스 통화스왑의 스왑률이 다음과 같이 고시되었다고 하자.

IRS		CCBS[16]
USD	EUR	EUR/USD
5.77/80	5.00/05	−4 / +1

15) 최영한(2007: pp.184-188) 참조.

16) CCBS 고시(quote)의 의미는 USD LIBOR를 수취하면 EUR LIBOR - 4를 지급하고, USD LIBOR를 지급하면 EUR + 1을 수취하겠다는 것이다.

이 경우 스왑딜러인 A은행이 US LIBOR와 교환하는 EUR 고정금리를 어떻게 결정하는지를 살펴보기로 하자. A은행이 수취(offer rate)하거나 지급(bid rate)하는 EUR 고정금리를 구하기 위해서는 A은행이 시장에서 어떠한 헤지거래를 통하여 고정금리 스왑의 리스크를 헤지하는가를 생각해보면 된다.

(1) A은행은 USD LIBOR를 수취하고 EUR LIBOR를 지급하는 EUR/USD 베이시스 통화스왑을 거래하고, EUR 고정금리를 지급하고 EUR LIBOR를 수취하는 EUR/USD IRS를 거래하면, USD LIBOR를 지급하고 EUR 고정금리를 수취하는 CCCS의 리스크를 헤지할 수 있다.

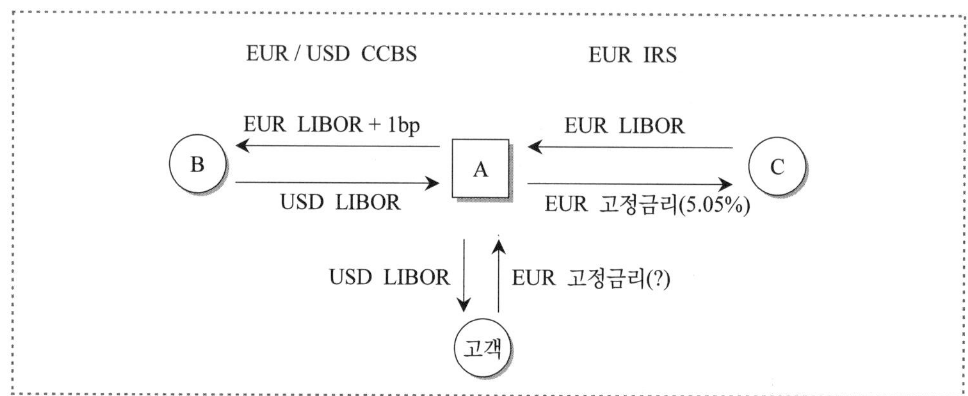

CCBS (USD LIBOR 수취, EUR LIBOR + 0.01% 지급)
\+ IRS (EUR LIBOR 수취, EUR 고정금리 5.05% 지급)
= CCCS (USD LIBOR 수취, EUR 고정금리 5.06% 지급)

헤지스왑 포지션은 'USD LIBOR 수취, EUR 5.06% 지급'이므로 A은행은 고객에게 USD LIBOR를 지급할 때 EUR 고정금리 5.06%를 수취하여야 한다. 즉, CCCS의 offer rate는 5.06%가 되어야 한다는 것을 확인하였다.

(2) A은행은 USD LIBOR를 지급하고 EUR LIBOR를 수취하는 EUR / USD 베이시스 통화스왑을 거래하고, EUR 고정금리를 수취하고 EUR LIBOR를 지급하는 EUR IRS를 거래하면 USD LIBOR를 수취하고 EUR 고정금리를 지급하는 CCCS의 리스크를 헤지할 수 있다.

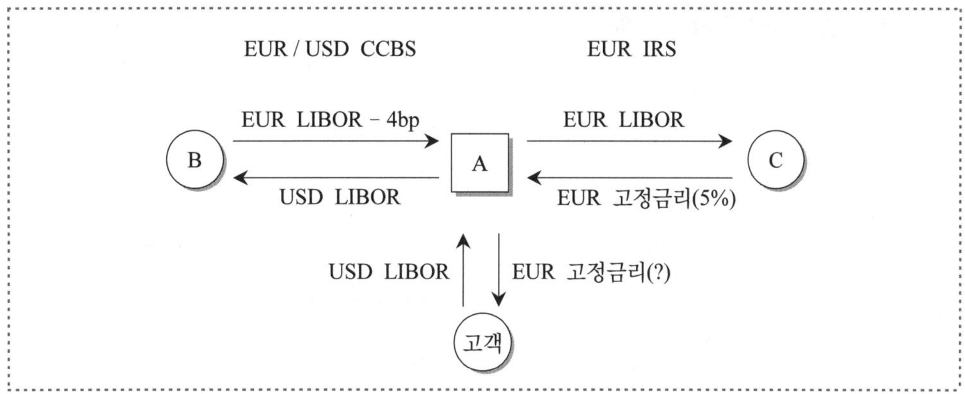

CCBS (USD LIBOR 지급, EUR LIBOR - 0.04% 수취)
\+ IRS (EUR LIBOR 지급, EUR 고정금리 5.00% 지급)
= CCCS (USD LIBOR 지급, EUR 고정금리 4.96% 지급)

헤지스왑 포지션은 'USD LIBOR 지급, EUR 고정금리 4.96% 수취'이므로 A은행은 고객으로부터 USD LIBOR를 수취할 때 EUR 고정금리 4.96%를 지급하여야 한다. 즉, CCCS의 bid rate는 4.96%가 되어야 한다는 것을 확인하였다.

요약하면, A은행은 USD LIBOR와 교환되는 EUR 고정금리의 통화스왑 시장조성을 위하여 USD LIBOR를 수취하면 4.96%의 EUR 고정금리를 지급하고 USD LIBOR를 지급하면 5.06%의 EUR 고정금리를 수취한다.

---

(3) 고정금리 / 고정금리 통화스왑(Cross Currency Swap: CCS)

고정금리 / 고정금리 통화스왑(CCS)은 계약기간 동안 두 통화의 이자금액의 계산이 고정금리에 의해 이루어지는 스왑을 말한다. USD 변동금리 / EUR 고정금리 통화스왑과 USD IRS의 합성으로 USD 고정금리 / EUR 고정금리 통화스왑을 만들 수 있다. 즉,

CCCS + IRS = CCS

그림 4-11 Cross Currency Swap

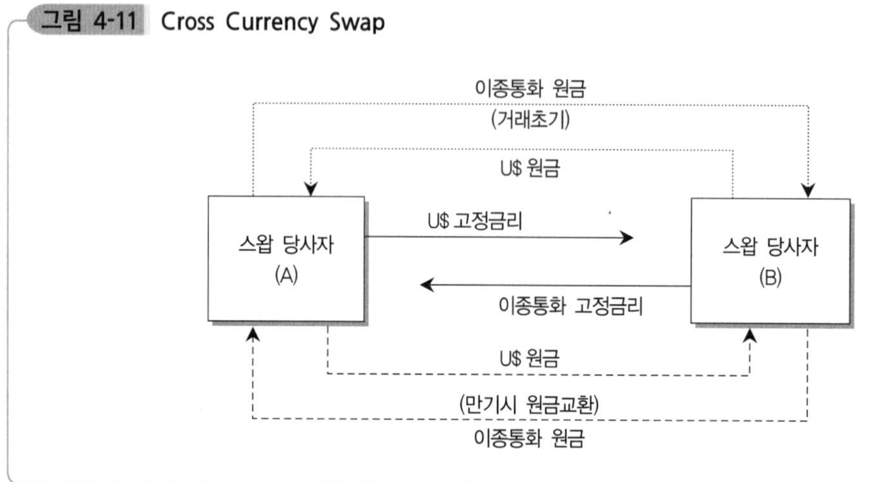

이상의 논의를 요약하면, 고정금리 / 변동금리 통화스왑과 고정금리 / 고정금리 통화스왑은 베이시스 통화스왑과 금리스왑이 결합된 형태이다. 이를 식으로 표현하면 다음과 같다.

CCBS (USD LIBOR vs EUR LIBOR)
\+ EUR IRS (EUR 고정금리 vs EUR LIBOR)
= CCCS (USD LIBOR vs EUR 고정금리)
\+ USD IRS (USD LIBOR vs USD 고정금리)
= CCS (EUR 고정금리 vs USD 고정금리)

고정금리 / 변동금리 통화스왑과 고정금리 / 고정금리 통화스왑은 베이시스 통화스왑으로부터 파생된 스왑이므로 베이시스 통화스왑의 가격이 고정금리 / 변동금리 통화스왑과 고정금리 / 고정금리 통화스왑의 가격결정에 반영된다. 예를 들어, 엔 금리스왑의 엔 고정금리와 달러/엔 고정금리/변동금리 통화스왑의 엔 고정금리는 달러 / 엔 베이시스 통화스왑과 엔 LIBOR에 가감되는 스프레드만큼 차이가 날 것이다.

4.6 스왑의 활용

기업이 필요한 자금을 차입하거나 여유자금을 운용하는 과정에서 향후 금리가 자신에게 불리하게 변동함으로써 손실을 볼 수 있는 가능성에 직면하게 되는 경우 이

를 금리리스크라고 한다. 이 경우 기업은 금리스왑을 이용하여 자산과 부채의 금리구조를 전환함으로써 금리 리스크를 관리할 수 있다.

기업이 경영계획을 세우는 과정에서 향후 금리전망이 불투명할 경우 기업이 가지고 있는 부채나 자산의 금리기준이 변동금리 조건이라면 향후 금리변동으로 인해 수익이나 지급비용이 가변적일 수 있어 기업경영의 불확실성이 증대된다. 이 경우 기업은 금리스왑을 이용하여 변동금리 조건의 자산이나 부채를 고정금리로 전환하여 사전에 모든 수익과 비용을 확정할 수 있다. 이는 향후 금리전망과 관계없이 재무적 불확실성을 극복하기 위한 매우 보수적인 전략으로 비교적 예측 가능한 경영 요소들을 가진 기업들에 해당된다고 하겠다.

금리스왑은 특정거래의 현금흐름을 조절하기 위한 목적으로도 이용될 수 있다. 예를 들어 3개월 변동금리 조건으로 2년간 자금을 조달하여 만기 2년의 채권을 매수한 투자자가 있다고 하자. 동 채권으로부터의 이자는 고정금리 5.5%로 매 6개월마다 입금된다고 하면 투자자 입장에서 이자지급시기(매 3개월)와 이자수입시기(매 6개월)의 불일치로 자금흐름에 문제가 발생할 수 있다. 이를 해결하기 위해 이 투자자는 금리스왑을 통해 스왑상대방으로부터 3개월 마다 변동금리를 수취하고 매 6개월마다 고정금리(예 5.0%)를 지급하는 계약을 체결하면 전체적인 현금흐름을 일치시킬 수 있게 된다.

금융기관은 금리스왑을 이용하여 금리갭을 관리할 수 있다. 금리민감부채가 금리민감자산보다 많아 부(-)의 갭을 갖고 있는 금융기관은 고정금리를 지급하고 변동금리를 수취하는 금리스왑계약을 체결함으로써 금리갭을 축소시킬 수 있다. 이하에서는 금리스왑의 활용 중 차입비용절감과 부채의 구조전환에 초점을 두어 설명한다.[17)]

(1) 차입비용 절감

금리스왑에서의 비교우위는 주로 고정금리와 변동금리의 차이에 기인한다. 두 기업에 대한 금융시장의 신용도 평가의 차이에 의해서 양측이 적용받는 고정금리와 변동금리가 다를 경우 각자의 비교우위에 의해 이자지급 의무를 교환하는 가장 기본적인 형태의 금리스왑을 표준금리스왑(plain vanilla swap)이라고 한다.

---

17) 구체적인 활용사례는 제10장을 참조.

표 4.7 차입 금리의 절대우위와 비교우위

	A 기업	B 기업
고정금리	4.00%	5.00%
변동금리	6개월 LIBOR+1%	6개월 LIBOR + 1.25%
비교우위	고정금리	변동금리
목　　표	변동금리	고정금리

5년 만기의 자금을 조달하는데 있어서 A기업은 B기업보다 우량하여 고정금리에서 1.00%, 변동금리에서 0.25%의 절대적으로 유리한 조건으로 차입할 수 있다. 상대적으로 비교해 보면 A기업은 고정금리에 비교우위가 있고, B기업은 변동금리에 비교우위가 있다. 그러나 A기업은 변동금리로 차입하기를 원하고, B기업은 고정금리로 차입하기를 원한다고 하자.

이 경우 A기업은 고정금리로 자금을 차입하고 B기업은 변동금리로 자금을 차입한 후 금리스왑을 통해 현금흐름을 교환하면 양 기업이 모두 자금조달비용을 낮출 수 있다.

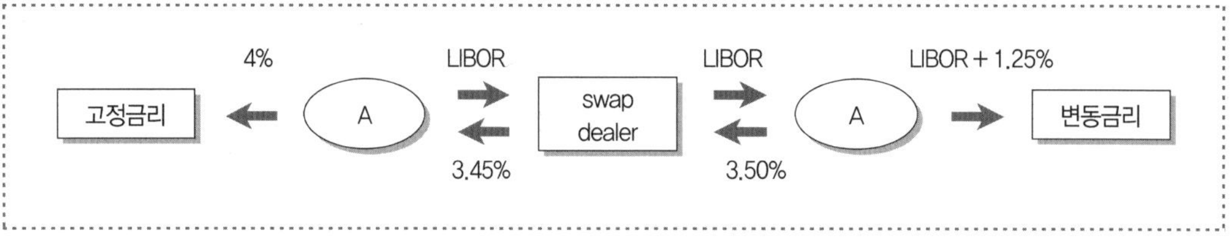

A기업은 5.00%에 차입한 후 3.45%를 받고 LIBOR를 지급하는 금리스왑을 체결한다. 결과적으로 A기업의 조달금리는 LIBOR + 0.55%가 된다. A기업이 자체적으로 변동금리 자금을 조달할 경우 LIBOR+1%이므로 금리스왑을 통하여 45bp를 절감할 수 있음을 알 수 있다.

B기업은 LIBOR + 1.25%의 변동금리로 자금을 조달한 후 3.50%의 고정금리를 지급하고 LIBOR를 받는 금리스왑을 체결한다. 결과적으로 B기업의 조달금리는 4.75%가 되며, 고정금리로 직접 자금을 빌릴 때 지불하는 5.00% 보다 25bp 절감하는 결과를 얻는다.

스왑딜러는 B기업으로부터 3.50%의 고정금리를 받아 3.45%를 A에 넘기는 과정에서 5bp의 스프레드를 대가로 얻게 되는데, 이것이 딜러가 취하는 일종의 수수료인 셈이다. 즉, 스왑의 결과로 발생하는 0.75%(75bp)의 총이득 중 A기업에 45bp, B기업에 25bp가 배분되고, 나머지 5bp는 딜러가 차지하는 경우이다.

(2) 부채의 구조전환

금리스왑에 매수포지션(고정금리지급 / 변동금리수취)을 취하는 것은 변동금리채권을 매수하고 고정금리 채권을 매도하는 것과 동일하다. 즉,

+ IRS(고정금리 지급, 변동금리 수취) = + 변동금리채권 − 고정금리채권

위의 식으로부터 우리는 다음과 같은 관계를 얻을 수 있다.

− 고정금리채권 − IRS(고정금리 수취, 변동금리 지급) = − 변동금리채권

이는 고정금리채권을 발행하고 IRS를 매도하면 변동금리채권을 발행한 것과 같다는 것을 의미한다. 또한 위의 식으로부터 우리는 다음과 같은 관계를 얻을 수 있다.

− 변동금리채권 + IRS(고정금리 지급, 변동금리 수취) = − 고정금리채권

이는 변동금리채권을 발행하고 IRS를 매수하면 고정금리채권을 발행한 것과 같다는 것을 의미한다. 이와 같은 간단한 논리에 의해 기업은 금리스왑을 활용하여 부채의 구조를 전환할 수 있는 것이다.

예 제 고정금리 부채를 변동금리 부채로 전환

현재 A기업이 발행한 원화 채권의 대부분은 회사채발행을 통한 고정금리 부채이다. 자금조달비용의 확정으로 향후 경영계획 수립에는 도움이 되는 반면, 원화금리가 지속적으로 하락할 경우 금리하락의 혜택을 누릴 수 없다(기회이익 상실). 이 경우 A기업은 원화 고정금리 채권을 발행한 후 변동금리 채권으로 전환하는 금리스왑 거래를 하면 된다.

예를 들어, A기업은 3년 만기 원화 고정금리채권(200억원)를 발행하면서(발행금리 : 6.50%) 4.5%를 수취하고, 3개월 CD수익률을 지급하는 금리스왑을 체결함으로써 3M CD + 2.0%의 변동금리채권으로 전환할 수 있다.

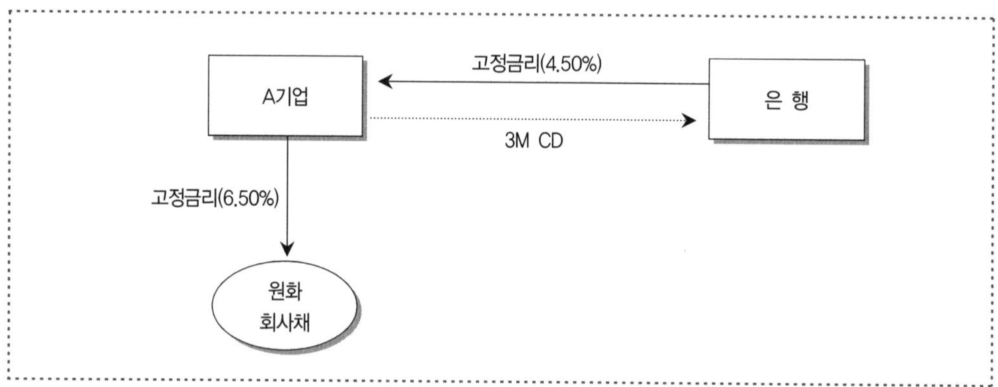

예 제 변동금리 대출을 변동금리 대출로 전환

부동산 담보대출은 CD 금리 연동 변동금리 대출의 형태가 일반적이다. 그러나 일부 대출자는 향후 금리 인상 가능성과 이자비용 확정에 대한 요구로 인해 고정금리대출에 대한 수요는 언제나 존재한다. 고객에 대한 3년 만기 고정금리 부동산 담보대출 금리가 7%이고, 변동금리 대출의 경우 CD + 1.8%라고 하자. 현재 3년 스왑률이 4.6%라고 하면 A은행은 고정금리 대출 수요자인 B고객에게 더 낮은 금리로 대출을 제공할 수 있고 추가적인 수익도 창출할 수 있다.

- 고객에게 CD + 1.8%로 3년 만기 변동금리 대출
- CD + 1.8%를 지급하고 고정금리 6.5%를 수취하는 금리스왑 체결

향후 CD 금리의 인상 가능성으로 고정금리 대출을 선호하는 B고객의 입장에서 보면, A은행으로부터 직접 고정금리 대출을 받으면 7%의 이자를 지급해야 하나, 변동금리 대출과 금리스왑거래를 통해 고정금리 6.5%의 대출을 받은 것과 동일한 효과를 본다.

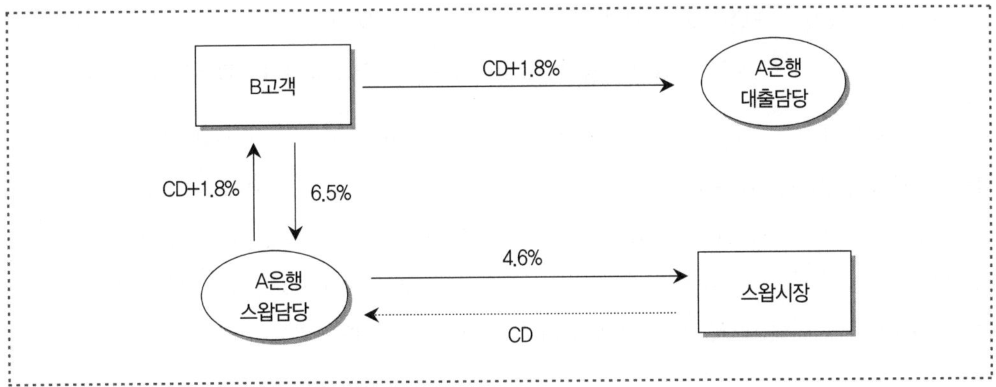

A은행의 입장에서는 동일한 고객에게 CD + 1.8%의 대출자산을 늘렸으며, 금리스왑 거래를 통해 0.1%(= 6.5% − 6.4%)의 추가수익을 창출할 수 있다. 한편, 고정금리 대출과 '변동금리대출 + 금리스왑'이 완전히 동일한 경제적 효과를 갖는 것은 아니다. 변동금리대출과 금리스왑 거래는 2개의 별도의 거래이므로 대출의 조기상환과 금리스왑의 조기청산을 고려해야 한다. 대출의 조기상환 수수료는 고정금리대출이든 변동금리대출이든 발생하지만 스왑대출의 경우 스왑의 조기청산가치도 고려해야 한다.

예 제 부채의 구조전환

A 은행이 다음과 같은 고정금리채권 발행 후 IRS 통해 변동금리채권으로 전환하는 경우 자금조달비용은 얼마가 되는지 살펴보도록 하자.

채권의 발행조건

Amount	USD 200 million
Maturity	3 years
Coupon	4% p.a.(annual)
Reoffer price	99.659
Fees	20 bp
Expenses	USD 75,000

USD IRS 호가 (12M LIBOR, semi, 30/360F)	
3-year	3.341-3.384

먼저 고정금리 채권발행시 자금조달비용(all-in-cost)을 먼저 구해보자.

자금조달금액 = 액면금액[발행가격/100 – 수수료] – 기타 비용
= USD200M[0.99659 – 0.0020] – USD75,000 = USD198,843,000

채권의 이표율이 4%이므로 연이자지급액은 8M(=4%×200M)이다. 따라서 채권의 만기수익률을 채권가격공식을 이용해 구할 수 있다. 즉, 만기수익률 = 4.209%.(30/360 basis)
이제 IRS를 통해 변동금리부채로 전환시 자금조달비용을 계산해보자. 고정금리를 수취하고, 변동금리를 지급하는 IRS의 스왑률은 3.341%(30/360, semi-annual) 이다. 채권의 이표는 annual이므로 다음과 같이 semi-annual을 annual로 전환할 필요가 있다.

$$(1+r) = (1+0.03341\times\frac{1}{2})^2$$

r = 3.369%(annual)

A은행이 금리스왑에서 수취하는 고정금리 액수는 3.369% × USD200M = USD 6,738,000가 된다. 이는 A은행이 지급해야 할 채권의 이자지급액 USD 8M보다 적다는 것을 알 수 있다. 채권발행시 A은행의 신용리스크 때문에 스왑률보다 높은 이자를 지급하는 것은 당연하다. 따라서 A은행은 스왑률보다 높은 이자를 지급하기 위해서는 고정금리 수취금액을 USD 1,262,000(= 8,000,000 – 6,738,000)만큼 증가시켜야 한다. 이는 A은행이 지급하는 변동금리도 다음과 같이 증가시킴으로써 가능하다. 즉, 채권의 연이표율(4%)과 스왑률 3.369%를 일치시키려면 LIBOR에 그 차이(63bp)만큼 더하여 금리스왑계약을 체결해야 한다.

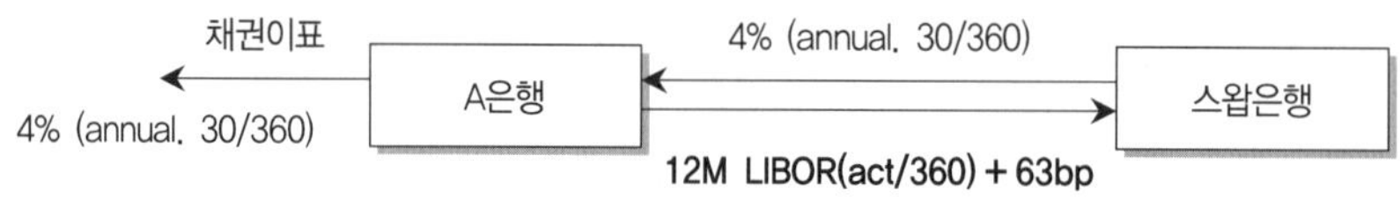

---

(3) 자산스왑

자산스왑(asset swap)은 스왑을 이용하여 채권의 현금흐름을 변환시키는 거래를 의미한다. 이러한 자산스왑은 은행들이 장기 고정금리자산을 변동금리자산으로 전환하기 위한 수단으로 활용되고 있다. 자산스왑의 한 예로서, 고정금리채권을 매수하고 고정금리를 지급하는 금리스왑계약을 체결함으로써 변동금리채권의 매수포지션을 합성하는 것이다. 즉,

+ 고정금리채권 + IRS = + 변동금리채권

A 생명보험회사는 종신보험 등 장기 고정부채를 과다하게 보유하고 있다. 그러나 자산은 주로 단기 채권으로 구성되어 있다. 시장금리가 상승하면 높은 수익률로 roll-over 할 수 있지만, 향후 시장금리가 하향 안정화되면 자산수익률은 하락할 것이다. 이 경우 A 보험회사는 장기 IRS 수취 포지션을 통해 자산 듀레이션을 장기화 할 수 있다. 즉,

+ 고정금리채권(단기) − IRS (CD 금리 지급, 장기 고정금리 수취)
= + 고정금리채권(장기) + (단기채권수익률 − CD)

A 보험회사가 투자은행과 10년 만기 고정금리 수취 IRS 계약을 체결하면, 이는 10년 만기 고정금리 채권에 투자하는 것과 동일한 듀레이션을 갖게 된다. 한편, 단기 채권수익률과 CD 금리간의 스프레드 리스크에 노출된다. 이와 같이 고정금리 − 변동금리 자산스왑은 고정금리채권을 변동금리채권과 같이 신용리스크에 노출되도록 하는 구조를 갖는다. 자산스왑 투자자(매수자)는 고정금리채권의 발행자가 발행하는 변동금리채권의 신용리스크를 인수하게 되며, 이러한 대가를 자산스왑 스프레드라고 한다.

자산스왑은 여러 가지 형태가 있지만 가장 일반적으로 활용되는 액면가 자산스왑(par asset swap)의 경우를 살펴보기로 하자.[18] 자산스왑의 계약시점에 자산스왑 투자자(매수자)는 채권의 시장가격과 상관없이 액면가로 매수하게 된다. 또한 채권의 만기와 동일한 만기의 금리스왑계약을 체결한다. 이 경우 자산스왑 매수자는 고정금리를 지급하고 변동금리(LIBOR + 스프레드)를 수취한다.

예 제 액면가 자산스왑(par asset swap)

정산일	1999년 3월 15일
채권	USD 표시 삼성전자(만기 2004년 2월 10일, 이표 7.5%, annual, 30/360)
순수가격	97.82%
경과이자	0.73%
채권수익률	8.05%
스왑률(5년)	6.09% (12M LIBOR 대비, annual, 30/360)

18) 액면가 자산스왑을 'par in-par out asset swap'이라고도 한다.

이때 자산스왑 매도자가 지급하는 스프레드를 '자산스왑 스프레드(asset swap spread)'라고 한다. 스왑계약기간 중 채권이 디폴트가 되는 경우 자산스왑 매수자는 채권의 디폴트 위험을 모두 떠안게 되며, 금리스왑계약을 합의에 의해 조기에 종료하지 않는 한 고정금리를 지급하고 변동금리를 수취하는 금리리스크에 노출된다.
액면가 자산스왑의 스프레드를 구하는 단순한 방법을 생각해보자.

$$
\begin{aligned}
+\ \text{변동금리채권} &= +\ \text{고정금리채권} + \text{IRS} \\
&= +\ \text{채권수익률} + (\text{LIBOR} - \text{스왑률}) \\
&= +\ 8.05\% + (\text{LIBOR} - 6.09\%) \\
&= \text{LIBOR} + 1.96\%
\end{aligned}
$$

그러나 이런 방식에 의한 자산스왑 스프레드는 단지 근사치에 지나지 않는다. 왜냐하면 채권가격이 98.55%(현금가격기준)인 반면, 투자자는 100(액면가)을 투자하고 만기 시 100을 돌려받기를 원한다. 또한 채권의 이표는 7.50%인 반면, 금리스왑의 스왑률은 6.09%이다. 따라서 각 이자지급일에 투자자는 LIBOR + 1.41%(= LIBOR + 7.50% − 6.09%)의 수익이 발생하며, 만기시 1.45%(=100 − 98.55)의 자본이익이 발생한다. 이러한 현금흐름을 액면가 자산스왑의 형태로 전환하기 위해서는 다음과 같은 조정을 하여야 한다.

(1) 금리스왑에서 교환하는 고정금리를 6.09%(스왑률)에서 7.50%(이표율)로 조정한다. 이때 투자자는 시장 스왑률보다 높은 스왑률을 지급하므로 고정금리와 변동금리의 현재가치가 일치하도록 결정된 LIBOR+스프레드를 받는다.
(2) 투자자가 추가로 투자하는 금액(채권액면가와 현금가격의 차이=1.45%)은 사실 투자자가 스왑딜러에게 대출해 준 결과이므로 이를 스왑의 현금흐름 교환(즉, LIBOR 스프레드)에 반영하여야 한다.

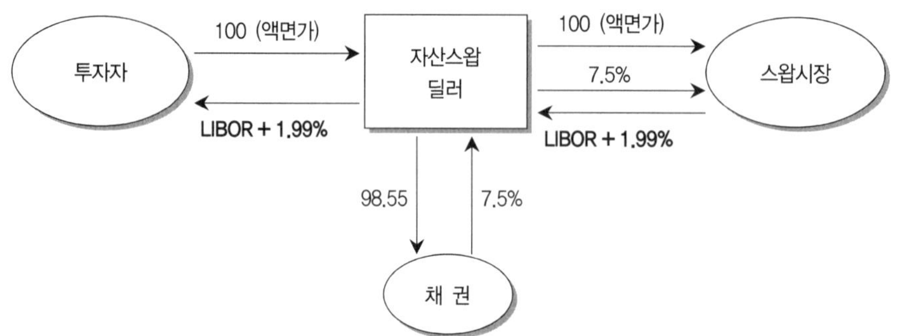

위의 그림은 이러한 조정을 한 이후의 액면가 자산스왑의 현금흐름을 나타내고 있다. 합성

변동금리채권의 수익률은 LIBOR + 1.99%로 앞에서 단순히 구한 LIBOR + 1.96%보다 3bp가 높다는 것을 알 수 있다. 이는 스왑률이 채권수익률보다 낮기 때문에 채권의 현금흐름의 가치가 채권시장보다는 스왑시장에서 더 높게 평가된다는 것을 설명해주고 있다.

[부 록] 볼록성 조정(Convexity Adjustment)

미래 일정시점(T)에 결정되는 채권수익률에 의해 손익이 결정되는 파생상품의 가격결정을 생각해보자. 이 경우 시점 T에서 형성되는 채권가격의 리스크중립적 기대값을 구하고 이에 상응하는 기대채권수익률을 이용하는 방법을 생각해 볼 수 있다. 리스크중립을 가정하면 미래시점 T에서의 채권의 기대가격은 만기가 T인 선도채권가격이 된다.19) 그러나 이 선도채권가격에 상응하는 선도채권수익률(forward bond yield)과 채권의 기대수익률간에는 오차가 발생하게 되는데, 이는 채권가격과 수익률의 관계에 존재하는 볼록성(convexity) 때문이다. 이러한 오차를 조정하는 것을 볼록성 조정(convexity adjustment)이라 한다.

미래의 일정시점 T에서 채권가격을 P_T, 이 채권의 수익률을 y_T라고 하면, 채권가격과 수익률의 관계를 다음과 같이 표현할 수 있다.20)

$$P_T = G(y_T) \tag{4A.1}$$

만기가 T인 채권선도(bond forward)의 현재시점(0)의 가격을 F_0, 선도채권수익률(forward bond yield)을 y_0라고 하면, 채권선도가격과 선도채권수익률간의 관계를 다음과 같이 표현할 수 있다.

$$F_0 = G(y_0) \tag{4A.2}$$

이때 만기가 T인 무이표채에 대해 선도리스크중립을 가정하는 경우 $E_T[P_T] = F_0$가 성립하나, 함수 G의 볼록성(convexity) 때문에 $E_T[y_T] = y_0$가 성립하지 않는다. 이와 같은 사실은 미래의 일정시점의 채권가격과 수익률의 관계를 나타내는 [그림 A.1]을 통해서 확인할 수 있다. 분석을 단순화하기 위해 실현 가능한 채권가격들이 P_1, P_2, P_3 세 개만 있고, $P_2 - P_1 = P_3 - P_2$라고 하자. 이 경우 기대채권가격은 P_1, P_2, P_3의 평균인 P_2이다. 따라서 무이표채에 대해 선도리스크중립을 가정할 경우 선도채권가격은 기대채권가격인 P_2가 된다. 그러나 미래의 기대채권수익률(y_1, y_2, y_3의 평

19) 리스크중립적 가격결정의 논리에 관한 자세한 설명은 제11장 참조.

20) Hull(2006, pp.635-639) 참조.

균)은 기대채권가격 P_2에 상응하는 선도채권수익률 y_2보다 크다는 것을 알 수 있다. 그 이유는 바로 채권가격과 수익률간에 존재하는 볼록성 때문이다.

그림 A-1 미래의 일정시점의 채권가격과 수익률의 관계

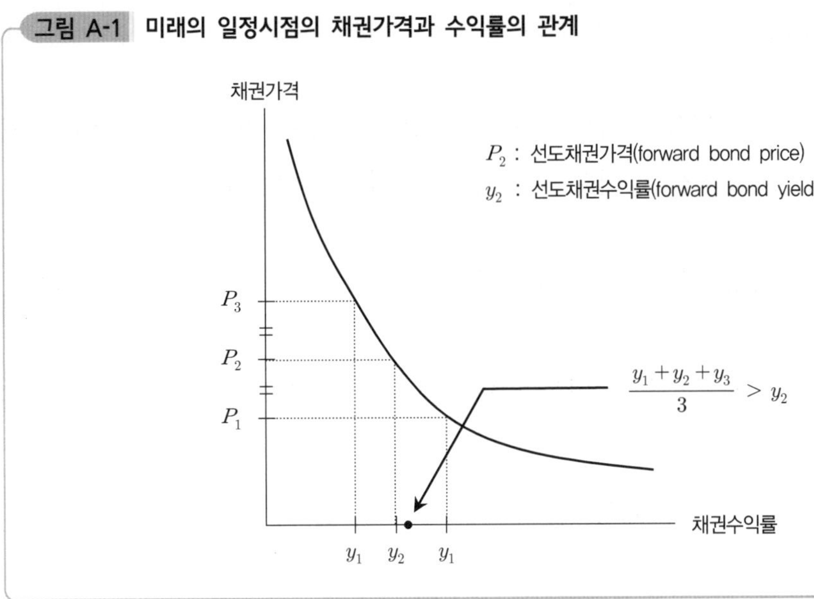

즉, 기대채권수익률은 선도채권수익률에 볼록성을 조정해 주어야 하며, 이때 필요한 볼록성 조정은 다음과 같다.[21)]

$$E_T[y_T] = y_0 - \frac{1}{2} \times y_0^2 \sigma_y^2 T \frac{G''(y_0)}{G'(y_0)} \tag{4A.3}$$

이때 $G''(y_0) > 0$, $G'(y_0) < 0$ 이므로 볼록성 조정항은 양(+)의 수임을 알 수 있다.

이를 보여주기 위해 $P_T = G(y_T)$를 $y_T = y_0$에서 테일러시리즈 확장을 하면 다음과 같다.

$$P_T = G(y_0) + (y_T - y_0)G'(y_0) + \frac{1}{2}(y_T - y_0)^2 G''(y_0) \tag{4A.4}$$

21) Hull(2006: p. 648) 참조.

만기가 T인 무이표채에 대해 선도리스크중립을 가정하고 식 (4A.4)의 기대치를 구하면 다음과 같다.

$$E_T[P_T] = G(y_0) + E_T[y_T - y_0]G'(y_0) + \frac{1}{2}E_T[y_T - y_0]^2 G''(y_0) \tag{4A.5}$$

이때 $G(y_0)$는 선도채권가격을 나타내고, 만기가 T인 무이표채에 대해 선도리스크중립을 가정하므로 $E_T[P_T] = G(y_0)$이다. 따라서 다음 식이 성립한다.

$$E_T[y_T - y_0]G'(y_0) + \frac{1}{2}E_T[y_T - y_0]^2 G''(y_0) = 0 \tag{4A.6}$$

이제 $E_T[(y_T - y_0)^2] \approx y_0^2 \sigma_y^2 T$로 근사화하면, 식 (4A.6)로부터 볼록성을 조정한 기대채권수익률을 얻게 된다.

$$E_T[y_T] = y_0 - \frac{1}{2} y_0^2 \sigma_y^2 T \frac{G''(y_0)}{G'(y_0)}$$

이와 같은 볼록성 조정은 "선도채권수익률이 미래의 채권수익률이 될 것이다" 라고 가정하는 방법론에 수정이 필요하다는 것을 암시하고 있다. 예를 들어, 이연스왑(Late LIBOR Swap)의 경우 이자교환이 이루어지는 시점에서 결정되는 LIBOR를 사용한다. 미래의 일정시점에 형성될 채권수익률에 의해 손익이 결정되는 경우 볼록성 조정을 하는 방법을 이연스왑에 적용하여 보자.

금리스왑에서 변동금리 확정일(reset date)을 t_i 라 하고, $\tau_i = t_{i+1} - t$로 정의하자. t_i와 t_{i+1} 사이의 기간에 해당되는 LIBOR를 R_i, 선도 LIBOR를 F_i, 선도 LIBOR의 변동성을 σ_i 라고 하자. (σ_i는 캡릿(caplet)에 내재되어 있는 변동성을 사용한다.) 이연스왑에서 t_i 시점의 변동금리 계산은 표준형 금리스왑과 달리 R_{i-1}이 아닌 R_i에 의해 이루어진다. 따라서 다음과 같은 볼록성 조정이 필요하다.

$$\begin{aligned} \text{기대스왑률} &= \text{선도 LIBOR} + \text{볼록성 조정} \\ &= F_i - \frac{1}{2} \times F_i^2 \sigma_y^2 t_i \frac{G''(F_i)}{G'(F_i)} \end{aligned} \tag{4A.7}$$

t_i와 t_{i+1} 사이의 기간에 해당되는 선도 LIBOR(F_i)는 t_{i+1}이 만기일인 무이표채의 t_i 시점의 수익률이므로 무이표채의 가격과 수익률의 관계를 다음과 같이 표현할 수 있다.

$$G(F_i) = \frac{1}{1+F_i\tau_i} \tag{4A.8}$$

따라서

$$G'(F_i) = \frac{-\tau_i}{(1+F_i\tau_i)^2}, \quad G''(F_i) = \frac{2\tau_i^2}{(1+F_i\tau_i)^3} \tag{4A.9}$$

식 (4A.9)를 (4A.7)에 대입하여 정리하면 볼록성 조정후의 기대스왑률은 다음과 같이 결정된다.

$$\text{기대스왑률} = F_i + \frac{F_i^2\sigma_i^2\tau_i t_i}{1+F_i\tau_i} \tag{4A.10}$$

예 제

3년 후에 형성될 1년 만기 무이표채 수익률에 100을 곱하여 수익이 결정되는 파생상품의 현재가치를 구해 보자. 무이표채 수익률곡선은 10%로 평평하며 선도금리의 변동성은 20%라고 가정하자. 따라서 $F_i = 0.10$, $\sigma_i = 0.20$, $t_3 = 3$, $\tau_i = 1$을 식 (4A.10)에 대입하면 3년 후에 형성될 기대 무이표채수익률은 다음과 같이 결정된다.

$$0.10 + \frac{0.10^2 \times 0.20^2 \times 1 \times 3}{1 + 0.10 \times 1} = 0.1011(10.11\%)$$

따라서 이 파생상품의 현재가치는 7.60이 된다.

$$\frac{1}{(1+0.1)^3} \times 100 \times [0.10 + \frac{0.10^2 \times 0.20^2 \times 1 \times 3}{1 + 0.10 \times 1}] = 7.60$$

예 제

명목원금 $1,000,000, 만기 5년의 이연스왑(Late LIBOR Swap)의 가격결정을 생각해 보자. 무이표채 수익률곡선은 5%로 평평하고, 각 캡릿의 내재변동성은 20%로 일정하다고 가정한다. 따라서 선도 LIBOR는 5%로 일정하다.

식 (4A.10)에 의하면 볼록성 조정후의 기대스왑률은 다음과 같이 결정된다.

$$\text{기대스왑률} = F_i + \frac{F_i^2 \sigma_i^2 \tau_i t_i}{1 + F_i \tau_i}$$

$$= 0.05 + \frac{0.05^2 \times 0.2^2 \times 1 \times t_i}{1 + 0.05 \times 1}$$

$$= 0.05 + 0.00010 \times t_i$$

이는 변동금리가 1년 후 5.01%, 2년 후 5.02%, 3년 후 5.03%, 4년 후 5.05%, 5년 후 5.06%가 된다고 가정해야 한다는 것을 의미한다.

예 제

본문에서 설명한 수익률곡선스왑의 가치는 각 이자지급기간의 CMT-LIBOR 선도금리의 차이와 스왑구조에 내재된 볼록도에 의해 영향을 받게 된다. 즉, CMT 가격과 수익률간의 볼록성으로 인해 CMT 수익률 수취자에게 볼록성 이익(convexity gains)이 발생하므로 이를 고려하여 스왑률을 결정하여야 한다. 식 (4A.7)에 의하면 볼록성을 조정한 선도 CMT 수익률은 다음과 같이 결정된다.

$$F - \frac{1}{2} F^2 \sigma_F^2 T \frac{G''(F)}{G'(F)}$$

이때 F는 선도 CMT 수익률, $G(F)$는 채권의 만기동안 선도 CMT 수익률 F를 이자로 지급하는 채권의 가격, σ_F는 선도 CMT 수익률의 변동성, y는 채권의 만기수익률, T는 CMT 스왑의 만기를 나타낸다.

예를 들어, $F = 6\%$, $y = 6\%$, $\sigma_F = 15\%$, $T = 3$년이라고 하자. 이때 채권의 만기동안 선도 CMT 수익률 F를 이자로 지급하는 채권(액면가 = 1)의 가격은 다음과 같이 결정된다.[22)]

$$G(F) = \frac{F}{1+y} + \frac{F}{(1+y)^2} + \frac{1+F}{(1+y)^3}$$

22) Das(2001: p.220) 참조.

$$G'(F) = \frac{\partial G(F)}{\partial y} = -\frac{F}{(1+y)^2} - \frac{2F}{(1+y)^3} - \frac{3(1+F)}{(1+y)^4} = -2.6730$$

$$G''(F) = \frac{\partial^2 G(F)}{\partial y^2} = \frac{2F}{(1+y)^3} + \frac{6F}{(1+y)^4} + \frac{12(1+F)}{(1+y)^5} = 11.4695$$

따라서 볼록성 조정이 이루어진 선도 CMT 수익률은 6%에 5bp를 더한 6.05%가 된다.

$$0.06 - \frac{1}{2} \times 0.06^2 \times 0.15^2 \times 3 \times \frac{11.4695}{-2.6730} = 0.06 + 0.0005 = 0.0605 \ (6.05\%)$$

Interest Rate Derivatives
Investment & Risk Management
Strategies for Practitioners

금리옵션

앞에서 설명한 금리선물, 선도금리계약, 금리스왑과 같은 금리파생상품은 금리의 불확실한 움직임으로 발생하는 리스크를 제거해주기 때문에 우리에게 확실성을 제공해 준다. 예를 들어 선도금리계약 또는 금리선물은 자금의 차입자에게 향후 일정 기간 동안 확정된 금리를 보장해준다. 금리스왑은 이러한 확정금리를 최대 10년까지 연장시켜준다. 더 이상 무엇을 바랄 수 있겠는가?

그러나 확실성을 보장하는 것이 항상 좋은 대안이 되는 것은 아니다. 예를 들어, 금리가 상승할 경우 차입자는 금리선물이나 금리스왑을 이용함으로써 확실성을 보장 받은 것에 대해 만족할 것이나, 금리가 하락할 경우 원래의 리스크 노출을 유지하는 것이 이익이므로 헤지한 것을 후회할 것이다. 리스크의 개념은 시장이 유리하게 변할 때와 불리하게 변할 때를 모두 포함하고 있다. 따라서 손익구조가 선형인 금리파생상품으로 금리 리스크를 제거하는 것은 불리한 리스크를 제거할 뿐만 아니라 유리한 리스크도 제거하는 것을 의미한다.

금리옵션이란 금리 또는 금리에 의해 가격이 결정되는 채권 및 채권선물을 거래대상으로 하는 금리파생상품으로, 금리옵션의 유용성은 불리한 리스크를 제거하고 유리한 리스크를 보존할 수 있도록 금리 리스크를 효율적으로 관리할 수 있다는 것이다. 본 장에서는 채권옵션이면서 금리옵션의 성격을 지닌 T-Note / Bond 옵션(CBOE), 채권선물옵션인 T-Bond 선물옵션(CBOT)과 유로달러선물옵션(CME)의 상품내역과 가격결정모형을 소개한다. 또한 캡, 플로어, 스왑션, 그리고 금리연계 상품개발에 활용가능한 대표적인 이색옵션(exotic option) 등 구조화금융(structured financing)의 이해에 필수적인 장외금리옵션을 다루고 있다. 또한 [부록]에서는 옵션의 핵심개념에 관한 요약을 제시하고 있다.

5.1 금리옵션이란?

금리옵션은 옵션의 손익이 금리수준에 의해 결정되는 옵션을 말한다. 최근 여러 유형의 금리옵션이 장외시장과 거래소에서 거래되고 있으며, 금리옵션은 채권옵션, 채권선물옵션, 그리고 장외 금리옵션으로 분류할 수 있다.

거래소에서 거래되는 채권옵션으로는 T-Bond 옵션(CBOE : 1982년 10월 상장)과 T-Note 옵션(CBOE: 1985년 7월 상장)을 들 수 있다. 이 옵션들은 유럽형 옵션으로 옵션만기일의 T-Bond/Note '만기수익률'에 근거하여 현금결제가 이루어지는 특이한 결제방식을 택하고 있다. 따라서 채권옵션이라기 보다는 금리옵션의 성격을 띠고 있다.

미국에서 가장 활발히 거래되는 금리옵션으로는 CME Group에서 거래되는 T-Bond / Note 선물옵션과 유로달러 선물옵션을 들 수 있다. 장외 금리옵션인 캡, 플로어, 스왑션 등은 구조화채권(structured notes)의 발행뿐만 아니라 다양한 상품개발에 활용되고 있다. 예를 들어, 금리상한 변동금리채권(Capped FRN), 금리상하한 변동금리채권(Collared FRN), 수의상환 변동채권(Callable Flipper Bond) 등 금리연계 구조화채권의 구성요소로서 금리옵션이 활용되고 있다.

5.2 채권옵션(Bond Option)

1. 채권옵션의 개념

채권옵션은 채권현물을 기초자산으로 하는 옵션이다. 즉, 일정한 행사가격으로 채권을 매수 또는 매도할 수 있는 권리를 의미한다. 일부 채권에는 옵션이 내재되어 있는 경우도 있다. 예를 들어, 수의상환채권(callable bond)은 발행자가 미래에 미리 약정된 가격에 채권을 다시 매수할 수 있는 권리를 갖는 조항(call provision)을 포함한다. 즉, 채권 투자자는 발행자에게 콜옵션을 매도한 것과 같다. 수의상환채권은 일반적으로 발행 후 일정기간(no-call period) 동안 콜옵션의 행사를 금지하는 조항을 포함하여 투자자를 보호한다.

상환요구채권(putable)은 투자자가 미래에 미리 약정한 가격으로 상환을 요구할 수 있는 권리를 갖게 된다. 즉, 채권투자자는 발행자로부터 풋옵션을 매수한 것과 같다.

투자자의 입장에서 풋옵션은 채권의 가치를 증가시키므로 상환요구채권의 수익률은 일반적으로 상환요구권이 없는 채권의 수익률보다 낮다.

채권이외에 채권옵션이 내재되어 있는 금융상품들이 있다. 예를 들어 고정금리 예금의 경우 예금자가 만기 이전에 예금을 인출할 수 있는 권리(조기인출권리)는 채권에 대한 풋옵션의 성격을 갖는다. 또한 금융기관의 대출약정(loan commitment)도 채권에 대한 풋옵션의 성격을 갖는다. 한편, 고정금리 대출의 경우 차입자가 만기 전에 원금을 상환할 수 있는 권리(조기상환권리)는 채권에 대한 콜옵션의 성격을 갖는다.

2. T-Bond(Note) 옵션

T-Bond 옵션과 T-Note 옵션은 유럽형 옵션으로 T-Bond / Note의 '만기수익률'에 근거한 현금결제방식을 택하고 있어 채권옵션이라기 보다는 금리옵션의 성격을 띠고 있다. 5년 T-Note 옵션(FVX), 10년 T-Note 옵션(TNX), 30년 T-Bond 옵션(TYX)는 가장 최근에 발행된 T-Note/Bond의 만기수익률(×10)을 거래대상으로 한다. 행사가격 간격은 2½ point(1point = 10bp)로서 최소호가단위는 옵션가격이 3.00이하인 경우 0.05($5.00), 그 외에는 0.10($10.00)이다(1point = $100.00).

만기일은 만기월의 세 번째 금요일 직후의 토요일이고 만기월은 3개의 연속월물과 3개의 분기물이 있다. 행사유형은 유럽형으로 만기일전 최종영업일에 행사가 이루어진다. 최종거래일은 만기일 직전 영업일(일반적으로 금요일)이며, 거래시간은 7:20a.m.-2:00p.m.(시카고시간)이다.

옵션 행사시 결제가치(settlement value)는 최종거래일(2:30p.m.)의 현물수익률(spot yield)에 의해 산출한다. 이때 현물수익률은 가장 최근 발행된 T-Note / Bond의 만기수익률을 의미한다. 만기일 다음 영업일에 결제가 이루어지며, 행사결제금액(exercise-settlement amount)은 결제가치와 옵션행사가격의 차이에 승수 $100을 곱하여 계산한다.

표 5.1 T-Note/Bond 옵션의 상품내역(CBOE)

항 목	내 용
거래대상	T-Note / Bond의 만기수익률(×10)
권리행사유형	유럽형(만기일전 최종영업일)
최소호가단위	0.10($10.00), 단 옵션가격이 3.00 이하인 경우 0.05($5.00)
행사가격간격	2.5point
만기월	3개의 연속월물 + 3개의 분기물
만기일	만기월의 세 번째 금요일 직후의 토요일
최종거래일	만기일 직전 영업일(일반적으로 금요일)
거래시간(시카고시간)	Floor: 7:20a.m. ~ 2:00p.m
옵션행사시 결제금액	최종거래일(2:30p.m.)의 만기수익률(×10)과 옵션 행사가격의 차이에 승수 $100을 곱하여 계산

출처 : www.cboe.com

예 제

30년 T-Bond 수익률의 상승을 예상하는 투자자 또는 채권포트폴리오를 보유하고 있어 금리상승 리스크에 노출되어 있는 펀드관리자는 TYX(30년 T-Bond 옵션) Call을 매수하면 된다. 만일 예상대로 수익률이 상승하면 옵션의 기초자산가치(30년 T-Bond 수익률 × 10)가 증가하게 된다. 기초자산가치가 행사가격보다 커지면 옵션 만기시 결제가치와 행사가격의 차이에 $100을 곱한 금액만큼 이익을 얻게 된다.

T-Bond 현물가격(만기수익률 × 10)이 62.50(즉, 30년 T-Bond의 만기수익률 = 6.25%), 3개월 만기 TYX 62.5 Call(ATM)의 시장가격이 1.50이라고 하자. 수익률 상승을 예상한 투자자가 Call 5계약을 매수하려면 $750의 투자금액이 필요하다.

1.5 × $100(승수) × 5(계약) = $750

따라서 현물가격이 64(= 62.5 + 1.5) 이상 상승하면 투자자는 이익을 볼 수 있다. 만일 30년 T-Bond 수익률이 상승하여 TYX의 만기시 결제가치가 67.50(수익률 6.75%)이 되면 투자자는 TYX 62.50 Call을 행사하여 $1,750의 순이익을 얻게 된다.

(67.5 − 62.5) × $100 × 5(계약) − $750 = $1,750

3. 채권옵션의 가격결정

블랙-숄즈 모형은 1973년에 처음 발표된 후 파생상품시장에서 광범위하게 활용되고 있으며, 통화옵션, 주가지수옵션, 선물옵션 등의 가격결정에 적용할 수 있도록 모형이 확장되어 왔다. T-Note / Bond옵션의 가치를 평가하는 가장 간단한 방법은 블랙-숄즈 모형을 그대로 이용하는 것이다.

옵션의 기초자산이 채권의 수익률이므로 만기시 채권수익률이 대수정규분포를 따른다고 가정하면 블랙-숄즈 모형에 의한 유럽형 콜옵션(c)과 풋옵션(p)의 가격은 다음과 같이 결정된다.[1)]

$$c = PN(d_1) - Ke^{-rT}N(d_2)$$

$$p = Ke^{-rT}N(-d_2) - PN(-d_1)$$

P : 기초자산가격(채권의 만기수익률 × 10)
T : 옵션의 잔존만기(연표시)
σ : 채권수익률의 변동성
K : 옵션의 행사가격
r : 옵션의 잔존만기 동안 적용되는 무위험 이자율

$$d_1 = \frac{\ln\left(\frac{P}{K}\right) + \left(r + \frac{1}{2}\sigma^2\right)T}{\sigma\sqrt{T}}, \quad d_2 = d_1 - \sigma\sqrt{T}$$

금리옵션의 가치를 결정하기 위한 보다 정교한 방법은 금리의 기간구조를 모형화하는 것이다. 이 모형은 시간이 흐름에 따라 변하는 수익률곡선의 가능한 행태를 묘사하는 모형이다. 금리기간구조모형은 주식의 가격이나 환율의 변화를 묘사하는 모형보다 훨씬 복잡하다. 왜냐하면 단 하나의 변수에 대한 것이 아니고 수익률곡선 전체의 움직임을 모형화해야 하기 때문이다. 시간이 지남에 따라 기간구조(term structure)의 개별 이자율이 변할 뿐만 아니라 수익률곡선 자체의 형태도 변한다.

금리기간구조를 이용한 금리옵션의 가격결정모형에는 Vasicek(1977), Cox, Ingersoll & Ross(1995) 등 균형모형(equilibrium model)과 Ho & Lee(1986), Black, Derman

1) 블랙-숄즈 옵션가격결정모형에 관한 자세한 설명은 제11장 참조.

& Toy(1990), Hull & White(1990), Heath, Jarrow & Morton(1992) 등 무차익거래모형(no-arbitrage model)이 있다. 제12장에서는 이러한 기간구조모형에 관해 상세히 설명하고 있다.

5.3 금리선물옵션

1. 선물옵션의 개념

선물옵션(futures option)은 선물을 기초자산으로 하는 옵션이다. 즉, 옵션 보유자가 옵션을 행사하면 선물 포지션을 획득하게 된다. 선물콜옵션을 매수한 투자자가 옵션을 행사하면 선물에 매수 포지션을 취하게 되며, 선물가격과 행사가격의 차이를 받는다. 한편, 선물풋옵션을 매수한 투자자가 옵션을 행사하면 선물에 매도 포지션을 취하게 되며 행사가격과 선물가격의 차이를 받는다.

거래소에서 거래되는 금리선물옵션 중 가장 인기 있는 것은 T-Bond 선물, T-Note 선물, 유로달러 선물에 대한 옵션이다. 이자율이 상승하면 채권가격은 하락하고, 이자율이 하락하면 채권가격은 상승한다. 단기이자율이 상승할 것으로 예상하는 투자자는 유로달러선물 풋옵션을 매수하여 투기할 수 있고, 단기이자율이 하락할 것으로 예상하는 투자자는 유로달러선물 콜옵션을 매수하여 투기할 수 있다. 장기이자율이 상승할 것으로 예상하는 투자자는 T-Bond나 T-Note에 대한 선물풋옵션을 매수하고, 장기이자율이 하락할 것으로 예상하는 투자자는 선물콜옵션을 매수하여 투기할 수 있다.

선물옵션이 현물옵션보다 투자자로부터 많은 관심을 끄는 이유는 기초자산인 선물이 현물보다 유동성이 높고 거래하기가 용이하다는 점을 들 수 있다. 또한 현물가격은 투자자들이 쉽게 알 수 없는 반면, 선물가격은 시장에서 실시간으로 제공된다. 선물옵션의 경우 옵션행사시 선물포지션으로 들어간 후 만기 이전에 청산되는 것이 일반적이기 때문에 옵션을 행사하여 현물을 취득하게 되는 현물옵션보다 투자자에게 매력적이다. 마지막으로 선물옵션과 선물이 동일한 거래소의 피트(pit)에서 거래되는 편리함뿐만 아니라 현물옵션에 비해 거래비용이 작다는 장점이 있다.

2. 국채 선물옵션

(1) 미국 국채선물옵션

CME Group은 1982년에 미국 장기국채선물(T-Bond Futures)을 거래대상으로 하는 국채선물옵션을 최초로 상장하였다. 그 이후 10년 만기 T-Note 선물과 5년 만기 T-Note 선물에 대한 옵션을 상장하였다(상세한 상품 내역에 대해서는 [표 5.2] 참조).

T-Bond와 T-Note 선물옵션의 가격은 기초자산의 액면금액의 %로 표기된다. 즉, 1%의 1/64 단위로 표시되며 1계약은 액면가 10만달러의 선물계약의 인수도를 의미한다. 옵션 매수자가 옵션을 행사하면 청산소인 BOTCC(Board of Trade Clearing Corporation)는 옵션 매수자와 매도자에게 선물 포지션을 부여하게 된다. 청산소는 거래소와 무관한 독립 법인체로서 모든 매매주문을 청산하는 역할을 한다. 미국 국채선물 콜옵션이 행사되었을 경우 청산소는 콜옵션 매수자의 계정에 미국 국채선물을 옵션의 행사가격에 매수한 것으로 기록하고 콜옵션 매도자의 계정에는 미국 국채선물을 행사가격에 매도한 것으로 기록한다. 풋옵션이 행사되었을 경우에는 청산소로부터 풋옵션 매수자는 선물매도 포지션을 부여받고 풋옵션 매도자는 선물매수 포지션을 부여받는다.

선물가격 상승을 예상한 콜옵션 매수자는 당연히 선물가격이 행사가격 이상으로 상승하여 ITM 옵션이 되기를 바란다. 반면, 콜옵션 매도자는 선물가격이 보합세를 보여 옵션이 ATM이 되거나 선물가격이 하락하여 옵션이 OTM이 되면 이익을 보게 된다.

T-bond 선물옵션을 이용한 투자의 예를 들어보자.

상황 : 00년 8월 현재 T-bond 수익률은 연 8.4%이다. 투자자는 이 수익률이 하락할 것으로 예상하고 있다. 12월 만기 T-bond 선물의 가격은 96-09이고, 행사가격이 98인 선물콜옵션의 가격은 1-04이다.

전략 : 투자자는 12월 만기 T-Bond 선물에 대한 콜옵션 1계약을 매수한다. 비용은 100,000달러의 11/16%, 즉 1,062.50달러이다.

결과 : 옵션의 만기일까지 T-Bond 수익률이 8.0%로 하락하고 12월 만기 T-Bond 선물의 가격이 100-00이 된다. 따라서 옵션의 이익은 2,000달러이고 투자자는 \$2,000 − \$1,062.50 = \$937.50달러의 이익을 얻는다.

표 5.2 미국 국채 선물옵션

	5년 만기 T-Note 선물옵션	10년 만기 T-Note 선물옵션	T-Bond 선물옵션
거 래 단 위	CBOT에서 거래되는 액면가 $100,000단위의 일정 인도월 미국 5년 만기 T-Note 선물	CBOT에서 거래되는 액면가 $100,000단위의 일정 인도월 미국 10년 만기 T-Note 선물.	CBOT에서 거래되는 액면가 $100,000단위의 일정 인도월 미국 T-Bond 선물
최소호가 단위	1/64포인트 ($15.625)	좌 동	0.5/64포인트 ($7.8125)
행 사 가 격	현재 5년 만기 T-Note 선물가격을 중심으로 0.5포인트($500) 간격으로 설정. 예를 들어 현재 5년 만기 T-Note 선물가격이 94-00이라고 하면 행사가격은 92.5, 93, 93.5, 94, 94.5, 95, 95.5 등으로 설정됨.	현재 10년 만기 T-Note 선물가격을 중심으로 1포인트 ($1,000) 간격으로 설정. 예를 들어 현재 10년 만기 T-Note 선물가격이 92-00이라고 하면 행사가격은 89, 90, 91, 92, 93, 94, 95등으로 설정됨.	T-Bond 선물의 전일 정산가격에 근거하여 1포인트($1,000) 간격으로 다음과 같이 설정됨. 전일 T-Bond 선물의 거래범위를 기준으로 최소한 30개의 행사가격을 설정.
계 약 월	3개의 계약월(2개의 연속월물과 1개의 분기물) 외에 분기 주기(3월 / 6월 / 9월 / 12월)에 들어있는 다음 2개의 월물(항상 5개 월물이 거래되도록 설정)	좌 동	좌 동
최종 거래일	옵션거래는 선물 만기월의 전월에 종료됨. 옵션은 옵션계약월 이전 달의 최종 거래일로부터 역산하여 최소 2일의 거래일이 있는 마지막 금요일 정오에 거래가 종료됨	좌 동	좌 동
행 사	선물옵션 매수자는 옵션이 만료되기 전 어느 근무일에나 오후 6시까지 CBOT의 청산소에 행사통지를 제출함으로써 옵션을 행사할 수 있음. 행사통지 접수 후 청산소에서는 무작위로 행사상대방인 옵션 매도자를 선출함. 최종 거래일 당시 내가격인 옵션은 청산소에 의해 자동 행사됨	좌 동	좌 동
거 래 시 간 (시카고시간)	공개호가 : 7:20a.m. – 2:00p.m.(월-금) 전자거래 : 7:00p.m. – 4:00p.m.	좌 동	좌 동

출처 : www.cmegroupcom

(2) 국채 선물옵션의 가격결정

1) 미국형 국채선물옵션 가격의 구성요소

만기일 이전의 미국형 국채 선물옵션의 가격은 이론적으로 내재가치(intrinsic value), 시간가치(time value), 조기행사권리의 가치(early exercise premium)로 구성된다. 내재가치는 옵션 매수자가 옵션을 행사할 때 실현되는 가치를 의미하며, 내가격 옵션의 경우에만 내재가치가 존재한다. 콜옵션의 내재가치는 국채 선물가격과 행사가격의 차이로 결정되고, 풋옵션의 내재가치는 행사가격과 국채 선물가격의 차이로 결정된다.

옵션의 Moneyness		
	콜옵션	풋옵션
ITM (내가격)	선물가격>행사가격	선물가격<행사가격
ATM (등가격)	선물가격=행사가격	선물가격=행사가격
OTM (외가격)	선물가격<행사가격	선물가격>행사가격

그러면 옵션의 시간가치란 무엇인가? 시간가치는 (유럽형) 옵션가격 중 내재가치를 초과하는 부분을 의미하며, 옵션만기일까지 국채선물가격이 옵션 매수자에게 유리한 방향으로 움직일 가능성에 대한 가치라고 할 수 있다. 옵션 만기일까지의 잔존기간이 길거나 국채선물가격의 변동성이 클수록 시간가치는 커지게 되고 옵션가격도 비싸진다. 등가격 옵션이나 외가격 옵션의 경우 내재가치는 없지만 잔존기간 동안 이익 발생 가능성 때문에 시간가치가 존재한다. 따라서 등가격 옵션이나 외가격 옵션의 가격은 바로 시간가치를 의미한다. 이러한 시간가치는 옵션의 만기일이 다가올수록 급속히 감소하게 되며, 이를 "시간가치 소멸효과(time decay effect)" 라고 한다.

유럽형 옵션의 가격은 내재가치와 시간가치로 구성되나 미국형 옵션의 경우 옵션을 만기일 이전에 조기행사 할 수 있는 권리가 부여되므로 그 가치만큼 가격이 높게 형성된다.

2) 국채 선물옵션의 가격결정모형

Black(1976) 모형 : 유럽형 국채 선물옵션의 가격결정

선물옵션은 옵션보유자에게 선물포지션을 취할 권리를 부여한다는 점을 제외하고는

일반적인 옵션과 동일하다. Black(1976) 모형에 의하면 유럽형 국채선물 콜옵션가격(c)과 풋옵션가격(p)은 다음과 같이 결정된다. 이 모형은 Black-Scholes(1972) 모형에서 선물가격이 보유비용모형을 따른다는 가정을 결합시킨 것으로 유럽형 선물옵션의 가격결정에 이용할 수 있다.

$$c = e^{-rT}[FN(d_1) - KN(d_2)]$$

$$p = e^{-rT}[KN(-d_2) - FN(-d_1)]$$

$$d_1 = \frac{\ln\left(\frac{F}{K}\right) + \frac{1}{2}\sigma^2 T}{\sigma\sqrt{T}}, \quad d_2 = d_1 - \sigma\sqrt{T}$$

F: 선물가격, K: 행사가격, σ : 변동성

T: 만기까지 잔존일수, r : 무위험 이자율

예를 들어, 국채선물 가격(F)이 105, 만기까지 남은 잔존일수(T)가 30일(0.0822년), 행사가격(K)이 103, 이자율(r)이 4.22%(0.0422), 국채선물가격의 연간 변동성(σ)이 6.82%(0.0682)라고 할 때 콜옵션의 가격(c)은 2.17이다. 즉, 국채 선물옵션 1계약을 매수하기 위해서는 1억원의 2.17%인 217만원을 지불해야 한다.

Whaley(1986) 모형: 미국형 국채 선물옵션의 가격결정

만기 이전에 옵션을 조기행사 할 수 있는 미국형 선물옵션의 경우 조기행사권리에 대한 가치를 고려해야 한다. 옵션 매수자에게 만기일 이전에 옵션을 조기행사 할 수 있는 권리를 갖게 되면 그러한 권리의 가치만큼 유럽형 옵션의 가격보다 높게 형성될 것이다.

미국형 옵션의 가격 = 유럽형 옵션의 가격 + 조기행사권리의 가치

이러한 미국형 선물옵션의 가격결정에 이용할 수 있는 모형으로서 Whaley(1986) 모형이 있다. 이 모형에서는 옵션이 만기 이전에 행사되는 선물가격 수준 F^*을 결정하는 것이 중요한데, F^*을 결정하기 위해 수치해석(Newton-Raphson) 방법을 이용한다. Whaley 모형은 Black모형을 이용하여 구한 값보다 더 정확한 값을 구할 수 있으

나 수치해석 방법을 사용하므로 계산속도가 느리다는 단점이 있다. Whaley 모형에 의하면 미국형 콜옵션과 풋옵션의 가격은 다음과 같이 결정된다.

$$C = c(Black) + A_2\left(\frac{F}{F^*}\right)^{q_2} \qquad P = p(Black) + A_1\left(\frac{F}{F^*}\right)^{q_1}$$

$$A_2 = \frac{F^*}{q_2}\left(1 - e^{-rT}N\left[d_1(F^*)\right]\right) \qquad A_1 = -\frac{F^*}{q_1}\left(1 - e^{-rT}N\left[d_1(F^*)\right]\right)$$

$$k = \frac{2r}{\sigma^2(1 - e^{-rT})} \qquad q_2 = \frac{1 + \sqrt{1 + 4k}}{2}$$

$$q_1 = \frac{1 - \sqrt{1 + 4k}}{2}$$

$$F^* - K = c(Black) + \frac{F^*}{q_2}\left[1 - e^{-rT}N(d_1(F^*))\right]$$

$$K - F^* = p(Black) - \frac{F^*}{q_1}\left[1 - e^{-rT}N(-d_1(F^*))\right]$$

이때 C는 미국형 콜옵션 가격, c(Black):는 유럽형 콜옵션 가격, P는 미국형 풋옵션 가격, p(Black)는 유럽형 풋옵션 가격을 나타낸다.

예를 들어, $F = 105$, $K = 103$, $T = 0.0822$, $r = 4.22\%$, $\sigma = 6.82\%$일 때 옵션이 만기일 이전에 행사되는 선물가격은 $F^* = 104.04$, 콜옵션가격은 $C = 2.18$로 결정된다. Black 모형을 이용하여 계산한 유럽형 선물옵션(c)의 가격보다 0.01(1만원)만큼 차이가 남을 알 수 있다.

[그림 5-1]은 미국형 콜옵션의 가격(C)과 유럽형 콜옵션 가격(c)의 차이, 즉 옵션의 '조기행사권리의 가치(VEP)'를 보여주고 있다.

유럽형 콜옵션의 가격결정식을 보면 미국형 콜옵션이 조기행사될 수 있음을 알 수 있다. 선물가격이 행사가격보다 높아져 DITM(Deep-In-The-Money) 옵션이 되면 $N(d_1)$과 $N(d_2)$는 1에 수렴하게 되고 유럽형 옵션가격은 $c = e^{-rT}(F - K)$에 접근하게 된다. 그러나 미국형 콜옵션을 행사하면 $e^{-rT}(F - K)$보다 큰 $(F - K)$을 얻게 된다. 따라서 미국형 콜옵션은 만기일전에 조기행사될 수 있고 유럽형 콜옵션 가격보다 높게 형성된다.

그림 5-1 미국형 콜옵션의 조기행사권리의 가치

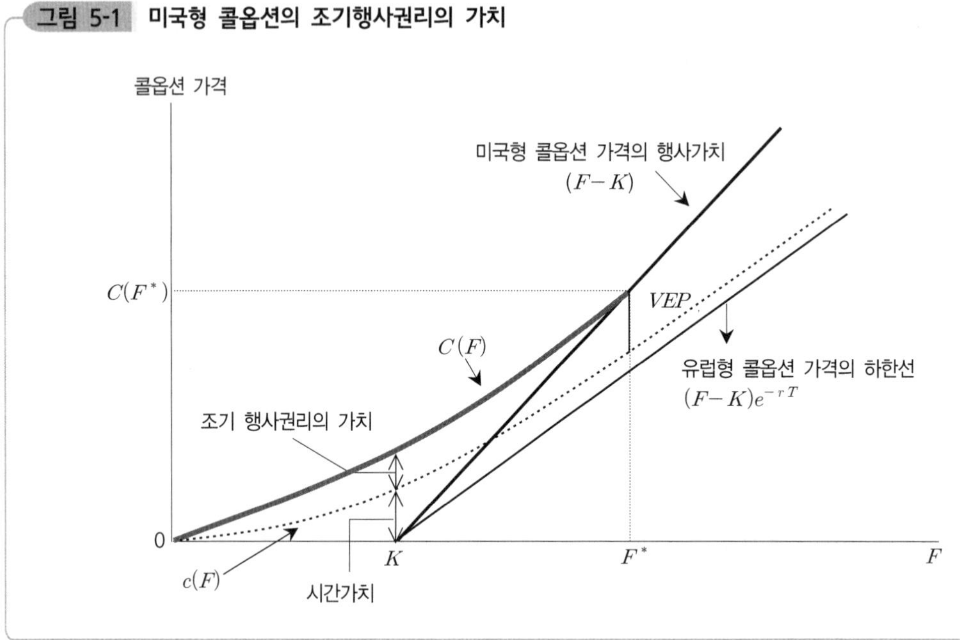

F^*는 옵션이 만기 이전에 행사되는 선물가격의 경계수준을 나타낸다. 따라서 선물가격이 F^*보다 낮은 영역에서는 VEP(조기행사권리의 가치)가 미국형 콜옵션가격(C)과 유럽형 콜옵션가격(c)의 차이로 결정된다. 그러나 선물가격이 F^*보다 높은 영역에서는 VEP(조기행사권리의 가치)가 $(F-K)$와 유럽형 콜옵션가격의 차이로 결정된다. 선물가격이 행사가격보다 높아져 콜옵션이 DITM가 될 경우 유럽형 옵션가격은 $e^{-rT}(F-K)$에 접근하게 되므로

$$VEP=(F-K)-e^{-rT}(F-K)=(F-K)(1-e^{-rT})$$

즉, VEP의 최대치는 옵션의 조기행사로 얻게 되는 이자수익의 현재가치임을 알 수 있다.

이항모형: 미국형 국채 선물옵션의 가격결정

미국형 선물옵션의 가격결정에 이용할 수 있는 모형으로 Cox-Ross-Rubinstein(1979)의 이항모형이 있다. 이 모형에서는 국채선물가격이 상승과 하락의 두 가지만 계속해서 발생하는 이항분포 생성과정(binomial generating process)을 따른다고 가정한다. 이 때 시간이

흐름에 따라 형성되는 이항트리(binomial tree)가 로그정규분포(lognormal distribution)를 따르도록 상승률(u)과 하락률(d)을 선택하게 된다. 이 모형에 의하면 콜옵션가격(C)과 풋옵션가격(P)은 다음과 같이 결정된다.

$$C(i,\ j)=\max\left[\frac{pC(i+1,\ j)+(1-p)C(i+1,\ j+1)}{rr},\ F(i,\ j)-K\right]$$

$$P(i,\ j)=\max\left[\frac{pP(i+1,\ j)+(1-p)P(i+1,\ j+1)}{rr},\ K-F(i,\ j)\right]$$

$$p=\frac{1-d}{u-d},\quad rr=1+\frac{rT}{n},\ u=e^{\sigma\sqrt{T/n}},\ d=1/u$$

예를 들어, $F=105$, $K=103$, $T=0.0822$, $\sigma=6.82\%$, $r=4.22\%$, $n=49$일 때 $C=2.17$이다. 즉, Black 모형을 이용하여 계산한 값과 동일하다.

3) 미국형 국채 선물옵션의 조기행사

배당금을 지급하지 않는 주식에 대한 옵션의 경우 콜옵션의 조기행사는 시간가치를 포기하는 것이기 때문에 옵션을 행사하는 것보다는 옵션을 매매하는 것이 더 이익이다. 한편, 배당이 있는 주식에 대한 미국형 콜옵션의 경우 배당금을 받기 위해 옵션을 조기행사할 수 있다. 풋옵션도 과내가격(deep-in-the-money)인 경우 옵션을 조기행사하여 확보된 내재가치만큼을 무위험 자산에 재투자할 수 있다.

미국형 국채 선물옵션을 조기에 행사할 유인은 무엇인가? 기초자산이 현물이 아니라 선물인 선물옵션의 경우 만기이전에 행사의 유인이 생기는 경우는 보유하고 있는 옵션이 과내가격(deep in the money)이 될 경우이다. 이 경우 옵션의 프리미엄은 상당히 높은 수준에서 형성되고 선물가격과 거의 같이 움직이게 되며 시간가치는 미미할 것이다.

과내가격 옵션의 경우에 시장에서 이와 동일한 수준의 프리미엄을 받고 전매도 하려면 유동성이 뒷받침 되어야 하는데 매도/매수 호가의 스프레드가 상당히 벌어져 있어 옵션 포지션을 청산할 때 내재가치를 확보하지 못하게 될 수도 있다. 이러한 경우 내재가치를 확실하게 보장받는 행사전략을 선택하는 것이 유리하다. 국채선물 콜옵션을 행사한 후 받게 되는 국채선물의 가격은 옵션가격과 유사하게 움직인다. 또한 옵션

행사로 받게 되는 내재가치를 무위험자산에 투자하여 추가수익을 얻을 수 있다. 이러한 이유 때문에 과내가격 옵션의 경우 미국형이 유럽형보다 옵션의 조기행사 권리의 가치만큼 높게 형성될 것이다.

한편, 옵션의 행사자는 국채선물 매수포지션을 다음 날 선물시장 개장시점까지 유지하다가 시초가에 청산하는데 따른 부담을 안게 된다. 즉, "overnight price risk"에 노출이 된다. 이는 옵션이 비록 미국형이더라도 옵션의 행사를 자제하게 하는 요인으로 작용한다면 미국형 옵션의 프리미엄이 유럽형 옵션에 비해 별로 차이가 나지 않을 수 있다. 이러한 "overnight price risk"를 회피하는 방법은 종가에 국채선물을 매도한 후 장종료 후 콜옵션을 행사하는 것이다. 이 경우 다음 날 국채선물가격이 어떻게 움직이든 콜옵션의 행사로 얻은 내재가치를 확보할 수 있다.

옵션의 매수자의 입장에서 볼 때 언제 옵션을 조기행사 할 유인이 생기는가? 직관적으로 생각할 때 옵션을 조기행사해서 확보한 내재가치를 재투자해서 얻는 추가적인 수익이 적어도 옵션을 행사함으로써 포기하는 가치보다는 커야할 것이다. 이를 식으로 표현하면

$$(F-K)e^{r(T-t)} - (F-K) > C-(F-K)$$

즉, $(F-K)e^{r(T-t)} > C$ 또는 $E=(F-K)e^{r(T-t)} - C > 0$

이때 C는 옵션가격, F는 선물가격, K는 행사가격, $F-K$는 옵션의 내재가치, $T-t$는 잔존일수, r은 무위험 이자율을 나타낸다.

예를 들어, 행사가격이 105, 잔존만기가 0.082년인 국채선물 콜옵션을 매수한 투자자의 조기행사 시점을 살펴보자(이자율 4.54%, 변동성 6.82% 가정). 국채선물가격이 행사가격과 같은 등가격 옵션인 경우 $E<0$이므로 옵션을 조기에 행사할 유인은 없으며, 국채선물가격이 상승하여 $E>0$ 상태(과내가격 옵션)가 되어야 옵션을 조기행사 할 유인이 생기게 된다. $E>0$ 상태에 도달하기 위해서는 국채선물가격이 110이상이 되어야 하므로 옵션이 과내가격 상태가 되기 전까지 옵션을 조기행사 할 이유는 없는 것이다.

3. 유로달러 선물옵션

(1) 상품 내역

유로달러 선물옵션은 유로달러 현물이 아닌 선물계약을 기초자산으로 하는 옵션거래이다. 유로달러선물 콜옵션의 경우 옵션매수자는 옵션 행사시 미리 정한 행사가격으로 유로달러선물을 매수할 수 있고, 유로달러선물 풋옵션의 경우 옵션매수자는 옵션 행사시 미리 정한 행사가격으로 유로달러선물을 매도할 수 있다.

옵션거래의 계약단위는 유로달러 선물 1계약이 되고, 만기월은 3, 6, 9, 12월로 정해져 있다. 유로달러 선물옵션의 가격은 소수점 이하 2자리로 표시하며 1계약은 액면가 100만 달러의 선물계약의 인수도를 의미한다. 최소가격변동폭은 0.01로 그 가치는 유로달러선물과 동일하게 $25이다.

표 5.3 유로달러 선물옵션의 상품내역

항 목	내 용
거 래 대 상	유로달러선물
거 래 단 위	유로달러선물 1계약
권리행사유형	미국형(유로달러선물에 대한 콜옵션과 풋옵션)
가격표시방법	0.01($25.00)
행사가격간격	0.25
결 제 월	3, 6, 9, 12월
거 래 시 간 (시카고시간)	Floor : 7:20a.m. ~ 2:00p.m Globex : 2:10p.m. ~ 7:05a.m. (월 ~ 목) 4:00p.m. ~ 5:00p.m. (휴장), 5:30p.m. ~ 7:05a.m. (일요일, 휴일)
최소가격변동폭	Regular : 0.01 = $25.00 Half Tick : 0.005 = $12.50 (분기월 근월물 4개, 분기월이 아닌 경우 근월물 2개) Quarter Tick : 0.0025 = $6.25 (유로달러선물 최근 월물이 거래대상인 경우)
가 격 제 한 폭	Floor : 없음 Globex : 유로달러선물이 가격제한폭에 걸린 경우
최 종 거 래 일	결제월 3번째 수요일 2 영업일 전

출처: www.cmegroup.com

옵션의 행사는 최종거래일까지 영업일에는 항상 행사가 가능한 미국형 옵션이며, 만일 최종거래일까지 행사되지 않은 채 내가격 상태로 끝나면 옵션은 최종거래일에 자동적으로 행사된다(최종거래일은 유로달러선물의 최종거래일과 동일함).

옵션의 행사는 오후 7:00시까지 옵션매수자의 청산회원이 청산소에 행사의사를 통보함으로써 처리된다. 옵션 행사를 할 경우 미리 정한 행사가격으로 선물계약을 보유하게 되는데, 이 선물포지션은 행사 다음날부터 일일정산 대상이 된다. 물론 언제든지 반대매매를 통하여 청산할 수 있다.

(2) 옵션의 조기행사

투자자가 유로달러선물 콜옵션을 매수하였다고 하자. 이 경우 투자자는 기본적으로 LIBOR 금리의 하락으로 선물가격이 상승할 경우 옵션가격의 상승을 기대하게 된다. 따라서 외가격이나 등가격 상태에 있는 선물 콜옵션을 비교적 싼 가격에 매수한 투자자에게 유로달러선물 가격의 상승은 호재가 된다.

이 경우 투자자가 선택할 수 있는 방법은 가격이 상승한 옵션을 시장에서 매도하는 것이다. 이러한 반대매매가 가장 확실하게 이익을 챙기는 방법이다. 그러나 이러한 전략이 여의치 않을 경우가 있다. 예를 들어 옵션행사가격이 95인데 선물가격이 97이라면 이 내가격 옵션의 가격은 2 point가 넘게 되어 계약당 5,000달러(0.01 point당 $25)가 되는데 이렇게 비싼 옵션을 사려는 투자자는 별로 없어 옵션을 상승한 가격에 처분하기가 어렵다. 이 경우 투자자는 중개사에 옵션의 행사의사를 통보하고 거래소는 일정한 규칙에 따라 옵션을 매도한 투자자 중에서 행사를 받아줄 대상을 선정하게 되고 옵션매수자(투자자)는 95의 가격에 선물 한 계약의 매수포지션을 보유하게 된다. 그러나 이 선물계약은 그 다음 날부터 일일정산의 대상이 되므로 선물가격의 변동 리스크에 노출된다.[2)]

2) 국채선물옵션의 조기행사와 관련한 “overnight price risk”를 관리하는 방법을 참조하기 바람.

5.4 장외 금리옵션

1. 캡(cap)

차입자가 미래의 금리변화에 따른 리스크를 회피하고자 하면 일련의 선도금리계약(FRA: Forward Rate Agreement)과 동일한 효과를 주는 금리스왑을 이용하면 되고, 미래의 금리상승 리스크를 회피하고 금리하락 이익은 얻고자 한다면 일련의 금리옵션 계약과 동일한 효과를 주는 캡(cap)을 이용하면 된다.

캡(cap)이란 계약상의 최고금리(cap rate 또는 strike rate) 이상으로 기준금리(reference rate: LIBOR)가 상승하면 캡매도자가 캡매수자에게 차액만큼을 지급하기로 하는 계약이다. 각 결제일에 캡매도자가 캡매수자에게 지불하는 금액은 기준금리와 행사금리(최고금리)의 차이에 일정한 명목원금을 곱한 액수가 된다. 만약 기준금리가 행사금리보다 낮으면 아무런 지급도 발생하지 않는다. 즉, 각 결제일에 캡매도자가 매수자에게 지불하는 금액은 다음과 같다.

$$N \times MAX[r - r_c,\ 0]$$

이때 N은 명목원금, r은 기준금리(LIBOR), r_c은 캡금리(행사금리)를 나타낸다.

차입자는 캡을 매수함으로써 자신이 원하는 기간 동안 금리상승 리스크를 제거하면서 금리하락에 따른 혜택을 누릴 수가 있다. 채권에 대한 풋옵션의 경우에도 금리가 상승하면 채권가격이 하락하고 풋옵션이 행사될 것이기 때문에 캡의 매수(매도)는 채권에 대한 풋옵션의 매수(매도)와 같은 현금흐름을 발생시킨다. 이와 같이 캡은 채권에 대한 다기간 풋옵션으로 이해하면 된다.

[그림 5-4]는 캡의 원리를 보여준다. 캡은 미래의 일정 시점에서 대출에 적용할 금리를 미래의 일정시점의 시장금리와 캡금리 중 낮은 금리로 보장하는 것이다. 예를 들어, 금융기관이 원금이 100만 달러인 대출의 금리를 3개월 LIBOR를 적용하여 3개월 간격으로 조정하고 연 5%의 캡금리를 적용한다고 가정하자. 금리조정일(reset date) 사이의 기간을 기준기간(tenor)이라고 하는데 이 경우 기준기간은 3개월이다. 캡계약의 의무를 이행하기 위해 금융기관은 매 분기 말에 차입자에게 다음의 금액을 지불해야 한다.

$$0.25 \times 100\text{만 달러} \times \text{MAX}[r - 0.05,\ 0]$$

그림 5-4 캡에 의해 차입자가 실제로 지불하는 이자율

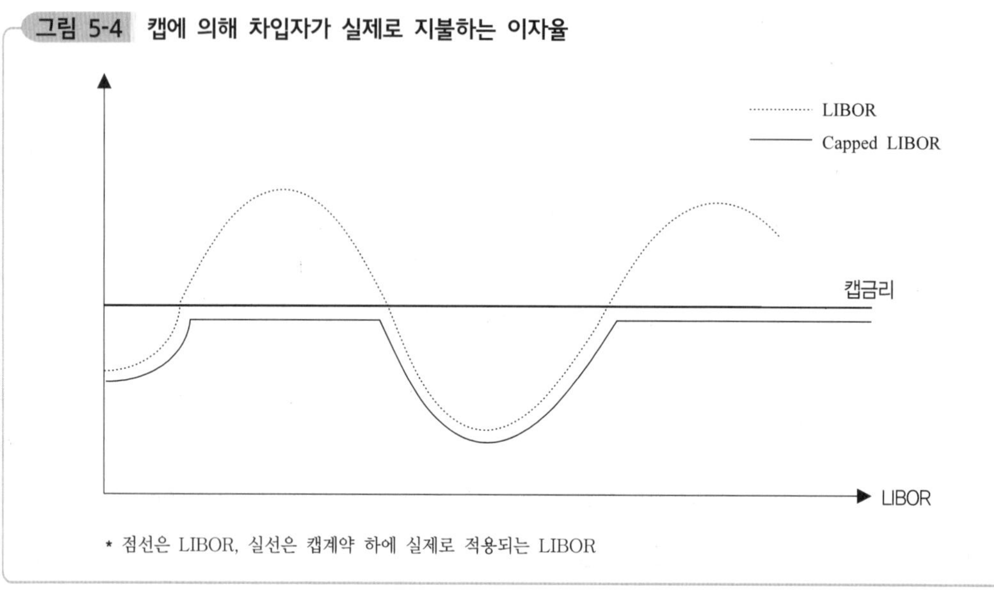

이때 r은 분기 초의 3개월 LIBOR이다. 예를 들어, 분기 초에 3개월 LIBOR가 6%이면, 금융기관은 0.25 × 100만 달러 × 0.01 = 2,500달러를 분기 말에 지불해야 한다. 만일 LIBOR가 4%이면 금융기관은 지불할 의무가 없다. MAX[r − 0.05, 0]는 r에 대한 콜옵션의 이익과 같다. 따라서 캡을 r에 대한 콜옵션의 포트폴리오로 생각할 수 있으며 여기서 콜옵션의 이익은 3개월 간격으로 계속해서 발생할 수 있다. 유의할 점은 LIBOR가 결정되는 금리조정일에 이자가 지급되는 것이 아니라 3개월 후에 지급된다는 것이다. 즉, 금리가 결정되는 시점과 금리차액이 지급되는 시점간에 시간차(time lag)가 존재한다.

만기가 T, 행사금리(cap rate)가 r_c, 명목원금이 N인 캡의 경우를 생각해보자. 금리조정일이 t_1, t_2, t_3, ⋯, t_n 이라고 하면, 지급일은 t_2, t_3, ⋯, t_n, $t_{n+1} = T$이 된다.

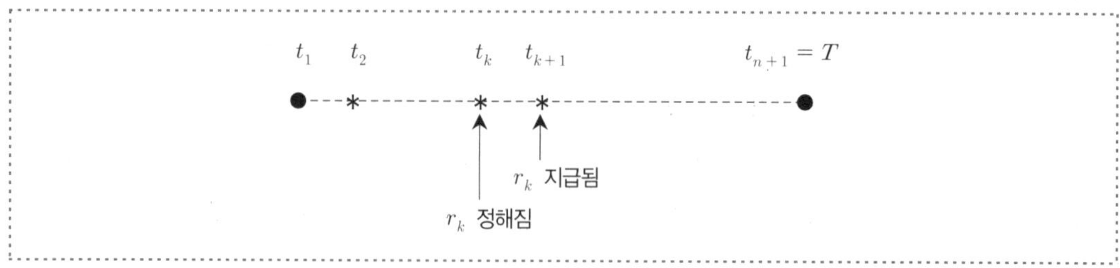

r_k를 t_k와 t_{k+1} 사이의 기간에 대한 금리(t_k에 관측된)라고 하면, t_{k+1} $(1 \le k \le n)$ 시점

의 캡의 손익은 다음과 같이 결정된다.

$$\tau_k N \times \text{MAX}\,[r_k - r_c\,,\ 0]$$

이때 $\tau_k = t_{k+1} - t_k$.

위의 식은 t_k시점에서의 LIBOR에 대한 콜옵션 이익을 나타내며, t_{k+1} 시점에서 지급된다. 따라서 캡은 n개의 금리 콜옵션으로 구성된 포트폴리오이며, 각 콜옵션을 캡릿(caplet)이라 한다.

한편, 캡을 무이표채에 대한 풋옵션의 포트폴리오로 간주할 수도 있다. t_{k+1}시점에서의 캡의 손익은 t_k 시점에서 다음과 같다.

$$\frac{\tau_k N}{1+\tau_k r_k} MAX[r_k - r_c,\ 0]$$

위의 식은 다음과 같이 변형시킬 수 있다.

$$MAX[N - \frac{N(1+\tau_k r_c)}{1+\tau_k r_k}\ ,\ 0]$$

이때 $\frac{N(1+\tau_k r_c)}{1+\tau_k r_k}$는 t_{k+1}시점에 $N(1+\tau_k r_c)$를 지급하는 무이표채의 t_k시점의 가치이다.

따라서 캡은 액면이 $N(1+\tau_k r_c)$,만기일이 t_{k+1}인 무이표채에 대한 풋옵션(만기일= t_k , 행사가격 = N)으로 간주할 수 있다.

이제 r_k가 변동성이 σ_k인 대수정규분포(lognormal distribution)를 갖는다고 가정하면 캡릿(caplet)의 가치를 다음과 같이 구할 수 있다.[3)]

$$\tau_k NP(0,\ t_{k+1})\left[R_k N(d_1)\ - r_c N(d_2)\right]$$

이때,

$\tau_k = t_{k+1} - t_k$, R_k : t_k 과 t_{k+1} 사이의 선도금리

3) 금리캡의 가격결정에 관한 상세한 설명은 제11장 참조.

$P(0,\ t_{k+1})$: 만기가 t_{k+1}이고 액면이 1원인 무이표채의 현재가치

$$d_1 = \frac{\ln(R_k/r_c) + \frac{1}{2}\sigma_k^2 t_k}{\sigma_k\sqrt{t_k}},\ d_2 = d_1 - \sigma_k\sqrt{t_k}$$

위의 식을 이용하여 각 캡릿의 가치를 구한 후 합하면 캡의 가치가 된다. 이때 캡릿별로 다른 변동성(현물변동성: spot volatility)을 사용하는 방법과 모든 캡릿에 대해 동일한 변동성(수평변동성: flat volatility)을 사용하나 만기에 따라 변동성을 조정하는 방법이 있다. 이 경우 현물변동성의 만기는 캡릿의 만기이고, 수평변동성의 만기는 캡의 만기이다. 수평변동성은 현물변동성의 누적 평균과 유사하므로 수평변동성은 현물변동성보다 변화폭이 작다. 일반적으로 브로커들이 공시하는 변동성은 수평변동성이다. 유로달러 선물옵션(CME)은 금리 캡/플로어와 유사하므로 거래자들은 3개월 LIBOR에 대한 캡릿에 내재된 현물변동성을 유로달러 선물옵션의 내재변동성과 자주 비교한다.

2. 플로어(floor)

플로어(floor)란 계약상의 최저금리(floor rate) 이하로 기준금리가 하락하면 플로어 매도자가 플로어 매수자에게 차액만큼을 지급하기로 하는 계약이다. 각 결제일에 플로어 매도자가 매수자에게 지불하는 금액은 행사금리(최고금리)와 기준금리의 차이에 일정한 명목원금을 곱한 액수가 된다. 만약 기준금리가 행사금리보다 높으면 아무런 지급도 발생하지 않는다. 즉, 각 결제일에 플로어 매도자가 매수자에게 지불하는 금액은 다음과 같다.

$$N \times MAX[0,\ r_f - r]$$

이때 N은 명목원금, r은 기준금리(LIBOR), r_f은 플로어금리(행사금리)를 나타낸다.

플로어의 매수자는 자신이 원하는 기간 동안 금리상승 리스크를 회피하면서 금리하락에 따른 혜택을 누릴 수가 있다. 이와 같이 플로어는 금리 풋옵션 또는 무이표채에 대한 콜옵션으로 이해하면 된다.

이제 만기가 T, 행사금리(floor rate)가 r_f, 명목원금이 N인 플로어의 경우를 생각해

보자. 금리조정일이 t_1, t_2, t_3, $\cdots$, t_n라고 하면, 지급일은 t_2, t_3, $\cdots$, t_n, $t_{n+1}=T$이 된다. r_k를 t_k와 t_{k+1}사이의 기간에 대한 금리(t_k에 관측된)라고 하면, $t_{k+1}(1 \le k \le n)$시점의 플로어의 손익은 다음과 같이 결정된다.

$$\tau_k N \times MAX[r_f - r_k,\ 0]$$

이때 $\tau_k = t_{k+1} - t_k$.

위의 식은 t_k시점에서의 LIBOR에 대한 풋옵션 이익을 나타내며, t_{k+1}시점에서 지급된다. 따라서 플로어는 n개의 금리 풋옵션으로 구성된 포트폴리오이며, 각 풋옵션을 플로어릿(floorlet)이라 한다.

캡릿(caplet)의 경우와 같은 논리로 플로어릿(floorlet)의 가치를 다음과 같이 구할 수 있다.

$$\tau_k NP(0,\ t_{k+1})[r_c N(-d_2) - R_k N(-d_1)]$$

이때,

$\tau_k = t_{k+1} - t_k$, R_k : t_k과 t_{k+1} 사이의 선도금리

$P(0,\ t_{k+1})$: 만기가 t_{k+1}이고 액면이 1원인 무이표채의 현재가치

$$d_1 = \frac{\ln(R_k/r_c) + \frac{1}{2}\sigma_k^2 t_k}{\sigma_k\sqrt{t_k}},\quad d_2 = d_1 - \sigma_k\sqrt{t_k}$$

3. 칼라(collar)

칼라(collar)는 캡과 플로어가 결합된 형태이다. 예를 들어, 칼라(3% – 7%)를 매수하는 것은 캡(7%)을 매수하고 플로어(3%)를 매도하는 것과 동일하다. 즉,

+ 칼라(3% – 7%) = + 캡(7%) – 플로어(3%)

이때 +기호는 매수포지션을 –기호는 매도포지션을 나타낸다. 캡의 행사금리를 플로어의 행사금리보다 높게 책정하므로, 캡금리 이상으로 금리가 상승하여 손실이 발생할 불리한 리스크를 제거하고, 플로어 금리 이하로 금리가 하락하는 유리한 리스크를

포기하는 것이다. 칼라 매수에 수반되는 비용은 일정한 상한 행사금리를 가진 캡의 매수비용보다 작다. 그 이유는 플로어의 매도가격이 캡 매수가격의 일부 또는 전부를 상쇄하기 때문이다.

위 식의 양변에 −1을 곱하면 칼라에 매도포지션을 취함을 의미하게 된다.

− 칼라(3% − 7%) = − 캡(7%) + 플로어(3%)

이 식의 의미는 칼라를 매도하는 것이 캡을 매도하고 플로어를 매수하는 것과 동일하다는 것이다. 캡과 플로어의 행사금리는 일반적으로 칼라 매도자가 양(+)의 프리미엄을 받도록 책정되지만 프리미엄이 0이 되도록 행사금리를 정한 칼라를 무비용칼라(zero cost collar)라고 한다.

한편, 캡과 플로어의 행사금리(strike rates)가 서로 근접하게 되면, 칼라는 점점 좁아지게 되며, 캡과 플로어의 행사금리가 동일한 칼라는 결국 금리스왑과 동일하게 된다. 예를 들어, 5% 캡을 매수하고 5% 플로어를 매도하여 5%−5% 칼라에 매수포지션을 취하면, 기준금리(CD91물 수익률)가 5% 이상이 되었을 때 5%를 넘는 부분만큼 캡 매도자로부터 받게 되므로 칼라 매수자는 5%를 지급하고 기준금리인 CD91일물 수익률을 받는 것과 같다. 한편, CD91일물 수익률이 5% 이하로 떨어질 경우 5%보다 모자라는 부분만큼을 플로어 매수자에게 지급해야 하므로 칼라매수자는 5%를 지급하고 CD91일물 수익률을 받는 것과 같다. 따라서 5%−5% 금리칼라는 5%의 고정금리를 지급하고 변동금리인 CD91물 수익률을 받기로 하는 금리스왑의 매수포지션과 동일하다([그림 5-5] 참조). 즉,

+ 캡(5%) − 플로어(5%) = + 금리스왑(5% 고정금리 지급, CD91일물 수취)

행사금리가 k인 금리캡을 매수하고 동일한 행사금리의 금리플로어를 매도한 칼라의 손익은 다음과 같이 결정된다.

$$+Max[r-k,\ 0]-Max[k-r,\ 0]$$

그림 5-5 칼라와 스왑의 관계

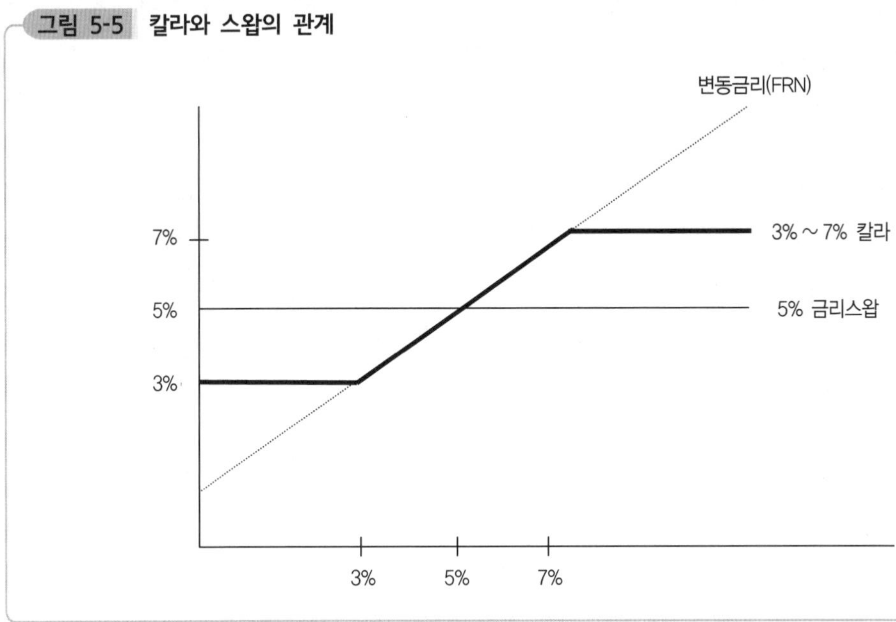

이 경우 기준금리 r이 k보다 높을 경우와 낮을 경우 모두 손익이 $+r-k$가 됨을 쉽게 확인할 수 있다. 즉, 고정금리 k를 지급하고 변동금리 r을 수취하는 금리스왑의 매수 포지션과 동일하게 됨을 알 수 있다. 이상에서 설명한 바와 같이 행사금리가 동일한 금리 캡과 금리 플로어로 구성된 금리 칼라는 금리스왑의 매수 포지션과 동일하며, 이러한 관계를 '캡-플로어-스왑 패리티(cap-floor-swap parity)'라고 한다.

4. 스왑션(swaption)

(1) 스왑션의 개념

스왑션(swaption)은 금리스왑과 옵션을 결합한 상품으로서 미래 일정 시점에 금리스왑 계약을 체결할 수 있는 옵션이다. 옵션의 만기일은 스왑션을 행사하여 금리스왑계약을 체결할 수 있는 시점이며, 금리스왑에 적용되는 고정금리가 바로 행사가격이 된다. 이러한 스왑션에는 지불자스왑션(payers swaption)과 수취자스왑션(receivers swaption)이 있다.

지불자스왑션의 매수자는 특정 행사금리(고정금리)를 지급하고 변동금리를 수취하는 금리스왑 체결의 권리를 보유하고 있으며, 금리가 상승하면 지불자스왑션이 내가격(ITM) 옵션이 되며 옵션을 행사하여 이익을 볼 수 있다. 한편, 수취자스왑션의 매수

자는 특정 행사금리(고정금리)를 수취하고 변동금리를 지급하는 금리스왑 체결의 권리를 보유하고 있으며, 금리가 하락하면 수취자스왑션이 내가격(ITM) 옵션이 되며 옵션을 행사하여 이익을 볼 수 있다.

스왑션은 미래에 차입하고자 하는 기업에게 금리상승 리스크를 관리할 수 있는 수단을 제공한다. 따라서 스왑션은 선도스왑(forward swap)을 대체할 수 있는 좋은 대안이 된다.[4] 선도스왑은 계약을 체결할 때 비용이 발생하지 않지만 스왑계약을 체결할 의무를 갖게 되는 단점이 있다. 그러나 스왑션의 경우 매수시 비용이 발생하지만 금리가 불리하게 변하면 보호를 받고 유리하게 변하면 옵션을 행사하지 않으면 된다.

금리스왑은 고정금리채권을 변동금리채권과 교환하는 계약으로 간주할 수 있다. 금리스왑을 체결하는 시점에서 변동금리채권의 가치는 스왑의 명목원금과 동일하다. 따라서 스왑션은 고정금리채권을 스왑의 명목원금으로 교환할 수 있는 옵션으로 간주할 수 있다. 즉, 지불자스왑션은 명목원금을 행사가격으로 하는 고정금리채권에 대한 풋옵션으로, 수취자스왑션은 명목원금을 행사가격으로 하는 고정금리채권에 대한 콜옵션으로 간주할 수 있다.

(2) 스왑션의 가격결정

특정 시점에서 특정 만기의 스왑률(swap rate)은 금리스왑에서 변동금리와 교환되는 고정금리이다. 유럽형 스왑션의 가격결정에 사용되는 모형은 옵션 만기일의 스왑률이 대수정규분포를 따른다고 가정한다. T년 후부터 시작하여 n년 동안 지속되는 스왑계약에서 r_k의 고정금리를 지급하고 변동금리(LIBOR)를 받을 수 있는 권리인 지불자스왑션(payers swaption)을 생각해보자. 명목원금은 N, 연간 m번의 이자를 지급한다고 가정하자.

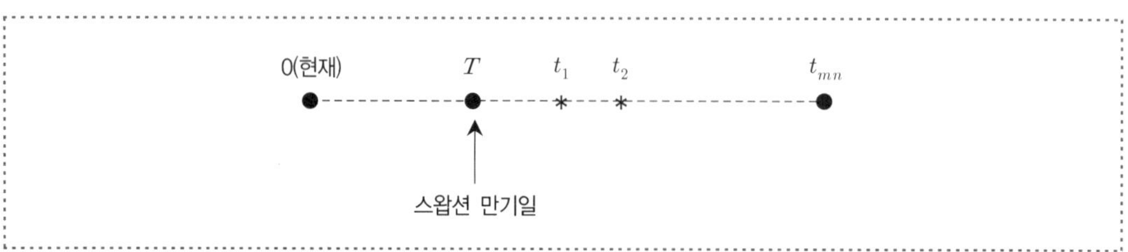

4) 선도스왑(forward swap)에 관해서는 제4장 참조.

스왑션의 만기일에 n년 만기 스왑의 스왑률을 r로 가정하자(r과 r_K는 연간 m번 복리 계산을 함). 고정금리가 r인 스왑의 현금흐름과 고정금리가 r_K인 스왑의 현금흐름을 비교하면 지불자스왑션의 손익이 다음과 같은 일련의 현금흐름이 됨을 알 수 있다.

$$\frac{N}{m}Max[r-r_K,\ 0]$$

이때 스왑의 잔존기간인 n년 동안 연간 m번 현금흐름을 받게 된다. 즉, 연 기준으로 측정한 지급일이 $t_1,\ t_2,\ \cdots\cdots,\ t_{mn}$이다. 각 현금흐름은 행사가격이 r_K인 r에 대한 콜옵션의 손익이 된다.

따라서 t_i시점에서 받는 현금흐름의 가치는 다음과 같이 결정된다.[5)]

$$\frac{N}{m}e^{-r_i t_i}[r_f N(d_1)-r_K N(d_2)]$$

이때 $d_1=\dfrac{\ln\left(\dfrac{r_f}{r_K}\right)+\dfrac{1}{2}\sigma^2 T}{\sigma\sqrt{T}}$, $d_2=d_1-\sigma\sqrt{T}$, r_f는 선도스왑률(forward swap rate), r_i는 만기가 t_i인 무이표채의 연속복리 수익률이다.

따라서 지불자스왑션의 가치(PSW)는 위의 현금흐름을 전부 합한 값으로 결정된다.

$$PSW=\sum_{i=1}^{mn}\frac{N}{m}e^{-r_i t_i}[r_f N(d_1)-r_K N(d_2)]$$

또는

$$PSW=ND[r_f N(d_1)-r_K N(d_2)]$$

이때 $D=\dfrac{1}{m}\sum_{i=1}^{mn}e^{-r_i t_i}$, 즉 D는 $t_i(1\le i\le mn)$ 시점에서 $\dfrac{1}{m}$원을 지급하는 계약의 현재가치이다.

이제 T년 후부터 시작하여 n년 동안 지속되는 스왑계약에서 r_K의 고정금리를 받고 변동금리(LIBOR)를 지급할 수 있는 권리인 수취자스왑션(receivers swaption)을 생각

5) 스왑션의 가격결정논리에 관한 상세한 설명은 제11장 참조.

해보자. 스왑션의 만기일에 n년 만기 스왑의 스왑률을 r이라고 할 때, 고정금리가 r인 스왑의 현금흐름과 고정금리가 r_K인 스왑의 현금흐름을 비교하면 수취자스왑션의 손익이 다음 같은 일련의 현금흐름이 됨을 알 수 있다.

$$\frac{N}{m}\text{Max}[r_K - r, 0]$$

이는 행사가격이 r_K인 r에 대한 풋옵션의 손익이다. 따라서 수취자스왑션의 가치(RSW)는 다음과 같이 결정된다.

$$RSW = ND[r_K N(-d_2) - r_f N(-d_1)]$$

(3) 스왑션의 활용

조건적인 상황

기업이 통제할 수 없는 어떤 외부적인 요인에 의해 기업의 금리리스크관리가 필요하기도 하고 필요하지 않을 수도 있는 조건적인 상황이 많이 있다. 예를 들어, 기업이 프로젝트에 입찰을 하는 경우, 입찰의 성공 또는 실패에 따라 자금조달이 필요할 수도 있고 필요 없을 수도 있다. 또 다른 예는 기업인수 상황에서 인수를 위한 자금조달과 이에 따른 금리리스크관리 프로그램은 모두 인수의 성공여부에 의존한다.

금리스왑을 이용하면 계약상의 지급의무를 지게 되므로, 입찰 또는 인수가 실패할 경우 완전히 불필요하게 된다. 이때 금리스왑에 대한 옵션을 매수할 수 있다면 기업은 상당히 저렴한 비용으로 조건적인 상황에서 금리리스크를 관리할 수 있다.

리스크관리비용의 절감

스왑션을 낮은 비용으로 금리상승 리스크를 관리할 수 있는 수단으로 생각할 수도 있다. 그러나 이러한 견해는 차입자가 리스크관리가 필요하지 않을 가능성이 크다고 믿는 경우에만 유효하다. 차입자가 스왑션을 행사할 가능성이 많다고 믿는다면 처음부터 금리스왑을 체결하는 것이 일반적으로 더 유리하다.

어떤 차입자가 금리가 비록 상승하더라도 내재선도금리에 의해 예측된 만큼 빠르게

상승하지 않을 것이라고 믿는다면 이 차입자는 금리스왑을 매수하는 것은 비용이 많이 든다고 생각할 것이다. 왜냐하면 금리스왑은 선도금리의 가중평균으로 가격이 결정되기 때문이다. 이러한 경우 차입자는 지불자스왑션을 매수하는 것이 바람직하다. 차입자의 예상이 틀리게 되면 지불자스왑션을 행사하여 고정금리를 지급하는 금리스왑 계약을 체결함으로써 금리상승 리스크를 제거하고, 그렇지 않으면 행사를 하지 않고 낮은 시장금리를 이용하면 된다.

스왑기간의 연장 또는 축소

차입자는 때때로 금리스왑의 만기를 연장 또는 축소할 수 있는 옵션을 필요로 한다. 이것은 스왑션을 활용하여 쉽게 달성할 수 있다. 현재 차입자는 만기까지 3년 동안 금리스왑에서 고정금리 지급자이지만 이것을 2년 연장할 수 있는 옵션이 필요하다고 하자. 이 경우 이미 존재하는 스왑의 고정금리와 동일한 행사금리로 2년 만기 스왑에 대해 3년 만기 지불자스왑션(payers swaption)을 매수하면 된다. 즉,

+ IRS(3년) + PSW(2년 IRS에 대한 3년 만기 지불자스왑션) ➡ + IRS(5년)

5년 만기 금리스왑(고정금리지급) 계약을 체결한 기업이 만기를 3년으로 축소할 필요가 있다면, 행사금리가 원래 금리스왑의 고정금리(스왑률)와 동일한 2년 만기 스왑에 대한 3년 만기 수취자스왑션(receivers swaption)을 매수하면 된다.

+ IRS(5년) + RSW(2년 IRS에 대한 3년 만기 수취자스왑션) ➡ + IRS(3년)

내재된 옵션(embedded option)의 현금화

채권에는 금리가 하락할 경우 발행자가 임의로 만기 이전에 상환할 수 있는 콜조항(call provisions)을 포함한 것이 많다. 이러한 채권은 발행시점의 금리가 높은 경우에 특히 많이 발행되며, 조기상환이 가능하다고 하여 수의상환채권(callable bond)이라고 한다. 채권투자자는 채권발행자에게 채권에 대한 콜옵션을 매도하는 것이며, 이 옵션은 채권에 내재되어 있다. 이때 발행자는 스왑션을 활용하여 콜옵션의 가치를 현금화

할 수 있다.

예를 들어, 어느 기업이 2년 후에 조기상환이 가능한 7년 만기 고정금리채권을 발행하였다고 하자. 이 경우 기업은 행사금리를 채권의 이표율과 동일하게 하고 5년 만기 스왑에 대한 2년 만기 수취자스왑션(receivers swaption)을 매도할 수 있다.

- callable bond(7년 만기 / 2년 후 조기상환)
- RSW(5년 IRS에 대한 2년 만기 수취자스왑션)
= – 고정금리채권

만일 금리가 2년 후에 이표율 이하로 하락하면 기업은 채권을 상환하고 변동금리채권을 더 낮은 금리로 발행함으로써 자금을 재조달할 것이다. 동시에 스왑션이 기업에 대해서 행사될 것이며 기업은 금리스왑에서 고정금리 지급자가 된다. 만일 금리가 높은 수준에 머무르게 된다면 채권은 상환되지 않으며 스왑션은 가치없이 소멸된다. 어느 경우에도 기업은 이전과 동일한 고정금리를 지급하게 되지만 내재된 옵션의 가치와 동일한 스왑션 프리미엄을 얻게 된다.

5.5 이색옵션

이색옵션(exotic options)은 옵션의 만기시 손익구조가 표준옵션과 다른 유형의 장외옵션을 말한다.[6)] 이색옵션에는 표준옵션의 손익구조를 변형시키거나 옵션보유자에게 다양한 선택권을 부여하거나, 또는 다양한 옵션을 결합한 형태를 취하고 있다. 이하에서는 금리연계 구조화 채권에 활용 가능한 이색옵션으로 표준옵션의 손익구조를 변형시킨 디지털옵션(digital option), 옵션의 만기가치가 옵션만기일의 기초자산의 가격수준뿐만 아니라 옵션기간 동안의 가격변화과정에 의해서도 영향을 받는 대표적인 경로종속옵션(path-dependent option)인 배리어옵션(barrier option), 옵션보유자에게 미래의 시점에 옵션의 종류(콜옵션 또는 풋옵션)를 선택할 수 있는 권리를 부여하는 선택자옵션(chooser option), 선도옵션(forward option)과 래칫 / 클리켓옵션(rachet /

6) 최초의 이색옵션인 배리어옵션(barrier option)이 1960년대에 도입되었을 때에는 부띠끄옵션(boutique option) 또는 디자이너옵션(designer option)이라 불리었다. 이색옵션(exotic option)이란 용어가 사용된 것은 1990년에 루빈스타인(M. Rubinstein)이 쓴 'exotic options'이란 논문에서 유래된 것이다.

cliquet option), 복합옵션(compound option)인 콜 / 풋에 대한 콜/풋옵션 등에 관해 살펴본다.

1. 디지털 옵션(digital option)

표준옵션의 거래조건 중 특정 조건을 변형시킨 대표적인 옵션이 디지털옵션(digital / binary option)이다. 디지털 옵션은 기초자산의 가격에 따라 손익이 연속적으로 결정되지 않고, 옵션이 내가격 상태가 될 경우 정해진 금액을 받게 되는 옵션을 의미한다.

Cash-or-nothing 콜옵션(풋옵션)은 만기시점에 기초자산의 가격이 행사가격 K을 초과(미달)할 경우에 미리 정해진 금액을 지불하고 그렇지 않을 경우에는 아무런 손익이 없는 옵션이다.

$$\text{손익} = \begin{cases} Q & \rho S_T \geq \rho K \text{일때} \\ 0 & \rho S_T < \rho K \text{일때} \end{cases}$$

이때 콜옵션의 경우 $\rho = 1$이고 풋옵션의 경우 $\rho = -1$이다.

그림 5-6 Cash-or-nothing 콜옵션의 만기시 손익

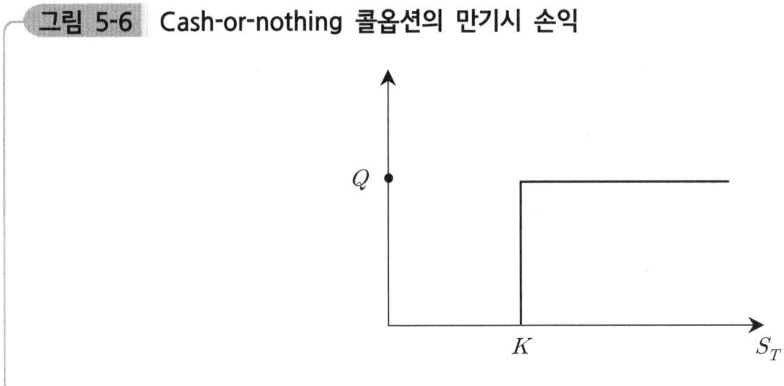

Cash-or-nothing 콜옵션의 만기시 손익은 [그림 5-6]이 보여주듯이 다음과 같이 표현할 수 있다.

$$\textit{Cash-or-nothing}\ \text{콜옵션의 손익} = \begin{cases} Q & S_T \geq K \text{인 경우} \\ 0 & S_T < K \text{인 경우} \end{cases}$$

Cash-or-nothing 옵션의 경우 옵션이 내가격으로 마감될 경우 일정한 금액(Q)을 받

게 되므로 내가격이 될 확률에 Q를 곱한 금액을 할인하여 옵션가격을 쉽게 계산할 수 있다.[7] 즉,

콜옵션가격 : $c = Qe^{-rT}N(d)$[8]

풋옵션가격 : $p = Qe^{-rT}N(-d)$

이때 $d = \dfrac{\ln(S_T/K) + (r - \frac{1}{2}\sigma^2)T}{\sigma\sqrt{T}}$

그림 5-7 Cash-or-nothing 콜옵션의 가치

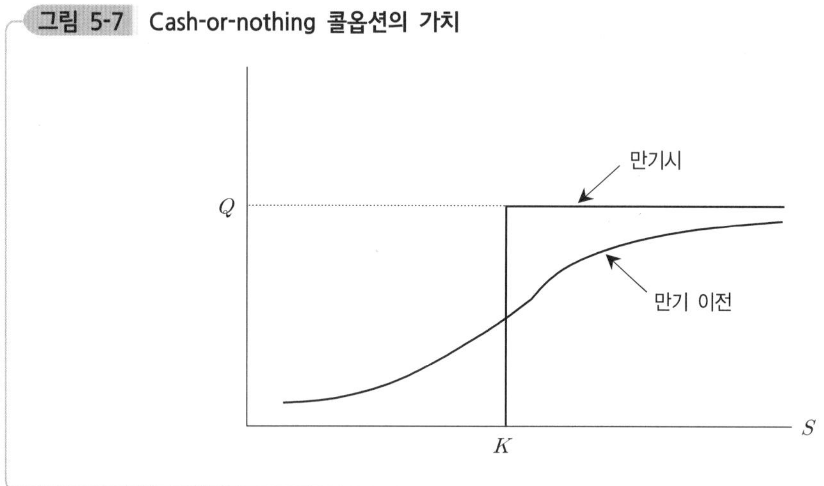

Cash-or-nothing 콜옵션의 경우 $Q=1$이라고 하면 콜옵션가격은 [그림 5-7]에서 보듯이 누적확률분포함수(cumulative probability distribution function)의 모습을 갖게 된다. 과외가격 cash-or-nothing 콜옵션의 가치는 0에 가까운 양수이며, 기초자산 가격이 상승할수록 옵션의 가치가 증가한다. 또한 ITM cash-or-nothing 콜옵션의 시간가치는 음수(−)이며, OTM cash-or-nothing 콜옵션의 시간가치는 양수(+)인 것을 알 수 있다. OTM cash-or-nothing 콜옵션의 매수는 변동성을 매수하는 포지션(long vega)이며, 양(+)의 감마를 갖는다. 반면, ITM cash-or-nothing 콜옵션의 매수는 변동성을 매도하는 포지션(short vega)이며, 음(−)의 감마를 갖는다. cash-or-nothing 콜옵션의 이와 같은 특성은 그 가치가 일반적인 콜옵션의 델타와 같이 움직이기 때문이다. 또

7) Reiner & Rubinstein(1991b) 참조.

8) 제11장 Technical Note (옵션이 내가격으로 끝날 확률) 참조.

한 cash-or-nothing 콜옵션의 델타는 일반적인 옵션의 감마처럼 움직인다. [그림 5-8]은 기초자산 가격이 변함에 따라 cash-or-nothing 콜옵션의 감마가 변하는 모습을 보여주고 있다. 기초자산가격이 행사가격보다 높은 ITM 영역에서는 감마가 음수(−)이며(short gamma), 기초자산가격이 행사가격보다 낮은 OTM 영역에서는 감마가 양수(+)임을 알 수 있다(long gamma).

그림 5-8 Cash-or-nothing 콜옵션의 감마

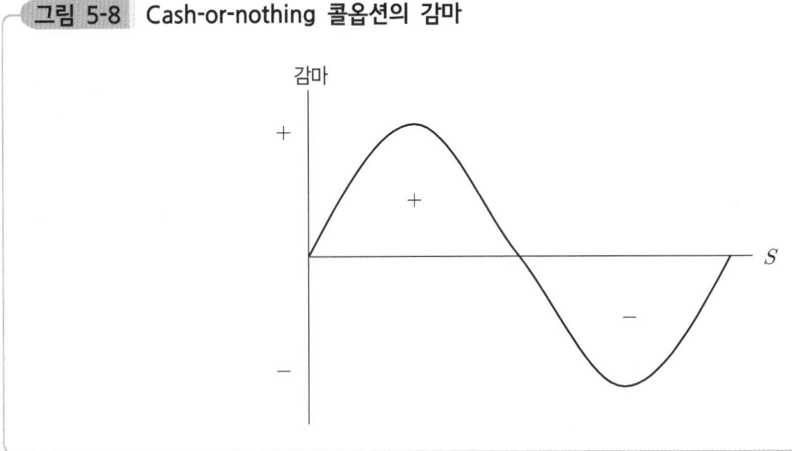

이러한 특성은 금리연계 구조화채권인 레인지채권(range note)의 구조를 이해하는데 매우 중요하다. 레인지 채권에 내재된 디지털 옵션의 가치는 설정된 행사가격의 수준, 즉 레인지(range), 기준금리의 변동성, 내재선도금리의 형태에 의해 영향을 받게 된다. 이때 선도금리가 레인지 내에 위치하는가 아니면 레인지에서 벗어나 있는 가에 따라 기준금리의 변동성 증가가 옵션가치에 미치는 영향이 달라진다.[9)]

2. 배리어 옵션(Barrier Option)

배리어 옵션은 기초자산 가격이 옵션의 잔존기간동안 미리 정한 일정한 수준(배리어)에 이르면 옵션의 효력이 발생하거나 또는 소멸하는 특성을 지닌 옵션이다. Knock-in 옵션은 기초자산 가격이 만기일 전에 정해진 배리어에 도달하면 옵션의 효력이 발생한다. 그러나 정해진 배리어에 도달하지 못하고 만기가 되면 자동적으로 옵션은 소멸된다. 따라서 행사시점에 내가격 상태가 되어도 배리어에 도달하지 못하였다면 그 옵션은 아

9) 제10장 참조

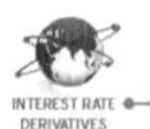

무런 가치가 없다. Knock-out 옵션은 기초자산 가격이 정해진 배리어에 도달하면 옵션의 효력이 소멸된다. 배리어에 도달하기 전까지는 표준옵션과 동일하게 취급을 받을 수 있고 행사시점에 내가격 상태가 되면 옵션의 행사로 이익을 취할 수 있다. 그러나 배리어에 도달한 순간부터 옵션의 효력이 소멸되어 더 이상 아무런 가치가 없게 된다.
만일 knock-in이 안될 때 또는 knock-out이 되었을 때 현금 리베이트를 만기시에 받도록 설정할 수도 있다. Knock-in 옵션과 Knock-out 옵션은 정반대의 의미를 지니므로 두 옵션의 결합은 표준 유럽형 옵션과 동일하다. 또한 배리어 옵션은 표준 옵션에 비해 가격이 저렴하기 때문에 낮은 비용으로 리스크를 관리할 수 있는 수단을 제공한다.

배리어 옵션은 배리어(H)의 위치가 최초 기초자산 가격보다 위에 있으면 up option, 아래에 있으면 down option으로 분류된다. 따라서 knock-in 옵션에는 up-and-in 옵션과 down-and-in 옵션이 있고, knock-out 옵션에는 up-and-out 옵션과 down-and-out 옵션이 있다. [표 5.4]는 기초자산가격(S), 배리어(H), 행사가격(K)의 위치에 따라 배리어옵션을 분류하여 knock-in 콜/풋옵션, knock-out 콜/풋옵션의 가격을 보여주고 있다.[10] 기초자산에서 발생하는 현금흐름은 없다고 가정하고, knock-in이 안될 때 또는 knock-out이 되었을 때 받게 되는 현금 리베이트를 R이라고 하자.

표 5.4 배리어 옵션의 가격결정

(1) Knock-In 옵션

방 향	옵 션	배리어위치	옵션가격	
down-and-in	call	$S>H$	$C_{di}(K>H)=C+E$	$\alpha=1,\ \beta=1$
			$C_{di}(K<H)=A-B+D+E$	$\alpha=1,\ \beta=1$
	put	$S>H$	$P_{di}(K>H)=B-C+D+E$	$\alpha=1,\ \beta=-1$
			$P_{di}(K<H)=A+E$	$\alpha=1,\ \beta=-1$
up-and-in	call	$S<H$	$C_{ui}(K>H)=A+E$	$\alpha=-1,\ \beta=1$
			$C_{ui}(K<H)=B-C+D+E$	$\alpha=-1,\ \beta=1$
	put	$S<H$	$P_{ui}(K>H)=A-B+D+E$	$\alpha=-1,\ \beta=-1$
			$P_{ui}(K<H)=C+E$	$\alpha=-1,\ \beta=-1$

10) Haug(2007:pp.152-3) 참조.

(2) Knock-Out 옵션

방 향	옵 션	배리어위치	옵션가격	
down-and-out	call	$S > H$	$C_{do}(K > H) = A - C + F$	$\alpha = 1,\ \beta = 1$
			$C_{do}(K < H) = B - D + F$	$\alpha = 1,\ \beta = 1$
	put	$S > H$	$P_{do}(K > H) = A - B + C - D + F$	$\alpha = 1,\ \beta = -1$
			$P_{do}(K < H) = F$	$\alpha = 1,\ \beta = -1$
up-and-out	call	$S < H$	$C_{uo}(K > H) = F$	$\alpha = -1,\ \beta = 1$
			$C_{uo}(K < H) = A - B + C - D + F$	$\alpha = -1,\ \beta = 1$
	put	$S < H$	$P_{uo}(K > H) = B - D + F$	$\alpha = -1,\ \beta = -1$
			$P_{uo}(K < H) = A - C + F$	$\alpha = -1,\ \beta = -1$

$$A = \beta SN(\beta x_1) - \beta Ke^{-rT}N(\beta x_1 - \beta\sigma\sqrt{T})$$
$$B = \beta SN(\beta x_2) - \beta Ke^{-rT}N(\beta x_2 - \beta\sigma\sqrt{T})$$
$$C = \beta S\left(\frac{H}{S}\right)^{2(\mu+1)} N(\alpha y_1) - \beta Ke^{-rT}\left(\frac{H}{S}\right)^{2\mu} N(\alpha y_1 - \alpha\sigma\sqrt{T})$$
$$D = \beta S\left(\frac{H}{S}\right)^{2(\mu+1)} N(\alpha y_2) - \beta Ke^{-rT}\left(\frac{H}{S}\right)^{2\mu} N(\alpha y_2 - \alpha\sigma\sqrt{T})$$
$$E = Re^{-rT}[N(\alpha x_2 - \alpha\sigma\sqrt{T}) - \left(\frac{H}{S}\right)^{2\mu} N(\alpha y_2 - \alpha\sigma\sqrt{T})]$$
$$F = R[\left(\frac{H}{S}\right)^{\mu+\lambda} N(\alpha z) + \left(\frac{H}{S}\right)^{\mu-\lambda} N(\alpha z - 2\alpha\lambda\sigma\sqrt{T})]$$
$$x_1 = \frac{\ln\left(\frac{S}{K}\right)}{\sigma\sqrt{T}} + (1+\mu)\sigma\sqrt{T}, \quad x_2 = \frac{\ln\left(\frac{S}{H}\right)}{\sigma\sqrt{T}} + (1+\mu)\sigma\sqrt{T}$$
$$y_1 = \frac{\ln\left(\frac{H^2}{SK}\right)}{\sigma\sqrt{T}} + (1+\mu)\sigma\sqrt{T}, \quad y_2 = \frac{\ln\left(\frac{H}{S}\right)}{\sigma\sqrt{T}} + (1+\mu)\sigma\sqrt{T}$$
$$z = \frac{\ln\left(\frac{S}{H}\right)}{\sigma\sqrt{T}} + \lambda\sigma\sqrt{T}, \quad \mu = \frac{r - \frac{1}{2}\sigma^2}{\sigma^2}, \quad \lambda = \sqrt{\mu^2 + \frac{2r}{\sigma^2}}$$

예를 들어, down-and-in 콜옵션($S > H$)의 경우 만기일 전 기초자산 가격이 하락하여 배리어에 도달하면(즉, $S \leq H$이면) 옵션의 손익이 $Max[S-K, 0]$가 되고, $S > H$이면 리베이트 R을 얻게 된다. 행사가격이 배리어보다 높게 설정되어 있는 경우($K > H$)를 살펴보자. 이 경우 down-and-in 콜옵션 가격($C_{di}(K > H)$)과 down-and-out 콜옵션 가격($C_{do}(K > H)$)은 다음과 같이 결정된다([표 5.4] 참조).

$$C_{di}(K > H) = C + E$$
$$= S\left(\frac{H}{S}\right)^{2(\mu+1)} N(y_1) - Ke^{-rT}\left(\frac{H}{S}\right)^{2\mu} N(y_1 - \sigma\sqrt{T})$$
$$+ Re^{-rT}\left[N(x_2 - \sigma\sqrt{T}) - \left(\frac{H}{S}\right)^{2\mu} N(y_2 - \sigma\sqrt{T})\right]$$

$$C_{do}(K > H) = A - C + F$$
$$= SN(x_1) - Ke^{-rT}N(x_1 - \sigma\sqrt{T})$$
$$- S\left(\frac{H}{S}\right)^{2(\mu+1)} N(y_1) - Ke^{-rT}\left(\frac{H}{S}\right)^{2\mu} N(y_1 - \sigma\sqrt{T})$$
$$+ R\left[\left(\frac{H}{S}\right)^{\mu+\lambda} N(z) + \left(\frac{H}{S}\right)^{\mu-\lambda} N(z - 2\lambda\sigma\sqrt{T})\right]$$

예를 들어, down-and-out 콜옵션의 가격은 일반적인 콜옵션 가격(A)에서 knock-out 가능성에 대한 디스카운트(discount) C를 차감하고, knock-out시 받게 되는 리베이트에 대한 프리미엄(premium) F를 더하여 결정된다는 것을 알 수 있다.

이제 리베이트가 없는 경우($R=0$) down-and-out 콜옵션의 가치를 생각해보자. 이 경우에는 $C_{do}(K > H) = A - C$이고 [그림 5-9A, 5-9B]는 down-and-out 콜옵션의 손익과 기초자산가격의 변화에 따른 knock-out 디스카운트의 크기를 나타내고 있다. 기초자산가격이 배리어에 도달했을 때(즉, $S=H$), 디스카운트 C의 값은 일반적인 콜옵션의 가치(A)와 동일하게 되어 down-and-out 콜옵션의 가치는 $C_{do}(K > H) = 0$이 된다.

그림 5-9A down-and-out 콜옵션의 손익

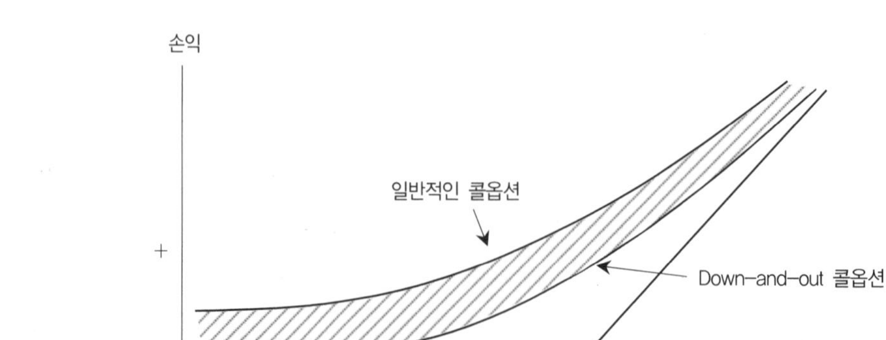

그림 5-9B knock-out 디스카운트

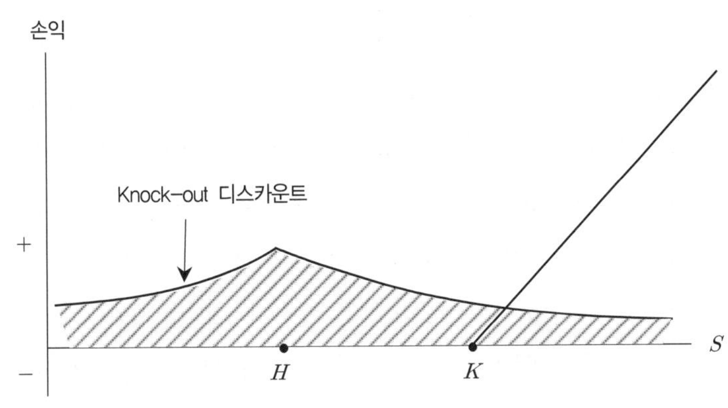

배리어의 위치가 기초자산 가격보다 낮을 때($S > H$)를 생각해보자. 현재 기초자산 가격이 배리어보다 높게 위치하므로 옵션만기일까지 기초자산 가격이 배리어보다 높게 머물러 있거나 또는 배리어 밑으로 하락하거나 둘 중에 하나가 발생할 것이다. 따라서 리베이트가 없는 down-and-in 콜옵션과 down-and-out 콜옵션을 둘 다 매수하면 기초자산 가격이 베리어 위에 머물러 있거나 밑으로 하락하거나 일반적인 콜옵션을 매수하는 것과 동일한 손익을 얻게 된다. 즉, 리베이트가 없는 경우 down-and-in 콜옵션의 가격과 down-and-out 콜옵션의 가격을 합하면 일반적인 콜옵션의 가격과 일치함을 쉽게 확인할 수 있다. [표 5.4]에 의하면 down-and-in 콜옵션의 가격과 down-and-out 콜옵션의 가격은 각각 다음과 같다.

$$C_{di}(K > H) = C + E, \quad C_{do}(K > H) = A - C + F$$

따라서 이 두 개를 합하면 $C_{di}(K > H) + C_{do}(K > H) = A + E + F$. 리베이트가 없는 경우 $E = 0$, $F = 0$이므로 다음의 관계가 성립하게 된다.

$$C_{di} + C_{do} = A \text{ (일반적인 콜옵션의 가격)}$$

배리어의 위치가 기초자산 가격보다 높을 때($S < H$)를 생각해보자. 기초자산 가격이 이미 배리어보다 낮게 위치하므로 down-and-out 콜옵션의 가치는 0이다. 한편 down-and-in 콜옵션은 이미 일반적인 콜옵션의 손익을 얻을 권리를 획득했으므로 down-and-in 콜옵션의 가치는 일반적인 콜옵션의 가치와 같다. 즉 리베이트가 없는 경우

down-and-in 콜옵션의 가격과 down-and-out 콜옵션의 가격을 합하면 일반적인 콜옵션의 가격과 일치함을 쉽게 확인할 수 있다.[11)]

[그림 5-9A, 5-9B]로부터 우리는 down-and-in 콜옵션, down-and-out 콜옵션, 그리고 일반적인 콜옵션의 관계를 확인할 수 있다. down-and-out 콜옵션의 가치는 일반적인 콜옵션의 가치에서 down-and-in 콜옵션의 가치(knock-out 디스카운트)를 뺀 것이다. 따라서 knock-out 콜옵션은 일반적인 콜옵션보다 가격이 낮으며, 기초자산 가격이 배리어에 가까울수록 knock-out 디스카운트가 커진다. 또한 knock-out 콜옵션의 델타는 배리어에 도달할 때까지는 일반적인 콜옵션의 델타보다 항상 크다는 것을 알 수 있다. 한편, down-and-in 콜옵션의 가치(knock-out 디스카운트)는 기초자산 가격이 행사가격 쪽으로 상승함에 따라 감소하는데, 이는 기초자산 가격이 배리어 위에 있는 한 down-and-in 콜옵션의 매수자가 일반적인 콜옵션을 갖게 될 확률이 지속적으로 감소하기 때문이다.

3. 선택자옵션(Chooser Option)

옵션보유자에게 미래의 시점에 옵션의 종류(콜옵션 또는 풋옵션)를 선택할 수 있는 권리가 부여된 이색옵션이다. 투자자는 미래의 일정 시점에 발생할 사건의 결과에 따라 옵션의 형태를 결정하고 싶을 때 선택자옵션을 이용할 수 있다. 단순선택자옵션(simple chooser option)의 경우 옵션매수자가 미래의 일정시점에 동일한 행사가격(K)과 만기일(T)을 가진 콜옵션과 풋옵션 중의 하나를 선택할 수 있다. 따라서 단순선택자옵션의 가치는 다음과 같이 나타낼 수 있다.

$$Max[C(K,\ T-t),\ P(K,\ T-t)]$$

이때 T는 두 옵션의 만기일, t는 콜옵션과 풋옵션에 대한 선택권이 행사되는 시점이다. $C(K,\ T-t)$와 $P(K,\ T-t)$는 행사가격이 K이고 잔존만기가 $T-t$인 콜옵션과 풋옵션의 가치를 나타낸다.

만일 콜옵션과 풋옵션이 모두 유럽형이라면, 풋-콜 패리티에 의해 단순선택자옵션의

11) 같은 논리로 리베이트가 없는 경우 up-and-in 콜옵션의 가격과 up-and-out 콜옵션의 가격을 더하면 일반적인 콜옵션의 가격이 됨을 확인할 수 있다. 이는 풋옵션의 경우에도 동일하게 적용된다.

가치(t 시점)를 다음과 같이 나타낼 수 있다.

$$Max[C, P] = Max[C, C + Ke^{-r(T-t)} - S_t]$$
$$= C + Max[0, Ke^{-r(T-t)} - S_t]$$

이때 S_t는 t 시점에서의 기초자산의 가격을 나타낸다. 즉, 단순선택자옵션은 행사가격이 K, 만기일이 T인 콜옵션 1개와 행사가격이 $Ke^{-r(T-t)}$, 만기일이 T인 풋옵션 1개가 결합된 패키지(package)라는 것을 알 수 있다.[12)]

$$\omega = S_0 N(d_1) - Ke^{-rT}N(d_2) + Ke^{-rT}N(-d_3) - S_0 N(-d_4)$$

$$d_1 = \frac{\ln\left(\frac{S_0}{K}\right) + (r + \frac{1}{2}\sigma^2)T}{\sigma\sqrt{T}}, \quad d_2 = d_1 - \sigma\sqrt{T}$$

$$d_3 = \frac{\ln\left(\frac{S_0}{K}\right) + rT + \frac{1}{2}\sigma^2 t}{\sigma\sqrt{T}}, \quad d_4 = d_3 - \sigma\sqrt{t}$$

이와 같이 단순선택자옵션의 매수는 옵션선택권을 행사하는 시점까지는 스트래들 매수와 유사하나, 일단 (일반적으로 내가격 옵션을) 선택을 하면 스트래들 매수보다 불리하다. 따라서 단순선택자옵션의 가격은 콜옵션 또는 풋옵션의 가격보다 크지만, 콜옵션과 풋옵션을 동시에 매수해야 하는 스트래들 매수의 경우에 비해 옵션가격이 작다는 장점이 있다.

4. 래칫 / 클리켓옵션(Rachet / Cliquet Options)

래칫(클리켓)옵션은 옵션의 잔존기간 동안 일정한 시점마다 행사가격을 주기적으로 재설정하는 옵션을 말한다. 즉, 다음 행사시점의 행사가격이 이전 행사시점의 기초자산가격에 일정비율을 곱해서 정해지는 옵션이다. 최초 옵션의 행사가격은 일반적으로 현재의 기초자산 가격과 동일하게 설정된다. 따라서 래칫옵션은 선도옵션의 시리즈로 구성되어 있음을 알 수 있다.

선도옵션은 미래의 일정시점에 새로운 행사가격이 정해지는 옵션을 의미한다. 이때

12) Rubinstein(1991) 참조.

행사가격은 옵션 만기(T)전 일정시점(t)에 기초자산 가격에 일정한 양의 숫자(α)를 곱하여 설정한다. 만일 $\alpha=1$이면 옵션은 미래의 일정시점에 등가격으로 시작하고, $\alpha<1$이면 콜옵션(풋옵션)이 $1-\alpha$% 내가격(외가격)으로 시작하고, $\alpha>1$이면 콜옵션(풋옵션)은 $\alpha-1$% 외가격(내가격)으로 시작하게 된다.

선도콜옵션의 가격(C)과 선도풋옵션의 가격(P)은 다음과 같이 결정된다.[13)]

$$C = S_0[N(d_1)-\alpha e^{-r(T-t)}N(d_2)]$$

$$P = S_0[\alpha e^{-r(T-t)}N(-d_2)-N(-d_1)]$$

$$d_1 = \frac{\ln\left(\frac{1}{\alpha}\right)+(r+\frac{1}{2}\sigma^2)(T-t)}{\sigma\sqrt{T-t}}, \quad d_2 = d_1-\sigma\sqrt{T-t}$$

따라서 선도콜옵션의 시리즈로 구성된 래칫콜옵션의 가격(C)은 다음과 같이 결정된다.

$$C = \sum_{i=1}^{n} S_0[N(d_1)-\alpha e^{-r(T_i-t_i)}N(d_2)]$$

t_i : i번째 행사가격결정의 시점

T_i : i번째 선도옵션의 만기일

n : 옵션만기일까지의 행사가격결정 횟수

이와 같은 래칫옵션은 주가지수 연계 상품개발에 주로 활용되나, 금리연계 구조화 채권에도 활용될 수 있다. 매 이자기간마다 결정되는 변동금리지수(CD금리 또는 국고채수익률)에 의해 콜옵션의 손익이 결정되는 금리연계상품에서 옵션의 잔존기간동안 일정한 시점(예를 들어, 6개월 주기)마다 그 시점의 변동금리지수가 새로운 행사가격으로 재설정되는 콜옵션이 내재되어 있다면, 투자기간 동안 변동금리지수의 변동폭이 크더라도 중간에 발생하는 이익을 축적할 수 있어 장기간 안정적인 수익률을 요구하는 투자자를 유인할 수 있는 장기상품으로 개발이 가능하다.

13) Rubinstein(1990) 참조.

5. 복합옵션(Compound Option)

옵션에 대한 옵션으로서 콜옵션과 풋옵션에 대한 콜옵션과 풋옵션이 있다. 콜옵션 매수자는 기초자산인 콜옵션 또는 풋옵션을 매수할 수 있는 권리를 보유하게 된다. 풋옵션 매수자는 기초자산인 콜옵션 또는 풋옵션을 매도할 수 있는 권리를 보유하게 된다. 따라서 복합옵션은 2개의 만기와 2개의 행사가격을 갖게 된다.

기업은 리스크가 발생할 수도 있고, 발생하지 않을 수도 있는 불확실한 상황에서 표준옵션을 직접 매수하는 것보다 복합옵션을 매수함으로써 리스크관리 비용을 절약할 수 있다. 예를 들어, 미국이 발주하는 대규모 국제 프로젝트에 입찰하는 한국기업 A의 경우를 생각해보자. 최종 낙찰가를 결정하는데 두 달이 소요된다고 하고, 만일 이 기업이 수주에 성공하면 지금부터 1년 후 달러로 표시된 일정금액을 받는다고 하자. 이런 상황에서 기업 A는 수주에 성공하더라도 향후 달러가치가 하락하면 원화로 환산된 금액이 비용을 보전할 수 없을 정도로 작을 수가 있다. 이때 기업 A는 수주에 성공할 지 불확실하므로 달러풋옵션에 대한 콜옵션을 매수한 후 입찰에 성공하면 콜옵션을 행사(행사가격에 해당하는 대금을 지불하고 달러풋옵션 획득)하고, 향후 환율이 하락하면 달러풋옵션을 행사하여 환리스크를 헤지할 수 있다.

금리관련 복합옵션으로는 캡션(caption)과 플로어션(floortion)이 있다. 금리에 대한 콜옵션의 형태인 캡(cap)에 대한 옵션을 캡션(caption)이라고 하며, 다음과 같이 4가지 형태로 분류된다.

1) 캡을 매수할 권리를 매수
2) 캡을 매수할 권리를 매도
3) 캡을 매도할 권리를 매수
4) 캡을 매도할 권리를 매도

금리에 대한 풋옵션의 형태인 플로어(floor)에 대한 옵션을 플로어션(floortion) 또는 플롭션(floption)이라고 하며, 다음과 같이 4가지 형태로 분류된다.

1) 플로어를 매수할 권리를 매수
2) 플로어를 매수할 권리를 매도

3) 플로어를 매도할 권리를 매수

4) 플로어를 매도할 권리를 매도

복합옵션의 가격결정은 기초자산 가격이 기하적 브라우니안 운동을 따른다고 가정하면, 콜옵션에 대한 유럽형 콜옵션의 가격(C_c)이 다음과 같이 결정된다.[14)]

$$C_c = S_0 M(a_1, b_1; \sqrt{T_1/T_2}) - K_2 e^{-rT_2} M(a_2, b_2; \sqrt{T_1/T_2}) - e^{-rT_1} K_1 N(a_2)$$

$$a_1 = \frac{\ln\left(\frac{S_0}{S^*}\right) + (r + \frac{1}{2}\sigma^2) T_1}{\sigma\sqrt{T_1}}, \quad a_2 = a_1 - \sigma\sqrt{T_1}$$

$$b_1 = \frac{\ln\left(\frac{S_0}{K_2}\right) + (r + \frac{1}{2}\sigma^2) T_2}{\sigma\sqrt{T_2}}, \quad b_2 = b_1 - \sigma\sqrt{T_2}$$

S_0 : 기초자산의 가격

S^*: 복합옵션의 만기(T_1)에 기초자산 옵션이 등가격(ATM)이 되는 기초자산 가격

T_1 : 복합옵션의 만기일

T_2 : 기초자산 옵션의 만기일

K_1 : 복합옵션의 행사가격

K_2 : 기초자산 옵션의 행사가격

$M(a, b; \rho)$: 이변량 누적정규분포함수(ρ : 두 변수의 상관계수)

r : 무위험 이자율

σ : 기초자산가격의 변동성

한편, 콜옵션에 대한 유럽형 풋옵션의 가격(P_c)은 다음과 같이 결정된다.

$$P_c = K_2 e^{-rT_2} M(-a_2, b_2; -\sqrt{T_1/T_2})$$
$$\quad - S_0 M(-a_1, b_1; -\sqrt{T_1/T_2}) + e^{-rT_1} K_1 N(-a_2)$$

이러한 가격결정의 논리를 이용하여 캡션 또는 플로어션의 가치를 결정할 수 있다. 캡 또는 플로어의 가격보다는 캡션 또는 플로어션의 가격이 낮기 때문에 레버리지가

14) Geske(1979) 참조.

높고 초기 투자비용 및 리스크관리 비용이 낮지만 옵션을 행사할 경우 전체적인 프리미엄이 처음부터 캡 또는 플로어를 매수하는 경우보다 더 클 수도 있다.

예를 들어, 어떤 기업의 재무담당자가 5년 동안 변동금리로 자금을 조달할 계획을 가지고 있으나, 금리상승 리스크를 헤지하기 위해 캡을 매수하는 것이 적절하다고 판단하고 있다.[15] 이 기업의 거래은행은 현재 상한금리(cap rate) 9%의 캡의 프리미엄을 1%로 제시하고 있다. 이러한 자금조달 방안에 대해 기업의 경영층이 승인여부를 결정하는데 2주일의 시간이 소요된다고 하자. 한편, 2주 후에 경영층이 승인하는 시점에서 캡의 프리미엄이 상승할 수도 있기 때문에 거래은행은 기업의 재무담당자에게 캡션(0.15%의 프리미엄)을 매수함으로써 현재의 캡 프리미엄을 2주간 확정하는 계약의 체결을 제안한다. 2주일 후에 경영층이 재무담당자의 계획을 승인하면 캡션을 행사하여 계획대로 1%의 프리미엄을 지불하고 상한금리 9%의 캡을 매수한다. 만일 경영층의 승인을 기다리는 동안 기준금리가 상당히 하락하여 9% 캡의 프리미엄이 캡션의 프리미엄 이상으로 하락하는 경우 재무담당자는 캡션을 행사하지 않고 가격이 하락한 캡을 매수하면 된다.

15) 금리 상한(capped) FRN을 발행하는 경우를 말하며, 이에 대한 상세한 설명은 제10장 참조.

[부 록] 옵션의 기초개념

옵션은 "미래의 일정 시점에 일정한 가격으로 주식, 통화, 상품 등의 기초자산을 매수하거나 매도할 수 있는 권리"를 의미한다. 이때 매수할 수 있는 권리를 콜옵션, 매도할 수 있는 권리를 풋옵션이라고 한다. 거래대상인 기초자산이 주가지수인 경우 주가지수 옵션, 기초자산이 통화인 경우 통화옵션, 상품인 경우 상품옵션, 금리 또는 채권인 경우 금리옵션이라 한다.

1. 옵션거래의 개념

앞에서 소개한 금리선물이나 금리스왑과 같은 금리파생상품은 금리의 불확실한 움직임으로 발생하는 리스크를 제거해주기 때문에 확실성을 제공한다. 그러나 확실성을 보장하는 것이 항상 좋은 대안이 되는 것은 아니다. 금리선물이나 금리스왑으로 리스크를 제거하는 것은 불리한 리스크를 제거할 뿐만 아니라 유리한 리스크도 제거하는 것을 의미한다. 옵션은 매수자에게 나쁜 결과는 피하고 좋은 결과만을 얻을 수 있는 수단이라는 점에서 선물이나 스왑과는 달리 독특하다. 그러나 옵션이 주는 이러한 이익을 얻기 위해서는 그에 상응하는 대가를 지불하여야 한다.

옵션의 매수자는 기초자산의 가격과 '행사가격'을 비교하여 유리한 경우에는 옵션을 행사할 권리를 갖지만 불리할 경우에는 옵션을 행사하지 않아도 된다. 한편, 옵션의 매도자는 옵션의 매수자가 옵션을 행사할 때 이에 응해야 하는 의무를 지며, 이에 대한 대가로 옵션거래시에 옵션의 매수자로부터 일정한 대금을 받는데 이를 옵션가격(프리미엄)이라고 한다.

그림 5-10 옵션거래의 개념

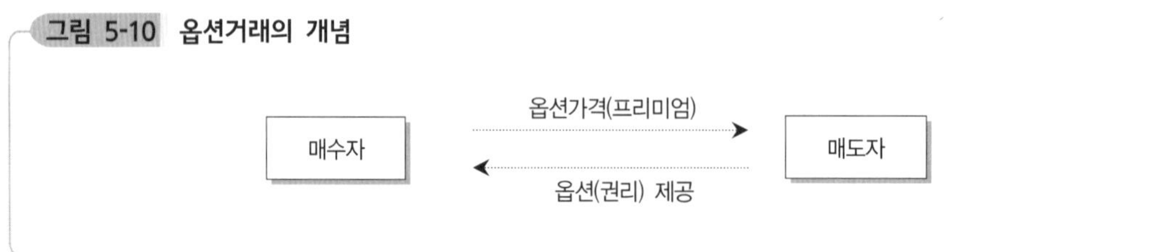

옵션 매수자는 (1) 옵션 가격을 지불하고 옵션을 매수하는 사람이다. (2) 기초자산의 가격이 자신에게 유리하게 움직일 경우 상당한 이익을 얻을 수 있다. (3) 그러나 기

초자산의 가격이 자신에게 불리하게 움직일 경우 옵션 행사를 포기하는 대신 이미 지불한 옵션가격(프리미엄)만큼 손실을 보게 된다.

옵션 매도자는 (1) 매수자로부터 프리미엄을 받는 대신 기초자산을 행사가격에 매입하거나 매도해야 할 의무를 지게 된다. (2) 이익은 옵션매수자로부터 받은 프리미엄으로 한정되지만 무제한의 손실을 볼 위험이 있다.

표 5.5 옵션거래자의 권리와 의무

	매수자	매도자
콜옵션	매수 권리	매도 의무
풋옵션	매도 권리	매수 의무

이와 같은 옵션거래의 특징은 (1) 유리한 리스크(이익획득의 기회)와 불리한 리스크(손실위험)를 분리시킨다. 즉, 일정액의 프리미엄을 지불하고 기초자산의 가격변동에 따른 이익을 획득할 수 있는 반면, 가격변동에 따른 손실위험은 지불한 프리미엄에만 한정시킬 수 있다. (2) 옵션은 매도자가 매수자에게 권리를 부여하는 대가로 프리미엄을 받으나 선물의 경우에는 프리미엄의 수수가 없다. 선물거래에서는 매수자와 매도자 쌍방이 계약이행의 의무를 지나, 옵션거래에서 매수자는 프리미엄을 지불하는 대가로 옵션행사의 권리만을 갖게 되며 매도자는 매수자로부터 프리미엄을 받는 대가로 매수자의 권리행사에 대하여 계약이행의무를 지게 된다.

그림 5-11 옵션의 만기시 손익구조

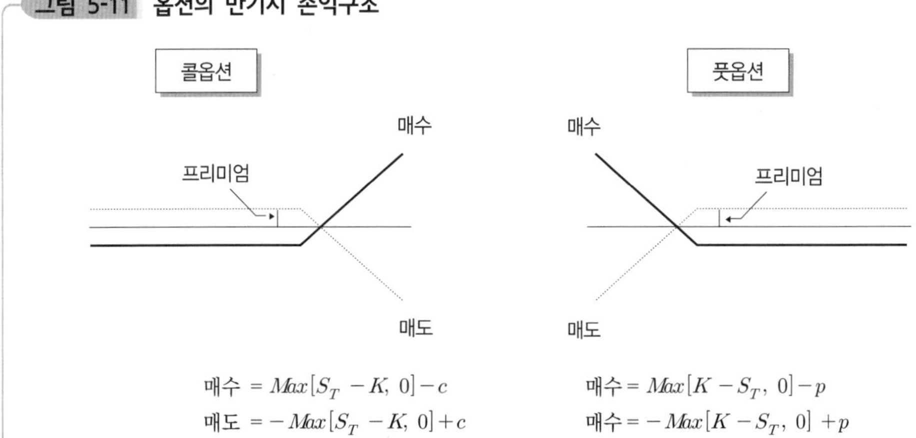

매수 $= Max[S_T - K, 0] - c$

매도 $= -Max[S_T - K, 0] + c$

매수 $= Max[K - S_T, 0] - p$

매수 $= -Max[K - S_T, 0] + p$

이때 S_T는 만기시 기초자산의 가격, K는 행사가격, c는 콜옵션의 가격, p는 풋옵션의 가격을 나타낸다.

2. 옵션가격결정

(1) 옵션가격의 구성요소

옵션가격은 내재가치(intrinsic value)와 시간가치(time value)로 구성되어 있다. 옵션의 내재가치는 기초자산 가격과 옵션의 행사가격의 차이를 말한다. 콜옵션의 경우 내재가치는 "기초자산 가격－행사가격" 이고, 풋옵션의 경우 내재가치는 "행사가격－기초자산 가격" 으로 표현된다.

이러한 내재가치는 옵션이 내가격(In-The-Money) 상태에서 거래될 때만 존재한다. 예를 들어, 콜옵션의 경우 기초자산 가격이 옵션의 행사가격보다 높을 때 내재가치가 존재하고, 풋옵션의 경우 기초자산 가격이 옵션의 행사가격보다 낮을 때 내재가치가 존재한다.

그러면 옵션의 시간가치란 무엇인가? 옵션 매수자의 경우 기초자산 가격이 자신에게 불리하게 움직이면 권리행사를 하지 않고 옵션가격만큼을 손실로 한정시킬 수 있는 반면, 자신에게 유리하게 변하면 이익폭을 무한히 넓힐 수 있다. 옵션의 시간가치는 기초자산 가격이 옵션 만기시까지 옵션 매수자에게 유리한 방향으로 움직일 가능성에 대한 가치라고 할 수 있다. 만기까지의 기간이 길거나 기초자산 가격의 변동성이 클수록 시간가치는 커지게 되고 결국 옵션가격도 비싸지는 것이다.

이러한 시간가치는 옵션이 등가격(At-The-Money)이나 외가격(Out-of-The-Money)일 때에도 존재하며, 옵션이 등가격일 때 옵션가격은 모두 시간가치를 반영한 값이라고 할 수 있다. 이러한 옵션의 시간가치는 옵션의 만기가 길수록 높으며, 만기일이 다가올수록 급속히 감소하게 된다(이를 Time Decay 현상이라 함).

(2) 옵션가격의 결정요인

옵션가격은 기초자산의 가격, 기초자산 가격의 변동성, 옵션만기일까지의 잔존기간, 이자율에 의해 영향을 받는다.

⊡ 기초자산의 시장가격과 행사가격의 차이

콜옵션의 경우 기초자산의 현재 시장가격이 행사가격보다 크면 클수록 옵션의 가격은 높아지는데, 이는 기초자산의 현재 시장가격보다 낮은 행사가격으로 매수할 권리를 행사할 수 있기 때문이다. 한편, 풋옵션은 이와 반대로 행사가격이 기초자산의 현재 시장가격보다 높을수록 높은 가격에 매도할 권리를 행사할 수 있기 때문에 옵션의 가격이 높아진다.

⊡ 기초자산 가격의 변동성

기초자산 가격의 변동성이 클수록 옵션의 가치는 상승한다. 이는 옵션이 손실은 이미 지불한 옵션가격에 한정되는 반면 이익은 무한히 얻을 수 있는 특징을 지니고 있어 변동성이 클수록 만기 이전에 이익을 볼 가능성이 커지기 때문이다.

⊡ 만기까지 남은 기간

옵션의 만기까지 남은 기간이 줄수록 옵션의 가치는 작아진다. 이는 만기까지 남은 기간이 줄어들수록 옵션투자자에게 유리한 상황이 발생할 가능성이 작아지기 때문이다. 따라서 옵션의 가치는 시간이 지남에 따라 시간가치는 점차 줄어들어 만기 직전에는 0이 되고 내재가치만 남게 된다.

⊡ 이자율

이자율은 다른 요인들과 달리 옵션가격에 미치는 영향이 일정하지 않으며 옵션의 기초자산의 종류에 따라 다르게 나타난다. 간단한 예로서 콜옵션의 매수를 기초자산 매수의 대체계약으로, 콜옵션의 매도를 기초자산 매도의 대체계약으로 간주하자. 콜옵션의 매수자는 기초자산을 현재시점에서 매수하는 대신에 미래에 매수할 수 있는 권리를 확보하는 것이다. 이자율이 상승하면 기초자산의 매수대금 지불을 미래로 연기할 수 있는 콜옵션이 유리하고 결국 옵션가격은 상승할 것이다(콜옵션의 소유자가 지불할 행사가격의 현재가치가 감소하므로 콜옵션의 가치는 증가함). 반대로 이자율이 상승하면 풋옵션의 가격은 하락할 것이다.

⚃ 기초자산으로부터 발생하는 수입

기초자산에서 수입(예를 들어, 주식의 경우 배당금, 채권의 경우 이표)이 발생하면 기초자산의 가격이 그만큼 하락하여 콜옵션의 가격은 하락하고 풋옵션의 가격은 상승하게 된다.

3. 옵션가격의 관계

현재시점 t에서 기초자산의 가격을 S_t, 만기일이 T인 선물가격을 F_t, 만기일이 T이고 행사가격이 K인 (유럽형) 콜옵션과 풋옵션 가격을 각각 c와 p라고 하자.

(1) 풋-콜 패리티(Put-Call Parity)

$$c - p = S_t - Ke^{-r(T-t)}$$

이를 보이기 위해서 다음과 같은 포트폴리오를 각해보자.

포트폴리오 A : 콜옵션 1개 + $Ke^{-r(T-t)}$만큼의 예금(이자율 r)
포트폴리오 B : 풋옵션 1개 + 기초자산 1개

포트폴리오 A와 B 모두 옵션 만기일의 가치가 $Max[S_{T,} K]$가 된다. 따라서 현재 시점의 가치도 동일해야 한다. 즉,

$$c + Ke^{-r(T-t)} = p + S_t$$

이러한 풋-콜 패리티를 이용하여 콜옵션과 기초자산으로 풋옵션을 복제할 수 있다. 즉,

$$p = c - S_t + Ke^{-r(T-t)}$$

예 제

포트폴리오 보험의 논리는 시세상승에는 편승하면서 손실은 일정 한도 내에 제한시키는 자산운용전략이다. 즉, 주식과 채권 포지션을 일정한 규칙에 따라 동적으로 조정함으로써 마치 주식에 풋옵션을 매수하여 콜옵션의 손익구조를 창출해내는 전략이다.
주식을 보유한 상태에서 풋옵션을 매수하는 경우를 생각해보자. 즉,

$$S_t + p = S_t + Ke^{-r(T-t)}N(-d_2) - SN(-d_1) + Ke^{-r(T-t)}[1 - N(d_2)]$$

$$d_1 = \frac{\ln\left(\frac{S_t}{K}\right) + \left(r + \frac{1}{2}\sigma^2\right)(T-t)}{\sigma\sqrt{T-t}}, \quad d_2 = d_1 - \sigma\sqrt{T}$$

위의 식에서 왼쪽 항은 풋옵션으로 보험을 든 주식포지션을 의미하고 오른쪽 항은 주식과 무이표채(액면 K로 구성된 포트폴리오를 의미한다. 포트폴리오 보험의 아이디어는 주식가격이 상승하면 $N(d_1)$이 상승하고 $1-N(d_2)$가 하락하므로 주식비중 편입비중을 증가시키고 무이표채의 편입비중을 감소시키는 것이다. 이와 같이 주식가격의 변화에 따라 주식과 무이표채의 편입비중을 동적으로 조정함으로써 마치 주식에 풋옵션을 매수한 효과를 창출하는 전략이다.

---

(2) 풋-콜-선물 패리티(Put-Call-Futures Parity)

$$c - p = (F_t - K)e^{-r(T-t)}$$

이를 보이기 위해서 다음과 같은 포트폴리오를 구성하자.

- 콜옵션(c) 매도
- 풋옵션(p) 매수
- 선물(F_t) 매수
- 무이표채$(F_t - K)e^{-r(T-t)}$ 매수

이 경우 만기시 포트폴리오의 수익은 기초자산 가격이 행사가격보다 높든지 낮든지 항상 0이 됨을 알 수 있다. 따라서 이러한 포트폴리오의 현재시점의 가치는 0이 되어야 한다. 즉,

$$p - c + (F_t - K)e^{-r(T-t)} = 0$$

이와 같은 풋-콜-선물 패리티는 합성포지션을 만들거나 선물-옵션 차익거래에 활용된다.

Interest Rate Derivatives
Investment & Risk Management
Strategies for Practitioners

Interest Rate Derivatives
Investment & Risk Management
Strategies for Practitioners

Part 3

금리파생상품 투자전략

제3부 소개

Interest Rate Derivatives
Investment & Risk Management Strategies for Practitioners

제3부에서는 방향성 거래전략, 변동성 거래전략, 차익거래 및 상대가치 거래전략 등 금리파생상품의 투자전략에 대해 소개한다.

제6장에서는 선물, 선도, 스왑 등과 같이 손익구조가 선형인 선도형 파생상품을 이용한 투자전략뿐만 아니라 손익구조가 중간에서 꺾이는 옵션형 파생상품의 투자전략에 대해 설명한다. 선도형과 옵션형 금리파생상품을 활용한 순수 방향성 거래전략, 결제월간 스프레드거래와 상품간 스프레드거래 등 금리선물 스프레드거래, 강세스프레드, 약세스프레드 등 금리옵션 스프레드거래, 채권선물 베이시스 거래전략, 스티프닝(steepening)과 플래트닝(flattening) 전략 등 수익률곡선 거래(yield curve trading)의 개념을 예제를 통해 소개한다. 또한, 옵션을 이용한 투자전략을 이해하기 위해 필수적인 Greek Letters에 관한 상세한 설명을 [부록]에 제시하고 있다.

제7장에서는 금리의 변동성에 근거한 투자전략인 변동성 매매전략을 소개한다. 먼저 변동성의 개념과 추정방법, 특히 내재변동성(implied volatility), 변동성 미소(volatility smile), 변동성콘(volatility cone), 변동성 평가지수(cheapness index)의 개념과 활용방법에 대해 설명한다. 이러한 개념의 이해를 바탕으로 변동성 매매전략의 핵심, 변동성 매매전략의 메뉴 및 시장상황의 변화에 따른 수정전략, 옵션을 이용한 채권 포트폴리오 관리 등을 살펴본다.

제8장에서는 유로달러선물 차익거래, T-Bond 선물 차익거래, 한국국채선물 차익거래 등 금리선물 차익거래의 개념과 예제를 소개한다. 또한, 풋-콜-선물 패리티에 근거한 채권선물·옵션 차익거래의 논리와 예제를 소개한다. 마지막으로 상대가치거래의 개념을 설명하고, 국채선물과 금리스왑의 상대가치거래, 채권과 통화스왑의 상대가치거래, 스왑 스프레드거래, 신용스프레드거래 등 다양한 상대가치거래의 전략과 사례를 소개한다.

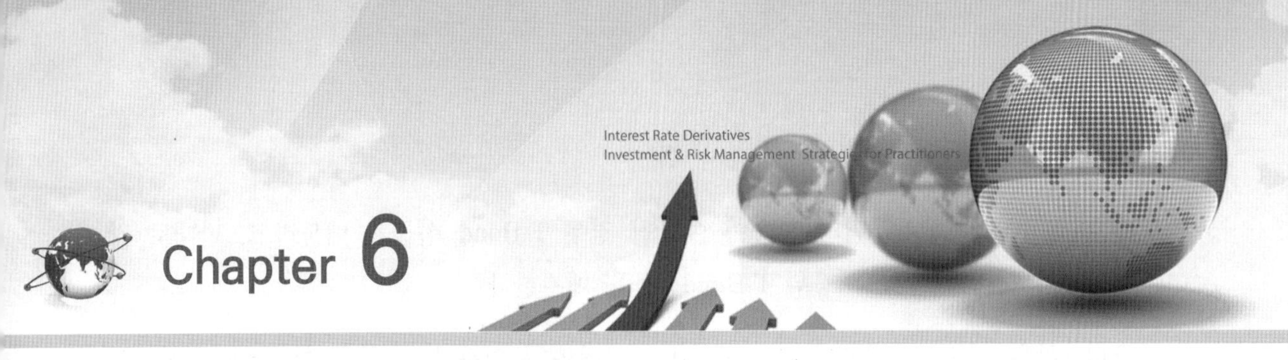

방향성 거래전략 (Directional Trading Strategy)

방향성 거래전략이란 향후 가격전망에 근거한 투자전략이다. 본 장에서는 선물, 선도, 스왑 등과 같은 선도형 파생상품을 이용하는 투자전략뿐만 아니라 옵션형 파생상품의 투자전략에 대해 설명한다.

표 6.1 방향성 거래전략

시장전망	강세장(금리하락)	약세장(금리상승)
금리(채권)선물	매 수	매 도
금리스왑	매 도	매 수
선도금리계약	매 도	매 수
금리옵션	합성선물 매수	합성선물 매도
채권(선물)옵션	채권(선물) 콜옵션 매수	채권(선물) 풋옵션 매수
	금리 플로어 매수	금리 캡 매수
	강세 콜(풋) 스프레드	약세 콜(풋) 스프레드

6.1 순수 방향성 거래전략

1. 선도형 금리파생상품

선도금리계약(FRA), 금리스왑(IRS), 금리(채권)선물 등 선도형 금리파생상품은 손익 구조가 선형이기 때문에 금리의 방향성 예측에 근거한 투자수단으로 활용할 수 있다. 단기금리의 상승이 예상될 경우 유로달러선물 등 단기금리선물을 매도하고, 반대로 단기금리의 하락이 예상될 경우 유로달러선물 등 단기금리선물을 매수한다. 중기금리의 상승이 예상될 경우 T-Note선물이나 한국 국채선물(3년물 또는 5년물)을 매도하고, 반대로 중기금리의 하락이 예상될 경우 T-Note 선물이나 한국 국채선물을

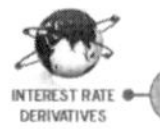

매수한다. 또한 장기금리의 상승이 예상될 경우 T-Bond 선물을 매도하고, 반대로 장기금리의 하락이 예상될 경우 T-Bond선물을 매수한다.

금리스왑은 선도금리계약의 스트립(strip) 거래와 동일하다는 것을 제3장에서 설명하였다. 단기금리 상승을 예상하는 경우 선도금리계약을 매수하고, 중장기 금리의 상승을 예상하는 경우 금리스왑을 매수(고정금리지급 / 변동금리수취)하면 된다. 한편, 단기금리 하락을 예상하는 경우 선도금리계약을 매도하고, 중장기 금리의 하락을 예상하는 경우 금리스왑을 매도(고정금리수취 / 변동금리지급)하면 된다. 선도금리계약이나 금리스왑은 금리 자체를 거래하는 파생상품이므로 금리를 지수화하거나 가격으로 거래하는 금리선물 또는 채권선물의 포지션과 반대로 가져가야 한다.

순수 방향성 거래전략은 금리의 예상에 따라 강세전략과 약세전략으로 구분할 수 있다.

(1) 강세전략

인플레이션 우려가 점차 수그러들고 통화당국이 통화정책을 완화하여 향후 수익률곡선이 하향 이동할 것으로 예상하는 경우 투자자는 수익률곡선 또는 듀레이션을 매수하는 전략(go long the curve / long duration)을 택할 수 있다. 즉, 현금이나 단기금융상품에서 만기가 긴 채권으로 갈아타거나, 채권선물의 매수 또는 금리스왑의 매도(고정금리수취 / 변동금리 지급) 포지션을 취할 수 있다.

(2) 약세전략

인플레이션 우려가 심화되고 통화당국이 통화정책을 긴축으로 선회하여 향후 금리상승이 예상되는 경우 투자자는 수익률곡선 또는 듀레이션을 매도하는 전략(go short the curve / short duration)을 택할 수 있다. 즉, 만기가 긴 채권을 매도하고 단기금융상품(또는 현금)으로 갈아타거나, 채권선물의 매도 또는 금리스왑의 매수(고정금리 지급/변동금리 수취) 포지션을 취할 수 있다.

채권시장의 강세가 예상될 때 펀드매니저는 보유하고 있는 채권 포트폴리오의 듀레이션을 증가시킴으로써 금리하락에 따른 이익을 볼 수 있고, 채권시장의 약세가 예상될 때는 채권 포트폴리오의 듀레이션을 감소시킴으로써 금리상승에 따른 손실을 줄일 수 있다. 이는 수익률곡선의 기울기에 대한 견해는 중립적이며 단지 금리하락 또는 상승에 대한 포트폴리오의 민감도를 조정함으로써 마켓타이밍(market timing)을 하는 것이다.

표 6.2 듀레이션 거래 (수익률곡선에 대한 중립적인 견해)

유 형	전 략	이 익	손 실
강 세	단기영역 매도 장기영역 매수	금리하락 양(+)의 캐리 롤(roll) 효과	금리상승 (캐리 및 롤(roll)효과 상쇄 이상으로)
약 세	단기영역 매수 장기영역 매도	금리상승	금리하락 음(−)의 캐리

금리하락을 예상하는 강세전략은 수익률곡선의 단기영역에 해당하는 채권을 매도하고 수익률곡선의 장기영역에 해당하는 채권을 매수함으로써 보유하고 있는 채권 포트폴리오의 듀레이션을 증가시키는 전략이다. 이 전략은 물론 금리가 하락하면 이익을 보게 될 것이다. 또한 수익률곡선이 우상향하는 일반적인 상황에서 시간이 흐름에 따라 수익률곡선의 기울기가 유지될 경우 낮은 단기금리로 자금을 조달하여 높은 장기금리로 운용하기 때문에 양(+)의 캐리(carry)가 발생하며, 수익률곡선을 따라 내려오면서 롤효과(roll effect: roll-down yield curve advantage)를 추가적으로 얻게 된다. 한편, 금리가 상승할 경우에는 당연히 손실을 보게 되지만 양(+)의 캐리 및 롤효과는 금리상승시 하방리스크에 대한 어느 정도의 쿠션(cushion)을 제공해 준다. 특히 수익률곡선의 경사가 급하게 우상향하는 경우 만기가 긴 채권의 롤효과가 커서 유리한 측면이 있다.

예를 들어, 1년 만기 채권을 매도하여 5년 만기 채권을 매수함으로써 듀레이션을 증가시키는 강세전략의 경우, 양(+)의 캐리와 롤효과를 상쇄시키는 손익분기(breakeven) 수익률변화는 다음과 같이 계산할 수 있다.

$$\text{손익분기 수익률변화} = \text{양의 캐리}(R_{1,5} - r_5) + \text{롤효과}(r_5 - r_{1,4})$$

이때 $r_{1,4}$는 1년 후의 4년 만기 채권의 수익률, r_5는 5년 만기 채권의 수익률, $R_{1,5}$는 1년과 5년 사이의 선도수익률을 나타낸다. 위의 식에 의하면 $r_{1,4} - R_{1,5}$이면 손익분

기가 되고, $r_{1,4} > R_{1,5}$이면 손실이 발생한다는 것을 알 수 있다.

금리상승을 예상하는 약세전략은 수익률곡선의 장기영역에 해당하는 채권을 매도하고 수익률곡선의 단기영역에 해당하는 채권을 매수함으로써 보유하고 있는 채권 포트폴리오의 듀레이션을 감소시키는 전략이다. 이 전략은 물론 금리가 상승하면 포트폴리오를 조정하지 않을 경우보다 이익을 보게 될 것이다. 그러나 금리가 하락하면 손해이며, 특히 수익률곡선이 우상향하는 일반적인 상황에서 시간이 흐름에 따라 수익률곡선의 기울기가 유지될 경우 높은 장기금리로 자금을 조달하여 낮은 단기금리로 운영하는 음(−)의 캐리(carry) 효과가 발생하게 된다.

지금까지 설명한 듀레이션 거래전략의 실행 시 보유하고 있는 채권 포트폴리오의 듀레이션을 현물로 직접 조정하는 대신 채권선물을 이용하여 듀레이션을 조정할 수 있다. 이때 채권선물의 상품구조가 우리나라 국채선물과 같이 현금결제방식의 상품인 경우는 국채선물 시장가격에 내재된 선물수익률을 이용하여 국채선물의 듀레이션을 계산하고 목표 듀레이션을 얻을 수 있는 국채선물 계약수를 산출한다. 한편, 미국의 T-Bond나 T-Note 선물과 같이 실물인수도 방식의 채권선물의 경우는 채권선물의 BPV를 구하고 목표 듀레이션을 BPV로 전환하여 채권선물의 계약수를 산출한다. 이하에서는 두 가지 경우의 예제를 살펴보기로 한다.

이제 채권 포트폴리오의 현재가치를 P, 채권 포트폴리오의 평균듀레이션을 D_P, 국채선물(현금결제)의 듀레이션을 D_F, 국채선물 1계약의 가치를 F라고 하자. 이 경우 목표 듀레이션(target duration) D_T를 얻기 위한 국채선물의 계약수 N는 다음과 같이 결정된다.(+는 매수 / −는 매도)

$$N = \frac{(D_T - D_P)}{D_F} \times \frac{P}{F}$$

예 제

S투신사의 채권형 펀드매니저는 6월 20일 현재 1,000억원의 원화 채권 포트폴리오를 관리하고 있다. 현재 포트폴리오의 평균 듀레이션은 4년, 9월 만기 국채선물 3년물의 호가는 110.00이라고 하자. (국채선물 3년물의 듀레이션은 2.8년으로 가정)[1] 향후 국채수익률의

상승으로 약세장이 예상되어 채권 포트폴리오의 듀레이션을 3년으로 줄이고자 할 때 국채선물을 어떻게 활용할 수 있는가?

$$N = \frac{(D_T - D_P)}{D_F} \times \frac{P}{F}$$
$$= \frac{3-4}{2.8} \times \frac{1{,}000\text{억원}}{1.1\text{억원}} = -325(\text{계약})$$

D_T : 목표 듀레이션(target duration)

D_P : 채권 포트폴리오의 평균듀레이션

D_F : 국채선물의 듀레이션

P : 채권 포트폴리오의 현재가치

F : 국채선물 1계약의 가치

N : 국채선물 계약수

국채선물가격 110.00의 의미는 계약단위 1억원의 110%를 의미하므로, 국채선물 1계약의 가치는 1.1억원이다. 즉, 국채선물 325계약을 매도함으로써 채권 포트폴리오의 듀레이션을 4년에서 3년으로 줄일 수 있다.

한편, 실물인수도가 이루어지는 미국 T-Bond 선물의 경우 채권 포트폴리오의 듀레이션을 BPV로 전환하고, CTD의 BPV를 CTD의 CF로 나누어서 국채선물의 BPV를 구한 다음, (목표 듀레이션으로부터 구한) 목표 BPV를 얻을 수 있는 국채선물의 계약수를 산출한다. 이때 듀레이션(D)을 BPV로 전환시키는 식은 채권수익률이 y일 때 다음과 같다.[2)]

$$BPV = \frac{D}{1+\frac{y}{2}} \times P \times 0.0001$$

1단계 : 포트폴리오의 듀레이션을 BPV로 전환한다.

2단계 : 목표 듀레이션을 BPV로 전환한다.

3단계 : 목표 BPV를 얻을 수 있는 국채선물의 계약수(N)를 다음과 같이 산출한다.

---

1) 한국국채선물 3년물의 듀레이션은 국채선물 시장가격에 내재된 수익률과 대표채권(만기3년, 이표 5%)을 이용하여 계산한다.

2) 제1장 참조.

$$N = \frac{BPV_T - BPV_P}{BPV_F}$$

이때 국채선물의 $BPV(BPV_F)$는 CTD의 BPV를 CTD의 CF로 나누어서 구한다.

$$BPV_F = \frac{BPV_{CTD}}{CF_{CTD}}$$

BPV_{CTD} : 국채선물 CTD의 BPV

CF_{CTD} : 국채선물 CTD의 CF

2. 옵션형 금리파생상품

가장 기초적인 방향성 거래전략은 금리전망에 근거하여 채권(선물) 옵션을 매수하는 것이다. 즉, 금리하락을 예상하는 경우 채권(선물) 콜옵션을 매수하고, 금리상승을 예상하는 경우 채권(선물) 풋옵션을 매수한다.

단순히 금리 또는 채권선물을 매수 또는 매도하는 것과 다른 점은 무엇일까? 콜옵션 또는 풋옵션의 매수자는 옵션의 기초자산 가격과 행사가격을 비교하여 유리한 경우에는 옵션을 행사할 권리를 갖지만 불리할 경우에는 옵션을 행사하지 않아도 된다는 것이다. 즉, 콜옵션 또는 풋옵션의 매수는 레버리지가 높고 행사가격에서 저절로 손절매가 이루어지는 투자전략이라고 할 수 있다. 한편, 옵션의 매도자는 옵션의 매수자가 옵션을 행사할 때 이에 응해야 하는 의무를 지며, 이에 대한 대가로 옵션거래 시에 옵션의 매수자로부터 일정한 대금을 받는데 이를 옵션가격(프리미엄)이라고 한다.

채권시장의 강세가 예상되는 경우 채권가격의 상승에 따라 이익을 볼 수 있는 채권 콜옵션을 매수하는 것이 당연한 전략이다. 그런데 장/단기 금리전망에 따라 어떤 옵션을 선택하는가가 중요하다. 단기간 내에 채권시장의 강세(금리하락)가 예상되는 경우 옵션가격의 상승속도가 빠르고 레버리지가 높은 근월물 OTM 콜옵션을 매수 한다. 한편, 채권시장이 어느 정도 시간을 두고 안정적인 강세를 보일 것으로 예상 하는 경우에는 원월물 ATM (또는 ITM) 콜옵션을 매수한다. 이와 같은 콜옵션의 매수는 레버리지가 높고 행사 가격에서 저절로 손절매가 이루어지는 투자전략이다.

채권시장의 약세가 예상되는 경우 채권가격의 하락에 따라 이익을 볼 수 있는 풋 옵

션을 매수한다. 단기간 내에 채권시장의 약세(금리상승)가 예상되는 경우 옵션 가격의 하락속도가 빠르고 레버리지가 높은 근월물 OTM 풋옵션을 매수한다. 한편, 채권시장이 어느 정도 시간을 두고 점진적인 약세를 보일 것으로 예상하는 경우에는 원월물 ATM(또는 ITM) 풋옵션을 매수한다. 이러한 전략은 채권가격이 하락하고 가격변동성이 증가할 때 큰 이익을 볼 수 있는 반면, 손실은 프리미엄으로 한정시킬 수 있는 투자전략이다.

3. 합성선물전략(Synthetic Futures Strategy)

채권선물에 대한 옵션이 동시에 거래되는 경우 합성선물전략이란 콜옵션과 풋옵션을 결합하여 채권선물을 매수 또는 매도하는 것과 같은 포지션을 만드는 전략이다. 이와 같은 합성선물 전략은 채권선물을 매수/매도하는 것보다 유리한 가격으로 합성 포지션을 만들 수 있는 경우 또는 채권선물/옵션간 차익거래시 이용된다.

(1) 합성선물 매수(Synthetic Futures Long)

행사가격 K인 채권선물 콜옵션 1계약을 C에 매수하고, 만기와 행사가격이 동일한 풋옵션 1계약을 P에 매도하면 채권선물을 $K+(C-P)$에 매수한 것과 같은 효과를 얻을 수 있다. 즉, $+\text{Call}(K) - \text{Put}(K) = +F$

그림 6-1 합성선물 매수(Synthetic Futures Long)

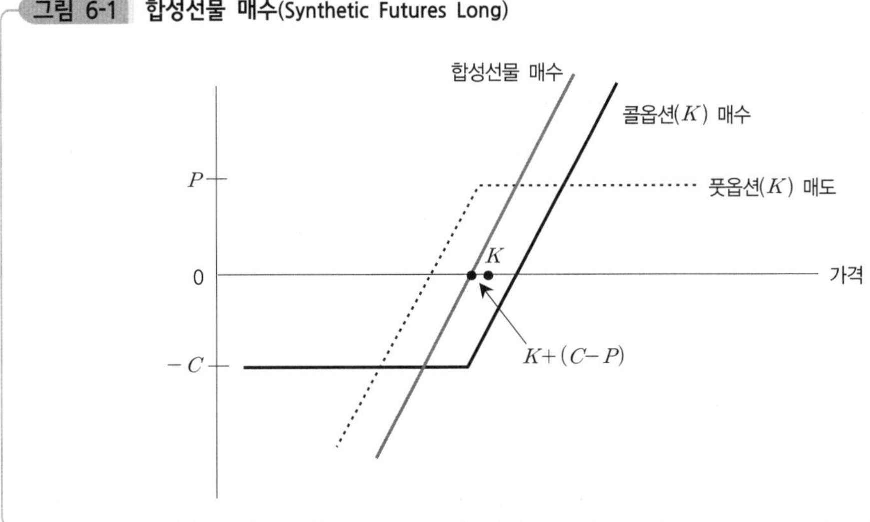

(2) 합성선물 매도(Synthetic Futures Short)

행사가격 K인 채권선물 콜옵션 1계약을 C에 매도하고, 만기와 행사가격이 동일한 채권선물 풋옵션 1계약을 P에 매수하면 채권선물을 $K+(C-P)$에 매도한 것과 같은 효과를 얻을 수 있다. 즉, + Put (K) − Call (K) = −F

그림 6-2 합성선물 매도(Synthetic Futures Short)

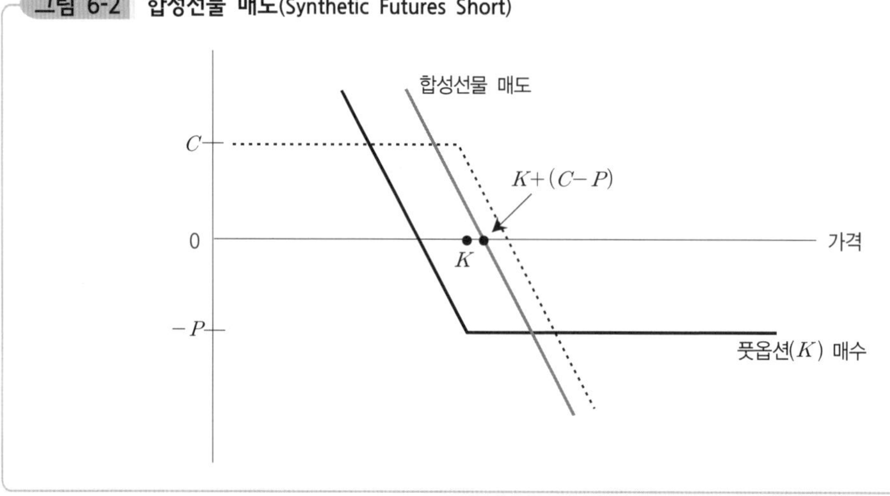

6.2 스프레드 거래전략(Spread Trading Strategy)

1. 채권선물 스프레드 거래전략

스프레드는 일반적으로 특정 선물의 시장가격과 다른 선물의 시장가격간의 차이를 말한다. 이때 기초자산이 동일한 선물 중에서 결제월이 다른 선물간의 가격차이를 결제월간 스프레드(calendar spread)라고 하고, 결제월이 동일하지만 기초자산이 다른 선물간의 가격차이를 상품간 스프레드(inter-commodity spread)라고 한다. 선물시장에는 이러한 스프레드의 변동을 예측하여 이익을 얻으려는 거래자들을 스프레더(spreader)라고 한다.

스프레드 거래란 스프레드의 변화를 예상하여 한 선물계약을 매수하고 다른 선물계약을 매도하는 전략이다. 이와 같은 거래는 스프레드가 변화하면 한 쪽에서 이익이 발생할 때 다른 쪽에서 손실이 발생하지만 이익이 손실보다 클 것으로 기대하는 전략

이다. 물론 스프레드가 예상했던 것과 다른 방향으로 변하면 손실이 발생하지만 가격 예측에 의한 방향성매매보다는 손실위험이 작다.

(1) 결제월간 스프레드거래(calendar spread trading)

제3장에서 설명했듯이 채권선물가격은 채권현물가격에 순보유비용(단기이자 - 채권이자)을 더하여 결정된다. 수익률곡선이 우상향하는 일반적인 상황에서 채권선물가격은 현물가격보다 낮게 형성되며, 만기일이 멀수록 선물가격이 낮게 형성된다. 따라서 원월물가격이 근월물가격보다 낮게 형성된다. 이때 근월물가격과 원월물가격의 차이인 결제월간 스프레드는 순보유비용의 차이에 의해 결정된다.

결제월간 스프레드거래는 이러한 스프레드의 변화를 예상하는 거래로서 거래대상이 동일하며 만기가 다른 두 개의 선물을 동시에 매수/매도하는 전략이다.

1) 강세 스프레드(bull spread) 또는 매수 스프레드(long spread) 전략

근월물 선물가격이 원월물에 비해 상대적으로 더 많이 상승하거나 더 적게 하락할 것으로 예상하는 경우, 즉 스프레드가 확대될 것으로 예상하는 경우 근월물을 매수하고 원월물을 매도한다.

2) 약세 스프레드(bear spread) 또는 매도 스프레드(short spread) 전략

원월물 선물가격이 근월물에 비해 상대적으로 더 많이 상승하거나 더 적게 하락할 것으로 예상하는 경우, 반대로 스프레드가 축소될 것으로 예상하는 경우 근월물을 매도하고 원월물을 매수한다.

예 제 결제월간 스프레드거래

00년 6월 15일 채권형 펀드매니저는 미국경기의 하강을 반영하며 7월에 발표될 경제성장률이 전년 동기대비 하락할 것으로 예상되고, 통화당국도 정책금리를 인하할 것으로 예상하고 있다. 이에 따라 T-Bond 선물의 근월물가격이 원월물가격보다 더 상승할 경우 이익을 볼 수 있는 결제월간 스프레드 매수 포지션을 취하였다. 즉, T-Bond 선물 9월물 10계약을 매수하고, T-Bond 선물 12월물 10계약을 매도하였다. 이 경우 7월 23일 예상대로 결제월간 스프레드가 증가할 경우 다음과 같이 이익을 보게 된다.

	T-Bond 선물 9월물	T-Bond 선물 12월물	결제월간 스프레드
6월 15일	98-29	98-22	7
7월 23일	99-23	99-10	13
이익 / 손실	0-26	(0-20)	6

T-Bond 선물 9월물과 12월물에서 발생한 이익/손실은 다음과 같이 결정된다.[3)]

$$9월물의\ 이익 = \frac{26}{32}(\%) \times \$100,000 \times 10(계약) = \$8,125.00$$

$$12월물의\ 손실 = \frac{20}{32}(\%) \times \$100,000 \times 10(계약) = \$6,250.00$$

따라서 이 펀드매니저는 $1,875.00의 이익을 얻게 된다.

(2) 상품간 스프레드

이는 만기가 같은 두 선물계약의 가격변화의 차이로부터 이익을 얻으려는 전략이다. 가격 상승폭이 상대적으로 크거나 가격 하락폭이 상대적으로 작을 것으로 예상되는 선물을 매수하고, 반대로 가격 상승폭이 상대적으로 작거나 가격 하락폭이 상대적으로 클 것으로 예상되는 선물을 매도한다.

예를 들어, 중기 채권선물인 T-Note 선물과 장기 채권선물인 T-Bond 선물간의 가격차이를 이용하는 NOB(Notes over Bonds) 스프레드 거래는 장기 채권선물이 단기 채권선물보다 금리변화에 민감한 특성을 이용하는 전략이다.

채권 거래자는 금리 상승시 장기채권의 가격이 단기채권의 가격보다 하락률이 크기 때문에 단기채권을 매수하고 장기채권을 매도한다. 반대로 금리하락시 장기채권의 가격이 단기채권의 가격보다 상승률이 높기 때문에 단기채권을 매도하고 장기채권을 매수한다. 이러한 거래전략을 채권선물에 적용한 것이 NOB 스프레드 거래이다. 즉, 장단기 금리가 동일하게 상승할 것으로 예상할 때는 T-Note 선물을 매수하고 T-Bond 선물을 매도하는 NOB 스프레드 매수전략을 택하고, 반대로 장단기 금리가 동일하게 하락할 것으로 예상할 때는 T-Note 선물을 매도하고 T-Bond 선물을 매수하는 NOB

3) T-Bond 선물의 경우 1틱은 1/32%를 의미한다. 따라서 99-23과 98-29의 가격차이는 26틱이다.

스프레드 매도전략을 택한다.

예 제 NOB 스프레드 거래

채권형 펀드 매니저는 향후 장단기 금리가 동일하게 상승할 것으로 예상하여 5년 T-Note 선물을 10계약 매수하고 T-Bond 선물을 10계약 매도하는 NOB 스프레드 매수전략을 택하였다.

	5년 T-Note 선물	T-Bond 선물	NOB 스프레드(단위 : 틱)[4]
10월 20일			
수익률	7.90%	8.15%	
12월물 가격	100–14	99–03	43
11월 9일			
수익률	8.13%	8.38%	
12월물 가격	99–17	97–06	75
이익 / 손실	(0–29)	1–29	32

5년 T-Note 선물과 T-Bond 선물에서 발생한 이익/손실은 다음과 같이 결정된다.

$$\text{T-Note 선물의 손실} = \frac{29}{32}(\%) \times \$100{,}000 \times 10(\text{계약}) = \$9{,}062.50$$

$$\text{T-Bond 선물의 이익} = [1 + \frac{29}{32}](\%) \times \$100{,}000 \times 10(\text{계약}) = \$19{,}062.50$$

따라서 이 펀드매니저는 $10,000.00의 이익을 얻게 된다.

(3) 수익률곡선 거래전략(Yield Curve Trading Strategy)

수익률곡선의 기울기 변화로부터 이익을 얻고자 하는 거래전략을 수익률곡선 거래전략이라고 한다. 이러한 수익률곡선전략은 국채수익률곡선을 이용하거나 스왑곡선을 이용하여 실행할 수 있다.

1) 수익률곡선 스티프닝전략(steepening strategy) : 장기물의 수익률 상승폭이 단기물의 수익률 상승폭보다 커서 수익률곡선이 스티프닝(steepening)해질 것으로 예상하는

4) T-Note/Bond 선물의 경우 1틱은 1/32%를 의미한다.

경우 장기물을 매도하고 단기물을 매수한다. 국채수익률곡선을 이용하는 경우 국채선물 장기물을 매도하고, 국채선물 단기물을 매수한다. 스왑곡선을 이용하는 경우 장기 금리스왑에서 고정금리를 지급(pay)하고 단기 금리스왑에서 고정금리를 수취(receive)한다.

2) 수익률곡선 플래트닝전략(flattening strategy) : 단기물의 수익률 상승폭이 장기물의 수익률 상승폭보다 커서 수익률곡선이 플래트닝(flattening)해질 것으로 예상하는 경우 장기물을 매수하고 단기물을 매도한다. 국채수익률곡선을 이용하는 경우 국채선물 장기물을 매수하고, 국채선물 단기물을 매도한다. 스왑곡선을 이용하는 경우 장기 금리스왑에서 고정금리를 수취(receive)하고 단기 금리스왑에서 고정금리를 지급(pay)한다.

예 제

××년 3월 28일 현재 국고채 3년물과 10년물의 수익률, 그리고 국채선물 3년물(KTB)과 10년물(LKTB) 6월물의 시장상황이 다음과 같다.

xx.4.28	KTB	LKTB	차 이
시장가격	102.94	104.00	1.06
이론가격	103.09	104.03	0.94
KTB 수익률	3.79%	4.52%	0.73%
수정듀레이션	2.77년	7.86년	

(1) 향후 수익률곡선의 플래트닝을 예상하는 투자자는 국채선물을 이용하여 수익률곡선전략을 어떻게 실행하는 것이 적절한가?

수익률곡선전략의 실행 시 3년 국채선물(KTB)과 10년 국채선물(LKTB)의 듀레이션 비율로 포지션을 설정해야 한다. 그렇지 않으면 수익률곡선이 평행이동 하더라도 손익이 발생하기 때문이다. 즉,

$$\text{LKTB의 계약수} = \frac{\text{KTB의 듀레이션}}{\text{LKTB의 듀레이션}} \times \text{KTB의 계약수}$$

플래트닝을 예상하므로 단기물인 KTB를 100계약 매도하는 경우 장기물인 LKTB는

$\frac{2.77}{7.86} \times 100 = 35$ 계약을 매수해야 한다.

(2) 2개월 후 국채수익률과 국채선물가격이 다음과 같이 변하였을 때 수익률곡선전략의 손익은?

xx.5.28	KTB	LKTB	차 이
시장가격	103.47	106.36	2.89
이론가격	103.56	106.38	2.88
KTB 수익률	3.70%	4.27%	0.57%

KTB 매도 포지션의 손익 = 0.53 × 1억원 × 100(계약) = 53,000,000 (손실)
LKTB 매수 포지션의 손익 = 2.36 × 1억원 × 35(계약) = 82,600,000 (이익)
순손익 = 82,600,000 − 53,000,000 = 29,600,000 (이익)

예 제

××년 3월 28일 현재 원화 금리스왑시장의 상황이 다음과 같다고 하자.

만 기	offer	bid
1년	3.33	3.30
3년	3.38	3.35
5년	3.41	3.37
10년	3.42	3.38

(1) 향후 금리스왑곡선의 스티프닝을 예상하는 투자자는 만기 1년과 10년의 금리스왑을 이용하여 수익률곡선전략을 어떻게 실행하나?

스티프닝을 예상하기 때문에 장기물인 10년 만기 금리스왑에서 고정금리(3.42%)를 지급(pay)하고 단기물인 1년 만기 스왑에서 고정금리(3.30%)를 수취한다. 이와 같은 수익률곡선전략의 실행 시 1년 만기 스왑포지션과 10년 만기 스왑포지션의 금리민감도를 일치시켜 주어야 한다. 그렇지 않으면 스왑곡선이 평행이동 하더라도 손익이 발생하기 때문이다. 따라서 1년 만기 스왑의 BPV가 0.006385, 10년 만기 스왑의 BPV가 0.04571이고, 1년 만기 스왑포지션을 1,000억원으로 설정할 때 10년 만기 스왑포지션은 다음과 같이 BPV의 비율로 조정하여 설정하여야 한다.[5)]

5) 스왑의 BPV는 고정금리(스왑률) 채권의 BPV에서 CD의 BPV를 차감하여 계산함.

만기 10년의 스왑포지션

$$= \frac{\text{만기 1년 스왑의 BPV}}{\text{만기 10년 스왑의 BPV}} \times \text{만기 1년 스왑포지션}$$

$$= \frac{0.006385}{0.04571} \times 1{,}000\text{억원} = 140\text{억원}$$

(2) 정책금리가 유지되면서 금리가 하락하는 경우 일반적으로 스왑곡선의 플래트닝이 진행되는 리스크를 회피하기 위하여 '금리상승 조건부 스티프닝전략'을 단기적으로(예를 들어, 3개월) 실행하고자 할 때 스왑션을 어떻게 활용할 수 있나?

금리상승 조건부 스티프닝전략을 실행하기 위해서는 만기 10년 스왑에 대한 3개월 만기 지불자스왑션(PSW)을 매수하고, 만기 1년 스왑에 대한 3개월 만기 지불자스왑션(PSW)을 매도한다. 금리가 상승하면서 스왑곡선이 스티프닝해지면 만기 10년 스왑에 대한 지불자스왑션(PSW)을 행사하여 고정금리를 지급하는 만기 10년 스왑포지션을 취하고, 만기 1년 스왑에 대한 지불자스왑션(PSW)도 행사당하므로 고정금리를 수취하는 만기 1년 스왑포지션을 갖게 된다. 즉, 조건이 충족될 때만 스티프닝 포지션이 발생하는 것이다. 한편, 금리가 하락하면 만기 10년 스왑에 대한 지불자스왑션(PSW)을 행사하지 않고, 만기 1년 스왑에 대한 지불자스왑션(PSW)도 행사당하지 않으므로 스티프닝 포지션이 생기지 않게 된다. 이와 같이 PSW을 활용하면 금리상승 조건부 스티프닝전략을 실행할 수 있다.

같은 논리로 수취자스왑션(RSW)을 활용하면 금리하락 조건부 플래트닝전략을 실행할 수 있다. 스왑을 이용한 스왑곡선전략과 마찬가지로 스왑션을 활용할 때에도 BPV 비율로 조정하여 스왑의 명목금액을 설정하여야 한다. 또한 매도/매수하는 스왑션의 프리미엄이 일반적으로 일치하지 않으므로 스왑션의 행사가격을 적절히 선택하여 무비용(zero-cost)전략을 사용할 수도 있다.[6)]

2. 금리옵션 스프레드 전략

금리옵션을 이용한 스프레드거래는 만기는 같으나 행사가격이 다른 콜옵션 또는 풋옵션을 동시에 매수/매도하는 전략이다. 그러면 투자자들이 이러한 스프레드 전략을

6) 스왑곡선전략과 조건부 스왑곡선전략에 대한 자세한 내용은 Schofield & Bowler(2011), ch.6 참조.

택하는 이유는 무엇인가?

첫째, 만기가 같은 콜옵션 또는 풋옵션을 매수/매도하기 때문에 두 옵션의 쎄타(theta)는 반대부호를 갖게 되므로 시간가치 소멸효과(time decay effect)가 없다. 따라서 옵션포지션의 장기보유가 가능하다는 장점이 있다. 둘째, 매수/매도하는 두 옵션의 베가(vega)는 크기가 같고 반대부호이다. 따라서 옵션포지션의 손익이 기초자산가격의 변동성과 독립적이다. 셋째, 이익과 손실이 한정되어 있어 강세장 또는 약세장이 예상되나 확신이 서지 않을 때 택하는 보수적인 투자 전략이다.

금리옵션을 이용한 스프레드전략은 금리전망에 따라 두 가지 유형으로 분류된다. 금리하락이 예상될 때 강세스프레드전략(bull spread strategy), 금리상승이 예상될 때 약세스프레드전략(bear spread strategy)을 선택한다. 또한 스프레드 전략은 콜옵션을 이용할 수도 있고, 풋옵션을 이용할 수도 있다.

(1) 강세 스프레드전략(bull spread strategy)

강세 스프레드 전략은 채권시장의 강세가 예상되나 확신이 서지 않을 때 택하는 보수적인 투자전략으로서, 행사가격이 낮은 옵션을 매수하고 행사가격이 높은 옵션을 매도한다.

1) 강세 콜옵션 스프레드전략(bull call spread strategy)

시장상황 : 채권시장의 강세가 예상되나 확신이 서지 않을 때 이용하는 보수적인 투자전략이다.

전략 : 만기가 같은 콜옵션 중에서 행사가격이 낮은 콜옵션(K_1)을 매수하고 행사가격이 높은 콜옵션(K_2)을 매도한다. 이때 K_2가 현재 채권가격에 가까울수록 좋다. 그 이유는 ATM 콜옵션 매도시 시간가치소멸효과(time decay effect)에 의한 이익을 최대화 할 수 있기 때문이다. 따라서 ITM 콜옵션을 매수하고 ATM 콜옵션을 매도하는 것이 바람직하다.

결과 : ITM 콜옵션을 매수하고 ATM 콜옵션을 매도하므로 초기에 프리미엄 순지출이 발생한다. 행사가격이 낮은 콜옵션의 프리미엄을 C_1, 행사가격이 높은 콜옵션의 프리

미엄을 C_2라고 할 때, 이러한 전략의 손익분기점과 최대이익 / 최대손실은 다음과 같이 결정된다($K_2 > K_1$, $C_1 > C_2$).

$$\text{손익분기점} = K_1 + (C_1 - C_2)$$

$$\text{최대이익} = (K_2 - K_1) - (C_1 - C_2)$$

$$\text{최대손실} = C_2 - C_1$$

그림 6-3 강세 콜옵션 스프레드 전략

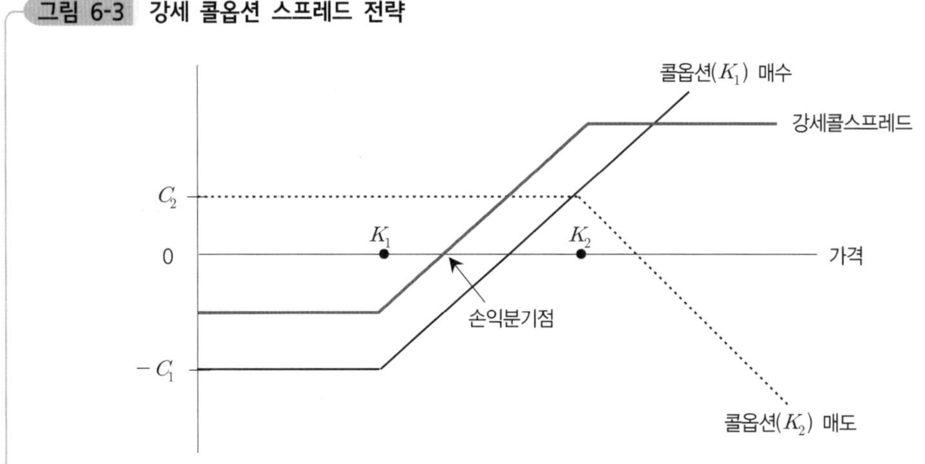

2) 강세 풋옵션 스프레드 전략(bull put spread strategy)

시장상황 : 채권시장의 강세가 예상되나 확신이 서지 않을 때 이용하는 보수적인 투자 전략이란 측면에서 강세 콜옵션 스프레드 전략과 유사하나, 콜옵션대신 풋옵션을 활용하는 점이 다르다.

전략 : 만기가 같은 풋옵션 중에서 행사가격이 낮은 풋옵션(K_1)을 매수하고 행사가격이 높은 풋옵션(K_2)을 매도한다. 이 경우 OTM 풋옵션을 매수하고 ATM 풋옵션을 매도하는 것이 바람직하다.

결과 : 프리미엄이 낮은 OTM 풋옵션을 매수하고 프리미엄이 높은 ATM 풋옵션을 매도하므로 초기에 프리미엄 순수입이 발생한다. 행사가격이 낮은 풋옵션의 프리미엄을 P_1, 행사가격이 높은 풋옵션의 프리미엄을 P_2라고 할 때, 이러한 전략의 손익분기점과 최대이익 / 최대손실은 다음과 같이 결정된다($K_2 > K_1$, $P_2 > P_1$).

$$\text{손익분기점} = K_2 - (P_2 - P_1)$$

$$\text{최대이익} = P_2 - P_1$$

$$\text{최대손실} = (K_2 - K_1) - (P_2 - P_1)$$

그림 6-4 강세 풋옵션 스프레드 전략

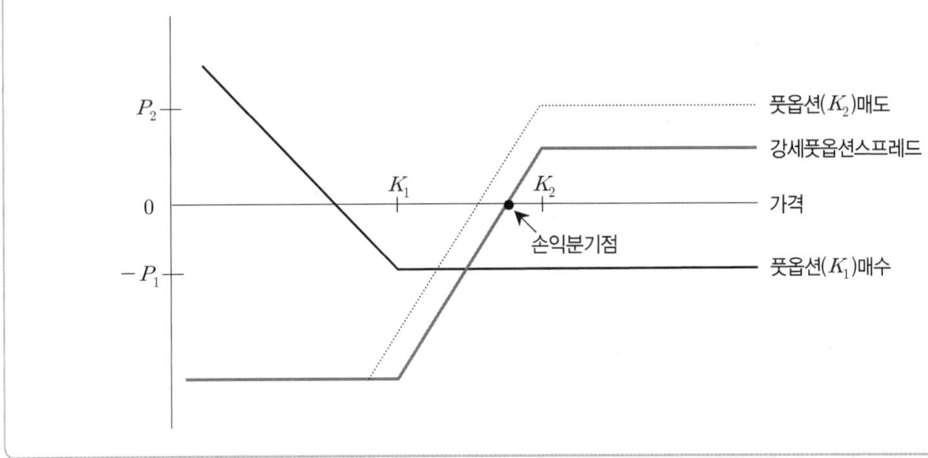

(2) 약세 스프레드전략(bear spread strategy)

약세 스프레드전략은 채권시장의 약세가 예상되나 확신이 서지 않을 때 택하는 보수적인 투자전략으로서, 행사가격이 높은 옵션을 매수하고 행사가격이 낮은 옵션을 매도함으로써 채권가격의 변동성이나 옵션의 시간가치소멸 효과에 의해 영향을 받지 않은 전략이다.

1) 약세 콜옵션 스프레드전략(bear call spread strategy)

시장상황 : 채권시장의 약세가 예상되나 확신이 서지 않을 때 이용하는 보수적인 투자 전략이다.

전략 : 만기가 같은 콜옵션 중에서 행사가격이 낮은 ITM 또는 ATM 콜옵션(K_1)을 매도하고 행사가격이 높은 OTM 콜옵션(K_2)을 매수한다.

결과 : 초기에 프리미엄 순수입이 발생한다. 행사가격이 낮은 콜옵션의 프리미엄을 C_1, 행사가격이 높은 콜옵션의 프리미엄을 C_2라고 할 때, 이러한 전략의 손익분기점과 최

대이익/최대손실은 다음과 같이 결정된다($K_2 > K_1$, $C_1 > C_2$).

$$\text{손익분기점} = K_1 + (C_1 - C_2)$$
$$\text{최대이익} = C_1 - C_2$$
$$\text{최대손실} = (K_2 - K_1) - (C_1 - C_2)$$

그림 6-5 약세 콜옵션 스프레드 전략

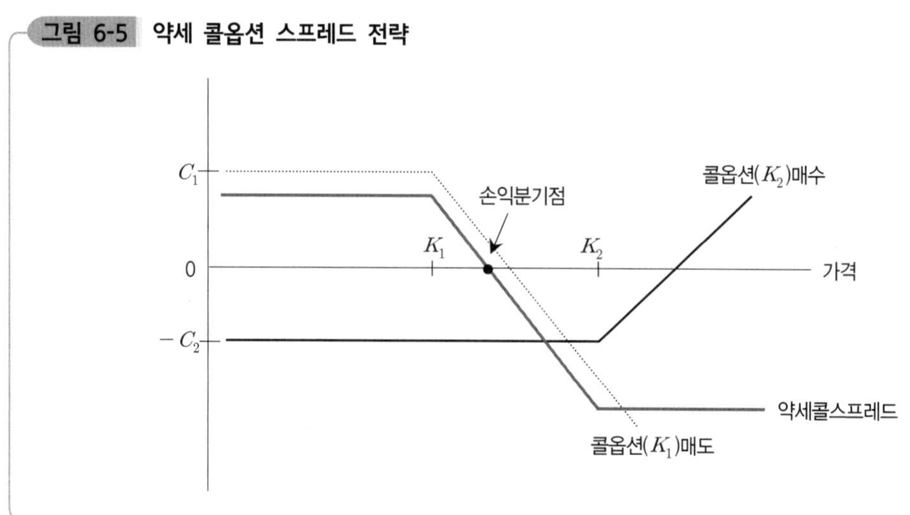

2) 약세 풋옵션 스프레드 전략(bear put spread strategy)

시장상황: 채권시장의 약세가 예상되나 확신이 서지 않을 때 이용하는 투자전략이란 측면에서 약세 콜옵션 스프레드전략과 유사하나, 콜옵션 대신 풋옵션을 활용하는 점이 다르다.

전략: 만기가 같은 풋옵션 중에서 행사가격이 낮은 OTM 풋옵션(K_1)을 매도하고 행사가격이 높은 ITM 풋옵션(K_2)을 매수한다.

결과: 프리미엄이 낮은 OTM 풋옵션을 매도하고 프리미엄이 높은 ITM 풋옵션을 매수하므로 초기에 프리미엄 순지출이 발생한다.

행사가격이 낮은 풋옵션의 프리미엄을 P_1, 행사가격이 높은 풋옵션의 프리미엄을 P_2라고 할 때, 이러한 전략의 손익분기점과 최대이익/최대손실은 다음과 같이 결정된다($K_2 > K_1$, $P_2 > P_1$).

$$손익분기점 = K_2 - (P_2 - P_1)$$

$$최대이익 = (K_2 - K_1) - (P_2 - P_1)$$

$$최대손실 = P_1 - P_2$$

그림 6-6 약세 풋옵션 스프레드 전략

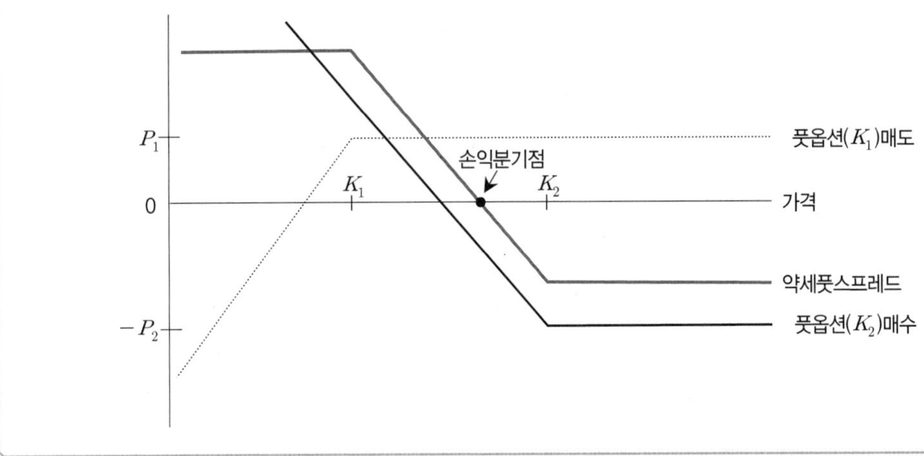

표 6.3 금리옵션의 방향성 매매전략 메뉴

금리예측	전 략	이 익	손 실	손익구조	민감도			
					Δ (델타)	Γ (감마)	Λ (베가)	θ (쎄타)
하락	합 성 매 수	무한정	무한정		+	0	0	0
	콜 매 수	무한정	한 정		+	+	+	–
	강세(콜/풋) 스 프 레 드	한 정	한 정		+	0	0	0
상승	합 성 매 도	무한정	무한정		–	0	0	0
	풋 매 수	무한정	한 정		–	+	+	–
	약세(콜/풋) 스 프 레 드	한 정	한 정		–	0	0	0

[부 록] Greek Letters

블랙-숄즈 모형에 의하면, 기초자산의 가격이 S, 옵션의 행사가격이 K, 무위험 이자율이 r, 기초자산가격의 변동성이 σ이고, 만기일이 T인 (유럽형) 콜옵션가격(c)과 풋옵션가격(p)은 다음과 같이 결정된다.

$$c = SN(d_1) = Ke^{-rT}N(d_2)$$

$$p = Ke^{-rT}N(-d_2) - SN(-d_1)$$

$$d_1 = \frac{\ln\left(\frac{S}{K}\right) + (r + \frac{1}{2}\sigma^2)T}{\sigma\sqrt{T}}, \quad d_2 = d_1 - \sigma\sqrt{T}$$

옵션가격은 기초자산의 가격, 기초자산가격의 변동성, 옵션만기일까지의 잔존기간, 이자율에 의해 영향을 받기 때문에 옵션포지션의 리스크를 측정하기 위해서는 이러한 변수들이 옵션가격에 미치는 영향을 계량화하여야 한다. 즉, 옵션가격 결정식을 각 결정변수로 미분한 값들이 바로 옵션의 Greek Letters이다.

1. 델타 (delta : Δ)

델타(delta)는 기초자산 가격의 변화에 대한 옵션가격의 변화율을 나타내며, 보통 헤지비율로 알려져 있다.

$$\Delta_c = \frac{\partial c}{\partial S} = N(d_1) > 0$$

$$\Delta_p = \frac{\partial p}{\partial S} = N(d_1) - 1 < 0$$

델타의 개념은 블랙-숄즈 옵션가격결정모형과 밀접하게 연관되어 있다. 블랙-숄즈모형의 옵션가격결정식이 기초자산과 옵션으로 리스크 중립적 (또는 델타 중립적) 헤지포트폴리오를 구성하고 이러한 무위험 포트폴리오의 수익률은 무위험 이자율이어야 한다는 논리에 근거하여 도출된다는 것을 이해하는 독자들은 델타가 의미하는 것을 쉽게 이해할 수 있다.[7)]

---

7) 제11장 참조.

일반적으로 콜옵션의 델타(Δ_c)는 투자자가 콜옵션 1개에 매도포지션을 취했을 때 몇 개의 주식을 매수해야 헤지포지션(콜옵션 + 주식)의 가치가 변하지 않겠는가하는 개념이다. 이에 대한 답은 바로 콜옵션의 델타인 $N(d_1)$ 만큼의 주식을 매수하는 것이다.

2. 감마 (gamma : Γ)

감마는 일반적으로 기초자산 가격 1단위의 변화에 따른 델타의 변화로 정의된다.

$$\Gamma_c = \Gamma_p = \frac{\partial^2 c}{\partial S^2} = \frac{\partial^2 p}{\partial S^2} = \frac{N'(d_1)}{S\sigma\sqrt{T}} > 0$$

만일 감마가 작은 경우 기초자산 가격의 변화에 따라 델타가 천천히 변하며 델타중립적인 헤지포지션을 유지하기가 비교적 용이하다. 그러나 감마가 큰 경우 델타는 기초자산 가격의 변화에 매우 민감하고 델타중립적인 헤지포지션을 유지하기 위해 포지션을 빈번하게 재조정하여야 한다. 기초자산 가격의 변화에 따라 곡선의 기울기(델타)가 심하게 변하면 델타중립적 헤징이 이루어지지 않게 된다. 따라서 헤지포지션의 감마를 조정하기 위해서는 옵션을 이용해야 한다.

현재 델타중립적인 포지션의 감마가 Γ_p이고 시장에서 거래되는 옵션의 감마가 Γ_t, 델타가 Δ_t라고 하자. 이때 포지션에 추가될 옵션의 수를 N이라고 하고, 새로운 포지션을 감마중립적으로 만들고자 한다면 다음과 같은 식을 만족시키는 N을 구하여야 한다.

$$N \cdot \Gamma_t + \Gamma_p = 0$$

즉, 새로운 포지션을 감마중립적으로 만들기 위해 취해야 할 옵션 포지션은

$$N = -\frac{\Gamma_p}{\Gamma_t} \text{ (-는 매도포지션을 의미)}$$

이때 간과해서는 안 될 것은 감마중립적으로 만들기 위한 과정에서 포지션의 델타가 0에서 Δ_t로 변하게 되며, 델타중립을 유지하기 위하여 기초자산에 대한 포지션을 조정해야 한다. 즉, 투자자는 Δ_t만큼의 기초자산을 매도 또는 매수하여야 한다. 이때 중요한 것은 포지션이 순간적으로만 감마중립적이란 사실이다. 시간이 지남에 따라

옵션 포지션을 계속적으로 조정해야만 감마중립을 유지할 수가 있다.

델타중립인 포지션을 감마중립으로 만드는 이유는 델타헤징을 수행할 때 기초자산의 포지션을 계속적으로 조정할 수 없는 현실적인 이유 때문이다. 델타중립이 되면 포지션의 재조정 사이에 발생하는 비교적 작은 기초자산 가격의 변화에 대하여 포트폴리오의 가치를 보호할 수 있다. 감마중립은 헤지 재조정 사이에 발생하는 비교적 큰 폭의 기초자산 가격의 변화에 대하여 포트폴리오의 가치를 보호해 준다.

감마는 기초자산 가격이 다음과 같을 때 최대값을 갖게 된다.[8)]

$$S = Ke^{(-r - \frac{3}{2}\sigma^2)T}$$

이는 옵션시장에서 등가격(ATM) 콜옵션보다는 약간 외가격(OTM) 콜옵션에 대한 매수 수요가 가장 큰 이유를 설명해 준다.

과외가격 옵션의 감마 인플레이션 환상과 퍼센트 감마

일반적으로 만기가 긴 과외가격(DOTM) 옵션의 감마리스크는 매우 높다고 알려져 있다. 우리가 일반적으로 사용하는 감마의 정의에 의하면 만기가 길고 기초자산 가격이 0에 가까워질수록 감마는 급속히 증가한다. 과외가격(DOTM) 옵션의 감마가 어떻게 ATM 보다 클 수가 있을까? 과연 실제 감마 리스크가 그렇게 크다는 의미인가?

그렇지 않다. 이는 단지 감마의 정의로부터 야기되는 환상일 뿐이다. 감마는 기초자산가격의 1단위 변화에 따른 델타의 변화로 정의된다. 기초자산 가격이 아주 낮은 수준이 될 때, 1단위의 변화는 %로 표기하면 아주 큰 수가 될 수 있다. 따라서 감마가 기초자산가격의 수준에 의해 영향을 받지 않도록 기초자산가격의 변화율에 따른 델타의 변화율로 감마를 정의하는 것이 더 바람직할 것이다. 이를 퍼센트감마($\%\Gamma$)라고 정의하자.[9)]

$$\%\Gamma = \frac{S\Gamma}{100} = \frac{N'(d_1)}{100\sigma\sqrt{T}} > 0$$

---

8) Haug(2007), Ch.2, p.39 참조.

9) Haug(2007), Ch.2, p.42 참조.

퍼센트감마는 기초자산 가격이 다음과 같을 때 최대값을 갖게 된다.

$$S = Ke^{(-r - \frac{1}{2}\sigma^2)T}$$

퍼센트감마에 의해 감마리스크를 측정할 경우 기초자산 가격이 아주 작고 만기가 긴 과외가격(DOTM) 옵션의 감마 인플레이션 환상을 제거할 수 있다.

3. 베가 (vega : Λ)

베가는 기초자산 가격의 변동성의 변화에 따른 옵션가격의 변화율을 말한다.

$$\Lambda_c = \Lambda_p = \frac{\partial^2 c}{\partial \sigma^2} = \frac{\partial^2 p}{\partial \sigma^2} = S \cdot N'(d_1)\sqrt{T} > 0$$

다른 변수들이 일정할 때 가격변동성이 높을수록 옵션가격은 상승하는데, 이는 만기시 기초자산의 가격이 콜옵션의 행사가격 이하인 경우 손실이 한정되고, 반대의 경우 기초자산의 가격상승에 비례하여 이익이 증가하기 때문에 변동성이 클수록 기대수익률이 증가하기 때문이다. 또한, 옵션의 베가가 크면 변동성의 변화에 따른 옵션가격의 변화도 크다.

기초자산의 베가는 0이다. 따라서 포트폴리오의 베가는 옵션의 포지션을 이용하여 변화시켜야 한다. 포트폴리오의 베가가 Λ_p이고 거래되는 옵션의 베가가 Λ_t라면 포트폴리오를 베가중립으로 만들기 위한 옵션의 포지션은 $-\frac{\Lambda_p}{\Lambda_t}$이다. 문제는 감마중립적인 포트폴리오는 일반적으로 베가중립적이지 않다는 것이다. 또한, 베가중립적인 포트폴리오는 일반적으로 감마중립적이지 않다. 따라서 투자자가 감마중립과 베가중립을 동시에 원한다면 적어도 2개의 옵션을 이용하여야 한다.

예를 들어, 델타중립적($\Delta_p = 0$)인 포트폴리오의 감마가 Γ_p이고, 베가는 Λ_p라고 하자. 현재 거래되는 첫 번째 옵션의 델타는 Δ_t^1, 감마가 Γ_t^1이고, 베가는 Λ_t^1라고 하자. 그리고 두 번째 옵션의 델타는 Δ_t^2, 감마가 Γ_t^2이고, 베가는 Λ_t^2라고 하자. 이제 포트폴리오의 델타중립성을 유지하면서 감마와 베가 중립적으로 만들기 위해서는 다음과 같은 두 개의 식을 만족시키는 옵션포지션(N)을 찾아야 한다.

$$\Gamma_p + \Gamma_t^1 \cdot N_1 + \Gamma_t^2 \cdot N_2 = 0$$

$$\Lambda_p + \Lambda_t^1 \cdot N_1 + \Lambda_t^2 \cdot N_2 = 0$$

이 연립방정식의 해는 쉽게 구할 수 있다. 이제 두 식을 동시에 만족시키는 해를 각각 N_1^*, N_2^*라 하면, 이는 바로 포트폴리오를 감마와 베가중립으로 만들기 위한 첫 번째 옵션과 두 번째 옵션의 포지션 수를 나타낸다. 문제는 이 두 개의 옵션에 추가적인 포지션을 취함으로써 포트폴리오의 델타가 $N_1 \cdot \Delta_t^1 + N_2^* \cdot \Delta_t^2$로 변한다는 사실이다. 따라서 이 만큼의 기초자산을 매수 또는 매도함으로써 포트폴리오의 델타중립을 유지하여야 한다.

이와 같이 감마중립은 헤지포지션의 연속적인 재조정이 불가능한 상황에서 비교적 큰 폭의 기초자산 가격의 변화로부터 포트폴리오의 가치를 보호해 준다. 베가중립은 기초자산 가격의 변동성으로부터 포트폴리오의 가치를 보호한다. 물론 베가헤징과 감마헤징을 위하여 옵션을 이용하는 것이 최선인가의 여부는 헤지포지션의 조정빈도 및 변동성에 의존한다고 할 수 있다.

한편, 베가와 감마, 그리고 베가와 델타는 다음과 같은 관계가 있다.[10]

베가 - 감마의 관계 : $\Lambda = \Gamma \sigma S^2 T$

베가 - 델타의 관계 : $\Lambda = S\sqrt{T} n(N^{-1}(|\Delta|))$

이때 n은 정규분포의 확률밀도함수(probability density function), N^{-1}은 역누적정규분포함수(inverted cumulative normal distribution function)를 나타낸다.

4. 쎄타 (theta : θ)

쎄타는 시간의 경과에 따른 옵션가격의 변화율을 나타낸다.

$$\theta_c = \frac{\partial c}{\partial T} = -\frac{SN'(d_1)\sigma}{2\sqrt{T}} - rKe^{-rT}N(d_2) < 0$$

$$\theta_p = \frac{\partial p}{\partial T} = -\frac{SN'(d_1)\sigma}{2\sqrt{T}} + rKe^{-rT}N(-d_2) = \theta_c + rKe^{-rT} < 0$$

10) Haug(2007,), Ch2, p.55-6 참조.

$N(-d_2) = 1 - N(d_2)$이므로 콜옵션의 쎄타는 풋옵션의 쎄타보다 rKe^{-rT} 만큼 크다는 것을 알 수 있다. 쎄타는 일반적으로 음수(−)이다. 시간이 지남에 따라 즉, 옵션의 만기일이 가까워질수록 옵션의 시간가치는 하락하게 되는데, 이를 시간가치 감소(time decay)라고 한다. 그러면 단순히 시간이 흐름에 따라 옵션의 가치가 변하는 이유는 무엇일까?

간단한 예로서 옵션 만기가 2주일인 등가격 콜옵션의 경우를 생각해 보자. 앞으로 2주일 동안 이 옵션이 내가격 옵션이 될 가능성이 있으므로 이 옵션은 현재 양(+)의 가치를 지닌다고 할 수 있다. 만일 2주일 후에 기초자산의 가격에 변화가 없었고, 옵션도 만기일에 등가격이 되어 옵션의 가치가 소멸되었다고 하자. 즉, 2주일 동안 옵션의 가치는 단지 시간이 흐름에 따라 감소되었다고 할 수 있다.

시간의 변화는 다른 옵션가격 결정변수들과는 달리 예측 가능하기 때문에 옵션의 시간가치 감소는 옵션거래자에게 중요한 개념 중의 하나이다. 옵션의 쎄타를 파악하는 것은 옵션의 가치가 시간이 흐름에 따라 어떻게 움직일 것인가를 예측하는데 도움이 된다. 왜냐하면 기초자산의 가격에 변화가 없더라도 옵션의 가치는 변할 수 있기 때문에 옵션의 가치변화에서 시간효과를 분리시킬 수 있기 때문이다. 즉, 옵션가치의 변화는 시간가치 감소에 의해 영향을 받는 결정적인 요소와 델타에 의해 영향을 받는 확률적인 요소로 분리된다.

5. 로우(rho)

로우는 이자율의 변화에 대한 옵션가격의 변화를 나타낸다.

$$\rho_c = \frac{\partial c}{\partial r} = TKe^{-rT}N(d_2) > 0$$

$$\rho_p = \frac{\partial p}{\partial r} = -TKe^{-rT}N(-d_2) < 0$$

이자율이 상승하면 행사가격의 현재가치를 감소시키기 때문에 콜옵션의 경우 만기시 지불할 금액의 현재가치가 감소하고, 풋옵션의 경우 만기시 받을 금액의 현재가치가 감소하게 된다. 따라서 이자율 상승은 콜옵션의 가치를 상승시키고 풋옵션의 가치를 감소시킨다. 그러나 다른 변수들과는 달리 이자율변동이 옵션가격에 미치는 영향은 매우 미미하다.

6. 스피드(Speed)

스피드(speed)는 기초자산 가격의 변화에 따른 감마의 민감도를 나타낸다. 즉,

$$speed \equiv \frac{\partial \Gamma}{\partial S} = -\frac{\Gamma(1+\frac{d_1}{\sigma\sqrt{T}})}{S} \leq\geq 0$$

스피드가 높다는 것은 감마가 기초자산 가격의 변화에 매우 민감하다는 것을 의미한다. 앞에서 감마는 기초자산가격이 다음과 같을 때 최대값을 갖게 된다고 설명하였다.

$$S = Ke^{(-r-\frac{3}{2}\sigma^2)T}$$

감마가 최대값을 가질 때 스피드의 개념은 옵션 거래자에게 매우 유용할 것이다.

예를 들어, 행사가격이 48, 만기가 1개월인 (콜 또는 풋) 옵션의 경우 1개월 이자율이 6%, 기초자산의 현재 가격이 50, 기초자산가격의 변동성이 20%라고 할 때 위의 식을 이용하여 스피드(speed)를 구하면 -0.0839이다. 이는 기초자산가격이 1단위 증가(감소)했을 때 감마는 8.39% 감소(증가)하게 됨을 의미한다.

7. 좀마(Zomma)

좀마(zomma)는 내재변동성의 변화에 따른 감마의 민감도를 나타내며, 옵션거래에서 가장 중요한 민감도 중의 하나이다.

$$\frac{\partial \Gamma}{\partial \sigma} = \Gamma \cdot \left(\frac{d_1 d_2 - 1}{\sigma}\right) \leq\geq 0$$

퍼센트감마($\%\Gamma$)에 대해서는 다음과 같이 표현된다.

$$\frac{\partial (\%\Gamma)}{\partial \sigma} = \%\Gamma \cdot \left(\frac{d_1 d_2 - 1}{\sigma}\right) \leq\geq 0$$

또한 좀마는 기초자산가격이 S_L과 S_U 안에 위치하면 음(−)의 숫자를 갖고 벗어나면 양(+)의 숫자를 갖는다.

$$S_L = Ke^{-rT - \frac{1}{2}\sigma\sqrt{T}\sqrt{4+\sigma^2 T}}$$

$$S_U = Ke^{-rT + \frac{1}{2}\sigma\sqrt{T}\sqrt{4+\sigma^2 T}}$$

양(+)의 좀마를 갖기를 원하는 옵션 투자자는 S_L과 S_U 밖에 위치하는 과외가격(deep OTM) 옵션을 선택하면 된다.

8. 볼가 (Volga) / 베나 (Vanna)

볼가(volga)는 내재변동성의 변화에 따른 델타의 변화율을 나타내며, 기초자산 가격의 변화에 따른 베가의 변화율인 베나(vanna)와 동일한 식으로 표현된다.

$$\frac{\partial^2 c}{\partial S \partial \sigma} = \frac{\partial^2 p}{\partial S \partial \sigma} = \frac{-d_2}{\sigma} N(d_1) \leq \geq 0$$

9. 보마(Vomma)

보마(vomma)는 변동성의 변화에 따른 베가의 민감도를 나타내며, 베가볼록도(vega convexity)라고도 한다.

$$\frac{\partial^2 c}{\partial \sigma^2} = \frac{\partial^2 p}{\partial \sigma^2} = \Lambda \times \frac{d_1 \cdot d_2}{\sigma} \leq \geq 0$$

외가격(OTM) 옵션일수록 보마값이 크기 때문에, 옵션 매수자는 가능한 가장 큰 양(+)의 보마값을 갖는 옵션을 찾게 된다.

Technical Note Greek Letters의 도출과정

콜옵션의 델타를 구하기 위해서는 콜옵션의 가격결정식(c)을 기초자산의 가격(S)으로 1차 미분을 해야 한다. 즉,

$$c = SN(d_1) - Ke^{-rT}N(d_2)$$

$$d_1 = \frac{\ln\left(\frac{S_t}{K}\right) + (r + \frac{1}{2}\sigma^2)(T-t)}{\sigma\sqrt{T-t}}, \quad d_2 = d_1 - \sigma\sqrt{T-t}$$

$$\Delta_c = \frac{\partial c}{\partial S} = N(d_1) + SN'(d_1)\cdot\frac{\partial d_1}{\partial S} - Ke^{-rT}\cdot N'(d_2)\cdot\frac{\partial d_2}{\partial S} \tag{T1}$$

이 식은 처음 보기에 상당히 복잡하여 단순화하기 어려울 것 같으나 다음과 같은 책략을 쓰면 도출과정이 대폭 단순화된다.

첫째, d_1과 d_2의 관계에 주목할 필요가 있다. 즉, $d_2 = d_1 - \sigma\sqrt{T}$. 따라서 우리는 다음의 관계가 성립함을 알 수 있다.

$$\frac{\partial d_1}{\partial S} = \frac{\partial d_2}{\partial S}$$

둘째, d_1과 d_2의 관계로부터 $N(d_1)$과 $N(d_2)$도 밀접한 관계가 있을 것으로 유추할 수 있다.

$$e^{-rT}\cdot N'(d_2) = e^{-rT}\cdot\frac{1}{\sqrt{2\pi}}e^{-\frac{1}{2}d_2^2} = \frac{1}{\sqrt{2\pi}}e^{-rT-\frac{1}{2}(d_1-\sigma\sqrt{T})^2}$$

$$= \frac{1}{\sqrt{2\pi}}e^{\ln\left(\frac{S}{K}\right)}\cdot e^{-\frac{1}{2}d_1^2} = \frac{S}{K}N'(d_1)$$

즉, $$e^{-rT}\cdot N'(d_2) = \frac{S}{K}N'(d_1) \tag{T2}$$

식 (T2)는 Greek letters의 도출시 매우 중요한 관계식으로서 이를 식 (T1)에 대입하면 다음과 같이 콜옵션 델타를 얻게 된다.

$$\Delta_c = \frac{\partial c}{\partial S} = N(d_1) \tag{T3}$$

독자들도 식 (T2)를 이용하여 기타 다른 Greek Letters의 도출과정을 확인해 보기 바란다.

변동성 매매전략 (Volatility Trading Strategy)

기초자산 가격의 변동성에 대해 시장참여자들이 어떻게 생각하는가에 따라 옵션의 가격이 결정되기 때문에 변동성은 옵션거래에서 가장 중요한 요인이다. 금리의 방향성보다는 금리의 변동성에 근거한 투자전략이 변동성 매매전략이다. 본 장에서는 먼저 변동성의 개념과 추정방법, 특히 내재변동성(implied volatility), 변동성미소(volatility smile), 변동성콘(volatility cone), 변동성 평가지수(cheapness index)의 개념과 활용방법에 대해 설명한다. 이러한 개념의 이해를 바탕으로 변동성 매매전략의 핵심, 변동성 매매전략의 메뉴 및 수정전략 등을 살펴본다.

7.1 옵션시장과 변동성

1. 변동성의 개념과 추정방법

옵션의 가격은 기초자산의 가격, 행사가격, 만기까지의 잔존일수, 금리, 그리고 기초자산 가격의 변동성을 옵션가격결정모형(예를 들어, 블랙-숄즈 모형)에 입력하여 계산할 수 있다. 그런데 문제는 다른 변수들은 입력할 값을 쉽게 찾을 수 있으나 변동성의 경우 모든 사람들이 동의하는 값을 찾는 일이 쉽지 않다. 동일한 모형을 이용하더라도 입력하는 변동성의 값이 다르면 당연히 상이한 옵션가격을 얻게 되므로 옵션가격결정모형을 이용할 때 가장 중요한 일은 바로 변동성을 추정하는 것이다. 변동성의 변화에 대해 옵션가격이 얼마나 민감하게 반응하는가를 평가하고, 옵션의 시장가격이 적정한지를 판단하여 적절한 옵션포지션을 유지하기 위해서도 변동성의 추정은 매우 중요하다.

옵션가격결정뿐만 아니라 옵션거래에서 가장 많이 언급되면서도 정확하게 이해하지 못하고 있는 부분이 바로 변동성이다. 변동성에는 일반적으로 과거변동성, 실현변동성, 내재변동성의 세 가지 개념이 널리 쓰이고 있다.

그림 7-1 변동성의 개념

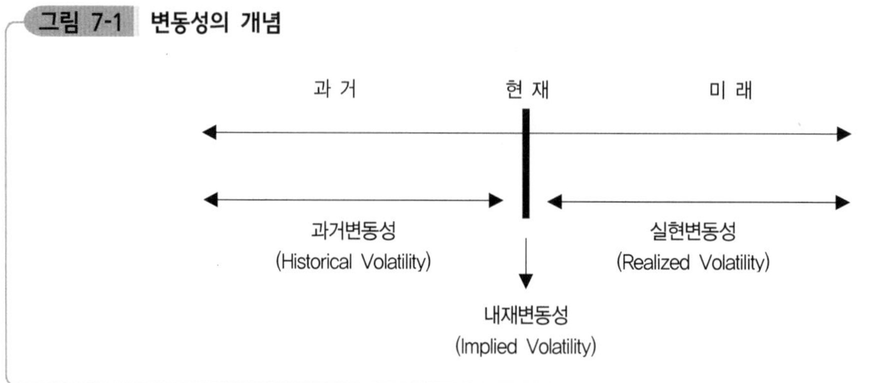

(1) 과거변동성(historical volatility)

이는 기초자산 가격의 과거 자료를 이용하여 변동성을 구하는 방법이다. 가장 널리 쓰이는 방법은 기초자산 종가의 수익률을 이용하여 표준편차를 구하는 것이다. 즉,

$$\sigma = \sqrt{\frac{1}{T}\sum_{t=1}^{T}(r_t - \mu)^2}$$

$$r_t = \ln\left(\frac{S_t}{S_{t-1}}\right),\ S_t\text{: } t\text{시점에서의 기초자산의 종가},\ \mu = \frac{1}{T}\sum_{t=1}^{T} r_t$$

이때 표준편차 σ는 일별수익률을 이용하여 구했기 때문에 옵션가격결정모형에 이용하기 위해서는 이를 연율로 환산하여야 한다.[1] 즉,

$$\sigma(\text{연율}) = \sigma \times \sqrt{\text{거래일수}}$$

(2) 실현변동성(realized volatility)

실현변동성은 옵션포지션을 취한 이후(예를 들어, 현재시점) 일정한 기간 동안 기초자산 가격이 실제로 얼마나 변동했는가를 측정하는 것이다. 옵션포지션의 이익은

1) 일반적으로 변동성은 연율로 호가된다. 즉, 변동성은 향후 1년 시점에서의 기초자산 가격의 분포를 설명하는 것이다. 그러나 대부분의 옵션의 잔존만기는 1년 이하이므로 연율화 된 변동성을 다음과 같이 거래기간 변동성으로 전환할 수 있다. 거래기간 변동성 $= \sigma(\text{연율}) / \sqrt{\text{거래일수}}$

실현변동성의 크기뿐만 아니라 실현변동성과 내재변동성의 차이에 의해 영향을 받는다. 실현변동성의 측정방법은 과거변동성의 측정방법과 동일하다.

(3) 내재변동성(implied volatility)

내재변동성은 시장에서 형성되는 옵션가격(프리미엄)으로부터 옵션가격결정모형을 이용하여 역으로 추정한 변동성으로서, 옵션의 잔존만기일까지 기초자산 가격의 미래 변동성에 대한 투자자들의 평균예상치라고 할 수 있다.

예를 들어, Black(1976) 모형에 의하면 유럽형 국채선물 콜옵션가격(C)은 다음과 같이 결정된다.2)

$$C = e^{-rT}[F \cdot N(d_1) - K \cdot N(d_2)]$$

$$d_1 = \frac{\ln\left(\frac{F}{K}\right) + \frac{1}{2}\sigma^2 T}{\sigma\sqrt{T}}$$

$$d_2 = d_1 - \sigma\sqrt{T}$$

F: 국채선물 가격

K: 행사가격

σ: 변동성

T: 만기까지 잔존일수

r: 무위험 이자율

옵션의 시장가격과 기타 변수들을 위의 식에 대입하면 옵션가격에 내재되어 있는 변동성을 얻을 수 있는데 이를 내재변동성(implied volatility)이라고 한다. 이는 블랙-숄즈 모형의 이론가격과 시장가격을 같게 해주는 가격변동성을 의미한다. 변동성 σ가 C, S, K, r, T의 함수인 것은 알지만 이러한 변수들의 닫힌 해(closed-form solution)로 표현할 수 없다. 따라서 내재변동성을 구하기 위해서는 최초의 추측치(σ_1)를 입력한 후 다음과 같은 식을 이용하여 내재변동성을 구한다.

$$\sigma_n = \sigma_{n-1} - \frac{C(\sigma_{n-1}) - C}{V(\sigma_{n-1})}$$

2) 유럽형 국채선물옵션의 가격결정에 관해서는 제5장 참조.

이때 σ_n은 n번째의 내재변동성 추측치, σ_{n-1}은 $n-1$번째의 내재변동성 추측치, $C(\sigma_{n-1})$과 $V(\sigma_{n-1})$은 내재변동성 σ_{n-1}에 상응하는 옵션가격과 베가(vega), 그리고 C는 옵션의 시장가격을 각각 나타낸다.3)

시장에는 만기는 같으나 행사가격이 다른 옵션들이 존재하기 때문에 각 옵션가격으로부터 산출한 내재변동성의 값이 일반적으로 다르다. 따라서 대표성을 지닌 내재변동성을 구하기 위해 여러 개의 내재변동성을 단순평균 하는 방법과 베가로 가중해서 구하는 방법이 있다. 베가-가중(vega-weighted) 내재변동성은 일정 시점에서의 콜/풋옵션의 최근월물의 내재변동성을 베가-가중 평균한 것으로서 이는 베가가 높은 옵션(즉, 등가격옵션)의 내재변동성에 높은 가중치를 주는 것이다.

2. 변동성 미소(Volatility Smile)

Black(1976) 모형에서는 선물가격이 기하적 브라우니안운동(geometric Brownian motion)을 따른다고 가정하기 때문에 기초자산이 동일한 모든 옵션들의 내재변동성은 행사가격 또는 만기에 상관없이 모두 동일해야 한다. 그러나 실제 시장에서는 동일한 기초자산에 대한 옵션들이라 하더라도 행사가격 또는 만기에 따라 상이한 내재변동성을 갖는다는 사실을 쉽게 알 수 있다. 옵션거래자들도 블랙모형이 제시하는 옵션 이론가격보다는 옵션의 내재변동성과 특정 만기를 가진 옵션의 행사가격간의 관계에 더 큰 관심을 두고 있다.

이와 같이 행사가격 또는 만기에 따라 각 옵션이 상이한 내재변동성을 갖는다는 사실은 기초자산이 기하적 브라우니안운동을 따르지 않는다는 것을 의미하며, 옵션거래자들은 기초자산의 내재변동성과 특정 만기를 가진 옵션의 행사가격간의 관계를 주목하게 되었는데, 이 관계는 변동성 미소(volatility smile)라고 불리어진다. 이와 같은 이름이 붙은 이유는 물론 그림의 모양이 사람이 웃는 모습(입모양)을 닮았기 때문이다. 물론 내재변동성과 행사가격의 관계는 미소를 지을 때도 있고 찡그릴 때도 있으며, 입이 삐뚤어진 것과 같이 한쪽으로 경사진 경우도 있다. 그러나 이러한 모든 경

3) 내재변동성의 추정방법에 관해서는 [부록] 참조.

우를 포함하여 변동성 미소라 불린다.

예를 들어, 만기가 3개월 남은 채권선물 콜옵션의 내재변동성과 (채권선물가격의 비율로 표시한) 행사가격의 관계를 그림으로 나타냈을 때 3개월 콜옵션의 변동성 미소가 [그림 7-2]와 같은 형태를 띤다고 하자.

그림 7-2 변동성 미소

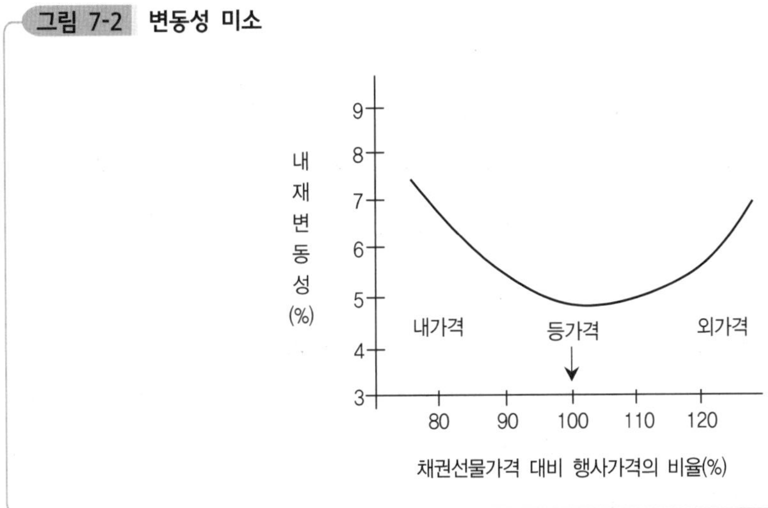

변동성 미소의 형태에 함축된 의미는 내가격(in-the-money) 콜옵션의 경우, 즉 옵션의 행사가격이 현재의 국채선물 가격보다 낮은 영역에서는 행사가격이 낮을수록 내재변동성이 높음을 알 수 있다. 반대로, 외가격(out-of-the-money) 콜옵션의 경우, 즉 옵션의 행사가격이 현재의 국채선물 가격보다 높은 영역에서는 행사가격이 클수록 내재변동성이 높음을 알 수 있다. 그러면 이러한 변동성 미소가 옵션가격결정에 대해 갖는 의미는 무엇인가?

다른 변수들이 일정할 때 내재변동성이 크다는 것은 시장에서 옵션의 가격이 높게 형성되어 있음을 의미한다. 이는 국채선물의 변동성이 증가할수록 Black 모형이 높은 이론가격을 준다는 사실과 일치한다. 옵션거래자의 측면에서 볼 때 국채 선물옵션의 내재변동성은 향후 국채선물가격의 변동에 대한 시장참여자들의 '평균적인 예상'을 반영한다고 볼 수 있다. 예를 들어, 국채선물 콜옵션을 매수하는 거래자는 시장의 상승세를 예상하고 있기 때문에 외가격 콜옵션의 내재변동성이 작다는 사실은 시장이

상승할 때 변동성이 하락할 것이라고 시장참여자들이 예상하고 있다는 것을 암시하고 있다. 같은 논리로, 낮은 행사가격에 비해 높은 내재변동성은 시장이 하락할 때 변동성이 증가할 것이라는 시장참여자들의 예상을 암시하고 있다. 결론적으로 말해서, 옵션의 내재변동성이 미소(smile)를 지을 때, 이는 시장참여자들이 예상하는 가격변동성이 일정하지 않다는 것을 암시한다.

3. 변동성 콘(Volatility Cone)

옵션가격을 결정하는 가장 중요한 요소는 기초자산 가격의 변동성이다. 옵션을 전문적으로 거래하는 투자자들이 왜 변동성을 중요시하며 현재의 옵션 시장가격에 내재되어 있는 변동성이 과연 적절한지를 분석함으로서 옵션가격의 고평가/저평가를 판단하려고 노력하는 이유가 바로 여기에 있다.

일반적으로 옵션투자자는 일정기간(예를 들어, 30일 또는 90일) 동안의 과거변동성과 내재변동성을 비교하여 옵션가격의 적정성을 판단한다. 그러나 변동성을 정확히 비교하려면 옵션의 만기일까지 남아있는 잔존기간과 같은 기간을 대상으로 산출한 과거변동성을 해당 옵션의 내재변동성과 비교하여야 한다.

(1) 변동성 콘(Volatility Cone)의 개념[4)]

블랙－숄즈 옵션가격결정모형에서는 변동성이 일정하다고 전제한다. 그러나 실제로 과거변동성과 내재변동성은 일정하지 않고 변화한다. 변동성이 계속 변하는 상황에서 옵션 가격의 적정성을 평가하는 판단기준을 정하는 것은 쉽지 않다.

변동성 지표를 좀 더 정확하게 비교하려면 옵션 만기일까지 남아있는 잔존기간과 같거나 유사한 기간을 대상으로 산출한 과거변동성을 옵션의 내재변동성과 비교하는 것이 가장 좋은 방법인데 이에 사용되는 방법 중 하나가 바로 변동성 콘이다. 즉, 변동성 콘이란 일정한 기간별로 과거변동성을 구한 후 각 기간별 과거변동성의 최대값과 최소값을 구하여 상한선(upper bound)과 하한선(lower bound)을 표시한 것이다. 이러한 변동성 콘은 바로 옵션의 시장가격이 과연 적정한가를 판단하여 옵션투자에 참고할 수 있는 하나의 변동성 지표이다.

---

4) 변동성 콘에 관한 자세한 설명은 Galen Burghart & Morton Lane(1990) 참조

(2) 변동성 콘의 측정

변동성 콘은 일정한 기간단위별로 과거변동성을 구한 후 각 기간단위별 과거변동성의 최고값과 최저값을 각각 구하여 하나의 좌표 위에 X축을 기간, Y축을 변동성 값으로 정하고 최고값은 최고값끼리, 최저값은 최저값끼리 선으로 이어 그래프화 한 것이다. 변동성 콘이라 부르는 이유는 변동성 만기구조 그래프가 깔데기 모양이기 때문이다.

그림 7-3 국채선물의 변동성 콘

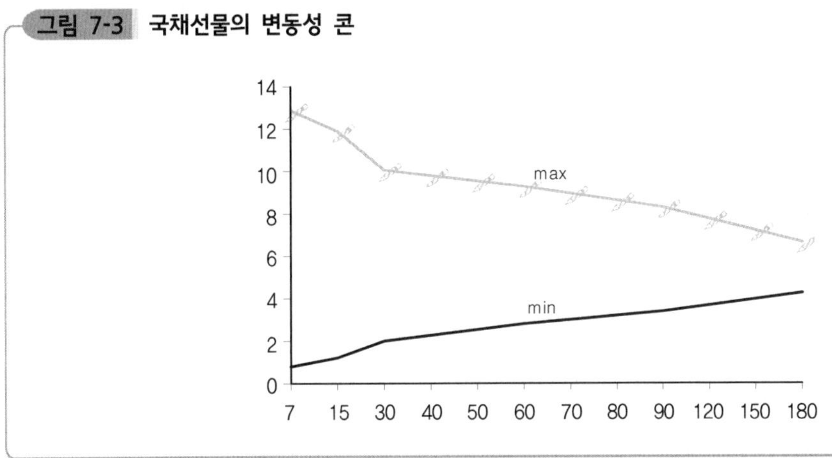

[그림 7-3]은 2000년 6월 21일부터 2002년 2월 8일까지 우리나라 국채선물(3년물) 가격을 이용하여 7일 과거변동성부터 선물 최장 거래기간인 180일 과거 변동성을 이용하여 그린 변동성 콘이다.

(3) 변동성 콘의 의미

변동성 콘 분석에서의 기본전제는 옵션의 내재변동성이 해당옵션의 잔존기간에 걸쳐 미래 변동성에 대한 투자자들의 예측치를 반영한다는 것이다. 이러한 전제를 기초로 한다면 옵션의 내재변동성이 옵션의 잔존기간과 동일하거나 유사한 과거의 비교대상기간에 걸쳐 산출한 실제변동성의 값의 최고값을 초과하거나 최저값을 하회할 경우 해당 옵션가격의 적정성 여부, 즉 옵션의 고평가 및 저평가를 판단할 수 있다는데 변동성 콘의 의미가 있다. [그림 7-3]에서 보듯이 일반적으로 단기 과거변동성의 스프레드(변동성 최대값 - 변동성 최소값)가 장기 과거변동성의 스프레드보다 크다.

변동성 콘을 이용한 옵션 가격 평가방법

내재변동성이 해당옵션의 잔존기간과 동일한 기간을 대상으로 산출한 과거변동성의 최대값보다 큰 경우
→ 옵션은 일시적 고평가 상태, 따라서 동 옵션의 매도로부터 초과수익 창출이 가능

내재변동성이 해당옵션의 잔존기간과 동일한 기간을 대상으로 산출한 과거변동성의 최소값보다 작은 경우
→ 옵션은 일시적 저평가 상태, 따라서 동 옵션의 매수로부터 초과수익 창출이 가능

(4) 가격평가지수(cheapness index)

우리는 변동성 콘으로부터 "가격평가지수(cheapness index)"를 구할 수 있으며, 이를 이용하여 과거변동성의 분포에서 현재의 내재변동성의 위치를 파악할 수 있다. 가격평가지수는 과거변동성이 현재의 내재변동성보다 작은 경우의 수를 측정한다. 이렇게 측정한 가격평가지수의 의미는 옵션의 내재변동성이 주어졌을 때 잔존만기 동안 실현변동성이 현재의 내재변동성보다 작아질 확률을 측정한다고 볼 수 있다.

예를 들어, 잔존만기가 1개월인 어떤 옵션의 내재변동성이 5%라고 하자. 현재의 내재변동성보다 작은 과거변동성이 24개월 중 12개라면 5%의 1개월 내재변동성에 대한 가격평가지수는 $100 \times \frac{12}{24} = 50$이 된다. 지수가 50에 가까우면 옵션가격이 대체로 중립적이라는 것을 의미하며, 지수가 50보다 크(작)다는 것은 고평가(저평가)된 옵션이라는 것을 의미한다.

7.2 변동성 매매전략의 핵심

1. 변동성 매매의 개념

변동성 매매의 개념을 이해하기 위해 다음과 같은 포트폴리오 V_t를 고려해보자.

$$V_t = \{\text{콜옵션 1개 매수, } C(t)\text{만큼 차입, 기초자산 } C_S\text{개 매도}\}$$

여기서 $C(t)$는 콜옵션 가격, S_t는 기초자산의 가격, C_S는 콜옵션의 델타(delta)를 나타낸다.

만일 S_t가 ΔS_t만큼 변하면, 포트폴리오의 가치는 다음과 같이 변하게 된다.[5)]

$$\Delta V_t = [C(S_t + \Delta S_t,\ t) - C(S_t,\ t)] - C_S \cdot \Delta S_t = \frac{1}{2} C_{SS}(\Delta S_t)^2 > 0$$

이때 $C_S = \dfrac{\partial C}{\partial S} > 0,\ C_{SS} = \dfrac{\partial^2 C}{\partial S^2} > 0$

이는 델타중립적인 헤지가 연속적으로 이루어지면 기초자산 가격의 변화에 따라 포트폴리오의 가치가 증가하게 됨을 의미한다.

기초자산 가격 S_t가 변동함에 따라 델타 헤지 포지션에 어떤 영향을 미치는지 살펴보자.

$S^- < S^0 < S^+$라고 하자. 이때 $S^+ = S^0 + \Delta S,\ S^- = S^0 - \Delta S$이다.
즉, $C_S^- < C_S^0 < C_S^+$

따라서 S_t가 변동함에 따라 헤지비율(델타)이 변하고, 이에 따라 시장조성자는 기초자산을 높은 가격에 매도하고 낮은 가격에 매수하게 된다. 이와 같이 델타헤지의 조정은 이익을 창출하게 되고, 델타헤지 조정에 의한 왕복거래이익(round-turn gains)은 다음과 같이 표현할 수 있다.

그림 7-4 델타헤지

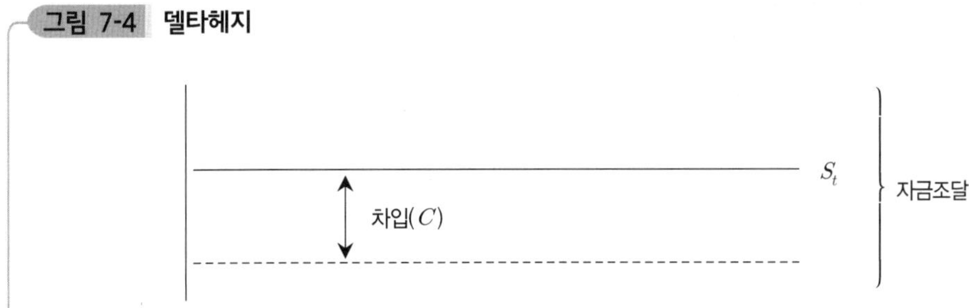

5) Taylor series expansion에 의해 $C(S_t + \Delta S_t,\ t) = C(S_t,\ t) + C_S \cdot \Delta S_t + \frac{1}{2} C_{SS}(\Delta S_t)^2$ 인 사실을 이용함.

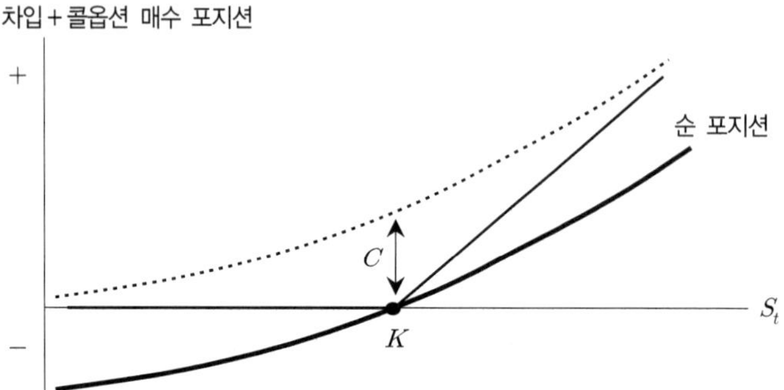
차입+콜옵션 매수 포지션
+
순 포지션
C
S_t
K
−

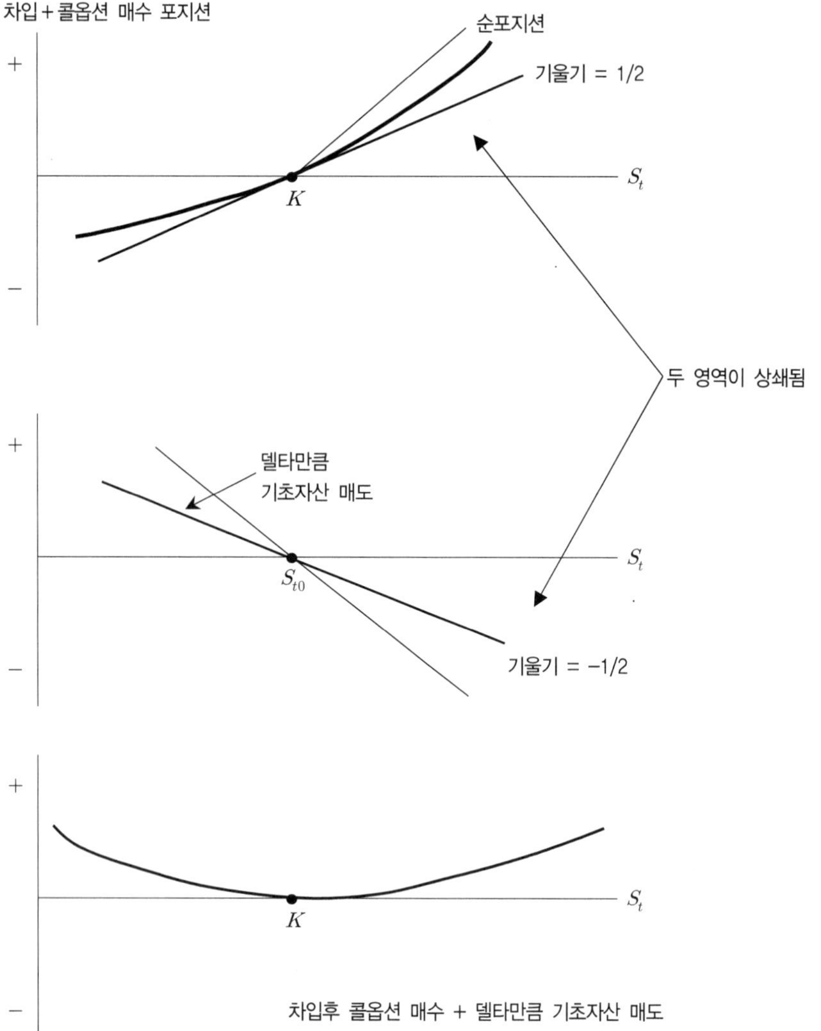
차입+콜옵션 매수 포지션
+
순포지션
기울기 = 1/2
S_t
K
−
두 영역이 상쇄됨
+
델타만큼
기초자산 매도
S_t
S_{t0}
기울기 = −1/2
−
+
S_t
K
−
차입후 콜옵션 매수 + 델타만큼 기초자산 매도

$$(C_S^+ - C_S^0)[(S_0 + \Delta S) - S_0] = (C_S^+ - C_S^0)\Delta S = \frac{C_S^+ - C_S^0}{\Delta S}(\Delta S)^2$$
$$\approx C_{SS}(\Delta S)^2$$

따라서 단위시간당 이익은 $\frac{1}{2}C_{SS}(\Delta S)^2$ 가 된다.

이와 같이 콜옵션 매수 포지션을 가진 시장조성자가 S_t가 변동함에 따라 델타헤지를 통해 이익을 창출한다면, 이는 차익거래기회가 존재한다는 것을 의미하는가? 그렇지 않다. 이러한 전략에는 비용이 발생하며, 델타헤지 포지션은 리스크에 노출된다.

그림 7-5 델타헤지와 헤지비율

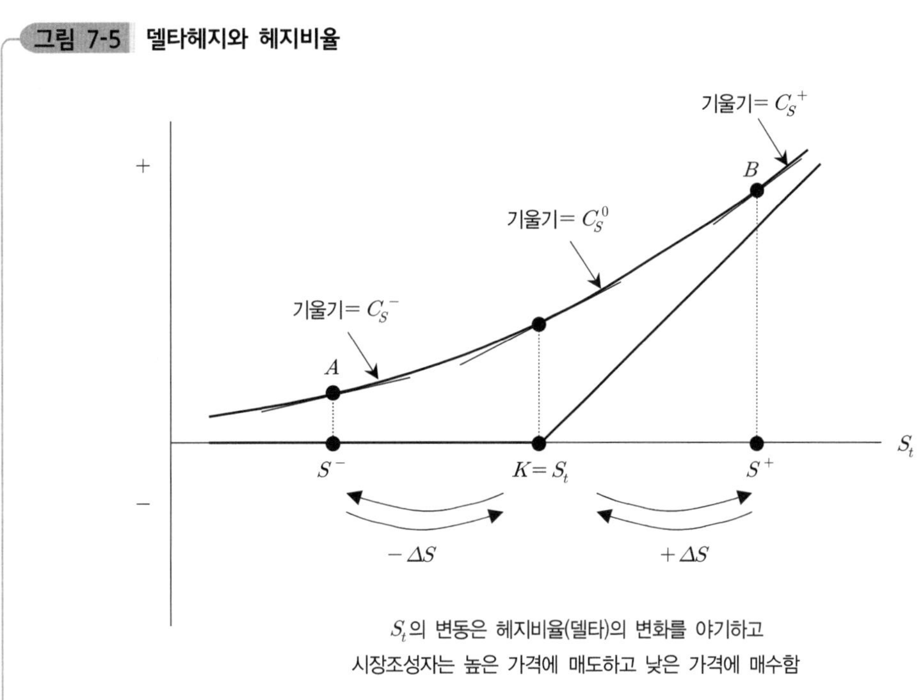

이상의 논의를 요약하면 {콜옵션 1개 매수, $C(t)$만큼 차입, 기초자산 C_S 개 매도}로 구성된 포트폴리오의 가치변화는 다음 요소로 구성되어 있음을 알 수 있다.

(1) 델타헤지를 통한 단위 시간당 이익 : +

$\frac{1}{2}C_{SS}(\Delta S)^2 = \frac{1}{2}C_{SS}\sigma^2 S_t^2 \Delta$ (S가 기하적 브라우니안운동을 따른다고 가정[6])

(2) 콜옵션 매수를 위해 차입한 자금의 이자비용 : −

$rC\Delta$

(3) 주식 C_S 단위 공매도한 자금의 이자수익 : +

$rC_S S_t \Delta$

(1) + (2) + (3) => $\frac{1}{2}C_{SS}\sigma^2 S_t^2 \Delta + rC_S S_t \Delta - rC\Delta$

차익거래기회가 없다면 다음 식이 성립하여야 한다.

$$\frac{1}{2}C_{SS}\sigma^2 S_t^2 \Delta + rC_S S_t \Delta - rC\Delta = -C_t \Delta$$

($C_t \Delta$: 시간가치소멸효과)

이는 바로 블랙-숄즈의 옵션가격결정식임을 알 수 있다.[7)]

$$\frac{1}{2}C_{SS}\sigma^2 S_t^2 \Delta + rC_S S_t - rC + C_t = 0$$

이 식은 델타, 감마, 그리고 쎄타로 구성되어 있다.

$$\frac{1}{2}\Gamma\sigma^2 S_t^2 + r\Delta S_t - rC + \Theta = 0$$

(Δ: 델타, Γ: 감마, Θ: 쎄타)

위의 분석에서 유의해야 할 점은 기초자산의 가격변동이 S^0를 중심으로 이루어진다고 가정했는데, 실제로는 S^0가 이동하며, C_S와 C_{SS}도 시간이 흐름에 따라 변한다는 사실이다. 또한 ΔS도 일정하지 않아 변동성의 변화에 따라 베가 리스크에 노출된다는 것이다.

현실적인 문제점

콜옵션 매수 포지션의 델타 리스크는 기초자산을 매도함으로써 헤지할 수 있으나, 감

6) 제11장 [부록 2] 참조.
7) 제11장 참조.

마(gamma) 리스크는 어떻게 헤지하는가? 시장조성자들은 감마 리스크의 헤지에 많은 어려움을 느끼며, 특히 만기가 짧은 과외가격(deep OTM) 옵션의 경우 감마값의 급격한 변화로 큰 손실 또는 이익을 경험하곤 한다. 또한 기초자산 가격의 변동으로부터 이익을 얻기 위해 ATM 옵션을 이용하는 경우 내재변동성의 변화로 인한 베가(vega) 리스크에 심하게 노출된다.8)

따라서 시장조성자는 기초자산의 가격뿐만 아니라 변동성의 변화가 감마에 미치는 영향을 주시하게 된다. 이를 측정하는 Greek Letters로는 볼가(Volga)와 베나(vanna) 등이 있다. 즉, 볼가(volga) = $\frac{\partial \Gamma}{\partial \sigma}$, 베나(vanna) = $\frac{\partial \Gamma}{\partial S}$. 이러한 옵션 민감도 지표들은 감마 리스크를 측정하고 헤지하는데 매우 유용한 개념이다.9)

앞에서 우리는 다음 식을 도출하였다.

$$\frac{1}{2}\Gamma \sigma^2 S_t^2 + r\Delta S_t - rC + \Theta = 0$$

(Δ: 델타, Γ: 감마, Θ: 쎄타)

즉, 옵션의 매수는 감마 매수, 쎄타 매도 포지션을 의미한다. 감마 거래자는 자신의 주관적인 확률분포를 이용하여 기초자산 가격의 예상 변화에 대한 주관적인 견해를 가지고 있다.

$$\text{감마이익(gamma gains)}: \frac{1}{2}C_{SS}(\Delta S)^2 \rightarrow \frac{1}{2}\Gamma \times E^P[(\Delta S)^2]$$

(P : 감마 거래자의 주관적인 확률분포)

이 식이 의미하는 것은 S의 변동이 클수록 감마이익은 커지며, 이 이익을 이자비용과 시간가치 소멸효과와 비교해야 한다. 만일 예상 감마이익이 비용보다 크면 감마 거래자는 감마 매수포지션을 취할 것이다. 만일 예상 감마이익이 비용보다 작으면 감마 거래자는 감마 매도포지션을 취할 것이다.

8) 델타, 감마, 베가 등 Greek Letters에 관해서는 제6장 [부록] 참조.
9) 제6장 [부록] 참조.

2. 옵션투자 이익의 원천과 변동성매매의 핵심

옵션투자에서 이익이 발생하는 원천은 다음 4가지 요소로 구분할 수 있다.

- 델타 × 선물가격의 변화
- 감마 × (선물가격의 변화)^2
- 베가 × 내재변동성의변화
- 쎄타 × 시간경과

(1) 델타(delta)

옵션포지션의 델타에 의해 결정되는 것으로 방향성에 따른 손익을 나타낸다. +델타는 기초자산 가격이 상승할 경우 이익이 발생함을 의미하고, −델타는 기초자산 가격이 하락할 경우 이익이 발생함을 의미한다.

(2) 감마(gamma)

콜옵션과 풋옵션 매수의 감마는 모두 +이며, 0 델타 +감마의 포지션은 선물가격의 변화에 대해 이익을 보며 그 변화폭이 클수록 큰 이익을 볼 수 있음을 의미한다.

(3) 베가(vega)

이는 선물가격의 변동성에 대한 옵션가격의 민감도를 설명하고 있는데 콜과 풋옵션 매수의 베가는 +이며, 내재변동성이 증가함에 따라 옵션 매수포지션은 이익을 볼 수 있음을 의미한다.

(4) 쎄타(theta)

이는 시간가치감소를 측정하는 것으로 콜옵션 또는 풋옵션의 가치는 시간이 지남에 따라 소멸된다. 즉 다른 모든 변수는 일정한 채로 시간만 경과할 경우 옵션프리미엄이 지속적으로 하락하므로 매수포지션을 가진 투자자는 계속 손해를 보고, 매도포지션을 가진 투자자는 계속 이익을 보게 됨을 의미한다.

옵션 포지션의 이익원천을 구분하여 볼 때 변동성매매의 핵심은 바로 옵션포지션의 델타를 제거하는 것이다. 옵션포지션의 델타가 +면 기초자산을 매도함으로써, 옵션포지션의 델타가 음(−)이라면 기초자산을 매수함으로써 델타 중립(delta neutral)으로

만든다. 일단 델타를 0으로 만들고 나면 옵션포지션에서 이익을 발생시키는 3가지 요인이 남는다, 즉, ① 실현변동성 ② 내재변동성의 변화 ③ 시간경과 등이다.

3. 변동성 매매전략의 선택

변동성 매매전략에는 두 가지 유형이 있다. 첫째, 쎄타와 감마를 상쇄시킨 후 내재변동성과 실현변동성 간의 관계를 이용하는 것이다. 이 기법으로 이익을 보기 위해서는 다른 시장참여자들보다 기초자산 가격의 변동성을 잘 예측하여야 한다. 둘째, 베가와 내재변동성의 변화를 이용하는 것이다. 이 기법으로 이익을 보기 위해서는 기초자산 가격의 변동성에 대한 기대가 어떻게 변하는가를 잘 이해하여야 한다.

(1) 내재변동성 / 실현변동성 스프레드 매매

첫 번째 유형의 변동성매매는 내재변동성과 실현변동성간의 스프레드에 초점을 맞춘다. 향후 실현변동성이 현재의 내재변동성을 상회할 것이라고 예측한다면 옵션(콜, 풋, 또는 두 옵션의 합성)을 매수하고 델타중립 포지션을 가져감으로써 이익을 기대할 수 있다.

내가격 옵션은 외가격 옵션보다 감마가 크고 과외가격과 과내가격 옵션의 감마는 작기 때문에 내재변동성/실현변동성 매매전략에 과외가격과 과내가격 옵션을 이용하면 효과가 없다. 따라서 실현변동성과 내재변동성의 차이로부터 수익을 내려면, 일단 등가격에 가까운 내가격 옵션을 보유하는 것이 좋다. 또한 변동성 매매에서 중요한 요소는 옵션의 베가인데, 등가격 옵션의 베가는 외가격 옵션의 베가보다 크므로 베가관련 변동성 매매를 위해서는 등가격 옵션을 보유하는 것이 좋다.

스트래들(straddle)과 스트랭글(strangle)은 델타중립 변동성 매매의 가장 일반적인 유형이다. 스트래들은 동일한 행사가격의 콜과 풋의 결합인 반면, 스트랭글은 일반적으로 외가격 콜과 외가격 풋의 조합으로 이루어진다. 스트래들 매수의 경우 행사가격이 같은 콜과 풋을 매수하기 때문에 콜의 양의 델타는 풋의 음의 델타에 의해 상쇄되고, 콜의 양(+)의 로우는 풋의 음(－)의 로우에 의해 상쇄된다. 된다. 그러나 감마와 베가는 양(+)의 값을 가지므로 기초자산 가격이 크게 움직이면 이익이 발생한다. 한편, 쎄타는 음(－)의 값을 갖게 되므로 포지션을 장기 보유할수록 시간가치소멸효과가 커서 손실이 발생한다.

변동성 매수포지션은 다음과 같은 공통적인 특징을 지니다. 첫째, 기초자산 가격의 변화가 없고 시간이 흐름에 따라 손실을 보게 된다(쎄타의 효과). 둘째, 기초자산 가격의 변화는 방향성에 관계없이 이익이 된다. 기초자산 가격이 오를 경우 감마는 콜의 양의 델타를 증가시키고 풋의 음의 델타를 감소시켜, 결과적으로 콜의 이익이 풋의 손실보다 크게 된다. 그러므로 감마는 기초자산 가격이 오를 때 옵션 포지션의 이익을 증가시킨다. 반면, 기초자산 가격이 하락하면 감마는 콜의 양의 델타를 감소시키고 풋의 음의 델타를 증가시켜, 결과적으로 풋의 이익이 콜의 손실보다 크게 된다. 따라서 감마는 기초자산 가격이 하락할 때 옵션포지션의 이익을 증가시킨다.

문제는 감마의 이익효과가 쎄타의 이익감소효과를 상쇄시킬 수 있느냐는 것이다. 그 해답은 내재변동성과 실현변동성의 관계로 귀결된다. 만일 실현변동성이 내재변동성과 같다면 옵션포지션의 손익은 기초자산의 델타등가 포지션의 손익과 같아지게 된다. 따라서 실현변동성이 내재변동성보다 클 때 이익이 발생하고, 실현변동성이 내재변동성보다 작을 때 손실이 발생하게 된다. 이러한 의미에서 스트래들과 스트랭글 매수포지션은 내재변동성과 실현변동성 사이의 스프레드 매수 포지션이라고 할 수 있다. 한편, 변동성 매도포지션은 기초자산 가격의 변화에 따라 손실을 보지만 내재변동성의 수준이 감소하고 기간이 경과하면서 이익이 발생한다.

기초자산 가격의 실현변동성이 옵션의 내재변동성과 같다면, 델타중립적인 옵션포지션의 보유자는 정확히 손익분기점에 직면한다는 것을 의미한다. 즉, 실현변동성이 내재변동성과 같다면 기초자산의 실현변동성으로부터 발생한 총이익은 옵션보유자의 시간가치감소를 상쇄시킨다. 실현변동성보다 내재변동성이 크다면, 델타중립적인 옵션포지션을 매수한 투자자가 이익을 보게 되고, 실현변동성보다 내재변동성이 작다면 델타중립적 옵션포지션을 매도한 투자자가 이익을 보게 된다.

(2) 내재변동성 수준의 매매

내재변동성을 매매한다는 것은 옵션 매수시 내재변동성이 증가하거나, 옵션 매도시 내재변동성이 감소하면 이익이 발생함을 의미한다. 실현변동성과 내재변동성의 차이

로 발생하는 수익은 크지만 내재변동성 자체가 변화하여 생기는 순수익은 일반적으로 크지 않다. 이 크기는 "베가 × 내재변동성의 변화" 로 표시된다.

실현변동성으로부터 발생한 수익과 내재변동성 변화에 따른 수익간의 중요한 차이점은 실현변동성으로부터 나온 수익은 옵션의 만기까지 점차 안정화 되는 반면, 내재변동성의 변화에 따른 수익은 즉각적이다. 따라서 내재변동성 매매에 따른 수익성을 평가할 때는 시간가치감소를 고려할 필요가 없다(시간가치감소 비용은 실현변동성의 수익에 상쇄되는 개념). 내재변동성이 너무 높다고 판단되면 옵션을 매도하여 수익을 얻을 수 있다. 단순히 시간이 흐르면 변동성매도(옵션매도) 포지션에 유리하다. 이러한 시간가치 소멸효과는 옵션 매도 포지션의 감마 리스크 부담에 대한 보상인 것이다.

변동성 예측에 따라 시장참여자들이 취할 수 있는 전략들을 정리해 보면 다음과 같다.

표 7.1 변동성 매매전략 메뉴

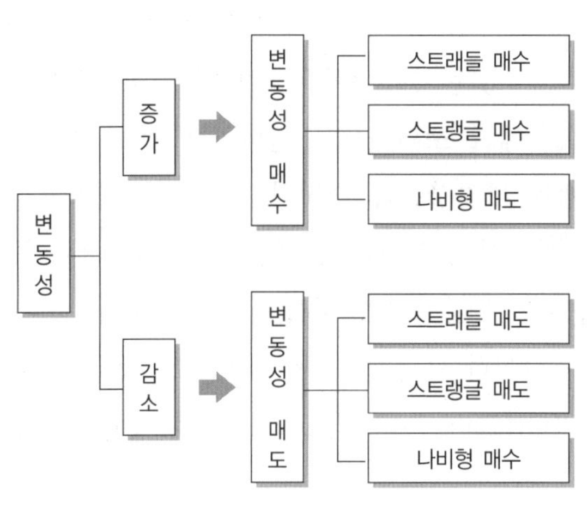

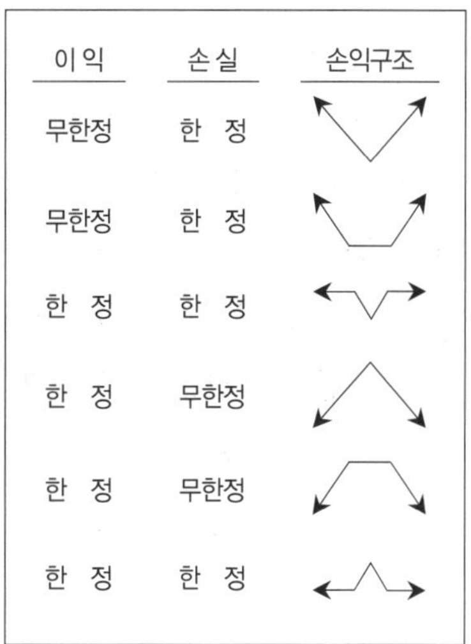

이익	손실	손익구조
무한정	한 정	
무한정	한 정	
한 정	한 정	
한 정	무한정	
한 정	무한정	
한 정	한 정	

7.3 방향성 / 변동성 매매의 수정전략(Follow-Up Strategies)

[그림 7-6]은 방향성/변동성 매매전략의 선택 메뉴를 제시하고 있다. 본 메뉴를 이용하는 방법은 다음과 같다.

첫째, 시장방향성에 대한 예측(market outlook) : 상승(⇑), 하락(⇓) 또는 모호(?)

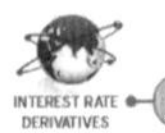

둘째, 시장변동성에 대한 예측(volatility outlook) : 증가(⇑), 감소(⇓) 또는 모호(?)
셋째, 시장방향성과 변동성의 예측에 근거한 최적의 전략을 선택
(적절한 행사가격의 선택)

예를 들어, 가격상승과 변동성 증가를 예상하는 경우 선택할 수 있는 전략은 콜옵션의 매수이다. 또한 방향성에 대한 예측은 모호한 반면 변동성 감소를 예측하는 경우 선택할 수 있는 전략은 스트래들 또는 스트랭글 매도이다. 이때 스트래들과 스트랭글의 선택은 변동성 미소의 형태와 정도에 의해 결정된다. 이와 같이 시장방향성과 변동성 예측에 근거한 최초 전략의 선택 후 시장상황이 변함에 따라 선택할 수 있는 다양한 수정전략을 [그림 7-7] - [그림 7-20]이 제시하고 있다.

예를 들어, 방향성 전략 중 강세장 예측에 의한 선물매수 포지션의 수정전략을 생각해보자. 포지션 설정 후 가격이 하락하고 변동성이 증가하는 시장상황에서 선택할 수 있는 수정전략은 선물매수 포지션을 보유한 채 풋옵션을 매수(콜옵션을 복제)하는 것이다([그림 7-7] 참조). 또한 선물매도 포지션 설정 후 가격의 방향성이 모호해지며 변동성이 하락하는 시장상황에서 선택할 수 있는 수정전략은 선물매도 포지션을 보유한 채 풋옵션을 2계약 매도하여 스트래들 매도 포지션으로 전환하는 것을 생각해 볼 수 있다([그림 7-8] 참조). 또 다른 예제로 가격상승과 변동성 증가를 예상하고 콜옵션 매수포지션을 가져간 이후 여전히 변동성이 증가하나 방향성이 모호해지는 시장상황에서 선택할 수 있는 수정전략은 동일한 행사가격의 풋옵션을 매수하여 스트래들 매수 포지션으로 전환하거나 행사가격이 상이한 풋옵션을 매수하여 스트랭글 매수 포지션으로 전환하는 전략을 고려할 수 있다([그림 7-11] 참조). 이하의 수정전략도 동일한 방식으로 이해하면 된다.

그림 7-6 방향성/변동성 매매전략의 선택

변동성 \ 가격	⇧	⇩	?
⇧	LONG CALL 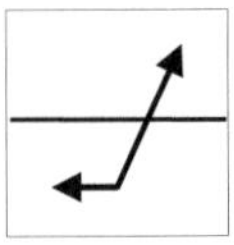	LONG PUT 	LONG STRADDLE 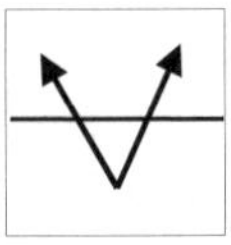 LONG STRANGLE 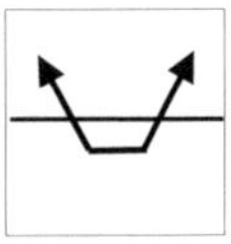
⇩	SHORT PUT 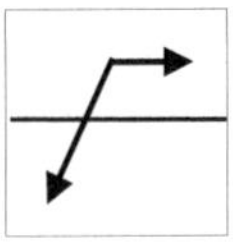	SHORT CALL 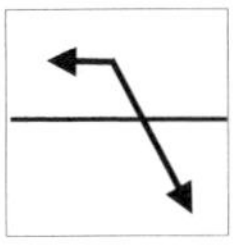	SHORT STRADDLE 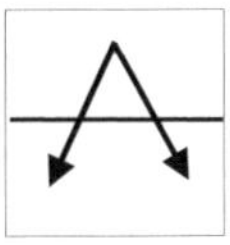 SHORT STRANGLE 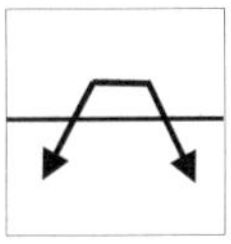
?	SYNTHETIC LONG FUTURES 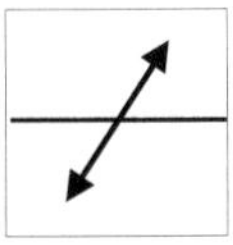 BULL SPREAD 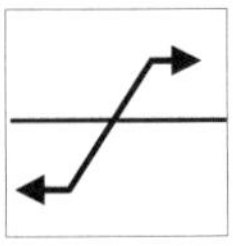	SYNTHETIC SHORT FUTURES 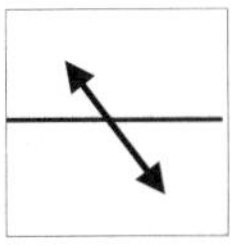 BEAR SPREAD 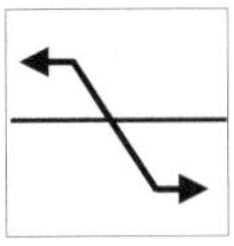	BOX / CONVER-SION / REVERSAL 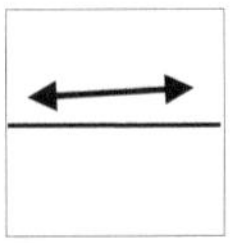

그림 7-7 LONG FUTURES의 수정전략

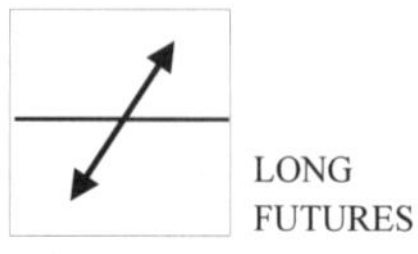

가격 / 변동성	⇧	⇩	?
⇧	LONG CALL 풋매수	LONG PUT 선물매도 + 풋매수	LONG STRADDLE 풋 2계약 매수
⇩	SHORT PUT 콜매도	SHORT CALL 선물전매도 + 콜매도	SHORT STRADDLE 콜 2계약 매도
?	LONG FUTURES 보 유	SHORT FUTURES 선물 2계약 매도	선물매도 (포지션 청산)

그림 7-8 SHORT FUTURES의 수정전략

SHORT
FUTURES

변동성 \ 가격	⇧	⇩	?
⇧	LONG CALL 선물매수 + 콜매수	LONG PUT 콜매수	LONG STRADDLE 콜 2계약 매수
⇩	SHORT PUT 선물매수 + 풋매도	SHORT CALL 풋매도	SHORT STRADDLE 풋 2계약 매도
?	LONG FUTURES 선물 2계약 매수	SHORT FUTURES 보 유	선물매수 (포지션 청산)

그림 7-9 SYNTHETIC LONG FUTURES(행사가격 상이)의 수정전략

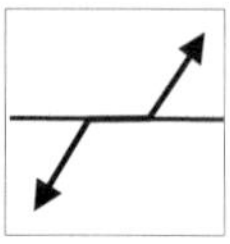

SYNTHETIC LONG FUTURES

변동성 \ 가격	⇧	⇩	?
⇧	LONG CALL 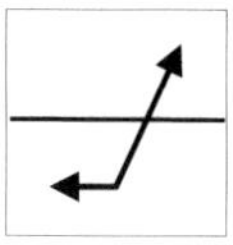 풋매도 1계약 청산	LONG PUT 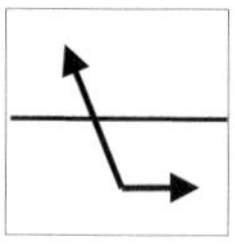 풋 2계약 매수 (풋매도 1계약 청산) +콜매수 1계약 청산	LONG STRANGLE 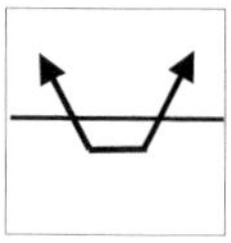 풋 2계약 매수 (풋매도 1계약 청산)
⇩	SHORT PUT 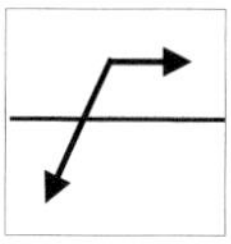 콜매수 1계약 청산	SHORT CALL 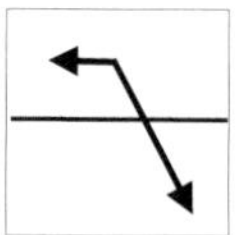 콜 2계약 매도 (콜매수 1계약 청산) +풋매도 1계약 청산	SHORT STRANGLE 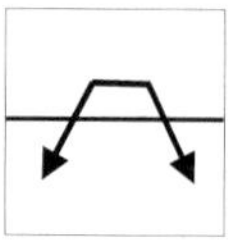 콜 2계약 매도 (콜매수 1계약 청산)
?	SYNTHETIC LONG FUTURES (SPLIT STRIKE) 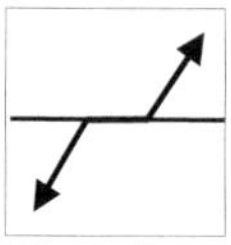 보 유	BEAR SPREAD 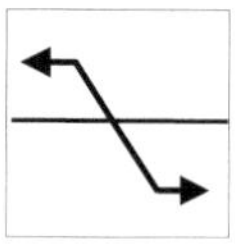 선물 1계약 매도	보유 포지션 청산

그림 7-10 SYNTHETIC SHORT FUTURES(행사가격 상이)의 수정전략

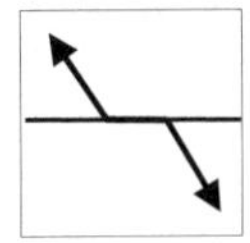

SYNTHETIC LONG FUTURES

변동성 \ 가격	⇧	⇩	?
⇧	LONG CALL 콜 2계약 매수 (콜매도 1계약 청산) +풋매수 1계약 청산	LONG PUT 콜매도 1계약 청산	LONG STRANGLE 콜 2계약 매수 (콜매도 1계약 청산)
⇩	SHORT PUT 풋 2계약 매도 (풋매수 1계약 청산) +콜매도 1계약 청산	SHORT CALL 풋매수 1계약 청산	SHORT STRANGLE 풋 2계약 매도 (풋매수 1계약 청산)
?	BULL SPREAD 선물 1계약 매수	SYNTHETIC SHORT FUTURES (SPLIT STRIKE) 보 유	보유 포지션 청산

그림 7-11 LONG CALL의 수정전략

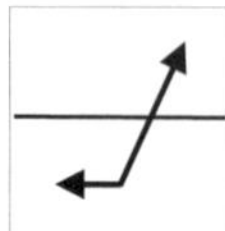

LONG CALL

가격 / 변동성	⇧	⇩	?
⇧	LONG CALL 보 유	LONG PUT 선물 1계약 매도	LONG STRADDLE 풋 1계약(동일행사가격)매수 LONG STRANGLE 풋 1계약(상이한 행사가격)매수
⇩	SHORT PUT 콜매수 1계약 청산 +풋 1계약 매수	SHORT CALL 콜 2계약 매도 (콜매수 1계약 청산)	SHORT STRADDLE 콜 2계약 매도(콜매수 1계약 청산) +동일한 행사가격의 풋 1계약 매도 SHORT STRANGLE 콜 2계약 매도(콜매수 1계약 청산) +상이한 행사가격의 풋 1계약 매도
?	BULL SPREAD 높은 행사가격의 콜 1계약 매도 LONG FUTURES 동일 행사가격의 풋 1계약 매수	BEAR SPREAD 낮은 행사가격의 콜 1계약 매도	보유 포지션 청산

그림 7-12 SHORT CALL의 수정전략

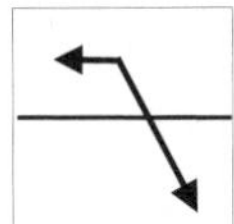

SHORT CALL

변동성 \ 가격	⇧	⇩	?
⇧	LONG CALL 콜 2계약 매수 (콜매도 계약 청산)	LONG PUT 콜매도 1계약 청산 +풋 1계약 매수	LONG STRADDLE 콜 2계약 매수(콜매도 1계약 청산) +동일한 행사가격의 풋 1계약 매수 LONG STRANGLE 콜 2계약 매수(콜매도 1계약 청산) +상이한 행사가격의 풋 1계약 매수
⇩	SHORT PUT 선물 1계약 매수	SHORT CALL 보 유	SHORT STRADDLE 동일 행사가격 풋 1계약 매도 SHORT STRANGLE 상이한 행사가격 풋 1계약 매도
?	BULL SPREAD 낮은 행사가격의 콜 1계약 매수	BEAR SPREAD 높은 행사가격의 콜 1계약 매수 SHORT FUTURES 동일 행사가격 풋 1계약 매수	보유 포지션 청산

그림 7-13 LONG PUT의 수정전략

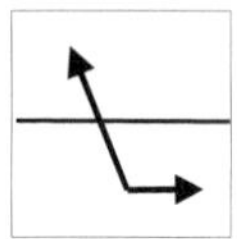

LONG PUT

변동성 \ 가격	⇧	⇩	?
⇧	LONG CALL 선물 1계약 매수	LONG PUT 보 유	LONG STRADDLE 동일 행사가격 풋 1계약 매수 LONG STRANGLE 상이한 행사가격 콜 1계약 매수
⇩	SHORT PUT 풋 2계약 매도 (풋 매수 1계약 청산)	SHORT CALL 풋 매수 1계약 청산 +콜 1계약 매도	SHORT STRADDLE 풋 2계약 매도(콜매수 1계약 청산) +동일한 행사가격의 콜 1계약 매도 SHORT STRANGLE 풋 2계약 매도(풋매수)
?	BULL SPREAD 높은 행사가격의 풋 1계약 매도	BEAR SPREAD 낮은 행사가격의 풋 1계약 매도 SHORT FUTURES 동일 행사가격 콜 1계약 매도	보유 포지션 청산

그림 7-14 SHORT PUT의 수정전략

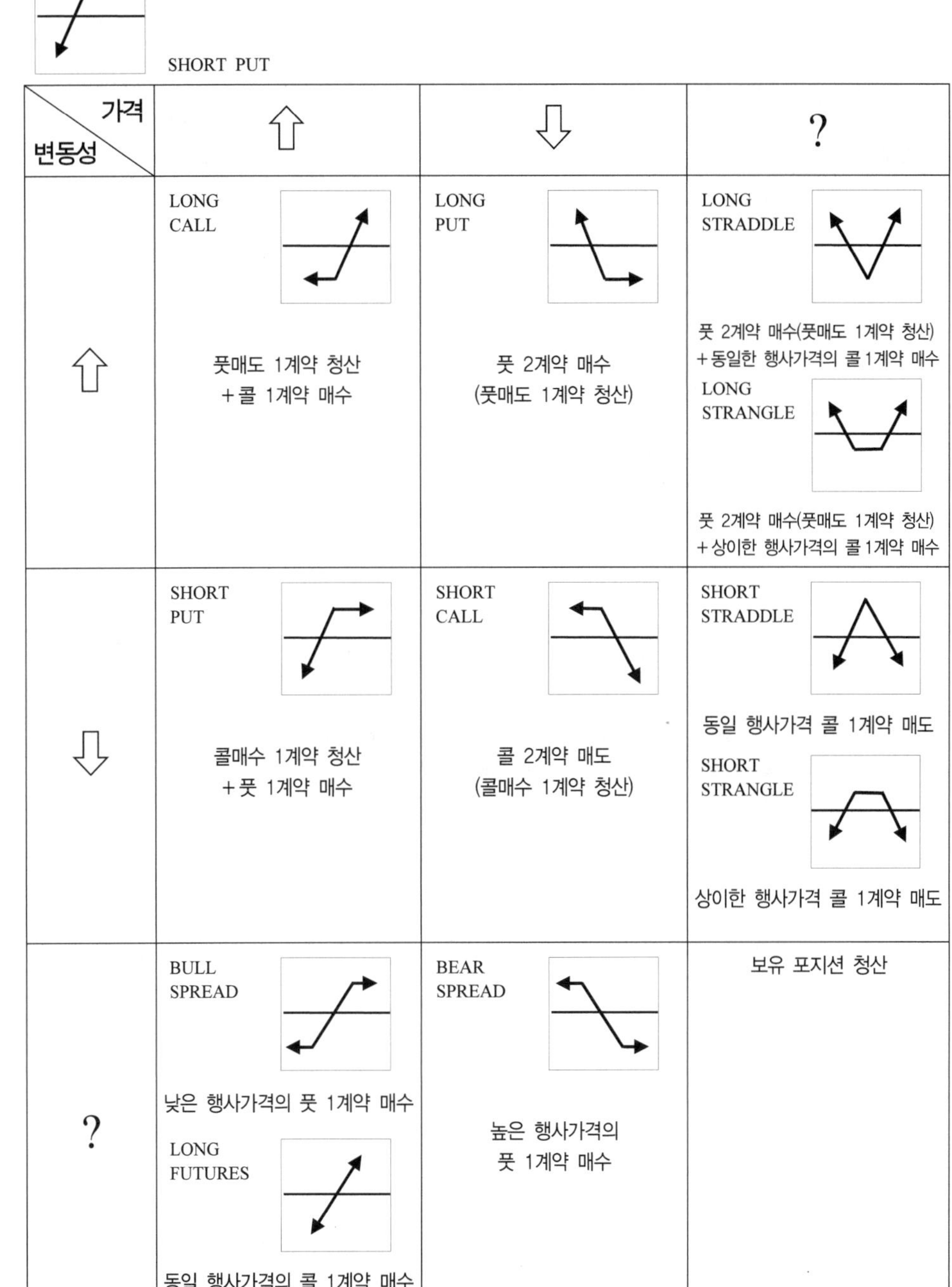

SHORT PUT

가격 / 변동성	⇧	⇩	?
⇧	LONG CALL 풋매도 1계약 청산 +콜 1계약 매수	LONG PUT 풋 2계약 매수 (풋매도 1계약 청산)	LONG STRADDLE 풋 2계약 매수(풋매도 1계약 청산) +동일한 행사가격의 콜1계약 매수 LONG STRANGLE 풋 2계약 매수(풋매도 1계약 청산) +상이한 행사가격의 콜1계약 매수
⇩	SHORT PUT 콜매수 1계약 청산 +풋 1계약 매수	SHORT CALL 콜 2계약 매도 (콜매수 1계약 청산)	SHORT STRADDLE 동일 행사가격 콜 1계약 매도 SHORT STRANGLE 상이한 행사가격 콜 1계약 매도
?	BULL SPREAD 낮은 행사가격의 풋 1계약 매수 LONG FUTURES 동일 행사가격의 콜 1계약 매수	BEAR SPREAD 높은 행사가격의 풋 1계약 매수	보유 포지션 청산

그림 7-15 BULL SPREAD의 수정전략

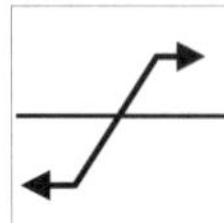

BULL SPREAD

가격 / 변동성	⇧	⇩	?
⇧	LONG CALL Call Bull Spread의 경우 콜매도 1계약 청산 Put Bull Spread의 경우 풋매도 1계약 청산+선물 1계약 매수	LONG PUT Call Bull Spread의 경우 콜매도 1계약 청산+선물 1계약 매도 Put Bull Spread의 경우 풋매도 1계약 청산	SHORT BUTTER-FLY 낮은 행사가격의 Bear Spread 추가
⇩	SHORT PUT Call Bull Spread의 경우 콜매수 1계약 청산+선물 1계약 매수 Put Bull Spread의 경우 풋매수 1계약 청산	SHORT CALL Call Bull Spread의 경우 콜매수 1계약 청산 Put Bull Spread의 경우 풋매수 1계약 청산+선물 1계약 매도	LONG BUTTER-FLY 높은 행사가격의 Bear Spread 추가
?	BULL SPREAD 보 유	SYNTHETIC SHORT FUTURES (SPLIT STRIKE) 선물 1계약 매도	보유 포지션 청산

그림 7-16 BEAR SPREAD의 수정전략

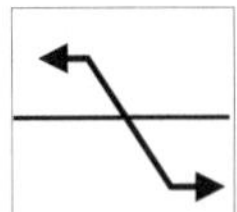

BEAR SPREAD

가격 / 변동성	⇧	⇩	?
⇧	LONG CALL Call Bear Spread의 경우 콜매도 1계약 청산 Put Bear Spread의 경우 풋매도 1계약 청산+ 선물 1계약 매수	LONG PUT Call Bear Spread의 경우 콜매도 1계약 청산+ 선물 1계약 매도 Put Bear Spread의 경우 풋매도 1계약 청산	SHORT BUTTER-FLY 높은 행사가격의 Bull Spread 추가
⇩	SHORT PUT Call Bear Spread의 경우 콜매수 1계약 청산+ 선물 1계약 매수 Put Bear Spread의 경우 풋매수 1계약 청산	SHORT CALL Call Bear Spread의 경우 콜매수 1계약 청산 Put Bear Spread의 경우 풋매수 1계약 청산+ 선물 1계약 매도	LONG BUTTER-FLY 낮은 행사가격의 Bull Spread 추가
?	SYNTHETIC LONG FUTURES (SPLIT STRIKE) 선물 1계약 매수	BEAR SPREAD 보 유	보유 포지션 청산

그림 7-17 LONG STRADDLE의 수정전략

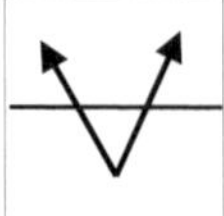

LONG STRADDLE

변동성 \ 가격	⇧	⇩	?
⇧	LONG CALL 풋매수 1계약 청산	LONG PUT 콜매수 1계약 청산	LONG STRADDLE 보 유
⇩	SHORT PUT 풋매수 1계약 청산 +풋 2계약 매도 (풋매수 1계약 청산)	SHORT CALL 풋매수 1계약 청산 +콜 2계약 매도 (콜매수 1계약 청산)	SHORT STRADDLE 콜 2계약 매도 (콜매수 1계약 청산) +풋 2계약 매도 (풋매수 1계약 청산)
?	LONG FUTURES 풋 2계약 매도 (풋매수 1계약 청산)	SHORT FUTURES 콜 2계약 매도 (콜매수 1계약 청산)	보유 포지션 청산

그림 7-18 SHORT STRADDLE의 수정전략

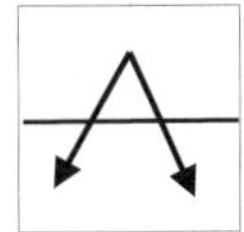

SHORT STRADDLE

변동성 \ 가격	⇧	⇩	?
⇧	LONG CALL 콜 2계약 매수 (콜매도 1계약 청산) +풋매도 1계약 청산	LONG PUT 풋 2계약 매수 (풋매도 1계약 청산) + 콜매도 1계약 청산	LONG STRADDLE 콜 2계약 매수 (콜매도 1계약 청산) +콜 2계약 매수 (풋매도 1계약 청산)
⇩	SHORT PUT 콜매도 1계약 청산	SHORT CALL 풋매도 1계약 청산	SHORT STRADDLE 보 유
?	LONG FUTURES 콜 2계약 매수 (콜매도 1계약 청산)	SHORT FUTURES 풋 2계약 매수 (풋매도 1계약 청산)	보유 포지션 청산

그림 7-19 LONG STRANGLE의 수정전략

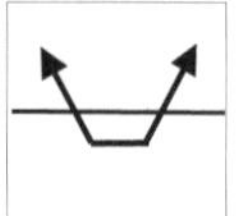

LONG STRANGLE

변동성 \ 가격	⇧	⇩	?
⇧	LONG CALL 풋매수 1계약 청산	LONG PUT 콜매수 1계약 청산	LONG STRANGLE 보 유
⇩	SHORT PUT 풋 2계약 매도 (풋매수 1계약 청산) +콜매수 1계약 청산	SHORT CALL 콜 2계약 매도 (콜매수 1계약 청산) +풋매수 1계약 청산	SHORT STRANGLE 콜 2계약 매도 (콜매수 1계약 청산) +풋 2계약 매도 (풋매수 1계약 청산)
?	SYNTHETIC LONG FUTURES (SPLIT STRIKE) 풋 2계약 매도 (풋매수 1계약 청산)	SYNTHETIC SHORT FUTURES (SPLIT STRIKE) 콜 2계약 매도 (콜매수 1계약 청산)	보유 포지션 청산

그림 7-20 SHORT STRANGLE의 수정전략

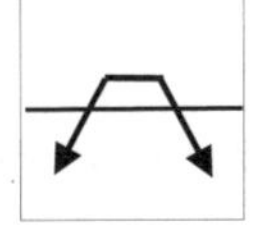

SHORT STRANGLE

가격 / 변동성	⇧	⇩	?
⇧	LONG CALL 콜 2계약 매수 (콜매도 1계약 청산) +풋매도 1계약 청산	LONG PUT 풋 2계약 매수 (풋매도 1계약 청산) +콜매도 1계약 청산	LONG STRANGLE 콜 2계약 매수 (콜매도 1계약 청산) +콜 2계약 매수 (풋매도 1계약 청산)
⇩	SHORT PUT 콜매도 1계약 청산	SHORT CALL 풋매도 1계약 청산	SHORT STRANGLE 보 유
?	SYNTHETIC LONG FUTURES (SPLIT STRIKE) 콜 2계약 매수 (콜매도 1계약 청산)	SYNTHETIC SHORT FUTURES (SPLIT STRIKE) 풋 2계약 매수 (풋매도 1계약 청산)	보유 포지션 청산

7.4 옵션을 이용한 채권 포트폴리오 관리

1. 채권 포트폴리오의 듀레이션과 볼록도

채권 포트폴리오의 관리자는 듀레이션을 기준으로 자신의 투자성향 및 목적에 따라 듀레이션을 조정할 수 있으나, 듀레이션은 채권가격과 수익률간의 비선형성을 고려하지 못한다. 채권 포트폴리오의 비선형성의 정도는 볼록도(convexity)로 나타낼 수 있으며, 양(+)의 볼록도는 채권 포트폴리오의 보유자에게 유리하게 작용한다. 이와 같은 채권가격과 수익률간의 볼록도 때문에 금리상승시 가격하락폭보다 금리하락시 가격상승폭이 더 크게 되며, 듀레이션을 통해 추정한 채권가격 변동과 실제의 채권가격 변동의 차이가 커진다.

문제는 채권의 볼록도가 이표율이 낮을수록, 수익률이 낮을수록, 만기가 길수록 크기 때문에 아무런 대가 없이 포트폴리오의 볼록도를 증가시킬 수는 없다는 것이다. 그러나 채권옵션의 매수는 양의 볼록도, 매도는 음의 볼록도를 갖기 때문에 펀드관리자는 향후 금리 방향 및 변동성 예측에 따라 채권옵션을 이용하여 보유 채권 포트폴리오의 볼록도를 조정할 수가 있다.

2. 옵션이 채권 포트폴리오의 듀레이션과 볼록도에 미치는 효과

채권과 이 채권(또는 채권선물)에 대한 콜옵션으로 구성된 포트폴리오를 생각해보자.

$$\Pi(r) = P(r) + C(P(r))$$

이때 $\Pi(r)$은 포트폴리오의 가치, $P(r)$은 채권의 가격, $C(P(r))$는 채권(또는 채권선물) 콜옵션의 가격, r은 금리를 나타낸다.

이와 같이 채권과 콜옵션으로 구성된 포트폴리오의 듀레이션과 볼록도는 다음과 같이 결정된다.

$$D_{\Pi} = \frac{P}{\Pi} D_P (1 + \Delta_C)$$

$$C_{\Pi} = \frac{P}{\Pi} [C_P (1 + \Delta_C) + \Gamma_C P D_P^2]$$

D_{Π} : 포트폴리오의 듀레이션

C_{Π} : 포트폴리오의 볼록도

D_P: 채권의 듀레이션

C_P : 채권의 볼록도

Δ_C : 콜옵션의 델타

Γ_C : 콜옵션의 감마

콜옵션의 감마는 양의 값을 가지므로 콜옵션의 매수는 채권 포트폴리오의 볼록도를 증가시킨다. 이 경우 금리하락시 포트폴리오의 수익률을 추가로 상승시키는 반면, 금리상승시 포트폴리오의 수익률을 옵션 프리미엄만큼 하락시킨다. 따라서 콜옵션의 매수로 인한 포트폴리오의 볼록도 증가는 금리변동성이 증가할수록 포트폴리오의 기대수익률을 높이는 효과가 있다.

같은 논리로 채권을 보유하고 콜옵션을 매도하면 볼록도가 감소한다. 이는 커버드 콜(covered call)로 알려져 있는 전략으로 금리 하락에 따른 포트폴리오 수익률의 상승분을 포기하는 대신 금리상승시 포트폴리오 수익률 감소분을 옵션 매도에 따른 프리미엄 수입으로 보전하게 된다. 이러한 전략은 향후 금리 변동성이 감소할 것으로 판단하여 변동성을 매도하는 전략이다.

풋옵션의 감마도 양의 값을 가지므로 같은 논리로 풋옵션의 매수는 채권 포트폴리오의 볼록도를 증가시키고 금리변동성이 증가할수록 포트폴리오의 기대수익률이 상승하게 된다. 이는 보호적 풋(protective put) 또는 포트폴리오 보험(portfolio insurance)으로 알려져 있는데, 금리 하락에 따른 포트폴리오 수익률의 일부를 옵션 매수에 필요한 프리미엄으로 지불하고 금리상승에 따른 포트폴리오 수익률의 하락을 막는 전략이다.

한편, 풋옵션의 매도는 채권 포트폴리오의 볼록도를 감소시키므로 금리의 변동성이 커지면 포트폴리오의 기대수익률이 감소하고 금리의 변동성이 작아지면 기대수익률이 증가하게 된다.

요약하면, 채권 포트폴리오의 관리자는 향후 금리의 변동성이 증가할 것으로 예상되면 옵션을 매수하여 포트폴리오의 볼록도를 높이고, 금리 변동성이 크지 않을 것으로 예상하면 옵션을 매도함으로써 포트폴리오의 볼록도를 낮추는 전략을 택할 수 있다.

표 7.2 옵션이 채권포트폴리오의 볼록도와 기대수익률에 미치는 영향

		채권포트폴리오의 볼록도	채권포트폴리오의 기대수익률	
			변동성 증가	변동성 감소
콜옵션	매 수	+	H	L
	매 도	−	L	H
풋옵션	매 수	+	H	L
	매 도	−	L	H

+: 볼록도 증가　　−: 볼록도 감소　　H: 기대수익률 높음　　L: 기대수익률 낮음

[부 록] 옵션 내재변동성의 추정방법

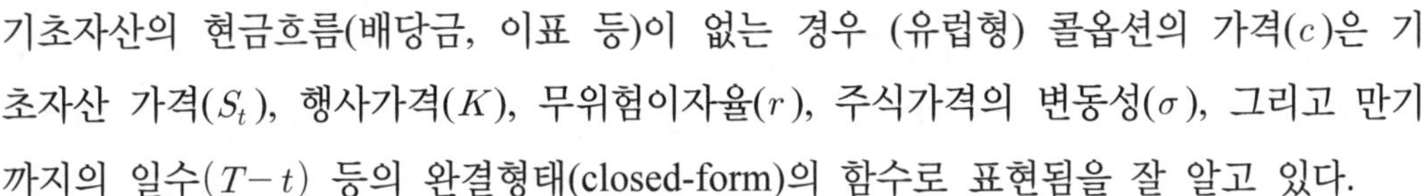

기초자산의 현금흐름(배당금, 이표 등)이 없는 경우 (유럽형) 콜옵션의 가격(c)은 기초자산 가격(S_t), 행사가격(K), 무위험이자율(r), 주식가격의 변동성(σ), 그리고 만기까지의 일수($T-t$) 등의 완결형태(closed-form)의 함수로 표현됨을 잘 알고 있다.

$$c(S_t,\ K,\ \sigma,\ r,\ T-t) = S_t \cdot N(d_1) - Ke^{-r(T-t)} \cdot N(d_2)$$

$$d_1 = \frac{\ln\left(\frac{S_t}{K}\right) + (r + \frac{1}{2}\sigma^2)(T-t)}{\sigma\sqrt{T-t}}, \quad d_2 = d_1 - \sigma\sqrt{T-t}$$

우리가 옵션의 시장가격을 알고 있고, 그러한 시장가격을 제공하는 (옵션가격결정식에 내재된) 변동성의 값을 구하기 위해서는 변동성을 옵션가격과 기타 결정변수들의 함수로 표현되는 다음과 같은 식을 찾아야 한다.

$$\sigma(c,\ S_t,\ K,\ r,\ T-t)$$

그러나 불행하게도 옵션가격결정식은 누적정규분포함수를 포함하는 등 상당히 복합한 형태를 띠고 있기 때문에 완결형태의 역함수(inverted function)를 구할 수가 없다. 이와 같이 역함수를 구할 수 없는 경우에 "반복 방법(iterative methods)"을 이용하여 내재변동성을 얻을 수 있는데, 그 기본적인 아이디어는 다음과 같다. 먼저 내재변동성의 "대강의 추측치(rough guess)"를 입력하여 블랙-숄즈 옵션가격을 구한 후 이를 시장가격과 비교한다. 시장가격과 차이가 나면 추측치를 수정하여 새로운 블랙-숄즈 옵션가격을 구하여 다시 시장가격과 비교한다. 시장가격과 블랙-숄즈 옵션가격이 충분히 근접할 때까지 이와 같은 절차를 반복한다. 물론 이와 같은 반복 방법에 있어서 가장 중요한 요체는 시장가격과 똑같은 값을 얻기 위하여 각각의 추측치를 어떻게 수정하는가에 있다.

내재변동성을 구하는 반복 방법 중의 하나인 이분법(bisection)은 논리적으로 단순하고 이해하기가 쉬운 방법이나, 가장 큰 단점이 시간이 너무 많이 걸린다는 점이다.

한편, 보다 신속하게 내재변동성을 구하는 방법으로 뉴튼-랩슨 방법(Newton-Raphson method)이 있다.

이 방법의 기본적인 아이디어는 다음과 같다. [그림 A1]은 행사가격과 만기가 주어졌을 때 변동성과 옵션가격의 관계를 보이고 있다. [그림 A1]에서 변동성 σ에 해당하는 점을 지나는 직선의 기울기 $v(\sigma)$는 변동성의 변화에 대한 옵션가격의 변화율, 즉 베가(vega)를 나타낸다. 유럽형 옵션의 경우 베가는 다음과 같이 결정된다.

$$S_t \sqrt{T-t} \cdot N'(d_1)$$

이때 $N'(d_1) = \frac{1}{\sqrt{2\pi}} e^{-\frac{1}{2}d_1^2}$

베가가 크면(작으면) 변동성의 변화에 따른 옵션가격의 변화가 큼(작음)을 의미한다.

그림 A-1 변동성과 옵션가격의 관계 : 베가

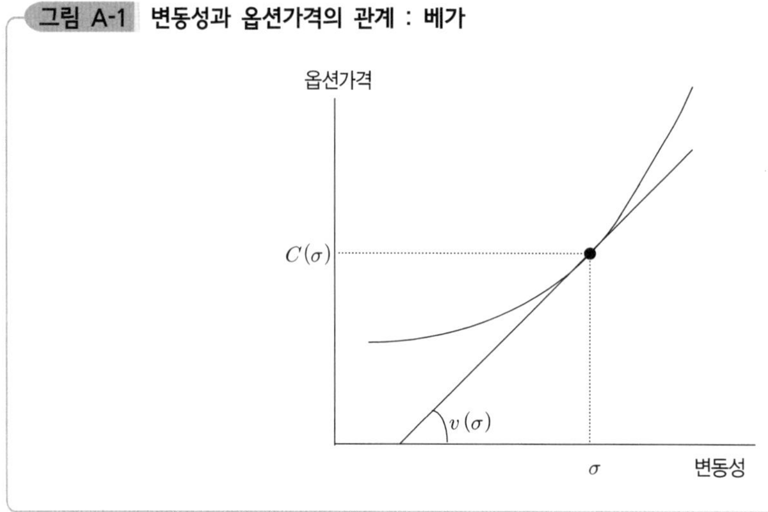

그림 A-2 뉴튼-랩슨 방법

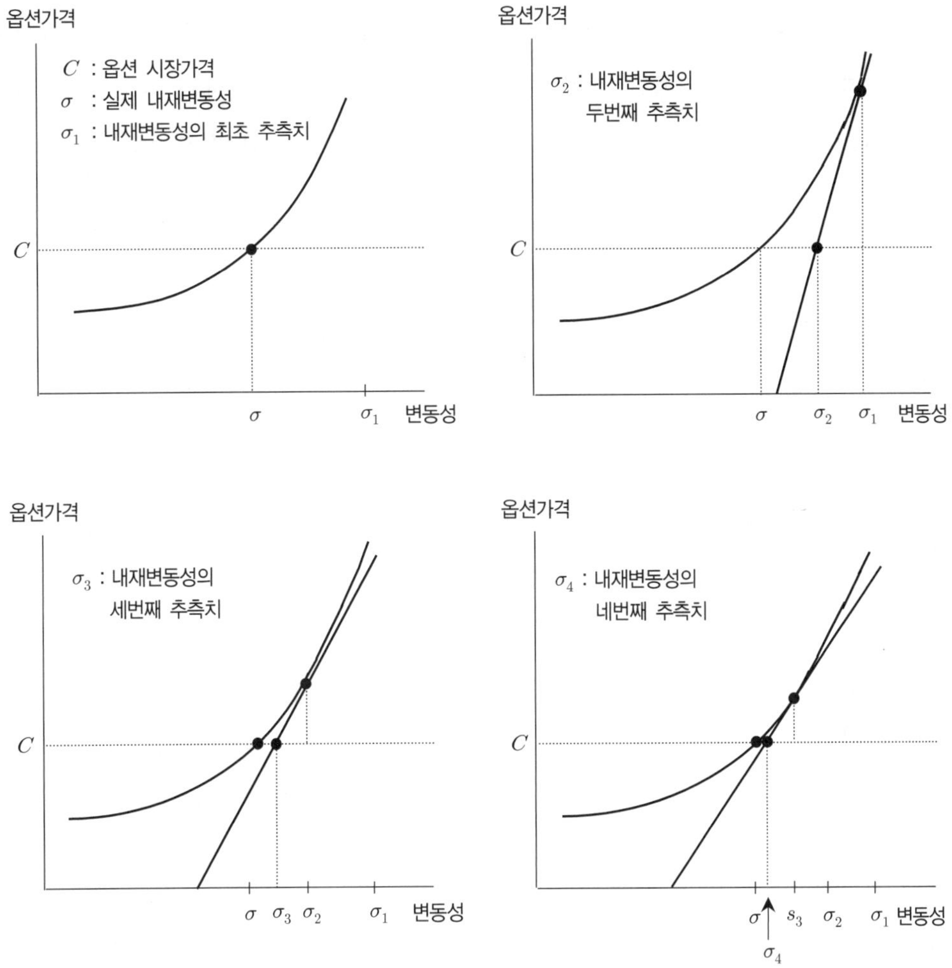

[그림 A2]에서 좌상귀의 그림은 행사가격과 만기가 주어졌을 때 블랙-숄즈 콜옵션 가격과 변동성의 관계를 보이고 있는데, 어떤 특정의 변동성을 선택함에 따라 블랙-숄즈 콜옵션가격이 결정됨을 알 수 있다. 점선은 특정의 행사가격과 만기가 주어졌을 때 콜옵션의 시장가격을 나타낸다. 이를 c 라고 하자. 이제 시장가격 c 와 블랙-숄즈 옵션가격을 같게 해주는 내재변동성을 구하기 위해서는 그래프와 점선의 교차점을 찾아야 하는데, 뉴튼-랩슨 방법은 다음과 같은 단계를 거친다.

먼저 내재변동성의 추측치를 정한다. 이를 σ_1이라고 하자. 그리고 이 추측치(σ_1)를 입력하여 블랙-숄즈 옵션가격을 계산한다. 이를 $c(\sigma_1)$이라고 하자. 이때 이 옵션의 베가(vega)를 $v(\sigma_1)$라고 하자. 다음 단계로는, 이러한 값들을 이용하여 두 번째의 내재변동성 추측치(σ_2)를 구할 수 있다. 즉, 어떤 주어진 변동성에서 옵션의 베가는 그래프의 기울기와 같다는 사실을 이용하여 이를 식으로 나타내면 다음과 같다.

$$v(\sigma_1) = \frac{c(\sigma_1) - c}{\sigma_1 - \sigma_2}$$

따라서 두 번째의 내재변동성 추측치 σ_2는 다음과 같이 결정된다.

$$\sigma_2 = \sigma_1 - \frac{c(\sigma_1) - c}{v(\sigma_1)}$$

[그림 A2]의 우상귀 그림에서 σ_2는 σ_1보다 실제 내재변동성 σ에 더 근접함을 알 수 있다. [그림 A2]의 좌하귀와 우하귀의 그림들은 이와 같은 과정들이 반복되는 것을 보여 주고 있다. 예를 들어 좌하귀의 그림은 σ_3가 결정되는 과정을 보여 주고 있다. 이러한 일련의 과정들을 일반화시키면, n번째의 내재변동성 추측치(σ_n)는 다음과 같이 결정된다.

$$\sigma_n = \sigma_{n-1} - \frac{c(\sigma_{n-1}) - c}{v(\sigma_{n-1})}$$

예 제 뉴튼-랩슨 방법을 이용한 내재변동성의 추정

이제 만기가 3개월 후이고 행사가격이 95인 유럽형 콜옵션의 시장가격이 9.0이라고 하자. 현재 기초자산 가격은 100, 무위험 이자율은 연 10%이라고 하자. 이때 콜옵션의 내재변동성을 어떻게 구할 것인가?

1단계 : 내재변동성의 최초 추측치(σ_1)를 25%로 설정하면, 블랙-숄즈 옵션가격결정식을 이용하여 σ_1에 해당하는 옵션가격 $c(\sigma_1)$을 구할 수 있다. 즉, $c(\sigma_1) = 9.34$.

변동성 25%에서 이 옵션의 베가는 다음과 같이 구할 수 있다.

$$v(\sigma_1 = 0.25) = S_t\sqrt{T-t} \cdot N'(d_1) \quad = 100\sqrt{\frac{90}{360}} \cdot \frac{1}{\sqrt{2\pi}} \cdot e^{-\frac{1}{2}\cdot 0.673^2}$$

$$= 15.91.$$

두 번째 추측치는 다음의 식을 이용하여 결정한다.

$$\sigma_2 = \sigma_1 - \frac{c(\sigma_1) - c}{v(\sigma_1)} \quad = 0.23 \text{ (연 23\%)}.$$

2단계 : 내재변동성의 두 번째 추측치(σ_2)를 블랙-숄즈 옵션가격결정식에 입력하여 그에 상응하는 옵션가격 $c(\sigma_2)$를 구한다. 즉, $c(\sigma_2) = 9.02$. 이는 옵션의 시장가격 9.0에 매우 근접한 숫자이다. 따라서 실제 내재변동성도 23%에 매우 근사할 것이라고 추측할 수 있다.

이때 중요한 질문은 언제 이러한 반복과정을 멈출 것인가? 물론 내재변동성의 최종 추측치가 주는 옵션가격과 시장가격이 정확히 일치할 때까지 계속할 수도 있다. 그러나 어느 정도의 "오차한도(error tolerance)"를 사전에 설정하여 오차가 이 범위에 들어서면 더 이상 반복과정을 수행하지 않고 최종 추측치로 만족할 수도 있다. 예를 들어, 오차한도를 0.1% 또는 0.001% 등으로 설정할 수 있다. 위의 예에서 실제 내재변동성은 23%보다 약간 작은 수치인데, 독자 여러분은 마지막 단계를 실행해 봄으로써 이를 쉽게 확인할 수 있을 것이다.

블랙-숄즈 모형에서 가정하고 있는 기하적 브라우니안 운동에 의하면 동일한 기초자산의 모든 옵션들의 내재변동성은 행사가격과 만기에 상관없이 모두 동일해야 한다. 그러나 동일한 기초자산에 대한 옵션이라 하더라도 행사가격 또는 만기에 따라 각 옵션은 상이한 내재변동성을 갖는다. 사실 옵션거래자들은 블랙-숄즈 옵션가격 자체보다는 옵션의 내재변동성과 특정 만기를 가진 옵션의 행사가격간의 관계에 더 큰 관심을 두고 있다.

Interest Rate Derivatives
Investment & Risk Management
Strategies for Practitioners

차익거래와 상대가치거래 (Arbitrage & Relative Value Trading)

8.1 시장의 비효율성과 차익거래

시장 효율성은 금융공학자에게 가장 중요한 이슈 중의 하나이다. 지난 20여년 동안 이루어진 금융공학의 급속한 발전은 시장의 비효율성을 이용하기 위하여 새로운 투자전략 및 상품을 개발하는 과정에서 이루어진 것이다. 사실 시장에 관한 모든 정보는 금융자산의 가격에 자연스럽게 반영되기 때문에 투자자가 리스크를 떠안지 않고 수익을 낼 수 없다는 이론은 시장이 효율적일 경우에나 맞는 말이다. 시장이 비효율적일 경우 이를 포착하여 이익을 추구하는 유인은 항상 존재하게 된다. 금융공학자의 입장에서 보면 시장의 효율성이 증대될수록 금융공학 기법을 이용하여 이익을 얻을 수 있는 기회는 줄어들고, 따라서 좀 더 많은 노력이 요구되는 이익기회를 찾아야만 하는 것이다.

지난 80년대에 새로운 금융시장이 폭발적으로 성장하면서 효율적 시장가설이 잘 들어맞지 않는다는 사실이 밝혀졌다. 사실 리스크가 작으면서 평균 이상의 수익을 얻을 수 있는 기회가 많았던 것이다. 이러한 기회를 발견한 사람들은 미국 캘리포니아 주에서 가장 먼저 금광을 발견한 사람들처럼 막대한 돈을 벌 수 있었다. 그러나 소문을 듣고 사람들이 벌떼처럼 몰려들었을 때는 이미 금광이 고갈되고 난 뒤였다. 영악한 투자자라면 시장을 심도 있게 연구하여 다른 사람들보다 먼저 시장의 비효율성을 찾아 그로부터 이익을 얻으려고 할 것이다.

차익거래(arbitrage)는 일반적으로 기초자산 가격과 파생상품 가격간의 차이 또는 여러 파생상품 가격간의 차이를 이용하여 이익을 얻는 행위를 의미한다. 금융공학자들

은 공간적 차이, 시간적 차이, 각종 규제, 세금 등에 존재하는 이익기회를 포착하고자 노력하여 왔다.

공간과 시간을 연결하는 차익거래

공간적 차익거래(spatial arbitrage)는 동일한 기초자산의 공간적 가격차이를 포착하는 것으로 가격이 낮은 시장에서 기초자산을 매수하여 가격이 높은 시장에서 매도함으로써 차익을 얻는 행위를 말한다. 공간적 차익거래가 발생하기 위해서는 두 시장간의 가격차이가 두 시장간의 거래비용의 합계보다 커야하며, 두 시장간의 가격차이가 클수록 차익거래가 더 신속하게 발생한다. 그러나 가격이 낮은 시장에서 기초자산을 계속 매수하면 그 가격이 점차 높아지고, 가격이 높은 시장에서 기초자산을 매도하면 그 가격이 점차 낮아지므로 차익거래에 의해 두 시장간의 가격차이는 점차 줄어들게 된다.

시간적 차익거래(temporal arbitrage)는 동일한 기초자산의 시간적 가격차이를 얻기 위한 차익거래를 말한다. 즉, 시간적 차익거래는 가격이 낮은(높은) 시점에서 기초자산을 매수(매도)하고 다른 시점에서 매도(매수)할 계약을 체결함으로써 이익을 얻게 된다. 시간적 차익거래에서는 기초자산의 매수시점과 매도시점이 시간적으로 차이가 나며, 두 시점간의 가격차이는 두 시점간의 보유비용(cost of carry)에 의해 결정된다. 예를 들어, 현물가격과 선물가격의 차이는 보유비용에 의해 결정되므로, 현물시장과 선물시장을 이용한 차익거래는 포지션의 방향에 따라 현물매수 차익거래(cash and carry arbitrage)와 현물매도 차익거래(reverse cash and carry arbitrage)로 구분된다.

본 장에서는 유로달러선물 차익거래, T-Bond 선물 차익거래, 한국 국채선물 차익거래 등 금리 및 채권선물 차익거래의 개념과 예제를 소개한다. 또한, 풋-콜-선물 패리티에 근거한 채권선물 · 옵션 차익거래의 논리와 예제를 소개한다. 마지막으로 상대가치거래의 개념을 설명하고, 국채선물과 금리스왑, 채권과 통화스왑, 채권 / 스왑 스프레드 거래, 스왑스프레드 거래, 신용 스프레드 거래 등 상대가치거래의 논리와 사례를 소개한다.

8.2 금리선물 차익거래

금리선물시장의 차익거래는 금리선물의 시장가격과 이론가격간에 괴리가 발생할 때 이를 이용하여 무위험 수익을 얻는 거래이다.

1. 유로달러선물 차익거래

유로달러선물의 이론가격은 내재선도금리에 의해 결정된다. 유로달러선물의 거래대상이 선물만기일부터 3개월짜리 LIBOR이므로 현물금리에 내재되어 있는 선도금리를 먼저 계산한 후 100에서 차감하여 이론가격을 계산한다.

예를 들어, 00년 3월물 유로달러 선물가격은 00년 2월 15일 현재 3월 15일(3월물 최종거래일)까지 약 1개월간의 LIBOR금리와 2월 15일부터 4개월간의 LIBOR금리 수준에 의하여 결정된다.

계산의 편의상 1개월 LIBOR가 2%, 4개월 LIBOR가 3%라고 가정할 때 00년 3월물 유로달러 선물의 이론가격은 다음과 같이 결정된다.

$$\left[1+r_1\frac{t_1}{360}\right]\left[1+R\frac{t_2-t_1}{360}\right]=1\times\left[1+r_2\frac{t_2}{360}\right] \tag{8.1}$$

이때, $r_1=2\%$, $t_1=30$일, $r_2=3\%$, $t_2=120$일

$$R=\left[\frac{1+r_2\frac{t_2}{360}}{1+r_1\frac{t_1}{360}}-1\right]\times\frac{360}{t_2-t_1}=0.0333(3.33\%)$$

따라서 이론가격은 $100-R=100-3.33=96.67$이 된다.

만일 3월물 유로달러선물의 시장가격이 97.17로 형성되어 있다면 어떠한 차익거래가 가능하겠는가?

시장가격이 97.17(2.83%)이고 이론가격이 96.67(3.33%)이므로 0.50% 고평가되어 있다. 따라서

(a) 100만 달러를 2월 15일부터 30일간 2%로 차입한다.

(b) 100만 달러를 2월 15일부터 120일간 3%로 운용한다.

(c) 유로달러선물(3월물) 1계약을 매도한다. 이는 3월 15일부터 90일간 2.83%로 차입하는 효과를 본다.

이러한 차익거래를 통해 $0.5\% \times \frac{90}{360} \times USD1,000,000 = USD\,1,250$의 이익을 얻을 수 있다. 이때 (a)와 (b)의 거래는 낮은 금리(2%)로 단기로 차입하여 높은 금리(3%)로 장기로 운용하는 것을 의미한다. 이와 같은 거래는 30일 후 단기차입을 롤오버할 때 단기금리가 3.33%(1M－4M 선도금리)보다 더 많이 상승하면 손실을 보게 된다. 따라서 차익거래가 성립하려면 1M－4M 기간의 차입금리를 3.33%보다 낮게 확정할 수 있어야 한다. 예제의 경우 유로달러선물이 0.5% 고평가되어 선물가격에 내재되어 있는 1M－4M 선도금리가 2.83%이므로 고평가된 유로달러선물을 매도하여 차입금리를 2.83%로 확정하는 (c)의 거래가 필요한 것이다.

2. T-Bond 선물 차익거래

(1) T-Bond 선물가격과 내재환매수익률(Implied Repo Rate: IRP)

제3장에서 채권선물의 이론가격은 채권선도가격을 전환계수로 나눈 값이라고 설명하였다.

$$FP = \frac{(SP + SA - I)(1 + RP \times \frac{N}{Basis}) - FA}{CF} \tag{8.2}$$

FP : 채권선물 이론가격

CF : CTD의 전환계수

SP : CTD의 호가(clean price)

SA : 현재시점의 경과이자(spot accrual)

FA : 선물만기일 시점의 경과이자(forward accrual)

RP : repo 이자율

N : 선물만기일까지의 잔존일수

$Basis$: 365일

이때 내재환매수익률(IRP)은 채권선물의 시장가격이 주어졌을 때 조정선물가격($FP \times CF$)이 채권선도가격과 일치하게 되는 환매수익률(repo 이자율)로 정의된다. 즉, 내재환매수익률은 선물가격에 내재되어 있는 환매수익률(repo rate)로서 위의 식으로부터 다음과 같이 구할 수 있다.

$$IRP = \left\{ \frac{AFP \times CF + FA}{SP + SA - I} - 1 \right\} \times \frac{Basis}{N} \tag{8.3}$$

AFP : 실제 선물가격

IRP : 내재환매수익률(Implied repo rate)

이는 선물매도/CTD 매수 후 선물만기일에 CTD를 인도하게 될 때 얻게 되는 (연) 수익률이다. 이때 IRP는 조정선물가격이 채권선도가격과 일치하게 되는 자금조달비용으로서, 채권선물의 시장가격이 이론가격에 비해 고평가/저평가되어 있는지 판단하는 기준이 된다. 즉, IRP이 실제 repo 이자율보다 크면(작으면) 채권선물이 고평가(저평가)되어 있다는 것을 의미한다.

또한 순베이시스는 총베이시스에서 순캐리를 뺀 값으로 정의된다.

$$\begin{aligned} \text{순베이시스} &= \text{총베이시스} - \text{순캐리} \\ &= (SP - FP \times CF) - [(FA - SA) - (SP + SA - I) \times RP \times \frac{N}{Basis}] \\ &= [SP + (SP + SA - I) \times RP \times \frac{N}{Basis}] - (FA - SA) - FP \times CF \\ &= \text{채권선도가격} - \text{조정선물가격} \end{aligned} \tag{8.4}$$

따라서 순베이시스가 0보다 작으면, 이는 조정선물가격이 채권선도가격보다 크고, 동시에 IRP가 실제 repo 이자율보다 높으므로 채권선물이 고평가되어 있다는 것을 의미한다. 또한 순베이시스가 0보다 크면, 이는 조정선물가격이 채권선도가격보다 작고, 동시에 IRP가 실제 repo 이자율보다 낮으므로 채권선물이 저평가되어 있다는 것을 의미한다.

(2) T-Bond 선물/현물 차익거래

예 제

미국 T-Bond 선물가격과 CTD에 관한 정보가 다음과 같이 주어졌을 때 차익거래기회가 존재하는지 살펴보자.

정산일(현재) : ××년 8월 3일
9월물 선물가격 : 103.60
잔존만기 : 29일
CTD : 이표 7.25%
순수가격 : 105.17
전환계수(CF) : 1.0153346
Repo 이자율 : 5% (act / 365)

먼저 현재시점과 선물결제시점에서의 경과이자를 계산해야 한다.

이전 이표지급일(6월 7일)부터 현재(8월 3일)까지의 일수 : 57일
이전 이표지급일(6월 7일)부터 선물결제일(9월 1일)까지의 일수 : 86일
현 이자지급기간(6월 7일부터 12월 7일까지) : 183일

$$SA = \frac{1}{2} \times 7.25 \times \frac{57}{183} = 1.12910$$

$$FA = \frac{1}{2} \times 7.25 \times \frac{86}{183} = 1.70355$$

$$IRP = \left\{ \frac{AFP \times CF + FA}{SP + SA - I} - 1 \right\} \times \frac{Basis}{N}$$

$$= \left\{ \frac{103.60 \times 1.0153346 + 1.70355}{105.17 + 1.12910 - 0} - 1 \right\} \times \frac{365}{29} = 0.0702(7.02\%)$$

IRP이 실제 repo 이자율(5%)보다 높으므로 채권선물이 고평가되어 있다고 볼 수 있다.

한편, 채권선물의 이론가격(FP)을 구하고 시장가격과 비교하여 보자.

$$FP = \frac{(SP + SA - I)(1 + RP \times \frac{N}{Basis}) - FA}{CF}$$

$$= \frac{(105.17 + 1.12910 - 0)(1 + 0.05 \times \frac{29}{365}) - 1.70355}{1.0153346}$$
$$= 103.43$$

CF : CTD의 전환계수

SP : CTD의 호가(clean price)

SA : 현재시점의 경과이자(spot accrual)

FA : 선물만기일 시점의 경과이자(forward accrual)

RP : repo 이자율

N : 선물만기일까지의 잔존일수

$Basis$: 365일

시장가격 103.60이 이론가격 103.43보다 높으므로 고평가되어 있음을 확인할 수 있다. 또한 순베이시스를 구해보면 다음과 같다.

$$\text{순베이시스} = [SP + (SP + SA - I) \times RP \times \frac{N}{Basis}] - (FA - SA) - FP \times CF$$

= 채권선도가격 − 조정선물가격

= 105.016 − 105.189 = -0.173 < 0

즉, 순베이시스가 음(−)이므로 채권선물이 고평가되어 있음을 재확인할 수 있다. 따라서 고평가되어 있는 채권선물을 매도하고, repo 거래를 통해 CTD를 매수하는 차익거래를 통해 이익(채권가격의 0.173%)을 볼 수 있다.

---

3. 한국 국채선물 차익거래

(1) 차익거래기회

국채선물 3년물의 이론가격은 국채 바스켓에 편입된 개별 국채의 시장가격으로부터 선도가격을 구하고 그에 상응하는 선도수익률을 계산하여 평균을 낸 후, 3년 만기, 표면 금리 연 5%, 6개월 이표지급 방식의 가상국채 가격공식에 대입하여 산출한다. 선물 시장가격이 이론가격보다 고평가 된 경우에는 현물을 매수하고 선물을 매도하는 매수차익거래를 실행한다. 반면, 선물 시장가격이 이론가격보다 저평가 된 경우에는 현물을 매도하고 선물을 매수하는 매도차익거래를 실행한다.

그림 8-1 국채선물(3년) 가격괴리와 스프레드 추이

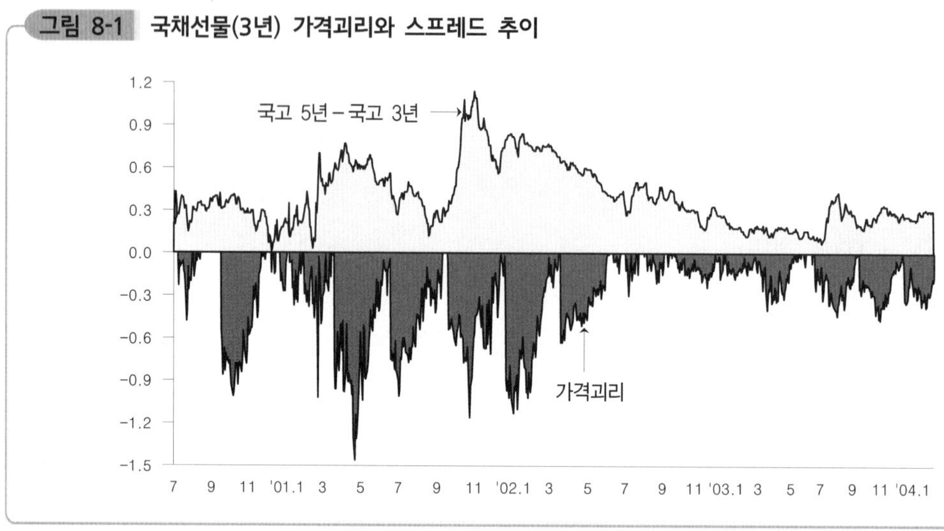

[그림 8-1]은 2000년 7월부터 2004년 1월까지 3년 국채선물 최근월물의 가격괴리(시장가격－이론가격) 추이를 나타내고 있다. 이와 같이 국채선물시장에서 선물가격의 저평가현상이 상당 기간동안 지속되었던 것은 당시 차익거래가 활성화 되지 않았기 때문이고, 이는 국채선물시장에서 차익거래 기회가 상당한 기간동안 존재하였음을 의미한다. 물론 보유비용모형에서는 단기이자율이 일정하다는 가정뿐만 아니라 수익률곡선의 영향을 고려하지 않음으로써 이론가격의 산출에 오류가 있을 수도 있다. [그림 8-1]에서 보듯이 국고채 5년 수익률과 3년 수익률의 스프레드로 측정한 수익률곡선의 경사가 급할수록 국채선물의 저평가가 심했음을 알 수 있다. 즉, 보유비용모형은 수익률곡선의 기울기를 고려하지 못하고 있는 반면, 국채선물시장은 이를 반영하고 있음을 의미한다. 또한 Black & Karasinski(1991) 모형을 이용하여 국채선물 이론가격을 추정한 강장구, 이정진(2002)에 의하면 보유비용모형이 Black & Karasinski(1991) 모형에 비해 국채선물의 이론가격을 과대평가하는 경향이 있으며, 과대평가하는 정도는 금리가 높을수록, 잔존만기가 길수록 커진다는 연구결과가 있다. 이는 우리가 보유비용모형을 이용하여 인식하는 가격괴리가 실제보다 부풀려져 있을 수도 있다는 것을 의미한다.

(2) 국채선물 차익거래 포지션의 설정

먼저 국채 Basket을 이용한 차익거래의 경우를 살펴보자. 국채선물가격이 이론가격보다 고평가되어 있는 경우 현물을 매수하고 선물을 매도하는 매수차익거래를 통해

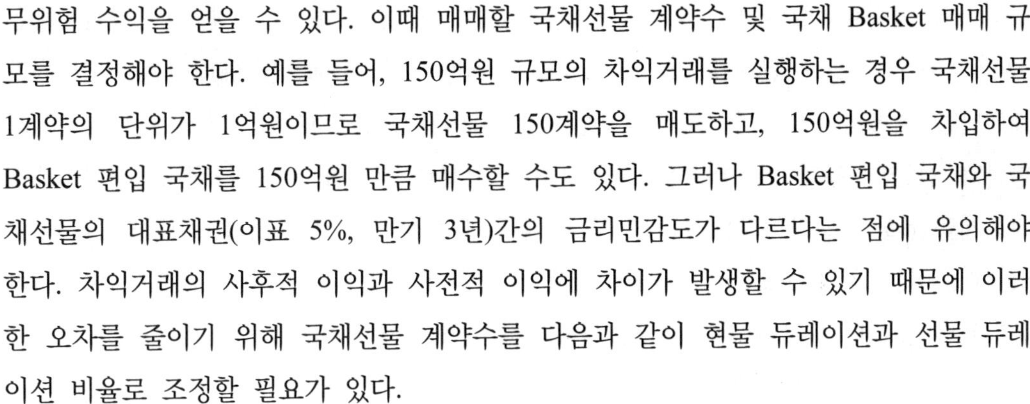

무위험 수익을 얻을 수 있다. 이때 매매할 국채선물 계약수 및 국채 Basket 매매 규모를 결정해야 한다. 예를 들어, 150억원 규모의 차익거래를 실행하는 경우 국채선물 1계약의 단위가 1억원이므로 국채선물 150계약을 매도하고, 150억원을 차입하여 Basket 편입 국채를 150억원 만큼 매수할 수도 있다. 그러나 Basket 편입 국채와 국채선물의 대표채권(이표 5%, 만기 3년)간의 금리민감도가 다르다는 점에 유의해야 한다. 차익거래의 사후적 이익과 사전적 이익에 차이가 발생할 수 있기 때문에 이러한 오차를 줄이기 위해 국채선물 계약수를 다음과 같이 현물 듀레이션과 선물 듀레이션 비율로 조정할 필요가 있다.

$$\text{국채선물계약수} = \frac{\text{국채 Basket 평균 듀레이션}}{\text{국채선물 3년물 듀레이션}} \times \frac{\text{국채 Basket 매수금액}}{\text{국채선물 1계약의 가치}}$$

이때 국채 Basket 평균듀레이션은 Basket편입 국채의 가중평균 듀레이션을 의미하고, 국채선물 3년물 듀레이션은 Basket편입 국채의 평균수익률을 이용하여 계산한 대표채권(만기 3년, 이표 5%)의 듀레이션을 의미한다.

차익거래 종료시점(국채선물 만기일)에 국채선물을 최종결제가격에 현금결제하고, 국채 Basket을 시장 수익률에 매도한다. 또한 차입금의 원금과 이자를 지급한다. 물론 차익거래기간동안 국채 Basket에서 이자가 지급되는 경우 현금수입이 발생한다. 일반적으로 사후적인 차익거래이익이 사전적으로 포착한 이익(가격괴리 × 10,000원 × 국채선물계약수)과 오차가 발생하는데, 이는 국채 Basket과 국채선물간에 가격민감도의 차이가 조정계수(현물과 선물의 듀레이션 비율)에 의해 완전하게 제거되지 않기 때문이다. 조정계수를 사용하더라도 사후적인 차익거래 이익이 사전적 이익과 다소 차이가 발생하지만 조정계수를 사용하지 않을 경우에는 오차가 상당히 크게 발생하게 된다. 따라서 차익거래 실행시 반드시 조정계수를 사용하여 차익거래 이익의 오차를 최소화 하여야 한다.

Basket 편입종목을 이용하여 차익거래를 실행할 경우 우리나라 채권유통시장 여건을 고려하면 Basket 편입 국채를 동시에 원하는 만큼 매매하는 것이 현실적으로 어려움이 많다. 따라서 장내시장이 개설되어 있고 경과물에 비해 유동성이 좋은 지표채권를 이용하여 차익거래를 실행하는 것이 하나의 대안이 될 것이다. 지표채권과 국채

Basket의 평균수익률 추이를 보면 거의 동일한 움직임을 보이고 있으며, 상관계수는 0.99로 아주 밀접한 관계를 가지고 있다. 따라서 국채 Basket을 매매하는 대신 지표채권만을 매매하더라도 차익거래 결과가 큰 차이가 없을 것이다.[1] 물론 이 경우에도 현물과 선물의 듀레이션 비율로 차익거래 포지션을 조정해 주어야 한다. 차익거래시 지표채권만을 사용하더라도 차익거래 이익이 사전적 이익에 근접한 결과를 얻을 수 있는데, 이는 국채 Basket의 평균수익률과 지표채권의 수익률간의 관계가 일정하게 유지된다면, 지표채권의 유동성 및 차익거래 실행상의 편이성을 고려할 경우 지표채권만을 이용하는 차익거래가 유용한 전략이라고 할 수 있다.

(3) Repo시장을 이용한 차익거래

채권선물가격이 이론가격보다 고평가되어 있는 경우 고평가된 선물을 매도하고 저평가된 채권을 매수하되 repo 시장을 이용하여 매수차익거래를 실행할 수 있다. 한편, 채권선물가격이 이론가격보다 저평가되어 있는 경우 저평가된 선물을 매수하고 고평가된 채권을 매도하되 repo 시장을 이용하여 매도차익거래를 실행할 수 있다.

그림 8-2 Repo를 활용한 채권선물 차익거래

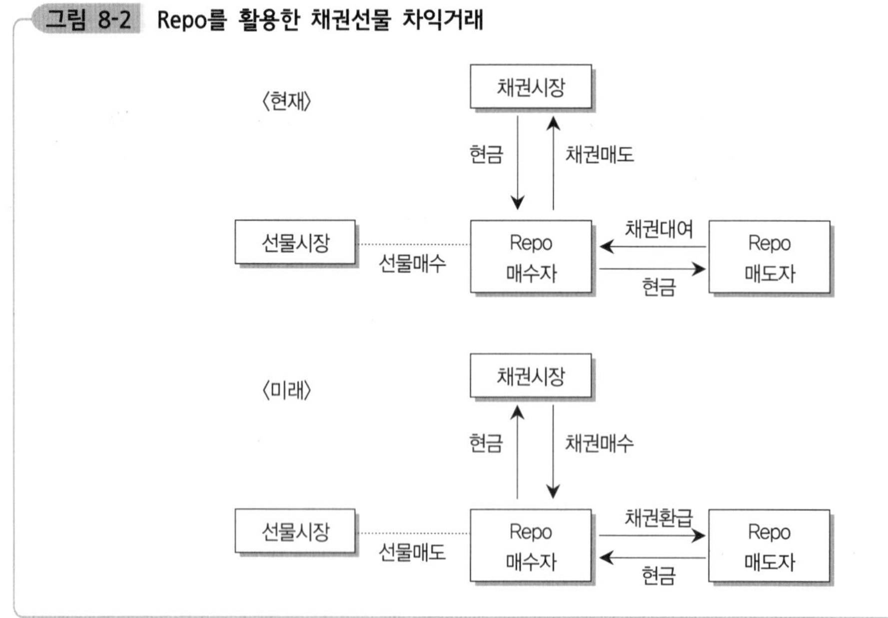

1) 최완석(1999) 참조.

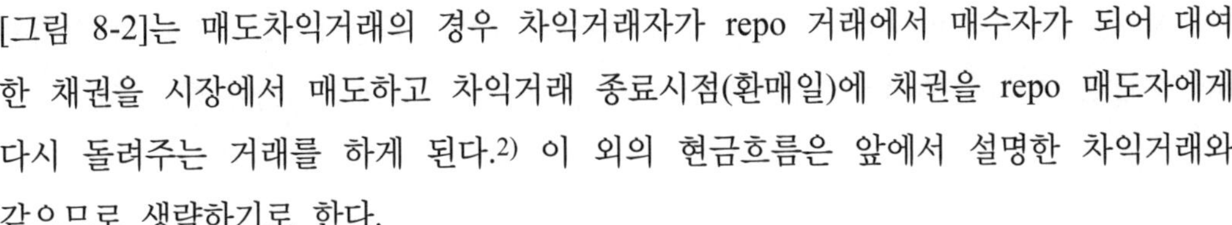

[그림 8-2]는 매도차익거래의 경우 차익거래자가 repo 거래에서 매수자가 되어 대여한 채권을 시장에서 매도하고 차익거래 종료시점(환매일)에 채권을 repo 매도자에게 다시 돌려주는 거래를 하게 된다.[2] 이 외의 현금흐름은 앞에서 설명한 차익거래와 같으므로 생략하기로 한다.

8.3 선물 / 옵션 차익거래

1. 풋-콜-선물 패리티(Put-Call-Futures Parity)

동일한 채권선물에 대해 행사가격이 같은 (유럽형) 콜옵션과 풋옵션이 거래될 때 콜옵션가격, 풋옵션가격, 채권선물가격간에는 이론적인 관계가 성립하는데 이를 풋-콜-선물 패리티(Put-Call-Futures Parity)라고 한다.

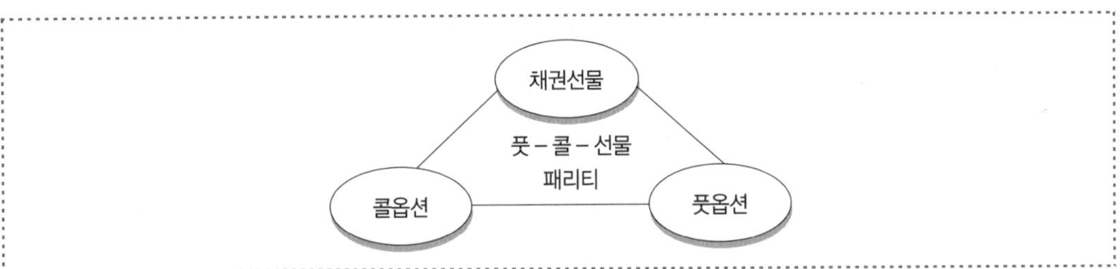

이러한 풋-콜-선물 패리티의 관계를 알아보기 위해 다음과 같은 포트폴리오를 구성해 보자. 국채선물 1계약을 F_t에 매수, 행사가격이 K인 국채선물 풋옵션 1계약을 P에 매수, 동일한 행사가격의 콜옵션 1계약을 C에 매도, 무이표채를 $(F_t-K)e^{-r(T-t)}$ 만큼 매수하면 이러한 포트폴리오의 현재가치는 $P-C+(F_t-K)e^{-r(T-t)}$가 된다.

포트폴리오 구성	포트폴리오 현재가치	만기시 가치	
		$F_T < K$	$F_T \geq K$
선 물 매 수(F_t)	0	F_T-F_t	F_T-F_t
풋옵션 매수	P	$K-F_T$	0
콜옵션 매도	$-C$	0	$-(F_T-K)$
무이표채 매수	$(F_t-K)e^{-r(T-t)}$	F_t-K	F_t-K
	$P-C+(F_t-K)e^{-r(T-t)}$	0	0

2) repo 거래에 관한 상세한 설명은 제3장 [부록] 참조.

만기시 선물가격(F_T)이 행사가격(K)보다 낮거나 높거나 똑같이 포트폴리오의 가치는 0이 되므로 현재 시점(t)에서 포트폴리오의 가치도 당연히 0이 되어야 한다. 즉,

$$C - P = (F_t - K)e^{-r(T-t)}$$

이 식을 풋-콜-선물 패리티라고 하며, 콜옵션가격과 풋옵션가격의 차이는 선물가격과 행사가격 차이의 현재가치와 같아야 함을 의미한다.

2. 채권선물 / 옵션 차익거래의 논리

선물 · 옵션 차익거래의 기본 개념은 풋-콜-선물 패리티의 관계가 성립하지 않을 때 옵션을 이용하여 선물을 복제하여 비싼 것을 매도하고 상대적으로 싼 것을 매수하는 것이다. 이때 합성 포지션은 콜옵션과 풋옵션에서 반대 포지션을 취함으로써 만들 수 있다. 콜옵션을 매수하는 동시에 동일한 조건의 풋옵션을 매도하면 선물의 매수포지션과 똑같은 손익구조를 가지게 된다. 반면 콜옵션을 매도하는 동시에 동일한 조건의 풋옵션을 매수하면 선물의 매도포지션과 똑같은 손익구조를 가지게 된다.

선물과 옵션을 이용하는 차익거래 유형은 컨버전(Conversion)과 리버설(Reversal)로 나누어진다.

❑ 컨버전(Conversion) : 선물매수 + 합성선물 매도

$C - P > (F_t - K)e^{-r(T-t)}$인 경우 선물이 저평가 되어 있으므로 선물을 매수하고 상대적으로 고평가된 합성선물을 매도한다.

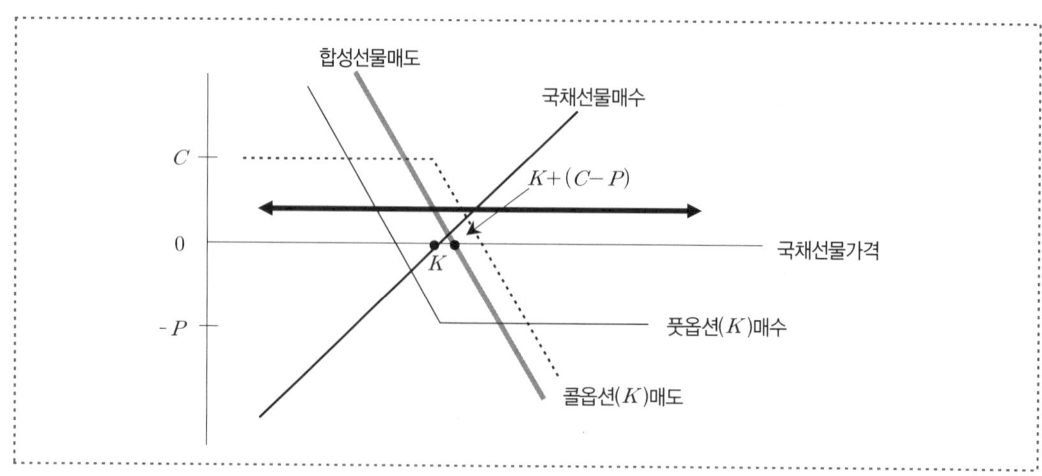

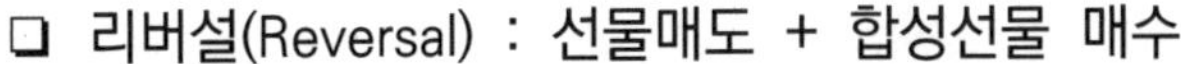

❑ 리버설(Reversal) : 선물매도 + 합성선물 매수

$C - P < (F_t - K)e^{-r(T-t)}$인 경우 선물이 고평가 되어 있으므로 선물을 매도하고 상대적으로 저평가된 합성선물을 매수한다.

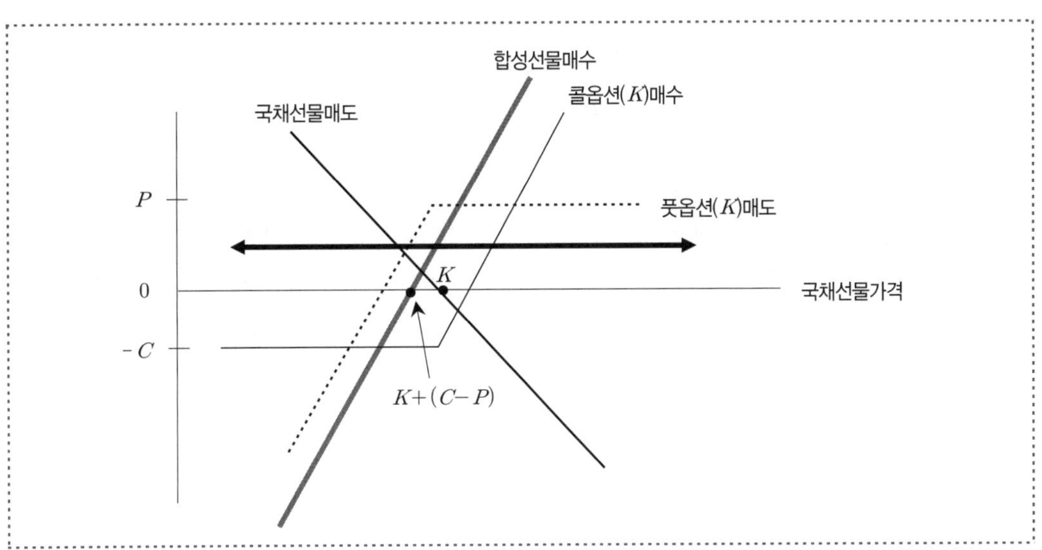

3. 채권선물 / 옵션 차익거래 예제

00년 5월 10일 행사가격이 104.00인 국채 선물옵션 콜옵션 6월물이 2.50에 풋옵션이 0.80에 거래되고 있다. 국채선물 6월물의 시장가격이 104.85라면 차익거래 가능성은? ($r = 4\%$ 가정)

풋-콜-선물 패리티($C - P = (F_t - K)e^{-r(T-t)}$)를 이용하여 차익거래 기회를 파악하면 컨버전(conversion)이 가능하다는 것을 알 수 있다.

$$\text{왼쪽} = 1.7 > 0.847582 = \text{오른쪽}$$

따라서 합성선물 매도포지션을 만드는 동시에 국채선물을 매수하는 차익거래를 실행한 후 옵션 만기일에 차익거래 포지션을 청산한다고 가정하면 현재 시점 기준으로 852,418원의 이익이 발생한다(만기시점의 손익을 현재시점의 현재가치로 환산하여 합산).

표 8.3 채권선물 / 옵션 차익거래

	현재시점(5/10)		만기시점(6/5)	
	가 격	손 익	가 격	손 익
선 물	104.85		103.50	-1,350,000
콜	2.5	2,500,000	0	
풋	0.80	-800,000	0.5	500,000
손 익	1,700,000		-850,000	
총손익	852,418			

이제 차익거래 포지션이 미국형 옵션의 조기행사리스크(early exercise risk)에 노출되는지를 살펴보자. 예를 들어, 컨버전(conversion)의 경우 차익거래자는 콜옵션 매도, 풋옵션 매수, 선물 매수 포지션을 갖게 된다. 이때 콜옵션 매수자가 만기일 이전에 옵션을 조기 행사하면 콜옵션의 매도포지션이 의도하지 않은 선물매도 포지션으로 전환되더라도 기존의 선물매수 포지션과 상쇄되어 별문제가 되지 않는다.

그러나 옵션 만기시 최종결제지수가 옵션의 행사가격에 일치하거나 근접한 경우(pinning) 콜옵션 매도 포지션이 다음 날 선물매도 포지션으로 전환되며 일일가격변동 리스크에 노출된다. 따라서 만기일이 가까워 국채선물가격이 행사가격 부근에서 움직일 경우 차익거래 포지션을 축소하는 것이 최선의 리스크관리 전략이다.

8.4 상대가치거래(Relative Value Trading)

1. 상대가치거래의 개념

독자들은 1998년 9월 미국의 대형 헤지펀드인 LTCM(Long Term Capital Management)의 파산위기가 국제 금융시장을 강타했던 사실을 기억할 것이다. LTCM는 1993년말 미국 커네티컷주에 존 메리웨더(John Meriwether)가 설립한 헤지펀드로서 1998년말 당시 미국 내 8번째 규모를 가진 대형 헤지펀드였다. 살로몬 브라더스(Salomon Brothers)에서 채권을 운용하던 메리웨더는 당시 채권시장의 폭발적인 성장과 금리변동으로 인한 투자기회를 포착하기 위해서는 이론적인 기반이 필요하다고 느껴 우수한 두뇌집단을 채용하였고 학계와도 긴밀한 관계를 유지하였다. LTCM에 소속된 경제학 및 경영학 박사들은 25명이나 되었는데, 당시 대표적인 파트너로 1997

년도 노벨 경제학상 공동수상자인 마이런 숄즈(Myron Scholes)와 로버트 머튼(Robert Merton)을 들 수 있다.

LTCM은 고객들에게 자신들의 투자전략을 설명할 때 차익거래(arbitrage)라는 용어보다는 "상대가치거래(relative value trading)" 이라는 용어를 선호했다. LTCM은 두 종류 이상의 상품이 만기 또는 미래의 일정시점에서 어떤 이론적인 관계를 가질 때 현재시점의 가격차이를 이용하여 투자하는 전략을 주로 사용하였다. 이러한 전략은 모형에 근거한 가격과 실제 시장가격의 차이를 이용하여 고평가된 상품을 매도하고 저평가된 상품을 매수하는 것이다.

LTCM이 사용한 일반적인 형태의 투자전략은 채권시장에서 금리기간구조와 개별채권의 가격차이를 이용한 전략이었다. 금리기간구조에서 유도되는 선도금리를 이용하여 저평가 또는 고평가된 채권을 찾아냈으며, 금리기간구조의 기울기, 형태의 변화 등을 예측하여 투자하기도 하였다. LTCM은 동일한 만기와 표면금리를 갖는 채권이 있을 경우 두 채권의 부도 가능성에 의한 가격차이를 이용하여 차익거래를 하거나, 전환사채를 이용하여 채권시장과 주식시장에서 차익거래를 하기도 하였다.

죤 메리웨더는 살로몬 브라더스에서 1980년대 말 채권시장의 가격괴리를 포착하여 많은 차익거래 이익을 본 경험을 바탕으로 상이한 신용등급을 가진 두 종류의 채권 수익률이 비정상적인 차이(스프레드)를 보일 때 상대가치거래를 함으로써 이익을 보는 다양한 전략을 구사하였다. 이를 신용리스크 차익거래(credit risk arbitrage)라고도 한다. 예를 들어, LTCM은 유럽통화동맹이 출범하면 유럽 각국의 금리가 수렴현상을 보알 것으로 예측하고 막대한 규모의 스프레드 거래를 하였다. 그러나 1998년 8월 불행히도 모든 상황이 일시에 예상을 벗어나게 되어 한쪽 방향으로만 베팅한 LTCM에게 너무나도 완벽한 실패를 안겨다 주었다. 러시아가 모라토리움을 선언할 것이란 소식과 함께 우량채권 선호현상(flight to quality)이 심화된 것이다. 즉, 신용등급이 낮은 채권가격이 하락하고 신용등급이 높은 채권 가격이 상승함으로써 예상과는 반대로 스프레드가 오히려 증가한 것이다.

LTCM의 비극은 과도한 레버리지에 있었다. LTCM은 수익률을 극대화하기 위하여 운용펀드의 레버리지를 대폭 증가시켜, 1998년 9월 1일 자본금은 23억 달러에 불과

했지만 투자액은 무려 1천2백억 달러를 넘어섰다. 리스크를 고려하지 않은 탐욕의 끝은 자멸일 수밖에 없다는 교훈을 우리는 얻을 수 있다. 물론 그곳에서 브레인 역할을 하던 노벨경제학상 공동 수상자들도 돈과 명예를 모두 잃어 버렸다.

이상에서 설명한 상대가치거래 또는 차익거래는 시장에 일시적으로 불균형(비효율성)이 발생할 때 적정가격 수준으로 복귀하게 하는 기능, 즉 시장의 정보효율성을 제고시키는 순기능을 지니고 있다. 금융공학자들은 시장의 비효율성을 이용하려고 새로운 형태의 차익거래 및 투자전략을 실행하나, 이러한 과정에서 자신들이 원하지는 않지만 결과적으로 시장을 효율적으로 만드는 것이다. 사실 수많은 금융공학자들이 복잡한 모형을 개발하고 각종 파생상품의 가격결정을 연구하고 이익기회를 찾아 끊임없이 두리번거리지만 어렵게 찾아낸 기회는 시장에 알려지는 순간 사라져 버린다. 아이러니컬하게도 금융공학이 추구하는 것이 시장의 효율성 자체는 결코 아니지만 새로운 기회를 지속적으로 찾는 과정에서 시장을 효율적으로 만들고 있다고 할까?

이하에서는 채권시장, 금리스왑시장, 통화스왑시장간의 상대가치거래전략 중 국채선물의 가격괴리를 포착하기 위한 국채선물과 금리스왑의 상대가치거래, 역 · 내외 스왑률 곡선의 괴리를 이용하는 채권시장과 통화스왑시장의 상대가치거래, 스왑 스프레드와 변동금리 스프레드간의 스프레드거래라고 할 수 있는 채권/스왑 스프레드거래, 회사채 시장과 금리스왑시장을 이용한 신용 스프레드 거래 등 대표적인 상대가치거래전략의 개념과 구조를 설명한다.

2. 국채선물과 금리스왑의 상대가치거래

(1) 국채선물의 가격괴리와 상대가치거래의 논리

국채선물의 저평가가 심할 경우 매도차익거래(선물매수 + 현물매도)를 실행하면 이익을 볼 수 있으나, 현실적으로 채권을 대차하여 공매도하기 어려운 경우 저평가현상이 신속히 해소되지 않고 상당기간 지속될 수 있다. 이런 경우 국채선물과 금리스왑을 이용하는 상대가치거래를 통해 매도차익거래를 실행하는 것과 유사한 효과를 얻을 수 있다. 이러한 전략의 개념을 이해하기 위해서는 국채선물의 가격괴리와 스프레드(국채선물 수익률 - 스왑률)의 추이를 살펴볼 필요가 있다. [그림 8-3]은 2001년 3월부

터 12월까지의 기간 동안 국채선물 3년물의 가격괴리(국채선물의 시장가격과 보유비용모형을 이용하여 계산한 이론가격의 차이)와 스프레드(국채선물의 시장가격에 내재되어 있는 수익률과 3년 스왑률의 차이)의 추이를 나타내고 있다.

그림 8-3 국채선물의 가격괴리

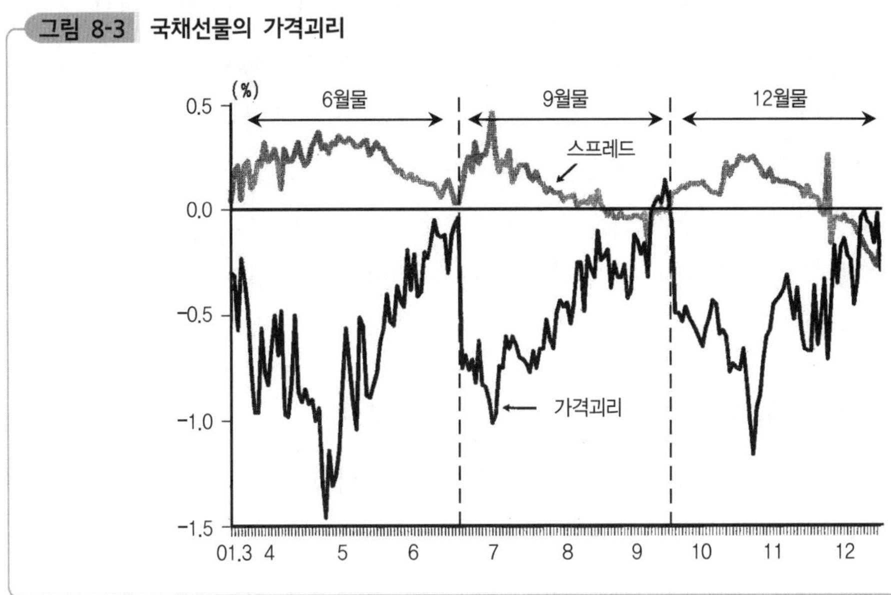

국채선물의 가격괴리가 심해질 때 선물수익률과 스왑률간의 스프레드가 증가하다가 만기일이 가까워짐에 따라 가격괴리가 해소될 때 스프레드도 영(0)에 수렴하는 패턴을 보이고 있다.

한편, 스왑률과 국채수익률은 비교적 안정적인 관계를 유지하며 움직여 왔기 때문에 국채선물 수익률과 국채수익률간의 관계를 이용하는 차익거래 대신에 스왑률과 국채수익률간의 관계를 이용하는 상대가치거래의 개념이 등장한 것이다. 즉, 상대가치거래란 국채선물 수익률, 국채수익률, 스왑률간의 관계를 이용하는 전략으로서, 3년 국채선물의 저평가현상이 심할 때 3년 국채선물을 매수하고 국채 바스켓 또는 지표채를 공매도하는 대신, 고정금리를 지급하는 3년 금리스왑을 체결한다.

그러면 이와 같은 전략의 이면에는 어떠한 논리가 숨어 있는가? 예를 들어, 3년 국채선물의 저평가가 심할 때 3년 국채선물을 매수하고 고정금리를 지급하는 3년 금리스왑을 체결하였다고 하자. 이제 국고채 3년물 수익률과 3년 스왑률이 50bp씩 상승했

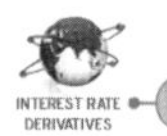

다고 하자. 이 경우 국채선물 매수 포지션에서는 손실, 고정금리 지급 스왑 포지션에서는 이익이 발생한다. 그러나 국채선물의 저평가가 심한 시점에서 국채선물을 매수하였으므로 만기일까지 국채선물의 가격괴리가 해소되는 과정에서 금리스왑 포지션의 이익보다는 작은 손실이 발생하게 된다. 앞의 경우와는 반대로, 국고채 3년물 수익률과 3년 스왑률이 50bp씩 하락했다고 하자. 이 경우 국채선물 매수 포지션에서는 이익이 발생하고, 고정금리 지급 스왑 포지션에서는 손실이 발생한다. 그러나 국채선물의 저평가가 심한 시점에서 국채선물을 매수하였으므로 만기일까지 국채선물의 가격괴리가 해소되는 과정에서 금리스왑 포지션의 손실보다 더 큰 이익이 국채선물 매수 포지션에서 발생하게 된다. 따라서 금리가 상승하든 하락하든 상대가치거래 포지션에서 이익을 볼 수 있다는 논리이다.

(2) 국채선물과 금리스왑의 상대가치거래의 리스크 요인

IRS 100억원 기준으로 상대가치거래 포지션을 설정한다고 가정할 때 국채선물의 포지션은 IRS와 국채선물의 듀레이션 비율로 조정하여 다음과 같이 계약수를 결정한다.

$$\text{국채선물 3년물 계약수} = \frac{\text{3년 IRS 듀레이션}}{\text{국채선물 3년물 듀레이션}} \times 100$$

예를 들어, 국채선물 3년물의 시장가격이 100, 국채선물 3년물의 듀레이션이 2.7년, 3년 IRS(3개월마다 이자교환)의 듀레이션이 2.75년이라고 하면, 국채선물 3년물 계약수는 102계약이 된다. 즉, 국채선물이 저평가되어 있을 경우 국채선물을 102계약 매수하고 100억원의 고정금리 지급 금리스왑 계약을 체결한다. 사실 이와 같은 거래전략은 국채선물 수익률과 스왑률간의 스프레드 거래이다. 즉, 국채선물의 저평가가 심하다는 것은 국채선물과 스왑률간의 스프레드가 과도하게 벌어져 있는 것을 의미하며, 국채선물과 금리스왑의 상대가치거래는 시간이 흐름에 따라 이 스프레드가 좁혀질 것으로 기대하는 약세 스프레드 거래의 개념이며 무위험 차익거래라고 할 수는 없다.

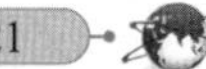

그림 8-4 3년 스왑률과 국채수익률

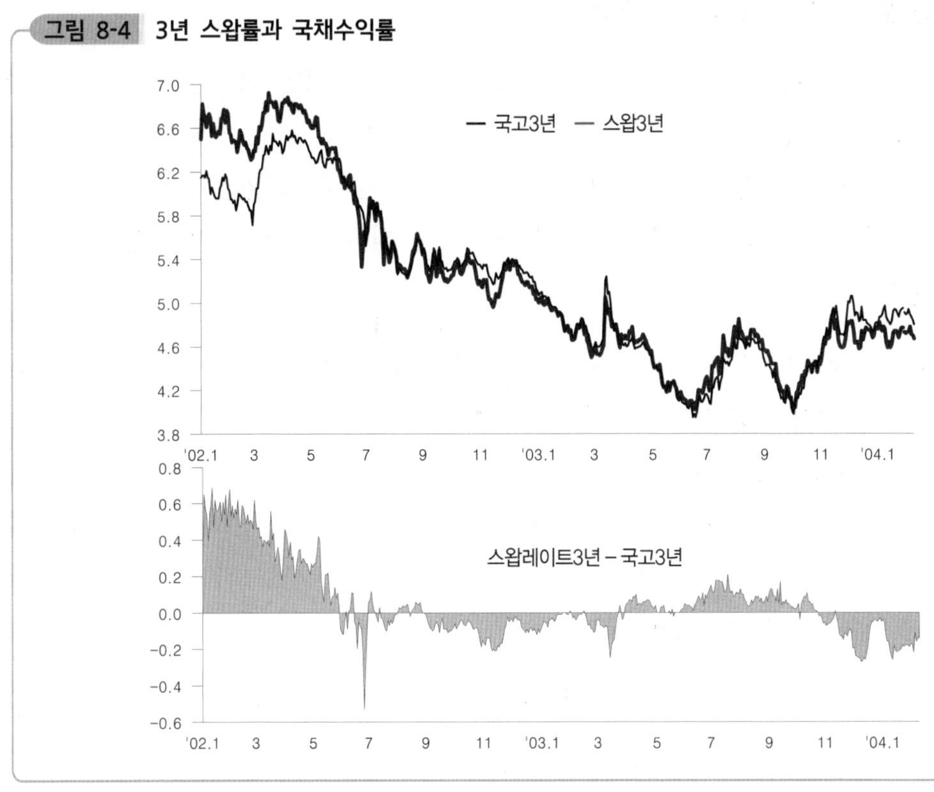

국채선물과 금리스왑을 이용하는 상대가치거래는 스왑 스프레드(3년 금리스왑의 스왑률－국고채 3년 수익률)가 안정적인 모습을 보일 경우 차익거래와 유사한 효과를 얻을 수 있으나, 스왑 스프레드가 안정적이지 못할 경우에는 예상치 못한 손실이 발생할 수 있다. 상대가치거래의 중요한 리스크 요인인 스왑 스프레드의 장기추세가 [그림 8-4]에 나타나 있다. 2001년도 하반기부터 2002년도 1/4분기까지 국내 금융기관이 이러한 전략을 많이 사용하였으나, 2002년도 2/4분기부터 금리 하락국면에 접어들면서 스왑 스프레드가 급격히 하락하기 시작하였다. 2002년도 하반기 이후에는 스왑률이 국채수익률보다도 낮게 형성되는 스왑 스프레드 역전현상을 보이기 시작하였다. 이 국면에서 국채선물과 금리스왑을 이용한 상대가치거래 포지션을 가지고 있던 많은 금융회사들이 큰 손실을 보았던 쓰라린 경험을 가지고 있다.

3. 채권과 통화스왑의 상대가치거래

NDF(Non-Deliverable Forward: 차액결제선물환)는 일반적인 선물환거래와 달리 만기일에 거래시점과 만기시점의 환율차이에 따라 차액만 정산하는 선물환거래이다. 해외 금융기관이 국내 금융기관에 NDF 매도를 하게 되면 국내금융기관의 헤지를 위한 매도세가 촉발되므로 역외가 매도를 강화하면 서울 외환시장에서도 환율은 하락압력을 받게 된다.

환율의 급격한 하락을 우려했던 재경부는 2004년 1월 15일 국내 금융기관(외국계 은행 국내지점 포함)의 비거주자에 대한 NDF 매수초과 포지션을 1월 14일 기준 동 매수초과 포지션의 110%로 제한하였다(1월 15일 발표). 또한, 비거주자의 NDF 거래에 따른 매도초과 포지션은 2004년 1월 16일자 매도초과 포지션의 100분의 90에 해당하는 금액 이상으로 하고, 2004년 2월 19일까지는 포지션 한도 위반에 대한 제제를 유예한다고 발표하였다(1월 16일 발표).

이와 같이 국내 금융기관의 NDF 포지션 한도에 대한 강력한 규제조치는 역내와 역외간의 환율괴리현상을 초래하였고, 국내 채권시장에서도 상대가치거래기회가 발생하였다.

그림 8-5 시장별 수익률 곡선

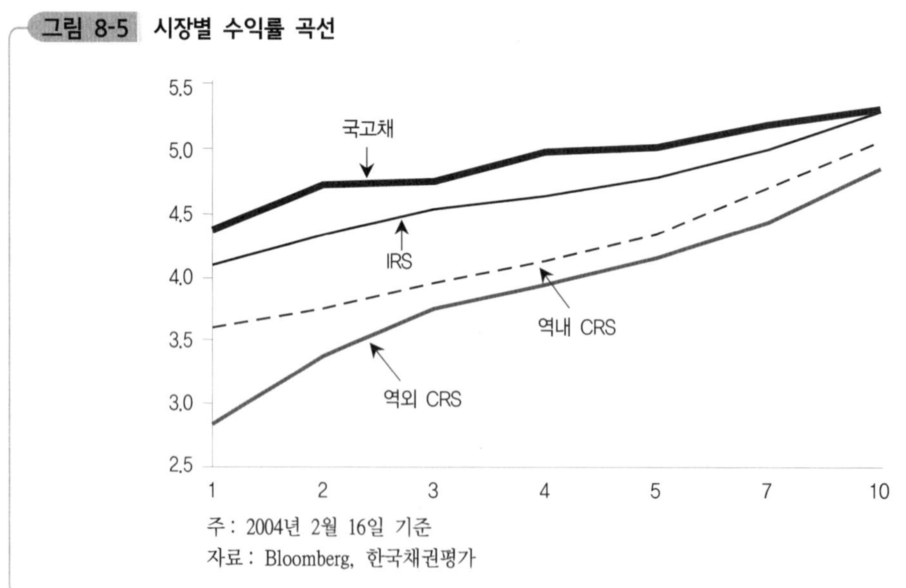

주 : 2004년 2월 16일 기준
자료 : Bloomberg, 한국채권평가

[그림 8-5]는 국채, 금리스왑(IRS), 통화스왑(CRS)의 수익률 곡선을 나타내고 있다. 각 시장별 수익률 곡선을 보면 수익률 곡선의 수준에 차이가 있는 것을 알 수 있다. 바로 이러한 차이가 상대가치거래의 기회라고 보면 될 것이다. 수익률 곡선의 위치를 보면 국고채 > IRS > 역내 CRS > 역외 CRS 순이다.

국채선물의 경우 저평가를 고려한다면 3년물에서는 국채선물 > 국고채의 관계가 성립된다. 결국 가장 많은 기회를 제공하는 것은 국채선물과 역외 CRS간의 상대가치거래이고, 상품간 만기별 스프레드를 보면 단기쪽 스프레드가 장기쪽에 비해 넓어 단기쪽에 상대가치거래 기회가 더 많음을 알 수 있다([그림 8-6] 참조).

그림 8-6 단기영역과 장기영역의 Spread 추이

자료 : 삼성선물, Bloomberg

[그림 8-7]을 보면 역외 CRS 단기물 쪽에서 상대가치거래기회가 많았음을 알 수 있다. 이와 같은 기회는 2004년 1월 정부가 외환시장 개입을 위해 NDF시장에 규제를 가하면서 1년 통화스왑 스왑률이 급격하게 하락하면서 발생하였다. 특히, 역외(off-shore) 통화스왑의 경우 그 하락폭이 커지면서 역내(on-shore) 통화스왑과 스프레드가 크게 벌어졌다.

그림 8-7 역내/역외 1년 CRS 스왑률의 추이

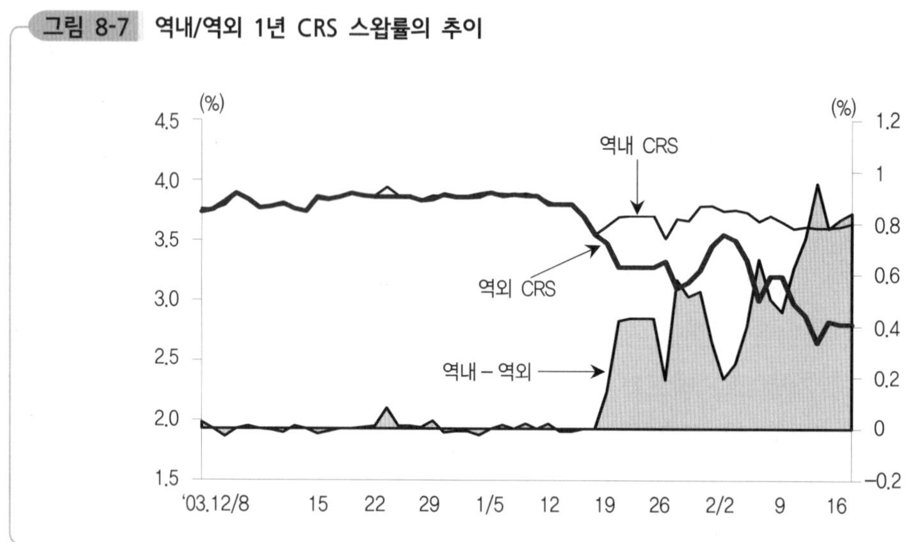

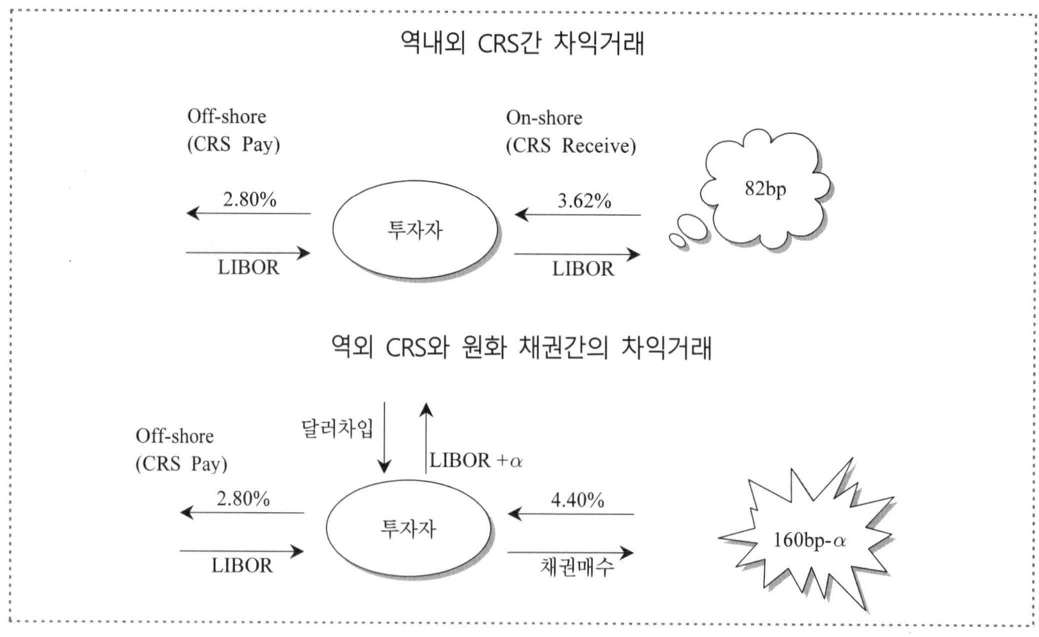

결국 이러한 괴리는 다음과 같은 상대가치거래의 기회를 제공하였다. 첫째, 역외 CRS와 역내 CRS간의 상대가치거래이다. 이는 상대적으로 수익률이 낮은 역외 CRS를 페이(원화고정금리 지급, 달러변동금리 수취)하고 수익률이 상대적으로 높은 역내 CRS를 리시브(원화고정금리 수취, 달러변동금리 지급)하는 전략이다. 둘째, 역외 CRS와 국내 채권간의 상대가치거래이다. 이를 위해서는 달러로 돈을 차입한 후 원화로 교환

한 이후 원화채권을 매입하고 동시에 역외 CRS 페이를 하는 전략이다. 이 거래를 통해서 투자자는 리스크 없이 원화채권금리와 역외 CRS 스왑률 차이만큼의 수익을 얻을 수 있다.

예를 들어, 1년물 역외 CRS와 통안증권 1년간의 상대가치 거래를 살펴보자. 2004년 2월 16일 현재 역외 CRS가 2.80%, 역내 CRS가 3.62%, 통안증권 1년 수익률이 4.40%이다. 달러를 차입한 후 LIBOR + α의 이자를 지급하고 이를 원화로 환전하여 통안증권 1년물을 4.40%에 매수한다. 동시에 역외 CRS에서 2.8%를 지급하면 이 거래를 통해 투자자는 160bp − α의 이익을 얻을 수 있다.

정부의 NDF규제로 인해 이러한 거래가 실제로 일어난 것으로 파악되는데, 이는 1월 15일 NDF시장 규제 이후 외국인들의 채권 순매수가 큰 폭으로 증가한 것을 보면 알 수 있다. 한편, 정부가 NDF규제를 4월까지 단계적으로 폐지하기로 하자 1월 18일 역내/역외 CRS 스프레드가 급격히 축소되었다. 이와 같이 정부에 의한 일시적인 규제조치는 시장가격의 괴리를 초래하고 상대가치 거래의 기회를 제공한다고 볼 수 있다.

4. 채권/스왑 스프레드 전략(bond/swap spread strategy)

Repo 시장을 통해 자금을 조달하여 국채를 매수하고, 금리스왑에서 6M LIBOR를 수취하고 고정금리를 지급하는 경우를 살펴보자.[3)] repo 이자율로 자금을 조달하여 국채 매수자금을 지급하므로, 이 경우 수익은 국채 수익률과 6M LIBOR이고 비용은 금리스왑의 스왑률과 repo 이자율이다. 따라서 스왑 스프레드(스왑률 − 국채수익률)보다 변동금리 스프레드(6M LIBOR − repo 이자율)가 높게 유지되면 이익을 볼 수 있는 포지션이라는 것을 알 수 있다.

예 제

현재 시장상황이 다음과 같다고 하자.

10년 만기 국채의 수익률 : 3.58%
10년 만기 IRS 스왑률 : 3.71% − 3.65%

---

3) Repo 거래에 관한 상세한 설명은 제3장 [부록] 참조.

6M LIBOR : 2.31%

repo 이자율 : 2.05%(연율)

이 경우 금리스왑에서 지급하는 스왑률(offer rate)이 3.71%이고 동일 만기 국채수익률이 3.58% 이므로 13bp의 손실이 발생하나, 6M LIBOR가 2.31%이고 repo 이자율이 2.05% 이므로 26bp의 이익이 발생하여 1년간 순이익은 13bp(= 26bp − 13bp)가 된다. 그리고 repo 이자율과 스왑률이 변하더라도 변동금리 스프레드(6M LIBOR − repo 이자율)가 증가한다면 이익을 보게 된다.

지금까지 설명한 전략을 좀 더 자세히 분석하기 위해 6M LIBOR를 L_t, repo 이자율을 R_t라고 하자. 최초 1년간 13bp 이익이나, 투자자는 다음과 같은 기대하에 FRN에 투자하는 것과 동일하다.

$$L_t > R_t + 13\text{bp} \ \text{ for } \ t = 1,\ 2,\ 3\ \cdots\cdots$$

즉, 투자자의 포지션은 6M LIBOR를 수취하고 repo 이자율을 지급하는 베이시스 스왑을 체결한 것과 동일하다. 투자자는 국채를 담보로 2.05%의 낮은 repo 이자율을 지급하고, 신용도가 좋은 민간부문의 신용대출 이자율인 6M LIBOR 2.31%를 수취하는 것이다. 그러나 향후 6M LIBOR와 repo 이자율간의 스프레드가 (13bp 이내로) 좁혀진다면 손실을 볼 가능성이 있다.

이러한 투자전략은 스왑 스프레드와 변동금리 스프레드를 거래하는 전략과 유사하다(이는 채권시장에서 스왑 스프레드 거래로 알려져 있다). 즉, 스왑 스프레드와 변동금리 스프레드의 차이로부터 이익을 얻고자 하는 스프레드 전략을 이해하기 위해 다음과 같은 두 개의 포지션을 생각해 보자.

(1) 고정금리를 수취하고, LIBOR를 지급하는 CMS 스왑[4])을 체결한다.

+ CMS − LIBOR

(2) CMS와 동일한 만기의 국채를 매도한다. 이때 자금조달 비용은 CMT 이자이고,

4) CMS 스왑에 관한 자세한 내용은 제4장 참조.

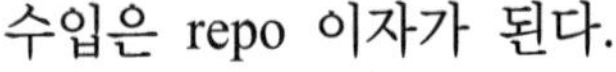

수입은 repo 이자가 된다.

+ repo 이자율 − CMT

위의 두 개의 포지션을 결합하면 결국 스왑 스프레드와 변동금리 스프레드의 차이를 얻기 위한 스프레드 거래라는 것을 알 수 있다.

(1) + (2) = CMS − LIBOR + repo 이자율 − CMT
= CMS − CMT − (LIBOR − repo 이자율)
= 스왑 스프레드 − 변동금리 스프레드

만일 스왑스프레드(CMS−CMT)가 변동금리 스프레드(LIBOR−repo)보다 클 것이라고 전망한다면, 스왑 스프레드와 변동금리 스프레드에 포지션을 취하는 전략을 고려할 수 있다. 스왑 스프레드와 변동금리 스프레드의 차이는 역사적으로 안정적이며 양(+)의 숫자를 가진다. 이는 금리파생상품시장에서 가장 인기 있는 상대가치거래 중의 하나이다. 그러나 은행권의 신용리스크가 부각되어 LIBOR 금리가 상승할 경우 스왑 스프레드와 변동금리 스프레드가 역전되어 손실을 볼 가능성이 있다.

이와 같은 스프레드거래를 실행하는 과정을 요약하면 다음과 같다.

(1) 먼저 상당한 기간 동안의 스왑률과 국채수익률 자료를 이용하여 변동금리 스프레드에 대한 평균회귀과정(mean revering process)을 추정한다.[5)]
(2) 매월 스왑 스프레드가 변동금리 스프레드의 예상치와 차이가 얼마나 나는지 점검한다.
(3) 스왑 스프레드가 변동금리 스프레드보다 사전에 정한 영역(e.g., 15bp)을 초과하면 포지션을 설정한다.
(4) 스왑 스프레드가 변동금리 스프레드에 수렴하거나 스왑의 만기시 포지션을 청산한다.
(5) 만일 스왑 스프레드와 변동금리 스프레드의 차이가 확대되면 포지션을 청산할 지 수렴할 때까지 기다릴 것인지를 선택한다. 이때 거래자 자신의 견해와 시장상황에 대한 판단이 매우 중요하다.

5) 평균회귀확률과정에 관해서는 제12장 참조.

예 제

현재 국고채 3년 수익률(KTB), 원화 3년 스왑률(IRS), 달러/원 통화스왑곡선(CRS)의 위치가 다음과 같다고 하자.

KTB > IRS > CRS

(1) KTB 〉 IRS

IRS 고정금리 수취(receive) 우위로 IRS 곡선이 KTB 곡선보다 아래에 위치하는 상황에서 택할 수있는 채권－스왑 상대가치거래전략과 예상수익은?

전략: CD로 원화를 차입하여, 3년만기 국고채를 매수하고, IRS 스왑률(고정금리)을 지급하는 원화 IRS 계약을 체결한다.

수익: KTB(국고채수익률) － IRS(스왑률)

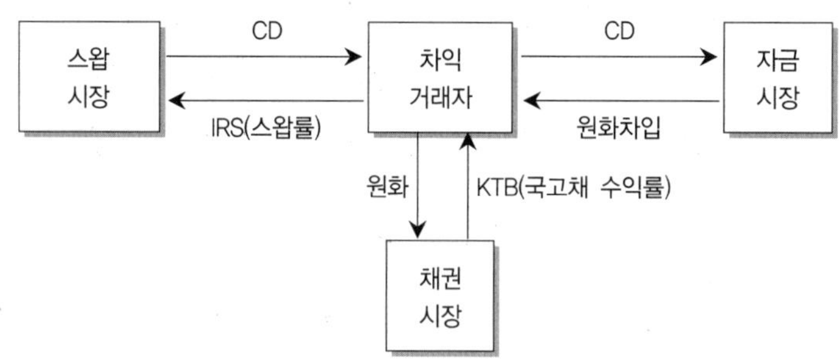

(2) KTB 〉 CRS

CRS 곡선이 KTB 곡선보다 지나치게 아래에 위치하는 상황에서 택할 수 있는 채권-스왑 상대가치거래전략과 예상수익은?

전략: 6M LIBOR로 USD를 차입하여 CRS pay를 통해 원화로 바꿔 국고채를 매입한다. 이때 CRS는 달러/원 CCCS(cross currency coupon swap을 의미한다. 즉, 차익거래자는 계약시 달러를 지급하고 원화를 수취하며 계약기간동안 CRS(스왑률: 원화고정금리)를 지급하고 6M LIBOR를 수취한다.

수익: KTB(국고채 수익률) － CRS(달러/원 CCCS의 스왑률)

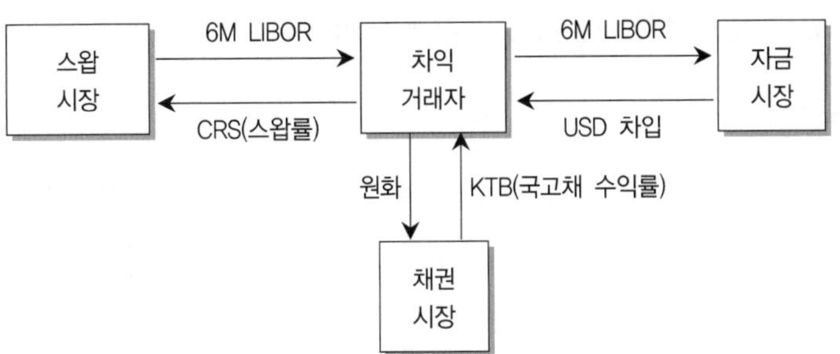

(3) IRS 〉 CRS

국가리스크와 국내 달러수요 급증으로 CRS 리시브 우위로 스왑 베이시스(IRS-CRS)가 확대되어 있는 상황에서 택할 수 있는 금리-통화스왑 상대가치거래전략과 예상수익은?

전략: 6M LIBOR로 USD를 차입하여 CRS pay를 통해 원화로 바꿔 FRN(CD금리연동)을 매입한다. 이때 CRS는 달러/원 CCCS(cross currency coupon swap을 의미한다. 즉, 차익거래자는 계약시 달러를 지급하고 원화를 수취하며 계약기간동안 CRS(스왑률: 원화고정금리)를 지급하고 6M LIBOR를 수취한다. 또한 원화고정금리를 수취하는 IRS 계약을 체결한다.

수익: IRS(원화 스왑률) – CRS(달러/원 CCCS의 스왑률)

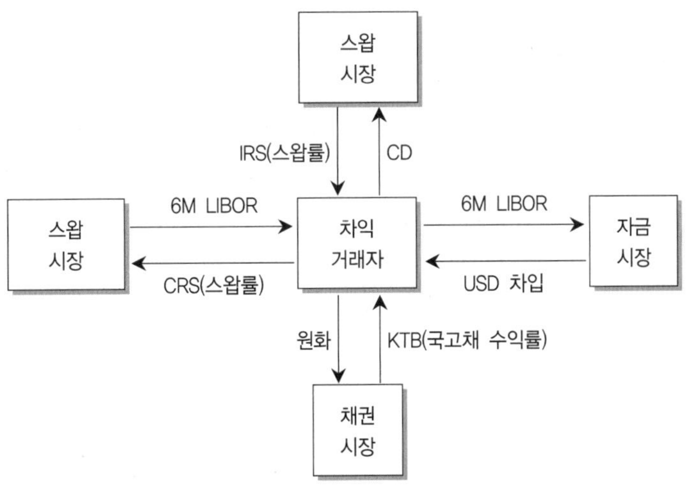

5. 신용 스프레드 거래전략(credit spread trading strategy)

(1) 신용 스프레드의 결정요인

신용 리스크를 측정하는 한 수단으로 수익률 스프레드는 신용 리스크가 있는 채권(스프레드 채권)의 수익률과 신용 리스크가 없는 채권(벤치마크 채권)의 수익률간의 차이를 의미한다.6) 회사채 수익률은 전반적인 금리상황을 대변하는 국채와 관련된 리스크(시장리스크)와 신용 리스크가 있는 회사채 보유에 따른 리스크 프리미엄으로 구성된다. 이때 리스크 프리미엄인 신용 스프레드가 상승하면 회사채 수익률이 상승하고 회사채 가격이 하락하게 된다.

일반적으로 신용 스프레드에 영향을 미치는 요인으로는 경기주기(economic cycle), 투자자의 리스크 선호도, 수익률의 변동성, 수급요인, 유동성 등을 들 수 있다. 경기침체기나 금융부문의 불확실성이 증대될 때, 주식시장이 안 좋을 때, 자금조달이 집중 될 때에는 신용 스프레드가 확대되고, 경기회복기 또는 리스크 회피현상이 완화될 때, 신규발행이 잘 되는 시기에는 신용스프레드가 축소되는 경향이 있다. 또한 회사채의 만기가 길수록 수익률 변동성이 높고 신용스프레드가 증가하기 때문에 신용 스프레드곡선(credit spread curve)은 우상향하며, 채권 발행자의 신용도가 나쁠수록 경사가 급해진다.

(2) 신용 스프레드 거래의 개념

스프레드 채권에 투자하는 경우 전반적인 금리상승 리스크 외에 스프레드가 상승할 리스크에 노출된다. 첫 번째 리스크는 제1장에서 설명한 듀레이션으로 측정되며, 두 번째 리스크는 스프레드 듀레이션의 개념으로 측정할 수 있다. 스프레드 듀레이션은 수익률 스프레드가 1% 변할 때 채권가격에 미치는 영향으로 다음과 같이 정의할 수 있다.

$$\frac{\Delta P}{P} = -SD \cdot \Delta S + \frac{1}{2} \cdot SC^2 \cdot (\Delta S)^2$$

이때 P는 채권가격, ΔS는 스프레드의 변화, SD는 스프레드 듀레이션, SC는 스프레드 볼록도를 나타낸다. 스프레드 듀레이션과 스프레드 볼록도는 일반적인 듀레이션과 볼록도를 측정하는 방법으로 측정할 수 있다.

6) 수익률 스프레드의 측정에 관한 자세한 내용은 제2장 참조.

스프레드 채권에 투자하는 경우 스프레드 변화에 의해 손익이 발생하지만, 단기차입비용보다 수익률이 높은 채권을 보유하기 때문에 신용스프레드 캐리(credit spread carry)를 얻을 수 있다. [표 8.8]에서 보여주듯이 신용 스프레드거래는 신용 스프레드의 변화에 대한 베팅으로 향후 스프레드가 축소할 것으로 예상하는 경우 스프레드 채권을 매수하고 벤치마크 채권을 매도하면 된다. 이를 신용 스프레드 약세전략이라 한다. 한편, 향후 스프레드가 증가할 것으로 예상하는 경우 스프레드 채권을 매도하고 벤치마크 채권을 매수하면 된다. 이를 신용 스프레드 강세전략이라 한다. 이때 중요한 것은 신용 스프레드 거래 포지션이 신용 스프레드의 변화뿐만 아니라 전반적인 금리수준의 변화에 의해서도 영향을 받기 때문에 듀레이션 중립적으로 스프레드 채권과 벤치마크 채권의 포지션을 설정하여야 한다. 이는 앞에서 설명한 수익률곡선전략에서 단기채권과 장기채권의 포지션을 듀레이션 중립적으로 설정하는 개념과 동일하다.

표 8.8 신용 스프레드 전략

유 형	전 략	이 익	손 실
약 세	스프레드 채권 매수 벤치마크 채권 매도	스프레드 축소 양(+)의 캐리	스프레드 증가
강 세	벤치마크 채권 매수 스프레드 채권 매도	스프레드 증가 음(-)의 캐리	스프레드 축소

* 벤치마크 채권 = 국채, 스프레드 채권 = 회사채

회사채 시장과 금리스왑시장을 이용하여 금리변동 리스크를 제거하고 오직 신용 스프레드에 대한 투자로 추가수익을 얻는 전략을 생각해보자. CD금리 수준으로 자금을 차입하여 3년 만기 회사채를 매수한 후 고정금리를 지급하고 변동금리(CD금리)를 받는 3년 만기 금리스왑 계약을 체결하면 향후 금리 추이, 스왑 스프레드 및 신용 스프레드 추이에 상관없이 확정된 이익(회사채수익률 - 스왑률)을 얻을 수 있다.

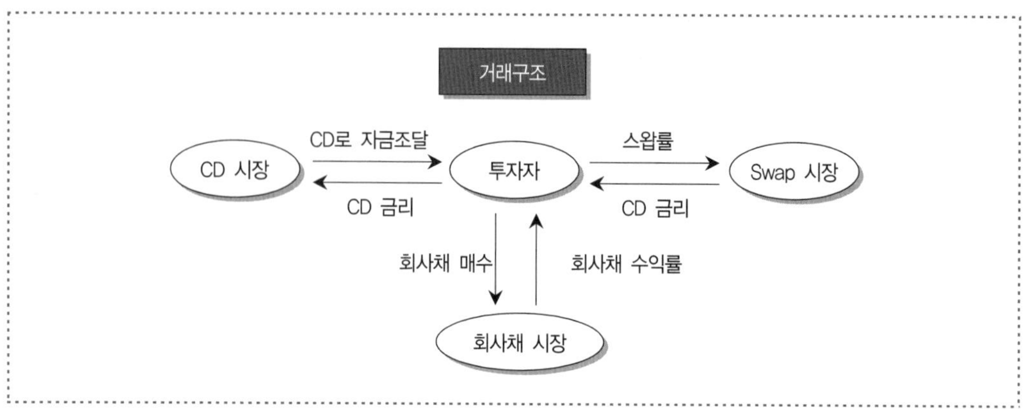

이때 회사채와 국채간의 신용 스프레드가 높으면서 국채수익률에 비해 스왑률이 과도하게 낮은 시장상황에서 이러한 전략을 실행하는 것이 유리하다. 그 이유는 회사채와 국채(스왑률)간의 신용 스프레드가 크다는 것은 그 만큼 신용 리스크에 대한 프리미엄이 높다는 것을 의미하고, 스왑률이 낮다는 것은 수익률을 고정시키기 위해 지불하는 비용이 적다는 것을 의미하기 때문이다. 스왑률은 국채수익률에 스왑 스프레드가 가산되어 결정되는데, 국채수익률보다 스왑률이 오히려 낮게 형성되는 시장상황을 이용하는 전략이라 할 수 있다. 한편, 이러한 전략의 선택시 간과해서는 안 될 리스크 요인은 바로 유동성 리스크이다. 즉, 신용 스프레드가 오히려 급격히 상승하는 경우 안전자산 선호현상(flight to quality)으로 회사채의 유동성이 급격히 떨어지면 적절한 시기에 회사채의 매도가 불가능하여 막대한 손실을 입을 가능성이 있기 때문에 신용 스프레드 거래시 스프레드 채권의 선택이 매우 중요하다.

예 제

××년 2월 18일 현재 시장상황이 다음과 같다고 하자.

- 자금조달비용 : CD 91일물 수익률
- A 기업 회사채(만기 3년, AA-) 수익률 : 6.96%
- CD 91물 수익률 : 2.56%
- IRS(만기 : 3년) 스왑률 : 3.25% – 3.20%

(1) 회사채 시장과 금리스왑시장을 이용하여 금리변동 리스크를 제거하고 오직 신용 스프레드에 대한 투자로 추가수익을 얻기 위해서는 포지션을 어떻게 설정하나?

CD금리 또는 repo로 자금을 조달하여 A 기업 회사채(수익률: 6.96%)를 매수하고, 고정금리(스왑률: 3.25%)를 지급하는 3년만기 금리스왑계약을 체결한다. 이 경우 6.96% - 3.25% = 3.71%의 수익을 얻게 된다.

(2) 어떤 시장상황에서 이러한 전략이 유효한가?

디폴트 가능성이 높지 않은 회사채의 신용스프레드(회사채와 국고채 수익률 스프레드)가 높고, 동일 만기의 스왑률이 낮게 형성되어 있는 상황에서 CD보다 나은 금리로 자금조달이 가능한 경우 이러한 전략이 유효하다.

(3) 이러한 전략의 리스크 요인은 무엇인가?

단기로 자금을 조달하기 때문에 자금조달 롤오버를 해야 하고, 회사채 만기 이전에 포지션을 청산할 경우(손절매)의 유동성 리스크와 최악의 경우 디폴트 리스크에 노출된다.

Interest Rate Derivatives
Investment & Risk Management
Strategies for Practitioners

Interest Rate Derivatives
Investment & Risk Management
Strategies for Practitioners

Part 4

금리 리스크관리 및 구조화금융

제4부 소개

Interest Rate Derivatives
Investment & Risk Management Strategies for Practitioners

제4부에서는 금리리스크관리의 개념과 전략을 설명하고, 제2부에서 소개한 다양한 유형의 금리파생상품을 활용하여 금리리스크를 관리하는 기법과 예제, 구조화 금융의 논리와 사례를 소개한다.

제9장에서 설명하는 금리리스크 관리기법은 크게 선도형 금리파생상품을 활용하는 리스크관리와 옵션형 금리파생상품을 활용하는 리스크관리로 구분할 수 있다. 헤지의 유형으로 매도헤지와 매수헤지, 직접헤지와 교차헤지, 스트립헤지와 스택헤지의 개념을 설명한 후, 금리 및 채권선물을 이용한 헤지 및 듀레이션 조정, 자산/부채의 듀레이션갭 관리 등의 기법에 대해 설명한다. 옵션형 금리파생상품을 활용하는 리스크관리기법에는 금리상승 리스크관리(capping), 금리상하한 설정(collaring), 금리하락 리스크관리(flooring) 등이 있다. 기업이 금리파생상품을 활용하여 불리한 리스크와 유리한 리스크를 모두 리스크만 제거하거나, 불리한 리스크만 제거하고 유리한 리스크는 보존하거나, 또는 리스크 관리비용을 절감하는 전략을 소개한 후, 금리전망에 따른 차입자와 투자자의 금리리스크 관리 전략의 선택에 대해 설명한다.

제10장에서는 제II부에서 소개한 금리파생상품을 활용하여 기업과 투자자의 니즈(needs)를 충족시키는 구조화금융기법 및 사례를 소개한다. 구조화채권의 발행시 선도금리를 이용하는 상품으로 변동금리채권(FRN), 역변동금리채권(Inverse FRN) 등의 구조와 사례를 분석한다. 수익률곡선의 기울기를 이용하는 상품으로는 CMT FRN, Late LIBOR FRN, 이중변동금리채권(Dual Indexed FRN), 콴토채권(quanto note) 등을 소개한다. 금리옵션을 이용하는 상품으로는 수의상환채권(callable bond), 변제요구채권(putable bond), 수의상환변동채권(callable flipper bond), 상하한금리채권(collared FRN), 레인지채권(range note), 레인지어크루얼채권(range accrual note) 등을 소개한다. 그리고 기타 유형으로 KTB 스왑, 파워스프레드채권(power spread note), 변동성 채권(vol note)의 구조와 발행기업 및 투자자의 논리를 분석한다.

금리 리스크관리 전략과 기법

본 장에서는 제 2 부에서 소개한 다양한 유형의 금리파생상품을 활용하여 금리리스크를 관리하는 기법을 소개한다. 금리 리스크관리 기법은 크게 선도형 금리파생상품을 활용하는 리스크관리와 옵션형 금리파생상품을 활용하는 리스크관리로 구분할 수 있다. 헤지의 유형으로 매도헤지와 매수헤지, 직접헤지와 교차헤지, 스트립헤지와 스택헤지의 개념을 설명한 후, 금리 및 채권선물을 이용한 헤지 및 듀레이션 조정, 자산/부채의 듀레이션갭 관리 등의 기법에 대해 설명한다. 옵션형 금리파생상품을 활용하는 리스크관리기법에는 금리상승 리스크관리(capping), 금리 상하한설정(collaring), 금리하락 리스크관리(flooring) 등이 있다.

9.1 금리 리스크관리

1. 금리 리스크관리의 개념

금리 리스크란 일반적으로 금리변동에 따라 자산이나 부채의 가치가 변동하는 것을 의미한다. 그런데 금리의 종류는 현물금리, 이표채 수익률, 액면수익률, 스왑률, 선도금리 등 다양하여 이중에서 어느 금리에 대한 노출을 리스크로 인식해야 하는가 하는 문제가 있다. 넓은 의미의 금리 리스크라 하면 금리의 만기구조의 각 시점에서 모든 종류의 금리 변동에 대한 노출을 포함하는데, 일반적으로 금리 리스크 노출은 다음과 같은 세 가지 범주 중의 하나에 속한다.

첫째, 특정 만기를 가지면서 미래의 일정기간 동안만 단기 금리 리스크에 노출되는 경우가 있다. 예를 들어, 3개월 후부터 6개월간의 차입을 필요로 하는 기업의 자금담당자는 3개월 후부터 6개월 동안의 금리 리스크에 노출된다. 즉, 선도금리 리스크에 노출된다.

둘째, 특정 만기를 가진 단기금리 리스크에 대하여 미래의 여러 기간에 걸쳐서 노출되는 경우이다. 예를 들어, 매 6개월마다 이자지급액이 재조정되는 5년 만기 변동금리채권(FRN)를 매수한 투자자는 미래의 10개 기간에 걸쳐 매 기간마다 6개월 금리 리스크에 노출되어 있다. 이는 여러 개의 단기 선도금리 리스크에 노출된 것이라고 할 수 있다.

셋째, 어느 특정 만기의 금리 리스크에 노출되는 경우이다. 10년 만기 고정금리채권을 매입한 연금기금은 10년 만기 채권수익률의 변동 리스크에 노출되어 있고, 5년 만기 금리스왑을 거래한 은행은 5년 만기 스왑률의 변동 리스크에 노출되어 있다. 이러한 금리 리스크 노출은 지금부터 미래 어느 특정한 시점까지의 기간 동안의 수익률에 대한 리스크 노출이다.

금리 리스크를 파악하는데 있어서 현물금리와 선도금리 중 어느 것과 직접적으로 관련되어 있는가에 따라 금리 리스크를 구분할 필요가 있다. 예를 들어, CD 91물 수익률에 연동된 5년 만기 변동금리채권을 매수한 투자자는 3개월 금리의 향후 5년간 추세를 고려해야 한다. 이 투자자가 변동금리채권을 고정금리채권으로 전환하고자 한다면, 처음에 가진 단기 선도금리에 대한 관심을 5년 만기 스왑률로 돌려야 한다.

금리 리스크 관리 중 헤지란 선물시장에서 현물포지션과 반대되는 포지션을 보유하여 금리변동 리스크에 노출되어 있는 현물포지션의 가치를 보존하는 거래를 말한다. 금리 리스크를 관리하는데 있어서 모든 리스크를 제거하여 어떤 특정한 결과를 보장하는 선도형 금리파생상품에는 선도금리계약(Forward Rate Agreement), 금리선물, 금리스왑 등이 있다. 한편 옵션형 금리파생상품을 활용하여 금리 리스크를 보다 선택적으로 관리해서 가격상승에 따른 이익가능성을 보존하면서 가격하락에 따른 리스크를 회피할 수 있다.

2. 금리 리스크관리와 기업가치

제2부에서 설명한 다양한 형태의 금리파생상품은 기업이 금리 리스크를 관리할 수 있는 저렴하고 효율적인 수단을 제공한다. 그러면 과연 기업은 금리파생상품을 이용하여 금리 리스크를 관리함으로써 기업의 가치를 증대할 수 있는가?

기업의 가치를 기업활동으로부터 나오는 예상 현금흐름의 현재가치로 표현할 때, 리스크관리가 기업의 가치를 증대시키기 위해서는 현금흐름을 증대시키거나 현금흐름의 할인율(즉, 자본비용)을 감소시켜야 한다. 기업의 가치는 금리의 변동에 민감하기 때문에, 이러한 금리변동 리스크를 관리함으로써 자본비용을 감소시키고, 이는 궁극적으로 기업의 가치증대로 연결된다.

리스크관리를 통한 예상 현금흐름의 증대는 세금감면효과, 예상 자금압박비용의 경감, 적정투자 유지 등을 통해서 이루어진다. 첫째, 기업의 리스크관리가 세금감면 효과를 보기 위해서는 [그림 9-1]이 보여 주는 것과 같이 기업의 유효 세율구조가 볼록(convex)함으로써 기업의 세전 수익(pre-tax income)이 증가함에 따라 평균유효세율이 상승해야 한다. 금융자산 가격의 변동리스크에 노출되어 있는 기업의 경우 기업의 세전 수익은 금리, 환율, 또는 상품가격과 밀접한 관계를 갖게 된다.

그림 9-1 조세함수의 볼록성과 세금감면효과

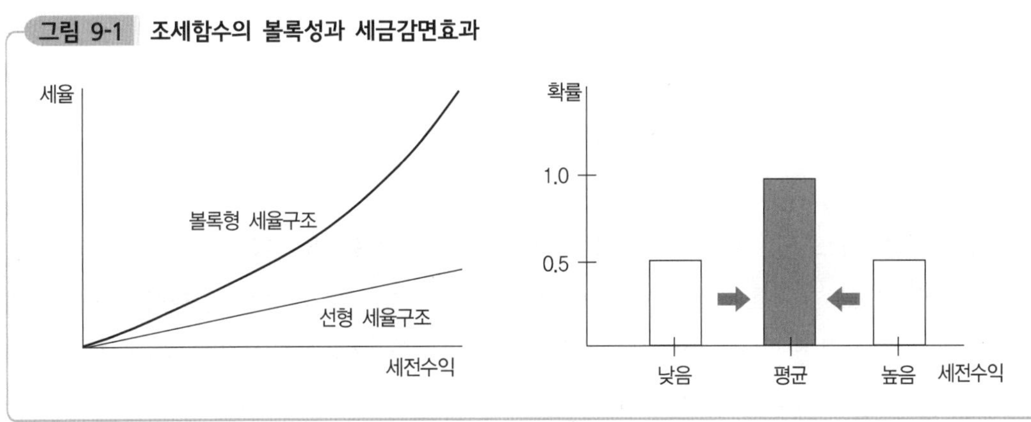

이때 기업이 이러한 금융리스크를 헤지하지 않는 경우 기업의 세전 수익이 50%의 확률로 낮거나 높다고 하자. 이와 같이 두 가지 경우의 수익에 상응하는 세금을 각각의 확률로 평균을 낸 값이 헤지를 한 경우 평균수익에 상응하는 세금보다 높게 되는 것은 조세구조가 볼록하기 때문이다. 이와 같이 누진세율이 적용되는 경우 기업은 세금전 소득의 변동성을 완화시킴으로써 평균조세부담을 줄일 수 있다.

둘째, 기업이 헤지함으로써 현금흐름의 변동성을 감소시킨다면 이는 금융압박 및 그로 인한 비용 발생의 가능성을 감소시킨다고 할 수 있다. 금융압박비용 경감의 기대

효과는 기업이 헤지를 하지 않음으로써 금융압박 또는 그로 인한 비용의 발생 확률, 그리고 그 비용의 크기에 의해 결정될 것이다.

기업은 수익이 부채를 충분히 감당하지 못하게 될 때 부도에 직면하게 되는데, 금융압박 및 그로 인한 부도 발생의 확률은 부채비율과 현금흐름(수익)의 변동성에 의존한다. 한편, 금융압박비용은 직접적인 부도비용보다 훨씬 클 수 있기 때문에 금융압박비용을 경감시키는 헤지의 가치는 숫자적인 의미보다 크다고 할 수 있다.

그림 9-2 헤지와 금융압박

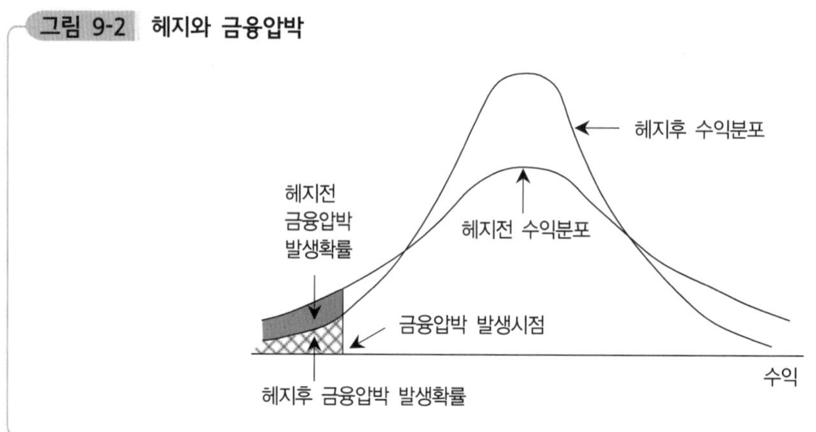

셋째, 기업은 리스크를 관리함으로써 적정 수준의 투자를 유지할 수 있다. 기업의 손실은 일반적으로 현금흐름의 감소에 의해 야기되기 때문에 기업은 투자재원을 마련하기 위해 외부자금을 조달해야 하는 경우가 많다. 완전한 자본시장이 존재하는 경우 외부 자금조달이 아무런 문제가 되지 않으나, 현실적으로 외부에서 자금을 조달하는 경우 내부에서 조달하는 경우보다 훨씬 많은 비용이 소요된다. 특히, 기업의 부채비율이 높은 경우 외부에서 자금을 조달하는 비용은 더욱 높다고 할 수 있다.

따라서 부채비율이 높은 기업은 헤지를 함으로써 추가적인 부채에 대한 금융압박 프리미엄을 줄일 수 있고, 자본잠식을 회피할 수 있으며, 나아가 현금흐름을 안정화시킬 수 있다. 외부자금은 내부유보자금보다 항상 비싸며 외부자금에 의존하는 기업의 경우 적정투자가 이루어지지 않을 수 있다. 따라서 기업이 적정한 수준의 투자를 유지하기 위해서는 외부차입에의 의존도를 최소화할 수 있도록 현금흐름을 헤지해야 한다. 또한 기업이 부채비율이 높고 자산가치의 변동성이 클 경우 대부분의 이익이 채

권보유자에게 귀속될 우려가 있기 때문에 기존의 주주들은 수익성 있는 투자도 반대함으로써 기업이 저투자(underinvestment)하게 되는 상황에 직면할 수 있다.

9.2 금리 리스크관리 전략

1. 리스크관리 목표의 설정

기업이 주어진 상황에서 활용할 수 있는 최선의 리스크관리 수단은 리스크관리의 목표에 달려 있다. 일반적으로 기업은 리스크에 대해 두 가지 대안이 있다. 첫째, 리스크를 확실성으로 대체하는 것이다. 둘째, 기업에게 불리한 리스크만을 제거하고 유리한 리스크는 남기는 것이다. 셋째, 기업의 재무담당자는 금리가 불리하게 움직이는 데 대한 방어의 정도, 유리한 방향으로 움직일 때 실현될 수 있는 이익수준, 방어가 허용되는 범위, 이익이 가능한 범위, 방어에 따른 비용 등을 리스크관리의 목적에 맞도록 변형할 수 있다.

리스크관리 목표의 설정

(1) 불리한 리스크와 유리한 리스크를 모두 제거(fixing)

(2) 불리한 리스크 제거 / 유리한 리스크 보존(capping / flooring)

(3) 리스크 관리비용의 절감(collaring)

(1) 불리한 리스크와 유리한 리스크를 모두 제거

금융시장에서 리스크(risk)는 결과적으로 발생하는 모든 변동가능성으로 정의한다. 예를 들어, 은행이 어떤 기업에 변동금리로 대출하는 경우를 생각해보자. 금리의 상승은 차입자에게는 손실이 되지만 대출자에게는 이익이 된다. 반대로 금리의 하락은 대출자에게는 손실이 되지만 차입자에게는 이득이 된다. 어떤 경우라도 거래당사자들의 리스크 노출은 금리변동이라는 동일한 사건으로부터 발생하는 것이다. 따라서 금리가 상승하든 하락하든 변화하기만 하면 리스크로 간주할 수밖에 없다.

리스크를 이와 같이 정의할 때 금리 리스크에 대한 완전방어는 불리한 리스크뿐만 아니라 유리한 리스크도 동시에 제거하는 것을 의미한다. 이러한 금리 리스크관리 목

표를 달성하기 위한 선택은 명백하다. 단기 금리 리스크를 제거하기 위해서는 선도금리계약(FRA) 또는 단기 금리선물을 활용하고, 장기 금리 리스크를 제거하기 위해서는 장기금리선물 또는 금리스왑을 활용한다.

선도금리계약은 미래의 특정한 기간을 거래대상으로 하기 때문에 단기 금리 리스크를 헤지하는데 적절하며, 장외상품으로서 유연성이 있다는 장점이 있다. 한편, 단기금리선물은 장내상품으로 표준화되어 있으며, 유동성이 높기 때문에 필요시 포지션의 조정 및 청산이 용이하다는 장점이 있다. 단기금리선물의 경우 거래상대방의 신용위험이 없는 반면, 증거금을 관리해야 하는 부담이 있다. 선도금리계약의 경우 은행이 호가하는 매도/매수 스프레드가 적절한지 항상 확인해야 한다. 따라서 선도금리계약과 단기금리선물 중 어느 것이 더 좋다고 볼 수는 없고, 둘 다 단기금리 리스크를 관리하는데 널리 활용되고 있다.

(2) 불리한 리스크 제거/유리한 리스크 보존

리스크를 감수하면 결과적으로 이익을 볼 수도 있고 손실을 볼 수도 있다. 리스크를 완전히 제거한다는 것은 나쁜 결과뿐만 아니라 좋은 결과까지도 회피하는 것이다. 가치상승으로부터의 이익가능성은 유지하면서 가치하락에 의한 손실가능성을 방어하고자 한다면 옵션에 기초한 금리리스크 관리수단을 고려해야 한다.

금리상승 리스크를 제거하고 금리하락 리스크를 보존하고자 할 때는 금리캡 또는 채권선물 풋옵션을 매수하면 된다. 반대로 금리하락 리스크를 제거하고 금리상승 리스크를 보존하고자 할 때는 금리플로어 또는 채권선물 콜옵션을 매수하면 된다.

불리한 리스크를 제거하고 유리한 리스크는 남겨 놓는다? 매력적인 리스크관리전략임에는 틀림없으나, 이러한 리스크관리전략의 단점은 리스크관리 비용이 많이 든다는 것이다. 비용이 많이 드는 원인은 바로 현실적으로 실현 불가능한 영역에 놓여 있는 유리한 리스크를 무한히 보존하기 때문이다.

또한 이러한 수단에는 무수히 많은 종류가 있기 때문에 선택의 폭을 좁히기 위해서는 가치하락 리스크 방어욕구와 가치상승 이익향유 욕구 간에 균형점을 찾아야 한다. 대부분의 경우 기업은 손실을 피하려는 욕구가 이익을 얻으려는 요구보다 강하기 때

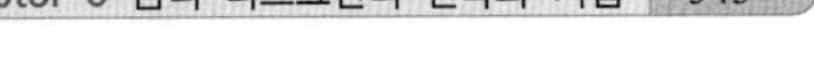

문에 이 두 욕구간의 관계는 정확히 대칭적이지 않다.

(3) 리스크관리 비용의 절감

대부분의 기업들은 화재나 도난위험에 대해서는 기꺼이 비용을 지불하고 보호받고 싶어 하는 반면 금융리스크에 대한 관리비용은 지불하기 꺼려한다. 이러한 현상은 보험이 수세기가 넘는 전통을 지니고 있기 때문에 많은 사람들이 보험 가입을 자연스럽게 여긴다는 사실로 설명할 수 있다.

금융리스크관리기법은 1980년대부터 개발되기 시작했고 아직 보험처럼 자리 잡지는 못하고 있는 상황이다. 또한 옵션과 같은 리스크관리수단은 기초자산의 인식된 리스크의 크기에 비해 비싼 프리미엄을 요구하는 듯 보인다는 점이다. 사실 대부분의 기업은 금융리스크의 진정한 크기와 영향을 과소평가하고 있다. 따라서 기업은 리스크의 크기에 비례하여 적정하게 프리미엄이 설정된 경우에도 그 프리미엄이 과도하다고 생각한다.

리스크관리비용이 너무 비싸다면 다양한 대안이 있다. 비용이 절감된 또는 무비용의 리스크관리수단은 필요한 수준의 방어를 제공할 뿐만 아니라, 이익기회의 일부를 매도함으로써 자금을 조달할 수 있다.

예를 들어, 선택된 대안이 캡을 매수하는 것이라면 처음에는 캡션의 매수로 비용을 절약할 수 있다. 마찬가지로 스왑션은 스왑보다 비용이 적게 든다. 캡 또는 플로어를 동시에 활용하는 칼라를 고려할 수도 있다. 물론 캡션 또는 스왑션이 궁극적으로 행사되어야 하는 경우 총비용은 기초자산을 처음부터 매수하는 경우보다 비용이 더 많이 든다.

캡션과 스왑션은 캡/스왑에 옵션을 부가한 상품이다. 캡션과 스왑션은 다양한 상황에서 활용될 수 있으나, 특히 다음과 같은 경우에 유용한 상품이다.

(a) 조건적인 상황

기업이 통제할 수 없는 어떤 외부적인 요인에 의해 기업의 금리 리스크관리가 필요하기도 하고 필요하지 않을 수도 있는 조건적인 상황이 많이 있다. 예를 들어, 기업이 프로젝트에 입찰을 하는 경우, 입찰의 성공 또는 실패에 따라 자금조달이 필요할 수도 있고 필요 없을 수도 있다. 또 다른 예는 기업인수 상황에서 인수를 위한 자금조달과 이에 따른 금리 리스크관리 프로그램은 모두 인수의 성공여부에 의존한다.

금리스왑을 이용하면 계약상의 지급의무를 지게 되므로, 입찰 또는 인수가 실패할 경우 완전히 불필요하게 된다. 금리캡의 경우 캡을 행사해야 할 의무가 없지만 최초 지불한 프리미엄은 조건적인 상황이 일어나지 않을 경우 상당한 비용의 낭비인 셈이다. 이 때 금리스왑에 대한 옵션이나 금리캡에 대한 옵션을 매수할 수 있다면 기업은 상당히 저렴한 비용으로 조건적인 상황에서 금리 리스크를 회피할 수 있다.

(b) 리스크관리비용의 절감

캡션과 스왑션을 낮은 비용으로 금리상승 리스크를 관리할 수 있는 수단으로 생각할 수도 있다. 그러나 이러한 견해는 차입자가 리스크관리가 필요하지 않을 가능성이 크다고 믿는 경우에만 유효하다. 차입자가 캡션 또는 스왑션을 행사할 가능성이 많다고 믿는다면 처음부터 기초자산을 매입하는 것이 일반적으로 더 유리하다.

어떤 차입자가 금리가 비록 상승하더라도 내재선도금리에 의해 예측된 만큼 빠르게 상승하지 않을 것이라고 믿는다면 이 차입자는 금리스왑을 매입하는 것은 비용이 많이 든다고 생각할 것이다. 왜냐하면 금리스왑은 선도금리의 가중평균으로 가격이 결정되기 때문이다. 이러한 경우 차입자는 캡션이나 스왑션을 이용하는 것이 좋다. 차입자의 예상이 틀리게 되면 이를 행사하여 금리의 상한에 대한 보호를 받고, 그렇지 않으면 행사를 하지 않고 낮은 시장금리를 이용하면 된다.

(c) "내재된 옵션(embedded option)"의 현금화

채권에는 금리가 하락할 경우 발행자가 임의로 만기 이전에 상환할 수 있는 콜조항(call provisions)을 포함한 것이 많다. 이러한 채권은 발행시점의 금리가 높은 경우에 특히 많이 발행되며, 조기상환이 가능하다고 하여 수의상환권부채권(callable bond)이라고 한다. 채권투자자는 채권발행자에게 부채에 대한 콜옵션을 사실상 매도하는 것이며, 이 옵션은 채권에 내재되어 있다. 이때 발행자는 스왑션을 활용하여 콜옵션의 가치를 현금화할 수 있다.

예를 들어, 어느 기업이 2년 후에 조기상환 가능한 7년 만기 고정금리채권을 발행했다고 하자. 기업은 행사금리를 채권의 이표율과 동일하게 하고 5년 만기 스왑에 대한 2년 만기 수취자스왑션(receivers swaption)을 매도할 수 있다.

− callable bond(7년 만기 / 2년 후 조기상환)
− RSW(5년 IRS에 대한 2년 만기 수취자스왑션)
= − 고정금리채권

만일 금리가 2년 후에 이표율 이하로 하락하면 기업은 채권을 상환하고 변동금리채를 더 낮은 금리로 발행함으로써 자금을 재조달할 것이다. 동시에 스왑션이 기업에 대해서 행사될 것이며 기업은 스왑에서 고정금리 지급자가 된다. 만일 금리가 높은 수준에 머무르게 된다면 채권은 상환되지 않으며 스왑션은 가치 없이 소멸된다. 어느 경우에도 기업은 이전과 동일한 고정금리를 지급하게 되지만 내재된 옵션의 가치와 동일한 스왑션 프리미엄을 얻게 된다.

(d) 스왑기간의 연장 또는 축소

차입자는 때때로 금리스왑의 만기를 연장 또는 축소할 수 있는 옵션을 필요로 한다. 이것은 스왑션을 활용하여 쉽게 달성할 수 있다. 어떤 기업이 만기까지 3년 동안 금리스왑에 대한 고정금리 지급자이지만 이것을 2년 연장할 수 있는 옵션을 필요로 한다고 하자. 이때는 이미 존재하는 금리스왑의 고정금리와 동일한 행사금리로 2년 만기 스왑에 대해 3년 만기 지불자스왑션(payers swaption)을 매수하면 된다. 즉,

+ IRS(3년) + PSW(2년 IRS에 대한 3년 만기 지불자스왑션) ➡ + IRS(5년)

한편, 5년 만기 스왑(고정금리지급) 계약을 체결한 기업이 만기를 3년으로 축소할 필요가 있다면, 행사금리가 원래 스왑의 고정금리와 동일한 2년 만기 스왑에 대한 3년 만기 수취자스왑션(receivers swaption)을 매수하면 된다.

+ IRS(5년) + RSW(2년 IRS에 대한 3년 만기 수취자스왑션) ➡ + IRS(3년)

2. 금리전망과 리스크관리전략의 선택[1)]

현재 이용 가능한 금리파생상품 중에 가장 표준적인 것만 들더라도 선도금리계약(FRA), 금리선물, 금리스왑, 캡/플로어/칼라, 캡션, 스왑션 등이 있기 때문에 금리변동 리스크에 노출된 기업들은 금리 리스크 관리수단으로서 혼란스러울 정도로 다양한 대안을 가지고 있다.

표 9.1 금리 리스크 관리수단의 비교[2)]

수 단	기 간	옵션행사기회	만 기	리스크관리의 유형
선도금리계약	단일기간	–	단 기	확정적
금리선물	단일기간	–	중 기	확정적
금리스왑	복수기간	–	장 기	선택적
캡/플로어/칼라	복수기간	다 수	장 기	선택적
스왑션	단일/복수기간*	1회	장 기	선택적
캡션	단일/복수기간*	1회/다수*	장 기	선택적

* 옵션이 행사되면 두 번째 항목이 적용됨.

[표 9.1]에는 금리 리스크관리수단으로서 금리파생상품에 대한 주요 특성이 요약되어 있다. 방어의 유형에서 "확정적" 이란 표현은 금리변화에 관계없이 유효금리가 확정적임을 의미한다. "선택적" 이란 표현은 차입자나 투자자가 금리상승 가능성으로부터 이익을 얻을 수 있는 반면 하락 리스크는 회피할 수 있음을 의미한다.

기업은 미래의 금리가 어떻게 움직일 것인가에 대해 나름대로 전망을 가지고 있다. 특히, 금리 리스크가 여러 기간에 걸쳐 존재하는 경우 금리전망은 리스크관리전략을 선택하는데 있어서 매우 중요하다. 시장의 견해인 내재선도금리와 리스크 노출기간에 걸친 금리전망을 비교하여 의사결정을 해야 하기 때문이다. 모든 변동금리 자금조달과 투자에 대한 기준이 되는 것은 현재의 단기금리나 스왑률이 아니라 수익률곡선에 내재된 선도금리의 집합이라는 사실에 유의해야 한다.

---

1) Galitz(1995: Ch.15) 참조

2) Galitz(1995: Ch.5, p.418) Table 15.7 참조

그림 9-3 시장금리에 대한 견해

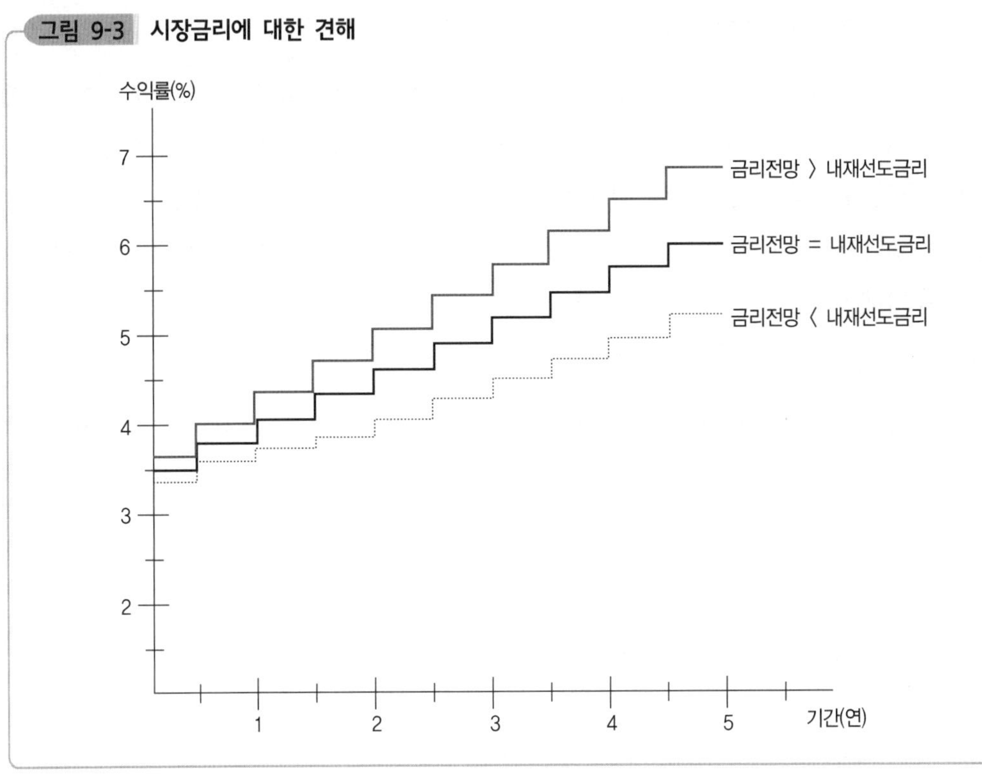

우상향하는 수익률곡선을 가정하고 다음과 같은 세 가지 시나리오 하에서 차입자가 선택할 수 있는 전략을 살펴보자.

(1) 금리가 내재선도금리보다 빠르게 상승할 것으로 전망

이 경우 차입자는 확실히 금리상승에 대한 보호를 필요로 하며 캡보다 금리스왑을 선호할 수도 있다. 왜냐하면 금리스왑에서 스왑률은 내재선도금리의 가중평균으로써 가격이 결정되며, 따라서 차입자가 예상하는 선도금리와 비교할 때 스왑률이 낮게 느껴지기 때문이다.

고정금리 지급자로서 금리스왑을 매수하는 것과 더불어 차입자는 플로어를 매도할 수 있으며, 이 프리미엄의 수입으로 유효차입비용을 낮출 수 있다. 이러한 전략은 플로어가 행사되지 않을 것이라는 기대하에 취해진다. 그러나 우상향하는 수익률곡선의 경우 유효차입비용을 낮출 수 있을 정도로 충분한 프리미엄을 얻을 수 있으려면 플로어의 수준은 상당히 높게 설정되어야 할 것이다.

(2) 금리가 내재선도금리보다 느리게 상승할 것으로 전망

이러한 전망을 가진 차입자는 앞의 경우와는 반대로 스왑률이 높다고 생각하기 때문에 캡 또는 칼라의 매수를 선호하게 된다. 왜냐하면 차입자의 전망이 틀릴 경우에 대비해서 금리보호를 제공할 수 있으면서 동시에 차입자를 원하지 않는 금리로 고정시키지는 않기 때문이다. 만일 칼라를 선택한다면 플로어 수준이 너무 높게 설정되지 않도록 유의해야 한다. 그렇지 않으면 차입자는 금리가 내재선도금리 곡선보다 서서히 상승할 것이라는 전망을 이용하여 이익을 얻을 수가 없다.

캡을 매수하는 것에 대한 대안은 항상 가격이 더 싼 지불자스왑션을 매수하는 것이다. 만일 금리가 행사일까지 예상치 않게 상승하면 차입자는 스왑션을 행사하여 고정금리 지급자가 될 수 있다. 그러나 스왑션은 캡보다 유연성이 결여되어 있다. 즉, 일단 스왑션이 행사되면 차입자는 고정금리 지급자에서 벗어나지 못하게 되고, 이후 시장금리의 하락으로 인한 이익을 얻을 수 없다. 보다 나쁜 시나리오는 만기일까지 금리가 낮게 지속되어 스왑션이 행사되지 못하고 만기일 이후에 급격히 상승하여 차입자가 금리보호를 받지 못하게 되는 경우이다.

스왑션과 유사한 전략이 캡션을 매수하는 것이다. 이는 스왑션보다 덜 비싸기 때문에 만약 금리가 낮게 지속되고 캡션이 행사되지 않는다면 아마 최선책일 것이다. 그러나 만약 금리가 행사일까지 낮게 지속된 후 금리가 상승하여 금리보호를 받지 못하는 상황이 된다면 스왑션의 경우와 마찬가지로 취약한 전략이 된다.

(3) 금리가 내재선도금리곡선을 따를 것으로 전망

이 경우는 금리전망에 대해 아무런 견해도 가지지 않은 차입자도 포함된다. 이 경우에는 선택범위가 매우 넓어서 무비용칼라로부터 금리스왑에 이르기까지 다양한 선택을 할 수 있다. 또한 금리가 내재선도금리에 의해 제시된 경로를 따른다면 여러 대안들의 결과는 매우 유사한다.

표 9.2 금리 리스크 관리전략의 선택[3]

금리전망	차입자 전략	투자자 전략
금리가 내재선도 금리보다 느리게 상승	캡 매수 칼라 매수 지불자 스왑션 매수 캡션 매수	스왑매도(고정금리수취) 스왑매도와 캡 매도 이익참여플로어 매수
금리가 내재선도 금리곡선을 따름	스왑매수(고정금리지급) 무비용칼라 매수	스왑매도(고정금리수취) 무비용칼라 매도
글미가 내재선도 금리보다 빠르게 상승	스왑매수(고정금리지급) 스왑매수와 플로어 매도 이익참여캡 매수[4]	칼라 매도 수취자스왑션 매수 플로어션 매수

[표 9.2]는 차입자와 투자자의 입장에서 선택가능한 리스크관리전략을 요약하고 있다. 표에서 알 수 있듯이 차입자와 투자자의 전략간에는 대칭관계가 있다. 예를 들어, 차입자가 금리스왑이나 캡을 매수하면 투자자는 금리스왑이나 캡을 매도한다. 또한 차입자가 지불자스왑션을 매수하면 투자자는 수취자스왑션을 매수한다. 이러한 대칭관계는 제10장에서 구조화채권의 구조와 발행논리를 설명할 때 기업과 투자자의 논리를 이해하는데 매우 중요하다. 이상의 논의를 요약하면, 자금을 조달하는 기업이나 투자자는 현재의 시장상황에서 최적의 선택을 하기 위해서는 관련 자료를 수집하여 수익률곡선 및 금리 시나리오분석, 몬티칼로 시뮬레이션을 통해 다양한 리스크관리전략 또는 투자전략의 헤지성과(유효차입비용) 또는 투자성과(유효투자수익률)를 비교분석하고 여러 가지 대안 중 하나를 선택해야 한다.

3) Galitz(1995: Ch.15, p.422) Table 15.8 참조.

4) 이익참여캡은 동일한 행사금리로 캡을 매수하고 플로어를 매도하되, 플로어의 명목원금을 조정하여 무비용(zero-cost) 조합을 만드는 것이다. 이익참여캡 또는 이익참여플로어와 칼라의 차이점에 대한 상세한 설명은 Galitz(1995: Ch.15, pp.410-413) 참조.

9.3 금리 리스크 관리기법

1. 선도형 금리파생상품을 활용한 리스크 관리

(1) 금리 리스크헤지

1) 매도헤지(short hedge)와 매수헤지(long hedge)

헤지는 금리상승 리스크를 제거하기 위하여 금리선물을 매도하거나 FRA 또는 IRS에 매수포지션(고정금리 지급 / 변동금리 수취)을 취하는 것을 말한다. 헤지를 통해 금리상승 리스크를 회피할 수 있는 경우는 다음과 같다.

첫째, 향후 자금 조달이 예정되어 있는 기업은 금리가 상승할 경우 자금조달 비용의 상승 리스크에 노출되어 있다. 이 경우 단기금리선물을 매도하거나 FRA를 매수하면 된다.

둘째, 채권 포트폴리오를 보유하고 있는 투자 기관은 채권수익률이 상승할 경우 채권가격의 하락 리스크에 노출되어 있다.

셋째, 채권발행을 계획하고 있는 기업은 채권이 실제로 발행되어 자금이 유입되는 시점까지의 기간 동안 금리상승 리스크에 노출되는 것이다. 이 경우 채권선물을 매도하여 금리상승 리스크를 제거할 수 있다.

넷째, 은행의 경우 단기시장금리에 연동되어 있는 예금으로 자금을 조달하여 고정금리 조건으로 중장기 대출을 하거나 투자를 할 경우 자산과 부채의 만기구조와 금리조건의 불일치로 인하여 금리상승 리스크에 노출된다.

다섯째, 은행으로부터 차입을 하거나 채권을 발행하여 자금조달을 계획하고 있는 기업도 금리가 상승하면 차입비용이 증가하는 리스크에 노출된다.

금리하락 리스크를 제거하기 위해서는 금리선물을 매수하거나 FRA 또는 IRS에 매도포지션(고정금리 수취 / 변동금리 지급)을 취하면 된다. 예를 들어, 향후 신규펀드자금의 유입이 예상되어 채권투자를 계획하고 있는 경우 펀드관리자는 금리하락(채권가격 상승) 리스크를 회피하기 위해 채권선물로 매수헤지를 할 수 있다.

미래에 현물가격이 상승하는 경우 채권선물 가격도 같이 상승하기 때문에 선물포지션에서 이익이 발생하여 현물포지션의 손실을 보전할 수 있다. 또한, 카드제조회사가 연하장 판매대금이 회수되는 1월말 경에 대규모 자금이 유입되는 시점에 장기채권 투자를 계획하고 있는 경우 금리하락으로 채권가격의 상승이 우려되어 채권선물로 매수헤지를 할 수 있다.

이와 같이 매수헤지의 목적은 향후의 투자자금을 현재의 높은 수익률로 미리 투자하는데 있다고 볼 수 있다. 미래의 현금흐름을 정확히 예측할 수 있을 때 매수헤지를 통해 현물의 매수가격을 고정시켜(미래 현물거래의 효과적인 대체포지션) 미래 투자자산의 기회손실을 방지한다는 의미에서 예상헤지(anticipatory hedge)라고도 한다.

표 9.3 금리 리스크의 유형과 헤지전략

현물포지션	현물거래	금리 리스크	헤지전략
현재 보유	채권투자	금리상승 → 가격하락	채권선물 매도
	고정금리 차입	금리하락 → 기회손실 발생	금리선물 매수
			FRA/IRS 매도
보유 예정	채권투자 예정	금리하락 → 기회손실 발생	채권선물 매수
	차입예정	금리상승 → 차입비용 상승	금리선물 매도
			FRA/IRS 매수

예제 1 유로달러선물을 이용한 금리상승 리스크 헤지

미국에 본사를 둔 다국적기업인 ‘ICM’은 00년 3월 중순경에 1억 달러를 3개월간 차입할 예정이나 향후 달러금리의 상승이 우려되어 차입비용을 현재(00년 2월 15일)의 금리수준으로 고정시키고자 한다.

ICM의 자금담당자는 00년 3월물 유로달러선물(1계약 : 100만달러) 100계약을 매도함으로써 금리상승 리스크를 제거하고자 한다.

- 차입금액 : 1억 달러
- 이자지급방법 : 3개월 마다 3개월 LIBOR로 지급 예정
- 현재(00년 2월 15일)

  1M LIBOR : 1%, 3M LIBOR : 1.5%, 4M LIBOR : 1%

  00년 3월물 유로달러 선물가격 : 97.67

– 이자 확정일 : 00년 3월 15일

1M LIBOR와 4M LIBOR에 내재되어 있는 (1개월 후 3개월 동안의) 선도금리는 2.33%이므로, 유로달러선물의 이론가격은 97.67(= 100 – 2.33)로 결정된다. 00년 2월 15일 현재 유로달러선물(3월물)의 시장가격이 97.67에 형성되어 있기 때문에 적정한 가격수준이라고 판단하고 있다(선물가격에 내재되어 있는 3M 선도 LIBOR는 2.33%). 이 경우 유로달러선물을 매도함으로써 선물만기일(3월 세 번째 수요일)로부터 3개월 동안 2.33% LIBOR로 차입하는 효과를 볼 수 있다.
00년 3월 15일 3개월 LIBOR는 우려했던 대로 2.5%로 상승하였고, 3월물 유로달러선물을 97.50의 가격에 매수하여 청산하였다.

이자지급액 $= \text{U\$}100{,}000{,}000 \times 2.5\% \times \frac{90}{360} = \text{U\$}625{,}000$
유로달러선물 포지션의 이익 = 100계약 × 17틱 × U$25 = U$42,500
실질차입금리(연율) $= (\text{U\$}625{,}000 - \text{U\$}42{,}500) \div \text{U\$}100{,}000{,}000 \times \frac{360}{90} = 2.33\%$

즉, 이 기업은 실질 차입금리를 2.33%로 고정시키는 효과를 얻게 된다.

예제 2 FRA(Forward Rate Agreement)를 이용한 금리 상승 리스크 헤지

00년 9월 20일 현재 '동방건설'은 3개월 후인 12월 20일경 1천만 달러의 외화차입(3M LIBOR 연동)을 3개월간 연장할 계획이다. 따라서 이 기업은 외화차입금의 연장시점인 3개월 후 달러화 금리(LIBOR)가 상승할 리스크에 노출되어 있다. 동방건설의 자금담당자는 금리상승 리스크를 제거하기 위하여 FRA 매수계약을 검토하고 있다.

금리상승 리스크를 제거하기 위해 자금담당자는 3×6 FRA를 계약금리 2.50%에 매수계약을 체결하였다. 3개월 후 실제 3M LIBOR가 2.5%에서 3.00%로 상승하면 외화차입금 지급이자는 \$76,667($= \$10{,}000{,}000 \times 3\% \times \frac{92}{360}$)가 된다. 한편, 결제금리(3%)가 계약금리(2.5%)보다 높아 FRA 매수자인 동방건설은 FRA 매도자로부터 \$12,778$\{= (3\% - 2.5\%) \times \$10{,}000{,}000 \times \frac{92}{360}\}$를 지급받는다. 이 경우 총이자지급액은 \$63,889가 되며, 실제 차입금리는 2.5%가 된다. 이와 같이 3×6 FRA를 계약금리 2.50%에 매수한 동방건설(변동금리 차입자)은 결제일의 LIBOR가 상승하더라도 실효 차입금리를 계약금리인 2.5%로 고정시킨 효과를 얻게 된다.

2) 직접헤지(direct hedge)와 교차헤지(cross hedge)

직접헤지란 현물을 기초자산으로 하는 금리파생상품이 존재하는 경우 그 파생상품을 이용하여 헤지하는 방법이다. 그러나 헤지하고자 하는 현물을 기초자산으로 하는 금리파생상품이 존재하지 않는 경우가 일반적이며, 이 경우 헤지하려고 하는 현물과 유사한 가격변동을 보이는 자산을 기초자산으로 하는 금리파생상품을 이용하여 헤지하는 것을 교차헤지라고 한다.

펀드관리자가 보유하고 있는 채권 포트폴리오(국채, 통안채, 회사채 등)를 국채선물로 헤지하는 경우는 교차헤지의 대표적인 예이다. 예를 들어, 채권포트폴리오의 평균듀레이션이 3년에 가까운 경우 3년 국채선물을 이용하고, 평균듀레이션이 10년에 가까운 경우 10년 국채선물을 이용함으로써 헤지성과를 높일 수 있다.

회사채 발행을 계획하고 있는 기업이 채권발행 자금이 유입되는 시점까지의 기간 동안 노출된 금리상승 리스크를 제거하기 위하여 국채선물로 매도헤지 하는 경우 회사채수익률과 국채수익률간의 상관계수가 1이 아니기 때문에 교차헤지에 해당된다.

3) 스트립헤지(strip hedge)와 스택헤지(stack hedge)

스트립헤지란 기업이 장기간에 걸쳐 금리 리스크에 노출되어 있을 때 각 결제월의 단기금리선물을 동일 수량만큼 매수 또는 매도하여 전체적으로 균형화 하는 헤지기법을 말한다. 즉, 스트립은 단순히 2개 이상의 연속적인 결제월물을 시리즈로 사거나 파는 기법으로서 해당기간 동안의 수익률을 고정시킬 수 있다. 이때의 유효금리 또는 목표금리(target rate)를 스트립 이자율(strip rate)이라고 하며 향후 수익률곡선의 변동과 상관없이 확정금리가 된다.

이에 비해 스택헤지란 헤지대상 물량 전체에 해당하는 최근월물을 모두 매수(매도)한 후 만기가 될 때 해당기간 경과분 만큼을 제외한 나머지를 그 다음의 최근월물로 치환하는 방법이다. 이를 스택 앤 롤링헤지(stack & rolling)라고도 한다.

스트립헤지는 미래의 일정 기간에 걸친 리스크 노출을 거의 완벽하게 일치시킬 수 있으며, 선물거래 자체가 스스로 만기소멸기능을 가지고 있다는 점에서 사후관리가 필요치 않다. 반면 원월물로 갈수록 유동성이 저하되므로 문제가 생길 수 있다. 그러나 유로달러선물처럼 유동성이 높은 경우 스트립이 선호된다.

이처럼 양자간의 장 · 단점이 다르기 때문에 일률적으로 비교가 불가능하나 왕복거래 수수료 측면을 보면 스트립헤지가 우수하다고 볼 수 있다. 특히 스택헤지는 미래의 수익률곡선 기울기가 어떻게 변할 것인가에 대한 투기적인 요소가 포함되어 있다. 즉, 스트립헤지에 비해 스택헤지의 성과는 일차적으로 수익률곡선 기울기변화에 따라 결정된다. 만약 그 기울기가 헤지기간 동안 변화하지 않는다면 금리수준의 변화에도 불구하고 스트립헤지 효과와 스택헤지 효과는 비슷할 것이다.

그러나 수익률곡선이 가파르게 될 경우, 즉 원월물의 내재선도금리가 근월물 내재선도금리보다 상대적으로 더 상승할 때 근월물 스택 매도헤지의 효과는 스트립헤지에 비해 감소된다. 또한 기울기가 평평하게 되면 근월물 스택 매도헤지의 효과는 스트립헤지를 능가하게 된다. 따라서 수익률곡선에 대한 예상이 맞을 경우 스택헤지의 성과가 좋게 되나, 수익률곡선의 패턴예측은 금리예측만큼이나 어려운 일이다.

예 제 **스트립헤지**(Strip Hedge)**와 스택헤지**(Stack Hedge)

'한국물산'은 1년 동안 변동금리(3M LIBOR 기준)로 2천5백만 달러를 차입하였다. 차입일은 2016년 12월 31일이고 만기는 2017년 12월 31일이다. 이자는 매분기말에 지급된다. 이 기업의 자금담당자는 향후 달러금리의 상승이 우려되어 유로달러선물로 헤지하고자 한다.

자금담당자는 스트립헤지와 스택헤지 중 하나의 기법을 선택하려고 한다. 스트립헤지는 각 결제월의 단기금리선물을 동일 수량만큼 매도하여 전체적으로 균형화하는 헤지기법을 말하며, 스택헤지는 헤지 대상물량 전체에 해당하는 최근월물을 모두 매도한 후 만기가 될 때 해당기간 경과분 만큼을 제외한 나머지를 그 다음의 최근월물로 치환(rollover)하는 방법이다.

자금담당자는 유로달러선물 2016년 3월물 25개, 6월물 25개, 9월물 25개를 각각 매도하여 스트립헤지를 하였다가 매분기마다 해당 결제월물을 매수하여 청산하는 방법을 선택할 수 있다. 이때 1년 차입금리에 대해 3개 결제월만 사용하는 것은 최초 확정금리기간을 제외해야 하기 때문이다. 즉, 현재시점에서 확정된 LIBOR금리는 3개월 후에 지급되고 3개월 후 시점에서 확정된 LIBOR금리는 6개월 후에 지급되는 방식이 일반적이다.

반면에 스택헤지의 경우 75계약 전부를 근월물인 3월물 선물에 매도계약을 체결하면 된다.

그리고 나서 매분기마다 기존 결제월물 전부를 매수하여 청산함과 동시에 잔여물량을 차기 근월물 매도로 치환한다. 예를 들어, 2016년 3월 이자지급시에는 3월물 75계약 매수와 동시에 6월물 50계약을 매도하면 된다. 이를 요약하면 [표 9.4]와 같다.

표 9.4 스택헤지와 스트립헤지

구 분	결제월	1/4분기	2/4분기	3/4분기
스택헤지	첫 번째 근월물(3월물)	75계약		
	두 번째 근월물(6월물)		50계약	
	세 번째 근월물(9월물)			25계약
스트립헤지	첫 번째 근월물(3월물)	25계약		
	두 번째 근월물(6월물)	25계약	25계약	
	세 번째 근월물(9월물)	25계약	25계약	25계약

이때 자금담당자는 베이시스 리스크, 수익률곡선의 움직임, 시장 유동성 등을 고려하여 헤지기법을 선택하여야 한다. 스택헤지가 스트립헤지보다 실행이 용이한 것은 분명하지만, 베이시스 리스크에 노출된다는 단점을 간과해서는 안 된다. 예를 들어, 3개월짜리 선물로 6개월짜리 금리를 헤지하는 경우 3개월 금리와 6개월 금리가 동일하게 움직일 것이라는 가정이 필요하다. 이러한 가정이 적절하지 않은 시장상황이라면 스택헤지보다는 스트립헤지를 선택해야 한다.

스트립헤지의 경우 원월물로 갈수록 선물시장의 유동성이 저하되므로 문제가 생길 수 있으나, 유로달러선물처럼 유동성이 높은 경우에는 스트립 헤지의 실행에 커다란 문제가 없을 것이다. 또한 향후 수익률곡선이 가파르게 될 경우 원월물의 내재선도금리가 근월물 내재선도금리보다 상대적으로 더 상승하여 근월물 스텍 매도헤지의 효과는 스트립헤지에 비해 감소될 수도 있다. 따라서 한국물산의 자금담당자는 스트립헤지를 선택하는 것이 적절하다고 볼 수 있다.

(2) 금리 리스크 헤지모형

금리선물을 이용하여 금리 리스크를 헤지하는 것은 주가 및 환 리스크를 헤지하는 경우보다 복잡하다. 이는 이표와 만기 등의 불일치로 금리 리스크 헤지결과가 만족스럽지 못한 경우가 대부분이기 때문이다. 따라서 헤지의 성과를 높이기 위해서는 이표와 만기의 불일치를 고려하는 헤지전략이 요구된다.

예를 들어, 우리나라의 국채선물의 경우 다른 나라와 마찬가지로 완벽한 헤지는 사실상 불가능하다. 그 이유는 첫째, 헤지대상 채권의 금리민감도가 선물거래의 기초자산의 금리민감도와 다르기 때문이다. 또한, 헤지 대상 채권의 수익률 움직임과 최종결제가격 산정의 기준이 되는 바스켓의 수익률이 헤지기간 동안 동일하게 움직이기 않기 때문에 완벽한 헤지가 불가능하다. 따라서 헤지의 효율성을 증대시키기 위한 방안은 결국 헤지비율(hedge ratio)을 어떻게 결정하는가에 달려있다.

1) 액면가치모형(Face Value Model)

액면가치모형에 따르면 현물 액면가 1원을 선물1계약의 액면가 1원으로 헤지한다. 예를 들면, 액면 1억원의 국채를 국채선물 1계약(액면 = 1억원)으로 헤지하는 경우이다. 즉,

$$\text{헤지비율} = \frac{\text{현물의 액면가}}{\text{선물 1계약의 액면가}}$$

그러나 이 모형은 다음과 같은 단점이 있다. 첫째, 액면가를 중시함으로써 현물과 선물포지션의 시장가 차이를 무시한다. 현물과 선물포지션의 시장가에는 차이가 있을 수 있으므로 액면가치모형을 사용하면 나쁜 헤지성과를 초래할 수 있다. 둘째, 현물과 선물의 듀레이션에 영향을 미치는 이표와 만기의 특성을 무시한다.

2) 시장가치모형(Market Value Model)

시장가치모형에 따르면 현물 시장가 1원을 선물계약의 가치 1원으로 헤지한다. 즉,

$$\text{헤지비율} = \frac{\text{현물가격}}{\text{선물가격}}$$

예를 들어, 액면 10만 달러의 T-Bond의 시장가치가 9만 5천 달러이고, 액면 10만 달러의 T-Bond 선물의 시장가격이 90이라면, 현물채권 1단위를 헤지하기 위해 선물 1.056 (95/90)단위가 필요하다. 즉, 헤지비율은 1.056이다.

이와 같이 시장가치모형은 액면가치모형과는 달리 액면가 대신 시장가를 사용함으로

써 액면가모형의 첫 번째 단점을 보완하나, 두 번째 단점인 현물과 선물의 가격민감도 문제를 여전히 고려하지 못하고 있다.

3) 베이시스 포인트 가치 모형(Basis Point Value Model)

베이시스 포인트 모형의 기본 개념은 수익률 1bp(0.01%) 변화에 대한 가격변동(BPV: Basis Point Value)에 근거하여 헤지비율을 구하는 것이다. 즉, 선물 및 현물의 BPV를 이용한 헤지비율은 다음과 같이 구할 수 있다.

$$\text{헤지비율} = \frac{BPV_c}{BPV_f}$$

이때 BPV_c는 수익률 1bp 변화에 따른 현물가격변화, BPV_f는 수익률 1bp 변화에 따른 선물가격변화를 나타낸다.

BPV는 항상 일정한 것이 아니라 수익률 변동에 따라 수시로 변하기 때문에 헤지비율을 계속 조정할 수도 있고, 만약 현물과 선물의 수익률 변화 크기가 다르다면 수익률의 상대적 변동성(relative volatility)으로 헤지비율을 조정함으로써 헤지성과를 개선할 수 있다.

4) 전환계수모형(Conversion Factor Model)

전환계수모형은 T-Bond나 T-Note 선물계약과 같이 인수도가격(청구가격)을 결정할 때 전환계수를 사용하는 선물계약에 적용하는 모형이다. 이 모형의 기본 개념은 전환계수를 민감도 지수로 사용함으로써 가격민감도 차이를 조정하는 것이다. 즉, 현물 액면가 1달러를 선물계약의 액면가 1달러로 헤지할 때 전환계수를 곱한 값이 헤지비율이다.

T-Bond 선물이나 T-Note 선물에서 언급하였듯이 전환계수가 상이한 인도적격물이 여러 개 존재한다. 따라서 전환계수모형을 이용하여 헤지비율을 산출하기 위해서는 최저가인도채권(CTD)을 먼저 결정하고 해당 전환계수를 이용한다.

$$\text{헤지계약수} = \frac{P}{F} \times CF_{CTD}$$

이때 P는 채권포트폴리오의 가치, F는 채권선물의 계약단위, CF_{CTD}는 CTD의 전환

계수(CF)를 나타낸다.

예를 들어, 현재 액면 $1,000,000의 채권포트폴리오를 관리하고 있는 펀드매니저가 T-Bond 선물(계약단위 $100,000)을 이용하여 헤지하려고 한다. CTD의 전환계수가 0.964966일 때 펀드관리자가 매도해야 할 T-Bond 선물의 계약수는 다음과 같이 결정된다.

$$\text{헤지계약수} = \frac{1{,}000{,}000}{100{,}000} \times 0.964966 = 10(\text{계약})$$

이와 같이 전환계수를 이용하여 헤지비율을 조정하는 방법의 문제점은 헤지대상 채권포트폴리오와 채권선물의 금리민감도를 고려하지 않는 점이다. 따라서 T-Note/Bond 선물을 이용하여 채권포트폴리오의 금리 리스크를 헤지할 때 채권현물의 BPV와 (채권선물과 직접적으로 관계가 있는) CTD의 BPV를 고려하여 다음과 같이 헤지계약수를 계산할 수 있다.

$$\text{헤지계약수} = \frac{P}{F} \times CF_{CTD} \times \frac{BPV_P}{BPV_{CTD}}$$

이때 P는 채권포트폴리오의 가치, F는 채권선물의 계약단위, CF_{CTD}는 CTD의 전환계수(CF), BPV_P는 채권포트폴리오의 BPV, BPV_{CTD}는 CTD의 BPV를 나타낸다.

예를 들어, 앞의 예제와 같이 현재 $1,000,000의 채권포트폴리오를 관리하고 있는 펀드매니저가 T-Bond 선물(계약단위: $100,000)을 이용하여 헤지하려고 한다. 채권포트폴리오의 BPV가 0.04980, CTD의 BPV가 0.07292, CTD의 전환계수가 0.964966일 때 펀드관리자가 매도해야 할 T-Bond 선물의 계약수는 다음과 같이 결정된다.

$$\text{헤지계약수} = \frac{1{,}000{,}000}{100{,}000} \times 0.964966 \times \frac{0.04980}{0.07292} = 7(\text{계약})$$

채권포트폴리오의 BPV와 CTD의 BPV 비율로 헤지포지션을 조정하기 때문에 앞에서 설명한 방법보다 헤지계약수가 훨씬 작게 산출된다.

5) 듀레이션 헤지모형(Duration Hedging Model)

채권포트폴리오의 금리 리스크를 헤지하는 가장 일반적인 방법은 포트폴리오의 듀레이션과 선물의 듀레이션 비율로 헤지포지션을 설정하는 것이다. 즉,

$$N = \frac{D_P \times P}{D_F \times F}$$

D_P : 채권포트폴리오 듀레이션

D_F : 선물 듀레이션

P : 채권포트폴리오의 현재가치

F : 선물 1계약의 가치

N : 선물계약수

예 제 **채권 포트폴리오의 금리 리스크 관리**

S투신사의 채권펀드 운용담당자는 향후 채권수익률의 상승이 예상되어 보유 채권의 리스크관리 방안에 대해 고민하고 있다. 00년 10월 6일 현재 채권형 펀드는 액면금액이 300억원, 시장가치(P)가 294억원, 평균듀레이션(D_P)이 2.37년으로 [표 9.5]와 같이 구성되어 있다. 운용담당자는 국채선물(3년물)을 이용한 매도헤지방안을 강구하고 있다.

표 9.5 **보유 채권 현황**

(단위: %, 억원)

종 류	발행일	만 기	표면이율	유통수익률	액면금액	시장가치
국고채 A	00. 4. 8	3년	6.47	8.544	100	96.94
국고채 B	00. 5. 6	3년	5.90	8.546	100	94.89
국고채 C	00. 9.15	3년	9.39	8.549	100	102.70
합 계					300	294.53

채권운용자가 고려하고 있는 헤지기간은 11월 23일까지 약 한 달간이고, 10월 6일 현재 국채선물(3년물)의 시장가격(F)은 98.24(즉, 1억원의 98.24%)이고 선물의 듀레이션(D_F)은 2.64이다. 따라서 듀레이션 헤지모형에 의하면 매도해야 할 국채선물 계약수(N)는 270이다.

$$N = \frac{D_P \times P}{D_F \times F}$$

$$= \frac{2.372870 \times 29{,}453\text{백만원}}{2.637672 \times 98.24\text{백만원}} = 270$$

한편 듀레이션을 이용하여 헤지를 할 경우 듀레이션 개념의 한계로 인해 완전한 헤지가 불가능하다는 점을 유의해야 한다. 이는 채권의 볼록성(convexity)과 수익률곡선의 비수평 이동(non-parallel shift)으로 인해 듀레이션의 개념에 근거한 헤지모형이 한계를 지니기 때문이다. 이 경우 선물수익률과 현물수익률간의 수익률 베타(beta)와 채권포트폴리오의 볼록도를 고려하여 헤지비율을 산출함으로써 헤지성과를 개선시킬 수 있다.

---

(3) 채권선물을 이용한 듀레이션 조정

1) 채권포트폴리오의 듀레이션 조정

고정금리채권의 듀레이션은 금리 리스크의 척도가 된다. 마찬가지로 금융기관의 자산과 부채의 듀레이션은 각각의 금리 리스크의 척도가 된다. 따라서 포트폴리오 관리자 또는 금융회사의 재무담당자는 듀레이션을 적절한 수준으로 유지함으로써 금리 리스크를 관리하거나 금리변동에 따른 포트폴리오 또는 자기자본의 가치를 증대시키려고 노력한다.

펀드관리자는 금리하락이 예상되면 듀레이션을 증가시키기 위해 단기채권을 장기채권으로 대체시킴으로써 포트폴리오 또는 자산의 구성을 변화시킬 수 있다. 이처럼 현물시장에서의 거래를 통하여 그 구성내용을 변경함으로써 포트폴리오 듀레이션을 조정할 수도 있으나, 채권선물을 이용하면 적은 비용으로 신속하게 듀레이션을 조정할 수 있다.

$$N = \frac{(D_T - D_P)}{D_F} \times \frac{P}{F}$$

D_T : 목표 듀레이션

D_P : 채권포트폴리오 듀레이션

D_F : 선물 듀레이션

P : 채권포트폴리오의 현재가치

F : 선물 1계약의 가치

N : 선물계약수

이때 선물계약수는 양(+)의 숫자의 경우 매수를, 음(−)의 숫자의 경우 매도를 의미한다. 이때 헤지는 목표 듀레이션을 0으로 만드는 특별한 경우이며, 목표 듀레이션이 0인 경우 위의 식은 듀레이션 헤지모형으로 전환됨을 알 수 있다.

예 제

H투신사의 채권형펀드 관리자는 2016년 2월 19일 현재 1,000억원의 채권 포트폴리오를 관리하고 있다. 현재 포트폴리오의 평균듀레이션은 3년, 3월 만기 3년 국채선물의 호가는 120이라고 하자(3년 국채선물의 듀레이션은 2.6년이라고 가정).

(1) 향후 금리상승에 대비하여 포트폴리오의 듀레이션을 2.5년으로 줄이고자 할 때 국채선물을 어떻게 활용할 수 있는가?

$$N = \frac{D_T - D_P}{D_F} \times \frac{P}{F} = \frac{2.5-3}{2.6} \times \frac{1,000}{1.2} \approx -160$$

이때 $D_T = 2.5$, $D_P = 3$, $D_F = 2.6$, $P = 1,000$억원, $F = 1.2$억원

국채선물가격 120의 의미는 계약단위 1억원의 120%를 의미하므로, 선물 1계약의 가치는 1.2억원이다. 따라서 국채선물을 160계약을 매도하면 된다.

(2) 향후 금리상승 리스크를 제거하기 위하여 펀드매니저는 국채선물을 어떻게 활용할 수 있는가? (헤지의 경우: $D_T = 0$)

$$N = \frac{D_T - D_P}{D_F} \times \frac{P}{F} = \frac{0-3}{2.6} \times \frac{1,000}{1.2} \approx -962$$

따라서 국채선물 962계약을 매도함으로써 금리상승 리스크를 제거한다.

2) 자산 / 부채의 듀레이션 갭 관리

듀레이션은 여러 기간에 걸쳐 발생하는 현금흐름의 현재가치로 가중평균한 만기임을 제1장에서 설명하였다. 채권포트폴리오의 듀레이션은 각 채권의 듀레이션을 현재가치로 가중평균 함으로써 얻을 수 있다. 이와 같은 논리를 금융기관의 대차대조표 항목에 적용하면, 자산 듀레이션은 각 자산항목들의 듀레이션을 각 항목의 현재가치로 가

중평균한 값이고, 부채 듀레이션은 각 부채항목들의 듀레이션을 각 항목의 현재가치로 가중평균한 값이다. 따라서 자기자본의 듀레이션은 다음과 같이 구할 수 있다.

$$D_K = \frac{A}{K} \times D_A - \frac{L}{K} \times D_L = \left(D_A - \frac{L}{A} \times D_L \right) \times \frac{A}{K} = DGAP_K \times \frac{A}{K}$$

D_K : 자기자본의 듀레이션

D_A: 자산의 듀레이션

D_L : 부채의 듀레이션

A : 자산의 시장가치

L : 부채의 시장가치

$K = A - L$: 자기자본의 시장가치

$DGAP_K$: 자기자본의 듀레이션 갭

자산과 부채의 평균금리를 r이라고 할 때 금리변동에 따른 자기자본의 변동률은 자기자본의 듀레이션 갭에 의해 결정된다. 즉,

$$\frac{\triangle K}{A} = -DGAP_K \times \frac{\triangle r}{1+r}$$

또는 $\triangle K = -(A \times D_A - L \times D_L) \times \frac{\triangle r}{1+r}$

따라서 자기자본 가치의 변동은 결국 자산가치의 변동에서 부채가치의 변동을 뺀 것과 같다는 직관적인 결과에 지나지 않으며 자기자본 가치의 면역화(immunization)를 위해서는 듀레이션 갭을 0으로 해야 한다는 것을 시사하고 있다.

자산과 부채에 적용되는 금리가 다르다고 할 때 위의 식을 다음과 같이 변형시킬 수 있다.

$$\triangle K = -A \times D_A \times \frac{\triangle r_A}{1+r_A} + L \times D_L \times \frac{\triangle r_L}{1+r_L}$$

r_A : 자산 포트폴리오에 적용되는 금리

r_L : 부채 포트폴리오에 적용되는 금리

자기자본의 듀레이션을 조정하기 위해 선물 포지션을 취했을 경우 새로운 듀레이션은

다음과 같이 표현할 수 있다.

$$D_K = \frac{A}{K} \times D_A - \frac{L}{K} \times D_L + \frac{NP_F}{F} \times D_F$$

D_F : 선물 듀레이션

F: 선물 1계약의 가치

N: 선물계약수

자산, 부채 및 선물금리가 상이하고 이들의 변화율의 크기는 동일하다고 가정하면

$$\triangle K = -(\frac{A \times D_A}{1+r_A} - \frac{L \times D_L}{1+r_L} + \frac{N \cdot P_F \cdot D_F}{1+r_F}) \times \Delta r$$

따라서 자기자본을 면역화하기 위한 선물계약수(N)는 다음과 같이 결정된다.

$$\frac{A \times D_A}{1+r_A} - \frac{L \times D_L}{1+r_L} + \frac{N \cdot P_F \cdot D_F}{1+r_F} = 0$$

예 제 생명보험회사의 듀레이션 갭 관리

목적 : 금리 리스크관리를 통한 자기자본가치의 면역화(immunization)

수단 : 국채선물을 이용한 듀레이션 갭 관리

거래목적

국내 생명보험회의 자산/부채구조의 일반적인 특징은 전체적으로 금리민감자산이 금리민감부채보다 많으나, 장기무배당계정이나 연금계정의 경우 금리민감부채가 금리민감자산보다 많으며 특히 변동금리부채가 변동금리자산보다 많다. 또한 부채의 듀레이션이 자산의 듀레이션보다 커서 듀레이션 갭이 음(-)이다.

생명보험회사의 순자산가치(Market Value of Surplus: MVS)는 자산의 현재가치에서 부채의 현재가치를 뺀 것을 의미한다. 이때 자산의 현재가치는 시가평가자산 및 장부가평가 자산을 각 신용등급에 해당하는 할인률을 사용하여 시가로 평가한 금액을 말하며, 부채의 현재가치란 보유계약으로부터 발생하는 순현금흐름(수입보험금 - 지급보험금)을 할인율(예를 들어, 금융채와 회사채 평균)을 사용하여 평가한 금액을 말한다.

[그림 9-4]는 생명보험회사의 순자산가치(MVS) 곡선의 일반적인 형태를 나타내고 있다. 금리하락시 대출조기상환, 저수익 재투자로 인하여 자산의 시장가치곡선은 하락하는 반면, 최저보장이률로 인한 계약자 혜택으로 부채의 시장가치가 상승함에 따라 순자산가치가 하락하게 된다.

한편, 금리상승 지속시 기존보험계약의 해약이 증가하고 보험료 수입이 해약 등 부채 현금 유출(cash outflow) 충당에 대부분 소요됨에 따라 고수익 자산운용기회가 축소되고, 디폴트 증가로 인해 대출자산의 시장가치가 하락하게 된다. 금리상승시 부채의 시장가치도 하락하나 금리가 일정 수준 이상 상승하면 저금리로 가입한 보험계약 해지 후 고금리의 신규계약 가입으로 하락비율이 둔화됨에 따라 순자산가치곡선은 완만하게 하락하는 모습을 보이게 된다.

이상의 논리를 종합해 보면, 금리가 급등락 할 때 부채의 시장가치가 자산의 시장가치보다 커져 순자산가치가 음(−)이 되는 상황에 직면할 수 있음을 알 수 있다.[5)]

그림 9-4 생명보험사의 MVS 곡선

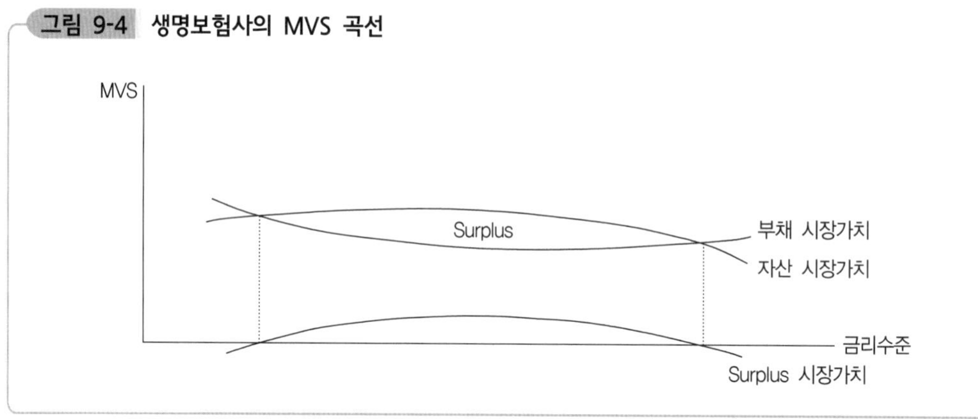

××년 12월 31일 현재 S생명보험회사의 자산/부채 관련 자료가 다음과 같다고 하자.

자산의 시장가치(A) : 50조원
부채의 시장가치(L) : 40조원
자산의 평균듀레이션(D_A) : 5년
부채의 평균듀레이션(D_L) : 10년

5) 보험회사 순자산가치(MVS)의 듀레이션에 관한 이론적 배경에 대해서는 Nawalkha & Chambers(1999: Ch.38) 참조.

따라서 자기자본의 듀레이션 갭은 $D_A - \frac{L}{A} \times D_L = -3$년이다. 듀레이션 갭이 음(−)이므로 금리하락 리스크에 노출되어 있고, 리스크관리팀장은 듀레이션 갭을 줄일 수 있는 방안을 강구하고 있다.

거래내용

자기자본 가치의 면역화(immunization)를 위해서는 듀레이션갭을 영(0)으로 만들어야 한다. 자산, 부채 및 선물금리가 상이하고 이들의 변화율의 크기는 동일하다고 가정하면, 자기자본의 듀레이션 갭($= D_A - \frac{L}{A} \times D_L$)을 영(0)으로 만들기 위한 선물계약수($N$)는 다음과 같이 결정된다.

$$\frac{A \times D_A}{1 + r_A} - \frac{L \times D_L}{1 + r_L} + \frac{N \cdot P_F \cdot D_F}{1 + r_F} = 0$$

A : 자산의 시장가치
L : 부채의 시장가치
D_A : 자산의 듀레이션
D_L : 부채의 듀레이션
D_F : 선물의 듀레이션
r_A : 자산 포트폴리오에 적용되는 금리
r_L : 부채 포트폴리오에 적용되는 금리
r_F : 선물금리
P_F : 선물 1계약의 가치
N : 선물계약수

S생명보험회사의 경우 자산 및 부채관련 자료가 다음과 같다고 하자. A: 50조원, L: 40조원, D_A: 5년, D_L: 10년, r_A: 8%, r_L: 6%. 현재 국채선물(3년물)의 시장가격이 100이라면 선물 1계약의 가치(P_F)는 1억원이 된다. 선물의 듀레이션(D_F)이 3년, 선물금리(r_F)가 8%라고 하면, 듀레이션 갭을 영으로 만들기 위한 국채선물 매수계약수(N)를 위의 식을 이용하여 계산하면 524,748계약이 된다. 듀레이션 갭이 크기 때문에 매수해야 할 국채선물 계약수가 매우 큼을 알 수 있다.

S생명보험회사는 위의 예제에서 설명한대로 국채선물을 매수하거나, 금리스왑 매도, 금리

플로어 매수, 금리칼라(플로어 매수+캡 매도) 매수, 수취자스왑션 매수 등 장외 금리파생상품을 적절하게 활용하거나 또는 역변동금리채권의 매수를 통해 금리하락 리스크를 관리할 수 있다.

그러나 불리한 리스크 발생(금리하락)시 자기자본가치의 감소완화 효과에도 불구하고, 유리한 리스크 발생(금리상승)시 금리파생상품 포지션에서의 손실을 기업이 감당할 수가 없게 된다. 또한 금리 리스크관리를 통한 생명보험회사의 장기적인 가치증대 효과를 분석하고 인식하는 적절한 방법론이 없는 상황에서 듀레이션 갭을 금리파생상품 시장을 이용해 줄이는 것은 현실적으로 무리가 있으며, 먼저 자산과 부채 포트폴리오의 재구성을 통해 듀레이션 갭을 줄여야 할 것이다.

---

2. 옵션형 금리파생상품을 활용한 리스크관리

표 9.6 금리 리스크의 유형과 리스크관리기법

금리 리스크	리스크 노출	리스크관리기법
금리상승 리스크	- 변동금리부채 - 장래의 자금조달(채권발행계획) - 채권 포트폴리오 보유 등 고정금리자산	- 캡 매수(capping) 채권(선물)풋옵션 매수 - 풋옵션 매수+콜옵션 매도 캡 매수+플로어 매도(collaring) - 채권 콜옵션 매도(writing covered call) - 캡매도
금리하락 리스크	- 장래의 투자(대출)계획 - 장기고정금리부채 - 변동금리자산	- 플로어 매수(flooring) - 콜옵션 매수+풋옵션 매도(collaring) - 풋옵션 매도

(1) 금리상승 리스크관리

금리캡을 매수하여 금리의 상한을 설정하는 것은 변동금리부채가 있는 기업 또는 금융기관이 금리상승 리스크를 제거하고 금리가 하락하는 유리한 리스크를 보존하고자 할 때 활용하는 전략이다. 이 경우 금리캡의 매수비용을 충당하기 위해 금리 플로어를 매도하여 금리가 하락하는 유리한 리스크를 일정부분 포기할 수 있다. 또한 편

드매니저가 채권 포트폴리오의 금리상승 리스크를 관리하고자 할 때 국채(선물) 풋옵션을 매수하여 금리상승 리스크를 관리하거나, 적절한 행사가격으로 콜옵션을 매도하여 리스크/수익구조를 원하는 형태로 전환시킬 수 있다.

1) 금리캡을 이용한 금리상한조건 대출

금리상승 리스크를 관리하는 수단으로서 금리상한의 조건은 자금대출계약에서 많이 활용된다. 금융기관이 고객에게 자금을 대출해 줄 때 금리상한 조건을 제공하는 대신 그 대가로 이자를 조금 더 받는 계약을 제시할 수 있다.

예 제 금리상한조건 대출

대출금액 : 1억원

대출기간 : 3년

대출금리조건 : 이자 $= \begin{cases} CD \text{ 금리} + 1\% & CD \text{ 금리} \le 5\%\text{인 경우} \\ 6\% & CD > 5\%\text{인 경우} \end{cases}$

이자지급 : 3개월마다 매 이자지급기간이 시작되기 하루 전에 결정된 금리를
기간말에 지급

이제 금리상한조건이 붙지 않는 경우 이 고객에 적용되는 대출금리는 CD + 0.5%라고 하자. CD금리가 5% 이하인 경우 정상적인 대출을 받는 경우보다 0.5%를 더 지급하게 되는 반면, CD금리가 5.5% 이상 상승하는 경우 이익이 발생한다. 이는 캡금리가 5%인 3년 만기 금리캡의 손익과 동일함을 알 수 있다.[6] 이를 금리 리스크의 헤지측면에서 보면 사실상 금리부담이 특정상한(cap 또는 ceiling) 이상으로 상승하는 것을 방지해 주기 때문에 금리캡을 매수하는 것과 같은 개념이며, 금리의 상한설정(capping)이라고도 한다.

6) 금리캡이란 계약상의 최고금리(cap rate 또는strike rate) 이상으로 기준금리(CD)가 상승하면 캡매도자가 캡매수자에게 차액만큼을 지급하기로 하는 계약이다(제5장 참조).

그림 9-5 금리상한조건 대출

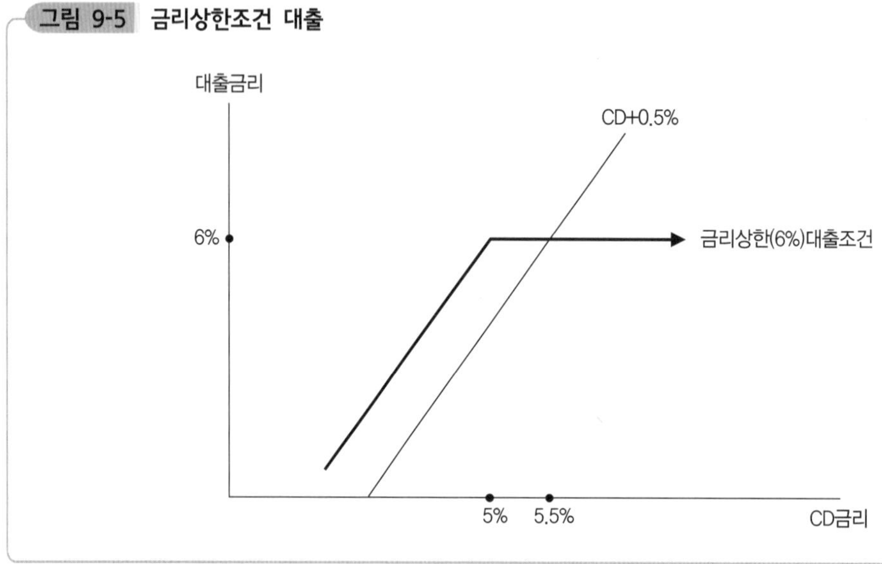

이 고객에게 적용되는 대출금리는 CD 금리가 5% 이상 되는 기간의 대출금리는 6%로 고정되는 반면, CD 금리가 5% 이하인 경우 대출금리는 CD + 1%가 된다. 이와 같이 금리상한조건이 붙어있는 대출계약은 고객이 변동금리 대출을 하면서 금리캡을 매수한 것으로 볼 수 있다. 이때 금리캡의 프리미엄은 0.5%가 된다. 즉, 고객은 0.5%의 비용을 지불하고 CD 금리가 5% 이상 상승할 리스크를 제거하는 것이다.7)

2) 국채선물옵션을 이용한 채권포트폴리오 헤지

채권포트폴리오를 운용하는 펀드매니저는 채권수익률 상승시 손실이 발생하므로 채권(선물) 풋옵션을 매수할 수 있다. 채권(선물) 풋옵션 매수 후 선물가격이 행사가격 이하로 하락하면 풋옵션 행사로부터 이익을 취하여 채권현물가격의 하락에 따른 손실을 상쇄시킬 수 있기 때문이다. 이와 같은 풋옵션의 이용을 보호적 풋헤지(protective put hedge)라고 한다([그림 9-6] 참조).

이때 국채(선물) 풋옵션 매수는 채권포트폴리오의 듀레이션을 감소시킨다. 즉, 헤지포트폴리오의 BPV = [1 + 풋옵션델타] × 포트폴리오 BPV. 예를 들어, 풋옵션의 델타가 −0.5라면 풋옵션 매수는 채권포트폴리오의 BPV를 절반으로 줄이는 효과를 갖는다.

7) 이는 기업이 CD금리에 연동된 금리상한 변동금리채권(capped FRN)을 발행하여 자금을 조달하는 경우와 유사하다.(제10장 참조)

한편, 수정듀레이션(D_m)은 BPV와 $D_m = 10,000 \times \frac{BPV}{P}$의 관계가 있으므로 풋옵션의 매수는 결과적으로 채권포트폴리오의 듀레이션을 감소시키게 된다.[8)]

그림 9-6 채권(선물) 풋옵션을 이용한 채권포트폴리오 헤지

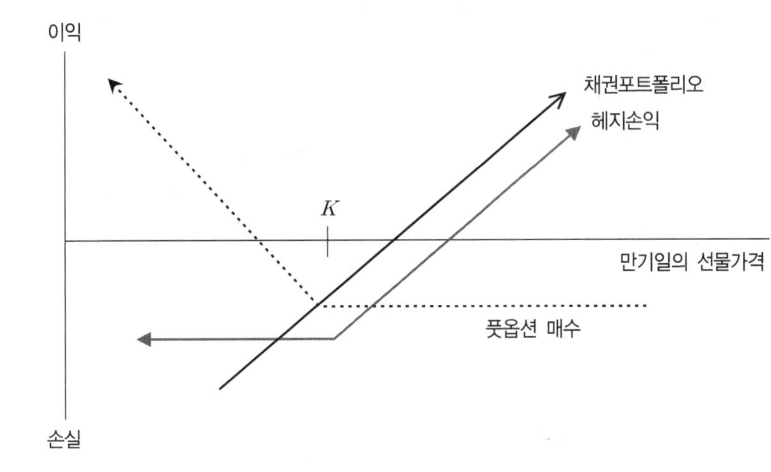

예 제

00년 7월 18일 현재 5억 달러의 시장가치를 가진 채권포트폴리오(수정듀레이션: 6.5년)를 관리하는 매니저가 포트폴리오를 헤지하는 방법은 포트폴리오내의 각 종목채권에 대해 장외시장에서 채권풋옵션을 매수하거나 포트폴리오에 대한 대용치로서 국채선물을 설정하고 국채선물 풋옵션을 매수하는 것이다.

국채선물 풋옵션을 이용하기 위해서는 다음과 같이 5단계를 거쳐 헤지계약수를 결정한다.

1단계: 보유하고 있는 채권 포트폴리오에 대한 최적 선물대용치를 결정한다. 이를 위해서는 어떤 국채선물계약이 현물 포트폴리오 수익률곡선에 대해 가장 높은 설명력을 가지고 있는지를 결정해야 한다. 현재 포트폴리오의 수정듀레이션과 가장 근접한 유효듀레이션을 갖는 국채선물이 10년 국채(T-Note) 선물이라고 가정하자.

2단계: 채권 포트폴리오의 BPV를 계산한다. $500,000,000, 6.5년의 수정듀레이션을 가진 채권포트폴리오의 BPV는 다음과 같이 결정된다.[9)]

---

8) 제1장 식 (1.26) 참조.
9) 제1장 식 (1.26) 참조.

$$BPV = \$500,000,000 \times \frac{0.065}{100} = \$325,000$$

3단계: 수익률변화에 대해 동일한 금리 리스크 노출을 가지는 10년 국채선물 계약수를 결정한다. 예를 들어, 현재 10년 국채선물(수정듀레이션 : 5.86년)의 시장가격이 107 − 20이라고 하면 계약단위가 \$100,000이므로 포트폴리오 등가(portfolio equivalent value)는 \$107,625.00이다. 따라서 BPV는 다음과 같이 결정된다.

$$BPV = \$107,625.00 \times \frac{0.0586}{100} = \$63.07$$

4단계: 채권 포트폴리오와 동일한 BPV를 갖는 선물계약수인 선물등가계약수(FE : futures equivalent)를 계산한다.

$$FE = \frac{BPV_P}{BPV_F} = \frac{\$325,000}{\$63.07} = 5,153(\text{계약})$$

즉, 국채선물 5,153계약의 매수포지션은 6.5년의 수정듀레이션을 가진 \$500,000,000의 채권포트폴리오와 금리민감도가 동일하다.

5단계: 마지막 의사결정은 적절한 행사가격을 선택하여 국채선물 풋옵션을 매수하는 것이다. 즉, 10년 국채선물에 대한 풋옵션의 행사가격, 내재변동성, 델타, 감마, 그리고 매니저의 리스크/수익에 대한 선호도에 따라 특정 행사가격을 선택한다.

---

3) 커버드 콜옵션 매도

투자자나 포트폴리오 매니저는 채권을 매수하고 포트폴리오의 수익률 제고를 위하여 채권선물 콜옵션을 매도할 수 있다. 콜옵션 매도시 지급받는 프리미엄은 포트폴리오의 수익률을 제고시킨다. 그러나 채권가격이 콜옵션의 손익분기점 이상으로 상승하면 포트폴리오의 수익률이 시장수익률보다 낮아질 수 있다.

커버드 콜매도가 단순히 수익률제고의 전략으로 잘못 이해되는 경우가 있다. 사실 커버드 콜매도는 특정 상황에서 수익률을 향상시키거나 반대로 수익률이 악화됨으로써 전체적인 리스크/수익구조를 재구성할 뿐이다([그림 9-7] 참조).

그림 9-7 커버드 콜옵션 매도

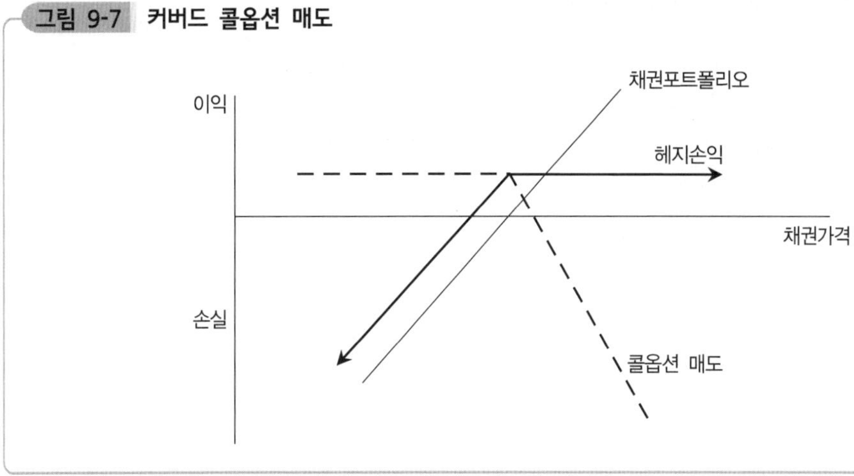

그러면 어떤 투자자가 커버드 콜매도를 고려하는가? 첫째, 투자자가 새로운 수익률분포를 얻고자하는 경우이다. 보합이나 약세장에서는 원래의 채권 포트폴리오보다 더 높은 수익률을 얻고 강세장에서는 더 낮은 수익률을 얻게 되는 구조를 원한다면, 비록 포트폴리오의 수익률을 절대적으로 제고하지 못하더라도 의미가 있는 것이다. 둘째, 투자자는 콜옵션가격이 고평가되어 있다고 느낄 수가 있다, 이 경우 포트폴리오의 수익률을 제고시킬 수 있다. 셋째, 목표수준에서 채권을 무조건 매도하고자 하는 투자자는 콜옵션매도를 통해 포트폴리오의 성과를 관리할 수 있다.

4) 금리 리스크의 상하한설정(collaring)

풋매수 프리미엄 지출을 상쇄하기 위하여 매수할 풋옵션보다 높은 행사가격을 가진 콜옵션을 매도하는 경우도 있는데, 이와 같이 낮은 행사가격(K_1)의 풋매수와 높은 행사가격(K_2)의 콜매도를 동시에 실시하는 것을 상하한설정(collaring)이라고 한다. 상하한설정은 금리가 미리 정한 하한(floor) 이하로 하락할 경우의 이익을 포기하는 결과를 가져오지만 풋옵션 매수에 따른 비용을 줄이거나 0으로 만들 수 있기 때문에 자주 사용되는 리스크관리기법이다.

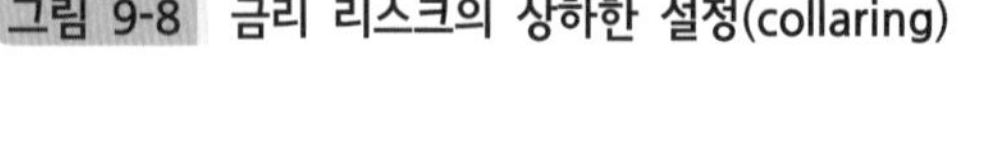
그림 9-8 금리 리스크의 상하한 설정(collaring)

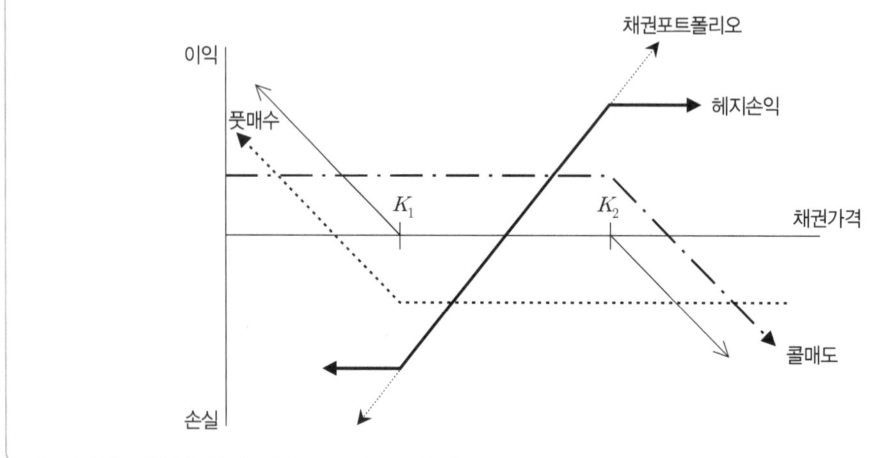

(2) 금리하락 리스크관리

금리플로어를 매수하여 금리의 하한을 설정하는 것은 변동금리자산이 있는 기업 또는 금융기관이 금리하락 리스크를 제거하고 금리가 상승하는 유리한 리스크를 보존하고자 할 때 활용하는 전략이다. 이 경우 금리플로어의 매수비용을 충당하기 위해 금리캡을 매도하여 금리가 상승하는 유리한 리스크를 일정부분 포기할 수 있다.

1) 금리플로어를 이용한 금리하한조건 예금

금리하락 리스크를 관리하는 수단으로서 금리하한의 조건은 변동금리채권(FRN) 또는 변동금리 예금상품에 많이 활용된다. 금융기관이 고객에게 변동금리 예금상품을 판매할 때 금리하한 조건을 제공하는 대신 그 대가로 이자를 조금 낮게 제시할 수 있다.

예 제 금리하한조건 예금

예금금액 : 10억원

만기 : 3년

예금금리조건 : 이자 $= \begin{cases} CD\text{ 금리} - 0.5\% & CD\text{ 금리} < 4\%\text{인 경우} \\ 3.5\% & CD \leq 4\%\text{인 경우} \end{cases}$

이자지급 : 3개월마다 매 이자지급기간이 시작되기 하루 전에 결정된 금리를 기간말에 지급

그림 9-9 금리하한조건 예금

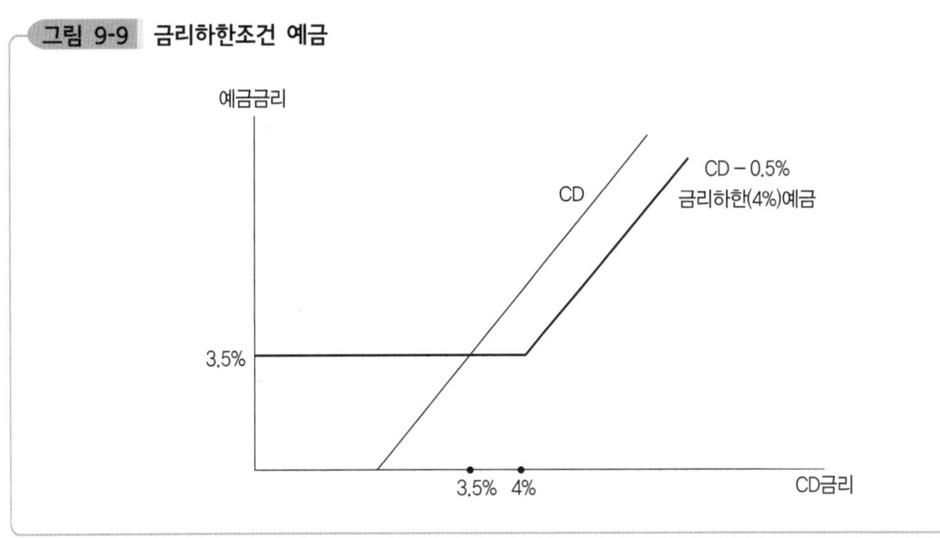

3년 만기 변동금리예금의 금리가 현재 CD 금리와 같다고 하자. 시장금리가 4% 이상인 경우 CD에 투자하는 경우보다 0.5%만큼 이자수입이 적으나 시장금리가 3.5% 이하로 하락하는 경우에도 금리가 3.5%로 고정된다. 이와 같이 금리하한조건의 예금은 금리 플로어를 매수하는 것으로 볼 수 있다. 고객은 0.5%의 비용을 지불하고 CD 금리가 4% 이하로 하락할 리스크를 제거하는 것이다.10)

2) 채권선물 콜옵션 매수에 의한 금리하락 리스크 헤지

금리하락에 따른 손실로부터 보호받기 위해서는 채권(선물) 콜옵션을 매수하여 금리가 하락(채권가격이 상승)할 경우의 손실을 콜옵션 행사의 이익으로 상쇄시키는 전략을 취할 수 있다. 금융기관이 금리하락으로부터 손실을 입을 수 있는 상황은 향후 투자 또는 대출계획이 있는 경우, 고정금리부 장기부채가 있는 경우, 변동금리부 자산이 있는 경우를 들 수 있다. 이러한 상황에서 채권(선물) 콜옵션을 매수하면 채권가격이 행사가격을 상회할 경우 콜옵션을 행사하여 이익을 얻음으로써 금리하락으로

---

10) 이는 투자자가 CD금리에 연동된 금리하한 변동금리채권(floored FRN)에 투자하는 경우와 유사하다(제10장 참조).

인한 손실을 상쇄시킬 수 있다.

그림 9-10 채권선물 콜옵션 매수에 의한 금리하락 리스크 헤지

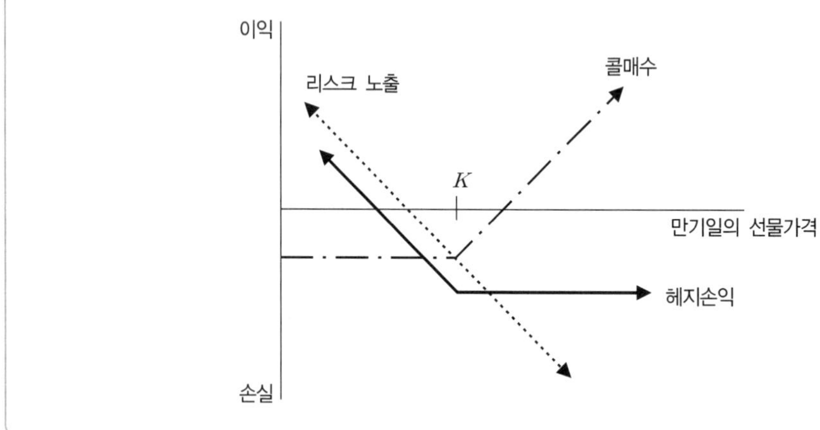

Chapter 10

금리파생상품을 활용한 구조화금융

본 장에서는 제2부에서 소개한 금리파생상품을 활용하여 기업과 투자자의 니즈(needs)를 충족시키는 구조화금융기법 및 사례를 소개한다. 먼저 구조화금융의 개념을 간략히 살펴 본 후, 구조화금융의 한 수단인 금리연계 구조화채권의 유형, 구조, 그리고 특징을 소개한다. 선도금리를 이용하는 상품으로 변동금리채권(FRN), 역변동금리채권(Inverse FRN) 등의 구조와 사례를 분석한다. 수익률곡선의 기울기를 이용하는 상품으로는 CMT FRN, Late LIBOR FRN, 이중변동금리채권(Dual Indexed FRN), 퀀토채권(quanto note) 등을 소개한다. 금리옵션을 이용하는 상품으로는 수의상환채권(callable bond), 변제요구채권(putable bond), 수의상환변동채권(callable flipper bond), 금리상하한 변동금리채권(collared FRN), 참여약정(participation agreement), 레인지채권(range note), 레인지어크루얼채권(range accrual note) 등을 소개한다. 그리고 그 외의 유형으로 KTB 스왑, 파워스프레드채권(power spread note), 변동성 채권(volatility note) 등을 소개한다.

10.1 구조화금융의 개념과 유형

구조화금융(structured finance)이란 자금조달과 운용, 그리고 리스크 관리를 위해 발행자 또는 자산의 소유자가 기존의 금융상품으로 원하는 목적을 달성할 수 없는 경우 활용되는 고도의 금융공학기법이라고 포괄적으로 정의할 수 있다.[1] 구조화금융의 한 수단으로서 구조화채권은 일반적인 채권과 다양한 파생상품의 구조를 결합시켜 발행자(기업)와 투자자의 니즈를 동시에 충족시키고자 설계되는 채권을 의미한다.

발행자 측면에서 관심있는 것은 현 시장상황에서 과연 자금조달 비용을 절감할 수

1) Fabozzi(2006), p.1 참조.

있는 구조의 채권발행이 가능한가이고, 투자자 측면에서 관심있는 것은 현 시장상황에서 과연 추가수익원이 존재하는 상품구조가 존재하는가이다. 투자은행의 역할은 현 시장상황에 근거하여 양 쪽의 니즈를 충족시키는 구조를 설계하는 것이다.

금리연계 구조화 채권의 발행에 있어서 중요한 특징은 여러 가지 형태의 금리파생상품의 거래를 동반한다는 것이다. 즉, 발행자인 기업은 구조화채권의 발행과 동시에 다양한 형태의 스왑, 스왑션, 이색옵션 등 금리파생상품계약을 체결함으로써 구조화채권과 관련된 리스크를 투자은행에게 전가하고 투자은행은 관련 리스크를 헤지하게 된다.

그림 10-1 구조화채권의 발행구조

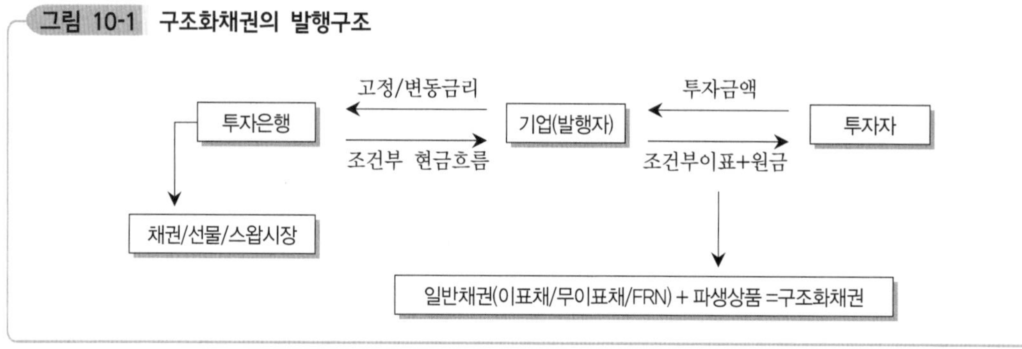

그러면 투자자가 구조화채권에 투자함으로써 얻게 되는 이점은 무엇인가?

첫째, 기본적으로 투자자의 요구사항을 적절히 충족시킬 수 있도록 구조화채권의 리스크/손익구조가 설계된다. 둘째, 시장상황에 따라 시장수익률보다 높은 수익률을 얻을 수 있는 구조로 설계가 가능하다. 즉, 금리의 방향성, 수익률곡선의 변화, 수익률 스프레드의 변화 등 채권시장에 관한 투자자의 견해를 구조화채권에 반영할 수 있다. 셋째, 투자자의 니즈를 고려한 구조설계가 가능하기 때문에 일반채권에서는 얻을 수 없는 특이한 형태로 손익구조를 설계할 수 있다. 넷째, 구조화채권에 투자함으로써 기존에 노출된 리스크를 적절히 배분하거나 분산할 수 있다. 예를 들어, 파생상품을 통해 헤지하기 곤란한 리스크에 노출된 경우 구조화 채권을 통해 리스크를 헤지할 수 있다. 다섯째, 접근이 용이하지 않은 시장의 경우 또는 운용상의 제약이 있는 경우 구조화채권의 투자를 통해 대체투자가 가능하다.

구조화채권의 발행단계는 일반적으로 다음과 같이 요약할 수 있다.[2)]

(1) 고객의 니즈 파악 단계(conceptual stage)

투자은행이 기업고객을 위한 구조화채권을 디자인하기 위해서는 먼저 고객의 니즈 및 동기를 충분히 이해하여야 한다. 이때 투자자 측면의 니즈도 동시에 파악하는 것이 매우 중요하다. 이는 발행기업과 투자자의 니즈를 동시에 충족시키지 못하는 구조로는 시장의 좋은 평가를 받기 힘들기 때문이다.

(2) 개념화 과정(identification process)

기업과 투자자의 니즈 파악, 그리고 시장상황에 근거하여 구조화채권을 설계하기 위한 구성요소를 개념화하는 과정이다. 이때 고객의 니즈를 충족시키는 구조의 설계를 위해 고려해야 할 주요 요소는 고객이 리스크를 보유하고자 하는 국가(통화)의 선택, 구조에 내재되어 있는 이자율 수준 및 수익률곡선의 형태, 리스크/수익구조의 형태, 채권의 만기, 그리고 채권 발행자(기업)의 신용도 등이다.

(3) 구조설계 단계(structuring stage)

투자은행은 관련 시장자료와 발행기업에 관한 정보(목표 자금조달비용 등)를 근거로 이자 및 원금상환의 형태 등 구조를 설계한다. 이때 수수료 및 헤지비용을 고려하여 최종 자금조달 비용을 산정하며, 앞 단계에서 언급한 구조설계와 관련된 주요 요소들을 조정하면서 고객의 니즈를 충족시키는 구조와 가격을 찾아내는 조율이 필수적이다.

금리연계 구조화채권을 부가가치를 창출하는 근원을 기준으로 유형을 분류하면 다음과 같다.

(1) 선도금리를 이용하는 유형: 변동금리채권(FRN), 역변동금리채권(Inverse FRN)
(2) 수익률곡선의 기울기를 이용하는 유형: CMT FRN, 이중변동금리채권(Dual Indexed FRN), 콴토채권(Quanto Note)
(3) 금리옵션을 이용하는 유형: 수의상환채권 / 변제요구채권(Callable/Puttable Bond), 금리상하한 변동금리채권(Collared FRN), 참여약정(participation agreement), 레인

2) Peng & Dattatreya(1995), Ch.8 참조.

지채권(Range Note), 레인지어크루얼채권(Range Accrual Note)

(4) 기타 유형: KTB 스왑, 파워스프레드채권(power spread note), 변동성채권(volatility note)

이하의 절에서는 각 유형별 구조화채권의 구조와 특징 등을 분석해 본다.

10.2 선도금리를 이용

1. 변동금리채권(Floating Rate Note: FRN)

변동금리채권(FRN)은 고정금리채권과 달리 지급이자가 기준금리에 연동되어 변동한다. 이자지급은 기준금리(CD 91일물 또는 국고채 3년 / 5년)의 이전 이자지급일 전일 최종호가 수익률에 가산금리를 더하여 계산한다.

예를 들어, 3개월 마다 이자지급이 이루어지는 FRN의 경우 이전 이자 지급일 전일부터 과거 1개월간 국민주택1종 최종호가수익률 산술평균 또는 이전 이자지급일 전일 국고채 5년 최종 호가수익률에 가산금리를 더하여 이자를 지급한다.

FRN에서 지급되는 이자가 기준금리에 따라 변동되기 때문에 가산금리가 없는 경우 금리변화가 채권가치에 미치는 영향이 미미하다. 그러나, 가산금리가 있을 경우 가산금리만큼 고정금리채권의 성격을 지니게 된다. 가파른 수익률곡선 하에서 FRN 가격이 높으므로 기업은 자금조달비용을 감소시키기 위한 방안으로 FRN 발행후 IRS를 이용하여 고정금리채권(Fixed)으로 전환하게 된다. 즉, − FRN + IRS = − Fixed

일반적으로 FRN은 금리스왑, 캡, 그리고 플로어를 결합한 구조를 가지고 있다. 예를 들어, CD 91일물 수익률에 25bp를 더한 금리를 지불하지만 최소 5%의 표면금리를 지불하는 조건으로 발행되는 채권은 전형적인 FRN(CD + 25bp, Min 5%)에 속한다. 이러한 FRN은 아무런 제약이 없는 FRN과 0.25%의 연금 및 4.75%를 하한금리(행사금리)로 하는 금리플로어를 합성한 구조를 갖는다.[3] 즉,

+ 전형적인 FRN	=	+ FRN	+	연금	+	금리플로어
(CD + 0.25%, Min 5%)		(CD)		(0.25%)		(4.75%)

3) Smith & Smithson(1990: Ch.4, pp.114-116) 참조

그림 10-2 전형적 FRN의 금리구조

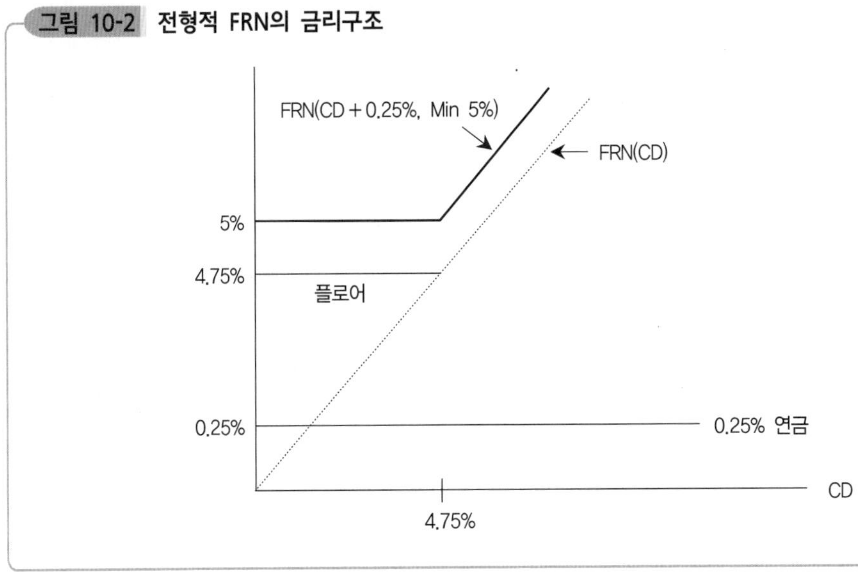

이와 같은 전형적인 FRN의 구조는 [그림 10-2]에 나타나 있다. 여기서 플로어 계약은 전형적인 FRN의 최소 표면금리 조건에 해당한다. 예를 들어, 금리 재책정일(reset date)에 CD 91물 수익률이 3%라고 가정하자. FRN에서 지급되는 CD는 시장금리에 기초하여 일정기간마다 다시 책정되는데 이를 금리 재책정일(reset date)이라 한다. 이 경우 전형적인 FRN의 최소금리 5% 조건의 충족은 연금 0.25%와 플로어에 의한 지급 4.75%에 의해 이루어진다. 일반적으로 플로어의 행사금리(4.75%)는 FRN의 최소 표면금리(5%)에서 CD에 추가되는 마진(0.25%)을 차감한 수준과 같다.

금리스왑(IRS)의 매수포지션은 다음과 같이 표현할 수 있음을 알고 있다.

+ IRS(고정금리 지급, CD 수취) = + FRN(CD) − 고정금리채권

위의 두 식을 결합하면 금리스왑과 변동금리채권, 고정금리채권의 관계를 다음과 같이 얻을 수 있다.

$$\underbrace{+\text{IRS}}_{\substack{\text{고정금리 지급}\\ \text{CD 수취}}} = \underbrace{+\text{전형적 FRN}}_{\substack{\text{CD}+0.25\%\\ \text{Min } 5\%}} - \underbrace{\text{연금}}_{0.25\%} - \underbrace{\text{플로어}}_{4.75\%} - \text{고정금리채권}$$

이를 정리하면 합성 고정금리채권의 식을 얻게 된다.

- 고정금리채권	=	- 전형적 FRN	+	IRS	+	Floor
스왑고정금리 + 0.25%		CD + 0.25% Min 5%		고정금리 지급 CD 수취		4.75%

이 식이 의미하는 것은 전형적인 FRN을 발행하고, 금리스왑을 매수(고정금리 지급, 변동금리 수취)하고, 금리 플로어를 매수함으로써 고정금리채권(스왑고정금리 + 0.25%)을 발행하는 것과 같은 효과를 볼 수 있다는 것이다. 따라서 고정금리 차입을 선호하는 기업들은 FRN을 발행하고 고정금리 지급 / 변동금리 수취 금리스왑을 통하여 고정금리 채권을 합성한다. 변동금리 차입을 선호하는 기업들은 고정금리 채권을 발행하고 고정금리 수취 / 변동금리 지급 스왑을 통하여 FRN을 합성한다. 이와 같이 스왑을 통하여 얻는 합성 금리가 원래의 고정 / 변동금리보다 낮은 경우 기업들은 차입비용을 낮출 수가 있는 것이다.

예 제 CD 금리 연동 FRN(스왑펀드)

금리스왑을 자산측면에 적용하는 예를 들어보면 다음과 같이 운용사가 고정금리 회사채를 매수하고, 고정금리 지급 / CD 금리 수취하는 금리스왑을 통해 CD 금리 연동 FRN(CD + 0.95%)의 형태로 투자 상품을 개발할 수 있다.

(시장상황)

3년 스왑률 : 5.50% – 5.45%

회사채(A+) 3년 수익률 : 6.45%

(상품구조)

펀드만기 : 3개월 또는 6개월

편입채권만기 : 3년

편입채권종류 : 회사채 A+

금리스왑 : 고정금리지급 / 변동금리수취

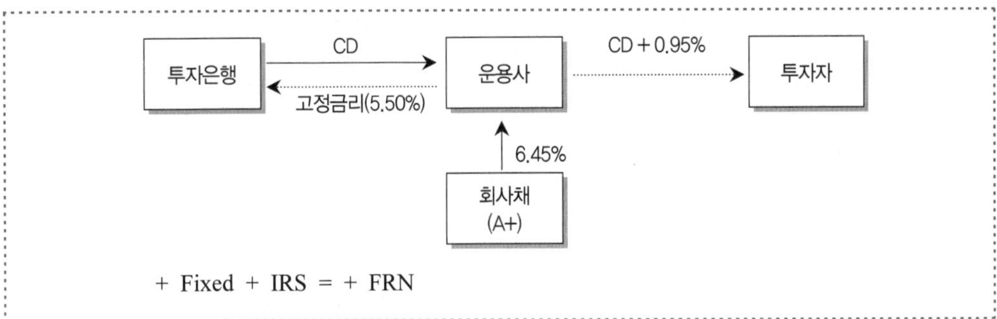

위의 그림에서 보여 주듯이 자산운용사는 국고채 대비 신용스프레드가 있는 장기 회사채를 이용하여 금리상승을 예상하는 투자자에게 단기 펀드(만기 3개월 또는 6개월)이면서 상대적으로 높은 금리를 제공해 줄 수 있다. 그러나 투자자의 예상과 달리 CD 금리가 지속적으로 하락하여 중도환매가 발생하는 경우 펀드에 편입한 회사채의 매도나 금리스왑의 청산이 쉽지 않을 수 있고, CD 금리를 거래대상으로 하는 금리선물이 없는 경우 적절한 헤지수단을 확보하기 어려운 점을 운용사는 간과해서는 안 된다.

2. 역변동금리채권(Inverse FRN)

역변동금리채권은 일반적인 변동금리채권처럼 기준금리에 따라 이자지급을 주기적으로 조정하나, 기준금리의 움직임과 반대방향으로 이자지급 조정이 이루어지는 채권을 의미한다(Inverse Floaters 라고도 함). 즉, 이자지급은 고정금리 – 변동금리(e.g., 3M CD)의 형태를 띤다. CD가 하락하면 이자지급액이 증가하는 구조를 가지므로 이러한 역변동금리채권은 전반적인 금리하락기 또는 경사가 급한 수익률곡선 상황 하에서 주로 발행된다.

예 제 **역변동금리채권**

액　　면 : 100억원
만　　기 : 5년
이자지급 : 10.5% – CD (quarterly)
최소이자지급 : 0%

이러한 역변동금리채권은 고정금리채권, 금리스왑, 금리캡으로 분해할 수 있다. 예를 들어, 5년 금리스왑의 스왑률이 4.5%라고 할 때 이자지급이 10.5% – CD인 역변동금리채권(Inverse FRN)의 발행은 6.0% 이자를 지급하는 고정금리채권(Fixed)의 발행, 4.5% 고정금리를 지급하고 CD를 받는 금리스왑(IRS), 그리고 상한금리가 10.5%인 금리 캡(cap)의 매도로 구성되어 있다.[4]

$$\underbrace{-\text{ Inverse FRN}}_{10.5\%\ -\ \text{CD}} \;=\; \underbrace{-\text{ Fixed}}_{6.0\%} \;+\; \underbrace{\text{IRS}}_{4.5\%} \;-\; \underbrace{\text{Cap}}_{10.5\%}$$

위의 식을 변형하면 다음과 같은 합성고정금리채권의 식을 얻을 수 있다.

$$\underbrace{-\text{ Inverse FRN}}_{10.5\%\ -\ \text{CD}} \;-\; \underbrace{\text{IRS}}_{4.5\%} \;+\; \underbrace{\text{Cap}}_{10.5\%} \;=\; \underbrace{-\text{ Fixed}}_{6.5\%}$$

즉, 기업은 역변동금리채권을 발행하고 고정금리를 받고 변동금리를 지급하는 금리스왑계약을 체결하고 금리캡을 매수함으로써 고정금리채권을 합성할 수 있다.

제2장에서 현물 수익률곡선이 우상향하는 경우 선도금리곡선는 더 가파르게 우상향하게 된다고 설명하였다. 또한, 스왑률은 미래의 스왑기간동안 각 선도금리의 가중평균으로 형성되므로,[5] 스왑은행은 높은 고정금리(스왑률)를 채권발행 기업에게 지급할 수 있게 된다. 발행기업의 측면에서 "– Inverse FRN – IRS + Cap = – Fixed" 이므로 금리스왑에서 고정금리를 수취하게 된다.

투자자는 CD가 하락하면 이자지급이 상승하므로 이익을 보고, 수익률곡선의 경사가 급할 경우 지급하는 변동금리보다 수취하는 고정금리가 높아 양(+)의 캐리가 일정한 기간 동안 발생하게 된다. 현물수익률곡선을 기준으로 투자를 결정하는 채권투자자들의 경우 상품에 내재되어 있는 수취금리가 공정한 스왑률보다 낮더라도 CD가 어느 정도 이상 상승하지 않으면 현재의 고정금리채권에 투자하는 것보다 더 높은 수익률을 얻게 될 것이라고 판단하게 된다. 현재의 선도수익률곡선이 채권보유기간동안의 예상되는 금리상승을 과도하게 평가하는 한 투자자는 역변동금리채권의 투자로부터 이익을 보게 될 것이다.

---

4) 역변동금리채권의 고정금리에는 cap의 프리미엄이 반영되나, 이 식에는 고려하지 않고 있다.
5) 제4장 금리스왑의 가격결정 참조.

한편, 역변동금리채권의 경우 금리변동시 이자와 채권가격이 동시에 변하므로 일반적인 고정금리채권에 비해 가격변동성이 거의 2배에 가깝다.

$$\underbrace{+\ \text{Inverse FRN}}_{10.5\%\ -\ \text{CD}} = \underbrace{+\ \text{Fixed}}_{6.0\%} - \underbrace{\text{IRS}}_{4.5\%} + \underbrace{\text{Cap (DOTM)}}_{10.5\%}$$

$$\approx\ +\ 2 \times \text{Fixed} - \text{FRN}$$

이때 LIBOR 연동 FRN의 듀레이션은 매우 작기 때문에 역변동금리채권의 듀레이션은 고정금리채권의 듀레이션의 약 2배이다.

최초 지급하는 이자가 높게 설정되는 이유는 투자자에 대한 유인책이라고 보면 된다. 우상향하는 수익률곡선 하에서 투자자는 미래에 상승할 것으로 예상되는 변동금리를 지급하는 리스크를 지는 대신, 현재시점(변동금리가 확정된 최초시점)에서 상대적으로 높은 고정금리(선도금리의 가중평균으로 결정되는 스왑률)를 받게 된다.

즉, 10.5% − 3M CD = {10.5% − 스왑률} (A) + {스왑률 − 3M CD} (B)

A : 기업이 지급하는 고정금리 = 10.5% − 4.5% = 6.0%
B : 스왑은행이 기업에 지급하는 변동금리 = 4.5% − 3M CD
A+B : 투자자가 받는 변동금리(이자) = 10.5% − 3M CD

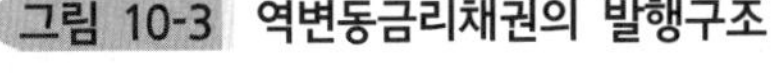
그림 10-3 역변동금리채권의 발행구조

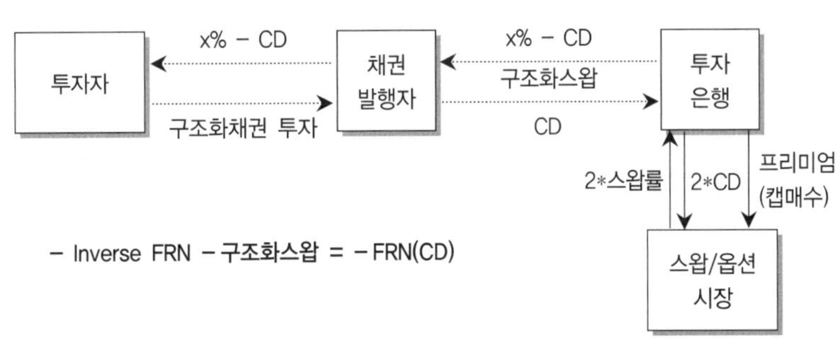

기업의 자금조달목표가 역변동금리채권을 발행하고 투자은행과의 구조화스왑을 통해 CD 금리로 자금을 조달하는 것이라고 하자. 이 경우 발행자인 기업은 [그림 10-3]에

서 보여주듯이 x% - CD를 지급하는 역변동금리채권을 발행한 후 투자은행과의 구조화스왑(CD 금리 지급, x% - CD)을 통하여 CD 금리를 지급하는 FRN을 발행하는 결과를 얻게 된다. 한편, 투자은행은 2배의 금리스왑 거래와 행사가격이 x%인 캡(cap)의 매수를 통해 구조화스왑의 리스크를 헤지할 수 있다. 이때 투자은행의 입장에서 역변동금리채권의 고정금리(x%)는 금리스왑의 스왑률의 2배보다 작아야 한다는 것을 알 수 있다.

사 례 역변동금리채권(Inverse FRN)의 발행과 IRS를 이용한 차입금리 절감

현재 수익률곡선의 스티프닝이 빠르게 진행되어 향후 금리가 상승할 것이라는 시장의 기대가 반영되고 있다. '한국카드'는 현재 3년 만기 회사채를 발행할 경우 발행 금리는 연 6.9% 수준이나, 차입금리의 절감을 위해 '고정금리 - CD 금리'를 기준으로 지급금리가 결정되는 역변동금리채권을 발행한 후 금리스왑을 통해 고정금리채권으로 전환함으로써 원래의 목표대로 고정금리채권을 발행하면서 차입금리를 절감할 수 있는 방안을 검토하고 있다. (시장상황: CD 91일물 수익률 = 4.51%, 3년 IRS 스왑률 = 6%)

한국카드는 만기 3년의 역변동금리채권(500억원)을 발행하고 3개월마다 '12.1% - 3개월 CD 금리'의 이자를 지급하기로 한다. 또한 금리하락 리스크를 헤지하기 위해 3개월마다 역변동금리채권의 변동금리 기준인 3개월 CD금리를 지급하는 대신 고정금리 6.00%를 수취하는 금리스왑 계약을 체결한다. 따라서 이 기업은 3년 만기 고정금리 채권을 직접 발행하는 경우에 비해 0.8%(6.9% - 6.1%)의 금리절감 효과를 얻을 수 있다.

투자자는 초기 이자 12.1% - CD(4.51%) = 7.59%를 수취하게 되고. CD 금리가 상승하더라도 현재 CD 금리보다 0.69% 이하로 상승하면 이자율이 6.9%인 고정금리채권에 투자하는 것보다 낫다고 생각할 것이다.

10.3 수익률곡선의 기울기를 이용

1. CMT FRN

CMT(Constant Maturity Treasury)는 항상 동일한 만기를 갖는 국채를 말하며, CMT 수익률은 금융투자협회가 고시하는 특정 만기(예를 들어, 1년, 3년, 5년, 10년 20년, 30년)의 국채의 액면수익률(par yield)을 의미한다. CMT 채권은 이러한 CMT 수익률에 연동된 채권을 말하며, CMT FRN, CMT 수익률곡선채권, CMT 옵션채권 등이 있다.[6)]

본 절에서는 CMT FRN의 경우 발행구조를 살펴본다. CMT FRN은 일반적으로 긴축적인 통화정책과 경사가 급하게 우상향하는 수익률곡선 하에 발행된다. 수익률곡선의 경사가 급할 때 LIBOR 연동 FRN은 투자자에게 별로 매력이 없으며, 향후 금리상승이 예상되는 국면에서 투자기간을 늘리는 것은 자본손실의 리스크에 노출된다고 볼 수 있다. 이 경우 CMT 수익률로부터 이자지급이 결정되는 FRN은 LIBOR 연동 FRN에 대한 대체적인 투자수단으로 부각된다.

예 제 CMT FRN

발행기업 : AAA 등급 기업
발행금액 : USD 100,000,000
만　　기 : 5년
기준금리 : 2년 만기 국채수익률(CMT2)
이자지급 : CMT2 − 34bp(분기지급)

이와 같은 CMT FRN의 구조는 다음과 같이 표현할 수 있다.

+ CMT2	=	+ FRN	+	CMT 스왑
(CMT2 − 34bp)		(3M LIBOR − 10bp)		(3M LIBOR 지급, CMT2 − 24bp 수취)

투자자들은 3M LIBOR와 CMT2간의 스프레드가 감소하지 않을 것이라고 기대하거

6) Das(2001), Ch.5 참조.

나 또는 수익률곡선이 플래트닝(flattening)해지더라도 CMT FRN의 성과가 LIBOR FRN의 성과보다 나빠질 정도로 스프레드가 줄어들지 않을 것이란 기대감으로 CMT FRN에 투자하게 된다.

위의 예제에서 CMT FRN의 발행당시 CMT2와 3M LIBOR간의 수익률 스프레드가 94bp, 2년 선도수익률 스프레드가 3bp 라고 하면 향후 스프레드가 91bp 만큼 감소할 수 있다고 볼 수 있다. 이 경우 CMT FRN의 투자자는 수익률곡선 스프레드가 향후 감소할 것으로 시장이 과도하게 평가하고 있다는 예상을 현금화(monetization)하는 것으로 해석할 수 있다. 즉, 스프레드가 현재의 수익률곡선에 내재되어 있는 수준으로 축소되지 않는 한 CMT FRN의 성과가 LIBOR FRN보다 좋을 것으로 투자자는 기대하는 것이다.

사 례 CMT FRN과 금리스왑을 활용한 차입금리 절감

목적 : CMT FRN을 고정금리채권으로 전환함으로써 차입금리 절감
수단 : CMT 금리스왑[7)]

D기업의 자금조달목표는 고정금리 차입이며, 현재 3년 만기 회사채 발행금리는 8.00% 수준이다. 이 기업은 변동금리의 기준금리가 3년 만기 국고채수익률인 CMT FRN을 발행하고 국고채 금리의 상승 리스크를 헤지하기 위해 CMT 스왑을 체결함으로써 자금조달 비용을 절감하는 방안을 검토하고 있다.

D기업은 만기 3년의 CMT FRN(300억원)을 발행하고 3개월마다 만기 3년 국고채 수익률 + 1.00%의 이자를 지급하기로 한다. 또한 금리상승 리스크를 헤지하기 위해 3개월마다 FRN의 변동금리 기준인 3년 국고채 수익률을 받는 대신 고정금리 6.00%를 지급하는 금리스왑 계약을 체결한다. 따라서 D기업은 고정금리 회사채를 직접 발행하는 경우에 비해 1.00%의 금리절감 효과를 얻게 된다(8.00% – 7.00% = 1.00%).

7) 제4장 금리스왑(수익률곡선스왑) 참조.

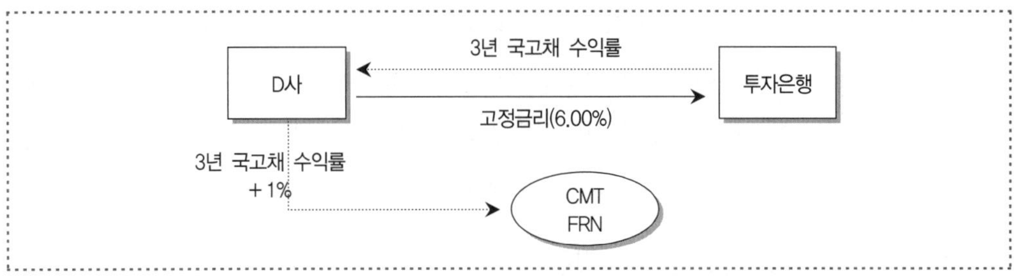

2. Late LIBOR FRN

Late LIBOR FRN은 미국에서 1980년대 중반과 90년대에 투자자들에게 인기가 있었던 변동금리채권이다. 제4장에서 설명한 Late LIBOR 스왑의 개념이 변동금리채권과 결합된 구조화채권으로, 수익률곡선이 급하게 우상향하는 국면에서 일반적인 LIBOR FRN보다 높은 수익률을 제공할 것으로 기대하는 투자자가 관심을 갖는 FRN이다.

수익률곡선에 내재된 선도금리가 우리에게 주는 시사점은 점진적으로 상승하는 패턴을 보이는 선도금리가 시장에서 형성되는 실제 단기금리의 상승과정을 과도하게 평가할 수 있다는 것이다. Late LIBOR FRN은 바로 수익률곡선의 이러한 특성을 이용하는 구조화채권이다.

예 제 Late LIBOR FRN의 구조

액면금액 : USD 100,000,000

만　　기 : 3년

이자지급 : 6M Late LIBOR - 마진

Late LIBOR는 이자지급일로부터 2일 전에 결정됨.

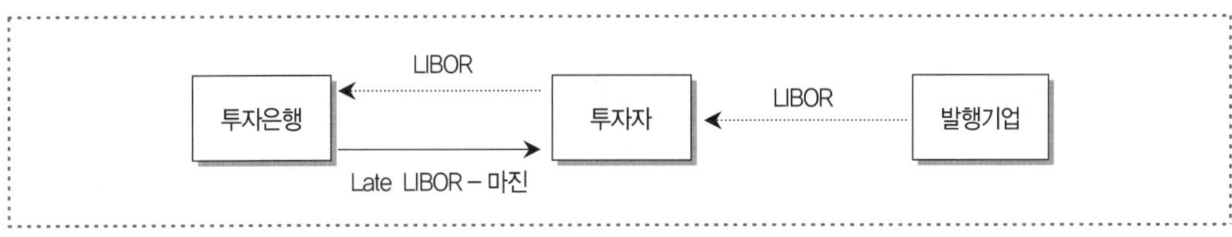

이러한 구조의 Late LIBOR FRN의 경우 투자자는 이자지급기간 동안의 마진보다 금리가 더 오른 만큼의 추가수익률을 얻을 수 있다. 따라서 이러한 투자는 수익률곡선의 내재선도금리를 거래하는 개념이며, 현재의 현물수익률곡선보다 지속적으로 높게 형성되어 있는 내재선도금리로부터 가치를 창출하도록 설계된 구조이다.

이와 같이 단기금리의 예상을 거래하는 구조는 역변동금리채권의 개념과 유사하다. 그러나 중요한 차이점은 역변동금리채권의 경우 투자자가 선도금리의 시리즈를 매수하는 형태인 반면, Late LIBOR FRN의 경우에는 1개의 선도금리로부터 가치를 창출한다는 점이다.[8)]

3. 이중변동금리채권

이중변동금리채권(Dual Indexed FRN: DIF)은 장단기 금리 스프레드에 의해 이표가 결정되는 FRN이다. (장기변동금리 − 단기변동금리) × 승수 + 가산금리의 형태로 발행되며, 장기 변동금리는 국고채 3년/5년(CMT구조), IRS 3년/5년(CMS구조), 단기변동금리는 CD금리, 승수는 1, 1.5, 2, 5 등의 형태를 띤다. DIF의 발행구조가 다음과 같다고 하자.

- 발행자 : A 은행
- 만 기 : 5년
- 이 자 : (CMT5 − CD) + 4%, quarterly, act/365 (Min 0%)

투자자가 수취하는 이자는 향후 CD금리뿐만 아니라 5년 국고채 수익률에 의해 결정되며, 투자자는 수익률곡선의 우상향 기울기가 가파르게 될 때 높은 이자를 받게 된다. 그러나 장단기 금리가 역전되어 그 차이가 4% 이상이 되면 이자는 0%가 된다. 채권 발행자인 A 은행은 투자은행과의 구조화스왑 거래로 리스크가 헤지 되며, CD 금리로 자금을 조달하는 결과를 얻게 된다. 투자은행의 경우 CMT5 − CD ≧ − 4%를 가정하면 구조화스왑의 현금흐름은 다음과 같이 결정된다.

순현금흐름 = + CD − (CMT5 − CD + 4%) = + 2 × CD − CMT5 − 4%

8) 제4장 금리스왑, Late LIBOR 스왑의 구조 참조.

이 경우 투자은행이 2배의 금리스왑 수취(스왑률: 5%) 거래를 하면

순현금흐름 = + 2 × CD − CMT5 − 4% + 2 × (5% − CD) = 6% − CMT5

만일 투자은행이 5.5%의 고정금리를 지급하고 CMT5를 수취하는 CMT 스왑 거래를 하면

순현금흐름 = 6% − CMT5 + (CMT5 − 5.5%) = 0.5%

그림 10-4 이중변동금리채권의 발행구조

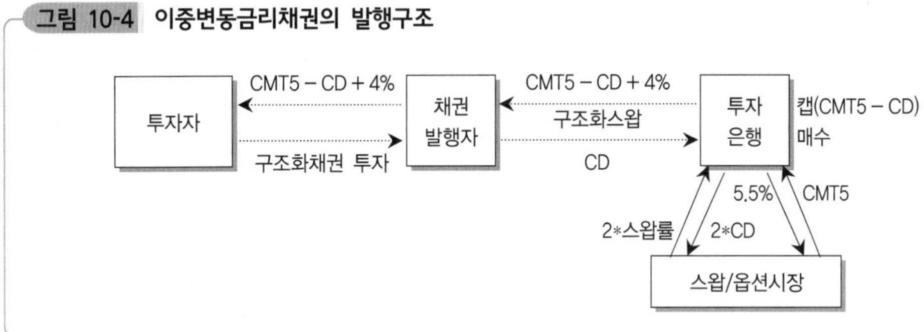

사 례 DIF와 CMT 스왑을 활용한 차입금리 절감

현재 수익률곡선의 우상향 기울기가 급하여 향후 금리상승이 우려되는 시점에서 'L카드사'는 고정금리 차입을 원하고 있다. 현재 3년 만기 회사채를 발행할 경우 발행금리는 연 7.00% 수준이다. 이 기업의 자금담당자는 장기금리(국고채수익률)와 단기금리(CD 수익률)를 모두 적용하여 지급금리를 결정하는 이중변동금리채권(Dual-Indexed FRN)을 발행한 후 CMT 금리스왑을 통해 고정금리채권으로 전환함으로써 차입금리를 절감할 수 있는지 검토하고 있다.

L카드사는 만기 3년의 이중변동금리채권을 발행(500억원)하고 3개월마다 '(5년 국고채수익률 − CD 수익률) × 2 + 3.00%' 의 이자를 지급하기로 한다. 또한 수익률곡선이 스티프닝 해질 것에 대비하여 단기변동금리(CD 수익률)를 지급하고 장기변동금리(5년 국고채)를 받는 CMT 스왑계약(1,000억원)을 체결하고, 3개월마다 장기금리와 단기금리를 교환하는 조건으로 1.50%(연율 기준)를 지급하기로 한다. 장단기 금리차에 2배의 레버리지가 적용되므로 CMT 스왑계약의 명목금액을 2배로 체결한다.

발행금리 = {(국고 5년 − CD) × 2 + 3.00%} + (CD + 1.50%) × 2 − 국고 5년 × 2
= 6.00%

따라서 L카드사는 3년 만기 회사채를 발행하는 경우에 비해 1.0%(7.00% − 6.00%)의 금리 절감 효과를 얻게 된다.

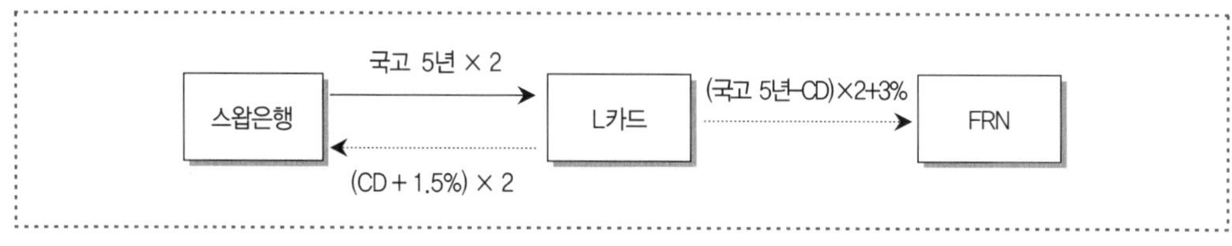

4. 콴토채권(Quanto Note)

콴토채권(quanto note)은 국내금리와 해외금리의 차이를 이용하는 구조화 채권이다. 예를 들어, USD LIBOR 만큼의 원화이자를 지급하는 원화액면 채권(Quanto FRN), USD LIBOR와 DM LIBOR를 USD 원금 기준으로 교환하는 콴토스왑(quanto swap)이 내재된 채권 등이 있다.[9]

(1) 콴토 FRN

콴토스왑(quanto swap)을 이용하여 원화 고정금리 부채를 외화 변동금리 부채로 전환하는 예를 들어보자. 공기업인 '한국공사'는 원화부채의 상당부분이 회사채 발행을 통한 고정금리 부채이어서 금리조건을 다양화하기 위한 부채 포트폴리오 구성을 고려하고 있다. 한국공사의 자금담당자는 향후 국내외 금리가 상승하더라도 원화금리보다는 달러금리의 상승폭이 작을 것으로 판단하고 있다. 따라서 원화 고정금리채권을 발행 후 콴토스왑을 통하여 외화 변동금리채권으로 전환하는 방안을 검토하고 있다.

9) 콴토스왑(quanto swap)이란 한 통화 기준의 스왑 액면금액에 다른 통화 기준의 변동금리를 적용하여 변동금리 이자를 결정하고 실제 지급은 스왑 액면금액 통화로 지급하는 금리스왑이며, 딥스왑(diff swap)이라고도 한다(제4장 참조).

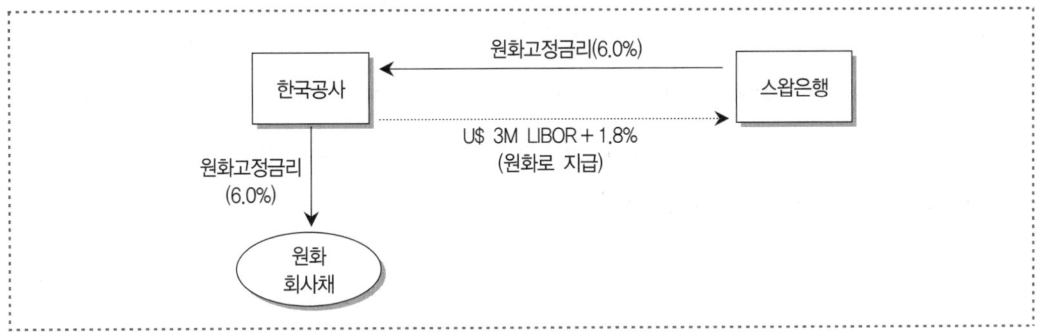

한국공사는 3년 만기 회사채(500억원)를 발행하면서 발행금리인 6.0%를 수취하고, 대신 지급하는 변동금리의 기준을 원화 CD금리 대신 U$의 3개월 LIBOR + 1.8%로 하여 계산하되 원화로 지급하는 콴토스왑 계약을 체결한다.

(2) 콴토 이중변동금리채권(Quanto Dual-Indexed FRN)

콴토스왑(quanto swap)은 제4장에서 설명했듯이 1990년대 초 USD LIBOR의 낮은 수준 및 가파른 우상향 형태의 수익률곡선에 비해 우하향 형태의 DM LIBOR의 수익률곡선을 활용한 것이다. 이러한 콴토스왑을 이중변동금리채권에 결합시킨 채권을 콴토 이중변동금리채권이라고 한다.

공기업인 '한국개발공사'는 기본적으로 고정금리 차입을 원하고 있으며 현재 3년 만기 회사채 발행금리는 연 6.3%수준이다. 이 기업의 자금담당자는 차입금리의 절감을 위해 원화변동금리와 외화(U$)변동금리의 차이에 의해 이자가 지급되는 이중변동금리채권(원화로 이자지급)을 발행하고, 원화와 외화의 금리차이가 클수록(원화금리 상승, 외화금리 하락시) 지급금리가 상승하는 금리리스크를 헤지하기 위해 콴토스왑 계약의 체결을 검토하고 있다.

한국개발공사는 만기 3년의 이중변동금리채권(Dual-Indexed FRN)을 발행(300억원)하고 3개월마다 (3M CD수익률 − 9M LIBOR) × 2 + 1.1%의 이자를 지급하기로 한다. 원화금리와 외화금리간 스프레드가 상승할 리스크를 제거하기 위하여 원화변동금리(CD수익률)를 받고 외화변동금리(9M LIBOR)를 지급(원화로 결제)하는 콴토스왑계약을 체결하고 3개월마다 두 가지 금리를 교환하는 조건으로 2.4%(연율 기준)를 지급하기로 한다. 이때 스왑의 명목금액은 원화와 외화의 금리차에 2배의 레버리지가 걸

려 있으므로 채권 발행금액의 2배로 체결한다.

이 경우 이자비용은 (9M LIBOR + 2.4%) × 2 + (3M CD − 9M LIBOR) × 2 + 1.1% − 3M CD × 2 = 5.9% 가 된다. 따라서 고정금리 회사채를 직접 발행하는 경우에 비해 0.4%.(6.3% − 5.9%)의 금리절감 효과를 얻게 된다.

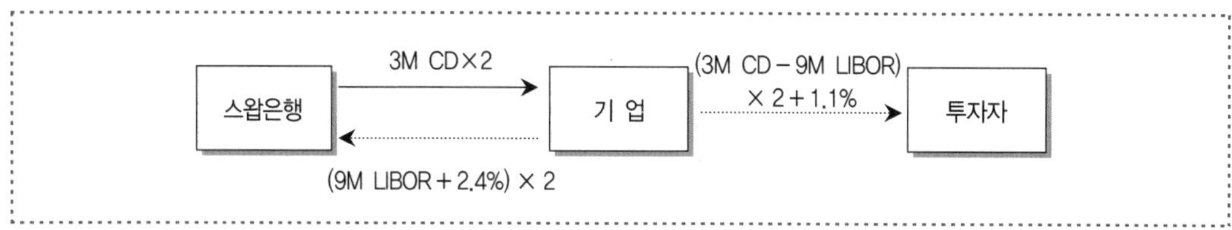

10.4 금리옵션을 이용

1. 수의상환채권(callable bond) / 변제요구채권(putable bond)

수의상환채권(callable bonds)은 채권발행자에게 채권의 조기상환권을 부여한 채권으로서, 채권발행시 상환금액 또는 사전에 정한 금액을 행사가격으로 하는 콜옵션을 발행자가 투자자로부터 매수하는 형태이다.

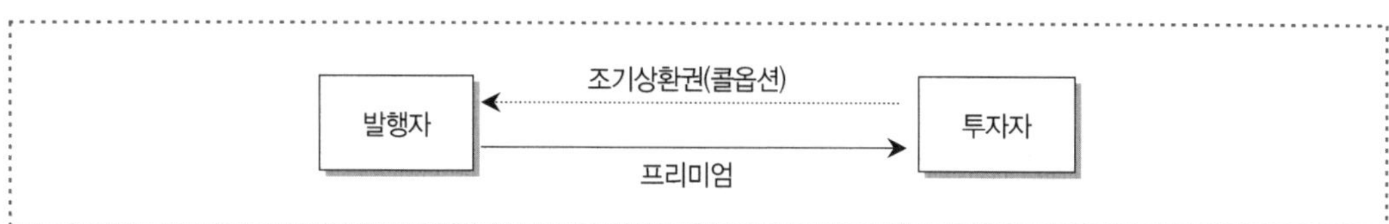

콜옵션의 프리미엄이 지급이자에 반영되어 투자자는 일반채권보다 높은 이자를 지급받게 된다. 한편, 시장금리가 채권 만기전에 하락하는 경우 발행자는 낮은 금리로 채권을 발행하여 높은 금리의 기존부채를 상환할 수 있는 장점이 있다.

이에 대한 대안으로는 일반적인 고정금리채권을 발행하고 수취자스왑션(receivers swaption: RSW)을 매수하는 방법이 있다. 즉, − callable bond = − fixed + RSW. 금리가 상승하면 스왑션을 행사하지 않고 내버려 둔다. 한편, 금리가 하락하면 스왑션을 행사하여 스왑(고정금리 수취)에 들어가게 되며 고정금리를 이보다 낮은 변동금리로 전환하게 된다.

가장 일반적인 수의상환채권의 구조는 다음과 같다.

예 제 **수의상환채권의 구조**

발행기업 : ABC

액면금액 : USD 100,000,000

발 행 일 : 2002년 9월 15일

만 기 : 10년(2012년 9월 15일)

이 자 : 8.5% (annual)

콜 조 항 : 조기상환가능(30일전 통지)

콜일정	콜가격(액면가 기준)
5년(2007년 9월 15일)	103%
6년(2008년 9월 15일)	102%
7년(2009년 9월 15일)	101%
8년(2010년 9월 15일)	100%
9년(1011년 9월 15일)	100%

이 수의상환채권은 발행일(2002년 9월 15일)로부터 5년 후부터 연 이자지급일에 콜 옵션을 행사할 수 있다(콜 금지기간 = 5년). 최초 콜 프리미엄은 액면가의 3%이고 그 이후부터는 연 1%씩 감소하는 구조를 가지고 있다.

이와 같은 수의상환채권은 다음과 같은 특성을 갖게 된다.

- 채권의 실질적인 만기가 원래의 채권만기와 상이하고 유동적이다.
- 옵션의 가치가 수익률곡선에 의해 영향을 받는다. 수익률이 하락함에 따라 수의상환채권의 가격상승은 제한되고 음(−)의 볼록도를 갖게 된다.
- 옵션만기 이전에 사전에 정한 복수의 날짜에 옵션행사가 가능하므로 버뮤다(Bermudan) 스타일의 옵션이다.
- 투자자가 옵션을 기업에 매도하고 프리미엄을 수취하는 형태로 조기상환이 불가능한 채권에 비해 높은 이자를 받는다.

이와 같이, 수의상환채권은 조기상환이 불가능한 고정금리채권과 투자자가 기업에 매도한 옵션이 결합된 구조화채권이다. 이때 수의상환채권에 첨부되어 있는 옵션의 의미는 다음과 같이 두 가지로 해석할 수 있다.

첫째, 옵션행사시점으로부터 채권의 최종만기일까지의 기간과 일치하는 만기를 갖는 채권에 대한 콜옵션이다. 이때 옵션만기는 콜시점까지의 기간이고 행사가격은 콜가격이다.

둘째, 발행자는 최초 콜시점과 일치하는 만기의 채권을 발행하고 최초 콜시점으로부터 다음 콜일정 또는 채권의 원래 만기까지의 기간에 해당하는 만기의 채권을 발행할 수 있는 풋옵션으로 해석할 수 있다. 이때 풋옵션의 행사로 발행되는 채권의 이표는 원래 채권의 이표와 동일하며 콜가격으로 발행된다. 이러한 해석은 바로 풋-콜 패리티로부터 나온다.

현재시점 t 에서 채권가격을 S_t , 만기일이 T 이고 행사가격이 K 인 (유럽형) 콜옵션과 풋옵션 가격을 각각 c 와 p 라고 하자. 풋–콜 패리티(put-call parity)에 의하면

$$c + Ke^{-r(T-t)} = p + S_t$$

콜옵션을 보유하고 현금(만기일에 채권을 매수할 금액의 현재가치)을 가지고 있으면 채권과 채권 풋옵션을 보유하고 있는 것과 동일하다는 의미이다.

[그림 10-3]은 수의상환채권의 발행구조를 나타내고 있다. 기업이 일반적인 고정금리채권을 발행하는 경우 5.8%를 지급하는 반면, 수의상환채권을 발행하는 경우 6.00%를 지급하면 투자자가 기업에 매도한 콜옵션의 가치는 20bp(= 6.00 − 5.80)이다. 채권발행자는 고정금리(6.00%)를 받고 변동금리(CD)를 지급하는 금리스왑을 체결함으로써 고정금리채권을 변동금리채권으로 전환시킨다. 따라서 발행자는 수의상환채권의 발행을 통해 최소한 5년간 자금을 CD 금리에 조달할 수 있다. 만일 발행자의 5년 변동금리 조달금리가 CD 금리 이상이라면 발행자는 유리한 조건으로 장기차입에 성공한 것이다. 발행자가 가지고 있는 조기상환권은 독자적으로 행사되지 않을 수도 있다. 왜냐하면 구조화스왑의 조기청산권은 투자은행이 가지고 있으므로 투자은행이 스왑을 조기 청산하지 않으면 구조화스왑의 리스크에 노출되기 때문이다.

투자은행의 입장에서 보면 스왑시장에서 고정금리(스왑률)를 수취하고 CD 금리를 지

급하는 금리스왑을 통해 대부분의 금리 리스크를 헤지할 수 있다. 그러나 투자은행은 채권발행자와의 구조화스왑에서 어떻게 IRS 스왑률보다 높은 6%라는 높은 고정금리를 지급할 수 있을까? 채권발행자와의 구조화스왑에서 지급하는 금리(6%)가 스왑률보다 일반적으로 높으나 버뮤다 RSW의 매도로 프리미엄을 수취할 수 있어 (수취하는 스왑률과 RSW 프리미엄의 합이 6%보다 높다면) 구조화스왑과 헤지거래를 통해 순수익을 창출하는 거래를 할 수 있는 것이다.

금리가 상승하게 되면 발행자는 채권의 조기상환을 하지 않게 되고, 스왑딜러의 경우 금리스왑(고정금리지급 / 변동금리수취)에서 이익이 발생하며 RSW을 행사하지 않는다. 한편 투자자는 금리상승으로 채권투자에서 평가손이 발생하게 된다. 금리가 하락하면 발행자는 채권을 조기상환하고 낮은 금리로 채권을 재발행하며, 투자자는 기존 채권보다 낮은 수익률로 재투자하게 된다. 한편 스왑딜러의 경우 금리스왑에서 손실이 발생하나 RSW을 행사하여 기존의 금리스왑을 취소하는 효과를 얻게 된다. 즉, + IRS + RSW = + 취소가능스왑.

그림 10-3 수의상환채권의 발행구조

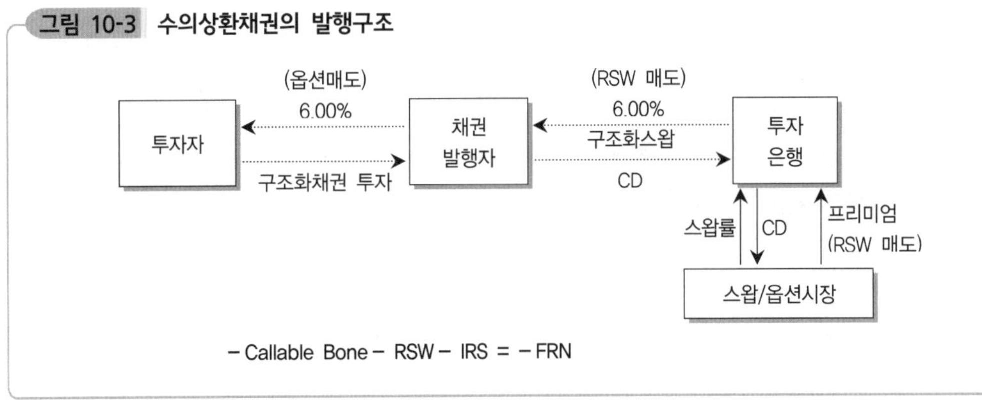

변제요구채권(putable bond)은 채권보유자가 채권발행자에게 미리 약정한 가격으로 채권을 매수해 줄 것을 요구할 권리가 첨부된 채권으로서, 채권발행시 풋옵션을 첨부하여 투자자에게 판매하는 형태를 띤다.

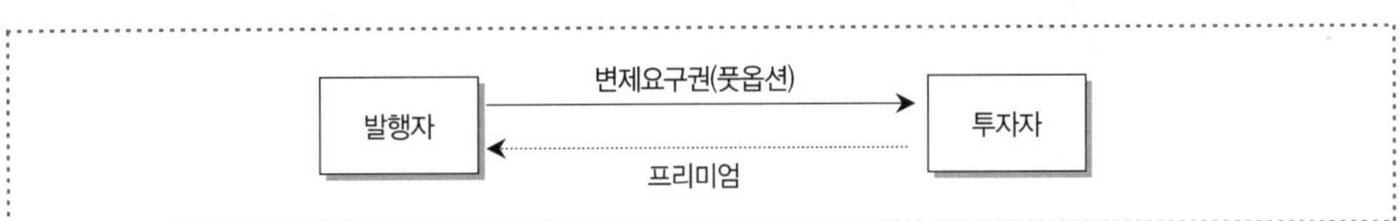

투자자는 시장금리가 상승하여 채권가격이 하락하여도 이를 일정 수준(행사가격)의 가격에 팔 수 있다. 한편, 풋옵션 프리미엄으로 인해 일반채권보다 금리가 낮으므로 발행자는 자금조달비용을 낮출 수 있다. 이와 같이 변제요구채권은 금리가 상승할 경우 투자자가 상환을 요구할 수 있는 권리가 부여된 채권으로서 기업은 차입비용을 절감할 수 있다.

$$-\text{Putable Bond} = -\text{Fixed} - \text{PSW}$$

높은 금리의 수의상환채권을 이미 발행한 기업은 지불자스왑션(PSW)과 수취자스왑션(RSW)을 동시에 매도함으로써 변제요구채권을 발행한 것과 동일한 효과를 얻을 수 있다.

$$-\text{Putable Bond} = -\text{Callable Bond} - \text{PSW} - \text{RSW}$$

이때 선불로 받게 되는 스왑션 프리미엄으로 실질적인 자금차입비용을 줄일 수 있다.

[표 10.1]에는 고정금리 채권과 변동금리 채권간의 전환, 수의상환채권과 변제요구채권간의 전환방법이 요약되어 있다.10) 예를 들어, 변동금리채권을 상환 가능한 고정금리채로 전환시키기 위해서는 발행자가 금리스왑에서 고정금리를 지급하고 수취자스왑션을 매수함으로써 원하는 부채구조를 얻을 수 있다.

표 10.1 IRS / 스왑션을 이용한 부채의 구조 전환

		요구 부채구조			
		Fixed	Floating	Callable	Putable
발행 부채구조	Fixed	—	−IRS	+RSW	−PSW
	Floating	+IRS	—	+IRS +RSW	+IRS −PSW
	Callable	−RSW	−IRS − RSW	—	−PSW −RSW
	Putable	+PSW	−IRS + PSW	+PSW +RSW	—

+IRS : 고정금리지급, −IRS : 고정금리 수취, RSW : 수취자스왑션, PSW : 지불자스왑션

10) Galitz(1995: Ch.18, pp. 463-4) 참조.

사 례 Ford Motor Credit Corporation

Ford Motor Credit Corporation(FMCC)는 10년 만기 수의상환 고정금리채권(5년 후부터 조기상환 가능)을 발행한 후 "변동금리지급 / 고정금리수취" 금리스왑을 체결하여 고정금리 부채를 변동금리 부채로 전환시켰다. 또한, FMCC는 5년 후에 옵션을 행사할 수 있는 수취자스왑션(receivers swaption)을 매도하였다. 스왑션의 매수자 입장에서는 변동금리를 지급하고 고정금리(향후 5년 후부터 10년까지 적용될 금리가 지금 결정됨)를 수취할 수 있는 권리를 산 것이라고 할 수 있다. 이와 같은 권리는 금리가 하락시 가치를 지니게 된다. 즉, 수취자스왑션의 매수자는 FMCC가 수의상환권이 있는 채권을 발행한 결과 갖게 된 금리 풋옵션을 산 것이다. 'Investment Dealers Digest'(1989/1/6)에 의하면 이와 같은 거래로 FMCC는 차입비용을 20bp정도 줄였을 것으로 추정하고 있다. 다시 말해서, FMCC가 매도한 금리 풋옵션의 가치는 2억 5천만 달러에 대한 차입비용을 20bp정도 절약하였다고 볼 수 있다.

(1) 수의상환채권을 발행하고 고정금리를 수취하고 변동금리를 지급하는 금리스왑을 체결하고 수취자 스왑션(receivers swaption)을 매도한 거래의 의미는?

$$-\text{callable} - \text{IRS} - \text{RSW} = -\text{FRN}$$

즉, 발행기업은 변동금리채권을 발행한 결과를 얻게 된다. 또한, 발행기업은 수의상환채권에 내재되어 있는 콜옵션의 현금화(monetization)를 통해 자금조달 비용을 절감할 수 있다.

(2) 어떤 시장 상황에서 이러한 거래가 활발히 이루어질 것으로 생각하는가?
수의상환채권에 내재되어 있는 옵션이 채권시장보다 스왑션시장에서 더 높게 평가될 때 고평가된 RSW을 매도함으로써 자금조달 비용을 낮출 수 있다. 수의상환채권에 내재된 콜옵션의 현금화를 위한 스왑션의 활용시 가장 중요한 핵심은 채권시장과 스왑션시장에서 옵션가치의 평가가 상이하다는데 있다. 채권에 내재되어 있는 콜옵션이 채권시장에서 평가되는 것보다 스왑시장에서 스왑션의 형태로 거래될 때 가치가 높게 평가되는 이유는 무엇인가?

회사채시장에서 수익률의 내재변동성이 과거 실현변동성보다 낮게 형성되어 왔다는 실증분석의 결과가 있듯이, 투자자들은 수의상환채권에 내재된 옵션의 가치를 저평가하는 경향이 있다. 또한 회사채시장과 스왑시장에서 내재변동성의 차이는 수익률곡선의 기울

기, 회사채 수익률곡선과 스왑률곡선에 내재되어 있는 선도수익률의 차이에 의해 설명될 수 있다. 스왑시장에서 선도스왑률이 회사채 선도수익률보다 낮을 때 스왑시장에서 RSW의 가치는 수의상환채권에 내재된 콜옵션의 가치보다 높게 평가될 것이다.[11)]

2. 수의상환 변동채권(Callable Flipper Bond)

수의상환 변동채권은 일정기간 경과 후 일반 고정금리채권에서 역변동금리채권(Inverse FRN)으로 이자지급 형태가 변경되며, 발행자의 조기상환 옵션이 첨부된 채권을 의미한다. 예를 들어, 6년 만기 수의상환변동채권(callable flipper bond)은 발행 후 3년 동안은 일반적인 고정금리채권(표면금리 7.2%)이나, 발행 후 3년 이후부터 역변동금리채권(16% - CD)으로 변경된다. 또한 발행 후 3년 이후 콜옵션(액면가 조기상환) 조항이 포함되어 있다.

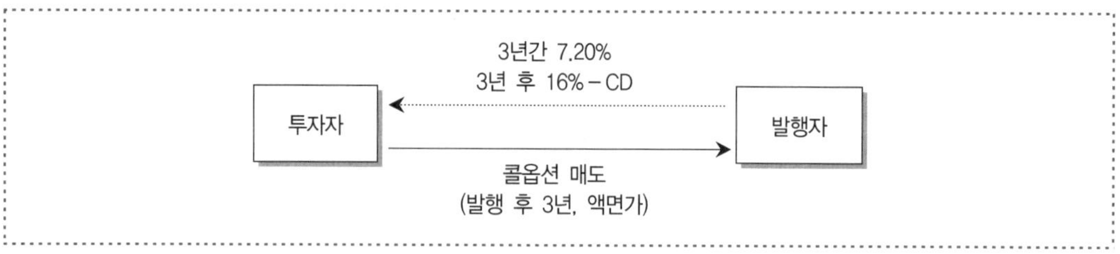

콜옵션 조항이 없는 변동채권(flipper bond)은 일반적인 고정금리채권과 선도금리스왑(forward IRS)으로 합성이 가능하다.[12)] 즉,

- 변동채권 = - 고정금리채권 + 3 × 3 선도 금리스왑

[그림 10-4]는 수의상환 변동채권의 발행구조를 나타내고 있다. [그림 10-4]에서 (A)부분은 발행 후 만기까지 지속되는 현금흐름을 보이고 있는데, 수의상환채권의 발행구조와 동일하다. (B)부분은 변동(flipper) 조건에 의해 역변동금리채권(Inverse FRN)으로 전환된 이후의 추가적 현금흐름을 나타내고 있다.

---

11) Boyce(1988), Das(2001, Ch.2, pp.51-53) 참조.
12) 선도스왑(forward swap)에 관한 상세한 설명은 제4장(금리스왑) 참조.

그림 10-4 **수의상환 변동채권(Callable Flipper Bond)의 발행구조**

(A) 발행후 만기까지 지속되는 현금흐름

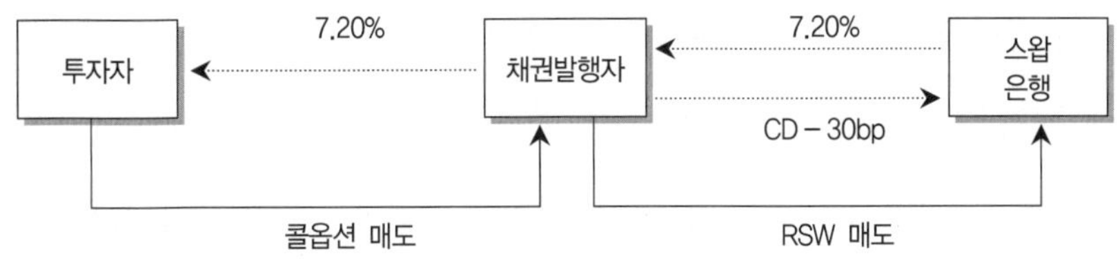

(B) Flipper 조건에 의해 Inverse FRN으로 전환된 이후의 추가적 현금흐름

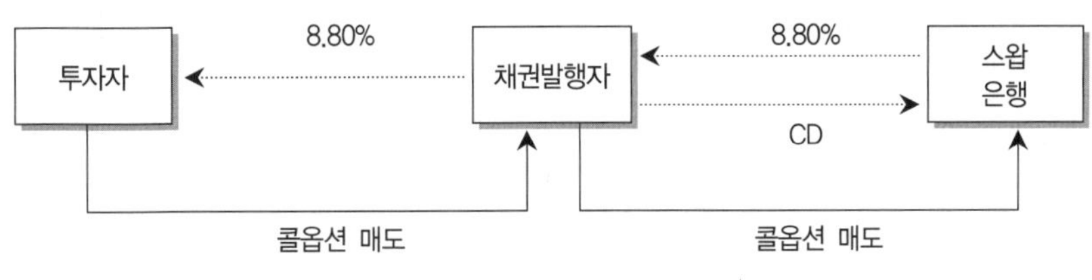

수의상환 변동채권의 발행자는 수의상환채권의 발행으로 투자자로부터 매수한 콜옵션(조기상환권리)과 변동채권의 발행으로 투자자로부터 매수한 콜옵션(flipper 조건)을 스왑딜러에게 매도하는 형태를 취하므로 2개의 콜옵션을 매도한 형태를 띠고 있다. 한편, 스왑딜러는 "+선도 금리스왑 + 수취자스왑션 = +취소가능 선도 금리스왑"의 포지션을 갖게 된다.

3. 금리상하한 변동금리채권

금리상하한 변동금리채권(Collared FRN)은 전형적인 FRN에 최대표면금리 조건을 덧붙인 것으로 1992년 JP Morgan에 의해 처음으로 발행되었다. 이러한 채권의 발행기업은 금리지급의 상한을 설정하는 대신 변동금리에 추가되는 마진을 지불해야 한다. 또한, 채권매수자 측면에서 볼 때 변동금리에 추가된 마진은 FRN 발행자에게 매도한 캡의 프리미엄을 받는 것으로 이해할 수 있다.

일반적으로 변동금리채권은 금리스왑, 캡, 플로어 등을 결합한 구조를 가지고 있다. 예를 들어, CD에 25bp를 더한 금리를 지불하지만 최소 5%의 표면금리를 지불하는 조건으로 발행되는 채권은 전형적인 변동금리채권(CD+25bp, Min 5%)에 속한다.[13]

이러한 전형적인 FRN은 아무런 제약이 없는 FRN과 0.25%의 연금 및 4.75%를 하한금리(행사금리)로 하는 금리플로어를 합성한 구조를 갖는다. 즉,

– 전형적인 FRN	=	– FRN	–	연금	–	금리플로어
CD + 0.25% Min 5%		CD		0.25%		4.75%

5%－9%의 금리상하한 FRN이 CD에 0.25%의 마진을 더한 표면금리 책정공식을 가지고 있을 때 그 구조는 다음과 같이 분해될 수 있다.

– 금리상하한 FRN	=	– FRN	–	연금	–	플로어	+	캡
CD + 0.25% Min 5% Max 9%		CD		0.25%		4.75%		8.75%
	=	– 전형적 FRN	+	캡				
		CD + 0.25% Min 5%		8.75%				

즉, 금리상하한 변동금리채권의 매수포지션은 CD를 지급하는 무제약 FRN의 매수, 0.25%의 연금 매입, CD에 대한 캡(행사금리: 8.75%)의 매도, 그리고 CD에 대한 플로어(행사금리: 4.75%)의 매수로 이루어진다. 또한 이 채권의 매수는 전형적인 FRN의 매수와 캡의 매도로 간주될 수 있다.

수익률곡선이 급하게 우상향하고 수익률곡선에 내재된 선도금리가 현물금리 곡선 위에 위치하게 될 때 투자자가 매수하는 CD 플로어와 매도하는 CD 캡의 상대적인 가격결정에서 투자은행은 이러한 구조화채권의 가치를 창출하게 된다. 단기금리가 역사적으로 낮은 수준에 머물러 있고 향후 추가적으로 하락할 가능성이 있는 국면에서 최소이자를 확보하면서 단기자금을 운용하고자 하는 기관들은 이러한 채권에 관심을 가질 것이다. 현재 수익률곡선에 내재된 선도금리가 본인들이 예측하는 미래의 단기금리 수준보다 지나치게 높다고 예상하는 투자자는 설사 이론가격보다 낮은 가격으로 CD 캡을 매도하게 되더라도 CD 플로어를 매수함으로써 최소이자를 확보할 수 있는 구조에 만족하게 된다.

13) Smith & Smithson(1990: Ch.4, pp.114-116) 참조

4. 참여약정(participation agreement)

합성부채 발행의 목적은 일반적으로 신규발행 차익거래에 의한 자금조달비용의 절감에 있지만 대차대조표의 구조를 바꾸지 않으면서 금리리스크를 헤지하는 데도 있다. 예를 들어, 한 금융기관이 변동금리자금의 비용에 상한을 설정(capping)하길 원하지만 금리 캡의 프리미엄이 너무 비싸다고 생각하는 경우를 가정해 보자. 이때 하나의 대안은 앞에서 설명한대로 금리 플로어를 매도함으로써 금리상하한을 설정(collaring)하는 것이다. 이 때 플로어의 행사금리는 캡금리가 주어져 있을 때 칼라의 비용을 0으로 만드는 수준에서 결정될 수도 있다.

또 하나의 대안은 참여약정(participation agreement 또는 participating interest-rate agreement; PART)이다.[14] 이것은 제로비용 칼라의 변형으로서 프리미엄을 완전히 상쇄시키기 위해 플로어 행사금리를 책정하는 대신 플로어의 명목상 원금을 조정하는 방법이다. 결과적으로 참가약정의 매수자는 LIBOR의 상한설정에 따른 이익을 얻지만 LIBOR가 상한금리보다 낮을 때는 그 차이의 일정 부분에 해당하는 금액을 결제일에 지불해야 한다.

예를 들어, LIBOR에 대한 3년 만기 10% 캡의 프리미엄이 명목원금의 150bp라고 하자. 명목원금이 1천만 달러라고 하면 프리미엄은 15만 달러가 된다. 또한 6.5% 플로어의 프리미엄은 150bp이고 10% 플로어의 프리미엄은 400bp라고 하자. 1천만 달러의 변동금리채를 발행한 기업은 6.50% - 10% 제로비용 칼라를 매수하여 금리리스크를 관리할 수 있다. 또는 이 기업은 1천만 달러에 대한 10% 캡을 매수하고 375만 달러에 대한 10% 플로어를 매도할 수 있다. 이 때 플로어의 매도에 따른 수입은 15만 달러가 되어 캡 매수비용을 정확하게 상쇄하게 된다. 따라서 이 거래는 제로비용 참여약정이라고 할 수 있다.

LIBOR가 10%보다 낮을 때 이 기업은 플로어의 매도자로서 원금이 1천만 달러이고, 플로어 금리가 10%인 경우의 지불액의 37.5%에 해당하는 금액을 지불하게 된다. 그러므로 이 기업은 10%의 상한금리와 LIBOR의 차이에 해당하는 금액의 62.5%에 "참여하는" 셈이 된다. 이 경우 참여비율(participation rate)은 62.5%(= 1 - 0.375)라고

14) Smith & Smithson(1990: Ch.4, pp.122-24) 참조

말한다. 이 참여비율은 1에서 캡 프리미엄과 플로어 프리미엄의 비율(150/400)을 뺀 값임에 주목할 필요가 있다.

위에서 고려한 10% 상한금리, 62.5% 참여비율을 가진 제로비용 참여약정의 매수포지션은 동일한 원금에 대한 10% 캡의 매수와 이 원금의 37.5%에 대한 10% 플로어의 매도로 나타낼 수 있다.

+ 참여약정	=	+ 캡	−	플로어
10% 상한 62.5% 참여 원금 = 1천만 달러		10% 원금 = 1천만 달러		10% 원금 = 375만 달러

앞에서 동일한 행사금리를 가진 캡의 매수와 플로어의 매도는 같은 금리를 고정금리로 한 금리스왑의 매수와 같다는 것을 설명하였다.

+ 금리스왑	=	+ 캡	−	플로어
10% 고정금리 지급 LIBOR 수취		10%		10%

명목원금 1천만 달러에 대한 10% 캡은 명목원금 375만 달러에 대한 10% 캡과 명목원금 625만 달러에 대한 10% 캡으로 분리할 수 있으므로 위의 두 식으로부터 다음과 같은 식을 얻을 수 있다.

+ 참여약정	=	+ 캡	+	금리스왑
10% 상한 62.5% 참여 원금 = 1천만 달러		10% 원금 = 625만 달러		10% 고정금리지급 LIBOR수취 원금 = 375만 달러

즉, 참여약정은 금리캡과 금리스왑의 가중평균과 같으며 각각의 원금은 참여비율에 의해서 결정된다. LIBOR가 상한금리 이하일 때 100% 참여하는 것은 순수한 캡이고, 참여비율이 0인 경우는 순수한 금리스왑에 해당된다.

5. 레인지 채권(Range Note)

레인지 채권(range note)의 핵심적인 구조는 매 이표지급 시점 직전일에 기준 충족 여부에 따라 상이한 이표를 지급하는 것이다. 즉, 발행채권의 기준금리가 사전에 정한 범위(range)안에 머무르면 높은 이자를 지급하고, 범위를 벗어나면 낮은 이자를 지급하는 것이다. 따라서 레인지 채권은 디지털 옵션이 내재되어 있는 대표적인 구조화채권이다.

예를 들어, CD 금리가 6.8% 이하면 8%의 높은 이자를 지급하고, 6.8%를 초과하면 2%의 낮은 이자를 지급하는 채권은 가장 단순한 형태의 레인지 채권이다. 이와 같은 레인지 채권은 다음과 같이 고정금리채권과 매 신규이자 지급액이 결정되는 시점에서의 디지털 옵션의 시리즈를 매도한 것으로 분해할 수 있다.[15] 즉,

+ 레인지 채권 = + 고정금리채권(8%)
− (cash or nothing) 디지털 콜옵션($K=6.8\%$, $Q=6\%$)의 시리즈

이때 $K=$ 행사금리, $Q=$ 높은 이자 − 낮은 이자

그림 10-5 레인지 채권

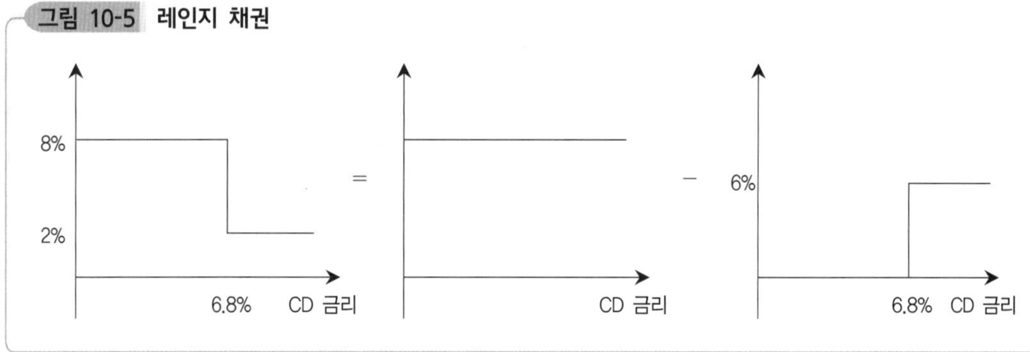

레인지 채권에 내재되어 있는 (cash or nothing) 디지털 콜옵션의 손익은 다음과 같이 결정된다.

$$손익 = \begin{cases} Q & S_T \geq K \text{ 인 경우} \\ 0 & S_T < K \text{ 인 경우} \end{cases}$$

15) 디지털옵션에 관한 자세한 내용은 제5장 참조.

또한 디지털 콜옵션의 가격(c)은 다음과 같이 결정된다.

$$c = Qe^{-rT}N(d)$$

이때 $d = \frac{\ln(S_T / K) + (r - \frac{1}{2}\sigma^2)T}{\sigma\sqrt{T}}$, S_T는 이자지급시점의 기준금리, r은 무위험 이자율, σ는 기준금리의 변동성, T는 옵션의 잔존일수를 나타낸다. 또한 $N(d)$는 기준금리가 행사금리를 초과하게 될 확률을 의미한다.

기준금리가 일정한 영역(range)에 머무르면 높은 금리를 지급하고 영역을 벗어나면 아주 낮은 이자를 지급하는 구조로 설계할 수도 있다. 예를 들어, CD 금리가 4.2%–6.5% 사이이면 6.5%를 지급하고, 그 외에는 1%를 지급하는 것이다. 이와 같은 구조에는 다음과 같은 레인지 콜옵션(range call option)이 내재되어 있다.

$$\text{레인지콜옵션} = \begin{cases} R & B_L < CD < B_H \text{ 인 경우} \\ 0 & CD\text{가 위의 영역을 벗어나는 경우} \end{cases}$$

이와 같은 레인지콜옵션은 행사가격이 다른 (cash-or-nothing) 디지털 콜옵션을 매수/매도함으로써 만들어 낼 수 있다. 즉,

레인지콜옵션 = {디지털콜옵션(행사가격 = B_L) 매수,
디지털콜옵션(행사가격 = B_H) 매도}

그림 10-3 레인지콜옵션

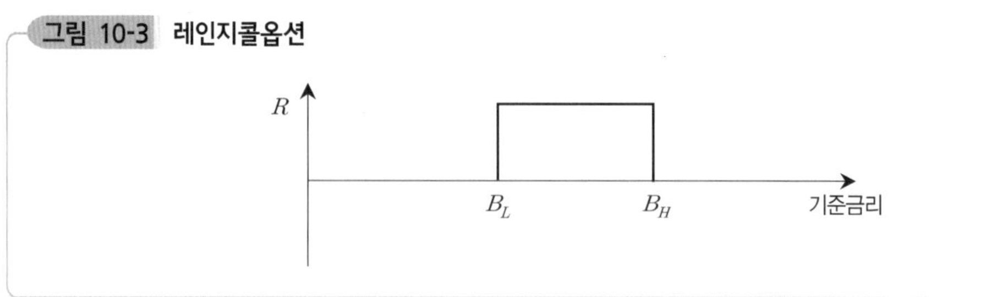

이와 같이 디지털옵션이 내재된 레인지채권의 구조는 기준금리 수준이 낮고, 수익률 곡선이 급하게 우상향하며, 기준금리의 변동성이 높은 상황에서 등장하게 된다. 레인지 채권에 내재된 디지털 옵션의 가치는 설정된 행사가격의 수준, 즉 레인지(range),

기준금리의 변동성, 내재선도금리의 형태에 의해 영향을 받게 된다. 선도금리가 레인지에 위치하는 경우 기준금리의 변동성 증가는 OTM 확률을 상승시켜 옵션가치를 감소시킨다. 한편, 선도금리가 레인지에서 벗어나 있는 경우 기준금리의 변동성 증가는 ITM 확률을 상승시켜 옵션가치를 증가시킨다. 투자자는 기준금리의 변동성이 작거나 수익률곡선에 내재되어 있는 기준금리의 선도금리가 실현되지 않을 것이라는 기대하에 투자하게 된다. 그러나 기준금리의 변동성이 증가하여 기준금리가 내재선도금리 수준에 근접하게 되면 낮은 수익률을 얻을 수 있다.

6. 레인지 어크루얼 채권(Range Accrual Note)

일정한 주기마다 특정 이자지급시점에 조건을 충족하면 높은 금리를 지급하고, 그렇지 않으면 낮은 이자를 지급하는 방식의 경우, 이자지급시점에 조건이 충족되지 않는 경우 투자자의 불만이 크게 된다. 이를 어느 정도 해소하는 방안으로 조건을 충족시키는 일수를 매일 관측하여 일할계산(daily accrual) 방식으로 이자를 지급함으로써 이자수취의 안정성을 강조하는 채권을 레인지 어크루얼 채권이라 한다. 금리가 일정 범위에 있으면 시장금리보다 높은 금리를 지급하되 발행자가 조기상환권을 행사할 수 있는 구조로 설계할 수도 있다.

예 제 레인지 어크루얼 FRN

발행기업 : AAA　　　　발행금액 : 100억원

만　　기 : 2년　　　　발행가격 : 100

상환가격 : 100　　　　이자지급 : (3M CD + 1%) $\times \frac{n}{360}$

n: 이자기간 동안 3M CD가 다음 조건을 충족시킨 일수

기 간	최 대	최 소
0 - 6M	4.00%	3.00%
6 - 12M	4.75%	3.00%
12 - 18M	5.50%	3.00%
18 - 24M	6.00%	3.00%

이 예제는 전형적인 레인지 어크루얼의 개념을 FRN에 적용하는 구조이다. 즉, 이자기간동안 3M CD가 주어진 조건을 충족시킨 일수에 따라 이자지급이 결정된다. 앞에서 설명한 레인지채권과 동일하게 투자자는 일반적인 FRN을 매수하고 각 이자지급기간에 해당되는 일련의 디지털옵션을 매도한 포지션을 갖게 된다.

향후 기준금리(3M CD)가 사전에 설정된 영역 안에서 움직일 것으로 예상하는 투자자에게는 CD에 추가되는 스프레드가 매력적일 것이다. 투자자가 매도하는 디지털옵션의 가치는 수익률곡선에 내재된 선도금리의 패턴으로부터 결정되는데, 이때 수익률곡선에 내재된 선도금리가 향후 실현될 단기금리보다 높다고 예상하는 투자자는 실제 옵션의 가치보다 자신이 매도하는 옵션의 가치가 더 클 것으로 판단하는 것이다.

레인지 어크루얼 채권의 투자자는 기준금리가 영역(range)안에 머무르게 되어 손익분기가 되는 조건충족일수를 다음과 같이 계산할 수 있다.

손익분기 조건충족일수(break even number of days)

$$= \frac{3M\ CD \times \text{이자지급기간(일수)}}{3M\ CD + \text{마진}} = \frac{3.5\% \times 91}{4.5\%} = 71\text{일}$$

이는 3M CD 수익률이 이자지급기간 91일 중에서 78%인 71일 동안 영역(range) 안에 머무르면 손익분기(break-even)가 됨을 의미한다.(현재 3M CD = 3.5% 가정)

한편, 레인지 어크루얼의 개념을 CMT/CMS 스프레드에 적용하여 장기스왑률과 단기스왑률의 차이에 따라 이자지급액이 달라지는 형태로 설계한 레인지 어크루얼 채권을 CMT/CMS 스프레드 어크루얼 채권이라고 한다. 예를 들어, CMT 스프레드 어크루얼 채권의 경우 이자지급방식을 다음과 같이 설계할 수 있다.

$$\text{지급이자} = 7.1\% \times \frac{n}{N} \ (n\text{: 5년 국고채수익률 − 1년 국고채수익률} \geq 0\text{ 인 일수, } N\text{: 이자지급기간})$$

또한 CMS 스프레드 어크루얼채권의 경우 이자지급방식을 다음과 같이 설계할 수 있다.

$$\text{지급이자} = 5.9\% \times \frac{n}{N} \ (n\text{: 5년 금리스왑률 − 1년 금리스왑률} \geq 0\text{ 인 일수, } N\text{: 이자지급기간})$$

이러한 구조는 이자수취의 안정성을 강조함으로써 수익률곡선의 역전에 대한 투자자의 우려를 감소시킬 수 있을 것이며, 수익률곡선이 역전되더라도 그것이 일시적인 현상일 뿐 다시 우상향 곡선으로 회복될 것으로 예상하는 투자자들의 관심을 끌 수 있다.

10.5 기타 유형

앞에서 소개한 구조화채권은 가장 대표적인 유형의 구조이고, 기타의 유형으로 특수한 시장상황을 이용하는 KTB 스왑과 파워스프레드채권(power spread note), 그리고 변동성스왑의 개념을 이용하는 변동성 채권 등이 있다.

1. KTB Swap[16)]

국고채가 신용등급상 우위이므로 국고채 금리가 원화 금리스왑의 스왑률보다 낮고, 국내 은행들이 해외자금을 조달할 경우 가산 스프레드가 붙게 되므로 원화 금리스왑의 스왑률보다 통화스왑의 스왑률이 낮은 것이 일반적이다. 또한, 국고채는 국가신용등급이고 원화금리스왑은 스왑을 담보 없이 거래할 수 있는 은행의 신용등급이다. 일반적으로 국가신용등급이 더 우월하기 때문에 국고채수익률이 원화금리스왑의 스왑률보다 낮은 것이 일반적이다.

원화금리스왑은 원화고정금리와 원화변동금리(CD)의 교환이다. 스왑을 하는 국내은행은 국내에서 CD로 조달과 운용이 가능하다. 통화스왑은 원화고정금리와 외화변동금리(6M LIBOR)의 교환이다. 신용등급이 아무리 우수하더라도 국내은행이 해외에서 자금을 조달할 때 국가리스크(country risk) 때문에 6M LIBOR + α로 조달할 수밖에 없다. 따라서 스왑시장에 참여하는 은행의 외화차입시 신용스프레드는 IRS와 CRS의 스프레드와 동일하게 된다.

국내 투자자의 경우 외화(U$)표시의 자산을 가지고 있을 때, 외화의 약세(환율하락)가 예상되고 자국통화(원화)의 금리하락이 예상되는 경우, 원화의 고정금리 수취자로 통화스왑을 하면 환위험을 회피하고 투자수익의 감소를 예방할 수 있다. [그림 10-7]은 통화스왑(Cross Currency Coupon Swap: CCCS)을 통해 변동금리 외화자산이 고

16) 노상규, 임원규(2006, 재3장, pp.152-158) 참조.

정금리 원화자산으로 전환되는 경우를 보여주고 있다.

그림 10-7 변동금리조건의 외화자산을 보유한 기업의 통화스왑 이용

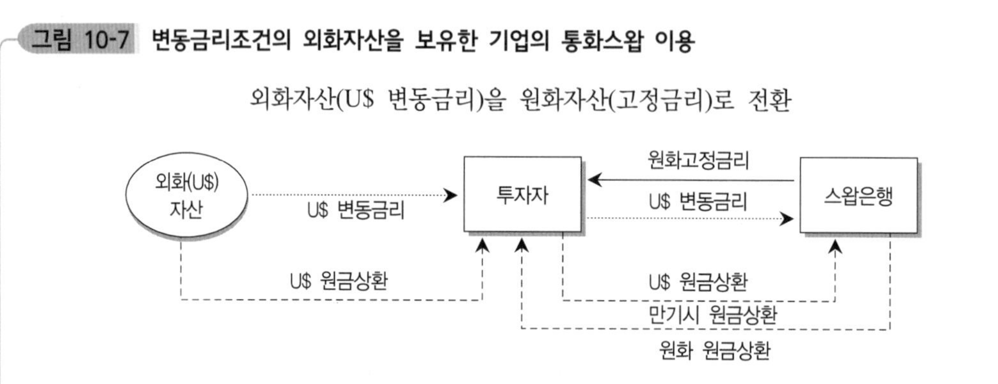

변동금리 해외채권에 투자한 기관이 예를 들어 6M LIBOR를 받는다고 하자. 이를 원화고정금리로 전환하기 위해 6M LIBOR를 지급하고 원화 고정금리를 수취하는 CCCS를 체결한다고 하자. 스왑딜러는 이를 헤지하기 위해 국내 은행간 거래를 통해 원화 고정금리를 수취하는 CCCS을 체결하게 되고, 이러한 수요가 많을수록 CCCS의 스왑률은 하락하게 된다. 이 경우 채권-스왑 스프레드가 KTB > IRS > CCCS와 같이 역전될 수 있다. 이와 같은 특정한 시장상황에서 외화채권에 투자한 기관의 입장에서 통화스왑을 통하여 원화고정금리를 수취할 때 CCCS 고정금리를 수취하는 대신 국고채수익률을 수취할 수 있다면 훨씬 유리하게 느낄 것이다.

시장상황

5년 국고채 수익률 4.8%, 5년 원화금리스왑 4.6%
5년 CCCS 스왑률 4.2%, 5년 KTB 스왑 스왑률 4.5%

그림 10-8 KTB 스왑의 구조

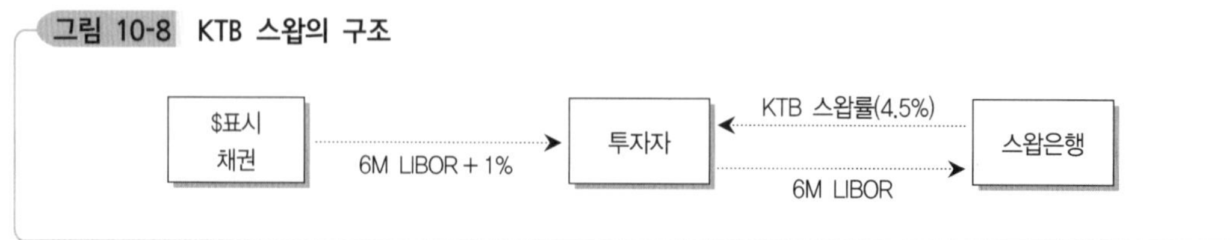

6M LIBOR + 1%의 수익률을 얻는 외화채권에 투자한 기관이 일반적인 CCCS을 체

결하는 경우 5년 CCCS의 스왑률 4.2%를 받게 되므로 6M LIBOR연동 외화변동금리 채권을 5.2%(4.2% + 1%)의 원화고정금리 채권으로 전환하게 된다. 그러나 KTB 스왑의 경우 5년 KTB 스왑률 4.5%를 수취하게 되므로 5.5%(4.5% + 1%) 원화고정금리 채권으로 전환할 수 있으므로 연 0.3%의 수익률제고 효과를 얻게 된다.

투자자 측면에서는 KTB 스왑을 통해 수익률을 제고할 수 있지만, 스왑딜러의 입장에서는 KTB 스왑의 만기와 동일한 국고채를 매수하여 헤지해야 하며, 국가부도사태가 발생할 경우 국고채수익률의 상승으로 손실을 입을 수 있다. 따라서 이러한 손실 가능성을 염두에 둔 특별한 조항(국가부도사태일 경우에는 통화스왑곡선을 사용하지 않고 국고채수익률곡선을 사용하여 평가 및 unwinding 하는 조건)을 설정하게 된다. 즉, 스왑의 만기 이전에 국가부도사태에 준하는 사태가 발생할 경우 스왑은행은 만기일까지 남아있는 원화 고정금리의 현금흐름을 국고채수익률로 할인하여 지급하고, 고객은 USD 변동금리의 현금흐름을 USD 스왑률로 할인하여 지급하도록 계약을 체결하는 것이다.

국가부도사태가 발생할 경우 CCCS 시장에서 달러조달(원화운용)하려는 세력이 많아지게 되고, 이는 원화고정금리 수취세력이 많아지게 되므로 CCCS의 고정금리는 하락하게 된다. 한편, 국고채 시장에서는 국가리스크의 발생으로 국고채 매도가 증가하고 국고채 수익률은 급상승하게 된다. 그러나 KTB 스왑의 경우 CCCS의 고정금리로 평가하지 않고 국고채 수익률로 평가함에 따라 고객이 손실을 보게 되는 것이다.

2. 파워스프레드채권(Power Spread Note)

파워스프레드채권(power spread note)은 다음과 같이 고정금리에 CD 91일물 이자율과 3개월 만기 국고채수익률간의 스프레드의 일정배수(승수)를 더하여 이자지급액이 결정되는 채권이다. 또한 일반적으로 최소 및 최대 지급이자율이 설정되어 있다.[17)]

이자지급액 = 고정금리 + (CD 91일물 수익률 − 3M KTB) × 승수

[Min x%, Max y%]

이때 고정금리는 발행자의 동일만기 고정금리채권의 수익률에 비해 높게 설정되어 있

17) 이원준(2006) 참조.

으며, 3M KTB이 CD91일물 수익률보다 높게 형성될 가능성이 낮기 때문에 투자자에게 매력적인 상품구조를 갖고 있다.

예 제 파워스프레드채권

발행기업 : A은행
만　　기 : 10년
이자지급조건 : 5.8% + 15 × [91일 CD – 3M 국고채 수익률]
　　최대(cap) 7.20%, 최소(floor) 0%
지급주기 : 분기

이 채권의 이자지급조건은 다음과 같이 표현할 수 있다.

$$\text{Max}\{\text{Min}[5.8\% + 15 \times (91\text{일 } CD - 3M \text{ 국고채수익률}),\ 7.2\%],\ 0\}$$

이러한 채권의 투자자는 현재 동일한 조건의 고정금리채권(예, 5.05%)에서 얻을 수 있는 수익률보다 높은 수익률을 제시하는 고정금리부분(5.8%)에서 일차적인 이익을 얻고, 역전가능성이 거의 없는 91일 CD 이자율과 3개월 만기 국고채수익률의 스프레드로부터 추가적인 이익을 얻고자하는 것이다. 즉, CD 91일물 수익률과 3개월물 국고채수익률이 역전되지 않으면 일정 수준의 높은 이자를 지급받게 된다.

따라서 파워스프레드채권은 고정금리채권과 베이시스 금리스왑[18], 그리고 금리캡과 플로어가 결합된 형태라고 할 수 있다. 즉, 캡매도시 수취 프리미엄과 플로어 매수시 지급하는 프리미엄이 동일하다고 가정하면, 파워스프레드채권의 매수는 다음과 같이 표현할 수 있다.

+ 파워스프레드채권
= + 고정금리채권(5.05%)
　+ 15 × 베이시스스왑 (CD + 5bp수취, 3M 국고채 수익률 지급)
　+ 캡(7.2%) 매도 + 플로어(0%) 매수
= $\text{Max}\{\text{Min}[5.8 + 15 \times (91\text{일 } CD - 3\text{M 국고채수익률}),\ 7.2\%],\ 0\}$

18) 베이시스 금리스왑에 관한 상세한 설명은 제4장 참조.

베이시스스왑을 분해하면, 발행기업은 스왑은행과 두 종류의 스왑계약을 체결하는 것과 같다는 쉽게 확인할 수 있다. 즉, 베이시스스왑은 표준형 IRS 매수포지션(고정금리지급, CD금리수취)과 KTB IRS의 매도포지션(고정금리 수취, 3M KTB 지급)으로 분해할 수 있다.

표준형 IRS 매수 + KTB IRS 매도
= (CD - 10년 IRS 스왑률) + (10년 국고채 수익률 - 3M 국고채수익률)
= CD + (10년 국고채 수익률 - 10년 IRS 스왑률) - 3M 국고채수익률
= CD + 5bp - 3M 국고채수익률
(10년 국고채 수익률 - 10년 IRS 스왑률 = 5bp 가정)
= 베이시스스왑

위의 식에서 볼 수 있듯이 10년 국고채 수익률 - 3M 국고채수익률 = 5bp라면 표준형 IRS 매수와 KTB IRS 매도가 합쳐서 파워스프레드채권에 내재된 베이시스스왑과 동일하게 됨을 알 수 있다. 따라서 스왑은행은 10년 국고채 수익률과 10년 IRS 스왑률의 스프레드가 5bp 이상이면 CD 금리가 3M 국고채수익률보다 높더라도 CD + 5bp를 지급하고 3M 국고채 수익률을 수취하는 베이시스스왑을 거래할 것이다. 또한 스왑은행은 KTB IRS의 매수포지션을 헤지하기 위해 채권시장에서 10년 만기 국고채를 채권 발행액의 승수배수만큼 매수하게 된다.

이상에서 설명한 바와 같이 파워스프레드채권은 국고채 수익률곡선과 원화 금리스왑의 스왑률 곡선의 관계를 이용하는 구조를 갖고 있다. 특히, 단기영역에서 원화 금리스왑의 스왑률이 국고채수익률보다 높고, 중장기영역에서는 국고채수익률이 금리스왑률보다 높은 시장상황이라면, 단기금리의 스프레드(CD - 3M 국고채수익률)는 투자자에게 수익률 제고의 기회를 제공하고, 중장기금리의 스프레드(10년 국고채수익률 - 10년 금리스왑률)는 스왑은행에게 유리하게 작용하여 이러한 구조의 상품이 개발되는 것이다.[19] 투자자의 입장에서는 가능성이 상당히 낮지만 CD금리와 3M 국고채수익률간의 스프레드가 역전될 리스크에 노출되므로 상당한 기간 동안의 스프레드 평균, 최대값/최소값, 그리고 스프레드의 변동성을 감안한 시뮬레이션을 통해 리스크 요인을 점검할 필요가 있다.

---

19) 2002년 중반 이후 IRS 스왑률은 동일한 만기의 국고채 수익률보다 낮게 형성되어 스왑 스프레드가 음(-)인 상황이 지속되었으며, 이러한 시장상황을 이용한 구조화채권이 2006년에 등장하였다.

3. 변동성 채권(Volatility Note)

변동성 채권은 금리변동성에 근거해 이자가 지급되는 채권으로, 변동성 스왑(volatility swap)의 개념이 채권에 도입된 사례이다. [그림 10-9]는 변동성스왑의 개념을 설명하고 있다. 현재시점 t에 계약한 고정변동성과 미래의 일정기간 $[t_1\ t_2]$에 실현된 변동성간의 차이에 의한 현금흐름이 t_2시점에 발생하는 경우를 제시하고 있다. 표준형 금리스왑에서 고정금리와 변동금리를 교환하는 것과 유사하게 변동성스왑에서는 고정변동성과 실현변동성을 교환하는 것이다.

그림 10-9 변동성스왑(volatility swap)

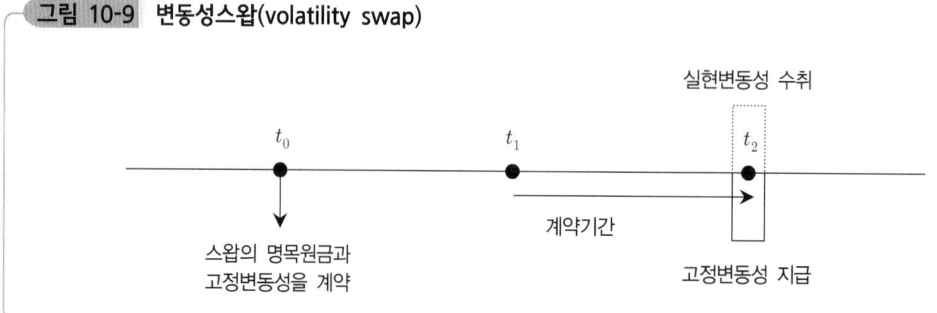

명목원금이 N이고 계약기간이 $[t_1\ t_2]$인 변동성 스왑의 t_2시점의 손익은 다음과 같이 결정된다.

$$V(t_1, t_2) = [\sigma^2(t_1, t_2) - \sigma^2(t_0)](t_2 - t_1) \times N$$

이때 $\sigma^2(t_1, t_2)$는 $[t_1\ t_2]$ 기간 동안 실현된 변동성이고, $\sigma^2(t_0)$는 t_0시점에 시장조성자에 의해 제시되는 고정변동성 호가이다. 따라서 변동성스왑의 가격결정은 t_0시점에서 $V(t_1, t_2)$의 값이 0이 되도록 결정하는 것이다. 즉,

$$V(t_0, t_1, t_2) = [\sigma^2(t_1, t_2) - \sigma^2(t_0)](t_2 - t_1) \times N = 0$$

예를 들어, 조기상환이 불가능한 CMS 변동성 채권의 경우 이자지급액을 다음과 같이 설정할 수 있다.

$$\text{이자지급액} = \text{고정금리} + |S_{t+1} - S_t| \times \text{승수} \ (S_t : \text{만기 5년 IRS 스왑률})$$

이 경우 금리변동성은 IRS 스왑률의 변동폭으로 정의하고 있으며, 이자지급액이 5년 IRS 스왑률의 변동폭이 클수록 증가하게 된다. 분기단위로 시작일과 종료일의 스왑률 차이의 절대값과 함께 최저 고정금리가 확보되는 구조이다. 따라서 투자자는 스왑률 변동성을 매수하는 것이다.

구체적으로, 특정 시장상황에서 만기 10년 조기상환이 불가능한 CMS 변동성 채권의 경우 이자지급액을 다음과 같이 설정할 수 있다.

초기 2년 : $2.15\% + 13 * |S_{t+1} - S_t|$ (cap: 18%, floor: 6.10%)

3년-10년 : $2.15\% + 13 * |S_{t+1} - S_t|$ (cap: 18%, floor: 2.15%)

이때 S_t는 만기 5년 IRS 스왑률을 나타낸다.

향후 금리(스왑률) 변동성 증가에 대한 헤지가 필요한 기관의 경우 이러한 구조의 변동성 채권을 매수함으로써 장기적으로 헤지효과를 얻을 수 있다. 그러나 이러한 구조화 채권에 투자하는 경우 상당한 기간의 시장자료(스왑률)를 이용하여 분기단위로 예상 이자지급액을 시뮬레이션하고 목표로 하는 성과를 얻을 수 있는지, 스왑률의 변동성 측정뿐만 아니라 내재된 캡(cap)과 플로어(floor)의 가격결정이 적정한지에 대한 검증이 매우 중요하다.

Interest Rate Derivatives
Investment & Risk Management
Strategies for Practitioners

Interest Rate Derivatives
Investment & Risk Management
Strategies for Practitioners

Part 5

금리파생상품의 가격결정

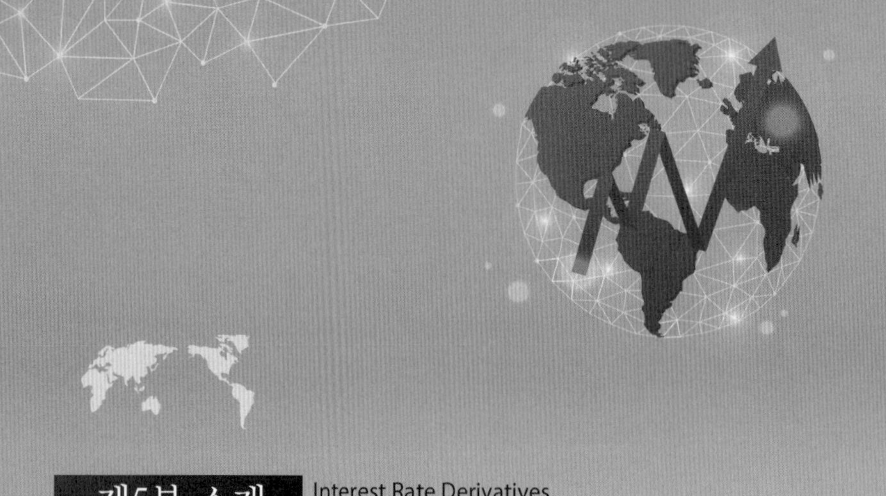

제5부 소개

Interest Rate Derivatives
Investment & Risk Management Strategies for Practitioners

제5부에서는 금리파생상품의 가격결정문제에 대해 다룬다. 가장 중요한 개념은 리스크 중립적 가격결정의 논리이다. 리스크 중립적인 세상에서 모든 기초자산에 대한 기대수익률은 무위험수익률이다. 이는 리스크 중립적인 투자자들이 리스크를 떠맡을 때 프리미엄을 요구하지 않기 때문이다. 또한 리스크 중립적인 세계에서는 어떠한 현금흐름도 무위험수익률로 할인함으로써 현재가치를 얻을 수 있다. 이와 같은 논리는 파생상품의 가격결정과정을 대폭 단순화 시킨다.

제11장에서는 리스크 중립적 가격결정의 논리를 설명한 후 유럽형 금리옵션의 가격결정모형을 설명한다. 먼저 상태가격(state prices)의 개념을 설명한 후, 상태가격, 차익거래, 리스크 중립적 확률의 관계를 살펴본다. 그리고 리스크 중립적 가격결정의 논리를 옵션가격결정에 적용하는 과정을 소개한다.

또한, 리스크 중립적 가격결정의 논리를 일반화하기 위하여 리스크의 시장가격, 마팅게일과 측도의 개념을 설명한 후 동등마팅게일측도(equivalent martingale measure)를 이용하여 채권옵션, 금리캡/플로어, 스왑션 등 금리옵션의 가격을 결정하는 논리에 대해 설명한다. 또한 리스크중립적 가격결정논리에 의해 블랙-숄즈 옵션가격결정식을 도출하는 과정을 상세히 설명한다.

제11장에서 다루는 금리옵션 가격결정모형에서는 미래의 일정시점의 금리 또는 채권가격이 자연대수 정규분포(lognormal distribution)를 갖는다고 가정한다. 이러한 모형은 유럽형 채권옵션, 캡, 플로어, 스왑션 등의 가격결정에 광범위하게 활용된다. 그러나 시간이 흐름에 따라 금리가 어떻게 변하는지를 고려하지 않기 때문에 미국형 금리옵션의 가격결정에는 활용할 수가 없다는 한계를 지닌다.

제12장에서 다루는 모형들은 단기금리의 확률적 과정과 금리기간구조의 확률적 움직임을 설명한다. 이를 금리기간구조모형(term structure model)이라고 하며 금리기간구조가 시간이 흐름에 따라 어떻게 변하는가를 설명하는 모형들이다. 먼저 금리기간구조의 기초개념을 설명한 후 이항과정(binomial process), 평균회귀(mean-reverting) 이항과정 등 금리의 기간구조를 모형화하는 방법론에 대해 설명한다.

또한, 금리기간구조를 이용한 금리옵션의 가격결정모형으로 Vasicek(1977), Cox, Ingersoll & Ross(1995) 등 균형모형(equilibrium model)과 Ho & Lee(1986), Black, Derman & Toy(1990), Hull & White (1990) 등 무차익거래모형(no-arbitrage model)을 소개한다.

리스크 중립적 가격결정

본 장에서는 리스크 중립적 가격결정의 논리를 설명한 후 이를 유럽형 금리옵션의 가격결정에 적용한다. 먼저 상태가격(state prices)의 개념을 설명한 후, 상태가격, 차익거래, 리스크 중립적 확률의 관계를 살펴본다. 그리고 리스크 중립적 가격결정의 논리를 옵션가격결정에 적용하는 과정을 소개한다.

또한, 리스크 중립적 가격결정의 논리를 일반화하기 위하여 리스크의 시장가격(market price of risk), 마팅게일(martingale)과 측도(measure)의 개념을 설명한 후 동등 마팅게일 측도(equivalent martingale measure)를 이용하여 채권옵션, 금리캡/플로어, 스왑션 등 금리옵션의 가격을 결정하는 논리에 대해 설명한다. 또한 리스크중립적 가격결정의 논리를 이용하여 옵션가격결정식을 완전히 도출하는 과정을 제시한다.

11.1 무차익거래논리(No-Arbitrage Principle)[1]

무차익거래논리는 거래비용, 공매도제약, 세금 등의 시장불완전성이 없는 경우 두 개의 완전대체증권은 동일한 가격에 거래되어야 한다는 것이다. 이는 고정수익증권시장에서도 유용성이 매우 큰 개념이며, 다양한 만기와 계약조건을 지닌 채권들의 가격결정에서 차익거래기회가 존재하지 않아야 한다는 것이다. 즉, 어떤 채권들을 결합하여 다른 채권의 현금흐름을 더 저렴하게 복제할 수 있는 차익거래기회는 존재하지 않는다는 논리이다. 예를 들면, 채권 A를 채권 B와 무위험자산으로 복제할 수 있다면 채권 A와 복제포트폴리오의 가격은 동일해야 한다.

1) Sundaresan(1992), Ch.14, pp. 449-456 참조

1. 상태가격(state prices)의 개념

현재시점($t=0$)에서 어떤 채권의 시장가격이 P이고, $t=1$시점에서 채권가격은 q의 확률로 uP가 되거나, 또는 $1-q$의 확률로 dP가 될 수 있다고 하자. 이때, u는 상승배수, d는 하락배수를 나타낸다.

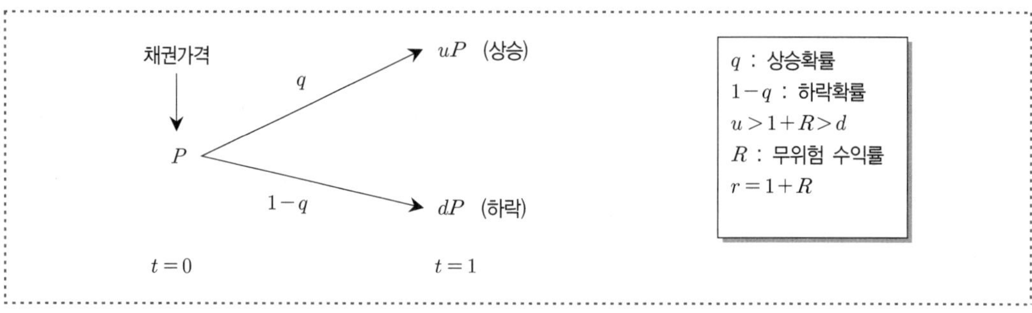

이 채권의 기대수익률과 변동성은 다음과 같이 결정된다.[2)]

즉, $E[\widetilde{R}]=qu+(1-q)d,\ Var[\widetilde{R}]=q(1-q)(u-d)^2$

이때

$$\widetilde{R} \begin{cases} \xrightarrow{q} u \text{ (상승)} \\ \xrightarrow{1-q} d \text{ (하락)} \end{cases}$$

무위험자산은 상승상태(up state)나 하락상태(down state) 모두 무위험 수익률(R)을 얻으므로 현재 시점($t=0$)에서 1원을 투자할 때 다음 시점($t=1$)에서의 가격이 $1+R$이 된다.

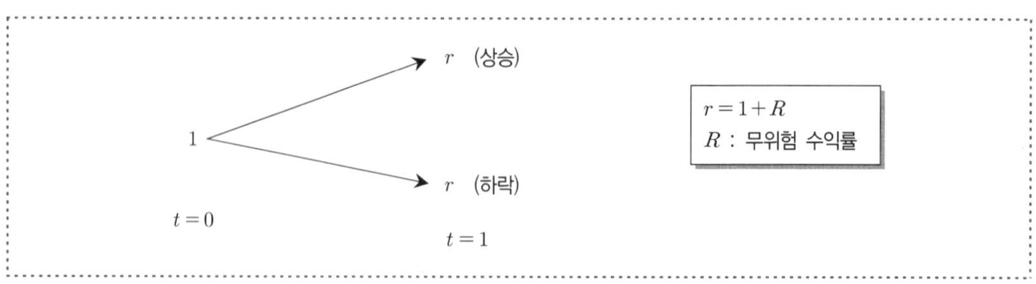

2) [부록 1] 참조.

이제 상승상태(up state)에서 1원을 지급하고, 하락상태(down state)에서 0원을 지급하는 증권을 상태증권(state security) 1이라고 정의하고, 현재시점($t=0$)의 가격을 π_u (up state price)라고 하자. 또한 하락상태(down state)에서 1원을 지급하고, 상승상태(up state)에서 0원을 지급하는 증권을 상태증권 2라고 정의하고, 현재시점($t=0$)의 가격을 π_d (down state price)라고 하자. 이제 [표 11.1]에 나타낸 것과 같이 채권의 현금흐름을 상태증권을 이용하여 복제하는 경우를 생각해보자.

표 11.1 상태증권을 이용한 채권의 복제

거 래($t=0$)	투 자($t=0$)	현금흐름($t=1$)	
		상승상태	하락상태
채권매수	P	uP	dP
상태증권 1을 uP만큼 매수	$\pi_u uP$	uP	0
상태증권 2를 dP만큼 매수	$\pi_d dP$	0	dP

즉, 상태증권 1을 uP만큼 매수하고, 상태증권 2를 dP만큼 매수하면 $t=1$에 상승상태와 하락상태의 경우 모두 채권의 현금흐름을 정확히 복제할 수 있다. 이 경우 채권과 복제포트폴리오는 동일한 가격에 거래되어야 한다. 따라서 현재시점($t=0$)에서 다음과 같은 관계가 성립해야 한다.

$$P=\pi_u \cdot uP+\pi_d \cdot dP$$

위 식의 양변을 P로 나누면 다음 식을 얻게 된다.

$$1=\pi_u \cdot u+\pi_d \cdot d \tag{11.1}$$

상태증권 1과 2를 1 단위씩 매수함으로써 어떤 상태가 발생하든 $t=1$ 시점에서 1원을 얻게 되며, $t=0$시점에서 1원의 현재가치는 $\frac{1}{r}$이다. 따라서

$$\frac{1}{r}=\pi_u+\pi_d \tag{11.2}$$

식 (11.1)과 (11.2)를 풀면 상태증권 1과 2의 가격을 얻게 된다. 이를 상태가격(state prices)이라고 한다.

$$\begin{cases} \pi_u = \dfrac{r-d}{r(u-d)} \\ \pi_d = \dfrac{u-r}{r(u-d)} \end{cases} \tag{11.3}$$

예 제

상태증권의 가격을 계산하는 예를 들기 위하여 다음과 같은 상황을 가정하자.

$P=100,\ u=1.07,\ d=0.98,\ q=0.5,\ R=0.02$

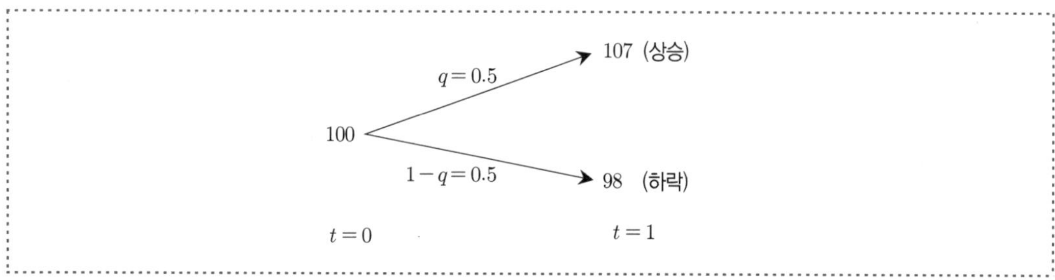

$$\pi_u = \frac{r-d}{r(u-d)} = \frac{1.02-0.98}{1.02(1.07-0.98)} = 0.435730$$

$$\pi_d = \frac{u-r}{r(u-d)} = \frac{1.07-1.02}{1.02(1.07-0.98)} = 0.544662$$

채권을 복제하는데 필요한 상태증권의 총가치는 바로 채권의 가격과 정확히 일치함을 다음과 같이 확인할 수 있다.

$$\pi_u \cdot uP + \pi_d \cdot dP \ = \ 0.43573 \times 107 + 0.544662 \times 98 = 100(\text{채권가격 } P)$$

그러면 상태증권의 가격(π_u, π_d)은 무엇을 의미하는가? 그것은 바로 어떤 특정 상태(state), 즉 상승상태(up state) 또는 하락상태(down state)에서 받게 되는 1원의 현재가치를 나타낸다. 또한 상태증권의 가격을 이용하여 다른 채권의 가격을 결정할 수 있다. 예를 들어, 상승상태에서 가격이 103이 되고 하락상태에서 가격이 98이 되는 채권의 가격(P_2)은 상태증권의 가격을 이용하면 98.2571이 된다는 것을 쉽게 확인할 수 있다. 즉, $P_2 = 0.43573 \times 103 + 0.544662 \times 98 = 98.2571$.

2. 무차익거래논리와 채권가격결정

채권 1과 채권 2가 차익거래기회를 배제하기 위해서는 채권가격들이 특정조건을 만족시켜야 한다.

먼저 채권 1과 채권 2의 기대수익률을 계산하여 보자.

채권 1의 기대수익률($E[\widetilde{R_1}]$)

$$= \frac{q \cdot uP_1 + (1-q) \cdot dP_1}{P_1} = \frac{0.5 \times 107 + 0.5 \times 98}{100} = 1.0250$$

채권 2의 기대수익률($E[\widetilde{R_2}]$)

$$= \frac{q \cdot uP_2 + (1-q) \cdot dP_2}{P_2} = \frac{0.5 \times 103 + 0.5 \times 98}{98.2571} = 1.0228$$

즉, $E[\widetilde{R_1}] \neq E[\widetilde{R_2}]$. 이는 채권1과 채권2의 가격이 적정하게 형성되어 있지 않다는 것을 의미하는가? 이를 살펴보기 위해서 각 채권의 리스크의 시장가격을 계산해 보자.

리스크의 시장가격(market price of risk) $\varnothing$는 다음과 같이 정의된다.

$$\varnothing_i \equiv \frac{E[\widetilde{R_i}] - r}{\sigma_i} \tag{11.4}$$

이때 $E[\widetilde{R_i}]$는 채권 i의 기대수익률, r은 1+무위험수익률, σ_i는 채권 i의 수익률 변동성을 나타낸다.

$$E[\widetilde{R_1}] = qu + (1-q)d = 0.5 \times 1.07 + 0.5 \times 0.98 = 1.025$$

$$\sigma_1 = [q(1-q)(u-d)^2]^{\frac{1}{2}} = 0.045$$

$$\varnothing_1 = \frac{E[\widetilde{R_1}] - r}{\sigma_1} = \frac{1.025 - 1.02}{0.045} = 0.1111$$

$$E[\widetilde{R_2}] = q\hat{u} + (1-q)\hat{d}$$

$$\hat{u} = \frac{\hat{u}P_2}{P_2} = \frac{103}{98.2571} = 1.0483, \quad \hat{d} = \frac{\hat{d}P_2}{P_2} = \frac{98}{98.2531} = 0.9974$$

$$E[\widetilde{R_2}] = 0.5 \times 1.0483 + 0.5 \times 0.9974 = 1.0229$$

$$\sigma_2 = [q(1-q)(\hat{u} - \hat{d})^2]^{\frac{1}{2}} = [0.5(1-0.5)(1.0483 - 0.9974)^2]^{\frac{1}{2}} = 0.0255$$

$$\varnothing_2 = \frac{E[\widetilde{R_2}] - r}{\sigma_2} = \frac{1.0229 - 1.02}{0.0255} = 0.1111$$

즉, $\varnothing_1 = \varnothing_2$ 임을 알 수 있다. 따라서 우리는 채권 1과 2의 리스크의 시장가격이 동일함을 확인하였다. 이는 두 채권간에 차익거래기회가 없으므로 두 채권의 리스크는 시장에서 동일한 가격에 거래되어야 함을 의미한다.

3. 상태가격과 무차익거래논리의 관계

우리는 상태증권의 가격을 이용하여 채권 2의 가격을 결정하였다. 그러면 채권 1과 채권 2 사이에 차익거래 기회가 없다는 것을 어떻게 알 수 있는가? 이를 확인하기 위해 채권 1과 무위험자산(연 수익률 2%)을 이용하여 채권 2의 현금흐름을 복제하는 포트폴리오를 구성해 보자.

채권 1 : Δ만큼 매수 (채권 1의 가격 = 100)
은행예금(2%) : B원

따라서 총투자액 I는 다음과 같이 결정된다.

$$I = \Delta \times 100 + B$$

복제 포트폴리오가 채권 2의 현금흐름을 복제하려면 $t=1$시점에서 상승상태와 하락상태시 복제 포트폴리오의 가치는 채권 2의 가치와 같아야 한다.

상승상태 : $I_u = \Delta \times 107$(채권 1의 가치) $+ B \times 1.02 = 103$(채권 2의 가치)
하락상태 : $I_d = \Delta \times 98$(채권 1의 가치) $+ B \times 1.02 = 98$(채권 2의 가치)

위의 두 식을 만족하는 Δ와 B는 다음과 같다.

$$\Delta = \frac{5}{9}, \quad B = 42.7015$$

따라서 $I = \Delta \times 100 + B = 98.2571$.

즉, 채권 1과 무위험자산을 이용하여 채권 2의 현금흐름을 복제하는 포트폴리오를 구성할 때 투자액은 채권 2의 가격과 일치함을 알 수 있다. 만일 복제 포트폴리오의 투자금액이 채권 2의 가격보다 작다면 채권 2에 직접 투자하는 것보다 복제하는 것이 더 유리할 것이다.

이상의 논의를 요약하면, 우리가 상태증권 가격을 발견할 수 있고 상태증권가격을 이용하여 증권의 가격을 구하면, 이때 결정되는 가격은 차익거래 기회를 제공하지 않는다는 것이다. 이는 금융이론의 핵심정리로서 다음에 설명하는 리스크중립적 확률과 상태증권 가격간의 관계를 이용하여 파생상품의 가격결정에 활용된다.

11.2 리스크 중립적 가격결정의 논리

1. 리스크중립적 확률(Risk Neutral Probability)

투자자들이 리스크 중립적인 세상에서 모든 기초자산에 대한 기대수익률은 무위험수익률이다. 이는 리스크 중립적인 투자자들이 리스크를 떠맡을 때 프리미엄을 요구하지 않기 때문이다. 또한 리스크 중립적인 세계에서는 어떠한 현금흐름도 무위험수익률로 할인함으로써 현재가치를 얻을 수 있다.

이제 채권 1과 채권 2가 무위험수익률을 얻게 되는 확률 p가 존재하는가를 살펴보자.

채권 1의 경우 : $\dfrac{p \cdot uP_1 + (1-p) \cdot dP_1}{P_1} = r$

이 식을 만족시키는 p를 구하면

$$p = \frac{r-d}{u-d}$$

이를 리스크중립적 확률이라 한다.

2. 상태가격과 리스크중립적 확률의 관계

지금까지의 논의를 종합하면 상태가격과 리스크중립적 확률간에는 다음과 같은 관계가 성립함을 쉽게 확인할 수 있다.

$$\pi_u = \frac{1}{r} \cdot \left(\frac{r-d}{u-d}\right) = \frac{1}{r} \cdot p$$

즉, $p = \pi_u \cdot r$

$$\pi_d = \frac{1}{r}\left(\frac{u-r}{u-d}\right)$$

$$= \frac{1}{r}\left[\frac{u-d-(r-d)}{u-d}\right]$$

$$= \frac{1}{r}(1-p)$$

즉, $1-p = \pi_d \cdot r$

따라서 상태증권가격을 알면 리스크 중립적 확률을 구할 수 있다.

예 제

$$p = \pi_u \cdot r = 0.435730 \times 1.02 = 0.4444.$$

이는 리스크 중립적 확률을 구하는 공식을 이용한 값과 동일함을 알 수 있다.

즉, $p = \dfrac{r-d}{u-d} = \dfrac{1.02-0.98}{1.07-0.98} = 0.4444.$

채권 2의 기대수익률

$$= \frac{p \cdot uP_2 + (1-p)dP_2}{P_2} = \frac{0.4444 \cdot 103 + (1-0.4444) \cdot 98}{98.2571} = 1.02.$$

즉, 리스크 중립적 확률(세계)에서 모든 채권은 무위험수익률을 얻게 됨을 알 수 있다.

3. 리스크중립적 옵션가격결정

앞에서 우리는 상태가격(즉, 리스크중립적확률)을 구할 수 있고 상태가격을 이용하여 금융자산의 가격을 구하면, 이때 결정되는 가격은 차익거래기회를 제공하지 않음을 보였다. 이제 리스크중립적확률을 이용하여 어떤 금융자산의 기댓값을 구하고 무위험수익률로 할인한 값이 이 금융자산의 현재가치가 된다는 리스중립적 가격결정의 논리를 옵션가격결정에 적용해 보자.

(1) 이항분포 옵션가격결정모형

이항분포를 이용하여 옵션가격을 결정하는 방법론은 1975년 이스라엘의 Ein Bokek에서 열린 한 학회에서 노벨상 수상자인 William Sharpe와 Mark Rubinstein이 대화하는 가운데 생긴 아이디어에서 그 기원을 찾을 수 있다. 당시 그들은 기초자산과 옵션을 이용하여 무위험수익을 창출할 수 있다는 Black-Scholes의 옵션가격결정 방법론에 관해 토론을 하였고, 당시 Sharpe는 2개의 상태(states)와 3개의 증권(기초자산, 무위험자산, 그리고 옵션)이 존재하는 세계에서 어떤 한 증권이 다른 두 개의 증권으로 복제될 수 있지 않을까 하는 생각에 골몰하였다. 그들은 이러한 직관이 확률이론의 중심극한정리(central limit theorem)와 결합되면 이항분포모형이 궁극적으로 Black-Scholes 모형으로 수렴될 수 있을 것으로 보았으며, Sharpe는 이러한 아이디어를 그의 교과서(Investments, 1978)에 처음 소개하였다. 후에 John Cox와 Stephen Ross의 도움을 받아 Mark Rubinstein은 1979의 논문에서 이항분포 옵션가격결정이론을 정형화시켰다.

이항분포모형에 전제되어 있는 가정은 다음과 같다.

- 주식가격(S)은 이항분포 생성과정(binomial generating process)을 따른다.
- 주식가격은 상승과 하락의 두 가지 경우만 계속해서 반복된다.
- 주가상승배수(1 + 주가상승률)는 1 + 무위험수익률보다 크고, 주가하락배수(1 + 주가하락률)는 1 + 무위험수익률보다 작다. 만일 이러한 관계가 성립되지 않으면 무위험 차익거래기회가 존재하게 된다.
- 주식보유에 따른 배당금지급은 없다. 이 가정은 쉽게 완화될 수 있다.

• 거래비용, 세금 등이 존재하지 않는다.

이제 이항분포모형을 도출하기 위하여 부호를 다음과 같이 정의하자.

S : 주식가격
q : 주식가격 상승확률
u : 주식가격 상승배수(1 + 주가상승률)
d : 주식가격 하락배수(1 + 주가하락률)
r : 무위험수익률
c_u : 주가상승시 콜옵션 가격
c_d : 주가하락시 콜옵션 가격
K : 행사가격

그림 11-1 단일기간 이항분포모형

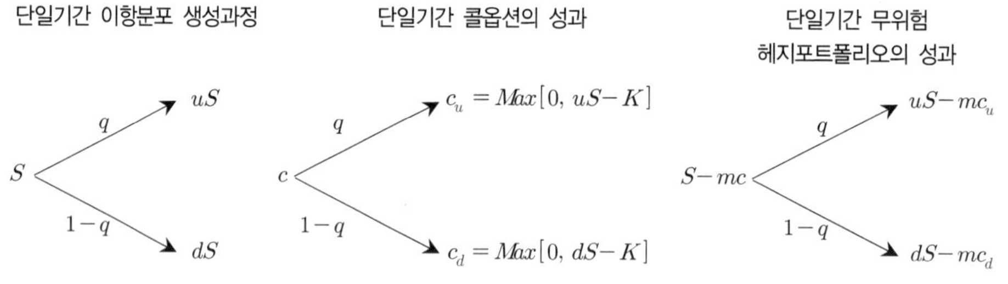

단일기간 이항분포 생성과정	단일기간 콜옵션의 성과	단일기간 무위험 헤지포트폴리오의 성과
S → (q) uS	c → (q) $c_u = Max[0,\ uS-K]$	$S-mc$ → (q) $uS-mc_u$
S → ($1-q$) dS	c → ($1-q$) $c_d = Max[0,\ dS-K]$	$S-mc$ → ($1-q$) $dS-mc_d$

현재 시점부터 만기까지의 기간을 단일기간으로 가정하자. 이때 만기시 주식가격은 [그림 11-1]이 보여주는 바와 같이 q의 확률로 uS의 값을 갖거나 $1-q$의 확률로 dS의 값을 가질 것이다.

이제 행사가격이 K인 콜옵션을 생각해보자. 단일기간 콜옵션의 손익은 q의 확률로 $Max[uS-K,0]$이거나 $1-q$의 확률로 $Max[dS-K,0]$가 된다. 이때 중요한 질문은 이러한 콜옵션에 대해 투자자는 얼마를 지불해야 하는가이다.

이 질문에 답하기 위하여 현재의 주식가격이 S인 주식 1주와 그 주식에 대한 콜옵션 m개의 매도포지션으로 구성된 헤지 포트폴리오를 가정하자. 주식 1주를 사기 위해 투자자는 S원이 필요하고 m개의 콜옵션에 매도 포지션을 취함으로써 mc원의 수

입이 생기므로 현재 시점의 순투자금액은 $S-mc$가 된다. 이 때 주식가격의 변동과는 독립적으로 헤지포트폴리오의 성과가 동일하다면 헤지포트폴리오의 성과는 다음과 같은 식을 만족시켜야 한다.

$$uS - mc_u = dS - mc_d \tag{11.5}$$

따라서 주식 1주에 대한 콜옵션의 수, 즉 헤지비율(hedge ratio) m에 대하여 풀면 다음과 같은 식을 얻는다.

$$m = \frac{S(u-d)}{c_u - c_d} \tag{11.6}$$

주식가격의 변화와는 무관하게 헤지포트폴리오의 성과가 동일하다면 이는 무위험 포트폴리오이며 차익거래의 기회를 배제한다면 무위험 수익률을 얻어야 한다. 즉, 헤지포트폴리오의 현재가치에 1+무위험 수익률을 곱한 값이 만기시 포트폴리오의 성과와 동일해야 한다.

$$uS - mc_u = r(S - mc) \tag{11.7}$$

따라서

$$c = \frac{S(r-u) + mc_u}{mr} \tag{11.8}$$

식 (11.8)에 헤지비율 m을 대입하여 정리하면 다음과 같은 단일기간 콜옵션가격을 얻을 수 있다.

$$c = \frac{pc_u + (1-p)c_d}{r} \tag{11.9}$$

$$p = \frac{r-d}{u-d},\ 1-p = \frac{u-r}{u-d}.$$

이때 p는 리스크중립적 확률(risk neutral probability)이라고 불리며, 확률의 모든 속성을 지닌다.

이상의 논의에서 우리는 옵션가격결정모형이 다음과 같은 특성을 지니고 있다는 사실을 발견할 수 있다.

첫째, 옵션가격은 주식가격의 상승 또는 하락확률과는 독립적으로 결정된다. 즉, 투자자들이 주식가격을 제외한 옵션가격결정변수들에 대하여 동일한 예측을 하고 있다면 주식가격의 상승 또는 하락확률에 대하여 이견이 있다 하더라도 옵션가격은 동일한 값을 갖는다.

둘째, 옵션가격은 투자자의 리스크에 대한 태도와 독립적으로 결정된다. 즉, 옵션가격의 결정에서 투자자의 리스크 선호도를 전혀 고려하지 않아도 된다.

셋째, 투자자들이 리스크중립적이라고 가정하면 p는 q와 동일한 값을 갖는다. 만일 투자자들이 리스크중립적이라면 주식에 투자하는 경우 무위험 수익률만을 요구할 것이다. 즉,

$$rS = q \times uS + (1-q) \times dS \tag{11.10}$$

이를 q에 대하여 풀면 다음 결과를 얻을 수 있다.

$$q = \frac{r-d}{u-d} \tag{11.11}$$

따라서 리스크중립적 투자자들에게는 $p = q$의 관계가 성립함을 알 수 있으며, 이러한 이유 때문에 p는 리스크 중립적 확률(risk-neutral probability)이라 불린다. 그리고 리스크중립적인 세계에서 콜옵션의 가격은 바로 "콜옵션의 미래기대성과의 현재가치" 임을 알 수 있다.

(2) 블랙-숄즈모형 : 편미분방정식에 의한 옵션가격결정

경제학과 금융학뿐만 아니라 순수과학에서도 상당한 지식이 있었던 Black과 Scholes는 다른 수학자들이 생각할 수 있었던 것처럼, 우리가 다루고 싶지 않은 또는 쉽게 다룰 수 없는 어떤 변수가 풀어야 할 방정식에 포함되어 있을 때 약간의 수학적 기법을 이용하여 쉽게 제거해 버릴 수 있다는 사실을 알고 있었다. Black과 Scholes는 주식가격이 투자자들의 예상에 의해 결정되고, 그 주식에 대한 옵션가격도 주식가격의 예상에

의해 결정된다는 사실에 근거하여 주식과 옵션을 서로 반대 포지션으로 결합시키면, 산수에서 '빼기(−)'를 하는 것처럼, 옵션가격 결정에 있어서 미래의 불확실성에 대한 투자자의 예상을 전혀 고려할 필요가 없게 된다는 것이 그들의 논리이다.

그러면 불확실성이 전혀 없는 증권은 무엇인가? 바로 정부에서 발행하는 채권과 같은 것이다. 다시 말해 주식에서 옵션을 빼면(반대 포지션을 취하면) 무위험 채권을 얻게 되는데, 이를 다시 정렬하여 주식에서 채권을 빼면 옵션을 얻게 된다는 논리이다. 이와 같은 멋진 아이디어로 인해 옵션가격을 얻는 과정이 대폭 단순화 되었으며, Black-Scholes 옵션가격결정식을 보면 알게 되겠지만 개인의 리스크에 의해 결정되는 주식의 예상수익률이란 변수는 옵션의 가격에 영향을 미치지 않게 된다.

Fischer Black과 Myron Scholes는 1973년 옵션의 가격결정모형을 발표하였다. 주식과 (유럽형) 콜옵션으로 무위험 포트폴리오를 구성할 수 있으며, 차익거래 기회를 배제한다면 이 포트폴리오의 수익률은 무위험수익률이어야 한다는 논리로부터 그들은 (유럽형) 콜옵션의 가격(c)이 기초자산인 주식의 가격(S_t), 옵션의 행사가격(K), 무위험수익률(r), 주식가격의 변동성(σ), 그리고 만기까지의 일수($T-t$) 등의 완결형태(closed-form)의 함수로 표현됨을 보였다.

$$c = S_t N(d_1) - Ke^{-r(T-t)} N(d_2) \tag{11.12}$$

이때 $d_1 = \dfrac{\ln\left(\dfrac{S_t}{K}\right) + (r + \dfrac{1}{2}\sigma^2)(T-t)}{\sigma\sqrt{T-t}}$, $d_2 = d_1 - \sigma\sqrt{T-t}$

이제 리스크중립적 가격결정의 논리와 블랙-숄즈 모형을 비교하기 위해 블랙-숄즈가 옵션가격결정을 위해 택한 방법론을 살펴보기로 하자.

하나의 기초자산(underlying asset)과 하나의 무위험자산(riskless asset)으로만 구성되어 있는 경제에서 미래의 일정시점의 기초자산가격에 의해 그 수익(payoffs)이 결정되는 파생상품(derivatives)의 가격은 차익거래불가논리에 의해 결정될 수 있다. 즉, 기초자산과 파생상품으로 무위험 헤지포트폴리오를 구성하고 차익거래기회를 배제한다면, 무위험 헤지포트폴리오의 수익률은 무위험수익률이 되어야 한다. 이와 같은 논리에 의해 파생상품의 가격이 충족시켜야 할 미분방정식을 도출하고 그 해를 구하면 된다.

기초자산과 파생상품으로 무위험 포트폴리오를 구성한 후 차익거래기회를 배제한다면, 무위험 헤지포트폴리오의 수익률은 무위험수익률이어야 한다. 무위험 포트폴리오를 형성할 수 있는 이유는 기초자산과 파생상품의 가격들이 모두 동일한 확률변수(불확실성)에 의해 영향을 받으며, 거의 완전한 상관관계를 가지고 움직이기 때문이다. 따라서 일단 기초자산과 파생상품으로 무위험 헤지포트폴리오를 구성하면, 기초자산 포지션의 이익(손실)이 파생상품 포지션의 손실(이익)과 항상 상쇄되어 일정기간 후의 헤지포트폴리오의 가치는 확실하게 알 수 있다.

이제 파생상품의 가격결정 문제를 논하기 위하여 기초자산과 무위험자산의 움직임에 대한 가정을 포함하여 다음과 같은 가정이 필요하다.

가정 1

기초자산의 가격(S)과 무위험자산의 가격(B)은 다음과 같은 과정을 따른다.

$$dS = \mu S dt + \sigma S dW \tag{11.13}$$

여기서 μ는 기초자산가격의 변화율, σ는 기초자산가격 변화율의 표준편차, dW는 위너과정(Wiener process)이다.

$$dB = rBdt \tag{11.14}$$

즉, 기초자산가격은 기하적 브라우니안운동(geometric Brownian motion)을 따르며, 무위험자산의 수익률 r은 일정하다. 이는 기초자산가격과 무위험자산가격이 다음과 같이 움직인다는 것을 의미한다.

$$S_T = S_0 \cdot e^{(\mu - \frac{1}{2}\sigma^2)T + \sigma W_T}$$

$$B_T = B_0 e^{rT}$$

가정 2

기초자산의 배당금지급이 없다. 배당금의 지급이 미리 알려져 있는 경우 이 가정은 완화될 수 있다.

가정 3

두 개의 자산들은 연속적으로 거래가 가능하다.

가정 4

거래비용, 세금, 공매도(short-selling)에 대한 제약이 없다.

가정 5

차익거래기회(arbitrage opportunities)가 존재하지 않는다. 이는 무위험 포트폴리오의 수익률은 무위험이자율이어야 한다는 것을 의미한다.

이러한 가정들 하에서 파생상품의 가치는 기초자산의 가격과 시간 및 일정한 변수들에 의해 결정될 것이다. 따라서 기초자산의 매수(long) 포지션과 파생상품의 매도(short) 포지션을 적절하게 결합함으로써 그 가치가 기초자산의 예상수익률과 독립적이고 단지 시간과 알려진 일정변수들에 의존하는 헤지포트폴리오를 구성할 수 있다.

파생상품의 가격(f)이 기초자산의 가격(S)과 시간(t)의 함수로 표현된다고 하면, $f = f(S, t)$이다. 이또레마와 식 (11.13)을 이용하여 다음의 식을 얻을 수 있다.[3)]

$$df(S,\ t) = \left(\frac{\partial f}{\partial S}\mu S + \frac{\partial f}{\partial t} + \frac{1}{2}\frac{\partial^2 f}{\partial S^2}\sigma^2 S^2\right)dt + \frac{\partial f}{\partial S}\sigma S dW \qquad (11.15)$$

이제 기초자산 한 단위의 매수포지션과 파생상품 N단위의 매도포지션으로 구성된 헤지포트폴리오를 생각해 보자. 현 시점에서 N은 아직 결정되지 않은 숫자이다. 이제 Π를 헤지포트폴리오의 가치라고 하자.

$$\Pi_t = S_t - N \cdot f(S,\ t) \qquad (11.16)$$

3) [부록 2] 참조.

아주 짧은 시간 동안(즉, dt) 파생상품의 포지션이 변하지 않는다면, 헤지포트폴리오의 가치의 변화는 기초자산과 파생상품의 가격변화에 의해 결정될 것이다. 즉,

$$d\Pi_t = dS_t - N \cdot df(S,\ t) \tag{11.17}$$

식 (11.13)과 식 (11.15)를 식 (11.17)에 대입하여 정리하면 다음과 같은 식을 얻을 수 있다.

$$d\Pi_t = \left(\mu S(1 - N \cdot \frac{\partial f}{\partial S}) - N(\frac{\partial f}{\partial t} + \frac{1}{2}\frac{\partial^2 f}{\partial S^2}\sigma^2 S^2)\right)dt + \sigma S(1 - N \cdot \frac{\partial f}{\partial S})dW \tag{11.18}$$

위의 식에서 우리는 $N = \frac{1}{\left(\frac{\partial f}{\partial S}\right)}$로 선택함으로써 미분방정식의 확률적 부분($dW$부분)을 제거시킬 수 있다. 즉,

$$d\Pi_t = -\frac{1}{\left(\frac{\partial f}{\partial S}\right)}\left(\frac{\partial f}{\partial f} + \frac{1}{2}\frac{\partial^2 f}{\partial S^2}\sigma^2 S^2\right)dt \tag{11.19}$$

이때 헤지포트폴리오의 가치변화는 전적으로 결정적(deterministic)이므로 위험이 전혀 없다. 따라서 차익거래기회가 없다는 가정 하에 헤지포트폴리오의 수익률은 무위험수익률 r과 같아야 한다.

$$d\Pi_t = r\Pi_t dt \tag{11.20}$$

여기서,

$$\Pi_t = S_t - \frac{1}{\left(\frac{\partial f}{\partial S}\right)} \cdot f(S,\ t) \tag{11.21}$$

이제 식 (11.19)과 (11.21)을 식 (11.20)에 대입하여 정리하면 다음과 같은 Black-Scholes(1973) 미분방정식을 얻을 수 있다.

$$\frac{1}{2}\sigma^2 S_t^2 \frac{\partial^2 f}{\partial S^2} + rS_t\frac{\partial f}{\partial S} + \frac{\partial f}{\partial t} = rf \tag{11.22}$$

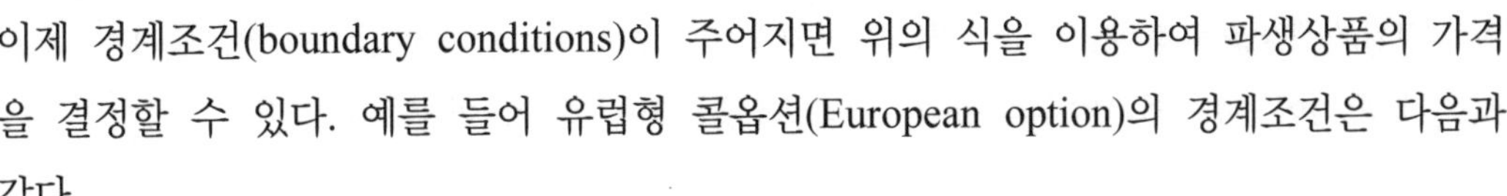

이제 경계조건(boundary conditions)이 주어지면 위의 식을 이용하여 파생상품의 가격을 결정할 수 있다. 예를 들어 유럽형 콜옵션(European option)의 경계조건은 다음과 같다.

$$f_T = Max[S_T - K,\ 0] \tag{11.23}$$

Black-Scholes(1973)는 옵션가격을 얻기 위해 식 (11.22)를 물리학에서 다루는 열전도방정식(heat transfer equation)으로 변환하여 미분방정식의 해를 구하였으며, 유럽형 콜옵션 가격을 다음과 같이 결정하였다.[4)]

$$f = S_0 N(d_1) - Ke^{-rT} N(d_2) \tag{11.24}$$

$$d_1 = \frac{\ln[S_0/K] + (r + \frac{1}{2}\sigma^2)T}{\sigma\sqrt{T}}\ ,\ d_2 = d_1 - \sigma\sqrt{T}$$

Black-Scholes(1973)의 옵션가격결정의 논리는 당시 학계에서 상당히 생소하게 받아 들여 졌으며, 편미분방정식의 해를 구하는 방법 등 그들이 논문에서 사용한 수학적 기법은 난해하였기 때문에 이 논문은 Journal of Political Economy에 1970년에 접수된 후 발표되기까지 무려 3년이나 걸렸다. 한편, 그들의 모형에 근거한 실증분석이 1972년 Journal of Finance에 먼저 발표된 것을 보면 이를 간접적으로 입증하고 있다.

(3) 리스크중립적 옵션가격결정

리스크 중립적 가격결정이론은 파생상품의 가격을 결정하는데 있어서 매우 중요한 분석의 틀이다. 이 방법론은 Black-Scholes(1973) 미분방정식의 한 중요한 특성으로부터 나온다. 즉, Black-Scholes 미분방정식은 투자자들의 위험선호도에 의해 영향을 받는 어떠한 변수도 포함하지 않고 있다는 사실이다. 방정식에 나타나는 변수들은 기초자산의 현재가격, 기초자산가격의 변동성, 무위험이자율, 그리고 시간이며, 이 변수들은 모두 투자자의 위험선호도와는 독립적이다. 만일 기초자산의 예상수익률(μ)이 포함 된다면, Black-Scholes 미분방정식은 위험선호도와 독립적이지 않을 것이다. 왜냐하면, μ의 값은 투자자의 위험선호도에 의해 결정되기 때문이다. 즉, 투자자의 위

---

4) 블랙-숄즈 미분방정식과 같은 포물선형 편미분방정식을 열전도방정식으로 변환하여 해를 구하는 방법에 관한 상세한 내용은 최병선(2004, Ch.9) 참조.

험회피도가 높을수록 특정 기초자산의 기대수익률이 높을 것이다. 미분방정식의 도출 과정에서 μ가 사라져 버리는 것은 정말 다행스러운 일이 아닐 수 없다.

Black-Scholes 미분방정식이 위험선호도와 독립적이란 사실은 다음과 같이 옵션가격결정의 대체적인 방법론의 전개를 가능케 한다. 만일 위험선호도가 미분방정식에 들어가지 않는다면 그 해(solution)에도 영향을 미치지 않을 것이다. 따라서 파생상품의 가격(f)을 결정하는데 있어서 어떤 유형의 위험선호도도 이용될 수 있을 것이다. 특히, 가장 단순한 가정으로서 모든 투자자가 리스크 중립적(risk neutral)이라고 가정할 수 있을 것이다. 이러한 논리는 파생상품의 가격결정과정을 다음과 같이 단순화시킨다.

(1) 리스크 중립적인 세계에서 모든 기초자산에 대한 기대수익률은 무위험수익률이다. 이는 리스크 중립적인 투자자들이 위험을 떠맡을 때 프리미엄을 요구하지 않기 때문이다.

(2) 리스크 중립적인 세계에서는 어떠한 현금흐름(즉, 만기시 파생상품의 기대가치)도 무위험수익률로 할인(discount)함으로써 현재가치를 얻을 수 있다.

예를 들면, 미래의 일정 시점의 기초자산의 가격의 함수형태로 나타나는 옵션의 가격을 결정한다고 생각해 보자. 앞에서 가정한 것과 같이 기초자산의 가격이 기하적 브라우니안운동을 따른다고 할 때, 기초자산의 예상수익률이 μ가 아니고 무위험이자율 r이란 가정 하에 미래의 일정시점 T에서 옵션의 기대가치를 계산한다. 그런 다음, 무위험이자율 r을 이용하여 현재가치로 환산하면 옵션가격을 얻게 된다.

이제 리스크 중립적인 세계에서 만기시점에서의 유럽형 콜옵션의 기대가치를 다음과 같이 표현할 수 있다.

$$E^Q\{Max[S_T - K, 0]\} \tag{11.25}$$

여기서 $E^Q\{\bullet\}$는 리스크 중립적인 세계에서의 기대치, S_T는 만기시점(T)에서의 기초자산가격, K는 행사가격을 나타낸다.

따라서 유럽형 콜옵션의 가격(f)은 위의 식 (11.25)을 무위험이자율 r을 이용하여 할인한 값이다. 즉,

$$f(S, 0) = e^{-rT} \cdot E^Q\{Max[S_T - K, 0]\} \tag{11.26}$$

이때 리스크 중립적인 세계에서 만기시 기초자산가격 S_T는 다음과 같이 결정된다.

$$S_T = S_0 \cdot e^{(r - \frac{1}{2}\sigma^2)T + \sigma W_T} \tag{11.27}$$

즉, 위험자산인 기초자산과 옵션으로 무위험 헤지포트폴리오를 구성하는 경우, 기초자산의 기대수익률 μ을 무위험수익률 r로 대체할 수 있는 것이다. 파생상품의 리스크 중립적 가격결정이론에 의하면, Black-Scholes 미분방정식을 풀 필요 없이 바로 식 (11.26)을 이용하여 적분(integration)을 함으로써 옵션가격을 구하는 것이다.

이를 위해 만기시 옵션 손익의 기대치를 구하는 방법을 먼저 알아보자. 확률변수 V가 다음과 같은 자연대수 정규분포를 갖는다고 가정하자. 즉,

$$\ln(V) \sim N(m, \omega^2)$$

이는 $\ln(V)$의 평균이 m, 표준편차가 ω임을 의미한다. 이 경우 우리는 다음과 같은 결과를 얻게 된다.

$$E[Max(V-K,\ 0)] = E(V)N(d_1) - KN(d_2) \tag{11.28}$$

이때 $d_1 = \dfrac{\ln[E(V)/K] + \frac{1}{2}\omega^2}{\omega}$, $d_2 = \dfrac{\ln[E(V)/K] - \frac{1}{2}\omega^2}{\omega}$

이를 증명하기 위해 V의 확률밀도함수를 $g(V)$라고 하자.

$\ln(V) \sim N(m, \omega^2)$이므로 $E(V) = \exp(m + \frac{1}{2}\omega^2)$

따라서 $m = \ln[E(V)] - \frac{1}{2}\omega^2$이다.

$Q = \dfrac{\ln(V) - m}{\omega}$라고 정의하면 $Q \sim N(0, 1)$. 즉, $h(Q) = \dfrac{1}{\sqrt{2\pi}} e^{-\frac{1}{2}Q^2}$이다. 따라서

$$\begin{aligned} E\{Max[V-K,\ 0] &= \int_{\frac{\ln K - m}{\omega}}^{\infty} (e^{Q\omega + m} - K)h(Q)dQ \\ &= \int_{\frac{\ln K - m}{\omega}}^{\infty} e^{Q\omega + m} h(Q)dQ - K\int_{\frac{\ln K - m}{\omega}}^{\infty} h(Q)dQ \end{aligned}$$

[참조] $V=e^{Q\omega+m}$로 치환하고, Max부호를 제거하기 위해 $e^{Q\omega+m}=K$인 Q값을 찾아 그 값으로부터 무한대까지 적분함. 즉, $Q=\dfrac{\ln K-m}{\omega}$.

이때,

$$e^{Q\omega+m}h(Q)=\frac{1}{\sqrt{2\pi}}e^{\frac{1}{2}(-Q^2+2Q\omega+2m)}=\frac{1}{\sqrt{2\pi}}e^{\frac{1}{2}[-(Q-\omega^2)+2m+\omega^2]}$$

$$=e^{m+\frac{1}{2}\omega^2}\times\frac{1}{\sqrt{2\pi}}e^{-\frac{1}{2}(Q-\omega)^2}=e^{m+\frac{1}{2}\omega^2}\times h(Q-\omega)$$

따라서

$$E\{Max[V-K,\ 0]\}=e^{m+\frac{1}{2}\omega^2}\int_{\frac{\ln K-m}{\omega}}^{\infty}h(Q-\omega)dQ-K\int_{\frac{\ln K-m}{\omega}}^{\infty}h(Q)dQ$$

이때, $N(x)=P[X\le x]$로 정의하면

(1) $$\int_{\frac{\ln K-m}{\omega}}^{\infty}h(Q-\omega)dQ=1-N\left[\frac{\ln K-m}{\omega}-\omega\right]=N\left[\frac{-\ln K+m}{\omega}+\omega\right]$$

$$=N\left[\frac{\ln\left(\frac{E[V]}{K}\right)+\frac{1}{2}\omega^2}{\omega}\right]=N(d_1)$$ ($m=\ln[E(V)]-\frac{1}{2}\omega^2$라는 사실을 이용)

[참조] $\int_a^{\infty}f(x)dx=1-N(a)$, $\int_a^{\infty}f(x-b)dx=1-\int_{-\infty}^{a-b}f(x)dx=1-N(a-b)$

(2) $$\int_{\frac{\ln K-m}{\omega}}^{\infty}h(Q)dQ=1-N\left[\frac{\ln K-m}{\omega}\right]$$

$$=N\left[\frac{-\ln K+m}{\omega}\right]=N\left[\frac{\ln\left(\frac{E[V]}{K}\right)-\frac{1}{2}\omega^2}{\omega}\right]$$

따라서

$$E\{Max[V-K,\ 0]\}=e^{m+\frac{1}{2}\omega^2}\int_{\frac{\ln K-m}{\omega}}^{\infty}h(Q-\omega)dQ-K\int_{\frac{\ln K-m}{\omega}}^{\infty}h(Q)dQ$$

$$=e^{m+\frac{1}{2}\omega^2}N(d_1)-KN(d_2)=E[V]N(d_1)-KN(d_2)$$ (증명 끝)

예 제 유럽형 옵션의 가격결정

리스크중립을 가정할 경우 기초자산 S의 기대수익률은 무위험 수익률과 같다. 따라서 만기시 기초자산의 기댓값(동등마팅게일 측도 Q하에서)은 $E^Q[S_T] = S_0 e^{rT}$이다. 이는 현재 시점에서의 기초자산에 대한 선도가격과 같다.

이제 기초자산가격의 변동성 σ를 $\sigma\sqrt{T} = s$로 정의하면 유럽형 콜옵션 가격이 다음과 같이 결정됨을 알 수 있다.

$$c = S_0 N(d_1) - Ke^{-rT} N(d_2)$$

$$d_1 = \frac{\ln[S_0/K] + (r + \frac{1}{2}\sigma^2)T}{\sigma\sqrt{T}}, \quad d_2 = d_1 - \sigma\sqrt{T}$$

예 제 리스크 중립적 옵션가격결정

옵션의 이름은 "MAX" 이고, 이 (유럽형)옵션의 보유자는 만기시 주식가격과 채권가격을 비교하여 큰 것을 선택할 수 있다. 즉, 만기시 이 옵션의 기대가치는 다음과 같다.

$$E\{Max[S_T,\ B_T]\}$$

이때 S_T는 만기시 주식가격, B_T는 만기시 채권가격을 나타내며, 주식가격과 채권가격은 가정1과 같은 과정(process)을 따른다. 이제 여러분은 리스크 중립적 가격결정과정에 의해 옵션 "MAX" 의 가격이 다음과 같이 결정됨을 확인할 수 있을 것이다.

$$f = S_0 N(d_1) + B_0 N(-d_2)$$

$$d_1 = \frac{\ln[\frac{S_0}{B_0}] + \frac{1}{2}\sigma^2 T}{\sigma\sqrt{T}}, \quad d_2 = d_1 - \sigma\sqrt{T}$$

예 제 무차익거래 접근방법(블랙-숄즈모형)과 리스크 중립적 가격결정

기업 A의 현재 주식가격은 50이고, 1개월 후에 60%의 확률로 60으로 상승하거나 40%의 확률로 40으로 하락한다고 하자. 연속복리 무위험 이자율은 연 5%이다. 이 주식에 대한 유럽형 콜옵션(만기 1개월, 행사가격 48)의 가치를 다음 두 가지 방법으로 구하시오.

(1) 무차익거래 접근방법(Black-Scholes 모형)

Black-Scholes 모형과 같이 주식 N개의 매수와 콜옵션 1개의 매도로 포트폴리오(Π)를 구성해보자. 주식가격을 S_0, 콜옵션가격을 f라고 하면 현재 시점의 포트폴리오 가치(Π_0)는 다음과 같이 나타낼 수 있다.

$$\Pi_0 = +NS_0 - f$$

1개월 후의 포트폴리오 가치를 Π_1이라고 하면

$$\Pi_1 = 60N - 12 \quad \text{(주식가격이 상승할 경우)}$$
$$= 40N \quad \text{(주식가격이 하락할 경우)}$$

1개월 후 주식가격이 60으로 상승하면 콜옵션의 가치는 12(= 60 - 48)이 되고, 주식가격이 40으로 하락하면 콜옵션의 가치는 0이 된다. 이때 주식가격이 상승하거나 하락하거나 포트폴리오의 가치가 동일하려면 다음이 성립해야 한다.

$$60N - 12 = 40N$$

즉, $N = 0.6$

이 경우 1개월 후 포트폴리오의 가치는 주가의 변동과 관계없는 무위험 포트폴리오가 된다. 그리고 $\Pi_1 = 24$이다. 이때 차익거래기회가 없다면 무위험 포트폴리오는 무위험 수익률을 얻어야 한다.

즉, Π_0(Π_1의 현재가치) $= 24 \times e^{-0.05\times(30/365)} = 23.90$

따라서 다음 식이 성립하여야 한다.

$$23.9 = +0.6\times 50 - f$$
$$f = 6.10$$

(2) 리스크중립적 가격결정 방법론

먼저 리스크중립적확률을 구한다.

$$60q + 40(1-q) = 50\times e^{0.05\times(30/365)}$$
$$q = 0.51$$

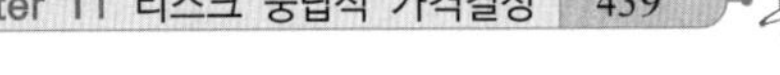

콜옵션의 가치(f)는 만기시 기대수익의 현재가치이다.

즉, $f = e^{-rT} \times E^{Q}[X] = e^{-0.05\times(30/365)} \times [0.51\times 12 + 0.49\times 0] = 6.10$

이때 $X = Max[S_1 - K,\ 0]$ (K: 행사가격)

11.3 리스크중립적 가격결정의 일반화[5)]

지금까지 리스크중립적 가격결정의 논리를 설명할 때 금리가 일정하다는 가정하에 간단한 모형을 이용하여 설명하였다. 이하에서는 금리가 확률적일 경우 파생상품의 리스크중립적 가격결정의 논리를 설명한다. 이를 위해 먼저 리스크의 시장가격(market price of risk)이라는 개념을 정의하고, 어떤 파생상품의 무위험자산 대비 초과수익률은 확률변수들의 리스크의 시장가격과 선형의 관계가 있음을 보인다. 전통적 리스크중립(traditional risk-neutrality)을 가정할 경우 리스크의 시장가격은 당연히 0이다. 그러나 리스크의 시장가격을 0이 아닌 다른 값을 가정하여 파생상품의 가격을 구할 수 있음을 설명한다. 이 과정에서 마팅게일(martingale), 측도(measure), 동등 마팅게일측도(equivalent martingale measure), 선도리스크중립(forward risk neutrality)의 개념을 설명한 후 금리파생상품의 가격결정에 어떻게 적용하는지를 몇 가지 예제를 통해 설명한다.

1. 리스크의 시장가격

기초자산 S의 확률과정이 다음과 같다고 하자.

$$\frac{dS}{S} = \mu dt + \sigma dz \qquad (11.29)$$

여기서 μ는 S의 기대수익률 그리고 σ는 변동성이다. 확률성을 부여하는 dz는 위너과정(Wiener process)이다.[6)] 이런 상황에서 S를 기초자산으로 하는 파생상품 f_1과 f_2의 확률과정이 다음과 같다고 하자.

---

5) 본 장의 리스크중립적 가격결정의 논리는 Hull(2003: ch. 21), 최병선(2004, ch. 6 & 10)을 참조하였음.

6) 위너과정(Wiener process)에 관한 자세한 설명은 [부록 2] 참조.

$$\frac{df_1}{f_1} = \mu_1 dt + \sigma_1 dz \tag{11.30}$$

$$\frac{df_2}{f_2} = \mu_2 dt + \sigma_2 dz \tag{11.31}$$

여기서 μ_1, μ_2, σ_1 그리고 σ_2는 각각의 기대수익률과 변동성을 나타내고 모두 S와 시간 t의 함수이다. 기초자산과 파생상품의 확률성은 동일한 원천에서 발생하므로 위의 식의 모든 dz는 동일한 위너과정이다.

이제 리스크의 시장가격을 설명하기 위해 f_1과 f_2로만 이루어진 포트폴리오를 구성하고 적절한 비율을 선택하여 무위험 포트폴리오를 구성하여 보자. 이 때 포트폴리오의 구성을 $\sigma_2 f_2$ 만큼의 f_1과 $-\sigma_1 f_1$ 만큼의 f_2로 구성할 경우 포트폴리오의 가치 Π는 다음과 같다.

$$\Pi = (\sigma_2 f_2) f_1 - (\sigma_1 f_1) f_2 \tag{11.32}$$

따라서 포트폴리오 가치의 변화 $d\Pi$는 다음과 같다.

$$d\Pi = \sigma_2 f_2 df_1 - \sigma_1 f_1 df_2 = (\mu_1 \sigma_2 f_1 f_2 - \mu_2 \sigma_1 f_1 f_2) dt \tag{11.33}$$

위의 식에서 보는 바와 같이 확률변수 dz가 없어짐으로써 불확실성이 제거되었다. 따라서 dt 기간 동안에 이 포트폴리오의 가치변화는 확정적이 되며 포트폴리오의 기대수익률은 무위험 이자율 r이 된다. 즉,

$$d\Pi = r\Pi dt \tag{11.34}$$

여기에 식 (11.32)와 식 (11.33)을 대입하여 정리하면 다음과 같은 식을 얻게 된다.

$$\frac{\mu_1 - r}{\sigma_1} = \frac{\mu_2 - r}{\sigma_2} \tag{11.35}$$

기초자산 S에 근거한 모든 파생상품은 적어도 dt 기간 동안에는 이 관계식을 만족시켜야 하므로 일반화 할 수 있다.

이때 $\frac{\mu - r}{\sigma}(\equiv \lambda)$를 S의 리스크에 대한 시장가격이라 하며, 기초자산 S에 근거한 모든 파생상품들의 λ는 같다.

2. 마팅게일(martingale)과 측도(measure)

어떤 시점 t에서 투자자가 가지고 있는 정보집합을 I_t 라고 하자. 만일 확률과정 X_t가 다음 조건을 만족하면 확률과정 X_t는 증대정보계 $\{I_t\}$ 와 확률측도 P 에 대해 마팅게일(martingale)이라 한다.

(1) X_t는 I_t - 적합하다(adapted). 즉, I_t가 주어지면 X_t의 값을 알 수 있다.

(2) $E_P[\,|X_t|\,] < \infty$

(3) $E_P[X_t \mid I_s] = X_s (0 < s < t)$

즉, 마팅게일은 현재의 정보집합을 이용하여 미래의 변화 방향을 예측할 수 없는 확률과정이다.

마팅게일은 특정 정보집합(I)과 확률측도(P)에 대해 정의된다. 만일 정보집합의 내용이나 확률측도를 변경하면 현재 마팅게일인 확률과정이 마팅게일의 특성을 잃을 수도 있다. 또한 마팅게일이 아닌 확률과정에 부여된 확률측도를 수정하여 마팅게일로 전환할 수도 있다.

마팅게일게임

마팅게일(martingale)이란 용어는 19세기 프랑스에서 유행했던 도박에서 유래한 것이다. 이 마팅게일이란 도박은 패할 때마다 베팅액수를 배로 늘려가는 게임이다. 어떤 동전을 던져서 앞면이 나올 확률과 뒷면이 나올 확률이 각각 1/2 이라고 하자. 만일 동전의 앞면이 나오면 도박사가 1원을 받고 게임이 끝난다. 만일 동전의 뒷면이 나오면 도박사는 2^1의 판돈이 걸린 두 번째 동전을 던진다. 만일 n번째까지 계속해서 동전의 뒷면만 나오고 n+1번째에서 동전의 앞면이 나오면 도박사는 n+1번째의 도박금 2^n을 받는다. n번째까지의 동전던지기에서 도박사가 얻는 수익을 X_n이라고 하자.

이 경우 $E[X_{n+1} \mid X_1, X_2, \cdots\cdots\cdots X_n] = X_n$가 성립함을 보일 수 있다.

만일 n번째까지의 동전던지기에서 모두 뒤가 나왔다면

$$X_n = -1-2^1-2^2-2^3- \cdots\cdots -2^{n-1}$$
$$= -1-(2^1+2^2+2^3+\cdots\cdots+2^{n-1}) = -(2^n-1)$$[7]

만일 n+1번째 동전던지기에서 동전의 앞면이 나와서 도박사가 이기면

$$X_{n+1} = -(2^n-1)+2^n = 1$$

만일 n+1번째 동전던지기에서 동전의 뒷면이 나와서 도박사가 지면

$$X_{n+1} = -(2^n-1)-2^n = -(2^{n+1}-1)$$

따라서

$$E[X_{n+1}] = \frac{1}{2}\times 1+\frac{1}{2}\times[-(2^{n+1}-1)] =-(2^n-1) = X_n$$

즉, 이러한 게임은 마팅게일의 특성을 가짐을 알 수 있다. 마팅게일 게임에서 언젠가는 도박사가 이기겠지만 이길 때까지 버틸만한 돈과 끈기가 필요하다. 19세기 파리의 도박사들에게 인기가 높았던 이 마팅게일 게임은 오늘날 카지노에서는 금지되고 있다.[8]

예 제 확률보행과정(random walk)

확률보행과정(random walk) X_t 가 다음 식을 만족한다고 하자.

$$X_t = X_{t-1}+\varepsilon_t,\ \varepsilon_t \sim i.i.d.(0,\sigma^2)$$

이때 $E[X_t]=X_{t-1}$가 성립하므로 X_t는 마팅게일 임을 알 수 있다.

예 제 기하적 브라우니안운동(geometric Brownian motion)

주식가격 X가 다음과 같이 기하적 브라우니안운동(geometric Brownian motion)을 따른다고 가정하자.

---

7) $\sum_{i=1}^{n} x^i = \frac{x(1-x^n)}{1-x}$

8) 마팅게일에 관한 상세한 설명은 최병선(2004, ch.6, pp.181-187) 참조.

$$dX = \mu X dt + \sigma X dz$$

이때 $e^{-rt}X_t$(무위험 수익률 r로 할인된 주식가격)는 마팅게일인가?

이에 대한 답을 하기 위해서는 다음 관계가 성립하는 지를 확인해야 한다.

$$E[e^{-rt}X_t \mid X_s] = e^{-rs}X_s, \ 0 < s < t$$

이는 μ를 어떻게 선택해야 $e^{-rt}X_t$가 마팅게일이 될 것인가 하는 질문과 동일하다.

이제 $Y = Y(X, t) = e^{-rt}X_t$로 놓고 Ito Lemma를 이용하면

$$\begin{aligned} dY &= \frac{\partial Y}{\partial X}dX + \frac{\partial Y}{\partial t}dt + \frac{1}{2}\frac{\partial^2 Y}{\partial X^2}(dX)^2 \\ &= e^{-rt}dX + X(-re^{-rt})dt \\ &= e^{-rt}(\mu X dt + \sigma X dz) - re^{-rt}X dt \\ &= (\mu - r)e^{-rt}X dt + \sigma e^{-rt}X dz \\ &= (\mu - r)Y dt + \sigma Y dz \end{aligned}$$

즉, 편기(drift) μ가 $\mu - r$로 바뀌는 것을 알 수 있다. 따라서 무위험 수익률 r로 할인된 주식가격이 마팅게일이 되기 위해서는 $\mu = r$이 되어야 함을 알 수 있다.

예를 들어, 확률과정 S가 마팅게일인 경우 표류계수(drift)가 0인 다음과 같은 확률과정으로 나타낼 수 있다.

$$dS = \sigma dz \tag{11.36}$$

이 경우 확률과정 S의 순간변화의 기댓값은 0이 되며, 시간이 연속적인 상황에서 비교적 긴 미래시점 T에서의 S의 기댓값은 현재값이 된다. 즉,

$$E[S_T] = S_0 \tag{11.37}$$

여기서 S_T는 T시점에서의 값, S_0은 현재시점의 값을 말한다. 따라서 어떤 확률과정이 마팅게일인 경우 그 확률과정의 현재값은 미래 특정시점에서의 값의 기댓값이 되

는 편리한 성질을 갖고 있다. 이는 파생상품의 가격을 결정하는 이론적인 토대를 제공해 주는 중요한 성질이다.

리스크 중립을 가정하는 경우 S의 리스크의 시장가격 λ는 0이다. 따라서 S를 기초자산으로 하는 파생상품 f의 기대수익률은 무위험 이자율 r이다. 그러나 리스크 중립이 아닌 실제 시장에서의 리스크의 시장가격 λ는 다음과 같이 정의할 수 있다.

$$\lambda = \frac{\mu - r}{\sigma} \tag{11.38}$$

한편 리스크의 시장가격을 새롭게 λ^*로 설정할 경우 또 다른 세계를 가정해 볼 수 있다. 이 경우 f의 기대수익률은 다음과 같이 변하게 된다.

$$\mu^* = r + \lambda^* \sigma \tag{11.39}$$

즉, 변동성에 새로운 리스크의 시장가격을 곱하여 기대수익률이 결정된다. 또한 f의 확률과정은 다음과 같이 새롭게 설정된다.

$$\frac{df}{f} = (r + \lambda^* \sigma)dt + \sigma dz \tag{11.40}$$

여기서 우리가 알 수 있는 사실은 리스크의 시장가격을 어떻게 설정하는가에 따라 f의 기대수익률은 바뀌게 되나, 불확실성의 크기를 나타내는 σ는 변하지 않는다는 점이다. 이때, 특정 리스크의 시장가격 λ^*를 설정하는 것을 "확률측도(probability measure)를 정의한다" 라고 한다. 이제 적절한 확률측도를 정의함으로써 확률변수를 마팅게일화 하는 방법을 알아보자.

3. 동등마팅게일측도(equivalent martingale measure)

대부분의 금융자산(주식/채권/파생상품)은 마팅게일(확률측도 P하에서)이 아니나, 확률측도를 변환함으로써 마팅게일로 전환시킬 수가 있다. 이제 적절한 확률측도를 정의함으로써 확률변수를 마팅게일화하는 방법을 살펴보자.

확률측도 P를 확률측도 Q로 전환함으로써 확률분포의 다른 성질들은 변화하지 않고 평균만 이동되면, 확률측도 Q를 확률측도 P의 동등마팅게일측도라고 한다. 이러

한 확률측도변환은 파생상품의 가격결정에 상당히 유용한 개념이다. 왜냐하면 변동성의 구조를 변화시키지 않고 기초자산의 리스크 프리미엄을 손쉽게 제거할 수 있기 때문이다.[9)]

예를 들어, 어떤 위험자산의 공정한 가격 S_t를 계산하는 방법을 생각해보자. 한 가지 방법은 이 위험자산의 기댓값을 계산하는 것이다. 즉,

$$S_t = E_P[\frac{1}{R_t}\widetilde{S}_{t+1}] \tag{11.41}$$

이때 R_t는 위험자산의 총수익률이다.

기댓값을 구하기 위해서는 위험자산의 총수익률의 확률분포를 알아야 한다. 이 확률분포를 알기 위해서는 리스크 프리미엄(μ)을 알아야 한다. 그러나 이 리스크 프리미엄을 정확히 알 수 있는 경우는 드물다. 따라서 기댓값을 구하는 것이 거의 불가능하다. 그러나 만일 리스크 프리미엄을 사용하지 않고 R_t의 평균을 이동할 수 있다면, S_t의 공정한 가격을 계산할 수도 있을 것이다.

다음 식을 만족하는 새로운 확률측도 Q가 존재한다고 하자.

$$S_t = E_Q[\frac{1}{1+r_t}\widetilde{S}_{t+1}] \tag{11.42}$$

이때 r_t는 무위험 수익률이다. 이 식은 위험자산의 공정한 가격을 계산하는데 상당히 유용하다. S_t의 동적 변동을 나타내는 모형을 이용하여 S_{t+1}을 예측한 후 이 예측값을 무위험 수익률 r_t로 할인한다. 위의 식에는 리스크 프리미엄이 나타나지 않으므로 리스크 중립 확률측도 Q를 이용하여 기댓값을 계산한다. 이러한 리스크 중립적 확률측도를 사용함으로써 위험자산의 총수익률 R_t에서 리스크 프리미엄 $\mu(=R_t-(1+r_t))$를 제거할 수 있다. 이때 중요한 점은 리스크 프리미엄의 값을 명시적으로 사용하지 않고 이러한 변환이 이루어진다는 것이다.

9) 최병선(2004: ch.10, pp.380-381) 참조.

예 제 확률변수의 평균이동

분산을 변화시키지 않으면서 평균을 변화시키는 방법을 생각해보자.

첫째, 확률분포의 형태를 변화시키지 않고 확률분포를 다른 위치로 이동하는 방법이 있다. 확률변수의 평균을 이동시키는 첫 번째 방법은 확률변수에 일정한 상수를 더하거나 뺌으로써 새로운 확률변수를 얻는 것이다.

둘째, 확률측도를 변화시켜 확률변수의 평균을 변화시킨다. 이러한 확률측도의 변환에 의해 리스크 프리미엄을 갖는 금융자산을 마치 무위험자산처럼 다룰 수 있다.

예를 들어, 주사위를 던져 나온 눈에 대해서 다음과 같은 확률변수 X를 정의하자.[10)]

$X = 10$ (눈이 1 또는 2)
$X = -3$ (눈이 3 또는 4)
$X = -1$ (눈이 5 또는 6)

각 눈이 나올 확률(P)이 1/6이라면 X의 평균과 분산은 다음과 같이 결정된다.

$$E[X] = \frac{1}{3}\times 10 + \frac{1}{3}\times(-3) + \frac{1}{3}\times(-1) = 2$$
$$Var[X] = E[X^2] - (E[X])^2 = \frac{98}{3}$$

확률변수의 평균을 이동시키는 첫 번째 방법은 확률변수에 일정한 상수를 더하거나 뺌으로써 새로운 확률변수를 얻는 것이다. 예를 들어, 새로운 확률변수를 다음과 같이 정의하자.

$$X^* = X - 1$$

새로운 확률변수 X^*의 평균은 1이다. 이 경우도 각 사건이 발생할 확률에는 변화가 없다.

확률변수의 평균을 이동시키는 두 번째 방법은 확률측도를 변환시키는 것이다. 예를 들어, 확률변수 X의 분산은 변화시키지 않고, 평균을 1로 하는 확률측도(Q)를 구해보자. 눈이 1 또는 2가 나올 확률을 $q(\{1,\ 2\})$로 표기할 때,

$$q(\{1,\ 2\}) + q(\{3,\ 4\}) + q(\{5,\ 6\}) = 1$$
$$q(\{1,\ 2\}) \times 10 + q(\{3,\ 4\}) \times (-3) + q(\{5,\ 6\}) \times (-1) = 1$$
$$q(\{1,\ 2\}) \times 10^2 + q(\{3,\ 4\}) \times (-3)^2 + q(\{5,\ 6\}) \times (-1)^2 - 1 = 98/3$$

10) Neftci(2000, ch.14, pp.321-2) 참조.

위의 세 개의 식으로부터 새로운 확률측도 Q는 다음과 같이 결정된다.

$$q(\{1,\ 2\}) = 122/429,\ \ q(\{3,\ 4\}) = 22/39,\ \ q(\{5,\ 6\}) = 5/33$$

또한 새로운 확률측도 Q하에서 $E^Q[X] = 1$, $Var^Q[X] = \frac{98}{3}$ 이다.

첫 번째 방식과는 달리 두 번째 방식에서는 원래의 확률측도 P를 새로운 확률측도 Q로의 변환을 통해 확률변수의 평균을 이동시켰다.[11)]

Technical Note 동등확률측도(equivalent probability measure)

확률측도 P를 확률측도 Q로 전환함으로써 확률분포의 다른 성질들은 변화하지 않고 평균만 이동되면, 확률측도 Q를 확률측도 P의 동등확률측도(equivalent probability measure)' 라고 한다.

[Girsanov 정리]

확률측도 P하에서 위너과정(Wiener process) $W(t)$에 의해 생성되는 정보집합에 적합한 확률과정 $\theta(t)(0 \le t \le T)$이 주어졌을 때 $W(t)^* = W(t) + \int_0^T \theta(t)dt$는 다음과 같은 관계에 의해 정의되는 측도하에서 위너과정이다.

$dQ = Z(T)dP$, 이때 $Z(t) = \exp\left(-\int_0^t \theta(s)dW(s) - \frac{1}{2}\int_0^t \theta^2(s)ds\right)$. $Z(T)$는 확률측도 Q의 확률측도 P에 대한 도함수로서 '레이던-니코다임 도함수(Radon-Nikodym derivative)'라고 한다.

Girsanov 정리는 한 확률측도를 다른 확률측도로 전환시키는 일반적인 방법론을 제시하고 있다. 이를 이해하기 위해 다음과 같은 확률변수 X를 생각해보자.

$$X \sim N(\mu,\ 1)$$

---

11) 이를 동등확률측도라고 하며, 자세한 내용은 Technical Note(동등확률측도) 참조.

확률변수 X의 확률측도를 P라고 하면 다음과 같은 식이 성립한다.

$$dP(x) = \frac{1}{\sqrt{2\pi}} \exp\left(-\frac{1}{2}[x-\mu]^2\right)dx$$

다음과 같은 식을 정의하자.

$$\varnothing(x) \equiv \exp\left(-x\mu + \frac{1}{2}\mu^2\right)$$

또한 새로운 확률측도 Q를 다음과 같이 정의하자.

$$dQ(x) \equiv \varnothing(x)dP(x)$$

그러면 다음과 같은 식이 성립한다.

$$dQ(x) = \frac{1}{\sqrt{2\pi}} \exp\left(-\frac{1}{2}x^2\right)dx$$

새로운 확률측도 $Q(x)$는 평균이 0이고 분산이 1인 정규분포임을 알 수 있다. 즉, $dP(x)$에 함수 $\varnothing(x)$를 곱하는 확률측도변환에 의해 X의 평균을 μ에서 0으로 이동시킨다.

위에서 정의한 함수 $\varnothing(x)$는 어떤 의미를 갖는가?

$$\frac{dQ(x)}{dP(x)} = \varnothing(x)$$

따라서 확률측도 Q의 확률측도 P에 대한 도함수가 $\varnothing(x)$라고 할 수 있다. 이러한 도함수를 Radon-Nikodym 도함수라고 부르며, $\varnothing(x)$를 확률측도 Q의 확률측도 P에 대한 밀도(density)로 볼 수 있다.

확률측도 Q의 확률측도 P에 대한 Radon-Nikodym 도함수가 존재하면 그 공분산구조를 바꾸지 않고 X의 평균을 이동하는 밀도 $\varnothing(x)$를 구할 수 있다. 이러한 확률측도변환은 옵션가격결정에 상당히 유용한 개념이다. 왜냐하면 옵션가격결정의 중요한 요소인 변동성의 구조를 변화시키지 않고 기초자산의 리스크 프리미엄을 손쉽게 제거할 수 있기 때문이다.

예 제

확률변수 X가 다음과 같은 자연대수 정규분포를 갖는다고 하자.

$$\ln(X) \sim N(\mu, \sigma^2)$$

변동성은 일정하게 유지하면서 평균을 μ에서 r로 변화시키는 Radon-Nikodym 도함수는 $\varnothing(x) \equiv \exp\left(\frac{1}{2\sigma^2}[(x-\mu)^2-(x-r)^2]\right)$임을 쉽게 확인할 수 있다.

---

4. 리스크중립적 가격결정: 마팅게일 방법론

파생상품의 가격결정 방법론에는 편미분방정식의 해를 구하는 방법(Black-Scholes) 외에 금융자산의 가격을 마팅게일로 변환하는 방법이 있다. 마팅게일 방법론에서는 확률측도변환에 의하여 리스크 프리미엄을 갖는 금융자산을 마치 무위험자산처럼 다룰 수 있다. 즉, 변동성구조를 변화시키지 않고 리스크 프리미엄을 제거하는 마팅게일 방법론은 금융자산의 예상 수익률보다 변동성이 가격결정에 중요한 역할을 하는 옵션가격결정에 매우 유용한 방법론이다.

(1) 동등마팅게일측도를 이용한 옵션가격결정

기초자산 S의 확률과정이 다음과 같다고 하자.

$$dS = \mu S dt + \sigma S dZ \tag{11.44}$$

여기서 μ는 S의 기대수익률 그리고 σ는 변동성이다. 이때 확률성을 부여하는 dz는 확률측도 P하에서 위너과정(Wiener process)이다.

이때 무위험 수익률로 할인된 기초자산 가격은 리스크 프리미엄을 포함하기 때문에 마팅게일(martingale)이 아니다. 즉, 원래의 확률측도 P하에서

$$E^P[e^{-rT}S_T \mid S_t] > e^{-rt}S_t (0 < t < T) \tag{11.45}$$

이와 같은 확률과정을 열마팅게일(submartingale)이라고 한다.

❑ **Step I:** 할인된 주식가격이 마팅게일이 되는 동등마팅게일측도 Q를 찾는다.

즉, 다음 식을 만족하는 동등마팅게일측도 Q를 찾는다.

$$E^Q[e^{-rT}S_T \mid S_t] = e^{-rt}S_t \tag{11.46}$$

이제 새로운 확률측도 Q하에서 확률과정 S의 추세(drift)가 v라고 하자. 즉,

$$dS = vSdt + \sigma Sdz$$

대수정규분포의 특성을 이용하면 $E^Q[S_T \mid S_t] = S_t e^{v(T-t)}$이고, 양변에 $e^{-r(T-t)}$를 곱하면 $e^{-r(T-t)}E^Q[S_T \mid S_t] = S_t e^{(v-r)(T-t)}$이다.

따라서 새로운 확률측도 Q하에서 확률과정 $e^{-rt}S_t$가 마팅게일이 되기 위해서는 $v=r$가 되어야 함을 알 수 있다. 즉,

$$dS = rSdt + \sigma Sdz$$

동등마팅게일측도 Q하에서 기초자산의 확률과정의 추세 μ가 r로 변환된다(변동성은 유지). 즉,

$$\ln\left(\frac{S_T}{S_t}\right) \sim N\left((\mu - \frac{1}{2}\sigma^2)(T-t),\ \sigma\sqrt{T-t}\right) \text{ under } P$$

$$\ln\left(\frac{S_T}{S_t}\right) \sim N\left((r - \frac{1}{2}\sigma^2)(T-t),\ \sigma\sqrt{T-t}\right) \text{ under } Q$$

❑ **Step II :** 파생상품가격의 확률과정 f가 새로운 확률측도 Q하에서 마팅게일이라는 특성을 이용한다.

파생상품의 가격은 파생상품의 만기시(리스크중립적) 기대손익의 현재가치로 결정된다.

$$f_t = e^{-r(T-t)}E^Q[f_T] \tag{11.47}$$

이때 f_t는 파생상품의 가격, f_T는 파생상품의 만기시 손익을 나타낸다.

이는 바로 리스크중립적 옵션가격결정의 핵심이며, 이하의 논의에서는 이러한 마팅게일 방법론의 몇 가지 예제를 살펴보기로 하자.

(2) 마팅게일 방법론의 몇 가지 예제 - 리스크 중립적 가격결정을 위한 측정단위(numeraire)의 선택

동일한 리스크 요소를 지닌 자산들의 가격 f와 g가 다음과 같은 기하적 브라우니안운동(geometric Brownian motion)을 따른다고 하자.

$$df = \mu_f f dt + \sigma_f f dz \tag{11.48}$$

$$dg = \mu_g g dt + \sigma_g g dz \tag{11.49}$$

그리고 g로 표시한 f의 상대가격을 h라 하자. 즉,

$$h = \frac{f}{g} = h(f, g) \tag{11.50}$$

이때 g는 '측정단위(numeraire)'가 된다.

$$\begin{aligned} dh(f, g) &= \frac{\partial h}{\partial f}df + \frac{\partial h}{\partial g}dg + \frac{1}{2}\frac{\partial^2 h}{\partial f^2}(df)^2 + \frac{1}{2}\frac{\partial^2 h}{\partial g^2}(dg)^2 + \frac{\partial^2 h}{\partial f \partial g}(df \cdot dg) \\ &= \frac{f}{g}[\mu_f - \mu_g + \sigma_g^2 - \sigma_f \sigma_g]dt + \frac{f}{g}[\sigma_f - \sigma_g]dz \end{aligned} \tag{11.51}$$

즉, $\frac{f}{g}$는 기하적 브라우니안 운동(geometric Brownian motion)을 따르며 마팅게일이 아니다.

이 때, 리스크의 시장가격으로 측정단위(numeraire)의 변동성을 사용하는 경우를 살펴보자.

리스크의 시장가격 λ은 $\lambda = \frac{\mu - r}{\sigma}$로 정의되므로,

$$\lambda = \sigma_g = \frac{\mu_f - r}{\sigma_f}, \quad \lambda = \sigma_g = \frac{\mu_g - r}{\sigma_g}$$

이 경우

$$d\left(\frac{f}{g}\right) = (\sigma_f - \sigma_g)\frac{f}{g}dz \tag{11.52}$$

즉, f/g는 편기(drift)가 0인 확률과정이므로 마팅게일임을 알 수 있다.

이와 같이 리스크의 시장가격이 σ_g인 상황을 g에 대해 '선도 리스크중립(forward risk neutral)'인 상황이라 한다.

위에서 보인 바와 같이 g에 대해 선도리스크중립의 상황에서 f/g는 마팅게일이므로 다음이 성립한다.

$$\frac{f_0}{g_0} = E_g\left[\frac{f_T}{g_T}\right] \tag{11.53}$$

여기서 E_g는 g에 대해 선도리스크중립을 가정한 상태에서의 기댓값을 의미한다. 이 식을 변형시켜 현재의 f값 f_0을 구할 수 있다.

$$f_0 = g_0 E_g\left[\frac{f_T}{g_T}\right] \tag{11.54}$$

지금까지의 논의를 요약하면, 동등마팅게일측도의 유용성은 적절한 측정단위와 그에 해당하는 리스크의 시장가격을 선택함으로써 마팅게일화 하고 이를 통해 현재의 f값을 계산하는데 있음을 알 수 있다.

이제 앞에서 설명한 결과를 적용하는 몇 가지 예를 살펴보자. 첫 번째 예는 전통적인 리스크 중립적 가격결정에 해당되고, 다른 예들은 채권옵션, 금리캡/플로어, 스왑션의 가격결정에 적용된다.

1) 단기금융상품이 측정단위인 경우

단기금융상품 g를 다음과 같이 정의하자. 현재의 가격 g_0은 1이고 시간단위 dt당 순간무위험이자율 r로 연속적으로 복리계산 된다. 따라서 T시점에서의 가격 g_T는 다음과 같이 결정된다.

$$g_T = e^{\int_0^T r\,dt} \tag{11.55}$$

그리고 시간단위 dt 당 순간무위험이자율 r로 연속적으로 복리계산 되므로 g의 확률

과정은 다음과 같다.

$$dg = rgdt \tag{11.56}$$

여기서 g의 순간 기대수익률은 r이고 변동성은 0이다. 따라서 선도리스크중립적인 세계에서 리스크의 시장가격(λ)은 0이다. 즉, $\lambda = \sigma_g = 0$. 이는 바로 앞에서 설명한 전통적인 리스크 중립적인 세계이다. 이런 상황에서 식 (11.54)을 적용하면 다음과 같다.

$$f_0 = g_0 \hat{E}\left[\frac{f_T}{g_T}\right] \tag{11.57}$$

여기서 기댓값 $\hat{E}$는 전통적인 리스크 중립적 세계에서의 기댓값을 의미한다.
한편 $g_0 = 1$이라는 사실과 식 (11.55)을 대입하면

$$f_0 = \hat{E}\left[e^{-\int_0^T r dt} f_T\right] \tag{11.58}$$

또는

$$f_0 = \hat{E}[e^{-\bar{r}T} f_T] \tag{11.59}$$

이 된다. 여기서 $\bar{r}$은 무위험이자율이 확률과정을 따른다고 할 경우 특정 확률과정에서의 이자율 값들을 평균 낸 값이다. 이 식이 의미하는 것은 무위험 이자율이 확률적인 경우 금리파생상품의 가격결정방법중의 하나는 단기금리 r을 시뮬레이션하고 단기금리의 평균으로 파생상품의 만기시 기대손익을 할인하는 것이다. 이때 유의할 것은 r이 금리파생상품의 만기시 손익(f_T)에 영향을 미친다면 r을 기댓값 수식 밖으로 뺄 수가 없다는 것이다.

만약 무위험이자율이 확률변수가 아닌 확정변수라고 할 경우 다음과 같다.

$$f_0 = e^{-rT} \hat{E}[f_T] \tag{11.60}$$

위의 식에서 기댓값 $\hat{E}$는 단기금융상품 g에 대해서 선도리스크중립을 가정한 상태에서의 기댓값이다. 무위험 이자율이 일정하다고 가정하기 때문에 기댓값 수식 밖으로

나올 수 있고, 가격결정과정이 단순해진다. 또한 g의 기대수익률이 무위험 이자율이고 변동성이 0일 경우에 리스크의 시장가격은 0이다. 이는 전통적 의미에서의 리스크중립을 가정하는 것과 같은 상황이다. 따라서 식 (11.60)은 리스크중립을 가정하고 무위험이자율로 현재가치를 구하는 전통적 의미의 리스크중립 가격결정과 동일하다.

2) 무이표채가 측정단위인 경우

만기 T에 1을 지급하는 무이표채의 t시점에서의 가격을 $P(t,T)$로 표시하자. 무이표채를 측정단위로 선택한다는 것은 g를 $P(t,T)$로 설정한다는 것이고, 이는 $P(t,T)$에 대해 선도리스크중립을 가정하는 것이다. 이러한 상황에서의 기댓값을 E_P로 표시하기로 하자. 이 경우 $g_T = P(T,T) = 1$, $g_0 = P(0,T)$이다.

이상의 결과를 식 (11.54)에 대입하면 다음과 같다.

$$f_0 = P(0,T)E_P[f_T] \tag{11.61}$$

이와 같이 (파생상품의 만기와 동일한 만기를 가진) 무이표채를 측정단위로 설정할 경우 비록 이자율이 확률적일지라도 단기금융상품을 측정단위로 선택하는 경우(식 (11.59) 참조)와 비교해 보면 미래의 일정시점(예를 들어 파생상품의 만기시)에 손익이 발생하는 파생상품의 가격결정과정을 대폭 단순화시킨다는 것을 알 수 있다.

한편, 기초자산 X에 대한 선도계약(forward contract)의 만기(T)시 손익(f_T)은 $X_T - K$이다. 이때 X_T는 만기시 X의 가치, K는 선도가격을 나타낸다.

이러한 선도계약의 현재가치를 f_0라고 하면,

$$f_0 = P(0,T)E_P[f_T] = P(0,T)E_P[X_T - K] \tag{11.62}$$

이때 선도계약의 가격을 F_0라고 하면, F_0는 선도계약의 가치(f_0)가 0이 되도록 가격이 결정되어야 한다. 즉,

$$F_0 = E_P[X_T] \tag{11.63}$$

즉, $P(t,T)$에 대해 선도리스크중립을 가정할 경우 f의 선도가격은 미래 X_T값의 기

댓값과 같음을 알 수 있다.

식 (11.61)에 의하면 현재의 f값은 $P(t, T)$에 대해 선도리스크중립을 가정한 상태에서의 기댓값을 구하고 무위험 이자율로 할인한 것이다. 그리고 식 (11.63)는 만기시 기초자산가격의 기대치는 현재의 선도가격 F_0와 같다고 가정하고 계산할 수 있음을 의미한다. 이러한 결과를 이용하여 채권옵션의 가격을 결정할 수 있다.

예 제 채권옵션의 가격결정

채권 B의 현재($t=0$) 가격을 B_0라 하고, 옵션의 만기 T시점에서 채권가격을 B_T라 하자. 옵션의 행사가격이 K인 경우 만기 시점에서 유럽형 콜옵션의 손익은 $Max[B_T - K, 0]$이다.

무이표채에 대해 선도리스크중립을 가정하면, 식 (11.61)을 이용하여 유럽형 콜옵션가격(c)을 결정할 수 있다. 즉,

$$c = P(0, T)E_P[f_T]$$

이때 $f_T = Max[B_T - K, 0]$. 즉,

$$c = P(0, T)E_P[Max[B_T - K, 0]] \tag{11.64}$$

이때 E_P는 무이표채에 대해 선도리스크중립을 가정하는 상황에서의 기댓값을 나타낸다.

옵션의 만기시 채권가격이 대수정규분포를 갖는다고 가정하면,

$$c = P(0, T)\{E_P[B_T]N(d_1) - KN(d_2)\} \tag{11.65}$$

앞에서 무이표채에 대해 선도리스크중립을 가정할 경우 만기시 채권가격의 기대치는 바로 채권의 선도가격이라고 가정하는 것을 의미하므로 $E_P[B_T] = F_0$가 성립한다. 따라서

$$c = P(0,\ T)[F_0 N(d_1) - KN(d_2)] \tag{11.66}$$

$$d_1 = \frac{\ln(F_0/K) + \frac{1}{2}\sigma_B^2 T}{\sigma_B\sqrt{T}}, \quad d_2 = d_1 - \sigma_B\sqrt{T}, \quad F_0 = \frac{B_0 - I}{P(0, T)}$$

B_0는 현재시점(0)에서의 채권가격, F_0는 채권의 선도가격, σ_B는 채권 선도가격의 변동성,

I는 옵션 잔존기간동안 지급받게 될 채권이자의 현재가치를 나타낸다. 또한 위의 식에서 채권가격, 채권선도가격 그리고 행사가격은 경과이자를 포함한 현금가격(cash price)을 의미한다.

이상의 논의를 요약하면, 채권옵션의 가격결정시 무이표채를 측정단위로 선택하고 선도리스크중립을 가정하는 것은 만기시 채권가격의 기대치는 바로 채권의 선도가격이라고 가정하고 리스크 중립적 가격결정의 논리를 적용한다는 것을 의미한다.

일반적으로 시장에서는 선도채권가격의 변동성보다는 선도수익률의 변동성을 계산한다. 선도수익률의 변동성을 이용하여 선도가격의 변동성을 구하는 방법은 채권가격과 수정듀레이션의 관계를 이용할 수 있다. 채권선도가격을 F_0, 선도수익률을 y_F, 수정듀레이션을 MD라고 하면

$$\frac{\Delta F_0}{F_0} = -MD \cdot \Delta y_F \quad \text{또는} \quad \frac{\Delta F_0}{F_0} = -MD \cdot y_F \cdot \frac{\Delta y_F}{y_F}$$

따라서 선도수익률의 변동성이 σ_y일 경우 선도가격의 변동성 σ_F는 다음과 같이 계산한다.

$$\sigma_F = MD \cdot y_0 \cdot \sigma_y$$

이때 y_0는 y_F의 최초 값이다.

예 제

명목원금이 100이고 만기가 5년인 채권에 대한 6개월 만기 유럽형 콜옵션의 가격을 구해보자. 현재 채권의 현금가격(cash price)은 98이고, 행사가격은 100, 6개월 후의 채권의 선도가격 변동성은 연율 10%이다. 채권의 이표는 7%이고 6개월마다 지급된다. 지금으로부터 3개월 시점과 9개월 시점에서 각각 3.5의 이표를 지급한다. 무위험 이자율은 향후 1년동안 5%로 일정하다고 가정하자.

(1) 행사가격이 현금가격(cash/dirty price)인 경우

I(채권 이표의 현재가치) $= 3.5 \cdot e^{-0.05 \times 0.25} = 3.45652$

$P(0, T) = e^{-0.05 \times 0.5} = 0.97531$

$\sigma_B = 0.10$

$T = \dfrac{6}{12} = 0.5$

채권선도가격 $= F_0 = \dfrac{B_0 - I}{P(0,\ T)} = e^{0.05} \times 0.5(98 - 3.45652) = 96.937$

$K = 100$

$$d_1 = \frac{\ln(F_0 / K) + \frac{1}{2}\sigma_B^2 T}{\sigma_B \sqrt{T}} = \frac{\ln(96.937/100) + \frac{1}{2} \times 0.1^2 \times 0.5}{0.1 \times \sqrt{0.5}} = -0.4046$$

$d_2 = d_1 - \sigma_B \sqrt{T} = -0.4046 - 0.10 \times \sqrt{0.5} = -0.4753$

$N(d_1) = 0.34290$

$N(d_2) = 0.31729$

$c = P(0, T)[F_0 N(d_1) - KN(d_2)]$

$\quad = 0.97531 \times [96.937 \times 0.34290 - 100 \times 0.31729] = 1.4734$

(2) 행사가격이 호가(quoted/clean price)인 경우

이 경우 옵션의 만기가 이자지급일로부터 3개월이므로 3개월에 대한 경과이자를 행사가격에 더해야 한다. 즉,

$$K = 100 + 7 \times 0.25 = 101.75$$

다른 변수값들은 변화가 없으므로 앞의 경우와 같이 콜옵션가격을 계산하면 1.0875가 된다.

---

3) 무이표채가 측정단위인 경우의 선도금리

미래의 일정시점 T_1 과 T_2 사이에 적용되는 선도금리를 t시점에서 $R(t,\ T_1,\ T_2)$라고 표기하자. 그리고 T_1과 $T_2(T_2 > T_1)$사이의 기간을 만기로 하는 무이표채의 선도가격을 t시점에서 생각해 보자. T_2시점에 1을 지급하므로 t시점에서의 가격은 $P(t_1,\ T_2)$

이다. 이 선도계약의 만기는 T_1이므로 무이표채의 선도가격(t시점에서의)은 다음과 같이 표현된다.

$$\frac{P(t,\ T_2)}{P(t,\ T_1)} \tag{11.67}$$

한편, T_1과 T_2사이를 만기로 하는 무이표채의 t시점에서의 선도가격은 다음과 같이 구할 수 있다.

$$\frac{1}{1+R(t,\ T_1,\ T_2)(T_2-T_1)} \tag{11.68}$$

따라서 차익거래 기회를 배제하면 위의 두 식은 동일해야 한다.

$$\frac{1}{1+R(t,\ T_1,\ T_2)(T_2-T_1)}=\frac{P(t,\ T_2)}{P(t,\ T_1)} \tag{11.69}$$

이를 다시 $R(t,\ T_1,\ T_2)$에 대해서 정리하면 다음과 같다.

$$\begin{aligned} R(t,\ T_1,\ T_2) &= \frac{1}{T_2-T_1}\left[\frac{P(t,\ T_1)}{P(t,\ T_2)}-1\right] \\ &= \frac{1}{T_2-T_1}\left[\frac{P(t,\ T_1)-P(t,\ T_2)}{P(t,\ T_2)}\right] \end{aligned} \tag{11.70}$$

위의 식은 무이표채와 선도금리의 정의에 의해 얻어진 식으로 선도금리를 만기가 상이한 두 개의 무이표채 가격비율로 표현하고 있다.

여기서 $f=\frac{1}{T_2-T_1}[P(t,\ T_1)-P(t,\ T_2)]$라고 놓고 $g=P(t,\ T_2)$라고 놓으면, $R(t, T_1, T_2)$는 $P(t,\ T_2)$에 대해 선도리스크중립일 경우 마팅게일임을 알 수 있다. 따라서 마팅게일의 성질을 이용하여 식 (11.53)을 적용하면 다음이 성립한다.

$$R(t,\ T_1,\ T_2)=E_2[R(T_1,\ T_1,\ T_2)] \tag{11.71}$$

여기서 E_2는 $P(t,\ T_2)$에 대해 선도리스크중립을 가정한 상황에서의 기댓값을 나타낸다. 식 (11.71)에 의하면 만기가 T_2인 무이표채에 대해 선도리스크중립을 설정할 경

우 T_1과 T_2 사이에 적용되는 선도금리는 T_1시점에서 결정될 T_1과 T_2 사이에 적용되는 금리의 기댓값과 같음을 알 수 있다. 이러한 사실은 식 (11.61)과 함께 금리캡과 플로어의 가격결정논리를 이해하는데 중요하다.

예 제 캡(cap)의 가격결정

캡(cap)이란 계약상의 최고금리(cap rate 또는 strike rate) 이상으로 기준금리(reference rate: LIBOR)가 상승하면 캡매도자가 캡매수자에게 차액만큼을 지급하기로 하는 계약이다. 각 결제일에 캡매도자가 캡매수자에게 지불하는 금액은 기준금리와 행사금리(최고금리)의 차이에 일정한 명목원금을 곱한 액수가 된다. 만약 기준금리가 행사금리보다 낮으면 아무런 지급도 발생하지 않는다. 즉, 각 결제일에 캡매도자가 매수자에게 지불하는 금액은 다음과 같다.

$$N \times Max[r - r_c,\ 0] \tag{11.72}$$

이때 N은 명목원금, r은 기준금리(LIBOR), r_c은 캡금리(행사금리)를 나타낸다.

일반적으로 만기가 T, 행사금리(cap rate)가 r_c, 명목원금이 N인 금리캡의 경우를 생각해 보자. 금리조정일이 t_1, t_2, t_3, $\cdots$, t_n이라고 하면, 지급일은 $t_2, t_3, \cdots, t_n$, $t_{n+1} = T$이 된다. r_k를 t_k와 t_{k+1} 사이의 기간에 대한 금리(t_k에 관측된)라고 하면, $t_{k+1} (1 \le k \le n)$ 시점의 캡의 손익은 다음과 같이 결정된다.

$$\tau_k N \times Max[r_k - r_c,\ 0] \tag{11.73}$$

이때 $\tau_k = t_{k+1} - t_k$이다.

위의 식은 t_k 시점에서의 LIBOR에 대한 콜옵션 이익을 나타내며, t_{k+1}시점에서 지급된다. 따라서 캡은 n개의 금리 콜옵션으로 구성된 포트폴리오이며, 각 콜옵션을 캡릿(caplet)이라 한다.

이제 r_k가 변동성이 σ_k인 대수정규분포(lognormal distribution)를 갖는다고 가정하면 캡릿(caplet)의 가치를 다음과 같이 구할 수 있다.

$$\text{캡릿(caplet)} = \tau_k P(0,\ t_{k+1}) E_p[f_T]$$

$$= \tau_k P(0,\, t_{k+1}) E_p[Max[r_k - r_c]]$$
$$= \tau_k P(0,\, t_{k+1}) \{E_p[r_k] \cdot N(d_1) - r_c \cdot N(d_2)\}$$
$$= \tau_k P(0,\, t_{k+1}) [R_k \cdot N(d_1) - r_c \cdot N(d_2)] \quad (11.74)$$

$$d_1 = \frac{\ln(R_k / r_c) + \frac{1}{2}\sigma_k^2 t_k}{\sigma_k \sqrt{t_k}}$$

$$d_2 = d_1 - \sigma_k \sqrt{t_k}$$

R_k : t_k과 t_{k+1} 사이의 선도금리

$P(0,\, t_{k+1})$: 만기가 t_{k+1}이고 액면이 1원인 무이표채의 현재가치

위의 식을 이용하여 각 캡릿의 가치를 구한 후 합하면 캡의 가치(프리미엄)가 된다. 캡은 다기간 옵션이지만 캡 매수자는 캡에 대한 전체 프리미엄(명목원금 N의 %로 표시)을 캡 매도자에게 계약초기에 지급하여야 한다.

이때 캡릿별로 다른 변동성(현물변동성: spot volatility)을 사용하는 방법과 모든 캡릿에 대해 동일한 변동성(수평변동성: flat volatility)을 사용하나 만기에 따라 변동성을 조정하는 방법이 있다. 이 경우 현물변동성의 만기는 캡릿의 만기이고, 수평변동성의 만기는 캡의 만기이다. 수평변동성은 현물변동성의 누적 평균과 유사하므로 수평변동성은 현물변동성보다 변화폭이 작다. 일반적으로 브로커들이 공시하는 변동성은 수평변동성이다. 유로달러 선물옵션(CME)은 금리 캡/플로어와 유사하므로 3개월 LIBOR에 대한 캡릿에 사용할 현물변동성을 유로달러 선물옵션의 내재변동성과 자주 비교한다.

현물변동성으로부터 수평변동성을 계산하기 위해서는 행사금리를 선택하고 현물변동성을 이용하여 각 캡릿의 가격을 구하고 이를 더하여 캡의 가격을 구한 후 캡의 가격에 내재된 수평변동성을 구하면 된다. 이때 얻게 되는 수평변동성의 값은 캡의 가격에 변동성 미소(volatility smile)가 존재할 경우 행사가격의 선택에 의해 영향을 받게 된다.

수평변동성으로부터 현물변동성을 계산하기 위해서는 먼저 보간법(interpolation)으로 각 캡릿 구간에 대한 수평변동성을 구한다. 다음 단계로 행사금리를 선택하고 수평변동성을 이용하여 일련의 캡릿의 가격을 추출하고 각 캡릿의 가격에 내재된 현물변동성을 구하면 된다. 이때 얻게 되는 현물변동성의 값도 캡릿의 가격에 변동성 미소가 존재할 경우 행사가격의 선택에 의해 영향을 받게 된다.

예를 들어, 원금 USD 1,000,000에 대해 8%(3개월 복리기준)의 금리상한을 적용하는 계약이 있다고 하자. 이 계약의 발효시점이 1년 후라고 하면 이는 바로 금리 캡(cap)의 한 요소인 캡릿(caplet)이 된다. 현재 LIBOR 수익률 곡선으로부터 추정한 1년 후의 3개월 선도금리가 7%(3개월 복리기준)이고, 3개월 선도금리의 변동성은 20%(연율)이다. 현재 모든 만기에 대해 무위험 이자율(연속복리기준)이 5%라고 할 때 캡릿(caplet)의 가치는?

$R_k=0.07$(t_k과 t_{k+1} 사이의 선도금리), $r_c=0.08$(행사금리), $t_k=1.0$, $t_{k+1}=1.25$

$$d_1=\frac{\ln(R_k/r_c)+\frac{1}{2}\sigma_k^2 t_k}{\sigma_k\sqrt{t_k}}=\frac{\ln(0.07/0.08)+\frac{1}{2}0.2^2\cdot 1}{0.2\sqrt{1}}=-0.5677$$

$$d_2=d_1-\sigma_k\sqrt{t_k}=-5677-0.2\times\sqrt{1}=-0.7677$$

$$N(d_1)=0.28508$$

$$N(d_2)=0.22129$$

$$P(0,\ t_{K+1})=e^{-0.05\times 1.25}$$

$=0.98758$(만기가 t_{k+1}이고 액면이 1원인 무이표채의 현재가치)

$$\tau_k=t_{k+1}-t_k=0.25$$

따라서 캡릿(caplet)의 가치는 다음과 같이 결정된다.

$$\tau_k P(0,\ t_{k+1})[R_k\cdot N(d_1)-r_c\cdot N(d_2)]$$
$$=0.25\times 0.98758\times[0.07\times 0.28508-0.08\times 0.22129]=0.00056(0.056\%)$$

따라서 원금 USD 1,000,000에 대한 캡릿의 가격은 USD 560이 된다.

예제 플로어의 가격결정

플로어(floor)란 계약상의 최저금리(floor rate) 이하로 기준금리가 하락하면 플로어 매도자가 플로어 매수자에게 차액만큼을 지급하기로 하는 계약이다. 각 결제일에 플로어 매도자가 매입자에게 지불하는 금액은 행사금리(최고금리)와 기준금리의 차이에 일정한 명목원금을 곱한 액수가 된다. 만약 기준금리가 행사금리보다 높으면 아무런 지급도 발생하지 않는다. 즉, 각 결제일에 플로어 매도자가 매수자에게 지불하는 금액은 다음과 같다.

$$N\times Max[0,\ r_f-r] \tag{11.75}$$

이때 N은 명목원금, r은 기준금리(LIBOR), r_f은 플로어금리(행사금리)를 나타낸다.

이제 만기가 T, 행사금리(floor rate)가 r_f, 명목원금이 N인 플로어의 경우를 생각해보자. 금리조정일이 $t_1, t_2, t_3, \cdots, t_n$이라고 하면, 지급일은 $t_2, t_3, \cdots, t_n, t_{n+1} = T$이 된다. r_k를 t_k와 t_{k+1} 사이의 기간에 대한 금리(t_k에 관측된)라고 하면, $t_{k+1}(1 \le k \le n)$ 시점의 플로어의 손익은 다음과 같이 결정된다.

$$\tau_k N \times Max[r_f - r_k, 0] \tag{11.76}$$

이때 $\tau_k = t_{k+1} - t_k$이다.

위의 식은 t_k 시점에서의 LIBOR에 대한 풋옵션 이익을 나타내며, t_{k+1} 시점에서 지급된다. 따라서 금리플로어는 n개의 금리 풋옵션으로 구성된 포트폴리오이며, 각 풋옵션을 플로어릿(floorlet)이라 한다.

캡릿(caplet)의 경우와 같은 논리로 플로어릿(floorlet)의 가치를 다음과 같이 구할 수 있다.

$$\text{플로어릿(floorlet)} = \tau_k NP(0, t_{k+1})[r_f N(-d_2) - R_k N(-d_1)] \tag{11.77}$$

이때,

$$d_1 = \frac{\ln(R_k / r_f) + \frac{1}{2}\sigma_k^2 t_k}{\sigma_k \sqrt{t_k}}$$

$$d_2 = d_1 - \sigma_k \sqrt{t_k}$$

R_k : t_k과 t_{k+1} 사이의 선도금리

$P(0, t_{k+1})$: 만기가 t_{k+1}이고 액면이 1원인 무이표채의 현재가치

---

4) 연금이 측정단위인 경우의 스왑률

스왑률(swap rate)은 스왑계약시 적용되는 고정금리를 말한다. 스왑계약은 선도금리계약의 포트폴리오로 간주할 수 있는데, 선도금리계약에 적용될 고정금리가 선도금리계약의 계약당시 가치를 0으로 만드는 수준에서 결정되는 것과 마찬가지로 스왑계약이 체결되는 시점에서의 스왑률은 스왑계약의 가치가 0이 되는 수준에서 결정된다.

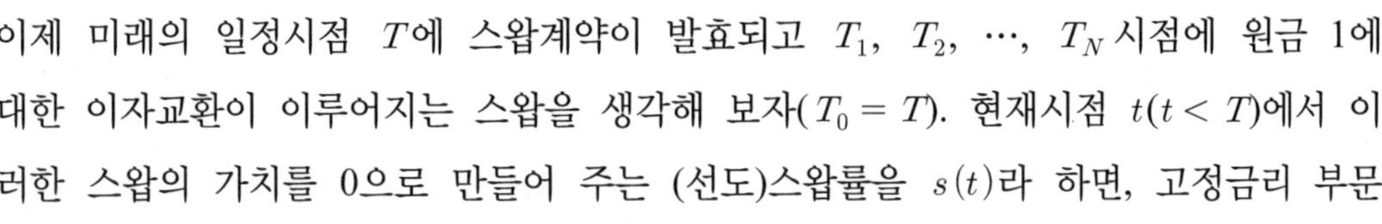

이제 미래의 일정시점 T에 스왑계약이 발효되고 T_1, T_2, $\cdots$, T_N 시점에 원금 1에 대한 이자교환이 이루어지는 스왑을 생각해 보자($T_0 = T$). 현재시점 $t(t < T)$에서 이러한 스왑의 가치를 0으로 만들어 주는 (선도)스왑률을 $s(t)$라 하면, 고정금리 부문의 현재가치는 다음과 같이 표현할 수 있다.

$$s(t)A(t) \tag{11.78}$$

이때 $A(t) = \sum_{i=0}^{N-1} (T_{i+1} - T_i)P(t,\ T_{i+1})$, $P(t,\ T_{i+1})$는 T_{t+1} 시점에 1을 지급하는 무이표채의 t시점의 가격을 나타낸다. 즉, T_1부터 T_N까지 매시점마다 1을 지급하는 연금(annuity)의 현재가치로 해석할 수 있다.

한편 변동금리 부문의 현재가치는 현재시점 t부터 T_N 시점 사이의 금리변화에 의해 결정되므로 $P(t,\ T_0) - P(t,\ T_N)$와 같이 나타낼 수 있다.

스왑률은 고정금리 채권의 현금흐름의 현재가치와 변동금리 채권의 현금흐름의 현재가치를 동일하게 만들어 주는 수준에서 결정되므로 다음 식을 만족시키는 $s(t)$가 바로 스왑률이 된다.

$$s(t)A(t) = P(t,\ T_0) - P(t,\ T_N) \tag{11.79}$$

즉, $s(t) = \dfrac{P(t,\ T_0) - P(t,\ T_N)}{A(t)}$

이때 $f = P(t,\ T_0) - P(t,\ T_N)$ 그리고 $g = A(t)$로 놓고 앞에서 설명한 동등마팅게일측도의 결과를 적용하면 다음 식을 얻게 된다.

$$s(t) = E_A[s(T)] \tag{11.80}$$

이 식에 의하면 T시점에서 시작하는 스왑의 기대 스왑률은 현재의 선도스왑률(forward swap rate)과 동일함을 알 수 있다. 이때 E_A는 $A(t)$에 대해서 선도리스크중립을 가정했을 경우의 기댓값을 의미한다.

우리는 어떠한 증권 f에 대해서도 동등마팅게일측도의 결과(식 (11.54))를 적용하여

$$f_0 = A(0)E_A\left[\frac{f_T}{A(T)}\right] \tag{11.81}$$

가 성립함을 알 수 있다. 이러한 결론은 식 (11.80)과 함께 스왑션의 가격결정 논리를 이해하는데 필수적이다.

예 제 금리스왑션의 가격결정

금리스왑션(interest rate swaption)은 금리스왑과 옵션을 결합한 상품으로서 미래 일정 시점에 금리스왑을 할 수 있는 옵션이다. 옵션의 만기일은 스왑션을 행사하여 금리스왑을 발효시킬 수 있는 날이며, 스왑에 적용되는 고정금리가 바로 행사가격이 된다. 미래의 일정 시점에 금리스왑을 할 수 있는 옵션인 스왑션에는 지불자스왑션(payers swaption)과 수취자스왑션(receivers swaption)이 있다.

지불자스왑션의 매수자는 특정행사금리(고정금리)를 지급하고 변동금리를 수취하는 스왑체결의 권리를 보유하고 있으며, 금리가 상승하면 옵션을 행사하여 이익을 볼 수 있다. 수취자스왑션의 매수자는 특정행사금리(고정금리)를 수취하고 변동금리를 지급하는 스왑체결의 권리를 보유하고 있으며, 금리가 하락하면 옵션을 행사하여 이익을 볼 수 있다.

특정 시점에서 특정 만기의 스왑률(swap rate)은 금리스왑에서 변동금리와 교환되는 고정금리이다. 유럽형 스왑션의 가격결정에 사용되는 모형은 옵션 만기일의 스왑률이 대수정규분포를 따른다고 가정한다. T년 후부터 시작하여 n년 동안 지속되는 스왑계약에서 r_K의 고정금리를 지급하고 변동금리(LIBOR)를 받을 수 있는 권리인 지불자스왑션(payers swaption)을 생각해보자. 명목원금은 N, 연간 m번의 이자를 지급한다고 가정하자. 또한 스왑션의 만기일에 n년 만기 스왑의 스왑률을 r로 가정하자(r과 r_K는 연간 m번 복리계산을 함).

고정금리가 r인 스왑의 현금흐름과 고정금리가 r_K인 스왑의 현금흐름을 비교하면 지불자스왑션의 손익이 다음과 같은 일련의 현금흐름이 됨을 알 수 있다.

$$\frac{N}{m}Max[r - r_K, 0] \tag{11.82}$$

이때 스왑의 잔존기간인 n년 동안 연간 m번 현금흐름을 받게 된다. 즉, 연 기준으로 측정한 지급일이 t_1, t_2, ……, t_{mn}이다. 각 현금흐름은 행사가격이 r_K인 r에 대한 콜옵션의 손익이 된다.

따라서 t_i시점에서 받는 현금흐름의 가치는 다음과 같이 결정된다.

$$\frac{N}{m}e^{-r_i t_i}[r_f N(d_1) - r_K N(d_2)] \tag{11.83}$$

이때 $d_1 = \dfrac{\ln\left(\dfrac{r_f}{r_K}\right) + \dfrac{1}{2}\sigma^2 T}{\sigma\sqrt{T}}$, $d_2 = d_1 - \sigma\sqrt{T}$, r_f는 선도스왑률(forward swap rate), σ는 선도스왑률의 변동성, r_i는 만기가 t_i인 무이표채의 연속복리 수익률이다.

따라서 지불자스왑션의 가치(PSW)는 위의 현금흐름을 전부 합한 값으로 결정된다.

$$PSW = \sum_{i=0}^{mn}\frac{N}{m}e^{-r_i t_i}[r_f N(d_1) - r_K N(d_2)] \tag{11.84}$$

또는 $PSW = ND[r_f N(d_1) - r_K N(d_2)]$

이때 $D = \frac{1}{m}\sum_{i=1}^{mn} e^{-r_i t_i}$이다. 즉, D는 $t_i(1 \le i \le mn)$ 시점에서 $\frac{1}{m}$원을 지급하는 계약의 현재가치이다.

이제 T년 후부터 시작하여 n년 동안 지속되는 스왑계약에서 r_K의 고정금리를 받고 변동금리(LIBOR)를 지급할 수 있는 권리인 수취자스왑션(receivers swaption)을 생각해 보자. 스왑션의 만기일에 n년 만기 스왑의 스왑률을 r이라고 할 때, 고정금리가 r인 스왑의 현금흐름과 고정금리가 r_K인 스왑의 현금흐름을 비교하면 수취자스왑션의 손익이 다음과 같은 일련의 현금흐름이 됨을 알 수 있다.

$$\frac{N}{m}Max[r_K - r, 0] \tag{11.85}$$

이는 행사가격이 r_K인 r에 대한 풋옵션의 손익이다. 따라서 수취자스왑션의 가치(RSW)는 다음과 같이 결정된다.

$$RSW = ND[r_K N(-d_2) - r_f N(-d_1)] \tag{11.86}$$

예를 들면, 현재 LIBOR 수익률곡선이 6%(연속 복리기준)에 평평하고, 6.2%에 3년 금리스왑을 행사할 수 있는 5년 만기 지불자 스왑션이 있다고 하자. 선도스왑률의 변동성은 20%이고 이자지급은 연 2회 명목원금 100에 대해 이루어진다.

$$D = \frac{1}{m}\sum_{i=1}^{mn} e^{-r_i t_i}$$

$$= \frac{1}{2}[e^{-0.06\times 5.5} + e^{-0.06\times 6} + e^{-0.06\times 6.5} + e^{-0.06\times 7} + e^{-0.06\times 7.5} + e^{-0.06\times 8}]$$

$$= 2.0035$$

r_i = 0.06(만기가 t_i인 무이표채의 연속복리 수익률)

r_K= 0.062(행사가격)

r_f = 선도스왑률(forward swap rate) = 6.09%(semi-annual로 전환)12)

σ = 선도스왑률의 변동성 = 0.2

$T=5$

$$d_1 = \frac{\ln\left(\frac{r_f}{r_K}\right) + \frac{1}{2}\sigma^2 T}{\sigma\sqrt{T}}$$

$$= \frac{\ln\left(\frac{0.0609}{0.062}\right) + \frac{1}{2}\times 0.2^2 \times 5}{\sigma\sqrt{T}}$$

$$= 0.1836$$

$$d_2 = d_1 - \sigma\sqrt{T} = 0.1836 - 0.2\times\sqrt{5} = -0.2636$$

따라서 지불자스왑션의 가치(PSW)는 다음과 같이 결정된다.

$$PSW = ND[r_f N(d_1) - r_K N(d_2)]$$

$$= 100 \times 2.0035 \times [0.0609 \times N(0.1836) - 0.062 \times N(-0.2636)] = 2.07$$

---

(3) 선도리스크 중립적 옵션가격결정(forward risk neutral valuation)의 예제 : 확률적인 이자율의 경우

앞에서 설명한 선도리스크 중립의 개념을 활용하여 블랙－숄즈 옵션가격결정모형을 이자율이 확률적인 경우로 확장해보자. 기초자산 S의 현재($t=0$) 가격을 S_0라 하고, 옵션의 만기 T시점에서 기초자산의 가격을 S_T라 하자. 옵션의 행사가격이 K인

---

12) 연 6% 연속복리이자율(r_c)을 semi-annual 이자율(r_2)로 전환하면, $r_2 = 2\times[e^{\frac{r_c}{2}} - 1] = 2[e^{\frac{0.06}{2}} - 1] = 0.0609(6.09\%)$가 된다. (제1장 참조)

경우 만기 시점에서 유럽형 콜옵션의 손익는 $Max[S_T - K, 0]$이다.

무이표채에 대해 선도리스크 중립을 가정하면, 식 (11.61)을 이용하여 유럽형 콜옵션 가격(c)을 결정할 수 있다.

$$c = P(0,\ T)E_P[Max[S_T - K,\ 0]] \tag{11.87}$$

이때 E_P는 무이표채에 대해 선도리스크중립을 가정하는 상황에서의 기댓값을 나타낸다.

만기일이 T인 무이표채의 수익률을 R이라고 하면 $P(0,\ T) = e^{-RT}$이고, 식 (11.87)은 다음과 같이 표현된다.

$$c = e^{-RT}E_P[Max[S_T - K,\ 0]] \tag{11.88}$$

만기시 기초자산의 가격이 대수정규분포를 갖는다고 가정하고, $\ln(S_T)$의 표준편차를 s라고 하면 다음이 성립한다.[13]

$$E_P[Max[S_T - K,\ 0]] = E_P[S_T]N(d_1) - KN(d_2) \tag{11.89}$$

$$d_1 = \frac{1n[E(S_T)/K] + \frac{1}{2}s^2}{s},\ d_2 = \frac{1n[E(S_T)/K] - \frac{1}{2}s^2}{s}$$

한편 선도리스크중립을 가정할 경우 기초자산 S의 기대수익률은 무위험 수익률과 같다. 따라서 만기시 기초자산의 기댓값(동등마팅게일 측도 Q하에서)은 $E^Q[S_T] = S_0e^{RT}$이다. 이는 현재 시점에서의 기초자산에 대한 선도가격과 같다. 이제 기초자산가격의 변동성 σ를 $\sigma\sqrt{T} = s$로 정의하면 유럽형 콜옵션 가격이 다음과 같이 결정됨을 알 수 있다.

$$c = S_0N(d_1) - Ke^{-RT}N(d_2) \tag{11.90}$$

$$d_1 = \frac{1n[S_0/K] + (R + \frac{1}{2}\sigma^2)T}{\sigma\sqrt{T}},\ d_2 = d_1 - \sigma\sqrt{T}$$

---

13) 제11장(리스크중립적 옵션가격결정) 참조.

[부록 1] 확률변수 $\widetilde{R}$ 의 기대치와 변동성

$$E[\widetilde{R}] = \frac{q \times uP + (1-q) \times dP}{P} = qu + (1-q)d$$

$$\begin{aligned}
Var[\widetilde{R}] &= \sum_x (x - E[x])^2 \cdot p(x) \\
&= q \cdot (u - E[\widetilde{R}])^2 + (1-q)(d - E[\widetilde{R}])^2 \\
&= q[u^2 - 2u \cdot E[\widetilde{R}] + E[\widetilde{R}]^2] \\
&\quad + (1-q)[d^2 - 2d \cdot E[\widetilde{R}] + E[\widetilde{R}]^2] \\
&= qu^2 - 2qu \cdot E[\widetilde{R}] + qE[\widetilde{R}]^2 \\
&\quad + (1-q)d^2 - 2(1-q)d \cdot E[\widetilde{R}] + (1-q)E[\widetilde{R}]^2 \\
&= qu^2 + (1-q)d^2 - 2E[\widetilde{R}]\{qu + (1-q)d\} \\
&\quad + (q + 1 - q)E[\widetilde{R}]^2 \\
&= qu^2 + (1-q)d^2 - \{q^2u^2 + 2q(1-q)ud + (1-q)^2d^2\} \\
&= q(1-q)u^2 + (1-q)(1-1+q)d^2 - 2q(1-q)ud \\
&= q(1-q)[u^2 - 2ud + d^2] \\
&= q(1-q)(u-d)^2
\end{aligned}$$

따라서 $\sigma(\widetilde{R}) = [q(1-q)]^{\frac{1}{2}}(u-d)$

[부록 2] 확률과정과 Ito Lemma

1. 확률모형의 필요성

옵션가격결정에서 확률모형이 필요한 이유를 살펴보기 위해 미래의 주식가격을 예측하고 그에 따라 옵션의 손익을 계산함으로써 옵션가격을 결정하는 방식을 생각해 보자.

현재 주식가격은 \$100이고, 1년 후 \$50이 되거나 \$150이 될 것으로 예상하고 있다고 하자. 즉, S_0= \$100. S_1= \$50 또는 \$150.

이때 만기 1년, 행사가격이 \$100인 (유럽형) 콜옵션의 가치를 어떻게 결정할 것인가?

첫째, 1년 후 예상 주식가격은 \$100 (\$50과 \$150의 평균)이고, 콜옵션의 손익은 0이다. 이 경우 옵션의 현재 가치는 0이라고 할 수 있을까?

둘째, 주식가격의 예상치에 근거한 옵션의 손익을 먼저 구하고 평균을 구하는 방법은 어떤가?

1년 후 주식가격이 \$50이면 콜옵션의 손익은 0이 되고, 주식가격이 \$150이면 콜옵션의 손익은 \$50이 된다. 두 가지 경우의 평균치인 \$25의 현재가치를 옵션의 가치라고 생각하는 것이 타당할 것이다.

이상의 논의를 요약하면, 주식가격의 평균 예상치에 근거한 옵션의 손익은 0이지만, 주식가격의 개별 예상치에 근거한 옵션손익의 평균은 \$25가 된다. 이는 바로 '젠센 부등식(Jesen's inequality)'의 한 예제이다.

어떤 확률변수(주식가격) S의 함수(콜옵션의 손익) $f(S)$가 convex function인 경우 다음과 같은 관계가 성립하게 된다.

$$E[f(S)] \geq f(E[S])$$

$S = \overline{S} + \varepsilon$ 라고 하자. 이때 $\overline{S} = E[S]$, $E[\varepsilon] = 0$.

$$E[f(S)] = E[f(\bar{S} + \varepsilon)] = E[f(\bar{S}) + \varepsilon f'(\bar{S}) + \frac{1}{2}\epsilon^2 f''(\bar{S}) + \cdots\cdots]$$
$$\approx f(E[S]) + \frac{1}{2}f''(E[S])E[\varepsilon^2]$$

따라서 왼쪽 항은 오른쪽 항보다 다음과 같은 크기만큼 크다는 것을 알 수 있다.

$$\frac{1}{2}f''(E[S])E[\varepsilon^2]$$

위의 식은 두 가지 중요한 시사점을 내포하고 있다.

(1) $f''(E[S])$: 옵션의 볼록성(convexity)을 나타내며, 이와 같은 옵션의 볼록성은 가치를 지니고 있다.

(2) $E[\varepsilon^2]$: 확률성을 나타내며, 이와 같은 기초자산가격의 확률성을 모형화하는 것이 옵션가격결정의 핵심이 된다.

[참조] $f(a)$를 중심으로 한 $f(x+a)$의 테일러 시리즈 확장은 다음과 같다.

$$f(x+a) = f(a) + xf'(a) + \frac{1}{2}x^2 f''(a) + \cdots\cdots$$

2. 확률과정(Stochastic Process)

변수 x의 미분가능하고 연속적인 함수 $f(x)$를 생각해 보자. 테일러 시리즈 확장(Tayor series expansion)을 이용하면

$$f(x+dx) = f(x) + \frac{\partial f}{\partial x}dx + \frac{1}{2}\frac{\partial^2 f}{\partial x^2}(dx)^2 + \cdots\cdots$$

표준적인 수학에서는 우변의 세 번째 이후의 항들이 사라져

$f(x+dx) = f(x) + \frac{\partial f}{\partial x}dx$ 또는 $df(x) = \frac{\partial f}{\partial x}dx$가 됨을 잘 알고 있다.

두 개의 변수 x, y의 함수 $f(x, y)$인 경우에는

$$df(x, y) = \frac{\partial f}{\partial x}dx + \frac{\partial f}{\partial y}dy + \frac{1}{2}\frac{\partial^2 f}{\partial x^2}(dx)^2 + \frac{\partial^2 f}{\partial x \partial y}dxdy + \frac{1}{2}\frac{\partial^2 f}{\partial y^2}(dy)^2 + \cdots\cdots$$

앞에서와 마찬가지로 표준적인 수학에서는 우변의 세 번째 이후의 항들이 사라져

$df(x\ y) = \frac{\partial f}{\partial x}dx + \frac{\partial f}{\partial y}dy$이 된다.

시간의 변화에 따라 변하는 확률변수들의 집합인 확률과정(stochastic process) X를 시간 T와 표본공간 Ω에서 다음과 같이 정의하자.

$$X: T \times \Omega \rightarrow R$$

이때 $T = [0, \infty]$, R은 실수를 나타낸다. 즉, 확률과정 $X(t, \omega)$는 시간 $t \in T$와 상태 $\omega \in \Omega$의 함수로서 시간과 상태가 각각 t^*와 ω^*로 주어지면 어떤 실수값 $X(t^*, \omega^*)$을 가짐을 알 수 있다. 이제 확률과정 X가 변함에 따라 함수 $f(X)$의 값이 어떻게 변하는지를 알고 싶은데, X가 매 시점마다 확률변수(random variable)의 특성을 지니므로 표준수학을 바로 이용할 수가 없다. 따라서 확률수학(stochastic calculus)이란 특별한 분석기법이 필요한데, 확률과정의 함수 값의 변화를 나타낼 때 널리 이용되는 확률수학 분야의 기본적인 정리중의 하나가 바로 '이또레마(Ito lemma)'이다.

확률과정 X의 함수의 변화는 이또레마(Ito lemma)에 의하면 다음과 같다.

$$df(X) = \frac{\partial f}{\partial X}dX + \frac{1}{2}\frac{\partial^2 f}{\partial X^2}(dX)^2$$

즉, 확률수학에서는 $(dX)^2$항이 사라지지 않는다. 이것은 가장 간단한 형태의 이또레마로서 다음과 같이 쉽게 확장된다. 이제 확률과정 X와 시간 t가 변함에 따라 함수 $f(X, t)$의 값이 어떻게 변하는지를 알고 싶다고 하자. 이또레마에 의하면

$$df(X, t) = \frac{\partial f}{\partial X}dX + \frac{\partial f}{\partial t}dt + \frac{1}{2}\frac{\partial^2 f}{\partial X^2}(dX)^2$$

이 식을 도출할 때, 확률수학에서의 특유한 승수규칙(multiplication rules)을 이용했는데 다음과 같다.

(1) $dX \cdot dt = 0$

(2) $(dt)^2 = 0$

옵션가격결정이론에서 위의 이또레마는 유용하게 쓰인다. 옵션가격은 기초자산의 가격과 시간의 함수형태로 나타낼 수 있는데, 기초자산의 가격이 어떤 구체적인 확률적 과정을 따른다고 가정함으로써 옵션가격의 변화를 나타내는 식을 도출할 수 있다.

이제 본문에서 가정한 대로 기초자산의 가격(S)이 기하적 브라우니안운동(geometric Brownian motion)을 따른다고 하자. 즉,

$$dS = \mu S dt + \sigma S dW$$

여기서 μ는 기초자산가격의 변화율, σ는 기초자산가격 변화율의 표준편차, dW는 위너과정(Wiener process)이며 다음과 같은 특성을 갖는다.

(1) $dW = \varepsilon \sqrt{dt}$

이때 dt는 매우 짧은 시간을 나타나며, ε은 평균이 0이고 분산이 1인 표준정규분포를 갖는다. 즉, $\varepsilon \sim N(0, 1)$.

(2) $dW \sim N(0, \sqrt{dt})$

dW는 평균이 0이고 분산이 dt인 정규분포를 가지며, 시간간격을 어떻게 선택하더라도 독립적이고 균등한 분포를 갖는다. 이를 일반화하면 어떠한 시간간격이라도, 예를 들어 시간 t로부터 T까지 위너과정을 따르는 변수의 가치변화 dW는 평균이 0이고 분산이 $T-t$인 정규분포를 갖는다.

즉, $E[dW] = 0$, $E[dW \cdot dt] = 0$, $E[dW^2] = dt$, $Var[dW^2] = 0$이다.

마지막 관계식의 성립은 위너과정(Wiener process)의 다음 특성에 기인한다.

$$Var[dW^2] = E[dW^4] - (E[dW^2])^2 = 3 \cdot dt^2 - dt^2 = 2 \cdot dt^2 = 0$$

(정규분포의 적률함수 참조)

따라서 $E[dW^2] = dW^2$. 이는 확률변수 dW^2의 변동성이 0이므로 기대치 함수가 불필요하게 됨을 의미하며, $E[dW^2] = dt$이므로 우리는 $dW^2 = dt$가 성립함을 알 수 있다.

기초자산의 가격이 기하적 브라우니안 운동(geometric Brownian motion)을 따른다고 가정하는 것은 미래의 일정시점에 주식가격의 분포가 자연대수 정규분포(lognormal

distribution)를 갖는다는 것을 의미하는데, 이를 보여주기 위해서는 다음과 같은 함수를 정의하고 이또레마를 이용하면 된다.

$Y=\ln(S)$라고 하자. 여기서 ln은 자연대수를 나타낸다. 가장 간단한 형태의 이또레마를 함수 Y에 적용하면,

$$\begin{aligned} dY &= \frac{\partial Y}{\partial S}dS + \frac{1}{2}\frac{\partial^2 Y}{\partial S^2}(dS)^2 \\ &= \frac{1}{S}(\mu S dt + \sigma S dW) + \frac{1}{2}(-\frac{1}{S^2})\sigma^2 S^2 dt \\ &= (\mu - \frac{1}{2}\sigma^2)dt + \sigma dW \end{aligned}$$

이때 $dY=\ln(S_T)-\ln(S_0)$ 이므로 S_T를 다음과 같이 나타낼 수 있다.

$$S_T = S_0 \cdot e^{(\mu - \frac{1}{2}\sigma^2)T + \sigma W_T}$$

즉, S 자체는 정규분포를 갖지 않으나 자연로그를 취하면 평균이 $\ln(S_0)+(\mu-\frac{1}{2}\sigma^2)T$ 이고 분산이 $\sigma^2 T$인 정규분포를 가짐을 알 수 있다.

이제 기하적 브라우니안 운동(geometric Brownian motion)을 따르는 기초자산의 가격 S와 시간 t의 함수 $f(S, t)$를 정의하고 이 함수에 이또레마를 적용해 보자.

$$df(S,t) = \frac{\partial f}{\partial S}dS + \frac{\partial f}{\partial t}dt + \frac{1}{2}\frac{\partial^2 f}{\partial S^2}(dS)^2$$

$dS=\mu S dt + \sigma S dW$를 위의 식에 대입하고 정리하면 다음과 같이 파생상품의 가격변화를 나타내는 식을 얻을 수 있다.

$$df(S,t) = \left(\frac{\partial f}{\partial S}\mu S + \frac{\partial f}{\partial t} + \frac{1}{2}\frac{\partial^2 f}{\partial S^2}\sigma^2 S^2\right)dt + \frac{\partial f}{\partial S}\sigma S dW$$

Technical Note 옵션이 내가격으로 끝날 확률

리스크 중립적인 세계에서

$$S_T = S_0 e^{(r-\frac{1}{2}\sigma^2)T + \sigma W_T}$$

$$\ln S_T \sim N(\ln S_0 + (r-\frac{1}{2}\sigma^2)T,\ \sigma^2 T)$$

$$P(S_T > K)$$

$$= P(\ln S_T > \ln K)$$

$$= P\left(\frac{\ln S_T - \ln S_0 - (r-\frac{1}{2}\sigma^2)T}{\sigma\sqrt{T}} > \frac{\ln K - \ln S_0 - (r-\frac{1}{2}\sigma^2)T}{\sigma\sqrt{T}}\right)$$

$$= P\left(\frac{\ln S_T - \ln S_0 - (r-\frac{1}{2}\sigma^2)T}{\sigma\sqrt{T}} < -\frac{\ln K - \ln S_0 - (r-\frac{1}{2}\sigma^2)T}{\sigma\sqrt{T}}\right)$$

$$= P\left(\frac{\ln S_T - \ln S_0 - (r-\frac{1}{2}\sigma^2)T}{\sigma\sqrt{T}} < \frac{\ln(S_0/K) + (r-\frac{1}{2}\sigma^2)T}{\sigma\sqrt{T}}\right)$$

$$= P\left(\frac{\ln S_T - \ln S_0 - (r-\frac{1}{2}\sigma^2)T}{\sigma\sqrt{T}} < d_2\right)$$

$= N(d_2)$ 이때 $d_2 = \dfrac{\ln(S_0/K) + (r-\frac{1}{2}\sigma^2)T}{\sigma\sqrt{T}}$

[참조] $\dfrac{\ln S_T - \ln S_0 - (r-\frac{1}{2}\sigma^2)T}{\sigma\sqrt{T}} \sim N(0.1)$

[부록 3] 정규분포와 대수정규분포의 특성

$X \sim N(\mu, \sigma^2)$

적률함수(moment generating function) $M_X(t) = E[e^{tX}] = \exp(\mu t + \frac{1}{2}\sigma^2 t^2)$

$M_X^1(0) = E[X] = \mu$ (적률함수를 t로 1차 미분하고 t=0)

$M_X^2(0) = E[X^2] = \sigma^2 + \mu^2$ (적률함수를 t로 2차 미분하고 t=0)

$Var[X] = E[X^2] - (E[X])^2 = \sigma^2 + \mu^2 - \mu^2 = \sigma^2$

$X \sim LN(m, s^2)$ i.e. $\ln(X) \sim N(m, s^2)$

K차 적률: $E[X^k] = E[e^{\ln X^k}] = E[e^{k\ln X}] = \exp(mk + \frac{1}{2}s^2k^2)$

$k=1$: $E[X] = \exp(m + \frac{1}{2}s^2)$, $k=2$: $E[X^2] = \exp(2m + 2s^2)$

$Var[X] = E[X^2] - (E[X])^2 = \exp(2m + s^2)[\exp(s^2) - 1] = (E[X])^2 \cdot \eta^2$

이때 $\eta^2 = e^{s^2} - 1$(coefficient of variation)

즉, 자연대수 정규분포를 갖는 확률변수의 분산은 평균의 제곱에 비례함을 알 수 있다.

이제 S가 기하적 브라우니안운동을 따른다고 하자. 즉, $dS = \mu S dt + \sigma S dZ$.

우리는 미래의 일정시점에서 S의 분포가 자연대수 정규분포를 갖게 됨을 알고 있다. 즉, $\ln(S_T) \sim N(m, s^2)$, $m = \ln(S_0) + (\mu - \frac{1}{2}\sigma^2)T$, $s^2 = \sigma^2 T$. 따라서,

$$E[S_T] = \exp(m + \frac{1}{2}s^2) = \exp[\ln(S_0) + (\mu - \frac{1}{2}\sigma^2)T + \frac{1}{2}\sigma^2 T] = S_0 \cdot e^{\mu T},$$

$$Var[S_T] = e^{2m + s^2}[e^{s^2} - 1] = S_0^2 e^{2\mu T}[e^{\sigma^2 T} - 1]$$

[부록 4] 누적정규분포함수의 다항식 근사화

옵션가격결정식을 이용하기 위해서는 누적정규분포함수값 $N(x)$을 결정해야 하는데, 누적정규분포표는 대부분의 통계학 책에 나와 있다. 그러나 옵션가격을 계산할 때 마다 표를 들여다 보면서 보간법(interpolation)을 적용해야 하는 불편을 해소하기 위해 다항식 근사화(polynomial approximation)를 이용할 수 있다.14) 즉, 누적정규분포함수의 값을 다음과 같은 방법으로 소수점 네 번째 자리 숫자까지 정확한 근사치를 얻을 수 있다.

$$N(x)=\begin{cases}1-N'(x)(a_1k+a_2k^2+a_3k^3) & x\ge 0 \text{ 일 때}\\ 1-N(-x) & x<0 \text{ 일 때}\end{cases}$$

$$k=\frac{1}{1+\gamma x},\quad \gamma=0.33267,\quad \alpha_1=0.4361836,\quad \alpha_2=-0.1201676,$$

$$\alpha_3=0.9372980,\quad N'(x)=\frac{1}{\sqrt{2\pi}}e^{-\frac{1}{2}x^2}$$

소수점 여섯 번째 자리까지 정확한 근사치를 원하는 경우 다음과 같은 식을 사용하면 된다.

$$N(x)=\begin{cases}1-N'(x)(a_1k+a_2k^2+a_3k^3+a_4k^4+a_5k^5) & x\ge 0 \text{ 일 때}\\ 1-N(-x) & x<0 \text{ 일 때}\end{cases}$$

$$k=\frac{1}{1+\gamma x},\quad \gamma=0.2316419,\quad \alpha_1=0.319381530,\quad \alpha_2=-0.356563782,$$

$$\alpha_3=1.781477937,\quad \alpha_4=-1.821255978,\quad \alpha_5=1.330274429,$$

$$N'(x)=\frac{1}{\sqrt{2\pi}}e^{-\frac{1}{2}x^2}$$

Excel을 이용하여 위의 식을 입력해 놓으면 누적정규분포표를 읽지 않고도 누적정규분포함수의 값을 상당히 정확하게 결정할 수 있다.

---

14) Haug(2007, ch.13, pp.467-8) 참조

Chapter 11 연습문제

Interest Rate Derivatives Investment & Risk Management Strategies for Practitioners

Q1 삼성전자 주식의 현재가격이 100이고, 주식가격(S)이 다음과 같이 기하적 브라우니안 운동(geometric Brownian motion)을 따르고, 연속복리 무위험 수익률이 5%라고 가정하자.

$$dS = 0.1 \cdot Sdt + 0.3 \cdot SdW$$

(1) 주식가격이 위와 같은 과정을 따른다고 가정할 때 3개월 후의 삼성전자 주식의 예상가격은?

(2) 리스크 중립적인 세계를 가정할 경우 3개월 후에 삼성전자 주식의 예상가격은?

(3) 만기일이 3개월 후이고 만기(T)시 손익이 $\frac{1}{10}S_T^2$ 와 같이 결정되는 파생상품의 가격을 리스크 중립적인 가격결정의 논리에 의해 구하시오.

Hint

$dS = \mu Sdt + \sigma SdW$

(1) $E[S_T] = S_0 e^{\mu T}$

(2) $Var[S] = E[S^2] - (E[S])^2 = S_0^2 e^{2\mu T}[e^{\sigma^2 T} - 1]$

(3) Ito Lemma : $df(S) = \frac{\partial f}{\partial S}dS + \frac{1}{2}\frac{\partial^2 f}{\partial S^2}(dS)^2$

해답

(1) $E^P[S_T] = S_0 e^{\mu T} = 100 \cdot e0.1 \times 0.25 = 102.53$
(P: 현실 세계의 확률측도)

(2) $E^Q[S_T] = S_0 e^{rT} = 100 \cdot e0.05 \times 0.25 = 101.26$
(Q: 리스크중립적 확률측도)

(3) 리스크중립적 파생상품의 가격결정논리에 의하면 파생상품의 가격 f는 다음과 같이 결정된다.

$f = e^{-rT} \cdot E^Q[X_T]$ 이때 $X_T = \frac{1}{10} S_T^2$, Q는 리스크중립적 확률측도이다.

$$
\begin{aligned}
E^P[S_T^2] &= Var[S_T] + (E[S_T])^2 \\
&= S_0^2 e^{2\mu T}[e^{\sigma^2 T} - 1] + S_0^2 e^{2\mu T} \\
&= S_0^2 e^{(2\mu + \sigma^2)T}
\end{aligned}
$$

$$E^Q[S_T^2] = S_0^2 e^{(2r + \sigma^2)T}$$

따라서

$$f = e^{-rT} \cdot E^Q[X_T] = \frac{1}{10} \cdot S_0^2 \cdot e^{(r+\sigma^2)T} = \frac{1}{10} \cdot 100^2 \cdot e^{(0.05+0.09)\times 0.25} = 1{,}035.62$$

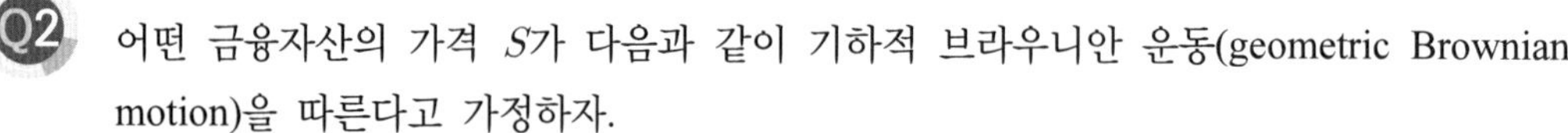

Q2 어떤 금융자산의 가격 S가 다음과 같이 기하적 브라우니안 운동(geometric Brownian motion)을 따른다고 가정하자.

$$dS = \mu S dt + \sigma S dW$$

(1) S^n은 어떤 확률과정을 따르는지 보이시오.

(2) $Se^{r(T-t)}$는 어떤 과정을 따르는가?

해답

(1) $y = y(S) = S^n$라고 놓고 이토레마를 적용하면

$$
\begin{aligned}
dy &= \frac{\partial y}{\partial S} dS + \frac{1}{2} \frac{\partial^2 y}{\partial y^2} (dS)^2 \\
&= nS^{n-1}[\mu S dt + \sigma S dW] + \frac{1}{2} n(n-1) S^{n-2} \sigma^2 S^2 dt \\
&= \left\{ \mu n + \frac{1}{2} n(n-1)\sigma^2 \right\} S^n dt + n\sigma S^n dW \\
&= \left\{ \mu n + \frac{1}{2} n(n-1)\sigma^2 \right\} y dt + n\sigma y dW
\end{aligned}
$$

따라서 S^n도 기하적 브라우니안운동을 따름을 알 수 있다.

(2) $y = y(S, t) = Se^{r(T-t)}$

$$dy = \frac{\partial y}{\partial S}dS + \frac{\partial y}{\partial t}dt + \frac{1}{2}\frac{\partial^2 y}{\partial S^2}(dS)^2$$
$$= e^{r(T-t)}[\mu Sdt + \sigma SdW] - rSe^{r(T-t)}dt + \frac{1}{2}\cdot 0 \cdot (dS)^2$$
$$= (\mu - r)ydt + \sigma ydW$$

따라서 $Se^{r(T-t)}$는 기하적 브라우니안운동을 따름을 알 수 있다.

Q3 동등마팅게일측도의 활용 : 선택자 옵션(Chooser Option)의 가격결정

선택자옵션은 옵션보유자에게 미래의 시점에 옵션의 종류(콜옵션 도는 풋옵션)를 선택할 수 있는 권리가 부여된 이색옵션이다. 단순선택자옵션(simple chooser option)의 경우 옵션매수자가 미래의 일정시점(t)에 동일한 행사가격(K)과 만기일(T)을 가진 콜옵션과 풋옵션 중의 하나를 선택할 수 있다. 따라서 t시점에서 단순선택자옵션의 가치 $H(t, S_t)$는 다음과 같이 결정된다.

$$H(t, S_t) = Max[C(t, S_t), P(t, S_t)]$$

이때 t는 콜옵션과 풋옵션에 대한 선택권이 행사되는 시점, S_t는 t시점에서의 기초자산의 가격, $C(t, S_t)$와 $P(t, S_t)$는 t시점에서 잔존만기가 $T-t$인 콜옵션과 풋옵션의 가치를 각각 나타낸다.

풋-콜 패리티와 동등마팅게일측도를 이용하여 단순선택자옵션의 가치를 구하시오.

해답

만일 콜옵션과 풋옵션이 모두 유럽형이라면, 풋-콜 패리티에 의해 단순선택자옵션의 가치(t시점)를 다음과 같이 나타낼 수 있다.

$$H(t, S_t) = Max[C(t, S_t), P(t, S_t)]$$
$$= Max[C(t, S_t), C(t, S_t) + Ke^{-r(T-t)} - S_t]$$
$$= C(t, S_t) + Max[Ke^{-r(T-t)} - S_t, 0]$$

따라서 현재 시점($t=0$)에서 단순선택자옵션의 가치는 다음과 같이 결정된다.

$$H(0, S_0) = e^{-rt}E^Q[H(t, S_t)] \quad (Q: \text{동등마팅게일측도})$$

$$= e^{-rt}E^{Q}[C(t,\ S_t) + Max[e^{-r(T-t)}K - S_t,\ 0]]$$
$$= C(0,\ S_0) + e^{-rt}E^{Q}[Max[e^{-r(T-t)}K - S_t,\ 0]]$$

따라서 단순선택자옵션은 행사가격이 K, 만기일이 T인 콜옵션 1개와 행사가격이 $e^{-r(T-t)}K$, 만기일이 t인 풋옵션 1개가 결합된 패키지(package)라는 것을 알 수 있다. 즉,

$$H(0,\ S_0) = C(0,\ S_0,\ K,\ T) + P(0,\ S_0,\ Ke^{-r(T-t)},\ t)$$
$$= S_0N(d_1) - Ke^{-r(T-t)}N(d_2) + Ke^{-r(T-t)}N(-d_3) - S_0N(-d_4)$$

$$d_1 = \frac{\ln\left(\frac{S_0}{K}\right) + (r + \frac{1}{2}\sigma^2)T}{\sigma\sqrt{T}}, \quad d_2 = d_1 - \sigma\sqrt{T}$$

$$d_3 = \frac{\ln\left(\frac{S_0}{K}\right) + rT + \frac{1}{2}\sigma^2 t}{\sigma\sqrt{t}}, \quad d_4 = d_3 - \sigma\sqrt{t}$$

금리파생상품의 가격결정: 기간구조모형

지금까지 다루었던 금리옵션의 가격결정모형에서는 미래의 일정시점의 금리 또는 채권가격이 자연대수 정규분포(lognormal distribution)를 갖는다고 가정한다. 이러한 모형은 유럽형 채권옵션, 캡, 플로어, 스왑션 등의 가격결정에 광범위하게 활용된다. 그러나 시간이 흐름에 따라 금리가 어떻게 변하는지를 고려하지 않기 때문에 만기일 이전에 행사가 가능한 미국형 금리옵션의 가격결정에는 활용할 수가 없다는 한계를 지닌다.

본 장에서 다루는 모형들은 단기금리의 확률적 과정과 금리기간구조의 확률적 움직임을 설명한다. 이를 기간구조모형(term structure model)이라고 한다. 먼저 금리 기간구조의 기초개념을 설명한 후 이항과정(binomial process), 평균회귀(mean-reverting) 이항과정 등 금리의 기간구조를 모형화하는 방법론에 대해 설명한다.

금리기간구조를 이용한 금리옵션의 가격결정모형에는 Vasicek(1977), Cox, Ingersoll & Ross(1995) 등 균형모형(equilibrium model)과 Ho & Lee(1986), Black, Derman & Toy (1990), Hull & White(1990), Heath, Jarrow & Morton(1992) 등 무차익거래모형(no-arbitrage model)이 있다.

12.1 금리 기간구조의 기초개념

채권 현금흐름의 현재가치를 구하는데 필요한 할인함수(discount function)는 만기 시점 T에 1원을 지급하는 무이표채권의 t시점에서의 가격을 의미하며, $P(t, T)$로 표시하기로 하자. 할인함수, 현물금리 및 선도금리는 서로 밀접하게 연관되어 있어 이들 중 어느 하나를 알면 나머지들은 다음에서 설명하는 각 개념들의 관계로부터 구할 수 있다.

먼저 현물금리 $R(t, T)$는 만기가치가 1이며 만기 시점이 T인 무이표채권의 t시점에서의 만기수익률을 의미한다. 무이표채권의 가격과 현물금리의 관계를 연속복리의 개념으로 표시하면 다음과 같다.

$$P(t, T) = \exp[-R(t, T)(T-t)] \tag{12.1}$$

위의 식에 자연대수를 취하면 현물금리 $R(t, T)$은 다음과 같이 표시된다.

$$R(t, T) = -\frac{1}{T-t}\ln[P(t, T)] \tag{12.2}$$

이 경우 만기일 T가 현재시점 t로 수렴할 때, 즉 t시점에서의 매우 짧은 기간의 현물금리를 순간현물금리(instantaneous spot rate)라고 하며 이를 수식으로 표현하면 다음과 같다.

$$r(t) = \lim_{T \to t} R(t, T) \tag{12.3}$$

현물금리와 밀접한 관계를 가지고 있는 선도금리는 현재 시점(t)에서 결정되는 미래 시점 t'(결제일)에서 시작하여 T(만기일)까지 계속되는 투자계약의 연속복리 금리를 말하는 것으로 이를 수식으로 표현하면 다음과 같다.

$$f(t, t', T) = \frac{R(t, T)(T-t) - R(t, t')(t'-t)}{T-t'} \tag{12.4}$$

이 때 순간현물금리와 마찬가지로 만기 T가 결제일 t'에 수렴하는 경우의 순간선도금리(instantaneous forward rate)는 다음과 같이 정의된다.

$$f(t, t') = \lim_{T \to t'} f(t, t', T) \tag{12.5}$$

순간선도금리와 선도금리의 관계는 (12.6)과 같이 표현할 수 있는데 이는 선도금리가 시점 t'과 T시점 사이의 순간선도금리의 평균임을 의미한다.

$$f(t, t', T) = \frac{\int_{T=t'}^{T} f(t, \tau)\, d\tau}{T-t'} \tag{12.6}$$

마찬가지로 시점 t에서 만기 T까지의 현물금리는 다음과 같이 정의되며, 이는 현물금리가 동기간 동안의 순간선도금리의 평균적 개념임을 의미하는 것이다.

$$R(t,T)=f(t,t,T)=\frac{\int_{T=t}^{T}f(t,\tau)d\tau}{T-t} \tag{12.7}$$

이를 달리 표현하면 순간선도금리와 현물금리간에는 다음의 관계가 성립하는데 이는 현물금리가 평균적 개념임에 반해 순간선도금리는 한계금리를 의미하기 때문이다.

$$f(t,T)=R(t,T)+(T-t)\frac{\partial R(t,T)}{\partial T} \tag{12.8}$$

따라서 (12.2)에서 현물금리 곡선을 T에 대하여 미분하고 이를 (12.7)에 적용하면 순간선도금리와 할인함수 간에 다음의 관계가 성립한다.

$$f(t,T)=-\frac{P'(t,T)}{P(t,T)} \tag{12.9}$$

이를 달리 표현하면 무이표채권의 가격과 순간선도금리의 관계는 다음과 같이 정의된다.

$$P(t,T)=\exp[-\int_{T=t}^{T}f(t,\tau)d\tau] \tag{12.10}$$

선도금리는 현물금리와 마찬가지로 채권 시장참가자에게 중요한 정보를 제공하는데, FRA 또는 IRS 등의 금리파생상품의 가격결정에 이용된다. 그리고 전통적인 금리기간구조 이론의 하나인 기대가설(expectation hypothesis)에 의하면 선도금리는 미래의 금리에 대한 불편추정치(unbiased estimator)로서 미래의 현물금리에 관한 정보를 담고 있다. 한편 할인함수, 현물금리곡선 혹은 선도금리곡선의 3가지 중 한 가지를 모형화 함으로써 나머지 2개의 개념을 모형화 할 수 있는 것이다.

12.2 금리기간구조

만기 T에서 f_T를 지급하는 금리파생상품의 t시점의 가치는 리스크중립적인 세계에서 다음과 같이 구할 수 있다.

$$E_p[e^{-\bar{r}(T-t)} f_T] \tag{12.11}$$

이때 E_p는 리스크중립적 확률분포하에서의 기대값이고, $\bar{r}$는 t와 T사이의 기간에 적용되는 평균금리이다. 따라서 만기 때 1을 지급하는 무이표채권의 가격 $P(t, T)$는 다음과 같다.

$$P(t, T) = E_p[e^{-\bar{r}(T-t)}] \tag{12.12}$$

한편 $R(t, T)$를 t시점에서 $T-t$동안 적용되는 연속복리금리라 하면 만기시 1을 지급하는 무이표채권의 가격을 다음과 같이 구할 수도 있다.

$$P(t, T) = e^{-R(t,T)(T-t)} \tag{12.13}$$

이 경우에 $R(t, T)$는 무이표채권의 수익률이 되며 위의 식을 수익률에 대해 풀 경우 다음과 같다.

$$R(t, T) = -\frac{1}{T-t} \ln P(t, T) \tag{12.14}$$

식 (12.12)의 $P(t, T)$를 대입하면

$$R(t, T) = -\frac{1}{T-t} \ln E_p[e^{-\bar{r}(T-t)}] \tag{12.15}$$

이 식은 단기금리 r과 $T-t$구간에 적용되는 금리 $R(t, T)$의 관계를 나타낸다. t시점에서 금리의 기간구조는 $R(t, T)$에 의해서 (T를 변화시킴에 따라) 정의되고, 단기금리 r에 의해 구해지므로 단기금리 r에 대한 확률과정을 구체적으로 가정함으로써 금리의 기간구조를 도출할 수 있다. 이하에서는 이항과정을 이용하여 금리기간구조를 도출하는 방법을 설명한다.

1. 이항과정을 이용한 금리기간구조 도출[1)]

단기금리에 대한 확률적 과정을 가정함으로 금리기간구조를 도출하는 개념을 설명하기 위해 단기금리(1기간 현물금리)가 이항과정(binomial process)을 따른다고 가정

---

1) Sundaresan(2002: pp. 599-604) 참조.

하자. t=0시점에서 1-기간 단기금리는 $r(t)$이고 t=1 시점에서 q의 확률로 $ur(t)$가 되거나, 또는 $1-q$의 확률로 $dr(t)$가 된다. 이 경우 만기 시점 T에 1원을 지급하는 무이표채권의 t시점에서의 가격 $P(t, T)$는 다음과 같은 절차를 거쳐 결정할 수 있다.

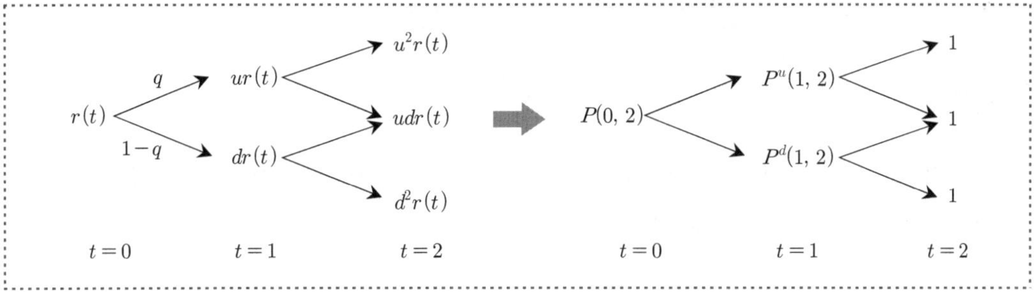

국지적 기대가설(LEH)에 의하면 "어떤 채권의 1－기간 기대수익률은 현재시점에서 시장에서 형성되어 있는 1-기간 현물금리와 동일해야 한다."[2] 즉,

$$\frac{E[P(t+1, T)]}{P(t, T)} = 1 + r_t \tag{12.16}$$

LEH에 의하면 $t=1$ 시점에서 다음과 같은 관계가 성립해야 한다.

$$\begin{cases} \dfrac{1}{P^u(1,2)} = 1 + ur(t) \\ \dfrac{1}{P^d(1,2)} = 1 + dr(t) \end{cases}$$

따라서 상승상태와 하락상태의 무이표 채권가격 $P^u(1, 2)$과 $P^d(1, 2)$은 다음과 같이 결정된다.

$$\begin{cases} P^u(1,2) = \dfrac{1}{1 + ur(t)} \\ P^d(1,2) = \dfrac{1}{1 + dr(t)} \end{cases}$$

t=0시점에서

$$\frac{qP^u(1,2) + (1-q)P^d(1,2)}{P(0,2)} = 1 + r(t)$$

2) 국지적 기대가설(Local Expectation Hyothesis : LEH)에 관해서는 제2장 참조.

즉, $$P(0,2) = \frac{q \cdot P^u(1,2) + (1-q) \times P^d(1,2)}{1+r(t)}$$

이와 같이 단기금리와 무이표채권가격의 관계를 이용하여 $t=0$시점에서 만기별 무이표채권의 가격들을 구할 수 있다: $P(0,1)$, $P(0,2)$,…… $P(0,j)$.

예 제

t=0 시점에서 1기간 단기금리가 10%, 상승률(u)이 1.1, 하락률(d)이 0.9, 상승확률(q)이 0.5라고 하자. 이 경우 1-기간 단기금리는 다음과 같은 과정을 따른다.

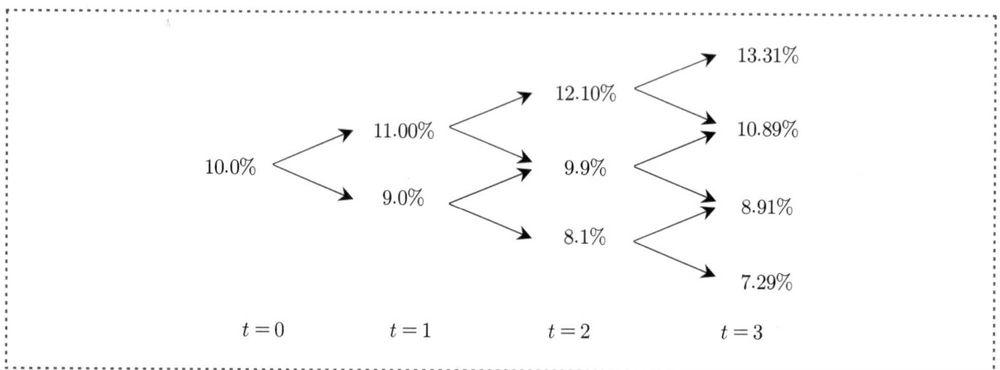

이제 $t=0$ 시점에서 만기 $T=1, 2, 3, 4$에 해당하는 금리의 기간구조를 도출하여 보자. 1-기간 무이표채권가격을 $P(0, 1)$이라고 하면, $t=0$ 시점에서 1기간 단기금리가 10%이므로 $P(0, 1)=\frac{1}{1+0.10}=0.9091$이 된다.

0.9091 → 1, 1 ($t=0$, $t=1$)　　$P(0,1)$ → 1, 1

$$0.9091 = \frac{1}{1+y_1}$$ (y_1 : 1-기간 무이표채권의 만기수익률)

즉, $y_1 = 10\%$

이제 2-기간 무이표채권가격, $P(0,2)$를 구해보자.

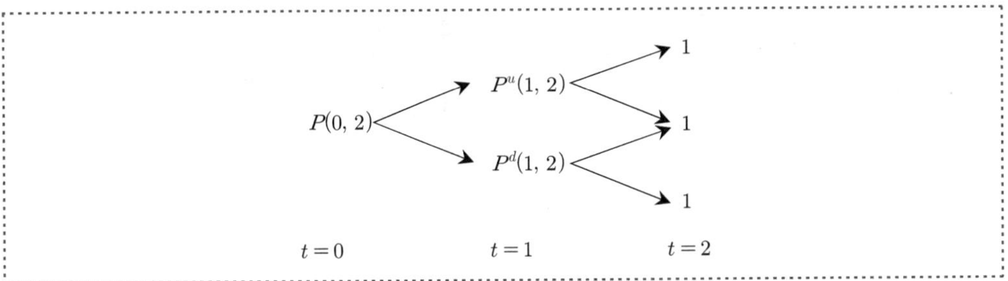

$t = 1$ 시점에서

$$\begin{cases} \text{상승상태} : P^u(1,2) = \dfrac{1}{1+0.110} = 0.9009 \\ \text{하락상태} : P^d(1,2) = \dfrac{1}{1+0.090} = 0.9174 \end{cases}$$

$t = 0$ 시점에서

$$P(0,2) = \frac{q \cdot P^u(1,2) + (1-q)P^d(1,2)}{1+r(t)} = \frac{0.5 \times 0.9009 + 0.5 \times 0.9174}{1+0.10}$$

$$= 0.8265$$

$$0.8265 = \frac{1}{(1+y_2)^2}$$

즉, $y_2 = 10.0\%$ (2 - 기간 무이표채권의 만기수익률)

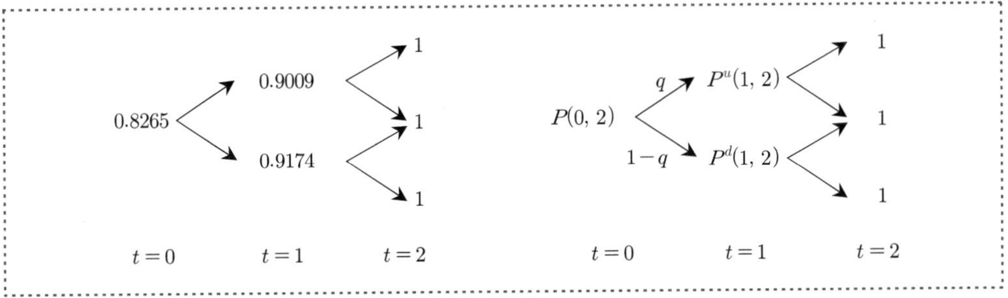

이제 3 - 기간 무이표채권가격, $P(0,3)$를 구해보자.

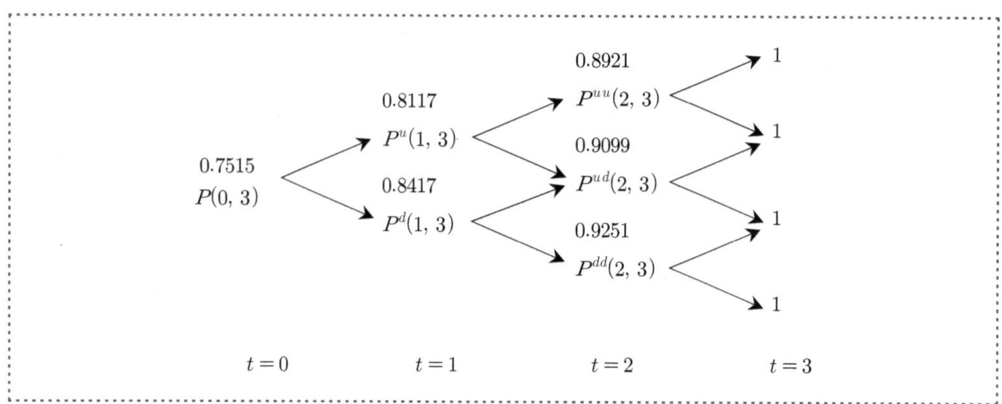

$t=2$ 시점에서

$$\begin{cases} P^{uu}(2,3) = \dfrac{1}{1+0.121} = 0.8921 \\ P^{ud}(2,3) = \dfrac{1}{1+0.099} = 0.9099 \\ P^{dd}(2,3) = \dfrac{1}{1+0.081} = 0.9251 \end{cases}$$

$t=2$ 시점에서 무이표채권가격을 결정하였으므로, $t=1$ 시점으로 이동하면

$$P^{u}(1,3) = \frac{q \cdot P^{uu}(2,3) + (1-q)P^{ud}(2,3)}{1+u \cdot r(t)}$$

$$= \frac{0.5 \times 0.8921 + 0.5 \times 0.9099}{1+0.11} = 0.8117$$

$$P^{d}(1,3) = \frac{q \cdot P^{ud}(2,3) + (1-q)P^{dd}(2,3)}{1+d \cdot r(t)}$$

$$= \frac{0.5 \times 0.9099 + 0.5 \times 0.9251}{1+0.090} = 0.8417$$

$t=0$ 시점에서

$$P(0,3) = \frac{q \cdot P^{u}(1,3) + (1-q)P^{d}(1,3)}{1+r(t)}$$

$$= \frac{0.5 \times 0.8117 + 0.5 \times 0.8417}{1+0.10} = 0.7515$$

$$0.7515 = \frac{1}{(1+y_3)^3}$$

즉, y_3= 0.0999 (3-기간 무이표채권의 만기수익률)

동일한 방식으로 4-기간 무이표채권가격 $P(0, 4)$와 만기수익률 y_4를 구할 수 있다.

$P^{uuu}(3,4) = 0.88253$, $P^{uud}(3,4) = 0.90179$, $P^{udd}(3,4) = 0.91819$,

$P^{ddd}(3,4) = 0.93205$, $P^{uu}(2,4) = 0.79587$, $P^{ud}(2,4) = 0.82802$, $P^{dd}(2,4) = 0.85580$,

$P^{u}(1,4) = 0.73149$, $P^{d}(1,4) = 0.77239$, $P(0,4) = 0.68359$, y_4=9.98%.

이와 같이 현재 시점(t=0)의 단기금리(10%)와 상승확률(q=0.5), 상승률(u=1.1), 하락률(d=0.9)의 입력변수를 이용하여 얻은 만기별 무이표채권의 가격과 만기수익률을 요약하면 다음과 같다.

만 기	무이표채가격	만기수익률
1	0.9091	10.00%
2	0.8265	10.00%
3	0.7515	9.99%
4	0.6836	9.98%

2. 평균복귀 이항과정(Mean-Reverting Binomial Process)을 이용한 금리기간구조 도출[3)]

앞에서 설명한 이항과정에서 단기금리가 상승 또는 하락할 확률은 금리수준과 독립적으로 결정되기 때문에 단기금리가 장기평균금리 수준으로 복귀하는 현상(mean reversion)을 모형화할 수가 없다. 이러한 현상을 고려하기 위한 한 방법으로는 단기금리의 상승확률 또는 하락확률이 금리수준에 의존한다고 가정하는 것이다.

[그림 12.1]에서 보는 바와 같이 단기금리는 매 기간마다 δ 만큼 상승하거나 하락한다. μ를 장기 평균금리 수준이라고 할 때 t시점에서 단기금리가 상승 또는 하락할 확률이 단기금리의 수준에 의존한다. 즉,

상승확률은 $q(r_t) = 1 - \frac{r_t}{2\mu}$, 하락확률은 $1 - q(r_t) = \frac{r_t}{2\mu}$ 이다.

3) Sundaresan(2002: pp. 605-608) 참조.

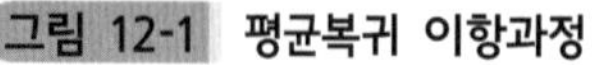
그림 12-1 평균복귀 이항과정

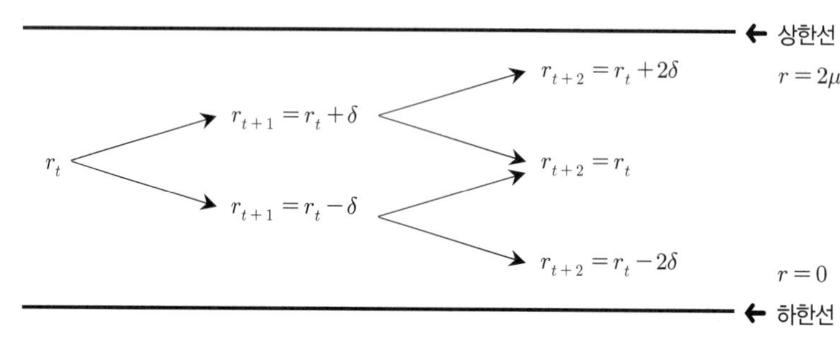

단기금리 r_t가 상한선 2μ에 근접하게 되면 $q(r_t) = 0, 1 - q(r_t) = 1$. 즉, 상승할 확률은 0에 가깝고, 하락할 확률이 1에 가깝게 된다. 반면, 단기금리 r_t가 하한선 0에 근접하게 되면 $q(r_t) = 1, 1 - q(r_t) = 0$. 즉, 상승할 확률이 1에 가깝고, 하락할 확률은 0에 가깝게 된다. 또한 단기금리 r_t가 장기평균금리 수준 μ에 근접하면 $q(r_t) = 1 - q(r_t) = 0.5$. 즉, 상승할 확률과 하락할 확률이 같게 된다.

이때 δ는 $(t,\ t+1)$구간에서 단기금리의 변화폭으로 조정속도(speed of adjustment)의 역할을 하며, δ가 클수록 단기금리가 장기평균금리에 빨리 접근하게 된다. 이와 같이 δ와 μ를 적절히 선택함으로써 상승 또는 하락 시나리오를 다양하게 모형화 할 수 있다.

예 제

현재($t = 0$) 시점에서 단기금리가 10%이고, $\delta = 1\%$, $\mu = 12\%$ 라고 설정하고 금리의 기간구조를 도출해 보자.

그림 12-2A 평균복귀 이항과정의 예제: 단기금리

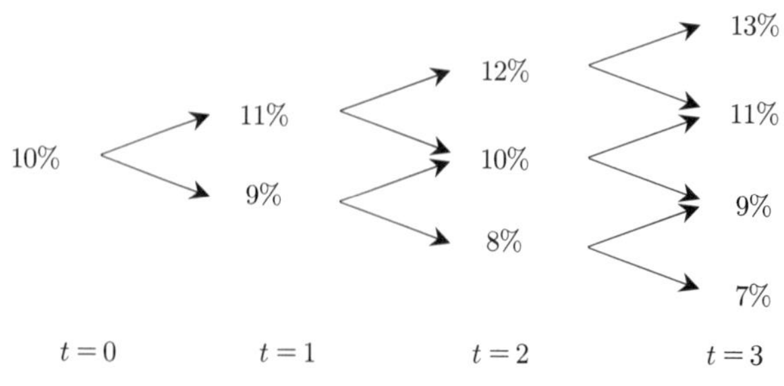

그림 12-2B 평균복귀 이항과정의 예제 : 단기금리의 상승확률

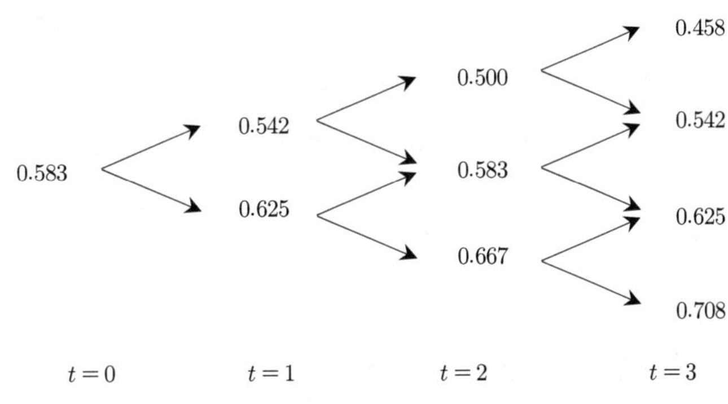

[그림 12-2A]는 단기금리의 움직임을, [그림 12-2B]는 단기금리의 상승확률의 변화를 나타내고 있다. 이제 앞에서 설명한 이항과정의 경우처럼 먼저 1 - 기간 무이표채권의 가격을 구한다.

$$P(0,1) = \frac{1}{1+0.10} = 0.9091$$

즉, 1 - 기간 무이표채권의 만기수익률(y_1)은 10%이다.

이제 2 - 기간 무이표채권의 가격 $P(0, 2)$를 구해보자.

$t = 1$ 시점에서

$$\begin{cases} P^u(1,2) = \dfrac{1}{1+0.11} = 0.9009 \\ P^d(1,2) = \dfrac{1}{1+0.09} = 0.9174 \end{cases}$$

$t = 0$ 시점에서

$$P(0,2) = \frac{qP^u(1,2) + (1-q)P^d(1,2)}{1+r(t)}$$

$$= \frac{0.583 \times 0.9009 + 0.417 \times 0.9174}{1+0.10} = 0.8253$$

$$P(0,2) = \frac{1}{(1+y_2)^2}$$

$$0.8253 = \frac{1}{(1+y_2)^2} \quad : \quad y_2 = 10.076\%$$

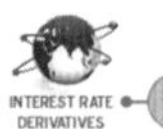

즉, 2-기간 무이표채권의 만기수익률은 $y_2 = 10.076\%$이다. 동일한 논리를 적용하여 y_3와 y_4를 계산할 수 있다.

이상에서 설명한 단기금리의 평균복귀(mean reversion) 특성을 고려한 금리 기간구조모형에는 Vasicek(1977)과 Cox, Ingersoll & Ross(1995)를 들 수 있다.

---

3. 수익률곡선을 이용한 단기금리 과정도출

지금까지 우리는 단기금리의 상승률 / 하락률, 상승확률 / 하락확률 등 모형의 계수(parameters)를 이용하여 단기금리의 확률과정을 구성하고 이로부터 무이표채권의 가격과 수익률곡선을 도출하였다. 그러나 이렇게 구한 무이표채권의 가격은 실제 시장가격과 다를 수가 있다. 따라서 시장 수익률곡선으로부터 단기금리의 이항과정을 구성하는 방법을 생각해 볼 수 있는데, 이런 유형에 속하는 기간구조모형에는 Ho & Lee(1986), Black, Derman & Toy(1990), Heath, Jarrow & Morton(1992) 등이 있다.

(1) Black, Derman & Toy (BDT) 모형

BDT 모형은 채권과 금리옵션의 가격결정에 가장 많이 사용되는 수익률 기반 단일요소 모형 중 하나로서 다음과 같은 가정하에 시장정보로부터 단기금리과정을 도출한다.

- 단기금리는 모든 시간대에서 자연대수 정규분포를 갖는다.
- 변동성은 시간에만 의존하고 단기금리의 수준에는 의존하지 않는다.

BDT 모형에서는 만기별 수익률과 변동성이 입력변수(input)이고 단기금리의 이항과정이 산출물(output)이다. 이하의 예제에서는 단기금리의 상승확률(q)이 0.5라고 가정하고, BDT 모형을 이용하여 단기금리의 이항과정을 도출한다.[4] 이때 국지적 기대가설(LEH: local expectation hypothesis)과 자연대수 정규분포와 관련된 변동성 조건을 이용한다.

4) Sundaresan(1992: Ch.17, pp.612-615) 참조

입력변수

만 기	수익률	변동성
1	10.00%	20%
2	11.00%	19%
3	12.00%	18%

산출물

$r \to r_u$ (확률 q), $r \to r_d$ (확률 $1-q$); $r_u \to r_{uu}, r_{ud}$; $r_d \to r_{ud}, r_{dd}$

$t=0$ $t=1$ $t=2$

향후 단기금리가 어떤 과정을 따를 것인가?

주어진 자료로부터 다음 두 개의 식을 얻게 된다. 첫 번째 식은

$$P(0,2)=\frac{q\cdot P^u(1,2)+(1-q)P^d(1,2)}{1+r}$$

이는 LEH에 의해 2년 만기 무이표채의 1년 동안의 수익률은 그 기간 동안의 단기금리와 같아야 한다는 것을 의미한다.

이때 $P(0,2)=\dfrac{1}{(1+0.11)^2}=0.8116,\ P^u(1,2)=\dfrac{1}{1+r_u},\ P^d=\dfrac{1}{1+r_d}$이므로

$$0.8116=\frac{0.5\times(\dfrac{1}{1+r_u})+0.5\times(\dfrac{1}{1+r_d})}{1+0.10} \tag{12.17}$$

두 번째 식은

$$\frac{1}{2}ln(\frac{r_u}{r_d})=0.19 \tag{12.18}$$

이는 자연대수 정규분포의 이항과정화의 특성과 2년 만기 수익률의 변동성이 19%라는 시장정보를 이용하는 것이다.[5]

식 (12.17)과 식 (12.18)을 이용하여 r_u와 r_d를 구하면 다음과 같다.

$$\begin{cases} r_u = 14,319\% \\ r_d = 9,792\% \end{cases}$$

5) [부록] 자연대수 정규분포의 이항과정화 참조

즉, 2년 만기 수익률과 변동성을 이용하여 1년 후의 단기금리 r_u, r_d를 구하였다.

이제 3년 만기 무이표채권을 생각해 보자.

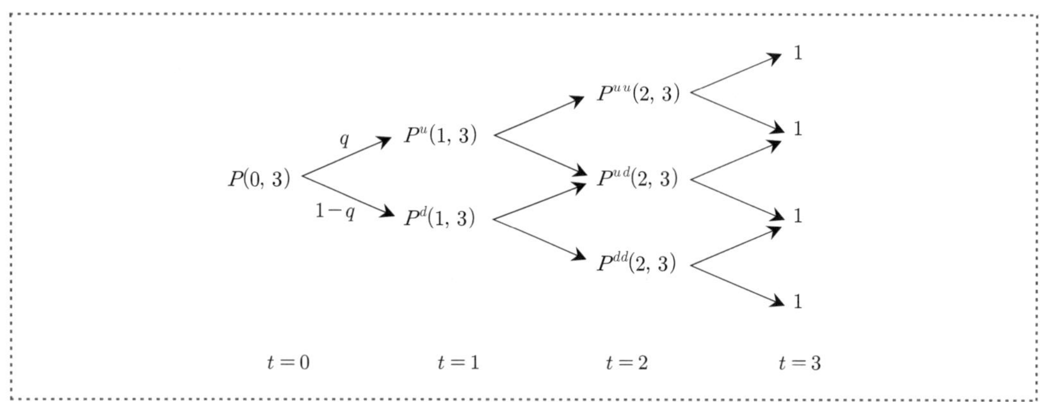

$t=1$ 시점에서

$$P^u(1,3) = \frac{qP^{uu}(2,3)+(1-q)P^{ud}(2,3)}{1+r_u} = \frac{q\times\dfrac{1}{1+r_{uu}}+(1-q)\times\dfrac{1}{1+r_{ud}}}{1+r_u} \tag{12.19}$$

$$P^d(1,3) = \frac{qP^{ud}(2,3)+(1-q)P^{dd}(2,3)}{1+r_d} = \frac{q\times\dfrac{1}{1+r_{ud}}+(1-q)\times\dfrac{1}{1+r_{dd}}}{1+r_d} \tag{12.20}$$

$$\frac{1}{2}ln(\frac{r_{uu}}{r_{ud}}) = \frac{1}{2}ln(\frac{r_{ud}}{r_{dd}}) \qquad \text{또는}$$

$$r_{ud}^2 = r_{uu}\times r_{dd} \tag{12.21}$$

미지수가 r_{uu}, r_{dd}, r_{ud} 3개이므로 식이 3개가 필요하다. 따라서 $P^u(1,3)$, $P^d(1,3)$를 먼저 결정하여야 한다.

$$P(0,3) = \frac{q\cdot P^u(1,3)+(1-q)P^d(1,3)}{1+r} \tag{12.22}$$

1년 후 2년 만기 수익률을 상승상태의 경우 $y_u(1,3)$로, 하락상태의 경우 $y_d(1,3)$로 각각 표기하자. 이것들을 먼저 구해야 $P^u(1,3)$, $P^d(1,3)$을 얻을 수 있다. 즉,

$$P(0,3)=\frac{q\cdot\dfrac{1}{[1+y_u(1,3)]^2}+(1-q)\cdot\dfrac{1}{[1+y_d(1,3)]^2}}{1+0.10} \tag{12.23}$$

미지수가 $y_u(1,3)$, $y_d(1,3)$ 두 개이기 때문에 식이 하나 더 필요하다.

$$\frac{1}{2}\cdot\left[\frac{y_u(1,3)}{y_d(1,3)}\right]=0.18 \tag{12.24}$$

식 (12.23)과 (12.24)를 이용하여 $y_u(1,3)$, $y_d(1,3)$을 구하면 다음과 같다.

$$\begin{cases} y_u(1,3)=15.4159\% \\ y_d(1,3)=10.7553\% \end{cases} \tag{12.25}$$

따라서 $t=1$ 시점에서

$$\begin{cases} P^u(1,3)=\dfrac{1}{[1+y_u(1,3)]^2}=0.750704 \\ P^d(1,3)=\dfrac{1}{1+y_d(1,3)]^2}=0.81521 \end{cases} \tag{12.26}$$

이제 식 (12.19), 식 (12.20), 식 (12.21)을 이용하여 r_{uu}, r_{ud}, r_{dd}를 구하면 다음과 같다.

$$\begin{cases} r_{uu}=19.4187\% \\ r_{ud}=13.7669\% \\ r_{dd}=9.76\% \end{cases}$$

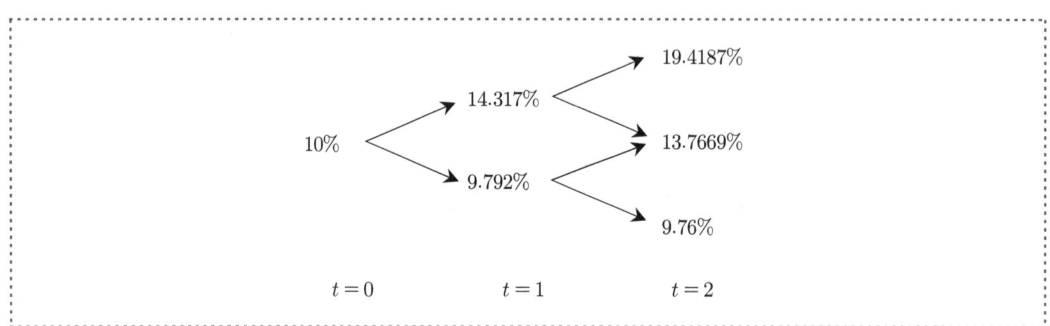

즉, 수익률곡선과 만기별 수익률 변동성을 이용하여 단기금리의 이항과정을 도출하였다.

(2) Ho & Lee 모형

Ho & Lee(1986) 모형은 시장에서 관측되는 금리 기간구조와 일관성을 갖도록 고안된 최초의 금리기간구조 모형이다. Ho & Lee 모형은 채권가격의 움직임을 이항모형의 틀 안에서 전개하였고 무차익거래조건과 이항모형의 각 교점에서의 값이 경로와 무관하게 결정되도록하는 조건들을 전제로 이항모형의 계수들을 유도하였다.

만기가 T인 무이표채의 시간 t, 상태 i의 가격을 $P(t, i, T)$라고 하자. 최초의 금리기간구조 $P(0, 0, T)$는 주어지고 다음과 같이 정의된 교란함수(perturbation function), h와 h^*를 이용하여 이항과정을 생성시킨다.

$$P(t+1, i+1, T) = \frac{P(t, i, T)}{P(t, i, t+1)} h(T-(t+1)) \tag{12.27}$$

$$P(t+1, i, T) = \frac{P(t, i, T)}{P(t, i, t+1)} h^*(T-(t+1)) \tag{12.28}$$

$$h(0) = h^*(0) = 1 \tag{12.29}$$

위의 식으로부터 다음과 같은 관계를 얻을 수 있다.

$$\frac{P(t+1, i+1, T)}{P(t+1, i, T)} = \frac{h(T-(t+1))}{h^*(T-(t+1))} \tag{12.30}$$

교란함수 h에 의해 교란이 이루어질 확률을 q라고 하면 교란함수 h^*에 의해 교란이 이루어질 확률은 $1-q$가 된다.

BDT 모형에서 사용되었던 다음과 같은 무차익거래 조건이 Ho & Lee 모형에서도 사용된다.

$$P(t,i,T) = \{(1-q)P(t+1,i,T) + qP(t+1,i+1,T)\}P(t,i,t+1) \qquad (12.31)$$

따라서 우리는 교란함수에 대한 다음과 같은 제약조건을 얻을 수 있다.

$$qh + (1-q)h^* = 1 \qquad (12.32)$$

마지막으로 Ho & Lee 모형은 교란함수에 대해 다음과 같은 제약조건을 부가한다.

$$h(\tau) = \frac{1}{q+(1-q)^{\delta\tau}}\,, \quad h^*(\tau) = \frac{\delta\tau}{q+(1-q)^{\delta\tau}} \qquad (12.33)$$

이때 $0 \le q \le 1,\ 0 \le \delta \le 1$.

예 제

시장자료가 [표 12.1]과 같이 주어졌다고 하자.[6] 이제 $q=0.5$, $\delta=0.99$라고 가정하고, $\tau=1, 2, 3$에 대해 $h(\tau)$와 $h^*(\tau)$를 구한다. [표 12.2]는 이 값들을 보이고 있다.

표 12.1 만기별 무이표채의 수익률과 가격

만 기	수익률	채권가격
1	8.00%	0.92593
2	8.00%	0.85734
3	8.00%	0.79383

표 12.2 교란함수 값

τ	$h(\tau)$	$h^*(\tau)$
1	1.005	0.995
2	1.010	0.990
3	1.015	0.985

이제 다음과 같은 무차익거래조건과 교란함수조건을 이용하여 무이표채권가격의 이항트리를 구해보자.

$$P(0,0,2) = \{0.5 \times P(1,0,2) + 0.5 \times P(1,1,2)\}P(0,0,1)$$

$$\frac{P(1,1,2)}{P(1,0,2)} = \frac{h(1)}{h^*(1)}$$

위의 두 식으로부터 $P(1, 0, 2) = 0.92127$, $P(1, 1, 2) = 0.93508$을 얻는다.

6) Sundaresan(1992: Ch.17, pp.616-19) 참조.

같은 방식으로 $P(1,0,3)$과 $P(1,1,3)$에 대해 무차익거래조건과 교란함수조건을 적용해보자.

$$P(0,0,3)=\{0.5\times P(1,0,3)+0.5\times P(1,1,3)\}P(0,0,1)$$
$$\frac{P(1,1,3)}{P(1,0,3)}=\frac{h(2)}{h^{*}(2)}$$

위의 두 식으로부터 $P(1,0,3)=0.848723$, $P(1,1,3)=0.865955$를 얻게 된다.

같은 방식으로 $P(2,0,3)$과 $P(2,1,3)$에 대해 무차익거래조건과 교란함수조건을 적용해보자.

$$P(1,0,3)=\{0.5\times P(2,0,3)+0.5\times P(2,1,3)\}P(1,0,2)$$
$$\frac{P(2,1,3)}{P(2,0,3)}=\frac{h(1)}{h^{*}(1)}$$

위의 두 식으로부터 $P(2,0,3)$과 $P(2,1,3)$의 값을 얻게 된다.

$$P(2,0,3)=0.91662,\quad P(2,1,3)=0.92588.$$

이와 같은 방식으로 무이표채권가격의 이항트리를 구한 결과가 [표 12.3]에 제시되어 있다.

표 12.3 Ho & Lee 모형을 이용한 무이표채 가격의 이항 트리

	0	1	2	3
1년 무이표채	0.925926	1		
		1		
2년 무이표채	0.857339	0.930579	1	
		0.921273	1	
			1	
3년 무이표채	0.793832	0.865955	0.935231	1
		0.848723	0.925879	1
			0.916620	1
				1

12.3 금리기간구조를 이용한 금리옵션의 가격결정

금리의 기간구조는 단기금리 r에 의해 구해지므로 단기금리 r에 대한 확률과정을 가정할 경우 금리의 기간구조는 자동적으로 도출될 수 있음을 앞에서 설명하였다. 이제 앞에서 설명한 금리의 기간구조 개념을 바탕으로 금리옵션의 가격결정모형에 대해

살펴보기로 하자. 금리기간구조를 이용한 금리옵션의 가격결정모형에는 Vasicek(1977), Cox, Ingersoll & Ross(1995) 등 균형모형(equilibrium model)과 Ho & Lee(1986), Black, Derman & Toy(1990), Hull & White(1990), Heath, Jarrow & Morton(1992) 등 무차익거래모형(no-arbitrage model)이 있다.

1. 트리(tree)를 이용한 금리옵션의 가격결정

단기금리의 확률과정을 가정하고 금리의 기간구조를 도출하여 금리옵션의 가격을 결정하는 논리를 간단한 예제를 통해 살펴보자. 예를 들어, 2기간 금리에 대한 콜옵션(행사가격: k%)의 가격결정에 대해 살펴보자. 옵션의 만기는 t=1이라고 가정한다. 금리는 아래 그림과 같은 트리를 따르며, 상승배수는 u, 하락배수는 d이며, 상승확률은 q, 하락확률은 $1-q$이다.

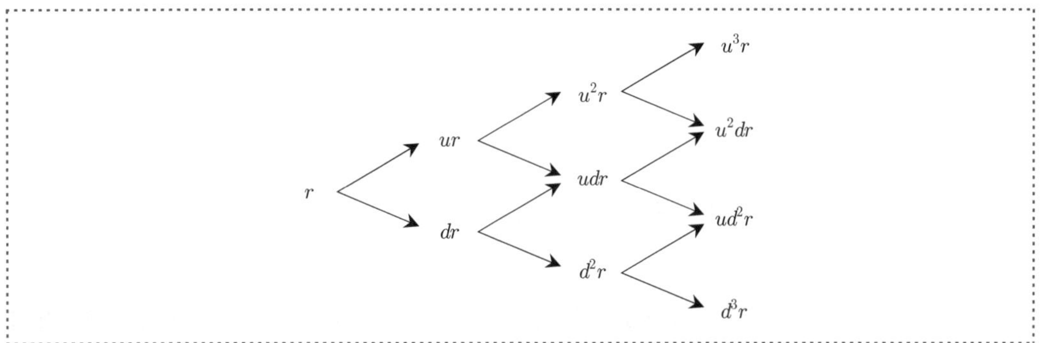

- 1단계: 단기금리의 분포로부터 무이표채가격의 분포를 구한다. 즉, 각 노드(node)에서 t=3이 만기인 무이표채의 가격들을 구할 수 있다.

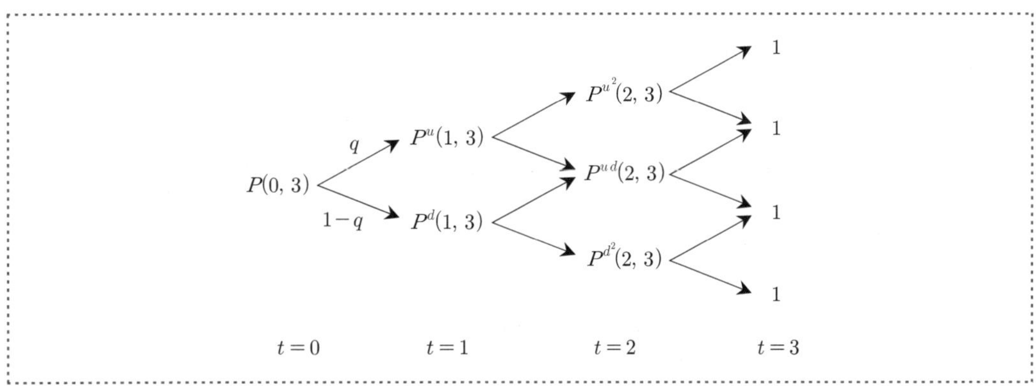

각 노드에서 채권의 기대수익률은 그 노드에서의 단기금리와 같아야 한다는 LEH를 이용하여 가격분포와 수익률분포를 얻을 수 있다. 채권의 만기인 t=3시점에서 시작하여 이러한 조건을 반복적으로 적용하여 채권옵션의 가격을 결정할 수 있다.

먼저 t=2 시점에서 LEH을 이용하여 1-기간 무이표채의 가격분포를 구할 수 있다.

$$\frac{1}{P^{u^2}(2,3)} = 1+u^2r \rightarrow P^{u^2}(2,3) = \frac{1}{1+u^2r} \tag{12.34}$$

$$\frac{1}{P^{ud}(2,3)} = 1+udr \rightarrow P^{ud}(2,3) = \frac{1}{1+udr} \tag{12.35}$$

$$\frac{1}{P^{d^2}(2,3)} = 1+d^2r \rightarrow P^{d^2}(2,3) = \frac{1}{1+d^2r} \tag{12.36}$$

t=1 시점으로 이동하여 다시 LEH를 적용하면 2-기간 무이표채의 가격분포를 구할 수 있다.

$$\frac{q\cdot P^{u^2}(2,3)+(1-q)P^{ud}(2,3)}{P^u(1,3)} = 1+ur \rightarrow P^u(1,3) \tag{12.37}$$

$$\frac{q\cdot P^{ud}(2,3)+(1-q)P^{d^2}(2,3)}{P^d(1,3)} = 1+dr \rightarrow P^d(1,3) \tag{12.38}$$

t=0 시점으로 이동하여 다시 LEH를 적용하면 다음과 같이 3-기간 무이표채의 가격을 구할 수 있다.

$$\frac{q\cdot P^u(1,3)+(1-q)P^d(1,3)}{P(0,3)} = 1+r \tag{12.39}$$

- 2단계: t=1 시점에서 $P^u(1,3)$과 $P^d(1,3)$가 결정되면 2-기간 수익률 분포를 구할 수 있다.

$y^u(1,3)$를 t=1 시점에서 상승상태 2-기간 수익률, $y^d(1,3)$를 t=1 시점에서 하락상태 2-기간 수익률이라고 하면,

$$P^d(1,3) = \frac{1}{[1+y^u(1,3)]^2} \rightarrow y^u(1,3) = \left[\frac{1}{P^u(1,3)}\right]^{\frac{1}{2}} - 1 \tag{12.40}$$

$$P^d(1,3)=\frac{1}{[1+y^d(1,3)]^2} \rightarrow y^d(1,3)=\left[\frac{1}{P^d(1,3)}\right]^{\frac{1}{2}}-1 \tag{12.41}$$

같은 방식으로 t=2가 만기인 무이표채의 t=0시점의 가격 $P(0, 2)$으로부터 t=0 시점의 2-기간 수익률을 구할 수 있다.

$$P(0,2)=\frac{1}{[1+y(0,2)]^2} \rightarrow y(0,2)=\left[\frac{1}{P(0,2)}\right]^{\frac{1}{2}}-1 \tag{12.40}$$

이상의 과정으로부터 우리는 다음과 같이 2-기간 수익률분포를 얻게 된다.

$$y(0,2) \nearrow y^u(1,3), \quad \searrow y^d(1,3)$$

$t=0$ $\qquad$ $t=1$

t=1 시점의 콜옵션의 손익은 다음과 같이 결정된다.

$$C \nearrow c^u = Max[y^u(1,3)-k, 0], \quad \searrow c^d = Max[y^d(1,3)-k, 0]$$

$t=0$ $\qquad$ $t=1$

따라서 t=0 시점에서 콜옵션의 가치는 다음과 같이 결정된다.

$$C=\frac{q\cdot c^u+(1-q)c^d}{1+y(0,1)} \tag{12.43}$$

예 제

t=0 시점에서 1기간 단기금리가 5%, 상승률(u)이 1.06, 하락률(d)이 $\frac{1}{1.06}$, 상승확률(q)이 0.5라고 하자. 만기가 t=1인 2-기간 금리에 대한 콜옵션(행사가격: 5%)의 가격을 결정하시오.

이 경우 1-기간 단기금리의 확률과정은 다음과 같이 결정된다.

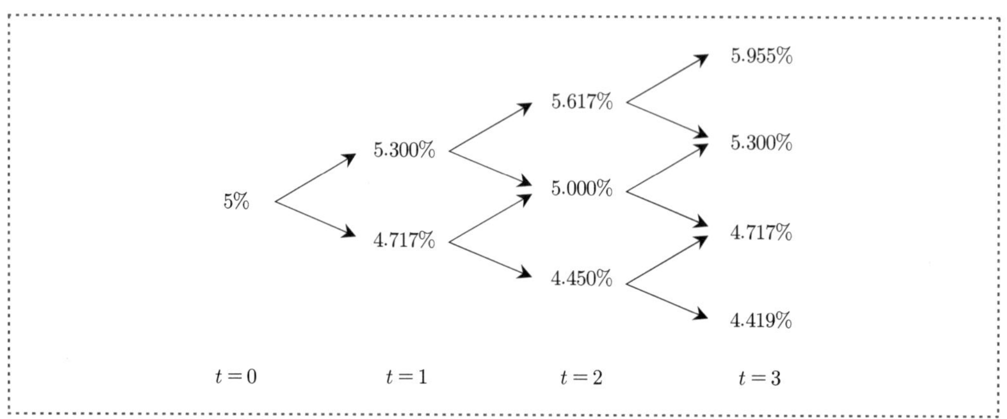

1-기간 단기금리의 확률과정이 주어졌을 때 우리는 만기가 t=4인 무이표채의 t=0 가격의 분포를 다음과 같이 얻을 수 있다. 무이표채 가격에 상응하는 수익률은 괄호안에 표기되어 있다. 예를 들어, t=1시점에서 3-기간 수익률은 50%의 확률로 5.308%이거나 4.724%가 된다.

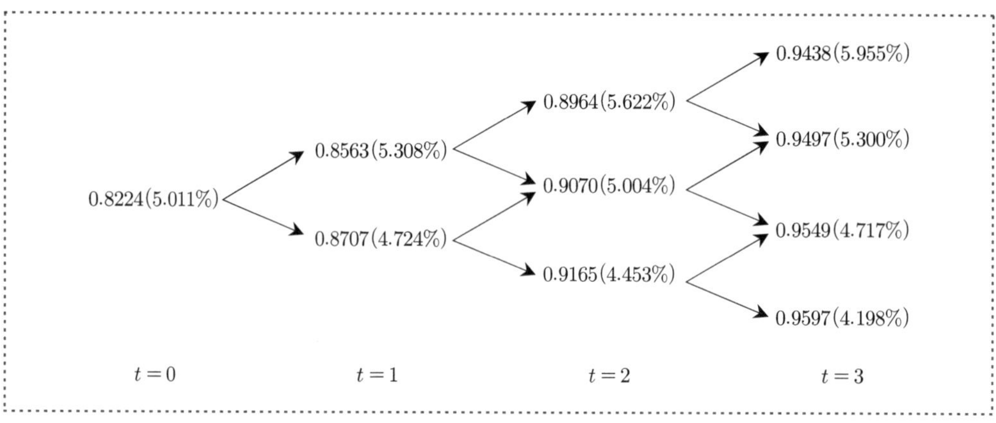

또한 3-기간 무이표채 가격과 수익률의 분포를 다음과 같이 구할 수 있다.

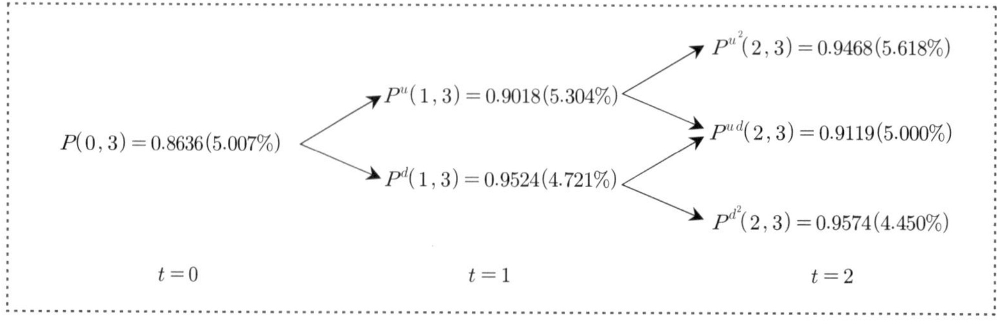

또한 t=0 시점에서 2-기간 무이표채 가격과 수익률의 분포를 다음과 같이 얻을 수 있다.

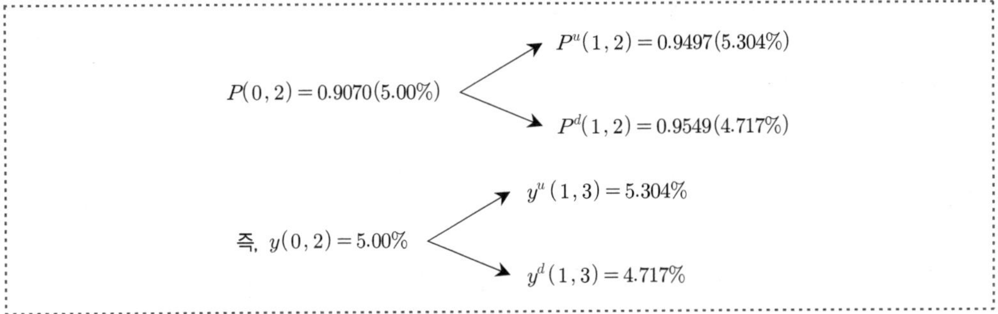

따라서 t=1 시점의 콜옵션의 손익은 다음과 같이 결정된다.

$$c^u = Max[\, y^u(1,3)-k, 0] = 0.304\%$$

$$C$$

$$c^d = Max[\, y^d(1,3)-k, 0] = 0\%$$

그리고 t=0 시점의 콜옵션의 가치는 다음과 같이 결정된다.

$$C = \frac{q \cdot c^u + (1-q)c^d}{1+y(0,1)} = \frac{0.5 \times 0.304 + 0.5 \times 0}{1+0.05} = 0.1447$$

---

2. 균형모형(Equilibrium Model)

(1) Vasicek 모형

Vasicek(1977)은 단기금리 r이 다음과 같은 확률과정을 따른다고 가정한다.[7]

$$dr = k(\mu - r)dt + \sigma dz \qquad (12.44)$$

여기서 μ는 단기금리의 장기평균(mean reversion level)이고 $k(k>0)$는 단기금리가 장기평균에 복귀하는 속도이다. σ는 순간변동성, dz는 위너과정이다. 이 모형은 단기금리가 장기 평균에 복귀하는 속성을 감안한 모형이다.

---

7) 이와 같은 확률과정을 Ornstein-Uhlenbeck 과정이라고 한다.

단기금리 r의 확률과정이 식 (12.44)과 같이 주어질 경우 만기 T에 1을 지급하는 무이표채의 t시점에서의 가격 $P(t, T)$를 다음과 같이 구할 수 있다.

$$P(t, T) = A(\tau)e^{-B(\tau)r(t)} \tag{12.45}$$

이때 $\tau = T-t$; $A(\tau) = \exp\left[\frac{(B(\tau)-\tau)(k^2\mu-\sigma^2/2)}{k^2} - \frac{\sigma^2 B(\tau)^2}{4k}\right]$; $B(\tau) = \frac{1-e^{-k\tau}}{k}$.

또한 식 (12.14)를 적용할 경우 금리기간구조 $R(t, T)$를 $r(t)$의 함수형태로 구할 수 있다.

$$R(t, T) = -\frac{1}{T-t}\ln A(\tau) + \frac{1}{T-t}B(\tau)r(t) \tag{12.46}$$

Vasicek 모형에서 금리기간구조를 좀 더 상세히 살펴보기 위해 만기가 무한대인 무이표채권의 수익률을 $R(\infty)$이라 표기하면, $R(\infty) = \mu + \frac{\lambda\sigma}{k} - \frac{\sigma^2}{2k^2}$이다. 따라서 식 (12.46)을 다음과 같이 표현할 수 있다.

$$R(t, T) = \omega_1 r(t) + (1-\omega_2)R(\infty) + \omega_2\sigma^2 \tag{12.47}$$

이때 $\omega_1 = \frac{1-e^{-k\tau}}{k\tau}$, $\omega_2 = \frac{(1-e^{-k\tau})^2}{4k^3\tau}$.

이 식이 의미하는 것은 만기별 무이표채 수익률곡선(금리의 기간구조)이 단기금리와 장기금리의 가중평균으로 결정되며, 단기금리의 변동성에 대해 선형함수로 나타난다. 또한, 만기가 무한대로 가면 ω_1이 0으로 수렴하고, 만기가 0으로 접근하면 ω_1이 1로 수렴한다.

Jamshidian(1989)은 Vasicek(1977) 모형을 이용하여 무이표채에 대한 유럽형 콜옵션의 가격결정식을 도출하였다. 채권의 원금이 F이고 옵션의 만기가 T일 경우 유럽형 콜옵션의 가격(c)은 다음과 같이 결정된다.

$$FP(t, s)N(h) - KP(t, T)N(h-\sigma_p) \tag{12.48}$$

여기서 t는 현재시점, s는 채권의 만기, K는 행사가격이고 h와 σ_p는 다음과 같다.

$$P(t,\ T) = A(t,\ T)e^{-B(t,\ T)r(t)}$$

$$A(t,\ T) = \exp\left[\frac{(B(t,\ T) - T + t)(k^2\mu - \sigma^2/2)}{k^2} - \frac{\sigma^2 B(t,\ T)^2}{4k}\right]$$

$$B(T, s) = \frac{1 - e^{-k(s-T)}}{k}$$

$$h = \frac{1}{\sigma_p}\ln\frac{FP(t, s)}{P(t,\ T)K} + \frac{\sigma_p}{2}$$

$$\sigma_p = \sigma \cdot B(T, s)\sqrt{\frac{1 - e^{-2k(T-t)}}{2k}}$$

예 제

Vasicek(1977) 모형을 이용하여 3년 만기 무이표채(액면가 100)에 대한 유럽형 콜옵션(만기 2년, 행사가격 92)의 가격을 구해보자. 단기금리의 변동성은 3%, 단기금리의 평균회귀수준(mean reversion level)은 9%, 평균회귀속도는 0.05라고 가정하자. 따라서 유럽형 콜옵션의 가격결정식에 입력할 변수값들은 다음과 같다.

t(현재시점) = 0, T(옵션만기) = 2, s(채권만기) = 3, F(채권액면가) = 100,
K(옵션행사가격) = 92, μ(평균회귀수준) = 0.09, k(평균회귀속도) = 0.05,
σ(단기금리의 변동성) = 0.03

$$B(t,\ T) = B(0, 2) = \frac{1 - e^{-0.05 \times (2-0)}}{0.05} = 1.9032$$

$$B(T, s) = B(2, 3) = \frac{1 - e^{-0.05 \times (3-2)}}{0.05} = 0.9754$$

$$B(t, s) = B(0, 3) = \frac{1 - e^{-0.05 \times (3-0)}}{0.05} = 2.7858$$

$$A(t,\ T) = A(0, 2)$$

$$= \exp\left[\frac{(B(0, 2) - 2 + 0)(0.05^2 \times 0.09 - 0.03^2/2}{0.05^2} - \frac{0.03^2 \times B(0, 2)^2}{4 \times 0.05}\right]$$

$$= 0.9924$$

$$A(t, s) = A(0, 3)$$

$$= \exp\left[\frac{(B(0,3)-3+0)(0.05^2\times0.09-0.03^2/2)}{0.05^2} - \frac{0.03^2\times B(0,3)^2}{4\times0.05}\right]$$

$$= 0.9845$$

$$P(t,T) = P(0,2) = A(0,2)e^{-B(0,2)\times0.08} = 0.8523$$

$$P(t,s) = P(0,3) = A(0,3)e^{-B(0,3)\times0.08} = 0.7878$$

$$\sigma_p = 0.03\times B(2,3)\sqrt{\frac{1-e^{-2\times0.05\times2}}{2\times0.05}} = 0.0394$$

$$h = \frac{1}{\sigma_p}\ln\frac{FP(0,3)}{P(0,2)\times92} + \frac{\sigma_p}{2} = 0.1387$$

따라서 유럽형 콜옵션의 가격(c)은 다음과 같이 결정된다.

$$c = FP(t,s)N(h) - KP(t,T)N(h-\sigma_p)$$

$$= 100\times P(0,3)N(h) - 92\times P(0,2)N(h-\sigma_p) = 1.41$$

지금까지는 무이표채에 대한 옵션가격결정에 관해 설명하였다. 이표채에 대한 유럽형 옵션은 무이표채에 대한 유럽형 옵션의 포트폴리오로 간주하고 Jamshidian (1989) 모형을 이용하여 각 무이표채에 대한 옵션가격을 구한 후 이를 전부 더하면 된다.[8)]

이제 만기가 T, 행사가격이 K인 이표채에 대한 유럽형 콜옵션의 가격을 구해보자. 옵션만기 이후 n개의 현금흐름을 지급하는 이표채의 경우 $s_i(1\le i\le n,\ s_i\ge T)$시점에 발생하는 현금흐름을 c_i, 이표채의 가격이 행사가격과 일치하게 되는 T시점의 단기금리 수준을 r_K, $r=r_K$ 일 때 s_i시점에 1을 지급하는 무이표채의 T시점의 가격을 K_i, s_i시점에 1을 지급하는 무이표채의 T시점의 가격을 $P(T, s_i)$라고 하면 옵션의 손익은 다음과 같이 나타낼 수 있다.

$$Max\left[\sum_{i=1}^{n}c_iP(T,s_i)-K,0\right] \tag{12.49}$$

모든 금리는 단기금리 r의 증가함수이므로 모든 채권가격들은 단기금리 r의 감소함

8) Hull(2006), pp. 658-9와 Technical Note 15 참조.

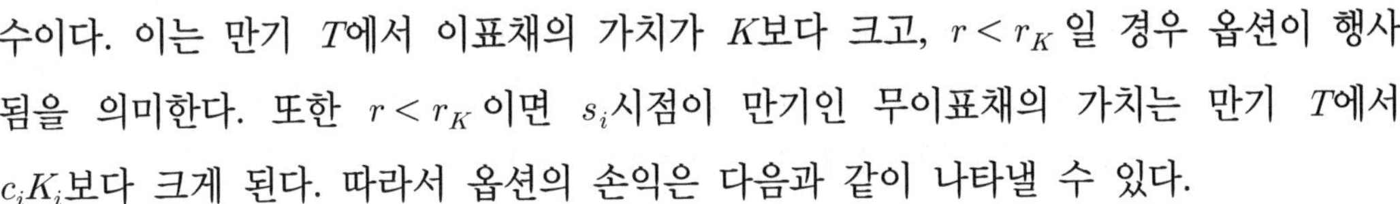

수이다. 이는 만기 T에서 이표채의 가치가 K보다 크고, $r < r_K$ 일 경우 옵션이 행사됨을 의미한다. 또한 $r < r_K$ 이면 s_i시점이 만기인 무이표채의 가치는 만기 T에서 $c_i K_i$보다 크게 된다. 따라서 옵션의 손익은 다음과 같이 나타낼 수 있다.

$$\sum_{i=1}^{n} c_i Max\left[P(T, s_i) - K_i, 0\right] \tag{12.50}$$

즉, 이표채에 대한 콜옵션은 무이표채에 대한 n개의 콜옵션의 합이라고 볼 수 있다.

예 제

Vasicek(1977) 모형을 이용하여 5년 만기 이표채에 대한 유럽형 풋옵션(만기 3년, 행사가격 98)의 가격을 구해보자. 이표채의 액면가격은 100, 이표는 5%로 연 2회 이자를 지급한다. 단기금리의 변동성은 2%, 단기금리의 평균회귀수준(mean reversion level)은 9%, 평균회귀속도는 0.05라고 가정하자.

t(현재시점) = 0, T(옵션만기) = 3, s(채권만기) = 3, F(채권액면가) = 100,
K(옵션행사가격) = 98, μ(평균회귀수준) = 0.09, k(평균회귀속도) = 0.05,
σ(단기금리의 변동성) = 0.02

풋옵션의 만기시점인 3년 후에 채권은 4개의 무이표채의 포트폴리오로 간주할 수 있다. 3년 후에 단기금리 수준을 r이라고 할 때, 이표채의 가치는 다음과 같이 결정된다.

$$\begin{aligned}
&5 \times A(3, 3.5) \cdot e^{-B(3, 3.5) \times r} + 5 \times A(3, 4) \cdot e^{-B(3, 4) \times r} \\
&+ 5 \times A(3, 4.5) \cdot e^{-B(3, 4.5) \times r} + 105 \times A(3, 5) \cdot e^{-B(3, 5) \times r} \\
&= 5 \times 0.9988 \cdot e^{-0.4877 \times r} + 5 \times 0.9952 \cdot e^{-0.9516 \times r} \\
&+ 5 \times 0.9895 \cdot e^{-1.3929 \times r} + 105 \times 0.9819 \cdot e^{-1.8127 \times r}
\end{aligned}$$

Jamshidian(1989)의 방법론을 적용하기 위해서는 이표채의 가격이 행사가격 98과 일치하게 되는 T시점의 단기금리 수준 r_K를 찾아야 한다. 이때 $r_K = 0.10952$로 결정되고, r이 이 값을 가질 때 4개의 무이표채의 가격은 4.734, 4.484, 4.248, 그리고 84.535가 된다.

따라서 이표채에 대한 옵션은 무이표채에 대한 4개의 옵션의 포트폴리오이다.

(1) 액면 5, 만기 3.5년인 무이표채에 대한 행사가격이 4.734인 3년 만기 옵션

(2) 액면 5, 만기 4년인 무이표채에 대한 행사가격이 4.484인 3년 만기 옵션
(3) 액면 5, 만기 4.5년인 무이표채에 대한 행사가격이 4.248인 3년 만기 옵션
(4) 액면 105, 만기 5년인 무이표채에 대한 행사가격이 84.535인 3년 만기 옵션

이러한 옵션들의 가격결정을 설명하기 위해 먼저 4번째 옵션의 가격결정을 살펴보자.

$P(0,3)=0.7419,\ P(0,5)=0.6101,\ \sigma_p=0.05445,\ h=0.4161,\ F=100,\ K=92$

따라서 4번째 옵션의 가치는 0.8085로 결정된다. 같은 방법으로 첫 번째 옵션의 가치는 0.0125, 두 번째 옵션의 가치는 0.0228, 세 번째 옵션의 가치는 0.0314로 결정되므로 이표채에 대한 유럽형 콜옵션의 가치는 4개의 옵션가치를 전부 합한 0.8752가 된다.

---

(2) Cox, Ingersoll & Ross(CIR) 모형

Vasicek(1977)의 모형에서 단기금리가 음의 값을 가질 수 있다는 단점을 Cox, Ingersoll & Ross(1985)은 다음과 같은 모형을 통해 극복하였다.

$$dr = k(\mu - r)dt + \sigma\sqrt{r}\,dZ \tag{12.51}$$

여기서 μ는 단기금리의 장기평균(mean reversion level)이고 $k(k>0)$는 단기금리가 장기평균에 복귀하는 속도이다. σ는 단기금리의 순간변동성, dz는 위너과정이다. 이 모형은 단기금리가 장기평균 μ에 수렴하려는 성질을 갖고 있다는 점 외에 단기금리의 변동성이 금리의 제곱근에 비례해서 커진다는 가정을 하고 있다.

앞에서와 마찬가지로 단기금리의 확률과정이 (12.51)과 같이 주어진 경우 무이표채권의 가격은 다음과 같이 결정된다.

$$P(t,T) = A(t,T)e^{-B(t,T)r(t)} \tag{12.52}$$

$$B(t,T) = \frac{2(e^{\gamma(T-t)}-1)}{(\gamma+k)(e^{\gamma(T-t)}-1)+2\gamma}$$

$$A(t,T) = \left[\frac{2\gamma e^{(k+\gamma)(T-t)/2}}{(\gamma+k)(e^{\gamma(T-t)}-1)+2\gamma}\right]^{2k\mu/\sigma^2}$$

$$\gamma = \sqrt{k^2+2\sigma^2}$$

CIR 모형에서 금리기간구조는 다음과 같이 도출된다.

$$R(t, T) = \omega_1 r(t) + \omega_2 R(\infty) \tag{12.53}$$

이때 $R(\infty) = \dfrac{2k\mu}{k+\lambda+\gamma}$, $\omega_1 = \dfrac{B(\tau)}{\tau}$, $\omega_2 = -\dfrac{1}{\tau}\ln\left[\dfrac{2\gamma e^{(k+\lambda+\gamma)\tau/2}}{2\gamma+(k+\lambda+\gamma)(e^{\gamma\tau}-1)}\right]^{\frac{k+\lambda+\gamma}{\sigma^2}}$

Vasicek 모형과 같이 금리의 기간구조가 단기금리와 장기금리의 가중평균에 의해 결정되며, 만기가 짧을수록 단기금리 $r(t)$에 의해 영향을 받고 만기가 길수록 초장기금리 $R(\infty)$의 영향을 받는다.

예 제

Vasicek 모형과 CIR 모형에서 $\mu = 0.1$, $k = 0.1$, 초기 단기금리는 5%, 매우 짧은 기간 동안 단기 금리의 변동성은 0.2라고 하자. 두 모형을 이용하여 만기 10년인 무이표채권(액면가 1)의 가격을 비교하여 보자.

(1) Vasicek 모형

$$B(t, T) = B(0, 10) = \frac{1-e^{-0.1\times 10}}{0.1} = 6.32121$$

$$A(0, 10) = \exp\left[\frac{(B(0, 10) - T)(k^2\mu - \sigma^2/2)}{k^2} - \frac{\sigma^2 B(0, 10)^2}{4k}\right]$$

$$= \exp\left[\frac{(6.32121-10)(0.1^2\times 0.1 - 0.2^2/2)}{0.1^2} - \frac{0.2^2\times 6.32121^2}{4\times 0.1}\right]$$

$$= 0.71587$$

$$P(0, 10) = A(0, 10)e^{-B(0, 10)\times 0.05} = 0.52188$$

(2) CIR 모형

CIR 모형에서는 $\sigma\sqrt{r} = 0.02$ 이므로 $\sigma = \dfrac{0.02}{\sqrt{r}} = 0.0632$.

$$\gamma = \sqrt{k^2 + 2\sigma^2} = \sqrt{0.1^2 + 2\times 0.0632^2} = 0.13416$$

$$B(0, 10) = \frac{2(e^{0.13416\times 10} - 1)}{(0.13416 + 0.1)(e^{0.13416\times 10} - 1) + 2\times 0.13416} = 6.07650$$

$$A(0,10)=\left[\frac{2\times 0.13416\times e^{(0.1+0.13416)\times 10/2}}{(0.13416+0.1)(e^{0.13416\times 10}-1)+2\times 0.13416}\right]^{\frac{2\times 0.1\times 0.1^2}{0.0632^2}}$$
$$=0.69746$$

따라서 $P(0,10)=A(0,10)e^{-B(0,10)\times 0.05}=0.51472.$

---

3. 무차익거래 모형(No Arbitrage Model)

지금까지 설명한 Vasieck과 CIR 모형에서는 단기금리의 확률과정을 가정하고 금리의 기간구조를 도출하였다. 따라서 단일요소 균형모형이라고 불린다. 이러한 단일요소 모형을 확장한 모형으로는 Brennan & Schwartz(1982), Longstaff & Schwartz(1992) 등이 있는데, 단기금리뿐만 아니라 장기금리의 확률과정을 추가하여 단일요소모형을 확장하였다. 이러한 균형모형들은 탄탄한 이론적인 배경에도 불구하고 현실을 설명하는 데는 많은 오차가 발생할 수 있다. 균형모형들이 설정한 단기금리의 확률과정들이 실제 단기금리의 움직임을 어느 정도 설명하는가 하는 문제와 추정된 모형의 계수를 바탕으로 얻은 금리의 기간구조가 실제 시장에서 관측되는 기간구조를 얼마나 잘 설명하는가 하는 문제가 있다.

무차익거래모형(no-arbitrage model)은 이러한 문제를 해결하기 위해 제시되었다. 이 모형은 현재 시장에서 관측되는 금리의 기간구조와 일관성을 유지하도록 고안되었다. 앞의 균형모형에서는 금리기간구조가 모형에서 도출되는 결과인 반면, 무차익거래모형에서는 현재의 시장 금리의 기간구조가 주어지고 이를 기초로 하여 금리기간구조에 대한 확률모형을 전개한다.

(1) Ho & Lee 모형

Ho & Lee(1986) 모형은 시장의 금리 기간구조와 일관성을 갖도록 고안된 최초의 금리기간구조 모형이다. 앞에서 설명한 Vasicek, CIR 등 균형모형과 같이 금리 기간구조가 모형 내에서 내생적으로 결정되는 것이 아니라, 시장에서 주어진 금리 기간구조를 외생변수로 하여 금리 기간구조의 확률과정을 전개시킨 모형이다.

Ho & Lee 모형은 채권가격의 움직임을 이항모형의 틀 안에서 전개하였고 무차익거래 조건과 이항모형의 각 교점에서의 값이 경로와 무관하게 결정되도록하는 조건들을 전제로 이항모형의 계수들을 유도하였다. 한편, 금리기간구조의 움직임이 평행이동에 국한된다는 점과 단기금리의 움직임이 평균에 회귀하지 않는다는 점에서 현실성이 떨어진다는 단점을 갖고 있다.

Ho & Lee의 모형은 원래 이항모형이나, Hull(2006)은 이를 연속시간 모형으로 재해석하여 단기금리의 확률과정을 다음과 같이 표현하였다.[9)]

$$dr = \theta(t)dt + \sigma dz \tag{12.54}$$

이때 $\theta(t)$는 단기금리가 시간 t에서 평균적으로 움직이는 정도를 나타내며 금리수준에 의존하지 않는다. σ는 단기금리의 순간변동성을, dz는 위너과정을 의미한다.

이때 $\theta(t)$는 다음과 같이 계산된다.

$$\theta(t) = f_t(0, t) + \sigma^2 t \tag{12.55}$$

이 식에서 $f(0, t)$는 현재시점에서의 만기 t에 적용되는 순간 선도금리 기간구조이며 f_t는 시간 t에 대한 미분표시이다. 이는 단기금리의 평균움직임이 현재시점에서의 선도금리 기간구조의 기울기에 의해서 결정됨을 의미한다.

단기금리의 확률과정이 식 (12.55)와 같이 주어질 경우 다른 모형들과 마찬가지로 만기 T에 1을 지급하는 무이표채의 t시점에서의 가격 $P(t, T)$를 다음과 같이 구할 수 있다.

$$P(t, T) = A(t, T)e^{-r(t)(T-t)} \tag{12.56}$$

이때 $A(t, T)$는 다음과 같다.

$$\ln A(t, T) = \ln\frac{P(0, T)}{P(0, t)} - (T-t)f(0, t) - \frac{1}{2}\sigma^2 t(T-t)^2$$

9) Hull(2006 : ch. 28, pp.654-5) 참조.

따라서 미래 t시점에서의 채권의 가격은 그 시점에서의 단기금리와 현재의 채권가격 $P(0, t)$ 및 $P(0, T)$에 의해서 결정된다.

연속시간대의 Ho-Lee 이자율 확률과정을 이용하여 만기가 s인 무이표채권에 대한 유럽형 콜옵션의 가격을 다음과 같이 구할 수 있다.

$$FP(0, s)N(h) - KP(0, T)N(h - \sigma_p) \tag{12.57}$$

여기서 F은 채권의 명목금액, K는 옵션의 행사가격 그리고 T는 옵션의 만기이다. 또한 h와 σ_p는 다음과 같다.

$$h = \frac{1}{\sigma_p} \ln \frac{FP(0, s)}{P(0, T)K} + \frac{\sigma_p}{2}$$

$$\sigma_p = \sigma(s - T)\sqrt{T}$$

이때 채권가격의 변동성은 $\frac{\sigma_p}{\sqrt{T}}$이며, σ_p는 T시점에서 채권가격의 자연대수 값의 표준편차이다.

(2) Hull & White 모형

Hull & White(1990) 모형에서는 단기금리의 확률과정을 다음과 같이 가정한다.

$$dr = (\theta(t) - ar)dt + \sigma dz \tag{12.58}$$

이를 다음과 같이 변형시킬 수 있다.

$$dr = a\left[\frac{\theta(t)}{a} - r\right]dt + \sigma dz \tag{12.59}$$

이 식은 Ho & Lee(1986) 모형에 단기금리가 장기평균에 복귀한다는 특성을 도입하여 일반화 시킨 것이다. 따라서 Ho & Lee의 모형처럼 $\theta(t)$는 초기의 선도금리 기간구조를 사용하여 다음과 같이 나타낼 수 있다.

$$\theta(t) = f_t(0, t) + af(0, t) + \frac{\sigma^2}{2a}(1 - e^{-2at}) \tag{12.60}$$

여기서 마지막 항은 매우 작은 값이기 때문에 무시할 경우 순간 단기금리 변화율 $(\theta(t)-ar)$은 다음과 같이 나타낼 수 있다.

$$f_t(0,t)+a[f(0,t)-r]$$

Ho & Lee 모형에서는 단기금리의 순간 변화율이 단지 선도금리 기간구조의 기울기였으나, Hull & White 모형에서는 장기균형으로의 보정요소 $a[f(0,t)-r]$이 있음을 알 수 있다.

Hull & White 모형에 의한 무이표채의 가격은 다음과 같이 결정된다.

$$P(t,T) = A(t,T)e^{-B(t,T)r(t)} \tag{12.61}$$

$$B(t,T) = \frac{1-e^{-a(T-t)}}{a}$$

$$\ln A(t,T) = \ln\frac{P(0,T)}{P(0,t)} - B(t,T)f(0,t) - \frac{1}{4a^3}\sigma^2(e^{-aT}-e^{-at})^2(e^{2at}-1)$$

또한 만기가 s인 무이표채에 대한 유럽형 콜옵션의 가격을 다음과 같이 구할 수 있다.

$$FP(0,s)N(h) - KP(0,T)N(h-\sigma_p) \tag{12.62}$$

여기서 F은 채권의 원금, K는 옵션의 행사가격 그리고 T는 옵션의 만기이다. 또한 h와 σ_p는 다음과 같다.

$$h = \frac{1}{\sigma_p}\ln\frac{FP(0,s)}{P(0,T)K} + \frac{\sigma_p}{2}$$

$$\sigma_p = \frac{\sigma}{a}[1-e^{-a(s-T)}]\sqrt{\frac{1-e^{-2aT}}{2a}}$$

예 제

Hull-White 모형($a = 0.08$, $\sigma = 0.01$)을 이용하여 5년 만기 무이표채(액면가 100)에 대한 유럽형 콜옵션(만기 1년, 행사가격 68)의 가격을 구해보자. 수익률곡선은 10%에서 평평하다고 가정한다.

$$s = 5,\ T = 1,\ F = 100,\ K = 68$$

수익률곡선이 평평하다고 가정하므로 $A(0,\ T) = 1$

$$B(t,\ T) = \frac{1 - e^{-a(T-t)}}{a},\ B(0,1) = \frac{1 - e^{-0.08\times(1-0)}}{0.08} = 0.96105,$$

$$B(0,5) = \frac{1 - e^{-0.08\times(5-0)}}{0.08} = 4.1210$$

$$P(t,\ T) = A(t,\ T)e^{-B(t,\ T)r(t)}$$

$$P(0,1) = A(0,1)e^{-0.96105\times 0.1} = 0.90837$$

$$P(0,5) = A(0,5)e^{-4.121\times 0.1} = 0.66226$$

$$\sigma_p = \frac{\sigma}{a}\left[1 - e^{-a(s-T)}\right]\sqrt{\frac{1 - e^{-2aT}}{2a}}$$

$$= \frac{0.01}{0.08}\left[1 - e^{-0.08\times(5-1)}\right]\sqrt{\frac{1 - e^{-2\times 0.08\times 1}}{2\times 0.08}} = 0.0329$$

$$h = \frac{1}{\sigma_p}\ln\frac{FP(0,s)}{P(0,\ T)K} + \frac{\sigma_p}{2} = \frac{1}{0.0329}\ln\frac{100\times 0.66226}{0.90837\times 68} + \frac{0.0329}{2} = 2.13404$$

따라서 유럽형 콜옵션의 가격(c)은 다음과 같이 결정된다.

$$c = FP(0,s)N(h) - KP(0,\ T)N(h - \sigma_p)$$

$$= 100\times 0.66226\times N(2.1340) - 68\times 0.90837\times N(2.1340 - 0.0329) = 4.47$$

[부 록] 자연대수 정규분포(lognormal distribution)의 이항과정화

단기금리 r이 자연대수 정규분포를 갖는다고 하자. 즉, $\ln(r) \sim N(\mu, \sigma^2)$.

매우 짧은 시간 Δt 동안 최초의 단기금리 r이 상승할 경우 r_u, 하락할 경우 r_d가 된다고 하자. 이 경우 우리는 단기금리를 다음과 같은 이항과정으로 표현할 수 있다.

단기금리가 상승하는 경우 : $\ln(r_u) = \ln(r) + \mu\Delta t + \sigma\sqrt{\Delta t}$
단기금리가 하락하는 경우 : $\ln(r_d) = \ln(r) + \mu\Delta t - \sigma\sqrt{\Delta t}$

$$\ln(r_u) = \ln(r_d) + 2\sigma\sqrt{\Delta t} = \ln(r_d) + \ln(e^{2\sigma\sqrt{\Delta t}}) = \ln(r_d \times e^{2\sigma\sqrt{\Delta t}})$$

따라서 $r_u = r_d \times e^{2\sigma\sqrt{\Delta t}}$ (상승금리와 하락금리의 관계)

$\Delta t = 1$이라고 놓으면 $r_u = r_d \times e^{2\sigma}$, 즉 $\sigma = \frac{1}{2}\ln(\frac{r_u}{r_d})$.

2기간으로 확장할 경우

$$\ln(r_{ud}) = \ln(r_u) + \mu - \sigma$$
$$\ln(r_{du}) = \ln(r_d) + \mu + \sigma$$
$$\ln(r_u) = \ln(r_d) + 2\sigma$$

따라서 $\ln(r_{ud}) = \ln(r_u) + \mu - \sigma = \ln(r_d) + \mu + \sigma = \ln(r_{du})$. 즉 $r_{ud} = r_{du}$.

이와 같이 단기금리의 이항과정이 재결합 특성(recombining property)을 갖도록 하는 경우 n기간의 이항과정에서 $t+n$시점의 실현가능한 금리의 숫자가 2^n에서 $n+1$로 대폭 감소하게 된다.

$t+2$시점에서 실현가능한 금리들 간의 관계를 살펴보도록 하자.

$$\ln(r_{du}) = \ln(r_{dd}) + 2\sigma. \text{ 즉, } r_{du} = r_{dd} \cdot e^{2\sigma}$$

$$\ln(r_{ud}) = \ln(r_{du}) = \ln(r_{dd}) + 2\sigma. \text{ 즉, } r_{ud} = r_{du} = r_{dd} \cdot e^{2\sigma}$$

$$\ln(r_{uu}) = \ln(r_{ud}) + 2\sigma = \ln(r_{dd}) + 4\sigma. \text{ 즉, } r_{uu} = r_{ud} \cdot e^{2\sigma} = r_{dd} \cdot e^{4\sigma}$$

이상의 논의를 요약하면, n기간 후의 금리분포를 파악하기 위해서는 한 개의 금리(가장 낮은 금리 또는 가장 높은 금리)만 알면 된다. 왜냐하면 가장 낮은 금리에다 $e^{2\sigma}$, $e^{4\sigma}$, ……, $e^{(n-1)\sigma}$를 차례로 곱하면 모든 금리값이 파악되기 때문이다. 또는 가장 높은 금리수준에 $e^{-2(n-1)\sigma}$를 곱하면 된다.

참고문헌

강장구, 이정진, 한국선물거래소의 국채선물의 가격추정: Black-Karasinski 모형의 응용, 선물연구, 2002 (11월), pp.2-22.

김규형, 박영규, 금융공학, 경문사, 1996.

김동석, Repo 시장 활용전략, 증권거래소 세미나, 2001, pp.79-110.

김형태, Repo의 활용 및 투자전략분석, 딜러금융 지원을 위한 Repo 세미나(증권예탁원), 2001.

나이스채권평가㈜, Structures Notes의 평가와 운용, 2003

노상규, 임원규, 신금융상품설계, 구상, 2006.

삼성선물, 5년 국채선물의 이해와 활용방안, 2003.

선우석호, 윤영섭, 정관선, 자산부채종합관리, 법문사, 1993.

유진, 채권과 이자율파생상품, 경문사, 2003.

윤평식, 고정수익증권론, 탐진, 2001.

윤창현, 파생금융상품론, 경문사, 2004.

윤창현, 국고채선물 상품구조에 대한 비교와 분석, 선물시장(한국선물협회) 1999년 9월호 (한국선물협회), pp.19-22.

이성돈, FRA & Swaps: 파생상품 리스크관리과정 교재, 한국국제금융연수원, 2004.

이원준, Power Spread Note의 구조 및 채권시장의 영향, KIS Weekly 179호(2006.8.4).

이용, Range Note Pricing & Risk Characteristics, Fixed Income Research(나이스채권평가㈜), 2002.6.1,

이진우, 국내금융기관 NDF 포지션 한도규제조치의 영향 및 시사점, 선물시장(한국선물협회), 2004.2.

정대용, 실무자를 위한 파생상품과 금융공학, 한국금융연수원, 2016.

주상룡, 지홍민, 이자율위험관리, 법경사, 1998.

최병선, 금융파생상품의 수리적 배경, 세경사, 2004.

최영한, 스왑, 한국금융연수원, 2007.

최완석, 국채선물시장에서의 차익거래: Basket vs. On-the-Run, 삼성선물 Research Note, 1999.12.2.

최완석, NDF 규제로 인한 채권시장의 차익거래, 삼성선물 Issue Paper, 2004.2.20.

한국무역협회, 외환관리실무 I, 2003, pp.137-228.

한국산업은행, 한국의 채권시장과 수익률곡선, 2000.

한국선물거래소, 국채선물 · 국채선물옵션의 이해, 2003.

한국선물협회, 선물 · 옵션이론, 경문사, 2002.

한국증권거래소, Repo 시장 활용전략, 2001.

KIS 채권평가㈜, Callable Bond, Range Note 및 Callable Flipper Bond의 구조분석과 평가방법, 2003.

Black, F., "The Pricing of Commodity Futures," Journal of Financial Economics 3(1976), pp.167-79.

Black, F., E. Derman, & W. Toy, "A One Factor Model of Interest Rates and Its application to Treasury Bond Options," Financial Analysts Journal, January/February 1990, pp.33-39.

Black, F., & P. Karasinski, "Bond Option Pricing When Short Rates Are Lognormal," Financial Analysts Journal, 1991, pp.52-59.

Black, F., & M. Scholes, "The Pricing of Options and Corporate Liabilities," Journal of Political

Economy, 81(May/June 1973), pp.637-59.

Breaks, Jackson D., "Yield Curve Arbitrage and Trading," in The Handbook of Treasury Securities (F.J. Fabozzi, ed.), Probus, 1986, pp.267-96.

Brennan, M.J., & E.S. Schwartz, "An Equilibrium Model of Bond Pricing and a Test of Market Efficiency," Journal of Financial and Quantitative Analysis, 17, No.3(September 1982), pp.301-29.

Brenner, M.G., & M. Subrahmanyam, "Option on Spot and Options on Futures," Journal of Finance 40, December 1985, pp.1303-17.

Burghart, Galen & Susan Kirshner, Treasury Options for Institutional Investors, CBOT.

Burghart, Galen & MortonLane, "How to tell if options are cheap", The Journal of Portfolio Management, Vol.81, No 2, Winter 1990.

Chicago Board of Trade, T-Bond and T-Note Futures and Options: An Introduction, 1991.

Chicago Board of Trade, Reference Guide: CBOT Fed Funds Futures, 2003.

Chicago Mercantile Exchange, CME Futures & Options Strategy Guide.

Connolly, Kevin B., Buying and Selling Volatility, John Wiley & Sons, 1997.

Cox, J.C., J.E. Ingersoll, & S.A. Ross, "A Theory of the Term Structure of Interest Rates," Econometrica 53, 1985, pp.385-407.

Cox, J.C., S.A. Ross & M. Rubinstein, "Option Pricing: A Simplified Approach," Journal of Financial Economics, 7(October 1979), pp.229-64.

Das, Satyajit, Structured Products & Hybrid Securities, John Wiley & Sons, Ltd., 2001

Degler, W.H., & H.P. Becker, "19 Options Strategies and When to Use Them, Futures, June 1984.

Fabozzi, Frank J., The Handbook of Fixed Income Securities, Fifth Edition, Irwin/McGraw-Hill, 1977.

Fabozzi, Frank J., Fixed Income Mathematics: Analytical & Statistical Techniques, Third Edition, Irwin, 1997.

Fabozzi, Frank J., Bond Markets, Analysis, and Strategies, Pearson, 2013.

Fabozzi, Frank J., Henry A. Davis, & Moorad Choudhry, Introduction to Structured Finance, John Wiley & Sons, Inc., 2006.

Fong, H.G, & O.A. Vasicek, "A Risk Minimizing Strategy for Porfolio Immunization," Journal of Finance, 1984, pp.1521-46.

Galitz, Lawrence, Financial Engineering: Tools and Techniques to Manage Financial Risk, Revised Edition, Pitman Publishing, 1995.

Geske, R, The Valuation of Compound Options, Journal of Financial Economics 7, 1979, pp.63-81.

Graniter, B.J., "Convexity and Bond Performance: The Benter the Better," Financial Analysts Journal, 1988, pp.79-81.

Haug, Espen Gaarder, The Complete Guide to Option Pricing Formulas, Second Edition, McGraw-Hill, 2007.

Heath, D., R. Jarrow, & A. Morton, "Bond Pricing and the Term Structure of Interest Rates: A New Methodology for Contingent Claims Valuation," Econometrica 60, 1992, pp.77-105.

Ho, Thomas, "Key Rate Durations: Measures of Interest Rate Risks", Journal of Fixed Income, 1992, pp.29-44.

Ho, T.S.Y. & S.B. Lee, "Term Structure Movements and Pricing Interest Rate Contingent Claims," Journal of Finance 41, December 1986, pp.1011-29.

Hull, John C., Options, Futures, & Other Derivatives, Sixth Edition, Prentice Hall, 2006.

Hull, J. & A. White, "Pricing Interest Rate derivatives," Review of Financial Studies 3, 1990, pp.573-92.

Jamshidian, F., "An Exact Bond Option Formula," Journal of Finance, 44(March 1989), pp.205-9.

Jones, Frank J., "Yield Curve Strategies," Journal of Fixed Income(September 1991), pp.33-41.

Klaffky, Thomas E., Y. Y. Ma, & Ardavan Nozari, "Managing Yield Curve Exposure: Introducing Reshaping Duration," Journal of Fixed Income(December 1992), pp.5-15..

Leung, Seng Yuen, Yield Curve Analysis and Fixed Income Arbitrage, HKUST Lecture Note, 2006.

Longstaff, F.A., & E.S. Schwartz, "Interest Rate Volatility and the Term Structure: A Two Factor General Equilibrium Model," Journal of Finance, 47, No,4(September 1992), pp.1259-82.

Marshall, J.F., & K.R. Kapner, Understanding Swap, John Wiley & Sons, 1993.

Merton, R.C.,"Theory of Rational Option Pricing,"Bell Journal of Economics and Management Science, 4(Spring 1973), pp.141-183.

Miron, Paul, & Philip Swannell, Pricing and Hedging Swaps, Euromoney Publications PLC, 1991.

Nawalka, S.k., & D.R. Chambers, "An Improved Immunization Strategy: M-Absolute, Financial Analyst Journal, 1996, pp.69-76.

Nawalkha, S.K., Lacey, N.J. and Schneeweis, T., "Closed-form Solutions of Convexity and M-Square," Financial Analysts Journal 1990, pp.75-77.

Neftci, Salih N., Principles of Financial Engineering, Elsevier Academic Press, 2004.

Neftci, Salih N., An Introduction to the Mathematics of Financial Derivatives, Second Edition, Academic Press, 2000.

Peng, Scott Y. & Ravi Dattatreya, The Structured Note Market, Probus,1995.

Ramaswamy, K., & S.M. Sundaresan, "The Valuation of Options on Futures Contracts," Journal of Finance 40, December 1985, pp.1319-40.

Rebonato, R., Interest-Rate Option Models, second Edition, John Wiley & Sons, 2002.

Reiner,E., & M. Rubinstein, Unscrambling the Binary Code, Risk Magazine, 4(9), 1991a.

Reiner,E., & M. Rubinstein, Breaking Down the Barriers, Risk Magazine, 4(8), 1991b.

Saver, Nasser, Interest Rate Swaps: Valuation, Trading, and Processing, Irwin, 1994.

Schaefer, S.M., & E.S. Schwartz, "Time-Dependent Variance and the Pricing of Bond Options," Journal of Finance 42, December 1987, pp.1113-28.

Schnabel, J.A., "Is Benter Better? A Cautionary Note on Maximizing Convexity," Financial Analysts Journal, 1990, pp.78-79.

Schofield, Neil C. & Troy Bowler, Trading the Fixed Income, Inflation and Credit Markets: A Relative Value Guide, Wiley, 2011.

Schweser Study Notes, Fixed Income and Derivatives (Level 2), Kaplan., 2008.

Smith, C.W.,"Option Pricing: A Review," Journal of Financial Economics, 3(1976), pp.3-54.

Smith Clifford W. & Charles W. Smithson, "The Handbook of Financial Engineering: New Financial Product Innovations, Applications, and Analyses, Harper Business, 1990.

Smithson, Charles, W., Cliffird W. Smith, Jr., & D. Sykes Wilford, Managing Financial Risk: A Guide to Derivatives Products, Financial Engineering, and Value Maximaxation, Irwin, 1995.

Sundaresan, Suresh, Fixed Income Markets and Their Derivatives, Second Edition, 2002, South-Western.

Taleb, Nassim, Dynamic Hedging: Managing Vanilla and Exotic Options, John Wiley & Sons, Inc., 1997.

Taylor, J.B., Discretion versus Policy Rules in Practice, Carnegie-Rochester Conference Series on Public Policy, 1993, 39(0), pp.195-214

Tuckman, Bruce, Fixed Income Securities: Tools for Today's Markets, John Wiley & Sons, Inc, 1996.

Vasick, O.A., "An Equilibrium Characterization of the Term Structure,' Journal of Financial Economics 5, 1977, pp.177-88.

Weisweiller, Ruddi, Arbitrage, John Wiley & Sons, 1986.

Whaley, Robert E., Valuation of American Futures Options: Theory and Empirical Tests, Journal of Finance 41, March 1986, p.127-150.

Wilmott, Paul, Paul Wilmott on Quantitative Finance, Vol.2, John Wiley & Sons, Ltd., 2006.

Wong, M. Anthony, Fixed-Income Arbitrage: Analytical Techniques and Strategies, John Wiley & Sons, Inc., 1993.

찾아보기

ㄱ

가격평가지수 268
감마 253, 274
감마이익 273
강세 스프레드 241
강세 스프레드전략 247
강세 콜옵션 스프레드전략 247
강세 풋옵션 스프레드 전략 248
갭 55
갭관리기법 55, 56
거래개시일 126
거래일 126
결제금리 127
결제월간 스프레드거래 241
경계조건 433
경과이자 33, 93
고정금리 / 고정금리 통화스왑 165
고정금리채권 43
공간적 차익거래 304
교란함수 496
교차헤지 353
구조화채권 375
국가리스크 407
국지적 기대가설 74, 485
국채선물 차익거래 310
국채선물 최종결제지수 산정방식 112
국채선물과 금리스왑의 상대가치거래 318
국채선물의 가격결정 110
균형모형 503
금리 리스크 헤지모형 355
금리 리스크 19, 337
금리 19
금리기간구조 484
금리기준 전환공식 136
금리민감부채 55
금리민감자산 55
금리상하한 FRN 400
금리상하한 변동금리채권 399
금리상한조건 대출 367
금리선물 85
금리스왑 122
금리스왑션 464
금리옵션 스프레드 전략 246
금리옵션의 가격결정 499
금리조정일 199
금리탄력성 45
금리플로어 461
금리하한조건 예금 372
금융압박 340
기간구조 모형 481
기간구조 59
기대가설 73, 483
기대스왑률 178
기준금리결정일 127
기준기간 199
기하적 브라우니안 운동 430, 442, 472

ㄴ

내가격 226
내재가치 191
내재된 옵션의 현금화 209, 344
내재변동성 수준의 매매 276
내재변동성/실현변동성 스프레드 매매 275
내재변동성 263
내재환매수익률 104
뉴튼-랩슨 방법 298

ㄷ

다항식 근사화 476
단기금리선물 86
단리 23

단순선택자옵션 218, 479
단순선택자옵션의 가치 218
단일요소 균형모형 510
델타 중립 274
델타 252, 274
델타헤지 271
동등마팅게일측도 444, 449
동등확률측도 447
듀레이션 헤지모형 359
듀레이션 45
듀레이션갭 56
듀레이션과 볼록도 51
듀레이션의 한계 76
등가격 226
디지털 옵션 403
딥스왑 156

ㄹ

래더 포트폴리오 81
래칫/클리켓옵션 219
래칫콜옵션 220
레인지 어크루얼 채권 405
레인지 채권 403
레인지 콜옵션 404
레인지채권 213
로우 257
롤 효과 235
롤러코스터 스왑 148
리버설 315
리스크 중립적 세계 453
리스크 프리미엄 445
리스크관리 목표 341
리스크의 시장가격 421, 439, 444
리스크중립적 옵션가격결정 425, 433
리스크중립적 확률 423, 427

ㅁ

마팅게일 방법론 449
마팅게일 441
만기수익률 33
매도 스프레드 241
매도자 인도 옵션 101
매도헤지 350
매매대금 115
매수 스프레드 241
매수헤지 350
면역화 58
명목금리 25
명목스프레드 62
명목원금 121
목표 BPV 237
목표 듀레이션 236
무비용칼라 204
무이표채 수익률곡선 60
무이표채권 60, 65
무이표채권의 가격 482, 484
무이표채의 선도가격 457
무차익거래 모형 510
무차익거래 접근방법 438
무차익거래논리 417, 422
물가연동국채 30
미국 국채선물 93
미국 국채선물옵션 189
미국형 국채선물옵션 191

ㅂ

바벨 포트폴리오 81
방향성 거래전략 233
방향성/변동성 매매의 수정전략 277
방향성/변동성 매매전략의 선택 279
배리어 옵션 213
베가 리스크 272
베가 255, 274, 298
베가-가중 내재변동성 264
베가-감마의 관계 256
베가-델타의 관계 256
베나 259
베이시스 금리스왑 410
베이시스 스왑 131
베이시스 통화스왑 163
베이시스 포인트 가치 모형 357
베이시스 포인트 가치 47

변동금리 확정일 133
변동금리/고정금리 통화스왑 162
변동금리채 43
변동금리채권 39, 378
변동성 매매 268
변동성 미소 264
변동성 스왑 412
변동성 채권 412
변동성 콘 266
변동채권 398
변제요구채권 392
보마 259
보유비용모형 110
보전비율 116
보호적 풋 295
보호적 풋헤지 368
복리 23
복리채 23
복제 포트폴리오 419, 422
복합옵션 221
볼가 259
볼록도 52
볼록성 이익 180
볼록성 조정 176
볼록성 35, 49, 790
부채의 구조전환 169, 172, 396
부트스트랩핑 방법 68
불릿 포트폴리오 81
블랙-숄즈모형 428
비지정매수호가 115

ㅅ

상대가치거래 317
상대가치분석 64, 66
상태가격 418, 419
상태증권 419
상품간 스프레드 242
상하한설정 371
상한설정 367
상환금액 26
선도 CMT 수익률 180
선도 리스크중립 452
선도 스프레드 153
선도금리 29, 73, 74, 140, 482
선도금리계약 125
선도금리스왑 398
선도리스크 중립적 옵션가격결정 466
선도수익률의 변동성 456
선도스왑 147
선도스왑률 207, 463, 465
선도스왑의 스왑률 147
선도채권가격의 변동성 456
선도채권수익률 176
선물옵션 188
선택자 옵션 479
선택자 옵션의 가격결정 479
선택자옵션 218
선형보간법 70
손익분기 인플레이션 31
손익분기 조건충족일수 406
숏-스퀴즈 94
수의상환 변동채권 398
수의상환채권 51, 64, 209, 392
수의상환채권의 구조 393
수익률 스프레드 62
수익률곡선 거래전략 243
수익률곡선 리스크 76
수익률곡선 변형 듀레이션 77
수익률곡선 스왑 151, 152
수익률곡선 스티프닝전략 243
수익률곡선 플래트닝전략 244
수익률곡선 59, 60
수익률곡선스왑의 가격결정 153
수익률변화 235
수정듀레이션 45, 52
수정차기영업일방식 134
수취자스왑션 159, 205, 207, 392, 465
수취자스왑션의 가치 208, 465
수평변동성 202
순간선도금리 482
순간현물금리 482
순베이시스 107, 307, 309

순수 방향성 거래전략 234
순수가격 33, 93
순이자소득 55
순자산가치 363
순캐리 108
스왑 개시일 133
스왑 계약일 133
스왑 스프레드 거래 326
스왑 스프레드 119, 144, 321
스왑 포지션의 시장가치 142
스왑률 72, 123, 140, 205, 462
스왑션의 가격결정 206
스택 앤 롤링헤지 353
스택헤지 353
스텝다운 스왑 148
스텝업 스왑 147
스트래들 275
스트랭글 275
스트립 이자율 353
스트립헤지 353
스프레드 거래전략 240
스프레드 듀레이션 330
스피드 258
승수규칙 471
시간가치 소멸효과 191
시간가치 191
시간가치소멸효과 275
시간적 차익거래 304
시장가치모형 356
시장분할가설 76
신용 스프레드 강세전략 331
신용 스프레드 거래전략 330
신용 스프레드 약세전략 331
신용 스프레드 330
신용리스크 차익거래 317
신용스프레드 캐리 331
실질수익률 30
실효금리 25
쎄타 256, 274

ㅇ

액면가 수익률 70, 71, 72
액면가채권 37
액면가치모형 356
액면이자율 36
약세 스프레드 241
약세 스프레드전략 249
약세 콜옵션 스프레드전략 249
약세 풋옵션 스프레드 전략 250
역변동금리채권 381, 398
연방공개시장위원회 89
연방기금 목표금리 90
연방기금 선물금리 92
연방기금 89
연방기금금리 89
연방기금선물 89, 90
연속복리 이자율 24
연속복리 24
연장가능스왑 159
열마팅게일 449
영업일 조정관행 134
예상헤지 351
옵션가격의 결정요인 226
옵션조정 스프레드 63
와일드카드옵션 100, 102
외가격 226
요구스프레드 64
우량채권 선호현상 317
원금감소형 스왑 148
원금증가형 스왑 148
원화 금리스왑 143
위너과정 439, 472
유동성 프리미엄 75
유동성선호가설 75
유로달러 선물옵션 197
유로달러 87
유로달러선물 차익거래 305
유로달러선물 87
유로달러선물의 이론가격 88
유효 연방기금금리 89
유효듀레이션 54
유효듀레이션 78, 79
유효볼록도 54
유효스프레드 39

이또레마 471
이산복리 이자율 24
이연스왑 154, 178
이자수익률 36
이전 영업일방식 134
이중변동금리채권 388
이표채 수익률곡선 60
이항과정 484
이항과정화 515
이항모형 194
이항분포 생성과정 194, 425
이항분포 옵션가격결정모형 425
인도일 100
인플레이션연계국채 31
일수계산방식 134, 405

ㅈ

자기자본 가치의 면역화 362, 365
자기자본의 듀레이션 갭 27, 362
자기자본의 듀레이션 57, 362
자연대수 정규분포 472, 515
재결합 특성 515
적률함수 475
전통적 리스크중립 439
전형적인 FRN 378, 400
전환계수 96
전환계수모형 357
정산가격 96
정산금액 26
젠센 부등식 469
조기상환권 392
조기행사 195
조기행사권리의 가치 191, 193
조기행사리스크 316
조정선물가격 96
조정속도 490
좀마 258
주요수익률 듀레이션 79
주요수익률 79
지불자스왑션 159, 205, 206 396 464
지불자스왑션의 가치 207, 465
지정매수호가 115
직접헤지 353

ㅊ

차기영업일방식 134
차액결제선물환 322
차익거래 303
참여비율 401
참여약정 401
채권/스왑 스프레드 전략 325
채권과 통화스왑의 상대가치거래 322
채권상당수익률 28
채권선도 120
채권선도가격 106, 457
채권선물/옵션 차익거래 314
채권선물의 이론가격 308
채권옵션 184
채권옵션의 가격결정 187, 455
청구금액 97
총베이시스 107
최저가인도채권 97
취소가능스왑 159
측정단위 451

ㅋ

칼라 203
캐리 235
캡 199
캡릿 201, 459
캡릿의 가치 201
캡션 221
캡의 가격결정 459
캡-플로어-스왑 패리티 205
커버드 콜 295
커버드 콜옵션 매도 370
컨버전 314
콜금리 21
콜론 21
콜머니 21
콜시장 118
콜옵션에 대한 유럽형 콜옵션 222

콜옵션에 대한 유럽형 풋옵션 222
콴토 이중변동금리채권 391
콴토스왑 156, 390
콴토조정 157
콴토채권 390
쿠폰스왑 131

ㅌ

테일러 규칙 90
통지일 100
통화스왑 123

ㅍ

파워스프레드채권 409
퍼센트감마 254
편미분방정식 428
평균복귀 이항과정 489
포지션일 100
포트폴리오 보험 295
표준금리스왑 132
풋-콜 패리티 228, 394
풋-콜-선물 패리티 229, 313
프리미엄채권 37
플로어 202
플로어릿 203, 462
플로어릿의 가치 203
플로어션 221

ㅎ

한국 국채선물 차익거래 309
한국 국채선물 108
할인계수 67, 140
할인마진 39
할인수익률 27
할인율 25
할인채권 37
할인함수 481
합성 고정금리채권 380
합성선물 매도 240
합성선물 매수 239
합성선물전략 239
행사결제금액 185
헤지비율 356, 427
현금가격 33, 93
현금결제방식 87
현물금리 29, 74, 482
현물변동성 202
확률과정 470
확률변수의 평균이동 446
확률보행과정 442
확률수학 471
확률측도 444
확률측도변환 448

A

accreting swap 148
accrual bond 23
accrued interest 33, 93
adjusted futures price: AFP 96
amortizing swap 148
anticipatory hedge 351
arbitrage 303
at-the-money 226

B

barbell portfolio 81
barrier option 213
basis point value model 357
Basis Point Value: BPV 47
basis swap 131
bear call spread strategy 249
bear put spread strategy 250
bear spread strategy 249
bear spread 241
bear spread의 수정전략 289
bond equivalent yield: BEY 28
binomial generating process 194, 425
binomial process 484
Black-Scholes(1973) 미분방정식 432
Black(1976) 모형 191
Black-Scholes(1972) 모형 192
bond forward price 106

bond forward 120
bond option 184
bond/swap spread strategy 325
bootstrapping method 68
boundary conditions 433
break even number of days 406
break-even inflation: BEI 31
bull call spread strategy 247
bull put spread strategy 248
bull spread strategy 247
bull spread 241
bull spread의 수정전략 288
bullet portfolio 81
business day convention 134

C

calendar spread trading 241
call loan 21
call money 21
callable bond 51, 64, 209, 392
callable flipper bond 398
cancelable swap 159
cap rate 199
cap 199
cap-floor-swap parity 205
caplet 201, 459
capping 367
caption 221
carry 235
cash price 93
cash settlement 87
cash-or-nothing 옵션 211
CD 금리 연동 FRN 380
cheapest-to-delever bond: CTD 97
cheapness index 268
chooser option 218
clean price 33, 93
CMS 151
CMS 변동성 채권 412
CMS 스왑 326
CMS 스프레드 어크루얼채권 406
CMT FRN 385
CMT 금리스왑 386
CMT 스왑 151
collar 203
collared FRN 399
collaring 371
compound option 221
compound rate 23
constant maturity swap 151
constant maturity treasury 385
conversion factor model 357
conversion factor 96
conversion 314
convexity adjustment 176
convexity gains 180
convexity 35, 49, 470
country risk 407
coupon swap 131
coupon yield 36
covered call 295
Cox, Ingersoll & Ross(CIR) 모형 508
credit risk arbitrage 317
credit spread carry 331
credit spread trading strategy 330
cross currency basis swap: CCBS 163
cross currency coupon swap: CCCS 162
cross currency swap: CCS 165
cross hedge 353
cross rate swap: CRS 123

D

daily accrual 405
day count fraction 134
dealing date 126
delivery day 100
delivery option 101
delta neutral 274
delta 252, 274
diff or differential swap 156
direct hedge 353
dirty price 33

dirty price 93
discount bond 37
discount factor 67
discount function 481
discount margin 39
discount rate 25
discount yield 27
down-and-in 옵션 214
down-and-out 옵션 214
duration 45
dual indexed FRN: DIF 388
duration gap 56
duration hedging model 359

E

early exercise premium 191
early exercise risk 316
ED 79
EDSP 96
effective convexity 54
effective date 126, 133
effective duration 54
effective fed funds rate 89
effective LIBOR spread 39
effective rate 25
elasticity of interest rates 45
embedded option 344
EONIA 150
Equilibrium Model 503
equivalent martingale measure 444
equivalent probability measure 447
euro overnight index average 150
eurodollar futures 87
eurodollar 87
exercise-settlement amount 185
expectation hypothesis 483
expectations hypothesis 73
extendible swap 159

F

face value model 356
fed funds futures 89
fed funds futures rate 92
fed funds 89
fed funds rate 89
fed funds target rate 90
fixing date 127
flat volatility 202
flattening strategy 244
flight to quality 317
flipper bond 398
floating rate note: FRN 39, 43, 378
floor 202
floor rate 202
floorlet 203, 462
floortion 221
following business day convention 134
follow-up strategies 277
federal open market committee: FOMC 89
forward bond yield 176
forward IRS 398
forward rate 29
forward rate agreement: FRA 125
forward risk neutral 452
forward risk neutral valuation 466
forward spread 153
forward swap 147
forward swap rate 207, 463, 465
forward rate agreement: FRA 352
FRA bid rate 129
futures option 188

G

gamma gains 273
gamma 253, 274
gap 55
general collateral: GC 115
geometric brownian motion 430, 442, 472
Girsanov 정리 447
Greek Letters 252
gross basis 107

H

haircut 116
hedge ratio 356, 427
historical volatility 262
Ho&Lee 모형 496, 510
Hull&White 모형 512

I

IMM 방식 86
immunization 58, 362, 365
Implied Repo Rate: IRP 104
implied volatility 263
inflation-linked bond 30
instantaneous forward rate 482
instantaneous spot rate 482
interest rate floor 461
interest rate swap: IRS 122
interest rate swaption 464
in-the-money 226
intrinsic value 191
inverse FRN 381, 398
invoice amount 97
Ito lemma 471

J

Jesen's inequality 469

K

key rate duration: KRD 79
key rate 79
knock-in 옵션 213
knock-out 디스카운트 216, 218
knock-out 옵션 214
korea treasury bond futures 108
KTB Swap 407

L

ladder portfolio 81
late LIBOR 154
late LIBOR FRN 387
late LIBOR swap 154
late LIBOR swap 178
LED 78
LIBID 129
LIBOR 87
LIBOR 스프레드 40
LIBOR-in-arrear 154
linear interpolation 70
liquidity premium 75
local expectations hypothesis 74
lognormal distribution 472, 515
London Inter Bank Offered Rate 87
LONG CALL의 수정전략 284
LONG FUTURES의 수정전략 280
long hedge 350
LONG PUT의 수정전략 286
long spread 241
LONG STRADDLE의 수정전략 290
LONG STRANGLE의 수정전략 292
Long-end Duration 78

M

market price of risk 421, 439
market value model 356
market value of surplus: MVS 363
mark-to-market value 142
martingale 441
mean-reverting binomial process 489
modified duration 45
modified following business day convention 134
moment generating function 475
multiplication rules 471

N

NDF 322
net basis 107
net carry 108
newton-raphson method 298
no arbitrage Model 510
no arbitrage Principle 417
NOB 스프레드 거래 243
nominal rate 25

nominal spread 62
non-deliverable forward 322
notice day 100
notional principal 121
numeraire 451

O

option adjusted spread: OAS 63
OIS 149
open repo 115
out-of-the-money 226
overnight index swap 149
overnight repo 115

P

par bond 37
par yield 36
participating interest-rate agreement: PART 401
participation agreement 401
participation rate 401
payers swaption 159, 205, 206, 464
perturbation function 496
polynomial approximation 476
portfolio insurance 295
position day 100
power spread note 409
preceding business day convention 134
premium bond 37
probability measure 444
protective put hedge 368
protective put 295
PSW 207, 396
putable bond 392, 395
put-call Parity 228
put-call parity 394
put-call-futures parity 229, 313

Q

quanto adjustment 157
quanto dual-indexed FRN 391
quanto FRN 390
quanto note 390
quanto swap 156, 390

R

rachet/cliquet options 219
Radon-Nikodym 도함수 448
random walk 442
range accrual note 405
range call option 404
range note 213, 403
real yield 30
realized volatility 262
receivers swaption: RSW 159, 392
receivers swaption 205, 207, 465
recombining property 515
reference rate 127
relative value analysis 64
relative value trading 317
repayment amount 26
repo 매도 114
repo 매수 114
required spread 64
reset date 133, 199
reversal 315
reverse repo 114
rho 257
risk neutral probability 423, 427
roll effect: roll-down yield curve advantage 235
roller-coaster swap 148
rate sensitive asset: RSA 55
rate sensive liability: RSL 55

S

sale&repurchase agreement 114
SED 77
settlement amount 26
SHORT CALL의 수정전략 285
SHORT FUTURES의 수정전략 281
short hedge 350
SHORT PUT의 수정전략 287
short spread 241

short squeeze 94
SHORT STRADDLE의 수정전략 291
SHORT STRANGLE의 수정전략 293
short-end duration 77
simple add-on rate 23
simple chooser option 218
simple chooser option 479
spatial arbitrage 304
special repo 115
speed of adjustment 490
speed 258
spot rate 29
spot volatility 202
spread trading strategy 240
stack & rolling 353
stack hedge 353
start proceeds 115
state prices 418, 419
state security 419
steepening strategy 243
step-down swap 148
step-up swap 147
stochastic calculus 471
stochastic process 470
straddle 275
strangle 275
strike rate 199
strip hedge 353
strip rate 353
structured finance 375
submartingale 449
swap rate 462
swaption 205
synthetic futures long 239
synthetic futures short 240
synthetic futures strategy 239

T

target duration 236
Taylor' rule 90
T-Bond 선물/현물 차익거래 308
T-bond 선물옵션 190
T-bond 선물의 가격결정 102
temporal arbitrage 304
tenor 199
term repo 115
term structure model 481
term structure 59
theta 256, 274
TIGR 65
time decay effect 191
time value 191
TIPS 30
T-Note 선물옵션 190
T-Note 옵션 185
trade date 133
traditional risk-neutrality 439
treasury bond futures 93
treasury inflation protected securities 30
treasury investment growth receipts 65

U

up-and-in 옵션 214
up-and-out 옵션 214

V

vanna 259
Vasicek 모형 503
vega 255, 274, 298
volatility cone 266
volatility note 412
volatility smile 264
volatility swap 412
volga 259
vomma 259

W

Wiener process 439, 472
wild card option 100, 102

Y

yield curve reshaping duration 77

yield curve swap 151
yield curve trading strategy 243
yield curve 59
yield spread 62

Z

zero cost collar 204
zero coupon bond 60, 65
zero-volatility spread 62
zomma 258
Z-스프레드 62

Interest Rate Derivatives
Investment & Risk Management
Strategies for Practitioners

저자소개

저자인 **정대용박사**는 현재 기업의 자금조달 및 투자, 자산관리 컨설팅 회사인 Midas FE & C의 대표로 활동하고 있다. 한국금융연수원에서 교수실장으로 재직시 자산운용 및 투자은행분야의 주임교수로서 글로벌 자산운용전문가과정(GPMP), 자산운용전문인력과정, 주식운용전문가과정, 채권운용전문가과정, 파생상품과정, 주식파생상품 및 주식연계 구조화상품과정, 채권 및 금리파생상품 실무과정, 글로벌 IB 전문가과정 (GIBP), 금융공학전문가과정(FEP) 등 자산운용 및 투자은행 분야에서 고급 프로그램의 개발 및 강의를 담당하였다.

저자는 서울대학교 사회과학대학원 경제학 석사과정(국제경제학 전공)을 마치고 한국개발연구원(KDI)에서 금융부문 연구원으로 근무하였으며, 조지아 주립대학교 경영대학원 재무학(finance) 박사학위를 취득하였다. 조지아 주립대학교 재무학과 강사, 한화증권 연구원 선물팀장, 증권팀장, 증권/금융부문 총괄 연구위원을 역임하였으며, ㈜삼성선물에서 금융공학팀과 자산운용팀을 총괄하는 금융공학실장으로 근무시 파생상품시장의 분석, 리스크관리 및 투자 컨설팅, 자기매매, 차익거래, 선물펀드 상품개발 등 금융공학 업무를 수행하였다. 또한 수원대 금융공학대학원 겸임교수, 신한은행 경영자문위원, 금융감독원 재제심의위원회 위원으로 활동하였으며, 한국외국어대학교 국제학부와 경희대학교 경제학과, 한국금융연수원, 금융투자교육원 등 전문교육기관의 초청강사로 활동하고 있다.

저서 및 논문

실무자를 위한 금리파생상품: 투자전략과 리스크관리, 2017, 제4판, 탐진
실무자를 위한 파생상품과 금융공학, 2016, 제3판, 한국금융연수원
실무자를 위한 자산운용과 투자전략, 2013, 한국금융연수원
헤지펀드의 이해와 운용전략, 2012, 한국금융연수원(공저)
인공신경망 모형을 이용한 KOSPI 200 선물의 가격결정에 관한 연구, 보험개발연구, 제13권 3호(2002.12)
인공신경망 모형과 전통적 모형의 국내 주식시장 변동성 예측력에 관한 비교연구, 보험개발연구, 제12권1호(2001.3)
거래비용과 공매도 제약이 KOSPI 200 선물가격결정에 미치는 영향, 선물연구(한국선물학회) 제6호(1998.12)
거래증거금의 수준이 헤져와 투기자에 미치는 효과분석, 선물연구(한국선물학회) 제4호(1996.11)
국내기업의 파생상품 이용에 관한 실태분석, 재무관리논총(한국재무학회) 1996.5.
A Further Look at Transaction Costs, Short Sale Restrictions, and Futures Market Efficiency: The Case of Korean Stock Index Futures, Journal of Futures Markets, 1999.4.
The Effects of Margin Requirements on Market Participation by Hedgers versus Speculators: A Model and Some Empirical Evidence in the Stock Index Futures Market, Georgia State University, 1995.
이외 50여편의 정간물 기고

Interest Rate Derivatives
Investment & Risk Management Strategies for Practitioners

실무자를 위한 금리파생상품

지 은 이 · 정 대 용
펴 낸 이 · 최 재 범
펴 낸 곳 · 도서출판 탐진
등록 1-996호(倫). 1990. 1. 12.
서울시 마포구 신수로 27-1 2층
Tel. 715-1092~3 / FAX. 701-6391
E-mail. tamjin1990@hanmail.net / Homepage. www.tamjin.co.kr

2017. 3. 10. 제 4 판 발행
2013. 9. 5. 제 3 판 발행
2009. 1. 2 제 2 판 발행
2004. 11. 1. 초 판 발행

ISBN 978-89-5540-489-0 93320

정가 35,000원